权威·前沿·原创

皮书系列为
“十二五”“十三五”“十四五”国家重点图书出版规划项目

BLUE BOOK

智库成果出版与传播平台

中国医疗器械行业数据报告（2022）

ANNUAL REPORT ON THE DATA OF MEDICAL DEVICE INDUSTRY IN CHINA (2022)

主　编／金　东　许　锋　刘松峰
副主编／吴　航　张凤勤　赵　菁
于雪梅　周　勇

社会科学文献出版社
SOCIAL SCIENCES ACADEMIC PRESS (CHINA)

图书在版编目(CIP)数据

中国医疗器械行业数据报告. 2022 / 金东，许锋，刘松峰主编. -- 北京：社会科学文献出版社，2022. 3
（医疗器械蓝皮书）
ISBN 978 -7 -5201 -9833 -2

Ⅰ. ①中… Ⅱ. ①金… ②许… ③刘… Ⅲ. ①医疗器械－制造工业－经济发展－研究报告－中国－2022 Ⅳ. ①F426. 7

中国版本图书馆 CIP 数据核字（2022）第 039000 号

医疗器械蓝皮书
中国医疗器械行业数据报告（2022）

主　　编／金　东　许　锋　刘松峰
副 主 编／吴　航　张凤勤　赵　菁　于雪梅　周　勇

出 版 人／王利民
组稿编辑／任文武
责任编辑／李　淼
责任印制／王京美

出　　版／社会科学文献出版社 · 城市和绿色发展分社（010）59367143
　　　　　地址：北京市北三环中路甲 29 号院华龙大厦　邮编：100029
　　　　　网址：www. ssap. com. cn
发　　行／社会科学文献出版社（010）59367028
印　　装／天津千鹤文化传播有限公司

规　　格／开　本：787mm × 1092mm　1/16
　　　　　印　张：35. 75　字　数：596 千字
版　　次／2022 年 3 月第 1 版　2022 年 3 月第 1 次印刷
书　　号／ISBN 978 -7 -5201 -9833 -2
定　　价／298. 00 元

读者服务电话：4008918866

版权所有 翻印必究

编 委 会

顾　　问　王宝亭　中国药品监督管理研究会副会长

主　　编　金　东　《中国医疗设备》杂志社法人、社长，首都医科大学生物医学工程学院临床工程学系副主任，“全国高等学校生物医学工程专业（临床工程方向）国家卫健委规划教材”评审委员会副主委，中国药品监督管理研究会医疗器械监管研究专业委员会副主委兼秘书长

　　　　　许　锋　北京大学第三医院医学工程处高级研究员，中国医院协会医学工程专业委员会副主委，中国研究型医院学会临床工程专委会副主委

　　　　　刘松峰　烟台毓璜顶医院医学工程处处长兼党支部书记、高级工程师，中国计量协会医学计量专业委员会副主任委员

副 主 编　吴　航　首都医科大学宣武医院医工处处长、主任医师、副教授，首都医科大学生物工程学院临床工程系主任

　　　　　张凤勤　中国医学科学院阜外医院设备处处长，中

国医学装备人工智能联盟智能护理专业委员会副主委

赵　菁　中日友好医院医学工程处处长，国家卫健委医疗器械临床使用专家委员会副秘书长

于雪梅　首都儿科研究所附属儿童医院医学工程处处长

周　勇　广州众成大数据科技有限公司董事长兼总经理，中国医疗器械行业协会中医医疗器械专委会秘书长

编　委（按姓氏拼音首字母排序）

崔　英　首都儿科研究所附属儿童医院信息中心数据组组长

董　超　河北医科大学第二医院医学装备部副主任

郭　滨　山东第一医科大学附属省立医院医学工程管理办公室主任

黄长旺　福建省南平市第二医院设备科科长

郎　朗　陆军军医大学第二附属医院医学工程科主任

李广武　黑龙江省卫生健康管理服务评价中心副主任

李　叶　新疆医科大学第七附属医院器械设备科主任

楼晓敏　杭州市红十字会医院纪委书记

毛金媛　中国医科大学附属第一医院资产管理部主任、教授

牛　珉　青岛大学附属医院医学设备部主任

彭俊彦　复旦大学附属华山医院装备科工程师、主任助理

邱　涛　上海至数企业发展有限公司 CEO

王　冬　北京大学第三医院医学工程处中级工程师

王　剑　中国医疗器械行业协会医疗器械物联网专委会主任委员

王雯萱　中国医学科学院阜外医院物资供应处助理研究员

王作涪　北京电力医院医学工程处主任

吴晓东　四川大学华西医院设备物资部部长

薛晓琦　北京大学第三医院医学工程处中级工程师

焉　丹　中日友好医院医工处副处长

闫　雪　首都儿科研究所附属儿童医院互联网办公室主任

闫慧芳　中日友好医院医工处综合科科长

于　靖　上海市第十人民医院医学装备处处长、蚌埠市第三人民医院执行院长

余冬兰　中山大学附属第一医院医学工程部副主任

袁丹江　荆州市中心医院器材科主任、主任技师

张和华　陆军特色医学中心医学工程科主任

张晓斌　安徽医科大学第一附属医院物资设备处副处长

张兴强　广州众成大数据科技有限公司副总经理

张　振　上海交通大学医学院附属仁济医院宝山分院后勤管理科主任

郑蕴欣　上海市第六人民医院医学装备处副处长

周凤英　北京市朝阳妇幼保健院超声科主任

朱隽典　杭州市中医院医学工程部工程师

朱　奇　新疆医科大学第一附属医院物资管理中心副主任

参与撰写者　（按姓氏拼音首字母排序）

关巧贤　李　伟　林伟强　吕　鹏　王　蕾

王若男　王　艳　许佳锐　杨　雳　叶思朦

张　佳　郑　珂　朱丽君

主编简介

金　东

《中国医疗设备》杂志社法人、社长；

下辖：《中国医疗设备》和《中国医药》两本国家级科技核心期刊。一本美国出版、全球发行的——《国际临床工程杂志》/*Global Clinical Engineering*。

首都医科大学生物医学工程学院临床工程学系副主任（分管科研与学科建设）；

“全国高等学校生物医学工程专业（临床工程方向）国家卫健委规划教材”评审委员会副主委；

学术任职：

1. 中国药品监督管理研究会医疗器械监管研究专业委员会副主委兼秘书长；
2. 中国老年保健协会副会长、老年医学分会会长；
3. 中国整形美容协会发起人、副秘书长、市场部主任；
4. 中国研究型医院学会临床工程专业委员会副主委；
5. 中国非公立医疗机构协会临床工程分会会长；
6. 北京医师协会临床医学工程师分会副会长兼总干事。

许　锋

北京大学第三医院医学工程处高级研究员；

研究方向：医学装备政策研究及管理。

发表中文核心期刊文章80余篇；组织完成《高频电刀安全管理标准》《医用生化培养箱》等多项行业标准制定工作，参与国家科技重大专项两项。

学术任职：

1. 中国医院协会医学工程专业委员会副主委；
2. 中国研究型医院学会临床工程专委会副主委；
3. 中国医学装备协会临床工程学分会副会长；
4. 国家卫健委医院管理研究所临床工程研究基地首席专家。

刘松峰

烟台毓璜顶医院医学工程处处长兼党支部书记、高级工程师。

毕业于首都医科大学生物医学工程系，2008年6月通过国际临床工程师CE认证，2010年9月荣获“十佳中华优秀临床医学工程师”。

学术任职：

1. 中国计量协会医学计量专业委员会副主任委员；
2. 中国药品监督管理研究会医疗器械监管研究专业委员会委员；
3. 山东省医师协会临床工程师分会副主任委员；
4. 山东省医院协会医用设备管理专业委员会副主任委员；
5. 山东省医学会医学工程学分会委员；
6. 烟台市医学会医学工程学分会主任委员。

副主编简介

吴　航

首都医科大学宣武医院医工处处长、主任医师、副教授。

1991 年在首都医科大学宣武医院眼科工作，历任眼科住院医师、主治医师、副主任医师及主任医师，主要从事眼底病的诊断及治疗，2009 年任眼科副主任，2015 年任医工处副处长，2017 年任医工处处长。

学术任职：

1. 中国医学装备协会理事；
2. 中国医学装备协会临床工程学分会副主委；
3. 中国医学装备协会管理分会常委；
4. 中国医学装备协会眼科专业委员会常委；
5. 中华医学会生物工程分会北京分会常委；
6. 中国医疗器械行业协会医疗器械物联网管理专业委员会副主委；
7. 首都医科大学生物工程学院临床工程学系主任。

张凤勤

中国医学科学院阜外医院设备处处长。

从事医疗器材采购管理工作二十余年，在核心期刊发表多篇论文；主要参与的“高值耗材供应链改革及分类编码的探索”项目，获得中国医院协会医院科技创新三等奖。

2014 年，带领团队完成原国家卫计委委托的“部分医用耗材复用研究”课题；2016 年，承接原国家卫计委“部分高值医用耗材重复使用配套政策研究”课题。

荣获第五届“中国好医工”耗材管理组“全国十佳”、第九届“中国好医工”科研管理组“全国十佳”。

学术任职：

1. 中国医学装备协会护理装备与材料分会第二届副会长；
2. 中国医疗器械行业协会医疗器械物联网管理专业委员会副主委；
3. 中国医学装备人工智能联盟智能护理专业委员会副主委。

赵 菁

中日友好医院医学工程处处长、硕士生导师；

研究方向：医院管理、医工管理、护理管理。

学术任职：

1. 国家卫健委医疗器械临床使用专家委员会副秘书长；
2. 中国医学装备协会管理分会常务委员；
3. 中华护理学会常务理事；
4. 北京医师协会临床医学工程师分会副会长；
5. 北京医院协会护理管理委员会副主委；
6. 《中华护理杂志》《中国护理管理杂志》《中国疼痛医学杂志》《护理学》等专业杂志编委。

于雪梅

首都儿科研究所附属儿童医院医学工程处处长，原信息中心主任；毕业于首都医科大学生物医学工程专业。从业起点为医学工程，后从事医疗信息化建设18年，在医院全面支持下，带领团队规划实施，2018年通过电子病历分级评价五级评审，使该院成为北京市市属医院中第一家五级医院。现回归医学工程专业，从事医疗设备与耗材管理。

学术任职：

1. 中国心胸血管麻醉学会医疗信息技术专业委员会（CHITA）秘书长；
2. 北京卫生信息职工技术协会（PHISTA）副理事长；
3. 世界华人医师协会智慧医疗专委会副主任委员；
4. 中国研究型医院学会医疗信息化分会常务理事；

5. 中国研究型医院学会临床工程专业委员会常委；

6. 北京医师协会临床工程师分会常务理事兼副总干事。

周　勇

广州众成大数据科技有限公司董事长兼总经理，上海交通大学公共管理硕士（MPA）；搭建“医疗器械产业大数据智能应用与创新服务平台”。

学术任职：

1. 中国整形美容协会医美大数据中心主任；

2. 中国医疗器械行业协会中医医疗器械专委会秘书长；

3. 全国卫生产业企业管理协会医疗器械商业分会副会长兼产业服务中心主任；

4. 广州市生物产业联盟医疗器械专业委员会秘书长；

5. 中欧校友智慧医疗创业协会秘书长；

6. 上海市开业指导专家、上海市经信委资金项目评审专家、东方讲坛讲师、《中国医疗器械供应链发展报告（2021）》执笔专家。

摘要

本报告立足于中国医疗器械行业的发展历程与背景，分析了近3~5年我国医疗器械的注册、审批、市场配置、招投标数据、进出口贸易以及医用耗材市场品类、申报、带量采购等数据。通过对市场的调研与多方数据的综合处理，用翔实的数据和图表真实反映出医疗器械行业的现状，揭示了医疗器械行业未来发展方向。报告共包括6个部分11篇研究报告，包括总报告、注册审批篇、设备市场篇、耗材市场篇、国际贸易篇和数据实践与应用篇。总报告对我国医疗器械行业数据调研项目的建立、方法、指标设定、统计上报等做了论述；注册审批篇就2019~2021年的医疗器械、耗材、试剂等的申报和审批情况进行了分析；设备市场篇就2017~2021年CT、核磁等23类医疗设备，2021年伽马刀、急诊检验类设备，2020~2021年8类设备的中标数据，以及中国医疗器械产业关键核心技术和关键零配件现状研究结果进行了分析；耗材市场篇对冠脉支架、人工关节的带量采购数据，血管与非血管介入等12类高值及中医类、功能性辅料类等5类低值医用耗材的市场数据进行了分析；国际贸易篇就我国各地医疗器械进出口额及贸易伙伴进出口额做出汇总和分析；数据实践与应用篇选取了5项医疗热点技术应用现状及案例，进行了为临床服务的数据探索。本报告对我国医疗器械行业未来发展有一定的指导意义。

关键词：医疗器械　医疗设备　医用耗材　行业数据

序　言

经过八个月的筹备与编撰工作，《中国医疗器械行业数据报告（2022）》即将出版发行，这部书是继2019版后第二本关于我国医疗器械行业数据的报告，为了进一步完善、提高新版报告的水平，我们征集了行业诸多专家建议，这些建设性的建议在2022版里都有体现。从2021年7月起，由《中国医疗设备》杂志社牵头组建的编委会就启动了《中国医疗器械行业数据报告(2022)》的规划编写工作，并初步确定了各章节的负责单位，同时也得到了众多国内行业专家的支持。

本书旨在通过对医疗设备注册与审批情况、售后服务情况，耗材的市场情况，医疗器械的国际贸易情况的相关数据进行分析，对国内外医疗器械的数据应用情况进行介绍及展望，为医疗行业及医疗机构的管理者、临床医学工程研究者提供管理与研究支持，这对我国医疗器械行业数据应用的发展具有指导意义。

数据正逐步成为与物质资产及人力资产同等重要的生产要素。医疗器械在每个生命周期中都生产和储存着大量信息，这些信息通过分类、处理、汇总能够对医疗器械的发展起到重要的参考作用，大数据在医疗器械行业中的应用对医疗卫生行业健康发展具有重要意义。2016年10月25日中共中央、国务院印发的《“健康中国2030”规划纲要》中提出，推进医学科技进步，加强健康医疗大数据应用体系建设，推进医疗健康大数据开放共享、深度挖掘和广泛应用。2018年7月国家卫生健康委发布的《关于印发国家健康医疗大数据标准、安全和服务管理办法（试行）的通知》，对医疗大数据的标准管理、安全管理、服务管理三个方面进行了规范，引导医疗大数据健康发展。2021年3月全国人大通过的“十四五”规划中提出，加快构建全国一体化大数据中心体系，建设若干国家枢纽节点和大数据中心集群。医疗器械大数据可以通过自身的特殊性，解决医疗设备发展中的多种问题，同时也可以使大数据系统得到不断丰富，意义明显。在以后的研究中，应不断加强数据的分析研究，使其在医疗器械发展中发挥更大的作用。万物互联背景下的大数据技术，在医疗设备注册审批、采购监管、售后服务等环节中的应用前景广泛，值得我们不断探索、运用和总结。

在此十分感谢国家药品监督管理研究会对《中国医疗器械行业数据报告（2022）》的支持。十分感谢编委会全体成员和作者，他们来自三甲医院、国内顶尖的学术机构、国内外知名的医疗器械生产企业，具有丰富的工作经验与深厚的理论知识。

同时，由于目前我国医疗器械行业数据体系不够全面，书中引用的数据质量及覆盖面有待进一步提高和扩大，希望医疗器械行业的广大读者对本书提出宝贵意见，共同为医疗器械行业的发展贡献力量。

《中国医疗设备》杂志社

金　东　许　锋　刘松峰

二〇二二年一月二十四日

前　言

“医疗器械蓝皮书”之《中国医疗器械行业数据报告》作为《中国医疗器械行业发展报告》的姊妹篇。2021年底，《中国医疗器械行业数据报告》的主编和副主编几次碰面对2022版皮书的编撰思路、内容方向、质量标准等做出规划与要求，并开始筹备2022版皮书的编撰。我们诚挚地希望每年的行业数据报告都能够在之前的基础上有所精进，真正成为医疗行业从业者的参考书和工具书。

2020年以来，在新冠肺炎疫情防控常态化的今天，国家对医疗器械行业的重视程度显著提高，在政策层面给予较大支持，鼓励国内医疗器械加快创新、做大做强，实现进口替代；相关部门也在不断深化医疗体制改革，对医疗器械行业制定了更为细致、明确的监管要求，以保障医疗器械行业的健康发展。同时，国家密集发布一系列医疗健康政策，尤其是《“健康中国2030”规划纲要》把医疗健康提升到了国家战略层面，之后一系列围绕此战略目标的政策密集发布。

2021年9月，国务院办公厅印发《“十四五”全民医疗保障规划》，其主要内容包括：支持远程医疗、互联网诊疗服务等医疗卫生新服务模式新业态的有序发展，促进人工智能的合理应用，形成较完善的“互联网+医疗健康”医保政策体系、服务体系和评价体系。现如今，医院信息化建设与智慧医疗正在如火如荼地发展中。

在策划组织编写数据报告的过程中，我们仍旧感到些许困难。特别是我国的人口优势为智慧医疗产业的应用与发展，提供了得天独厚的环境，但由于国家对医疗大数据的严格管控，我们获取临床数据非常困难。而从国际上看，开发、开放和共享政府数据已经成为普遍趋势，英、美等发达国家已经在公共数据驱动智慧医疗发展方面取得一定成效。但我国当前仍缺乏国家层面的整体战

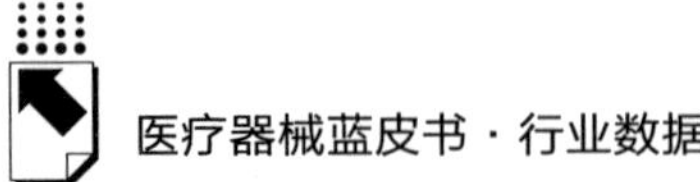

略与部署，国家医疗大数据共享仍处于起步阶段。

鉴于此，最终我们决定沿用《中国医疗设备》杂志社历年的市场调研数据，国家药品监督管理局发布的产品注册、审批和医用耗材等的数据，中国海关总署公布的贸易数据，以及众成医械大数据平台统计的医疗设备招投标数据作为基础进行研究，并增加了医疗行业中大数据实践与应用的内容。当今社会俨然已进入“信息化”“数字化”时代，我们深知，学术的严谨离不开深耕细作的行业调研。仰望星空，觉知天地之大；积水成渊，以至星辰大海。在辽阔的行业平台上，我们需要一步一个脚印，让每一组数据、每一份报告，都经得起推敲，且逐年完善、提高。

《中国医疗器械行业数据报告（2022）》共包括6个部分，包括总报告、注册审批篇、设备市场篇、耗材市场篇、国际贸易篇、数据实践与应用篇等。全书共11篇研究报告。总报告对我国医疗器械行业数据调研项目的建立、方法、指标设定、统计上报等做了论述；注册审批篇就2019～2021年的医疗器械、耗材、试剂等的申报和审批情况进行了分析；设备市场篇就2017～2021年CT、核磁等23类医疗设备，2021年伽马刀、急诊检验类设备，2020～2021年8类设备的中标数据，以及中国医疗器械产业关键核心技术和关键零配件现状研究结果进行了分析；耗材市场篇对冠脉支架、人工关节的带量采购数据，血管与非血管介入等12类高值及中医类、功能性辅料类等5类低值医用耗材的市场数据进行了分析；国际贸易篇就我国各地医疗器械进出口额及贸易伙伴进出口额做出汇总和分析；数据实践与应用篇选取了5项医疗热点技术应用现状及案例，进行了为临床服务的数据探索。

愿本书可以打通行业的壁垒，让我国医疗器械行业同仁的道路不再崎岖；我们的团队也将一直致力于从“先行者”转变为“远行者”，初心不改。

《中国医疗设备》杂志社
金　东　许　锋　刘松峰
二〇二二年一月二十四日

目 录

Ⅰ 总报告

Ⅱ 注册审批篇

Ⅲ 设备市场篇

Ⅳ 耗材市场篇

Ⅴ 国际贸易篇

Ⅵ 数据实践与应用篇

皮书数据库阅读**使用指南**

总报告

General Report

B.1
医疗器械行业数据调研项目的进展及未来趋势

金 东 许 锋 刘松峰 吴 航 张凤勤 赵 菁 于雪梅 周 勇*

摘　要： 本文基于医疗大数据广泛应用的背景，聚焦医疗器械全生命周期数据，探讨大数据在医疗器械全生命周期精细化管理上的意义，并具体举例分析了医疗器械与大数据结合下的深度应用，结合“中国医疗器械行业数据调查”项目，进一步对我国医疗器械行业大数据未来的应用方向及发展趋势做出规划分析，对当前发展困境给出合理化建议。

关键词： 大数据　医疗器械　行业数据

* 金东，《中国医疗设备》杂志社法人、社长；许锋，北京大学第三医院医学工程处高级研究员；刘松峰，烟台毓璜顶医院医学工程处处长兼党支部书记；吴航，首都医科大学宣武医院医工处处长；张凤勤，中国医学科学院阜外医院设备处处长；赵菁，中日友好医院医学工程处处长；于雪梅，首都儿科研究所附属儿童医院医学工程处处长；周勇，广州众成大数据科技有限公司董事长兼总经理。

医疗器械作为医学领域的重要诊疗手段，随着大数据的深度应用以及医疗器械产业技术创新，已经由单一的诊疗工具，逐步演化为各类医疗设备、健康数据、智能平台集合而成的数字化诊疗融合体。通过对医疗器械大数据的整合分析和深度挖掘，探索其中有价值的信息，可以为设备管理及健康促进领域提供方向性指导。

与此同时，随着人工智能、大数据平台、物联网、5G 技术的深度应用，医疗器械大数据的复杂性、多维性不断体现。尽管数据智能应用以及安全维护方面都进展飞速，但数据深度挖掘的需求和数据安全间的矛盾仍然突出，在实现医疗器械大数据高度利用、深度融合的道路上仍面临诸多困境。

为更好地落实“健康中国”的战略规划，正确应对大数据时代的衍生问题，完善医疗器械行业结构，为行业发展和学术研究提供数据支撑，引导医疗设备厂家规范服务行为，提升售后服务质量，帮助医院了解各设备品类服务体系，提供决策参考，全面促进政产学研用深度结合，《中国医疗设备》杂志社联合中国药品监督管理研究会医疗器械监管研究专业委员会开展了“中国医疗器械行业数据调查”活动，联合中国非公立医疗机构协会临床工程分会、中国研究型医院学会临床工程专业委员会、首都医科大学生物医学工程学院、北京医药行业协会、中国技术交易所、北京智慧医疗技术创新联盟共同主办，首都医科大学统计系专家、临床专家及临床工程领域行业专家、医疗领域“大数据”专家、全国医工分会专家对结果进行审核，形成报告。自 2010 年起，调查活动至今已有 12 年历史，调查结果被誉为医疗器械行业“金数据”。与此同时，我们搭建了“好医工”大数据云服务共享平台，致力于建设医疗器械行业数据库，反映医疗器械行业真实情况，用医疗器械数据造福医疗器械行业。

一　我国医疗器械行业大数据发展概要

2016 年 10 月 25 日中共中央、国务院印发的《“健康中国 2030”规划纲要》提出，推进医学科技进步，加强健康医疗大数据应用体系建设，推进医疗健康大数据开放共享、深度挖掘和广泛应用。2017 年 4 月 26 日国务院发布的《国务院办公厅关于推进医疗联合体建设和发展的指导意见》提出，建立人口健康信息平台，实现电子健康档案和电子病历的连续记录和信息共享。2018 年 7 月国家卫生健康委发布的《关于印发国家健康医疗大数据标准、安全和服务管理办法（试行）的通知》，对医疗大数据的标准管理、安全管理、服务管理三个方面进行了规范，引导医疗大数据健康发展。2021 年 3 月全国人大通过的“十四五”规划提出，加快构建全国一体化大数据中心体系，建设若干国家枢纽节点和大数据中心集群。近几年国家政策法规，尤其是十三届全国人大常委会第二十九次会议通过的《中华人民共和国数据安全法》，显示我国对大数据的重视程度不断提升，我国医学大数据的开发、运用也有了明显进步。但同时，我国医学大数据研究依旧处于初始阶段，关于医学大数据的研究仍需加强。

（一）数据贯穿医疗器械全生命周期

从医疗器械的生命周期角度，医疗器械分为研发生产、设备选型、临床使用维护、售后服务、报废鉴定及回收六个生命阶段，本书重点着眼于医疗机构应用中的设备选型、临床使用维护、售后服务三个关键阶段。如果运用大数据将这些阶段的数据进行整合处理并应用，医疗器械发展将会迈上一个新台阶。

1. 设备选型阶段

设备选型阶段产生的数据包含设备的参数信息及功能介绍、招标采购中标信息。目前我国医疗器械市场上品牌众多，产品的配置、功能及价值也各不相同，医院对于各产品的信息不够了解且没有统一的获取途径；医疗器械行业的特殊性及医院采购的特点也决定了医疗器械采购多采用招标投标的形式，各品牌厂商中标的概率不确定且耗时长。设备选型系统的建立将会有效解决以上问题。

2. 临床使用维护阶段

医疗器械临床使用维护阶段的数据分为以下三类：医疗器械日常管理数据、医疗器械使用反馈数据、医疗器械使用安全数据。医疗器械日常管理数据包含医疗机构工作人员使用制度、使用习惯等。医疗器械使用反馈数据包含医疗机构工作人员的反馈信息。医疗器械使用安全数据包含医疗机构工作人员及医疗器械不良事件和突发安全案例及解决办法等。

3. 售后服务阶段

良好的售后服务是医疗器械稳定、安全的保障，是品牌厂商为用户提供的增值服务。根据医疗器械产品的特点，医疗器械的售后服务内容可以分为三类：培训服务、维修服务、客户服务。

（1）培训服务

近几年，随着医疗器械的广泛应用，医疗器械管理部门面临人手不足的情况，医疗器械使用者以医护人员为主，而医护人员对设备功能的认知不足，因此医疗机构需要给予对应的培训。部分品牌厂商存在培训次数较少或培训内容不充分的情况。

品牌厂商对医疗机构提供的培训应包含以下内容：日常使用、维护保养、维修技能、灭菌消毒等。品牌厂商对于医疗机构的培训水平不一，存在部分厂商重使用、轻保养的情况。

（2）维修服务

医疗器械的预防性维修是通过有计划的、科学的方法对医疗器械进行维护和质控，以保证医疗器械可以正常运转、降低故障率、提高使用率。缺乏必要的预防性维修不仅会在设备故障时影响使用，也会降低设备的开机率，甚至会缩短设备的使用寿命。

厂家在向消费者销售时承诺的在一定时间内，针对因质量问题产生故障而提供的免费维修及保养服务叫作维保服务。部分品牌厂商存在保修期内不予履行维保服务的情况，如品牌厂商因代理商变更导致的推诿现象，针对质保与维保产生的分歧问题。

医疗机构在医疗器械发生故障或需要保养服务时，品牌厂商回应的时间叫作维修响应时间。维修人员对于医疗机构的响应时间是评价品牌厂商维修服务的重要指标。针对周末、节假日的维修需求，各厂家提供的维修响应时间有不同的标准，通常包含 7 ×24 小时、5 ×8 小时等，不同的响应时间体现了不同的保障服务能力。

维修质量包括维修人员专业性、维修过程规范性、维修结果有效性及稳定性三方面。维修人员专业性指的是维修人员对相关技术和应用的专业程度；维修过程规范性衡量维修人员在维修过程中是否引入了新故障；维修结果有效性及稳定性评估维修后是否在短时间内发生了故障。

（3）客户服务

客户服务是指品牌厂商建立的投诉、咨询、保修的客户回馈平台。建立客户服务平台，可以加强与客户的沟通。

处理投诉的及时性及有效性是衡量投诉处理效果的指标。关注投诉处理可以了解客户的需求，发现服务中的不足。

用户对品牌厂商开展的客户满意度调查能客观反映用户对品牌厂商的评价与关注点，可以综合评估售后服务质量，使售后服务在服务对象的监督中得到改善。

（二）大数据与医疗器械行业深度融合，解决医疗体系中的实际问题

医疗器械行业与大数据技术的融合发展，为医疗创新产业提供新动能，逐步改革优化传统医疗手段与服务模式，通过新技术与新的思维模式，把握新机遇，解决老问题。

1. 医疗器械大数据服务智慧养老

2019 年 11 月国务院印发了《国家积极应对人口老龄化中长期规划》，强调深入实施创新驱动发展战略，把技术创新作为积极应对人口老龄化的第一动力和战略支撑，全面提升国民经济产业体系智能化水平。

在物联化、智能化大背景下，利用大数据技术辅助养老是必然趋势。陪伴型、护理型人工智能，智能穿戴设备，智能家居，远程家庭诊疗设备等医疗器械大数据的深度应用也为智慧养老开辟了新道路，打破时间、空间的限制，优化养老资源配置，实现全面体征监控、健康管理指导、紧急呼救报警等，逐步构建互联家庭、社区、医院机构于一体的智慧养老体系。

目前我国仍处于智慧养老起步阶段，仍存在着产品技术与需求不能完全匹配、概念大于服务体验，缺乏规模效应及标准体系，个性化设备、高端复合型人才紧缺等问题，仍需深化医疗器械数据化探索，强化医疗器械大数据与养老场景的融合，健全“互联网＋智慧养老”服务体系。

2. 医疗器械大数据致力于远程医疗

传统医疗体系存在医疗资源分配不均的问题，尤其是农村、偏远地区的医疗水平受地理环境、发展水平的制约，远程诊疗、远程培训、远程检修等远程

医疗途径的出现，缓解了偏远地区人民治病难、治病贵等问题，促进医疗资源下沉，有效减少因病致贫、因病返贫情况的发生。

远程医疗为基层医疗提供了新的医患模式，但健康扶贫仍然在路上，我们仍需进一步探索医疗器械大数据应用研究，利用数字技术、信息技术、物联网推动影像、监测、诊疗等医学设备的信息化和智能化，实现跨地区、线上线下健康管理全覆盖，结合贫困地区医疗资源和卫生情况，制定有针对性的“互联网 + 健康扶贫”计划，通过医疗器械大数据助力精准健康扶贫。

3. 医疗器械大数据辅助医疗保障平台建设

国家医保局于 2021 年 7 月 16 日发布《关于优化医保领域便民服务的意见》，强调推进“互联网 + 医保服务”，推动服务创新与互联网、大数据等信息技术深度融合。

建设国家医疗保障信息平台，离不开医疗大数据的智能分析，而医疗器械大数据作为医疗健康大数据的重要组成部分，须充分发挥其辅助监控、辅助决策效能，推动药品和耗材集中采购改革政策的落地，完善医保信息数据库，实现医保精细化管理，促进医保业务互联互通。

二　我国医疗器械行业数据调查项目

如何实现医疗器械行业的“大数据”化，从 2010 年起，我们开始进行此方面的探讨，建立了“中国医疗器械行业数据调查”项目，该项目坚持公平、公正、独立的第三方调查原则，十二年来备受各级政府、医院、卫生机构、招标采购部门、企业和媒体的高度关注。调查数据和统计结果帮助医院高效管理在用设备，帮助企业及时发现自身问题，极大地推动了中国医疗器械行业的发展，同时也为政府制定与实施相应行业政策提供了参考。调查数据覆盖医院较广，问卷设计和填写人员比较专业、固定，所有问卷均可溯源。

经过多年经验累积，中国医疗器械行业数据调查活动建立了完善的行业研究员系统，由医院固定的临床工程从业人员填写，所有问卷均实名填写，且可溯源；具有专属的问卷填写系统，问卷在好医工 App、好医工 PC 端完成填写，数据直接汇入服务器；具有专业的数据分析，从保有率、故障率、综合满意度等 14 个维度分析行业态势。十二年来，共回收问卷 82562 份（见图 1）。

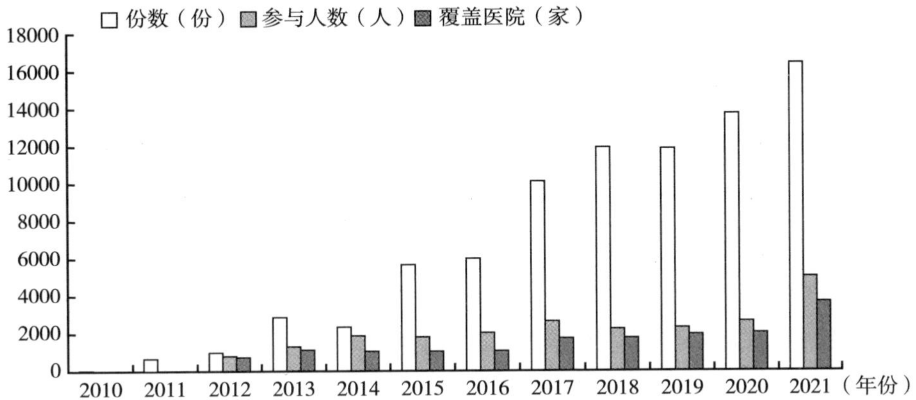

图1　2010～2021 年中国医疗器械行业数据调查问卷回收情况

资料来源：《中国医疗设备》杂志社行业数据调研。

（一）笃志前行十二载，凝心聚力创未来

从不断完善和提高的角度看，中国医疗器械行业数据调查项目大体经历了三个发展阶段。

1. 2010～2011年调查项目的建立与启动

2010 年，为了在全国医学工程领域宣传、鼓励和表彰优秀的技术型医工人员，树立比、学、赶、帮的医工行业新风，鼓励厂家做好售后服务，中华医学会医学工程学分会联合《中国医疗设备》杂志社开展了中国医疗器械售后服务调查活动。

调查活动主要面向学会内部专家；调查涵盖 6 类医疗设备，分别是放射影像类、超声类、监护设备类、内窥镜类、呼吸类及麻醉类；调查方式为填写纸质问卷，回收之后电子化汇总；调查内容有 6 个指标，主要分析企业的售后服务满意度。2011 年，调查对象扩大至全国二级及以上医院，中华医学会医学工程学分会委员、常委及相关专家；调查范围涵盖 7 类医疗设备，增加血液净化类；调查方式电子化，以纸质问卷为主，E-mail 问卷为辅；调查回收问卷数量共计 622 份，覆盖二级及以上医院数 500 余家。

2. 2012～2016年数据调查扩大覆盖范围

2012 年，调查对象扩大至全国二级及以上医疗机构设备管理部门；调查

范围在2011年7个类别的基础上调整为17类。调查回收问卷共计1024份，覆盖二级及以上医院736家，其中523家为三级医院，213家为二级医院；调查维度分为质量、价格、效率、培训和其他五个方面，共计20个指标。2013年，项目对数据研究员进行了实名认证，问卷可靠性更高；调查范围进一步调整为15类。调查方式为《中国医疗设备》杂志社在网站发布问卷，行业研究员网上作答；调查回收问卷共计1844份，覆盖二级及以上医院1120家，其中三级医院722家、二级医院398家；调查维度分为配送服务、产品保证、维修服务、投诉处理和培训服务五个方面，共计15个指标。2014年，调查范围增至19类；调查回收问卷共计1713份，覆盖全国1048家二级及以上医院，其中三级医院684家、二级医院364家。2015年，调查范围增至21类，增加病理类和手术显微镜类，调整DR类为普放类，调整消毒与灭菌类为消毒设备类；调查问卷更有针对性，大型设备和小型设备分别设置不同问卷；调查回收问卷共计1618份，覆盖全国1042家二级及以上医院，其中三级医院689家、二级医院353家；调查分析维度增加设备可靠率。

2016年，调查对象扩大为各等级医疗机构设备管理部门从业人员，除二级及以上医院外，其他医疗机构（基层医院、专业医疗机构等）也开始参与调研活动；调查回收问卷共计2025份，覆盖全国1126家二级及以上医院；调查分析维度增加使用效率、设备老化及故障情况、维修保养情况以及满意度和重要度模型方面的指标，涉及内容更广。

3. 2017~2021年数据调查的完善和提高

2017年，调查范围略有调整，调整普放类为X射线类。根据产品线设备特性，将所有调研设备分为六大类，分别为影像类设备，核医学、放疗等甲类设备，急救与生命支持设备，腔镜类设备，手术室设备，实验室设备。调查问卷根据产品线不同，问题也不尽相同，更加准确。调查回收问卷共计2638份，覆盖全国1728家医疗机构，其中三级医院730家、二级医院414家、其他医疗机构584家。调查维度调整为产品质量、维修质量、价格、效率、培训和服务态度六个方面；调查分析维度也做出较大调整，分别为保有率、分级保有率、满意度、分级满意度、分省满意度、六维综合满意度、核心环节竞争力、年平均故障次数、维保履行率、维修付款方式、无间断服务情况、推荐度、四分图模型。

2018 年，调查对象以医疗机构设备管理部门从业人员为基础，逐渐向临床使用科室及影像科、检验科等设备使用科室延伸。经过各产品线数据研讨会讨论，调查范围中，调整放疗类为直线加速器类；调整消毒设备类为供应室及手术室消毒类，其中包括：脉动真空压力蒸汽灭菌器、环氧乙烷灭菌器、过氧化氢低温等离子灭菌器、医用全自动器械清洗机、卡式灭菌器、小型高温蒸汽灭菌器。2018 年，国家卫生健康委员会发布《大型医用设备科学配置许可管理目录（2018 年）》，对甲、乙类大型医用设备涵盖范围进行调整，直线加速器（放疗类设备）不再列入甲类大型医用设备，故将核医学、放疗等甲类设备和影像类设备合并为数字诊疗装备。调查方式首次通过“好医工”App 完成填写，并且可以实时查看数据报告。调查回收问卷共计 2233 份，覆盖全国 1752 家医疗机构，其中三级医院 636 家、二级医院 371 家；调查分析维度调整推荐度为净推荐率，增加意向回购率。

2019 年，调查通过“好医工”App 和“好医工”PC 端完成填写，并且可以实时查看数据报告。调查品类包含 CT 类、磁共振 MRI 类等 21 类主流设备类别，分别从产品质量、维修质量、价格、培训、效率、服务态度六大维度对数据进行调研，回收问卷共计 11859 份，覆盖全国 1939 家医疗机构，其中三级医院 723 家、二级医院 556 家、其他医疗机构 660 家，二级及以上医院覆盖率 11.1%。

2020 年，延续 2019 年“好医工”App 和“好医工”PC 端双端填写的调查方式，可以实时查看数据报告。调查人群从医疗设备的维修管理人员向影像科、检验科、血液中心人员延伸。经数据研讨会讨论，增加输血治疗类设备调查，医疗从业人员基本信息调查增加科室基本信息。调查维度分别为产品质量、维修质量、价格、培训、效率、服务态度，具体细分问题共 27 个，回收问卷共计 13722 份，覆盖全国 2019 家医疗机构，其中三级医院 858 家、二级医院 594 家、其他医疗机构 567 家，二级及以上医院覆盖率 11.7%。

2021 年，通过“好医工”App 和“好医工”PC 端双端填写的调查方式，回收问卷共计 16406 份，覆盖全国 32 个省份的 3665 家医院，二级及以上医院达到 2928 家，其中三级医院 1503 家、二级医院 1425 家，全国二级及以上医院覆盖率达 21.9%（同比上涨 10.2 个百分点），回收问卷数量、覆盖医疗机构与往年相比均有较大提升；调查产品线更加全面，分类更加精细，2021 年度新增加调查产品线伽马刀类、急诊检验类，目前共23个主流设备类别，调查产品线基本覆盖医疗器械行业全品类设备。

（二）医疗器械数据调查的设计及方法

1. 数据调查的设计思路

数据调查活动的主要目的是通过对医疗机构在用医疗设备的统计，经过科学分析，反哺行业发展。调查对象为医疗机构，分为两类，一类是设备管理部门，该部门负责医疗设备保障管理工作，能够反馈医院的设备配置情况及厂家提供售后服务情况；另一类是临床及医技等设备使用部门，这些部门的医护人员对各厂家的售后服务也有直接接触，可以直接地反馈厂家的服务。数据调查包括6个维度。调查问卷涉及指标多达30余项。

数据调研采用Delphi法制定中国医疗器械行业数据及售后服务调查问卷。由放射诊断专家、医学工程专家及统计学专家组成专家小组，考虑整个医疗设备使用及售后服务流程涉及的指标，制订初步调查问卷，然后结合专家咨询、座谈、试答的方式对问卷进行优化，经多轮意见收集和反馈后，确认问卷内容。每年联合医院设备使用科室以及医疗设备企业人员举办行业数据研讨会，根据实际工作需要对问卷进行调整和完善。

效度一般指问卷的有效性和准确性，即测量工具能够准确测出所需测量事物的程度。效度通常分为三种类型：内容效度、准则效度和结构效度。本项目采用结构效度分析，它指测量结果体现出来的某种结构与测值之间的对应程度，采用KMO值来判断问卷效度是否合理，判断标准如表1所示。

表1　结构效度判定准则

KMO 系数	KMO > 0.9	0.7 < KMO ≤ 0.9	0.6 < KMO ≤ 0.7	KMO ≤ 0.6
结构效度	非常好	较好	尚可	较差，不可用

资料来源：《中国医疗设备》杂志社行业数据调查。

对2017～2021年行业数据及售后服务调查影像类设备问卷设计的科学性进行评估，所得效度检验结果如表2所示。根据检验结果，结合判定标准，这5年问卷检验KMO值均大于0.9，故问卷的结构设置是有效可用的。

表 2　2017 ~2021 年影像类设备问卷效度检验结果

年份	KMO 值	年份	KMO 值
2017	0.954	2020	0.973
2018	0.963	2021	0.977
2019	0.968		

资料来源：《中国医疗设备》杂志社行业数据调查。

信度主要指问卷数据精准性，即采用同样的方法对同一对象重复测量时所得结果的一致性程度。其分析方法主要有重测信度法、复本信度法、分半信度法和内部一致性信度法。本项目采用内部一致性信度法，判定标准如表 3 所示。

表 3　信度检验标准

α 系数	$\alpha \geqslant 0.9$	$0.8 \leqslant \alpha < 0.9$	$0.7 \leqslant \alpha < 0.8$	$\alpha < 0.7$
信度	很高	可以接受	有一定参考价值	数据不可用

资料来源：《中国医疗设备》杂志社行业数据调查。

对 2017 ~2021 年行业数据及售后服务调查影像类设备数据的可信度评估，所得信度检验结果如表 4 所示。根据检验结果，结合判定标准，这 5 年数据信度检验 α 值均大于 0.9，故调查的数据可信度较高，结果有效。

表 4　2017 ~2021 年影像类设备数据信度检验结果

年份	α 值	年份	α 值
2017	0.951	2020	0.968
2018	0.960	2021	0.969
2019	0.964		

资料来源：《中国医疗设备》杂志社行业数据调查。

2. 数据调查的品类划分

2021 年根据医院医疗设备配置情况，将医院在用设备分为五大类，分别为数字诊疗装备、急救与生命支持类设备、腔镜类设备、手术室设备、实验室设备。

在五大类设备中细分了二十三类，分别是 CT 类、磁共振 MRI 类、血管造影机 DSA 类、X 射线类、超声影像类、直线加速器类、核医学类、伽马刀类、监护类、呼吸类、输注泵类、血液净化类、软式内窥镜类、硬式内窥镜类、麻醉类、电刀/超声刀等医用刀类、手术室灯床类、医用激光类、供应室及手术室消毒类、手术显微镜类、检验室设备类、病理类、急诊检验类。具体情况如表 5 所示。

表 5　中国医疗器械行业数据调查细分子类

大类	细分子类
数字诊疗装备	CT 类、磁共振 MRI 类、血管造影机 DSA 类、X 射线类、超声影像类、直线加速器类、核医学类、伽马刀类
急救与生命支持类设备	监护类、呼吸类、输注泵类、血液净化类
腔镜类设备	软式内窥镜类、硬式内窥镜类
手术室设备	麻醉类、电刀/超声刀等医用刀类、手术室灯床类、医用激光类、供应室及手术室消毒类、手术显微镜类
实验室设备	检验室设备类、病理类、急诊检验类

资料来源：《中国医疗设备》杂志社行业数据调查。

3. 数据调查的内容设计

“中国医疗器械行业数据调查”主要调查医疗设备的配置、售后服务、设备维护保养以及使用故障情况，分别从产品质量、维修质量、价格、效率、培训、服务态度等维度进行调查。

调查问卷从基本的安装、维修、备件的提供，到定期维护、系统升级，再到人员培训等，涉及指标达 30 多个，并逐年进行完善和调整。2015 年调查问卷在 2014 年的基础上减少了对返修次数的满意度及对维修价格清单的满意度两个指标，将报修后工程师到达现场速度的满意度及维修周期长度的满意度合并为对维修效率的整体满意度；2016 年调查问卷在 2015 年的基础上将对产品可靠性及适用性评价的指标拆分成两个指标，将维修效率相关问题全部进行了拆分，增加了对工程师服务态度满意度、企业提供维修培训计划完成效果的满意度指标。2017 年，调查问卷对产品适用性评价的指标改为对产品易用性满意度，将保修期以外提供的服务的满意度改为保修期内是否定期按医院实际需求提供维护保养；新增对开放维修诊断数据接口及故障代码的满意度；将保修期内是否定期按医院实际需求提供维护保养、维修付款方式以及周末节假日工程师是否提供上门维修服务维度上的问题改为选择题。2018 年，将“您是否推荐该品牌”改为“您对该品牌设备的推荐程度”，新增“您是否愿意再次购买使用该品牌设备”的问题。2020 年，对于维修质量、效率、服务态度与其他四个调研维度，各自增加一个问题；将原归属于产品质量的对基本维修资料开放程度和开放维修诊断数据接口及故障代码的两个问题归于维修质量分类。2021 年，对于新增产品线——“急诊检验类设备”问卷具体设备具体分析，单独设计问卷；增加对厂家工程师主动合理的非维修性拜访或巡检服务调研，企业是否有线上报修平台或便捷的线上报修渠道，厂家在联合教育、培训、科研及创新成果转化方面的满意度调研（见表 6）。

4. 数据的上报和统计分析

调查活动具有专属的问卷填写系统，问卷主要通过在“好医工”App、“好医工”PC 端完成填写，数据直接汇入服务器，由《中国医疗设备》杂志社行业数据部进行数据的双盲清洗、统计和分析。

（1）保有率

主要调研医院在用设备的配置情况，根据医院在用设备中各品牌设备数量所占比例计算得出。

（2）满意度

主要采用了专家权重及台件权重的方法。调研问卷设置了 14 ~ 25 个数量不等的打分题，设备使用者对这些问题的关注程度并不一样，故设置专家权重以平衡各指标的重要程度。专家权重是通过专家赋权法来确定的。从全国各地区选取多位医疗设备使用及管理专家对评价指标重要程度进行打分，以此来确定各指标的权重高低。

另外，由于医院等级、规模、服务对象的不同，不同医院在医疗设备的配置数量上也有很大差别，这对设备服务评估有较大影响。为体现装机量是影响满意度的重要因子，减轻由装机量差距引起的片面权重倾斜，采用装机量的平方根作为权重因子，设置了台件权重。

表6　2021年度调查问卷

指标	评价内容	评价结果
基础信息	1. 品牌(请选择医院在用的厂家)	
	2. 型号(请选择医院在用的型号)	
	3. 设备数量(请填写该类设备品牌所有设备数量)	
	4. 有创呼吸类设备数量(请填写该类设备品牌所有设备数量)	
	5. 购买保修的设备数量(包含在保设备和出保设备)	
产品质量	6. 对产品可靠性的满意度(故障率低、性能稳定)	★★★★★
	7. 对产品易用性的满意度(操作简便)	★★★★★
维修质量	8. 对基本维修资料(维修手册、维修图纸、操作手册、技术参数、专用维修工具等)开放程度的满意度	★★★★★
	9. 对开放维修诊断数据接口及故障代码的满意度	★★★★★
	10. 对工程师维修水平的满意度	★★★★★
	11. 对维修后返修情况的满意度	★★★★★
	12. 对维修/保养后,企业提供的维保记录和检测报告的满意度	★★★★★
	13. 保修期内是否定期按手册要求提供维护保养	是/否
	14. 对设备使用远程监控方式的满意度	★★★★★
	15. 对保修期内换部件质保的满意度	★★★★★
	16. 对提供周期性质量检测的满意度	★★★★★
	17. 对提供预防性维护计划和组织实施的满意度	★★★★★
	18. 对厂家工程师主动合理的非维修性拜访或巡检服务的满意度	★★★★★
价格	19. 对厂家工程师工时费用的满意度	★★★★★
	20. 对配件价格的满意度	★★★★★
	21. 维修付款方式	先修后付款/先付款后修
效率	22. 对设备到货时间,厂家是否严格执行合同规定的满意度(原厂授权代理商等同原厂)	★★★★★
	23. 对安装合格速度的满意度	★★★★★
	24. 对配件到货速度的满意度	★★★★★
	25. 对厂家工程师维修响应、到达现场、修复速度的满意度	★★★★★
	26. 企业是否有线上报修平台或便捷的线上报修渠道	是/否
	27. 对服务热线工作方式和到场响应速度的满意度	★★★★★

续表

指标	评价内容	评价结果
培训	28. 对设备科人员提供无附加条件的维修培训的满意度	★★★★★
	29. 对临床使用培训的满意度	★★★★★
	30. 对合同规定的培训条款履约情况的满意度	★★★★★
服务态度	31. 对厂家工程师服务态度的满意度	★★★★★
	32. 对客户投诉的处理效率与处理效果的满意度	★★★★★
	33. 对厂家在联合教育、培训、科研及创新成果转化方面的满意度	★★★★★
	34. 周末节假日工程师是否提供上门维修服务	是/否
其他	35. 对公司售后服务的总体满意度	★★★★★
	36. 您愿意推荐该品牌给其他同行	1~10 分
	37. 您是否愿意再次购买使用该品牌设备？原因________	是/否
	38. 1 年内,该品牌平均每台设备的故障次数为___次(指报修的故障次数,与是否产生维修费用无关,设备重启只计算一次故障/年)	
	39. 您还想了解有关该类医疗设备的哪方面情况	选填

资料来源：《中国医疗设备》杂志社行业数据调查。

结合专家权重和台件权重，采用加权平均法得到设备售后服务满意度，加权平均值的计算方法如下。

利用指标权重得到每个评价者对设备的综合评价情况，计算方法如下：

$$\bar{x}_i = \omega_1 x_{1i} + \omega_2 x_{2i} + \cdots + \omega_n x_{ni}$$

其中 $\bar{x}_i$ 是指第 i 个评价者的评价得分，ω_n 为第 n 个指标的权重，x_{ni} 为第 i 个评价者在第 n 个指标上的评价打分。

然后结合台件权重，得到同一类型设备中所有评价者的综合分值，计算方法如下：

$$\bar{\bar{x}} = \mu_1 \bar{x}_{1i} + \mu_2 \bar{x}_{2i} + \cdots + \mu_n \bar{x}_{ni}$$

其中 $\bar{\bar{x}}$ 为综合评价分值，μ_n 为第 n 个评价者台件权重。

（3）六维综合满意度

从产品质量、维修质量、价格、效率、培训、服务态度六个维度来综合评

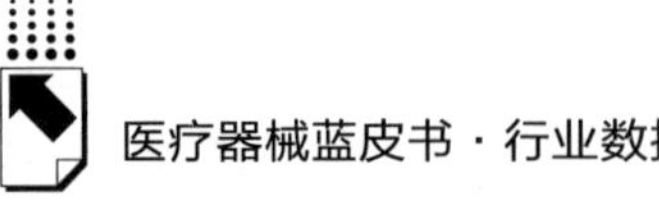

价各品牌的表现。根据六维综合满意度，可以看出各品牌在每个方面服务的优劣，好的方面维持，欠缺的方面着重提升，有的放矢，更加有效地提升整体服务质量。

（4）核心环节竞争力

医院专家对调研的全部问题进行重要度评价，得出各个问题的权重，将医院最关心的4个维度称为核心环节，各企业在这4个维度上得到的满意度就是其核心环节竞争力。核心环节问题是医院最为看重的问题，也是对满意度影响最大的问题。某方面满意度越高，企业在这个核心环节上的竞争力越强。

（5）维保履行率

维保履行率展示了在保修期内厂家定期按医院需求提供维护保养的情况。维保履行率越高，企业在保修期内按照医院需求对医院设备提供维护保养的比例越高。

（6）维修付款方式

维修付款方式反映的是企业提供售后维修时，选择“先修后付款”的比例。这个指标越高，越能体现企业更加注重客户需求，以客户满意为先。

（7）无间断服务

无间断服务反映的是企业在周末、节假日提供上门维系服务的比例。指标越高，说明企业无间断售后服务越好。

（8）净推荐值

主要为计量客户向其他人推荐某个品牌设备可能性的指数。计算方法为推荐者的比例减去贬损者的比例。计算方法为：净推荐值（NPS）＝（推荐者数/总样本数）×100%－（贬损者数/总样本数）×100%。

（9）意向复购率

客户愿意再次购买该品牌设备的比例，是在体验过该品牌设备之后做出的选择。

（10）满意度&重要度－四分图模型

主要通过调查列出设备服务相关的所有指标，对每个指标设重要度和满意度两个属性，根据客户对该指标的重要程度及满意程度的打分，将影响企业满意度的各因素归进四个象限内，可按归类结果对这些因素分别处理（见图2）。

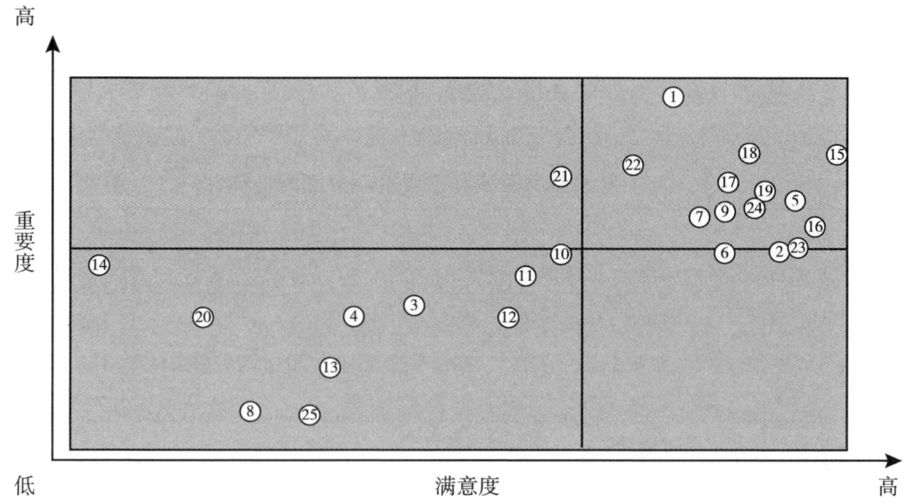

图 2　满意度 & 重要度 - 四分图模型

资料来源：《中国医疗设备》杂志社行业数据调查。

第一象限为优势区，该区域指标均为高重要度高满意度。该区域内的指标是运营管理的主要关注点，该区域内指标越多说明企业的整体服务水平越高，客户满意程度越高。

第二象限为修补区，该区域指标为高重要度低满意度。该区域内指标均为重要指标，但是企业在这方面做得不够，客户满意度低。所以该区域内的指标是企业服务的短板，企业需重点关注，亟须改善提高。

第三象限为机会区，该区域内的指标均为低重要度低满意度。该区域内的指标是设备运营的次要关注点，本区域内的指标重要度较低，客户的满意度和关注度也较低，企业可根据实际条件适当调整本区域内的指标投入。

第四象限为维持区，该区域内指标为低重要度高满意度。该区域内指标是设备运营的次要关注点，客户虽然关注度低但是较为满意，所以该区域内指标需要企业继续保持。

满意度和重要度模型四分图内编号释义详见表 7 ~ 表 9。其中，表 7 为 CT 类、磁共振 MRI 类、血管造影机 DSA 类、X 射线类、超声影像类、核医学类、直线加速器类及伽马刀类设备的释义；表 8 为监护类、呼吸类、输注泵类、血液净化类、软式内窥镜类、硬式内窥镜类、麻醉类、电刀超声刀等医用刀类、手术室灯床类、医用激光类、供应室及手术室消毒类、手术室显微镜类、检验室设备类的释义；表9为急诊检验类设备的释义。

表7　2021年设备满意度和重要度四分图编号释义一

编号	释义
①	对产品可靠性的满意度(故障率低、性能稳定)
②	对产品易用性的满意度(操作简便)
③	对基本维修资料(维修手册、维修图纸、操作手册、技术参数、专用维修工具等)开放程度的满意度
④	对开放维修诊断数据接口及故障代码的满意度
⑤	对工程师维修水平的满意度
⑥	对维修后返修情况的满意度
⑦	对维修／保养后,企业提供的维保记录和检测报告的满意度(是否详细准确)
⑧	对设备使用远程监控方式的满意度
⑨	对保修期内换部件质保的满意度
⑩	对提供周期性质量检测的满意度
⑪	对提供预防性维护计划和组织实施的满意度
⑫	对厂家工程师主动合理的非维修性拜访或巡检服务的满意度
⑬	对厂家工程师工时费用的满意度
⑭	对配件价格的满意度
⑮	对设备到货时间,厂家是否严格执行合同规定的满意度(原厂授权代理商等同原厂)
⑯	对安装合格速度的满意度
⑰	对配件到货速度的满意度
⑱	对厂家工程师维修响应、到达现场、修复速度的满意度
⑲	对服务热线工作方式和到场响应速度的满意度
⑳	对设备科人员提供无附加条件的维修培训的满意度
㉑	对临床使用培训的满意度
㉒	对合同规定的培训条款履约情况的满意度
㉓	对厂家工程师服务态度的满意度
㉔	对客户投诉的处理效率与处理效果的满意度
㉕	对厂家在联合教育、培训、科研及创新成果转化方面的满意度

表 8 2021 年设备满意度和重要度四分图编号释义二

编号	释义
①	对产品可靠性的满意度(故障率低、性能稳定)
②	对产品易用性的满意度(操作简便)
③	对工程师维修水平的满意度
④	对维修后返修情况的满意度
⑤	对维修/保养后,企业提供的维保记录和检测报告的满意度(是否详细准确)
⑥	对保修期内换部件质保的满意度
⑦	对提供周期性质量检测的满意度
⑧	对提供预防性维护计划和组织实施的满意度
⑨	对厂家工程师主动合理的非维修性拜访或巡检服务的满意度
⑩	对厂家工程师工时费用的满意度
⑪	对配件价格的满意度
⑫	对设备到货时间,厂家是否严格执行合同规定的满意度(原厂授权代理商等同原厂)
⑬	对配件到货速度的满意度
⑭	对厂家工程师维修响应、到达现场、修复速度的满意度
⑮	对服务热线工作方式和到场响应速度的满意度
⑯	对设备科人员提供无附加条件的维修培训的满意度
⑰	对临床使用培训的满意度
⑱	对合同规定的培训条款履约情况的满意度
⑲	对厂家工程师服务态度的满意度
⑳	对客户投诉的处理效率与处理效果的满意度
㉑	对厂家在联合教育、培训、科研及创新成果转化方面的满意度

表 9 2021 年设备满意度和重要度四分图编号释义三

编号	释义
①	对产品可靠性的满意度(故障率低、性能稳定)
②	对产品易用性的满意度(操作简便)
③	对产品外形设计的满意度(空间利用率、设计合理性)
④	对试剂耗材可靠性的满意度(精密度、可重复性、兼容性)
⑤	对试剂耗材易用性的满意度(存储条件、存储效期)
⑥	对工程师当日修复设备的维修水平的满意度
⑦	对工程师解决疑难问题的能力的满意度
⑧	对售后服务人员到场响应时间的满意度
⑨	对售后服务人员维修速度的满意度
⑩	对装机后培训的满意度
⑪	对设备应用培训的满意度
⑫	对厂家工程师服务态度的满意度
⑬	对应用技术支持人员服务态度的满意度
⑭	对客户投诉的处理效率与处理效果的满意度

三 2021年数据调查的实施情况

2021 年数据调研活动自 2021 年 3 月底开始至 2021 年 11 月底结束，经过积极号召、科学组织，问卷覆盖全国 32 个省份的临床工程相关从业人员，从调研机构回收的问卷共计 16406 份，覆盖全国 3665 家医疗机构，其中三级医院 1503 家、二级医院 1425 家、其他医疗机构 737 家。

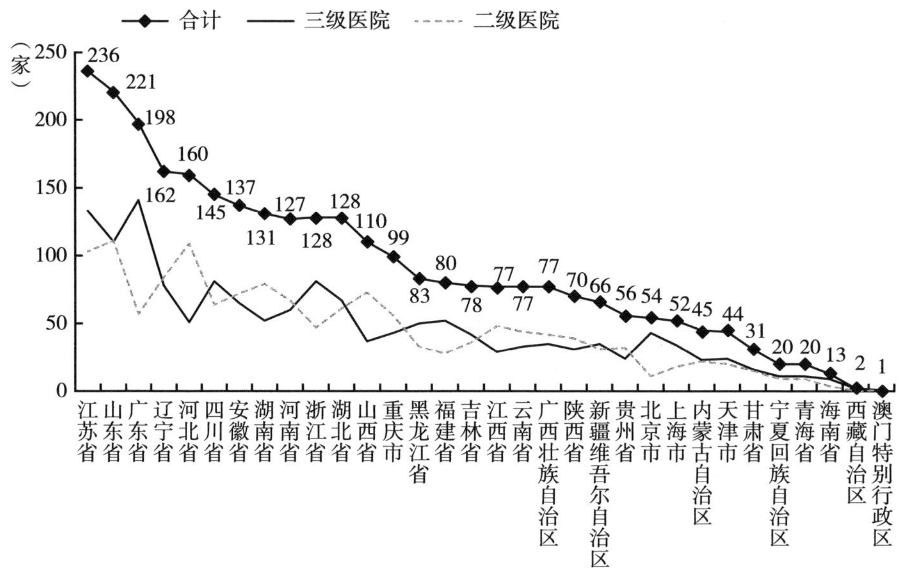

图 3 二级及以上医院参与 2021 年中国医疗器械行业数据调研的省份分布情况

资料来源：《中国医疗设备》杂志社行业数据调查。

参与调研的二级及以上医院共计 2928 家，分布在 32 个省份。由图 3 可以看出，2021 年的行业数据调研存在两方面的问题。一是地域分布不均匀，参与调研的医院主要集中在沿海省份及中原地区，如江苏省、广东省、河北省等，西部地区参与医院相对较少。二是二级医院及基层医院参与较少。

未来项目组将调整各省份医院的问卷回收数量，增加二级医院及基层医院的问卷回收数量，使数据调研活动更科学、更具有公信力。

四　我国医疗器械行业数据化发展的趋势

数据是新时代重要的生产要素，是国家基础性战略资源。医疗器械行业数据化，是激活行业数据要素潜能的关键支撑，是促进行业高质量发展的强力保障。近几年，医疗器械行业数据化发展迅速，在数字监管、数字医疗、智能制造等领域相继拓展，并在疫情防控和复工复产中发挥了关键支撑作用。

（一）监管信息数据化进程加速

1. UDI 数据库及平台系统建设

医疗器械唯一标识（unique device identification，UDI）是对医疗器械全生命周期赋予的身份标识，是医疗器械上市流通使用的唯一“身份证”。UDI 的使用将极大促进医疗器械产业数字化建设和质量安全建设，提高供应链透明度和运作效率，降低运营成本，实现多方信息共享与交换，推动医疗器械高效监管和价值医疗内涵建设。2020 年医疗器械唯一标识数据库对外开放共享，有助于各方积极应用唯一标识及相关数据进行管理，实现从源头生产、经营流通到临床使用各环节“一码联通”，打破信息孤岛，搭建全链条联动，让患者明白使用，助推“三医联动”。自第一批医疗器械唯一标识系统试点工作开展以来，唯一标识在医疗器械生产、经营、使用等全生命周期各环节得到示范应用。2022 年 1 月 26 日国家药监局组织医药、卫生、医保领域专家开展了唯一标识示范单位遴选工作，坚持先进性、示范性，综合考虑地域、环节、实施品种、企业规模、技术先进程度等因素遴选出北京大学第三医院、北京世纪坛医院、北京爱康宜诚医疗器材有限公司等单位为首批 15 家医疗器械唯一标识示范单位。

2021 年 7 月 19 日，国家药监局印发了《关于做好第二批实施医疗器械唯一标识工作的公告（征求意见稿）》，第二批医疗器械唯一标识工作将于 2022 年 3 月 1 日起实施，将进一步助推医疗器械从源头生产到临床使用全链条联动。

2. 真实世界数据助力产品上市后监管

真实世界数据是指传统临床试验以外的，从多种来源收集的各种与患者健康状况和/或常规诊疗及保健有关的数据。医疗器械产品的上市后监测，涉及不良事件监测、产品安全有效性再评价等方面，是医疗器械全生命周期临床评价的重要组成部分。真实世界数据在上市后监测中应当发挥重要作用，如通过收集、提取风险信号，开展不良事件归因分析，及时发现和控制已上市医疗器械的使用风险，同时促进生产企业对已上市产品的设计改进，推动新产品研发。

2020 年 11 月，国家药监局对外发布《真实世界数据用于医疗器械临床评价技术指导原则（试行）》（以下简称《指导原则》），初步规范和合理引导真实世界数据在医疗器械临床评价中的应用，为申请人使用医疗器械真实世界数据申报注册以及监管部门对该类临床数据的技术审评提供技术指导。《指导原则》从不同维度，梳理总结了真实世界数据用于医疗器械临床评价的十一种常见情形，包括：在同品种临床评价路径中提供临床证据；用于支持产品注册，作为已有证据的补充；临床急需进口器械在国内特许使用中产生的真实世界数据，可用于支持产品注册，作为已有证据的补充；作为单组试验的外部对照；为单组目标值的构建提供临床数据；支持适用范围、适应证、禁忌证的修改；支持在说明书中修改产品的临床价值；支持附带条件批准产品的上市后研究；用于高风险植入物等医疗器械的远期安全性和/或有效性评估；用于治疗罕见病的医疗器械全生命周期临床评价，加快其上市进程，满足患者需求；上市后监测等。从十一种常见情形可以看出，在当前发展阶段，真实世界数据在医疗器械临床评价中，更多的是作为已有临床证据的补充，不能取代现有临床评价路径。

（二）医疗设备智能化水平提升

近年来，传统医疗器械与 5G、人工智能、云计算、3D 打印等技术融合嵌入升级，智能化、高端化和家庭化已经成为医疗器械产业发展的三大趋势。2021 年 3 月，国家发改委等 28 部门联合印发的《加快培育新型消费实施方案》强调，加快以新技术促进新装备新设备应用，支持相关企业持续提升智能家居、移动智能终端和可穿戴设备开发能力。加强 5G 数字流动医院（巡诊车）、5G 急救设施、智能诊疗包、智能健康检测设备、医疗机器人、数字传感器等智能化医疗装备研发设计和生产，推广智能诊疗互联互通和一体化服务。

其中，智能可穿戴设备发展最为迅速，通过传感器将人体的生理数据反映到人们的移动设备上，为用户提供数据，让用户能够实时监测自己的身体健康状况。未来除了挖掘监测心率等数据以外，智能可穿戴设备还可以用于呼吸、血压、体温、血糖等其他重要生理参数的监测。作为最简单有效的自我健康监控及管理手段，智能可穿戴设备将打造慢性病自我管理新模式，预防慢性疾病的发生。

（三）生产企业数字化转型升级

工业互联网作为新一代信息技术与制造业深度融合的产物，日益成为新工业革命的关键支撑和深化“互联网 + 先进制造业”的重要基石。随着信息技术与制造业日益深度融合，工业生产朝向数字化转型升级的趋势愈发明显，数字化的知识和信息数据已成为企业的关键生产要素。通过充分发挥 5G 的感知能力和工业互联网的网络能力，企业在产品研发、生产、销售、物流及服务的全生命周期管理过程中，可以不断迭代产品设计、灵活调整生产工艺、实时安排生产调度，而不再是完全遵照计划与以往的经验进行管理。在未来，采购、设计、研发、生产、测试、销售等各种生产经营活动可以通过工业互联网平台交叉进行、分布式管理，实现并行制造。①

① 王喜文：《5G + 工业互联网助力企业数字化转型》，《企业管理》2020 年第 6 期。

注册审批篇

Registration and Approval

B.2
我国医疗器械行业审批申报与产品数据分析报告

周勇　杨雳　林伟强*

摘　要： 按照《医疗器械监督管理条例》和《国务院关于改革药品医疗器械审评审批制度的意见》（国发〔2015〕44号）相关文件要求，国家药品监督管理局坚持深入推进医疗器械审批制度改革，并不断提升医疗器械注册审批工作效率与质量。2019～2021年9月，国家药品监督管理局共计批准进口第一类医疗器械备案3702项，进口第二类医疗器械注册5722项，进口第三类医疗器械注册4814件。国家及各省市药品监督管理局依法批准国产第一类医疗器械备案69174项，国产第二类医疗器械注册45916项，国产第三类医疗器械注册7222项。2019～2021年9月，国

* 周勇，广州众成大数据科技有限公司董事长兼总经理，上海交通大学公共管理硕士（MPA），中国整形美容协会医美大数据中心主任、中国医疗器械行业协会中医医疗器械专委会秘书长、广州市生物产业联盟医疗器械专业委员会秘书长；杨雳，广州众成大数据科技有限公司产业研究部经理，华南师范大学管理学硕士，经济师；林伟强，广州众成大数据科技有限公司数据部副经理，中药学专业。

产和进口第一类、二类及三类医疗器械审批数量均呈先升后降的趋势。其中，国产第一、二类医疗器械审批数量波动剧烈，国产第一、三类及进口第二类均于2021年前三季度出现明显回落，其余类别审批数量相对稳定。

关键词： 医疗器械注册　医疗器械首次注册　医疗器械备案

一　我国医疗器械审批申报概况

（一）医疗器械审批申报整体情况

2014年修订的《医疗器械监督管理条例》和《国务院关于改革药品医疗器械审评审批制度的意见》（国发〔2015〕44号）深入持续的推进，尤其是2017年《关于深化审评审批制度改革鼓励药品医疗器械创新的意见》（厅字〔2017〕42号）的发布，对我国医疗器械的审批工作有着深远的影响。

根据国家药品监督管理局发布的年度医疗器械注册工作报告，2019～2021年（2021年为前三季度数据），国家及各省市药品监督管理局共计批准国产第一类医疗器械注册69174项，进口第一类医疗器械注册3702项；国产第二类医疗器械注册45916项，进口第二类医疗器械注册5722项；国产第三类医疗器械注册7222项，进口第三类医疗器械注册4814项。①

从趋势角度分析，相较2019年，2020年国产及进口医疗器械注册数量整体呈上涨趋势，其中国产第一类医疗器械注册数量增长幅度较大，同比增长106.78%；进口第三类医疗器械注册数量增长幅度较小，同比增长5.53%。同2020年相比，2021年前三季度国产及进口各类医疗器械注册批准数量整体呈下降趋势（见图1）。

① 本篇资料来源为众成数科大数据平台；《2019年度医疗器械注册工作报告》，https：//www. nmpa. gov. cn/yaowen/ypjgyw/20200317152701797. html；《2020年度医疗器械注册工作报告》，https：//www. nmpa. gov. cn/yaowen/ypjgyw/20210205111730106. html。

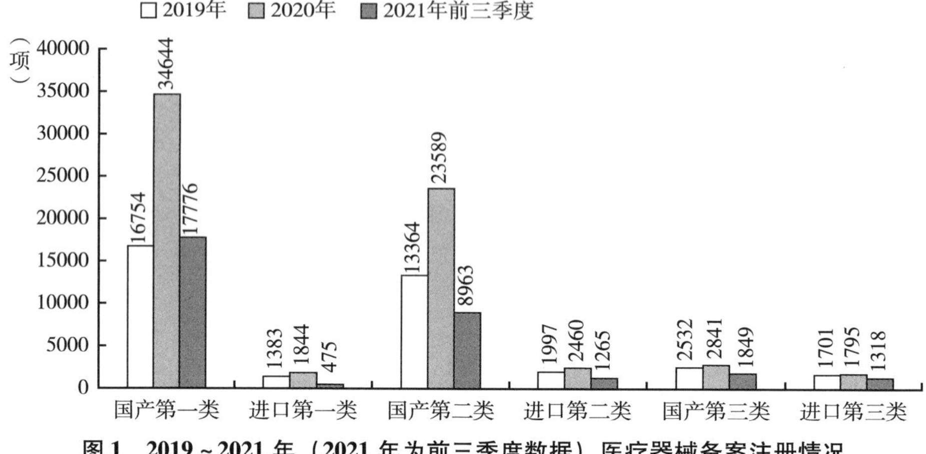

图1　2019~2021年（2021年为前三季度数据）医疗器械备案注册情况

从首次注册情况分析，国产第二类医疗器械注册产品中，首次注册31770项；国产第三类医疗器械注册产品中，首次注册2753项；进口第二类医疗器械注册产品中，首次注册883项；进口第三类医疗器械注册产品中，首次注册718项。

从首次注册类别分析，第二类医疗器械32653项，占全部首次注册的90.39%，第三类医疗器械3471项，占全部首次注册的9.61%。其中，国产第二类医疗器械31770项，占第二类产品首次注册97.30%，进口第二类医疗器械883项，占第二类产品首次注册的2.70%；国产第三类医疗器械2753项，占第三类产品首次注册的79.31%，进口第三类医疗器械718项，占第三类产品首次注册的20.69%。

从首次注册趋势分析，2020年境内第二类医疗器械首次注册数量快速增长，同比增长率为51.48%，2021年前三季度首次注册数量有所回落。2019~2021年（2021年为前三季度数据），进口二、三类和境内三类医疗器械注册数量均呈逐年下降趋势（见图2）。

（二）进口第三类医疗器械注册批准情况

1. 进口第三类医疗器械注册整体情况

根据国家药品监督管理局发布的年度医疗器械注册工作报告，2019~2021年（2021年为前三季度数据），进口第三类医疗器械注册4814项。其中，医疗器械注册4406项，体外诊断试剂注册408项（见表1）。

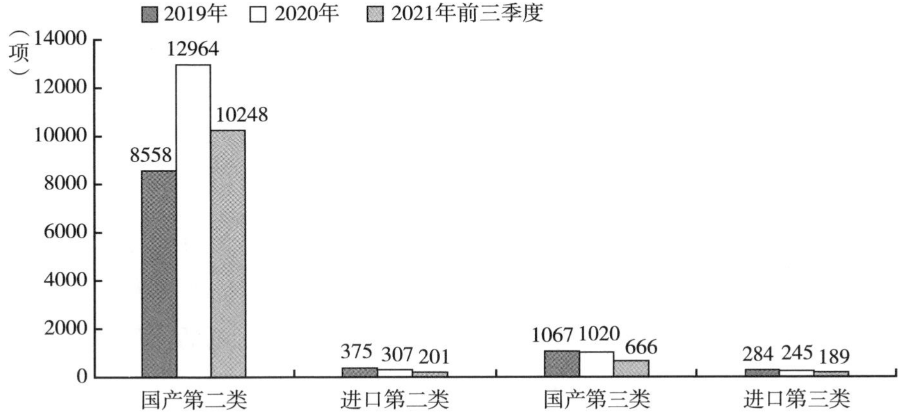

图 2　2019～2021 年（2021 年为前三季度数据）医疗器械首次注册情况

表 1　2019～2021 年（2021 年为前三季度数据）进口第三类医疗器械不同产品类型注册情况

单位：项，%

类别	2019 年		2020 年		2021 年	
	数量	占比	数量	占比	数量	占比
医疗器械	1491	87. 7	1619	90. 2	1296	98. 3
体外诊断试剂	210	12. 3	176	9. 8	22	1. 7

从注册形式看，首次注册 718 项，占全部进口第三类医疗器械注册数量的 14. 91%；延续注册 4096 项，占全部进口第三类医疗器械注册数量的 85. 09%（见表 2）。

表 2　2019～2021 年（2021 年为前三季度数据）进口第三类医疗器械不同注册形式注册数量分布

单位：项，%

注册形式	2019 年		2020 年		2021 年	
	数量	占比	数量	占比	数量	占比
首次注册	284	16. 7	245	13. 6	189	14. 3
延续注册	1417	83. 3	1550	86. 4	1129	85. 7
合计	1701	—	1795	—	1318	—

2. 进口第三类医疗器械首次注册情况

对进口第三类医疗器械首次注册情况进行分析时，以国家药品监督管理局批准注册医疗器械产品公告［2019～2021年（2021年为前三季度数据）］公布的注册产品目录为依据，包含港澳台数据。

（1）首次注册分析

2019～2021年（2021年为前三季度数据）国家药品监督管理局共批准首次注册产品739项。其中，2019年批准285项，2020年批准248项，2021年前三季度批准206项，具体月度分布如图3所示。三年批准的项目数量均超过200项，且均主要集中在上半年。

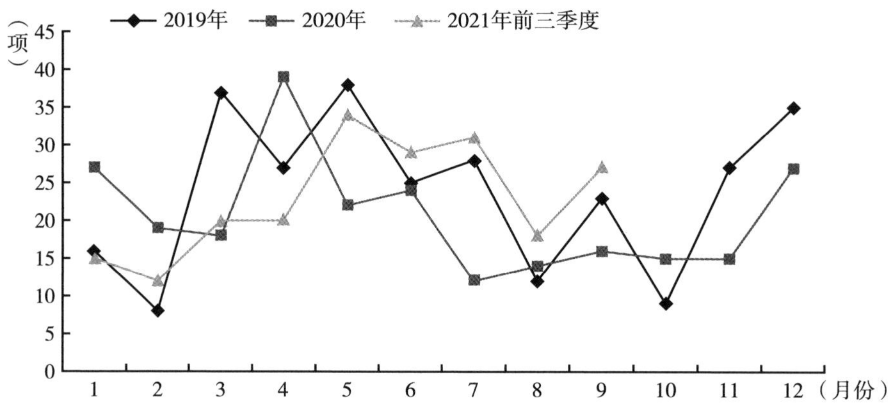

图3　2019～2021年（2021年为前三季度数据）进口第三类医疗器械首次注册月度分布

（2）品类分布分析

注册产品类别

根据医疗器械产品结构特征的特点，所有产品可以划分为有源医疗器械、无源医疗器械、医用独立软件和体外诊断试剂四大类。从结构特征分析，2019～2021年（2021年为前三季度数据）进口第三类医疗器械首次注册的739项产品中，无源医疗器械401项，占全部产品数量的54.26%；有源医疗器械270项，占全部产品数量的36.54%；体外诊断试剂57项，占全部产品数量的7.71%；医用独立软件11项，占全部产品数量的1.49%。无源医疗器械仍是进口第三类医疗器械首次注册产品的最大组成部分，有源医疗器械约占总体的 1/3，医用独立软件占比较小。

从月份时间轴分析，体外诊断试剂每月首次注册产品数量相对稳定，有源医疗器械较为稳定，而无源医疗器械波动较大，2020 年每月首次注册产品数量相对较少，2021 年有所增长（见图 4）。

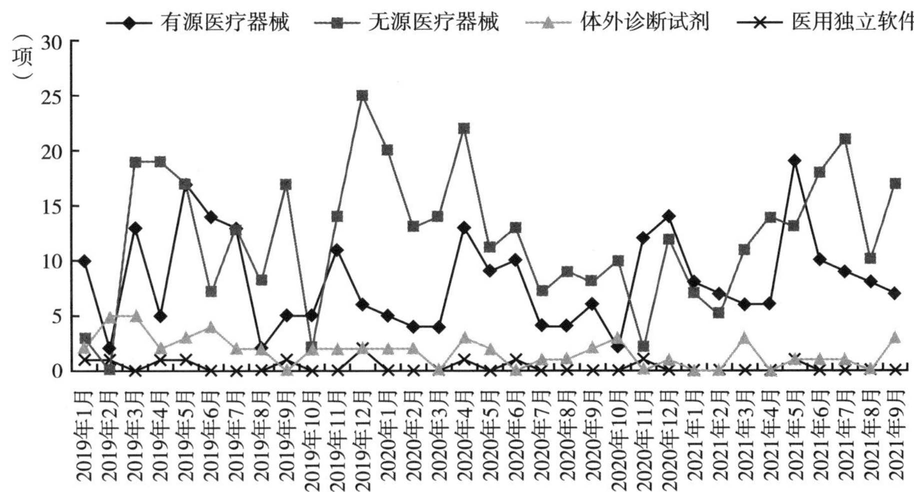

图 4　2019～2021 年（2021 年为前三季度数据）进口第三类医疗器械不同注册类别月度分布

分类目录

根据新版《医疗器械分类目录》，医疗器械被划分为 22 个不同类型的子目录，形成一整套分类体系，体外诊断试剂则按照《体外诊断试剂分类目录》单独进行管理。

按照新版《医疗器械分类目录》要求，对批准注册的 739 项产品的分类编码进行逐一分类，将其归入相应分类子目录（见表 3）。

表 3　2019～2021 年（2021 年为前三季度数据）进口第三类医疗器械首次注册分类目录

单位：项，%

分类目录	2019 年		2020 年		2021 年		合计	
	数量	占比	数量	占比	数量	占比	数量	占比
01 有源手术	19	6.67	16	6.45	18	8.74	53	7.17

续表

分类目录	2019 年		2020 年		2021 年		合计	
	数量	占比	数量	占比	数量	占比	数量	占比
02 无源手术	2	0.70	1	0.40	4	1.94	7	0.95
03 神经和心血管手术	34	11.93	37	14.92	27	13.11	98	13.26
04 骨科手术	1	0.35	0	0.00	0	0.00	1	0.14
05 放射治疗	4	1.40	2	0.81	2	0.97	8	1.08
06 医用成像	47	16.49	38	15.32	24	11.65	109	14.75
07 医用诊察和监护	6	2.11	4	1.61	3	1.46	13	1.76
08 呼吸、麻醉和急救	6	2.11	2	0.81	6	2.91	14	1.89
09 物理治疗	2	0.70	5	2.02	2	0.97	9	1.22
10 输血、透析和体外循环	4	1.40	10	4.03	20	9.71	34	4.60
11 医疗消毒灭菌	0	0.00	0	0.00	0	0.00	0	0.00
12 有源植入	16	5.61	10	4.03	16	7.77	42	5.68
13 无源植入	50	17.54	45	18.15	37	17.96	132	17.86
14 注输、护理和防护	9	3.16	8	3.23	7	3.40	24	3.25
15 患者承载	0	0.00	0	0.00	0	0.00	0	0.00
16 眼科	16	5.61	21	8.47	18	8.74	55	7.44
17 口腔科	22	7.72	25	10.08	9	4.37	56	7.58
18 妇产科、辅助生殖和避孕	6	2.11	3	1.21	0	0.00	9	1.22
19 医用康复	0	0.00	0	0.00	0	0.00	0	0.00
20 中医	0	0.00	0	0.00	0	0.00	0	0.00
21 医用软件	7	2.46	3	1.21	1	0.49	11	1.49
22 临床检验	3	1.05	1	0.40	3	1.46	7	0.95
23 体外诊断试剂	31	10.88	17	6.85	9	4.37	57	7.71

从总体情况分析，进口第三类医疗器械首次注册产品中，无源植入器械（17.86 %）、医用成像器械（14.75 %）、神经和心血管手术器械（13.26 %）占据前3位，占总量的45.87%；其他超过总量5%的有体外诊断试剂、有源手术器械、口腔科器械、有源植入器械、眼科器械，属于进口相对较多的医疗器械产品；此外，由于中医器械、患者承载器械、医疗消毒灭菌器械、医用康复器械中不包含第三类医疗器械，不做分析。

从趋势分析，2019～2021 年 9 月进口第三类医疗器械首次注册产品中，无源植入器械稳定地占据最大比例。2019 年、2020 年医用成像首次注册比例分别以 16.49%、15.32% 居于第二位，2021 年前三季度有所下降，以 11.65% 居于第三位。而神经和心血管手术器械 2019 年、2020 年分别以 11.93%、14.92% 稳居第三位，2021 年前三季度升至第二位。

此外，输血、透析和体外循环器械首次注册比例由 2019 年的 1.40% 提升至 2021 年前三季度的 9.71%。有源植入器械、有源手术器械、无源手术器械首次注册比例在此期间亦有小幅提升。口腔科器械注册数量 2019 年由 22 项（7.72%）增加至 2020 年 25 项（10.08%），2021 年前三季度骤降到 9 项（4.37%）。体外诊断试剂表现出逐年下降趋势，由 2019 年的 31 项（10.88%）下降到 2020 年的 17 项（6.85%），再到 2021 年前三季度的 9 项（4.37%）。医用诊察和监护器械，妇产科、辅助生殖和避孕器械，医用软件亦呈现下降趋势。

（3）国家地区分析

2019～2021 年（2021 年为前三季度数据）注册的 739 项首次注册进口第三类医疗器械产品来自 23 个国家或地区。

表 4　2019～2021 年（2021 年为前三季度数据）进口第三类首次注册医疗器械国家或地区分布

单位：项，%

国家/地区	2019 年		2020 年		2021 年		合计	
	数量	占比	数量	占比	数量	占比	数量	占比
美国	117	41.05	103	41.53	65	31.55	285	38.57
德国	54	18.95	38	15.32	48	23.30	140	18.94
日本	26	9.12	28	11.29	22	10.68	76	10.28
韩国	14	4.91	11	4.44	10	4.85	35	4.74
中国台湾	9	3.16	11	4.44	10	4.85	30	4.06
瑞士	12	4.21	8	3.23	9	4.37	29	3.92
荷兰	9	3.16	10	4.03	5	2.43	24	3.25
法国	9	3.16	6	2.42	5	2.43	20	2.71
瑞典	6	2.11	6	2.42	5	2.43	17	2.30
意大利	5	1.75	6	2.42	6	2.91	17	2.30
以色列	4	1.40	5	2.02	4	1.94	13	1.76

续表

国家/地区	2019 年		2020 年		2021 年		合计	
	数量	占比	数量	占比	数量	占比	数量	占比
英国	4	1. 40	3	1. 21	6	2. 91	13	1. 76
爱尔兰	5	1. 75	6	2. 42	1	0. 49	12	1. 62
丹麦	3	1. 05	3	1. 21	0	0. 00	6	0. 81
马来西亚	0	0. 00	0	0. 00	6	2. 91	6	0. 81
比利时	2	0. 70	1	0. 40	0	0. 00	3	0. 41
列支敦士登	3	1. 05	0	0. 00	0	0. 00	3	0. 41
新加坡	1	0. 35	1	0. 40	1	0. 49	3	0. 41
芬兰	1	0. 35	0	0. 00	1	0. 49	2	0. 27
加拿大	0	0. 00	1	0. 40	1	0. 49	2	0. 27
澳大利亚	1	0. 35	0	0. 00	0	0. 00	1	0. 14
斯洛文尼亚	0	0. 00	1	0. 40	0	0. 00	1	0. 14
印度	0	0. 00	0	0. 00	1	0. 49	1	0. 14

2019～2021 年（2021 年为前三季度数据），进口首次注册产品数量位于前十的国家或地区分别为美国、德国、日本、韩国、中国台湾、瑞士、荷兰、法国、瑞典、意大利，大多数为发达国家/地区。其中，美国、德国、日本、韩国稳居前四位，其产品数量之和占到全部产品数量的 70% 以上，是进口第三类医疗器械的主要来源。从总体上看，美国进口产品数量占全部产品数量的 38. 57%，德国进口产品数量约占 1/5，日本进口产品数量约占 1/10，韩国约占 1/20。

从趋势分析，美国由 2019 年的 117 项，占总体的 41. 05%，此后下降到 2021 年前三季度的 65 项，占总体的 31. 55%。2019～2021 年 9 月首次注册数量及比例均呈明显下降趋势的还有荷兰、爱尔兰和丹麦。而德国在此期间首次注册比例由 2019 年的 18. 95%，经过 2020 年的略微下降后，在 2021 年前三季度上升至 23. 30%。英国、马来西亚首次注册数量及比例均有上升，马来西亚在 2019 年、2020 年中无首次注册产品，而在 2021 年有 6 项首次注册产品，占 2021 年前三季度总体的 2. 91%（见表 4）。

（三）进口第二类医疗器械注册情况

1. 进口第二类医疗器械注册整体情况

根据国家药品监督管理局发布的年度医疗器械注册工作报告，进口第二类医疗器械注册 5722 项。其中，医疗器械注册 3544 项，体外诊断试剂注册 2178 项（见表 5）。

表 5　2019～2021 年（2021 年为前三季度数据）进口第二类医疗器械不同产品类型注册情况

单位：项，%

类别	2019 年		2020 年		2021 年	
	数量	占比	数量	占比	数量	占比
医疗器械	1122	56. 2	1259	51. 2	1163	91. 9
体外诊断试剂	875	43. 8	1201	48. 8	102	8. 1

从注册形式看，首次注册 883 项，占全部进口第二类医疗器械注册数量的 15. 43%；延续注册 4839 项，占全部进口第二类医疗器械注册数量的 84. 57%（见表 6）。

表 6　2019～2021 年（2021 年为前三季度数据）进口第二类医疗器械不同注册形式注册情况

单位：项，%

注册形式	2019 年		2020 年		2021 年前三季度	
	数量	占比	数量	占比	数量	占比
首次注册	375	18. 78	307	12. 48	201	15. 89
延续注册	1622	81. 22	2153	87. 52	1064	84. 11
总计	1997	—	2460	—	1265	—

2. 进口第二类医疗器械首次注册情况

对进口第二类医疗器械首次注册情况进行分析时，以国家药品监督管理局批准注册医疗器械产品公告［2019～2021 年（2021 年为前三季度数据）］公布的注册产品目录为依据，包含港澳台数据。

（1）首次注册呈现逐年降低趋势

2019～2021 年（2021 年为前三季度数据）国家药品监督管理局共批准进口第二类医疗器械首次注册产品 889 项。其中，2019 年批准 374 项，2020 年批准 304 项，2021 年前三季度批准 211 项，呈现逐年递减的趋势。相较于进口第三类医疗器械首次注册产品，月度注册数量波动较大，具体月度分布如图 5 所示。

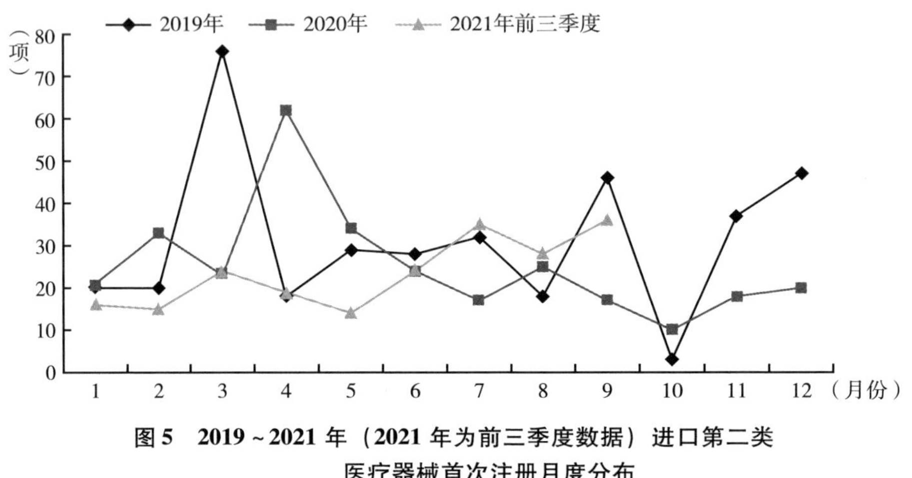

图 5　2019～2021 年（2021 年为前三季度数据）进口第二类医疗器械首次注册月度分布

（2）品类分布分析

注册产品类别

根据医疗器械产品的结构特征分析，2019～2021 年（2021 年为前三季度数据）进口第二类首次注册的 889 项产品中，无源医疗器械 280 项，占全部产品数量的 31.50%；有源医疗器械 355 项，占全部产品数量的 39.93%；体外诊断试剂 232 项，占全部产品数量的 26.10%；医用独立软件 22 项，占全部产品数量的 2.47%。

从月度数据分析，有源医疗器械注册数量波动较大，并在 2019 年 3 月达到峰值。无源医疗器械、体外诊断试剂略有波动。医用独立软件数量较少，趋势暂不分析（见图 6）。

分类目录

从总体情况分析，进口第二类首次注册医疗器械产品中，体外诊断试剂（27.00%）、口腔科器械（11.59%）、医用成像器械（9.67%）所占比例居于

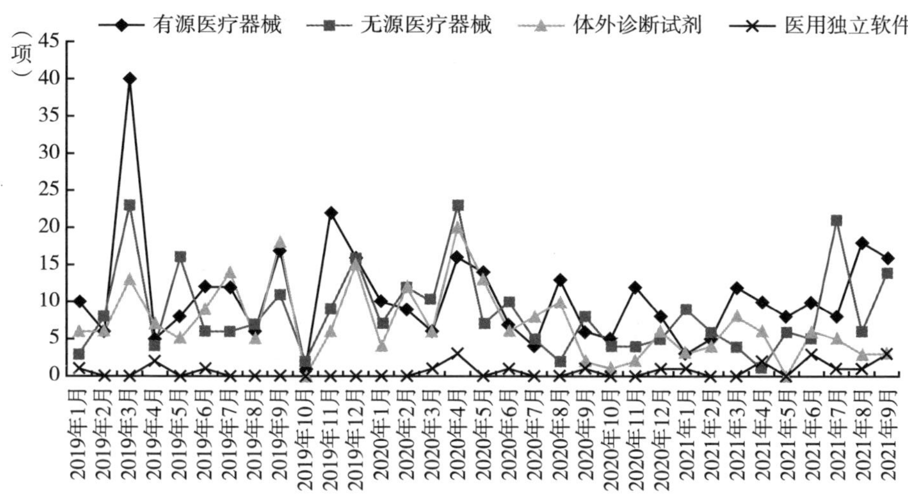

图 6　2019～2021 年（2021 年为前三季度数据）进口第二类医疗器械不同注册类别月度分布

前三位，占总体的近 1/2。占比超 5% 的还包括临床检验器械，医用诊察和监护器械，注输、护理和防护器械三大类，属占比相对较多的医疗器械分类，其余分类相对较少。输血、透析和体外循环器械在进口第二类首次注册医疗器械属于空白领域，无源植入器械不包含第二类医疗器械，故不做分析。

按年份情况分析，2019 年占据前 3 位的是体外诊断试剂（29.95%）、口腔科器械（10.43%）、医用成像器械（10.16%）；2020 年占据前 3 位的是体外诊断试剂（29.61%）、口腔科器械（14.14%）、临床检验器械（7.89%）；2021 年前三季度占据前 3 位的是体外诊断试剂（18.01%）、医用成像器械（14.22%）、口腔科器械（9.95%）。

从趋势分析，2019～2021 年 9 月，体外诊断试剂注册数量呈逐年下降趋势，但仍保持占比第一的位置。口腔科器械 2019 年以 39 项（10.43%）居于第二位，2020 年数量、占比均有所上升（43 项，14.14%），仍保持第二位，2021 年前三季度数量、占比均有所下降（21 项，9.95%），居于第三位。医用成像器械注册数量 2019 年位列第三，2020 年有所降低，2021 年前三季度有所上涨，位列第二。临床检验器械，注输、护理和防护器械注册数量呈现逐年下降趋势，无源手术器械、医用软件则有所上涨（见表 7）。

表 7 2019～2021 年（2021 年为前三季度数据）进口第二类医疗器械首次注册分类目录

单位：项，%

分类目录	2019 年		2020 年		2021 年		合计	
	数量	占比	数量	占比	数量	占比	数量	占比
01 有源手术	11	2.94	4	1.32	3	1.42	18	2.02
02 无源手术	13	3.48	14	4.61	17	8.06	44	4.95
03 神经和心血管手术	1	0.27	5	1.64	2	0.95	8	0.90
04 骨科手术	17	4.55	10	3.29	9	4.27	36	4.05
05 放射治疗	2	0.53	2	0.66	0	0.00	4	0.45
06 医用成像	38	10.16	18	5.92	30	14.22	86	9.67
07 医用诊察和监护	24	6.42	19	6.25	19	9.00	62	6.97
08 呼吸、麻醉和急救	12	3.21	6	1.97	7	3.32	25	2.81
09 物理治疗	6	1.60	8	2.63	7	3.32	21	2.36
10 输血、透析和体外循环	0	0.00	0	0.00	0	0.00	0	0.00
11 医疗消毒灭菌	7	1.87	7	2.30	1	0.47	15	1.69
12 有源植入	2	0.53	3	0.99	2	0.95	7	0.79
13 无源植入	0	0.00	0	0.00	0	0.00	0	0.00
14 注输、护理和防护	23	6.15	17	5.59	11	5.21	51	5.74
15 患者承载	2	0.53	6	1.97	6	2.84	14	1.57
16 眼科	12	3.21	14	4.61	11	5.21	37	4.16
17 口腔科	39	10.43	43	14.14	21	9.95	103	11.59
18 妇产科、辅助生殖和避孕	8	2.14	5	1.64	4	1.90	17	1.91
19 医用康复	3	0.80	2	0.66	0	0.00	5	0.56
20 中医	1	0.27	0	0.00	0	0.00	1	0.11
21 医用软件	4	1.07	7	2.30	11	5.21	22	2.47
22 临床检验	37	9.89	24	7.89	12	5.69	73	8.21
23 体外诊断试剂	112	29.95	90	29.61	38	18.01	240	27.00

（3）国家地区分析

2019～2021 年（2021 年为前三季度数据）889 项首次注册进口第二类医疗器械产品共来自 34 个国家或地区。总体来说，进口第二类医疗器械首次注册国家数量较第三类相比较为分散，涉及国家更多。

表 8　2019～2021 年（2021 年为前三季度数据）进口第二类医疗器械首次注册国家或地区分布

单位：项，%

国家/地区	2019 年		2020 年		2021 年		合计	
	数量	占比	数量	占比	数量	占比	数量	占比
美国	124	33.16	74	24.34	50	23.70	248	27.90
德国	61	16.31	78	25.66	44	20.85	183	20.58
日本	55	14.71	26	8.55	34	16.11	115	12.94
韩国	21	5.61	19	6.25	17	8.06	57	6.41
法国	17	4.55	14	4.61	10	4.74	41	4.61
瑞士	16	4.28	17	5.59	5	2.37	38	4.27
英国	18	4.81	11	3.62	6	2.84	35	3.94
意大利	17	4.55	6	1.97	11	5.21	34	3.82
瑞典	6	1.60	12	3.95	2	0.95	20	2.25
中国台湾	2	0.53	9	2.96	6	2.84	17	1.91
以色列	3	0.80	6	1.97	3	1.42	12	1.35
丹麦	5	1.34	2	0.66	2	0.95	9	1.01
芬兰	3	0.80	4	1.32	2	0.95	9	1.01
奥地利	1	0.27	5	1.64	2	0.95	8	0.90
澳大利亚	2	0.53	2	0.66	4	1.90	8	0.90
柬埔寨	6	1.60	2	0.66	0	0.00	8	0.90
匈牙利	3	0.80	0	0.00	2	0.95	5	0.56
比利时	0	0.00	3	0.99	1	0.47	4	0.45
荷兰	0	0.00	4	1.32	0	0.00	4	0.45
加拿大	1	0.27	0	0.00	3	1.42	4	0.45
挪威	2	0.53	2	0.66	0	0.00	4	0.45
印度	2	0.53	2	0.66	0	0.00	4	0.45
爱尔兰	1	0.27	1	0.33	1	0.47	3	0.34
土耳其	1	0.27	0	0.00	2	0.95	3	0.34
捷克	0	0.00	0	0.00	2	0.95	2	0.22
马来西亚	2	0.53	0	0.00	0	0.00	2	0.22
西班牙	0	0.00	2	0.66	0	0.00	2	0.22
希腊	0	0.00	2	0.66	0	0.00	2	0.22
新加坡	0	0.00	1	0.33	1	0.47	2	0.22
新西兰	1	0.27	0	0.00	1	0.47	2	0.22
巴西	1	0.27	0	0.00	0	0.00	1	0.11

续表

国家/地区	2019 年		2020 年		2021 年		合计	
	数量	占比	数量	占比	数量	占比	数量	占比
波兰	1	0.27	0	0.00	0	0.00	1	0.11
列支敦士登	1	0.27	0	0.00	0	0.00	1	0.11
中国香港	1	0.27	0	0.00	0	0.00	1	0.11

2019～2021 年（2021 年为前三季度数据），进口第二类医疗器械首次注册产品数量位于前十的国家或地区分别为美国、德国、日本、韩国、法国、瑞士、英国、意大利、瑞典、中国台湾。其中，美国、德国、日本、韩国稳居前四位，其产品数量之和约占到全部产品数量的七成，是进口第二类医疗器械的主要来源。从总体上看，美国进口产品数量约占全部产品数量的 27.9%，德国进口产品数量约占 1/5，日本产品数量约占 1/8，韩国占 6.41%。

从趋势分析，美国由 2019 年的 124 项（33.16%）连续下降到 2021 年前三季度的 50 项（23.70%）。2019～2021 年 9 月首次注册数量及比例均呈明显下降趋势的还有英国、柬埔寨。瑞典注册数量 2019～2020 年经历翻倍增加，2021 年前三季度有所回落（见表 8）。

（四）国产第三类医疗器械注册情况

1. 国产第三类医疗器械注册整体情况

根据国家药品监督管理局发布的年度医疗器械注册工作报告，国产第三类医疗器械注册 7222 项。其中，医疗器械注册 5134 项，体外诊断试剂注册 2088 项（见表 9）。

表 9　2019～2021 年（2021 年为前三季度数据）国产第三类医疗器械不同产品类型注册情况

单位：项，%

类别	2019 年		2020 年		2021 年	
	数量	占比	数量	占比	数量	占比
医疗器械	1570	62.01	1877	66.07	1687	91.24
体外诊断试剂	962	37.99	964	33.93	162	8.76

从注册形式看，首次注册2870项，占全部国产第三类医疗器械注册数量的39.74%；延续注册4352项，占全部国产第三类医疗器械注册数量的60.26%（见表10）。

表10 2019~2021年（2021年为前三季度数据）国产第三类医疗器械不同注册形式注册情况

单位：项，%

注册形式	2019年		2020年		2021年前三季度	
	数量	占比	数量	占比	数量	占比
首次注册	1067	42.14	1018	35.83	785	42.46
延续注册	1465	57.86	1823	64.17	1064	57.54
合计	2532	—	2841	—	1849	—

2. 国产第三类医疗器械首次注册情况

对国产第三类医疗器械首次注册情况进行分析时，采用国家药品监督管理局批准注册医疗器械产品公告［2019~2021年（2021年为前三季度数据）］公布的注册产品目录为依据，不包含港澳台数据。

（1）首次注册逐年下降

2019~2021年（2021年为前三季度数据）国家药品监督管理局共批准国产第三类首次注册产品2870项。其中，2019年批准1067项，2020年批准1018项，2021年前三季度批准785项，呈现出逐年小幅递减的趋势。2019年、2020年、2021年前三季度单月注册批准数量波动较大，2020年较2019年下降4.59%（见图7）。

（2）品类分布分析

注册产品类别

从结构特征分析，2019~2021年（2021年为前三季度数据）国产第三类首次注册的2870项产品中，有源医疗器械514项，占全部产品数量的17.91%；无源医疗器械1535项，占全部产品数量的53.48%；体外诊断试剂790项，占全部产品数量的27.53%；医用独立软件31项，占全部产品数量的1.08%。无源医疗器械是国产第三类医疗器械首次注册产品的最大组成部分，体外诊断试剂居于第二位，两者共占总量的81.01%，有源医疗器械相对较

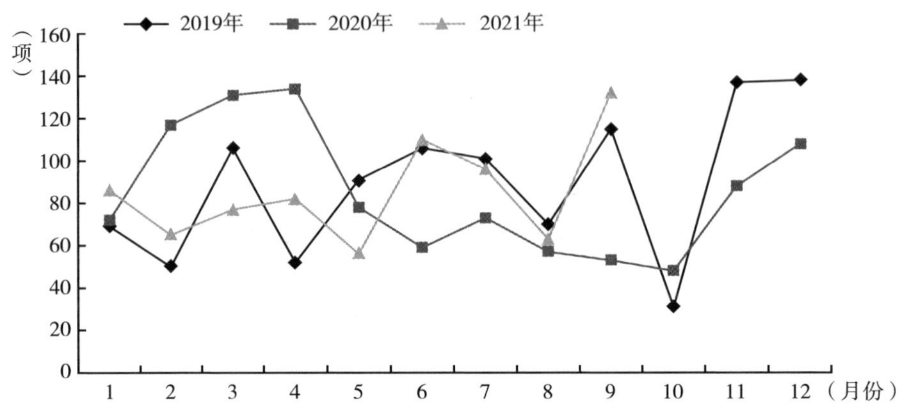

图7　2019～2021年（2021年为前三季度数据）国产第三类医疗器械首次注册月度分布

少，医用独立软件屈指可数。

从月度数据分析，有源医疗器械月度批准数量相对稳定，无源医疗器械、体外诊断试剂数量波动较大。医用独立软件2020年5月激增，6月达到峰值，之后有所回落（见图8）。

分类目录

从总体情况分析，国产第三类医疗器械首次注册产品中，体外诊断试剂（27.49%），无源植入器械（21.67%），注输、护理和防护器械（12.68%）所占比例居于前三位，合计超过60%。占比超5%的还包括神经和心血管手术器械、医用成像器械两大类，属占比相对较多的医疗器械分类，其余分类相对较少。中医器械类别境内第三类医疗器械仍属空白。患者承载器械、医疗消毒灭菌器械、医用康复器械中不包含第三类医疗器械，不做分析。

按年份情况分析，2019年占据前3位的是体外诊断试剂（31.68%），无源植入器械（22.40%），注输、护理和防护器械（13.12%）；2020年占据前3位的是体外诊断试剂（29.27%），无源植入器械（22.20%），注输、护理和防护器械（11.10%）；2021年前三季度无源植入器械（20.00%），体外诊断试剂（19.62%），注输、护理和防护器械（14.14%）。

从趋势分析，2019～2021年9月，体外诊断试剂注册产品数量呈逐年下降趋势，从2019年338项，占比31.68%下降到2021年前三季度的154项，

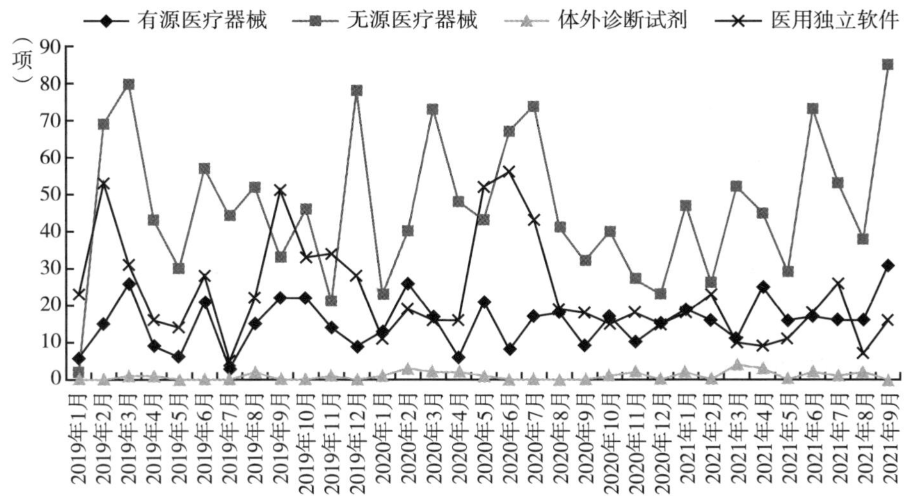

图 8　2019～2021 年（2021 年为前三季度数据）国产第三类医疗器械不同注册类别月度分布

占比 19.62%。无源植入器械占比相对稳定，排名因体外诊断试剂比例下降在 2021 年前三季度升至第一位。眼科器械产品数量 2019～2020 年有所下降，2021 年前三季度数量上升（见表 11）。

表 11　2019～2021 年（2021 年为前三季度数据）国产第三类医疗器械首次注册分类目录历年分布

单位：项，%

分类目录	2019 年		2020 年		2021 年		合计	
	数量	占比	数量	占比	数量	占比	数量	占比
01 有源手术	28	2.62	40	3.93	44	5.61	112	3.90
02 无源手术	8	0.75	12	1.18	10	1.27	30	1.05
03 神经和心血管手术	92	8.62	87	8.55	84	10.70	263	9.16
04 骨科手术	9	0.84	11	1.08	9	1.15	29	1.01
05 放射治疗	2	0.19	4	0.39	4	0.51	10	0.35
06 医用成像	67	6.28	78	7.66	61	7.77	206	7.18
07 医用诊察和监护	13	1.22	11	1.08	14	1.78	39	1.36
08 呼吸、麻醉和急救	13	1.22	21	2.06	19	2.42	53	1.85

续表

分类目录	2019 年		2020 年		2021 年		合计	
	数量	占比	数量	占比	数量	占比	数量	占比
09 物理治疗	10	0.94	8	0.79	5	0.64	23	0.80
10 输血、透析和体外循环	37	3.47	31	3.05	31	3.95	99	3.45
11 医疗消毒灭菌	0	0.00	0	0.00	0	0.00	0	0.00
12 有源植入	5	0.47	3	0.29	2	0.25	10	0.35
13 无源植入	239	22.40	226	22.20	157	20.00	622	21.67
14 注输、护理和防护	140	13.12	113	11.10	111	14.14	364	12.68
15 患者承载	0	0.00	0	0.00	0	0.00	0	0.00
16 眼科	19	1.78	12	1.18	22	2.80	53	1.85
17 口腔科	14	1.31	22	2.16	13	1.66	49	1.71
18 妇产科、辅助生殖和避孕	3	0.28	5	0.49	7	0.89	15	0.52
19 医用康复	0	0.00	0	0.00	0	0.00	0	0.00
20 中医	0	0.00	0	0.00	0	0.00	0	0.00
21 医用软件	5	0.47	12	1.18	14	1.78	31	1.08
22 临床检验	25	2.34	24	2.36	24	3.06	73	2.54
23 体外诊断试剂	338	31.68	298	29.27	154	19.62	789	27.49

（3）省份分析

2019～2021 年 9 月获批的 2870 项首次注册国产第三类医疗器械产品，共来自 28 个省份。

表 12　2019～2020 年前三季度国产第三类医疗器械首次注册省份分布

单位：项，%

省份	2019 年		2020 年		2021 年		合计	
	数量	占比	数量	占比	数量	占比	数量	占比
江苏	224	20.99	181	17.78	149	18.98	554	19.30
北京	198	18.56	138	13.56	109	13.89	445	15.51
广东	132	12.37	143	14.05	141	17.96	416	14.49
上海	104	9.75	88	8.64	77	9.81	269	9.37
浙江	79	7.40	92	9.04	60	7.64	231	8.05
山东	50	4.69	72	7.07	64	8.15	186	6.48

续表

省份	2019年		2020年		2021年		合计	
	数量	占比	数量	占比	数量	占比	数量	占比
天津	47	4.40	47	4.62	41	5.22	135	4.70
四川	40	3.75	57	5.60	21	2.68	118	4.11
湖北	37	3.47	29	2.85	14	1.78	80	2.79
河南	29	2.72	35	3.44	14	1.78	78	2.72
福建	27	2.53	15	1.47	29	3.69	71	2.47
湖南	15	1.41	28	2.75	6	0.76	49	1.71
江西	15	1.41	15	1.47	13	1.66	43	1.50
重庆	15	1.41	15	1.47	10	1.27	40	1.39
河北	4	0.37	23	2.26	9	1.15	36	1.25
辽宁	9	0.84	12	1.18	6	0.76	27	0.94
陕西	10	0.94	10	0.98	6	0.76	26	0.91
安徽	9	0.84	5	0.49	6	0.76	20	0.70
黑龙江	6	0.56	7	0.69	4	0.51	17	0.59
吉林	5	0.47	2	0.20	0	0.00	7	0.24
甘肃	3	0.28	1	0.10	3	0.38	7	0.24
西藏	3	0.28	3	0.29	0	0.00	6	0.21
云南	3	0.28	0	0.00	1	0.13	4	0.14
广西	0	0.00	0	0.00	1	0.13	1	0.03
海南	1	0.09	0	0.00	0	0.00	1	0.03
内蒙古	1	0.09	0	0.00	0	0.00	1	0.03
贵州	0	0.00	0	0.00	1	0.13	1	0.03
山西	1	0.09	0	0.00	0	0.00	1	0.03

从总体趋势分析，2019～2021年9月，北京、江苏及上海第三类医疗器械首次注册数量均呈下降趋势，其中2020年分别同比下降30.3%、19.2%及15.4%；同一时期，浙江第三类医疗器械首次注册数量先升后降，广东第三类医疗器械首次注册全国占比呈上升趋势。2019～2021年9月，青海、新疆两省份无国产第三类医疗器械首次注册产品。2019～2020年，贵州和广西第三类首次注册数量均为零，2021年前三季度二者均实现了零的突破（见表12）。

（五）国产第二类医疗器械注册情况

2019～2020年前三季度，各省级药品监管部门共计批准国产第二类医疗器械注册45916项。其中首次注册25784项，占56.15%，延续注册20132项，占43.85%（见表13）。具体省份分布见表14、图9。

表13　2019～2021年（2021年为前三季度数据）国产第二类医疗器械注册情况

单位：项

年份	首次注册	延续注册	合计
2019	6211	7153	13364
2020	14407	9182	23589
2021	5166	3797	8963

表14　2019～2021年（2021年为前三季度数据）国产第二类医疗器械注册省份分布情况

单位：项

省份	2019年			2020年			2021年		
	首次注册	延续注册	合计	首次注册	延续注册	合计	首次注册	延续注册	合计
北京	332	1249	1581	515	975	1490	507	299	806
天津	103	174	277	361	186	547	50	50	100
河北	217	246	463	624	261	885	3	3	6
山西	64	32	96	80	34	114	36	36	72
内蒙古	1	3	4	86	4	90	14	1	15
辽宁	116	80	196	402	123	525	59	59	118
吉林	180	62	242	426	108	534	7	7	14
黑龙江	21	49	70	107	76	183	1	1	2
上海	167	593	760	295	646	941	273	273	546
江苏	1202	913	2115	1777	1390	3167	771	771	1542
浙江	401	727	1128	907	1085	1992	427	427	854
安徽	123	85	208	498	207	705	340	90	430
福建	60	85	145	230	115	345	221	88	309
江西	216	147	363	580	270	850	99	99	198
山东	248	615	863	765	534	1299	101	101	202
河南	401	413	814	1041	548	1589	242	242	484

续表

省份	2019 年			2020 年			2021 年		
	首次注册	延续注册	合计	首次注册	延续注册	合计	首次注册	延续注册	合计
湖北	124	149	273	297	159	456	173	173	346
湖南	488	179	667	1761	160	1921	64	64	128
广东	875	875	1750	2137	1642	3779	1370	771	2141
广西	103	71	174	495	55	550	173	61	234
海南	9	11	20	31	28	59	20	0	20
重庆	290	114	404	198	126	324	29	29	58
四川	184	97	281	250	172	422	87	87	174
贵州	90	39	129	39	31	70	24	10	34
云南	65	11	76	129	75	204	18	18	36
西藏	4	2	6	2	2	4	0	0	0
陕西	59	76	135	176	82	258	23	23	46
甘肃	41	17	58	100	18	118	10	0	10
青海	19	1	20	23	0	23	9	0	9
宁夏	3	7	10	13	20	33	2	1	3
新疆	5	31	36	62	50	112	13	13	26
合计	6211	7153	13364	14407	9182	23589	5166	3797	8963

（六）第一类医疗器械备案批准情况

据《医疗器械监督管理条例》规定，第一类医疗器械采用产品备案管理方式。2019～2020 年国产第一类医疗器械备案批准数量呈现快速上升趋势，2020 年备案批准数量同比增长率为 106.78%。同时，进口第一类医疗器械备案批准数量亦呈现上涨趋势，2020 年备案批准数量同比增长 33.33%。与 2020 年相比，2021 年前三季度国产第一类和进口第一类医疗器械备案批准数量均呈现明显下降趋势（见图 10）。

（七）第二、三类产品创新审批情况

根据《创新医疗器械特别审批程序（试行）》，我国医疗器械创新审批是

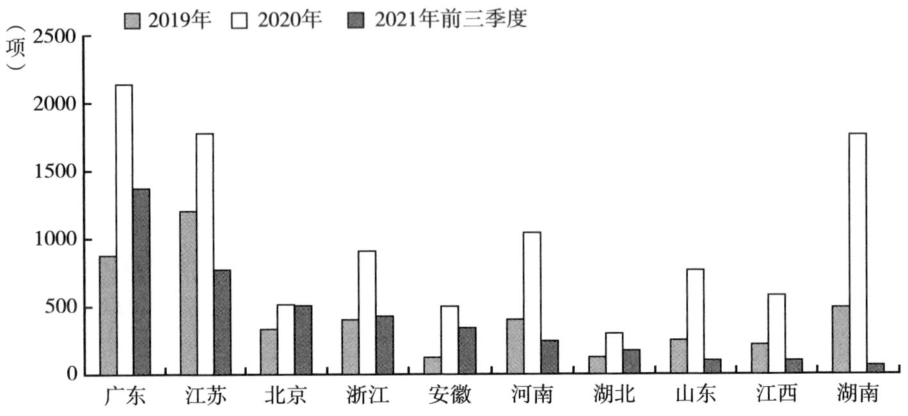

图9　2019～2021年（2021年为前三季度数据）国产第二类医疗器械首次注册部分省份分布

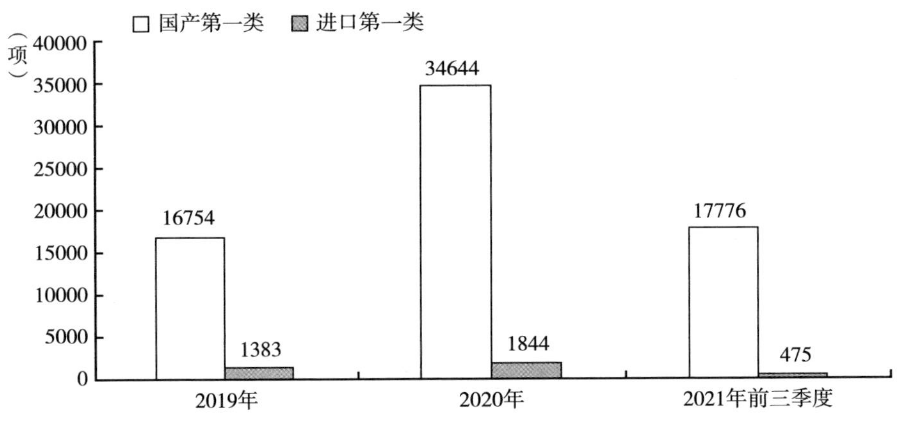

图10　2019～2021年（2021年为前三季度数据）第一类医疗器械备案批准数量时间分布

为了保障医疗器械的安全、有效，鼓励医疗器械的研究与创新，促进医疗器械新技术的推广和应用，推动医疗器械产业发展的特殊审批通道。

从总体情况分析，2019～2021年9月，全国进入创新审批通道产品共计317项，其中进入国家级创新审批通道的产品共计180项，省级共计137项；从产地角度看，国产产品295项，进口产品22项（见图11）。目前已获批上市的创新产品共计127件（含国产和进口产品），详细名目见表15。

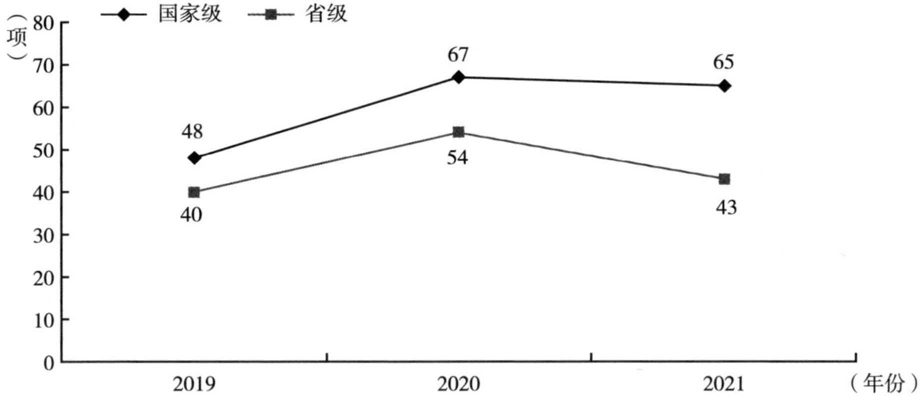

图 11　2019～2021 年（2021 年为前三季度数据）全国进入创新审批通道的产品数量

表 15　2019～2021 年（2021 年为前三季度数据）全国进入创新审批通道并获批上市的产品信息

获证年份	注册证申请人	产品名称	注册证编号
2019 年	北京迈迪顶峰医疗科技有限公司	无菌心耳夹及输送系统	国械注准 20193130278
	博邦芳舟医疗科技（北京）有限公司	无创血糖仪	国械注准 20193070602
	杭州优思达生物技术有限公司	恒温扩增多段磁导核酸分析仪	国械注准 20193061026
	湖北锐世数字医学影像科技有限公司	全数字正电子发射及 X 射线断层成像扫描系统	国械注准 20193060364
	乐普（北京）医疗器械股份有限公司	全降解聚合物基体药物（雷帕霉素）洗脱支架系统	国械注准 20193130093
	南京沃福曼医疗科技有限公司	血管内断层成像导管	国械注准 20193060601
	青岛中皓生物工程有限公司	三 aPCS 型角膜基质替代物	国械注准 20193160679
	上海联影医疗科技有限公司	数字乳腺 X 射线摄影系统	国械注准 20193060280
		正电子发射及 X 射线计算机断层成像扫描系统	国械注准 20193060998

续表

获证年份	注册证申请人	产品名称	注册证编号
2019 年	上海普实医疗器械股份有限公司	左心耳封堵器系统	国械注准 20193130279
	上海微创心脉医疗科技股份有限公司	腹主动脉覆膜支架及输送系统	国械注准 20193130182
	上海微创医疗器械(集团)有限公司	经导管主动脉瓣膜及输送系统	国械注准 20193130494
	深圳迈瑞生物医疗电子股份有限公司	病人监护仪	国械注准 20193070154
	苏州润迈德医疗科技有限公司	冠状动脉造影血流储备分数测量系统	国械注准 20193070969
		一次性使用有创压力传感器	国械注准 20193070970
	中科超精(南京)科技有限公司	调强放射治疗计划系统	国械注准 20193210281
	重庆润泽医药有限公司	多孔钽骨填充材料	国械注准 20193130001
	重庆永仁心医疗器械有限公司	植入型左心室辅助人工心脏	国械注准 20193120603
	安诺优达基因科技(北京)有限公司	ANNO_NIPD 无创产前胎儿染色体非整倍性分析软件	京械注准 20192210692
	北京心灵方舟科技发展有限公司	BrainScan 近红外光谱脑功能成像系统	京械注准 20192060691
	北京雅果科技有限公司	呼吸神经肌肉刺激仪	京械注准 20192090702
	北京毅新博创生物科技有限公司	飞行时间质谱系统微生物鉴定校准品	京械注准 201920397
	卡尤迪生物科技(北京)有限公司	微滴阅读仪	京械注准 20192220170
	广东盛泽康华生物医药有限公司	一次性使用毛细管泪液采集器	粤械注准 20192220549
	深圳贝申医疗技术有限公司	新生儿黄疸检测手机软件	粤械注准 20192070308
	深圳市善行医疗科技有限公司	可穿戴式动态心电记录仪(心电衣)(注册时需按相关法规要求完善产品名称)	粤械注准 20192070992

续表

获证年份	注册证申请人	产品名称	注册证编号
2019年	珠海丽珠试剂股份有限公司	全自动多重免疫分析仪	粤械注准 20192221172
	杭州瑞岚得医疗科技有限公司	牙科手机用一次性使用无菌口腔冲洗器	浙械注准 20192170429
		一次性使用无菌三用喷枪枪头	浙械注准 20192170428
	浙江蓝怡医药有限公司	全自动过敏原 IgE 抗体分析仪	浙械注准 20192220443
	浙江脉联医疗设备有限公司	无创连续每搏动脉血压监测系统	浙械注准 20192070148
	浙江深博医疗技术有限公司	自动乳腺超声系统	浙械注准 20192060515
	江西京新医疗科技有限公司	经颅直流电刺激仪	赣械注准 20192090048
	江西美康盛德生物科技有限公司	肝肾糖脂生化十四项测定试剂盒(微流控技术)	赣械注准 20192400085
		肌酸激酶同工酶测定试剂盒(微流控技术)	赣械注准 20192400088
		糖脂肾生化七项测定试剂盒	赣械注准 20192400087
		心脑血管生化三项试剂盒(微流控技术)	赣械注准 20192400089
		心脑血管综合六项测定试剂盒(微流控技术)	赣械注准 20192400086
		血脂分型检测试剂盒(连续密度扫描法)	赣械注准 20192400179
		血脂分型检测仪	赣械注准 20192220178
	湖南摩尼特医疗设备有限公司	无创连续血压监测系统	湘械注准 20192070924
2020年	NovoCure Ltd.	肿瘤电场治疗仪	国械注进 20203090269
	杭州诺辉健康科技有限公司	KRAS 基因突变及 BMP3/NDRG4 基因甲基化和便隐血联合检测试剂盒(PCR 荧光探针法-胶体金法)	国械注准 20203400845

续表

获证年份	注册证申请人	产品名称	注册证编号
2020年	博尔诚(北京)科技有限公司	胃癌甲基化基因检测试剂盒(PCR荧光探针法)	国械注准20203400447
	苏州贝康医疗器械有限公司	胚胎植入前染色体非整倍体检测试剂盒(半导体测序法)	国械注准20203400181
	厦门飞朔生物技术有限公司	人类肿瘤多基因变异检测试剂盒(半导体测序法)	国械注准20203400094
	杭州深睿博联科技有限公司	肺结节CT辅助检测软件	国械注准20203210920
	语坤(北京)网络科技有限公司	冠脉CT造影图像血管狭窄分析软件	国械注准20203210844
	深圳硅基智能科技有限公司	糖尿病视网膜病变分析软件	国械注准20203210687
	上海鹰瞳医疗科技有限公司	糖尿病视网膜病变分析软件	国械注准20203210686
	北京昆仑医云科技有限公司	冠状动脉生理功能评估软件	国械注准20203210035
	微创神通医疗科技(上海)有限公司	椎动脉雷帕霉素靶向洗脱支架系统	国械注准20203130971
	江苏益通生物科技有限公司	医用人工神经移植物	国械注准20203130898
	兰州西脉记忆合金股份有限公司	记忆合金腕关节固定器	国械注准20203130823
	中奥汇成科技股份有限公司	钛合金髋关节镀膜球头	国械注准20203130707
	上海微创心脉医疗科技股份有限公司	药物球囊扩张导管(商品名:ReewarmPTX)	国械注准20203130445
	山东华安生物科技有限公司	生物全降解冠脉雷帕霉素洗脱支架系统	国械注准20203130197
	上海潓美医疗科技有限公司	氢氧气雾化机	国械注准20203080066
	深圳北芯生命科技有限公司	压力微导管	国械注准20203070775
		血流储备分数(FFR)测量系统	国械注准20203070774

续表

获证年份	注册证申请人	产品名称	注册证编号
2020年	深圳市中科微光医疗器械技术有限公司	心血管光学相干影像系统	国械注准20203060446
	浙江归创医疗器械有限公司	药物洗脱 PTA 球囊扩张导管	国械注准20203030857
	珠海通桥医疗科技有限公司	取栓支架	国械注准20203030728
	湖南菁益医疗科技有限公司	低温等离子手术系统	国械注准20203010474
	医达极星医疗科技(苏州)有限公司	IQQA - Guide 三维影像术中导航系统	国械注准20203010034
	北京捷立德口腔医疗设备有限公司	电子咬合测力器	京械注准20202170237
	北京图湃影像科技有限公司	眼科光学相干断层扫描仪	京械注准20202160419
	惠众国际医疗器械(北京)有限公司	温敏型羟丁基壳聚糖护创敷料	京械注准20202140315
	中科搏锐(北京)科技有限公司	无创脑血氧监护仪	京械注准20202070274
	北京数字精准医疗科技有限公司	荧光分子成像仪	京械注准20202060307
	广东盛泽康华生物医药有限公司	α淋巴毒素(LTA)检测试剂(免疫层析法)	粤械注准20202401386
	广州禾信康源医疗科技有限公司	全自动微生物质谱检测系统	粤械注准20202220695
	深圳麦科田生物医疗技术有限公司	磁共振输注工作站	粤械注准20202141454
	杭州浙大迪迅生物基因工程有限公司	食物特异性抗体 IgG4 检测试剂盒(蛋白芯片法)	浙械注准20202400759
	振德医疗用品股份有限公司	一次性使用表皮细胞分离器	浙械注准20202220658
	杭州杰毅麦特医疗器械有限公司	全自动核酸检测反应体系构建系统	浙械注准20202220328
	杭州程天科技发展有限公司	下肢外骨骼步行康复器	浙械注准20202190269

续表

获证年份	注册证申请人	产品名称	注册证编号
2020 年	杭州德适生物科技有限公司	显微授精操作皿	浙械注准 20202180455
	杭州瑞彼加医疗科技有限公司	射频治疗仪	浙械注准 20202090909
	浙江百益医疗科技有限公司	可视气管插管	浙械注准 20202080719
	杭州拜伦医疗科技有限公司	平衡机能检测分析仪	浙械注准 20202070730
	杭州柯氏音医疗器械有限公司	电子血压计	浙械注准 20202070510
	长沙海柯生物科技有限公司	户尘螨 D1 过敏原特异性 IgE 检测试剂盒(磁微粒化学发光免疫分析法)	湘械注准 20202401408
		全自动发光免疫过敏原分析仪	湘械注准 20202221362
	湖南优丽生物科技有限公司	前列腺小体外泄蛋白检测试剂盒(胶体金法)	湘械注准 20202400748
	湖南国科智瞳科技有限公司	玻片扫描影像分析系统	湘械注准 20202221193
	湖南自兴智慧医疗科技有限公司	染色体核型分析软件	湘械注准 20202211453
	楚精灵(湖南)医疗科技有限公司	消化道辅助监测软件	湘械注准 20202211066
	湖南印象牙材医疗器械有限公司	弹性体印模材料	湘械注准 20202171591
	湖南瀚德微创医疗科技有限公司	超声高频外科集成系统超声刀头	湘械注准 20202011508
	青岛博益特生物材料股份有限公司	创伤急救止血颗粒	鲁械注准 20202140216
	四川希氏异构医疗科技有限公司	消化内镜影像实时辅助诊断系统	川械注准 20202060049
2021 年前三季度	Sequent Medical, Inc.	自膨式动脉瘤瘤内栓塞系统	国械注进 20213130233
	北京天智航医疗科技股份有限公司	骨科手术导航定位系统	国械注准 20213010095

续表

获证年份	注册证申请人	产品名称	注册证编号
2021年前三季度	雅客智慧（北京）科技有限公司	口腔种植手术导航定位系统	国械注准20213010713
	湖南埃普特医疗器械有限公司	锚定球囊扩张导管	国械注准20213030023
	浙江巴泰医疗科技有限公司	紫杉醇洗脱PTCA球囊扩张导管	国械注准20213030297
	苏州阿格斯医疗技术有限公司	光学干涉断层成像系统成像导管	国械注准20213060169
	北京北方腾达科技发展有限公司	一次性可视内窥镜导管	国械注准20213060175
	微创（上海）医疗机器人有限公司	三维电子腹腔镜	国械注准20213060384
	深圳市科曼医疗设备有限公司	病人监护仪	国械注准20213070133
	上海睿刀医疗科技有限公司	复合陡脉冲治疗设备	国械注准20213090213
	天津市鹰泰利安康医疗科技有限责任公司	陡脉冲治疗仪	国械注准20213090497
	深圳市先健心康医疗电子有限公司	临时起搏器	国械注准20213120299
	先健科技（深圳）有限公司	髂动脉分叉支架系统	国械注准20213130022
	沛嘉医疗科技（苏州）有限公司	经导管主动脉瓣系统	国械注准20213130275
		经导管主动脉瓣系统	国械注准20213130464
	北京汇福康医疗技术股份有限公司	神经套接管	国械注准20213130298
	赛诺医疗科学技术股份有限公司	颅内药物洗脱支架系统	国械注准20213130575
	科塞尔医疗科技（苏州）有限公司	腔静脉滤器	国械注准20213130594
	北京市春立正达医疗器械股份有限公司	单髁膝关节假体	国械注准20213130600

续表

获证年份	注册证申请人	产品名称	注册证编号
2021年前三季度	上海沃比医疗科技有限公司	机械解脱弹簧圈	国械注准20213130649
	上海微创心通医疗科技有限公司	经导管主动脉瓣膜及可回收输送系统	国械注准20213130655
	深圳睿心智能医疗科技有限公司	冠状动脉供血功能评估软件	国械注准20213210270
	北京心世纪医疗科技有限公司	冠状动脉血流储备分数计算软件	国械注准20213210574
	上海芯超生物科技有限公司	幽门螺杆菌23S rRNA基因突变检测试剂盒（PCR-荧光探针法）	国械注准20213400227
	皑高森德医疗器械（北京）有限责任公司	皮肤色素检测仪	京械注准20212070001
	北京医迈科技有限公司	便携式中频治疗仪	京械注准20212090310
	杭州堃博生物科技有限公司	一次性使用肺外科标记物	浙械注准20212020245
	浙江花园润嘉医疗器械有限公司	干眼综合治疗仪	浙械注准20212160213
	杭州脉流科技有限公司	颅内医学图像处理软件	浙械注准20212210431
	中翰盛泰生物技术股份有限公司	流式点阵发光分析仪	浙械注准20212220285
	长沙科众医疗科技有限公司	一次性使用组织牵开扩张导管	湘械注准20212021648
	湖南执鼎医疗科技有限公司	干眼检测仪	湘械注准20212160266
	长沙微笑美齿智能科技有限公司	根管荡洗器	湘械注准20212170072
	湖南德米特仪器有限公司	全自动二维液相色谱系统	湘械注准20212220195
	青岛威达生物科技有限公司	一体式医用一次性防护服	鲁械注准20212140125

从地区分析，2019～2021 年 9 月，全国各地累计有 158 项医疗器械国产产品进入国家级创新审批通道，审批数量排行前三的地区分别为上海市、北京市及广东省。上海市累计有 33 项医疗器械产品进入创新审批通道，其中 14 项获准上市；北京市累计有 31 项医疗器械产品进入创新审批通道，其中 13 项获准上市；广东省累计有 29 项医疗器械产品进入创新审批通道，其中 10 项获准上市（见图 12）。

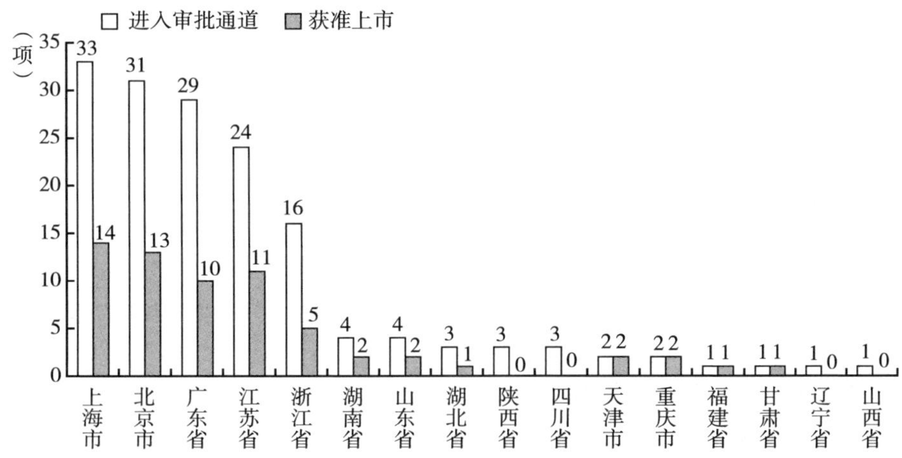

图 12　2019～2021 年（2021 年为前三季度数据）全国医疗器械国产产品进入国家级创新审批通道数量

（八）第二、三类产品优先审批情况

2016 年 10 月 25 日，原国家食品药品监督管理总局发布《医疗器械优先审批程序》，于 2017 年 1 月 1 日起施行。根据《医疗器械优先审批程序》，对下列医疗器械实施优先审批：一是诊断或治疗罕见病、恶性肿瘤且具有明显临床优势的医疗器械，诊断或治疗老年人特有和多发疾病且尚无有效诊断或治疗手段的医疗器械，专用于儿童且具有明显临床优势的医疗器械；二是列入国家科技重大专项或国家重点研发计划的医疗器械。此外，将根据各方面情况和意见，组织专家审查后，确定对“其他应当优先审批的医疗器械”予以优先审批。

从总体情况分析，2019～2021 年 9 月，全国进入优先审批通道产品共计

760 项。其中进入国家级优先审批通道的产品共计 45 项，省级共计 715 项；从产地角度看，国产产品 744 项，进口产品 16 项。目前已获证上市的优先审批产品共计 286 项（含国产和进口产品）（见图 13）。

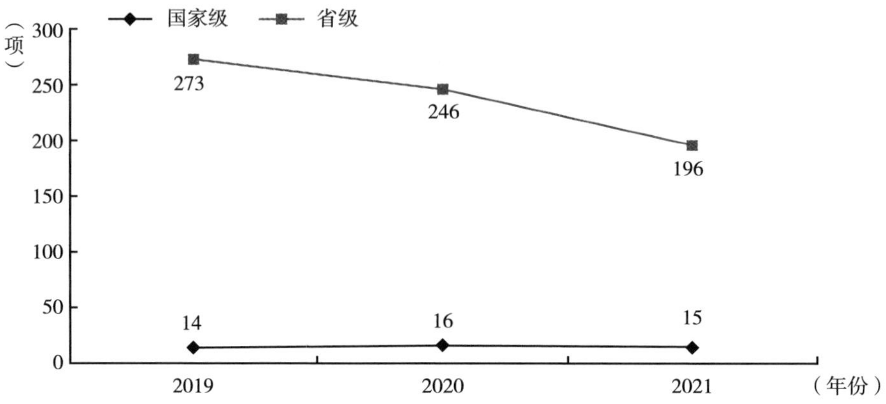

图 13　2019～2021 年（2021 年为前三季度数据）全国进入优先审批产品数量

从地区分析，2019～2021 年 9 月，全国各地累计有 34 项医疗器械国产产品进入国家级优先审批通道，审批数量排行前三的地区分别为广东省、北京市及浙江省。广东省累计有 10 项医疗器械产品进入国家级优先审批通道，其中 9 项获准上市；北京市累计有 8 项医疗器械产品进入国家级优先审批通道，其中 6 项获准上市；浙江省累计有 3 项医疗器械产品进入国家级优先审批通道，其中 2 项获准上市（见图 14）。

二　我国医疗器械注册产品分析

（一）有源手术器械

有源手术器械是指以手术治疗为目的与有源相关的医疗器械，包括超声、激光、高频/射频、微波、冷冻、冲击波、手术导航及控制系统、手术照明设备、内窥镜手术用有源设备等医疗器械。

1. 产品数量

根据国家药监局、各省（市、自治区）药监局及市场监管局公开数据统

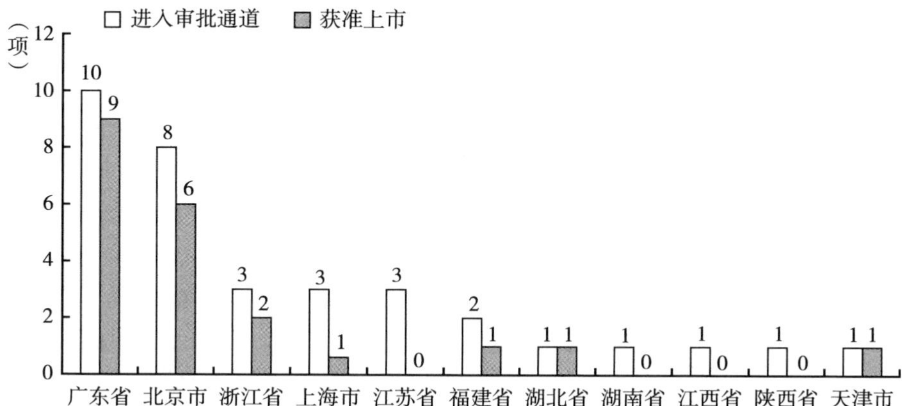

图 14　2019～2021 年（2021 年为前三季度数据）全国重点省（市、自治区）医疗器械产品进入国家级优先审批通道数量

计，2021 年 1～9 月底，全国有源手术器械注册及备案产品共计 1928 项，其中国产产品 1293 项，进口产品 635 项（见表 16）。

表 16　2019～2021 年 9 月全国有源手术器械各类产品注册及备案数量分布

单位：项

类型	国产			进口		
	2019 年	2020 年	2021 年前三季度	2019 年	2020 年	2021 年前三季度
第一类	97	128	169	17	18	24
第二类	540	621	692	144	177	150
第三类	384	402	432	448	533	461
合计	1021	1151	1293	609	728	635

2019～2021 年 9 月，全国有源手术器械第二、第三类产品首次注册数量稳步增长。2021 年前三季度，全国有源手术器械第二、第三类产品首次注册数量共计 170 项，其中国产产品 149 项，进口产品 21 项（见图 15）。

从第二、第三类产品首次注册趋势看，国产第二、第三类有源手术器械首次注册数量逐年增加，其中国产第二类产品首次注册数量占比较高；进口有源手术器械首次注册数量较为稳定（见图 16）。

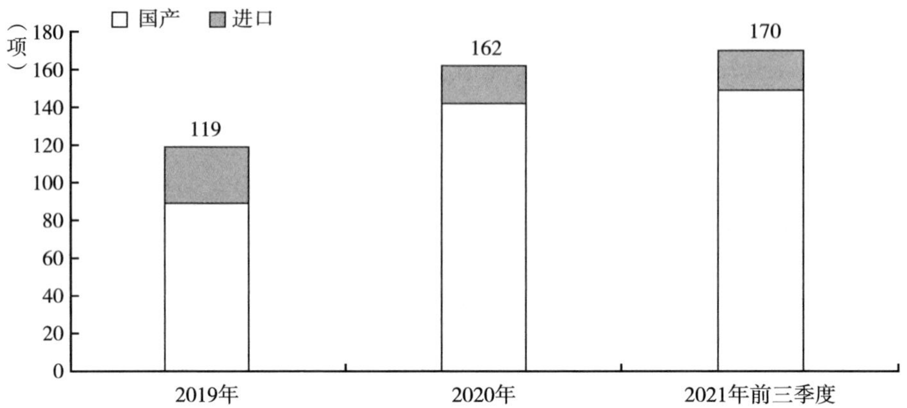

图 15　2019～2021 年 9 月全国第二、第三类有源手术器械首次注册数量变化

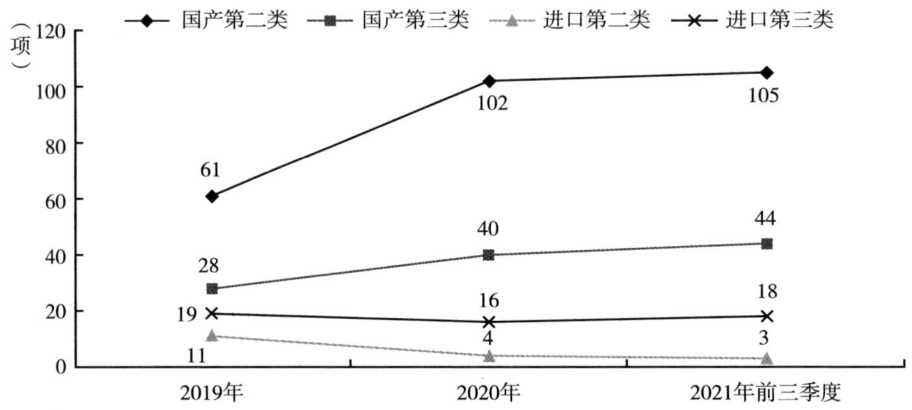

图 16　2019～2021 年 9 月全国第二、第三类有源手术器械首次注册数量趋势

2. 产品分布

2021 年 1～9 月，我国有源手术器械进口产品共计 635 项，其中自美国和德国进口的产品分别为 278 项和 169 项，两者之和占总体的 70.4%（见图 17）。

相同报告期内，我国有源手术器械国产产品共计 1293 项，其中自江苏省产出的产品共计 268 项，全国排名第一；其后上海市和浙江省分别以 192 项和 135 项产品位居第二和第三（见表 17）。

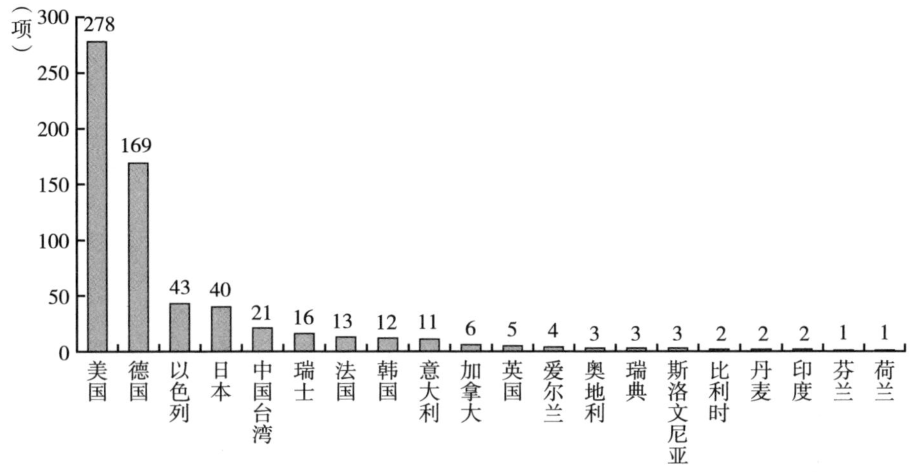

图 17　2021 年 1～9 月全国有源手术器械进口国家或地区产品数量分布

表 17　2021 年 1～9 月全国有源手术器械国产产品各省（市、自治区）数量分布

单位：项

省份	产品数量
江苏	268
上海	192
浙江	135
广东	131
北京	128
山东	117
湖南	62
湖北	46
四川	29
天津	28
安徽	24
河北	22
河南	22
辽宁	18
重庆	15
江西	14

续表

省份	产品数量
陕西	11
广西	8
黑龙江	6
山西	6
吉林	5
贵州	4
福建	2

3. 国产产品数量比例

根据《医疗器械分类目录（2017 年版）》，有源手术器械共划分为 10 个一级产品类别，在一级产品类别的基础上根据先设备后附件的形式设立了 25 个二级产品类别。截至 2021 年 9 月底，我国有源手术器械共有 18 个二级产品类别国产产品数量比例①超过 50.0%，其中“03 高频/射频手术设备及附件”一级分类下的“05 射频消融设备用灌注泵”和“07 手术导航、控制系统”一级分类下的“02 手术定位系统”的进口注册产品尚属空白（见表 18）。

表 18　截至 2021 年 9 月底全国有源手术器械二级产品类别国产比例

单位：项，%

二级产品类别	国产数量	进口数量	国产比例
02 手术定位系统	3	0	100.0
05 射频消融设备用灌注泵	2	0	100.0
03 超声手术设备附件	34	3	91.9
05 取、植皮设备	10	1	90.9
02 手术辅助照明灯	164	23	87.7
01 手术无影灯	172	25	87.3
01 冲击波碎石机	35	8	81.4
01 高频手术设备	123	50	71.1
04 高频/射频用电极及导管	382	162	70.2

① 国产产品数量比例 = 国产产品数量/（国产产品数量 + 进口产品数量），计算数据来源自众成数科大数据平台。

续表

二级产品类别	国产数量	进口数量	国产比例
03 电动吻合器	13	6	68.4
01 内窥镜手术用有源设备	17	8	68.0
02 高强度超声治疗设备	8	4	66.7
02 医用激光光纤	37	20	64.9
01 微波手术设备	6	4	60.0
03 氩保护气凝设备	4	3	57.1
01 超声手术设备	25	20	55.6
01 激光手术设备	59	51	53.6
02 冷冻消融针及导管	8	7	53.3
04 手术动力系统	16	20	44.4
02 射频消融设备	26	34	43.3
01 手术导航系统	20	29	40.8
02 分离控制盒	3	5	37.5
03 手术控制系统	1	2	33.3
01 冷冻手术设备	2	6	25.0
01 水刀	1	4	20.0

值得一提的是，2021 年 9 月 27 日，惠州海卓科赛医疗有限公司生产的创新产品“水动力治疗设备”和“一次性使用清创水动力刀头”通过国家创新审批并成功上市，我国国产水刀产品实现“零的突破”。

（二）无源手术器械

无源手术器械是指通用刀、剪、钳等各类无源手术医疗器械，不包括神经和心血管手术器械、骨科手术器械、眼科器械、口腔科器械、妇产科、辅助生殖和避孕器械。

1. 产品数量

根据国家药监局、各省（市、自治区）药监局及市场监管局公开数据统计，2021 年 1 ~9 月，全国无源手术器械注册及备案产品共计 12923 项，其中国产产品 10885 项，进口产品 2038 项（见表 19）。

表 19　2019～2021 年 9 月全国无源手术器械各类产品注册及备案数量分布

单位：项

类型	国产			进口		
	2019 年	2020 年	2021 年前三季度	2019 年	2020 年	2021 年前三季度
第一类	4957	6480	7382	1074	1157	1486
第二类	2661	3143	3407	368	466	414
第三类	76	88	96	137	172	138
合计	7694	9711	10885	1579	1795	2038

从首次注册数量情况分析，全国无源手术器械首次注册数量于 2020 年呈上升趋势，而 2021 前三季度注册数量有所回落。2021 年前三季度全国无源手术器械第二、第三类产品首次注册数量共计 411 项，其中国产产品 390 项，进口产品 21 项（见图 18）。

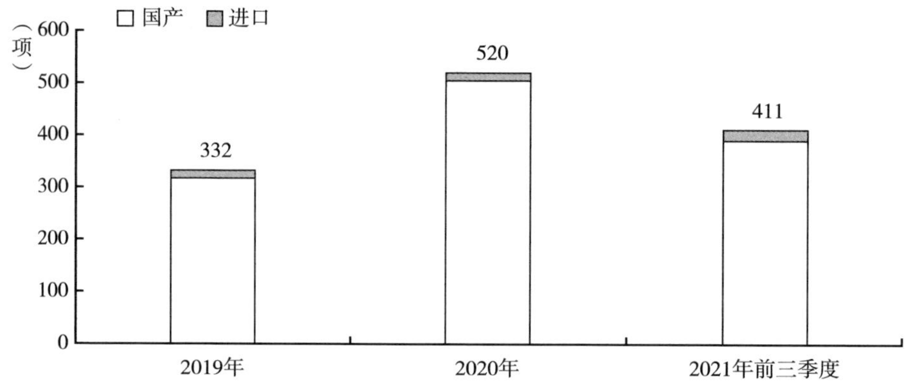

图 18　2019～2021 年 9 月全国第二、第三类无源手术器械首次注册数量变化

从第二、第三类产品首次注册趋势看，2019～2021 年 9 月，国产第二、第三类产品首次注册数量均呈先升后降的趋势。其中，2020 年二者同比涨幅分别为 59.5% 和 50.0%。2019～2021 年 9 月，进口第二、第三类产品首次注册数量均呈现上涨趋势。其中，2020 年进口第三类产品注册数量较前年略有回落，进口第二类产品注册数量则逐年增加。从管理类别分析，国产第二类产品首次注册数量占比显著高于其他类别（见图 19）。

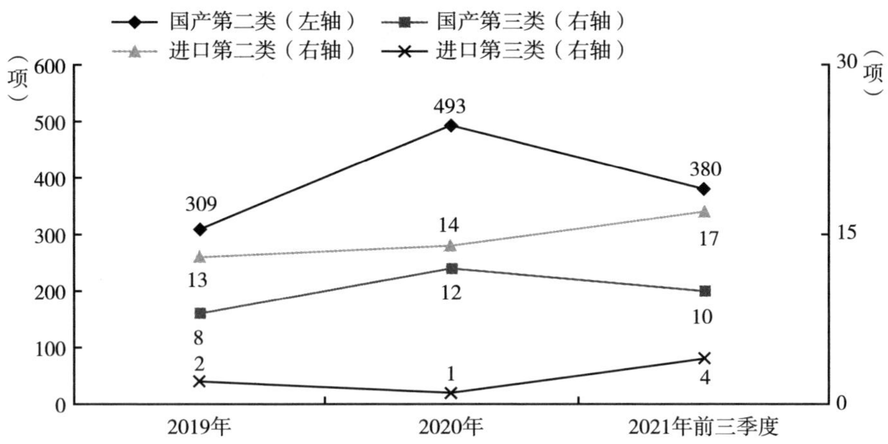

图 19　2019～2021 年 9 月全国第二、第三类无源手术器械首次注册数量趋势

2. 产品分布

2021 年 1～9 月，我国无源手术器械进口产品共计 2038 项，其中自德国和美国的进口产品数量分别为 966 项、441 项，二者之和占总体的 69.0%（见图 20）。

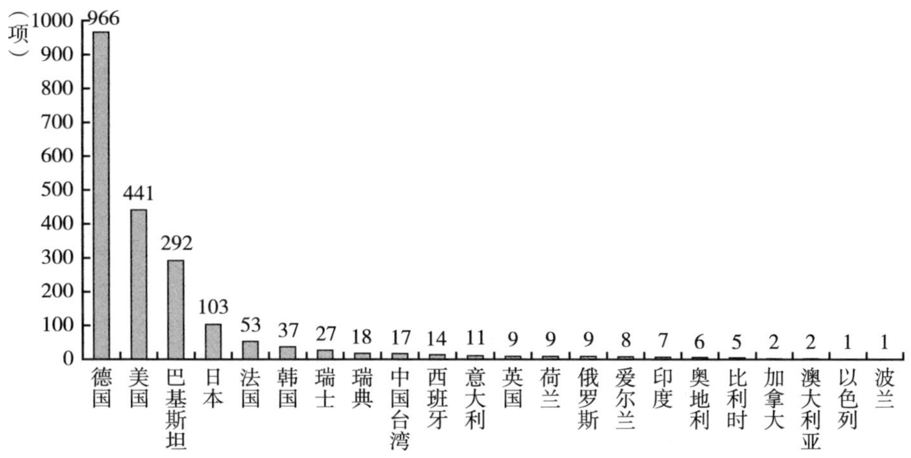

图 20　2021 年 1～9 月全国无源手术器械进口国家或地区产品数量分布

相同报告期内，我国无源手术器械国产产品共计 10885 项，其中江苏省、上海市及浙江省分别以 3790 项、1374 项及 1344 项位列全国前三，三者之和占全国总量的 59.8%（见表 20）。

表20　2021年1~9月全国无源手术器械国产产品各省（市、自治区）数量分布

单位：项

省份	产品数量
江苏省	3790
上海市	1374
浙江省	1344
山东省	1000
广东省	896
北京市	440
湖南省	348
河北省	220
河南省	216
安徽省	188
湖北省	187
江西省	183
天津市	126
吉林省	124
福建省	91
陕西省	77
重庆市	72
辽宁省	55
四川省	54
甘肃省	38
广西壮族自治区	21
山西省	17
海南省	6
贵州省	6
黑龙江省	5
云南省	3
新疆维吾尔自治区	3
青海省	1

3. 国产产品数量比例

根据《医疗器械分类目录（2017年版）》，无源手术器械共划分为15个一级产品类别，在一级产品类别的基础上根据产品的具体用途不同细分为83个二级产品类别。截至2021年9月底，我国无源手术器械共有75个二级产品类别国产产品数量比例①达到或超过50.0%。其中，包括“02 内窥镜用剥离器”“02吻合器（不带钉）”在内的12类进口注册产品尚属空白。此外，“02 内窥镜用钩”、“04 微创入路装置”及“13 试模”产品国产数量均为零（见表21）。

表21　截至2021年9月底全国无源手术器械二级产品类别国产比例

单位：项，%

二级产品类别	国产数量	进口数量	国产比例
02 内窥镜用剥离器	2	0	100.0
02 吻合器(不带钉)	68	0	100.0
02 吸引器	1	0	100.0
03 分离钳	38	0	100.0
03 器械夹	6	0	100.0
04 环切器	10	0	100.0
04 内窥镜用牵开器	4	0	100.0
05 内窥镜用刀	1	0	100.0
07 植皮器	13	0	100.0
11 内窥镜用分离钳	4	0	100.0
16 内窥镜用推结器	2	0	100.0
19 内窥镜切口牵开保护器	32	0	100.0
06 保护器	94	1	98.9
03 备皮刀	172	2	98.9
15 肛门镜	170	2	98.8
03 内窥镜用吻(缝)合器械(不带钉)	122	2	98.4
01 吻合器(带钉)	1203	37	97.0
02 取样钳	130	4	97.0
02 推结器	50	2	96.2
02 打孔器	36	2	94.7
01 缝合针	50	3	94.3

① 国产产品数量比例=国产产品数量/（国产产品数量+进口产品数量），计算数据来源自众成数科大数据平台。

续表

二级产品类别	国产数量	进口数量	国产比例
22 内窥镜用给物器	31	2	93.9
07 扩张钳	15	1	93.8
01 闭合夹	73	5	93.6
05 异物钳	98	7	93.3
01 套扎器	107	8	93.0
02 手术锤	26	2	92.9
09 内窥镜用组织钳	58	5	92.1
05 测量器	11	1	91.7
02 止血夹	65	6	91.5
01 手术刮匙	146	14	91.3
01 穿刺器	216	22	90.8
01 手术钩	510	54	90.4
02 器械镊	196	22	89.9
04 清洁器	50	6	89.3
08 标记器	8	1	88.9
03 输送导引器	138	18	88.5
01 冲吸器	561	75	88.2
02 手术针	501	67	88.2
03 扩张器	118	16	88.1
12 内窥镜用异物钳	22	3	88.0
02 器械剪	111	16	87.4
04 牵引钳	26	4	86.7
09 手柄	171	30	85.1
03 固位器	34	6	85.0
17 内窥镜用细胞刷	33	6	84.6
01 手术凿	53	10	84.1
01 手术刀	322	61	84.1
10 手术锉	26	5	83.9
08 免缝闭合器械	14	3	82.4
01 组织钳	707	152	82.3
05 内窥镜用导引器	95	22	81.2
08 器械钳	662	158	80.7
01 牵开器	401	105	79.2
01 组织镊	426	119	78.2
23 内窥镜用套扎器	7	2	77.8

续表

二级产品类别	国产数量	进口数量	国产比例
01 剥离器	223	69	76.4
10 内窥镜用取样钳	29	9	76.3
04 血管缝合装置	6	2	75.0
11 手术叉	6	2	75.0
21 内窥镜用气囊导管	3	1	75.0
05 施夹器	58	20	74.4
05 内窥镜用气囊扩张器	34	12	73.9
01 组织剪	509	182	73.7
02 压迫器	45	17	72.6
06 止血钳	248	106	70.1
03 内窥镜用剪	7	3	70.0
20 内窥镜用取石球囊导管	19	9	67.9
14 夹子装置	8	4	66.7
18 内窥镜用取石器械	60	31	65.9
07 不可吸收缝合线	97	65	59.9
04 内窥镜取样针	12	9	57.1
09 粘合剂	10	8	55.6
02 血管刀	1	1	50.0
13 内窥镜用器械钳	5	5	50.0
06 可吸收缝合线	46	54	46.0
03 定位针	6	9	40.0
02 内窥镜用组织刮匙	1	2	33.3
10 粘堵剂	1	3	25.0
02 内窥镜用钩	0	1	0.0
04 微创入路装置	0	1	0.0
13 试模	0	1	0.0

（三）神经和心血管手术器械

神经和心血管手术器械包括神经外科手术器械、胸腔心血管手术器械和心血管介入器械。目前，国内神经领域医疗器械已掌握大多数神经介入产品的核心技术并逐步迈向国产化的新阶段，同时国内也出现了如颅内药物洗脱支架系统等领先全球的神经介入产品。

1. 产品数量

根据国家药监局、各省（市、自治区）药监局及市场监管局公开数据统计，2021 年 1 ~9 月，全国神经和心血管手术器械注册及备案产品共计 2128 项，其中国产产品 1273 项，进口产品 855 项（见表 22）。

表 22　2019 ~2021 年 9 月全国神经和心血管手术器械各类产品注册及备案数量分布

单位：项

类型	国产			进口		
	2019 年	2020 年	2021 年前三季度	2019 年	2020 年	2021 年前三季度
第一类	399	511	594	87	102	133
第二类	146	163	185	34	41	51
第三类	324	412	494	677	783	671
合计	869	1086	1273	798	926	855

从首次注册数量情况分析，全国神经和心血管手术器械首次注册数量于 2020 年略微上涨，而 2021 年前三季度注册数量较前年有所下降。2021 年前三季度全国神经和心血管手术器械第二、第三类产品首次注册数量共计 138 项，其中国产产品 109 项，进口产品 29 项（见图 21）。

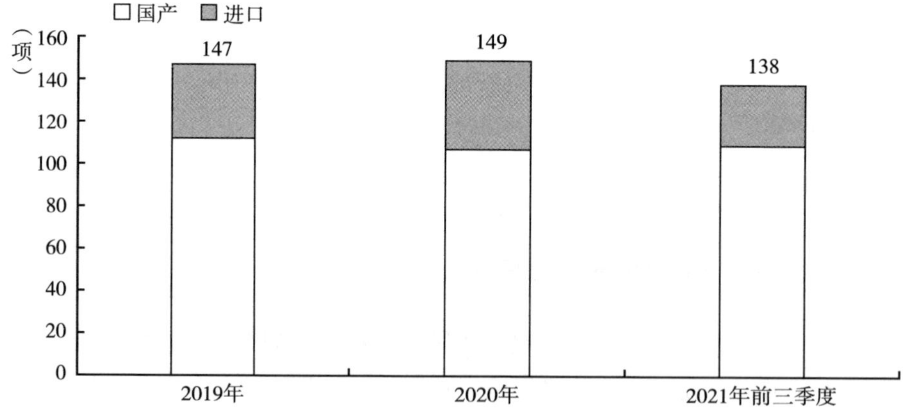

图 21　2019 ~2021 年 9 月全国第二、第三类神经和心血管手术器械首次注册数量变化

从第二、第三类产品首次注册趋势看，2019～2021 年 9 月，国产第二类产品注册数量总体呈上升趋势；而国产第三类则呈递减趋势，2020 年同比减少 5.4%。此外，2019～2021 年 9 月，进口第二类及进口第三类首次注册数量均呈先升后降的趋势。其中，2020 年进口第三类注册数量同比增长 8.8%。从管理类别分析，国产第三类首次注册数量占比高于其他类别（见图 22）。

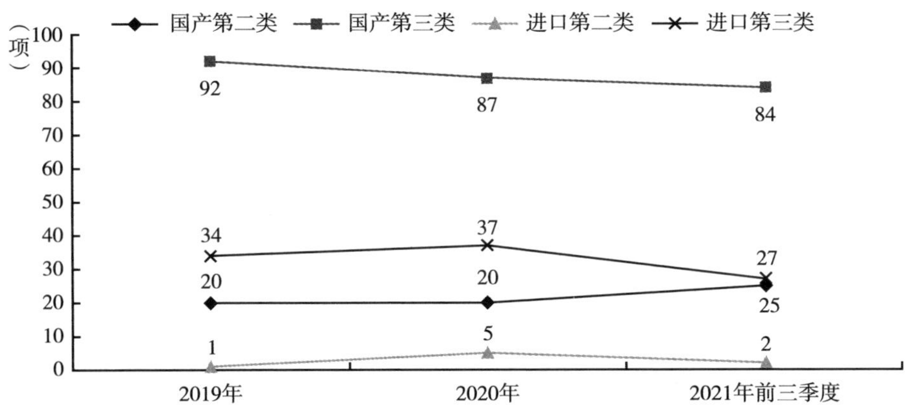

图 22　2019～2021 年 9 月全国第二、第三类神经和心血管手术器械首次注册数量趋势

2. 产品分布

2021 年 1～9 月，我国神经和心血管手术器械进口产品共计 855 项，其中自美国和德国的进口产品数量分别为 506 项、123 项，二者之和占总体的 73.6%（见图 23）。

相同报告期内，我国神经和心血管手术器械国产产品共计 1273 项，其中上海市、江苏省及广东省分别以 203 项、200 项及 189 项位列全国前三，三者之和占全国总量的 46.5%（见表 23）。

表 23　2021 年 1～9 月全国神经和心血管手术器械国产产品各省（市、自治区）数量分布

单位：项

省份	产品数量
上海市	203

续表

省份	产品数量
江苏省	200
广东省	189
山东省	155
北京市	138
浙江省	121
湖南省	60
天津市	46
河北省	45
湖北省	33
河南省	19
辽宁省	18
江西省	11
陕西省	9
甘肃省	8
福建省	5
安徽省	4
重庆市	3
吉林省	3
四川省	1
黑龙江省	1
海南省	1

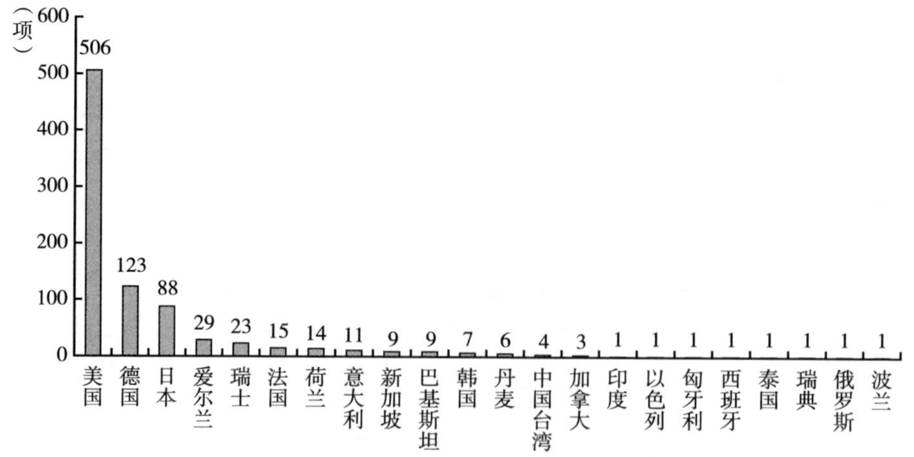

图23 2021年1~9月全国神经和心血管手术器械进口国家或地区产品数量分布

3. 国产产品数量比例

根据《医疗器械分类目录（2017年版)》，神经和心血管手术器械共划分为14个一级产品类别，在一级产品类别的基础上根据产品的用途不同，细分为60个二级产品类别。截至2021年9月底，我国神经和心血管手术器械共有40个二级产品类别国产产品数量比例①超过50.0%。其中，包括“03 分离钳”“05 异物钳”在内的13类进口注册产品尚属空白。此外，“13 神经和心血管手术器械－心血管介入器械”一级分类下的“05 灌注导管”、“08造影球囊”和“12 穿刺针”产品国产数量均为零（见表24)。

表24　截至2021年9月底全国神经和心血管手术器械二级产品类别国产比例

单位：项，%

二级产品类别	国产数量	进口数量	国产比例
01 剥离器	6	0	100.0
01 冲吸器	10	0	100.0
01 刮匙	3	0	100.0
01 头皮夹	14	0	100.0
02 摘除镊	1	0	100.0
03 分离钳	2	0	100.0
03 扩张器	12	0	100.0
04 排线器	1	0	100.0
05 异物钳	1	0	100.0
08 手柄	4	0	100.0
19 腔静脉滤器回收装置	1	0	100.0
20 心脏封堵器装载器	5	0	100.0
21 心脏封堵器输送线缆	3	0	100.0
01 组织剪	29	1	96.7
09 手术锯	29	1	96.7
02 止血夹	21	1	95.5
02 导引器	30	2	93.8
06 合拢器	15	1	93.8
01 组织钳	49	4	92.5
01 组织镊	28	3	90.3

① 国产产品数量比例＝国产产品数量/（国产产品数量＋进口产品数量)，计算数据来源自众成数科大数据平台。

续表

二级产品类别	国产数量	进口数量	国产比例
01 打孔器	56	7	88.9
04 止血钳	7	1	87.5
17 球囊扩张导管用球囊充压装置	47	8	85.5
03 吸引器	5	1	83.3
02 固位器	93	21	81.6
01 手术钩	35	8	81.4
01 牵开器	100	23	81.3
02 压器	4	1	80.0
04 导管消毒连接器	4	1	80.0
06 器械钳	85	28	75.2
24 环柄注射器	15	5	75.0
18 连接阀	16	6	72.7
01 手术刀	2	1	66.7
11 套针外周导管	2	1	66.7
02 取样钳	3	2	60.0
07 测量器	21	14	60.0
15 扩张器	4	3	57.1
25 延长管	4	3	57.1
22 血管内回收装置	6	5	54.5
02 导引导管	41	38	51.9
06 球囊扩张导管	133	148	47.3
14 导管鞘	53	59	47.3
03 中心静脉导管	17	24	41.5
01 造影导管	20	32	38.5
26 微导管	27	53	33.8
01 分流栓	1	2	33.3
09 封堵球囊	2	4	33.3
16 导丝	56	135	29.3
07 切割球囊	1	3	25.0
10 血栓抽吸导管	4	12	25.0
23 远端保护器	1	4	20.0
05 灌注导管	0	2	0.0
08 造影球囊	0	2	0.0
12 穿刺针	0	7	0.0

（四）骨科手术器械

骨科手术器械是指骨科手术术中、术后及与临床骨科相关的各类手术器械及相关辅助器械，不包括骨科手术后以康复为目的的康复器具，也不包括用于颈椎、腰椎患者减压牵引治疗及缓解椎间压力的牵引床（椅）、牵引治疗仪、颈部牵引器、腰部牵引器等类器械。在人口老龄化的背景下，骨科疾病患者持续增加，骨科诊疗面临新态势，传统骨科诊疗高度依赖医生从医经验。为此，我国专注于骨科诊断的医疗器械企业推出数字化骨科诊疗一体机，通过骨密度计算机辅助检测等系统提高诊断精度，助力骨科诊断标准化建设。

1. 产品数量

根据国家药监局、各省（市、自治区）药监局及市场监管局公开数据统计，2021 年 1 ~9 月，全国骨科手术器械注册及备案产品共计 14040 项，其中国产产品 11651 项，进口产品 2389 项（见表 25）。

表 25　2019 ~2021 年 9 月全国骨科手术器械各类产品注册及备案数量分布

单位：项

类型	国产			进口		
	2019 年	2020 年	2021 年前三季度	2019 年	2020 年	2021 年前三季度
第一类	6543	8613	10914	1620	1668	2159
第二类	581	623	684	204	234	208
第三类	32	43	53	26	30	22
合计	7156	9279	11651	1850	1932	2389

从首次注册数量情况分析，2019 ~2021 年 9 月全国骨科手术器械首次注册数量呈下降趋势。2021 年前三季度全国骨科手术器械第二、第三类产品首次注册数量共计 98 项，其中国产产品 89 项，进口产品 9 项（见图 24）。

从第二、第三类产品首次注册趋势看，2019 ~2021 年 9 月国产第二、第三类产品首次注册数量均呈先升后降的趋势。其中，2020 年国产第二类注册数量同比涨幅为 6.5%。2019 ~2021 年 9 月，进口产品首次注册数量总体呈下降趋势。其中，2020 年进口第二类产品数量降幅为 41.2%。从管理类别分析，国产第二类首次注册数量占比远高于其他类别（见图 25）。

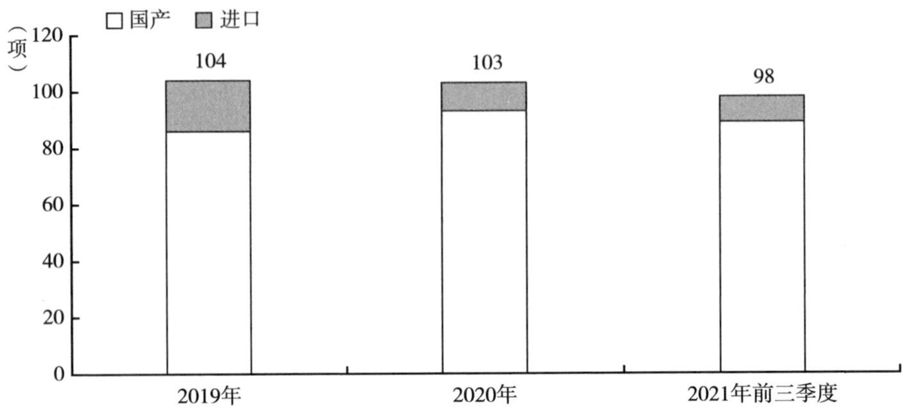

图 24　2019～2021 年 9 月全国第二、第三类骨科手术器械首次注册数量变化

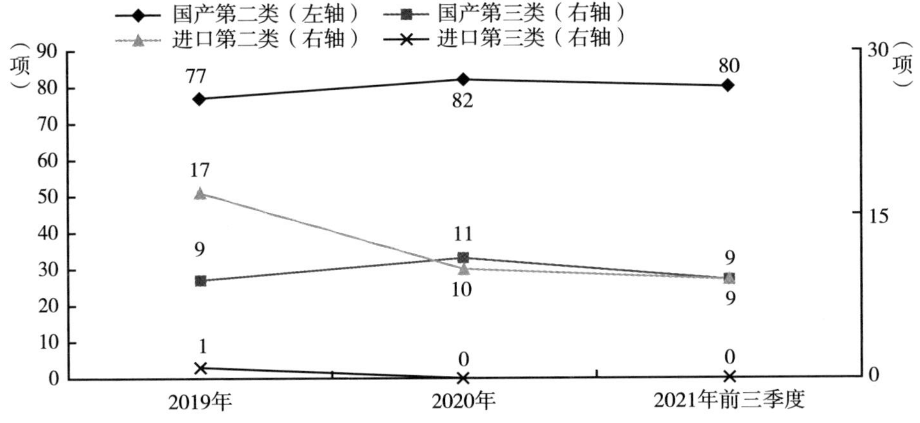

图 25　2019～2021 年 9 月全国第二、第三类骨科手术器械首次注册数量趋势

2. 产品分布

2021 年 1～9 月，我国骨科手术器械进口产品共计 2389 项，其中自美国和德国进口的产品分别为 963 项、536 项，二者之和占总体的 62.7%（见图 26）。

相同报告期内，我国骨科手术器械国产产品共计 11651 项，其中产自江苏省的产品数量共计 3203 项，全国排名第一；其后上海市和山东省分别以 1443 件和 1021 项产品位居第二和第三（见表 26）。

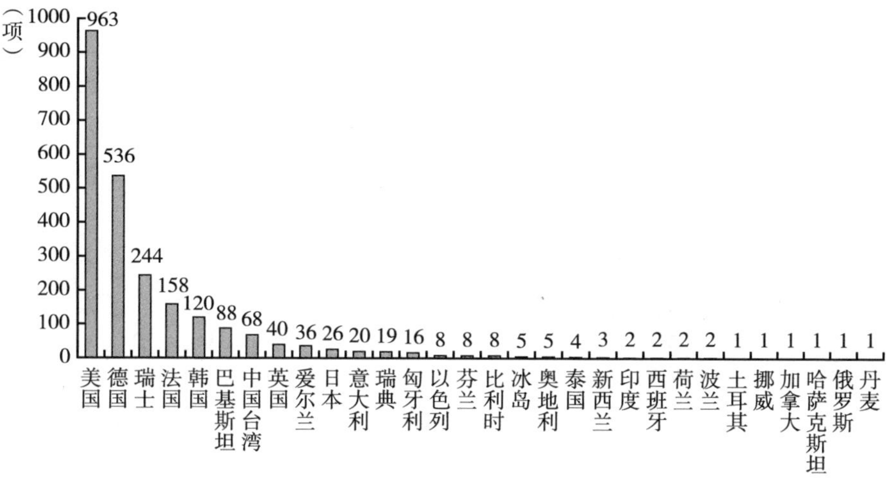

图 26　2021 年 1～9 月全国骨科手术器械进口国家或地区产品数量分布

表 26　2021 年 1～9 月全国骨科手术器械国产产品各省（市、自治区）数量分布

单位：项

省份	产品数量
江苏省	3203
上海市	1443
山东省	1021
河北省	851
广东省	814
浙江省	736
北京市	711
天津市	533
福建省	509
湖北省	292
安徽省	250
湖南省	213
河南省	200
重庆市	174
陕西省	163
辽宁省	147
吉林省	101

续表

省份	产品数量
四川省	84
江西省	69
广西壮族自治区	28
甘肃省	27
黑龙江省	24
山西省	14
贵州省	14
云南省	11
海南省	8
宁夏回族自治区	7
新疆维吾尔自治区	2
西藏自治区	1
青海省	1

3. 国产产品数量比例

根据《医疗器械分类目录（2017 年版）》，骨科手术器械共划分为 18 个一级产品类别，在一级产品类别的基础上依据其功能或用途的不同细分为 96 个二级产品类别。截至 2021 年 9 月底，我国骨科手术器械共有 92 个二级产品类别国产产品数量比例①达到或超过 50.0%，其中，包括“01 骨科内窥镜用剪”“06切割针”在内的 24 类进口注册产品尚属空白。此外，“18 骨科其他手术器械”一级分类下的“02 颅骨矫形器械”产品国产数量为零（见表 27）。

表 27　截至 2021 年 9 月底全国骨科手术器械二级产品类别国产比例

单位：项，%

二级产品类别	国产数量	进口数量	国产比例
01 髌骨爪	5	0	100.0
01 骨科内窥镜用剪	1	0	100.0
01 介入术用骨锥	3	0	100.0

① 国产产品数量比例 = 国产产品数量/（国产产品数量 + 进口产品数量），计算数据来源自众成数科大数据平台。

续表

二级产品类别	国产数量	进口数量	国产比例
02 骨科用铲	1	0	100.0
03 剥离保护器	1	0	100.0
03 配套工具	2	0	100.0
03 石膏切割器具	16	0	100.0
03 注射推进装置	2	0	100.0
04 打拔器	15	0	100.0
04 骨折复位器	14	0	100.0
04 韧带手术器械	1	0	100.0
04 修整用钻	5	0	100.0
05 骨科组织保护器具	4	0	100.0
06 骨科牵引床及配件	126	0	100.0
06 切割针	4	0	100.0
06 芯钻	1	0	100.0
07 软骨整形器械	19	0	100.0
07 椎弓根定位测量器	1	0	100.0
08 定位、导向、测量器械	33	0	100.0
09 开孔扩孔器械	2	0	100.0
10 神经根探子	2	0	100.0
11 刨骨器	9	0	100.0
11 植骨块嵌入器	4	0	100.0
14 椎体复位器	2	0	100.0
02 牵引针	192	8	96.0
06 配套工具	21	1	95.5
13 脊柱手术通道器械	19	1	95.0
03 夹板及固定带	2143	117	94.8
05 穿孔针	18	1	94.7
02 外固定支架	197	11	94.7
04 椎体成形导引系统	62	5	92.5
04 牵引器	63	6	91.3
04 组织用钳	84	8	91.3
07 紧固、支撑工具	21	2	91.3
02 骨把持器	699	71	90.8
02 骨水泥器械	99	12	89.2
03 定位、导向、测量器械	97	12	89.0
01 切/取骨钻	16	2	88.9

续表

二级产品类别	国产数量	进口数量	国产比例
05 配套工具	64	8	88.9
01 剥离器	118	15	88.7
15 配套工具	33	5	86.8
02 配套工具	107	17	86.3
03 植入物或石膏用剪	68	11	86.1
05 术中牵引架及配件	79	13	85.9
02 骨及组织用剪	70	12	85.4
01 骨锯	97	17	85.1
01 椎体成形器械	38	7	84.4
01 拉钩	131	26	83.4
01 骨科内窥镜用钳	5	1	83.3
01 截骨用刀	105	21	83.3
03 骨钩	24	5	82.8
08 敲拔器械	181	43	80.8
06 定位导向器械	218	52	80.7
12 椎弓根钉尾部切断器	12	3	80.0
01 骨凿	134	35	79.3
07 植入物塑形用钳	120	34	77.9
04 取样器械	7	2	77.8
05 冲头	7	2	77.8
03 植骨器械	66	19	77.6
03 攻丝用锥	90	26	77.6
01 骨科动力手术设备	80	24	76.9
06 骨科手术体位固定架	10	3	76.9
02 牵开器	163	52	75.8
01 探针	52	17	75.4
01 骨科内窥镜用刮匙	3	1	75.0
01 扩髓器	6	2	75.0
04 石膏切割用刀	3	1	75.0
03 咬骨钳	242	82	74.7
02 钻孔用钻	205	72	74.0
09 开口器械	76	27	73.8
03 导钻(套钻)	45	16	73.8
02 开口用锥	52	19	73.2
05 扩髓用钻	10	4	71.4

续表

二级产品类别	国产数量	进口数量	国产比例
03 塑形工具	99	41	70.7
03 定位导引针	81	34	70.4
02 夹持/复位用钳	217	92	70.2
03 扩孔用刀	56	24	70.0
02 石膏锯	9	4	69.2
07 夹持、固定器械	75	34	68.8
01 骨科用锉	103	47	68.7
05 撑开钳	79	37	68.1
02 刮匙	118	56	67.8
13 配套工具	116	59	66.3
12 植入取出工具	327	168	66.1
05 测量器械	251	145	63.4
06 压缩钳	23	14	62.2
02 椎间盘旋切器械	3	2	60.0
05 纤维环缝合器械	3	2	60.0
01 骨水泥定型模具	1	1	50.0
02 骨科内窥镜用刀	1	1	50.0
02 关节镜配套工具	3	3	50.0
10 石膏拆除器械	1	1	50.0
04 固定针	11	16	40.7
02 颅骨矫形器械	0	2	0.0

（五）放射治疗器械

放射治疗器械是指放射治疗类医疗器械。

1. 产品数量

根据国家药监局、各省（市、自治区）药监局及市场监管局公开数据统计，2021 年 1 ~9 月，全国放射治疗器械注册及备案产品共计 384 项，其中国产产品 295 项，进口产品 89 项（见表 28）。

表 28　2019～2021 年 9 月全国放射治疗器械各类产品注册及备案数量分布

单位：项

类型	国产			进口		
	2019 年	2020 年	2021 年前三季度	2019 年	2020 年	2021 年前三季度
第一类	142	176	231	21	23	30
第二类	5	8	10	9	12	11
第三类	55	51	54	46	55	48
合计	202	235	295	76	90	89

从首次注册数量情况分析，2019～2021 年 9 月全国放射治疗器械首次注册数量较少，趋势较为稳定。2021 年前三季度全国放射治疗器械第二、第三类产品首次注册数量共计 8 件，其中国产产品 6 件，进口产品 2 件（见图 27）。

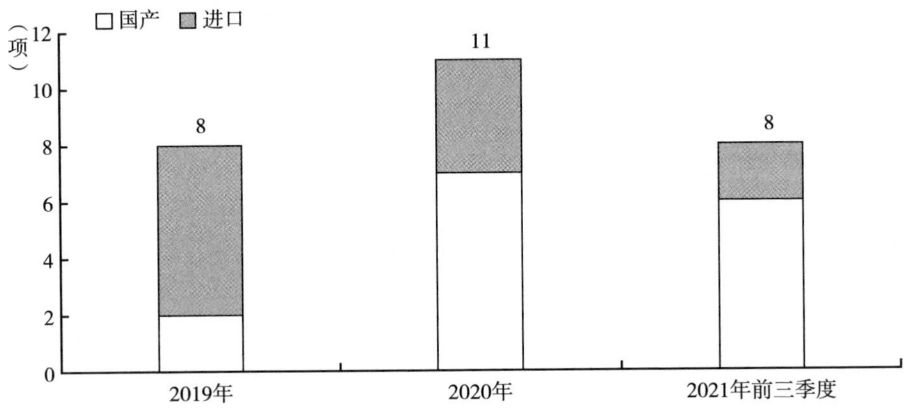

图 27　2019～2021 年 9 月全国第二、第三类放射治疗器械首次注册数量变化

从第二、第三类产品首次注册趋势看，2019～2021 年 9 月，国产及进口第二、第三类产品首次注册数量均较为稳定。值得注意的是，国产第二类产品首次注册数量于 2020 年实现了零的突破。从管理类别看，各类别首次注册数量占比差距较小，国产第三类具有微弱优势（见图 28）。

2. 产品分布

2021 年 1～9 月，我国放射治疗器械进口产品共计 89 项，其中自美国

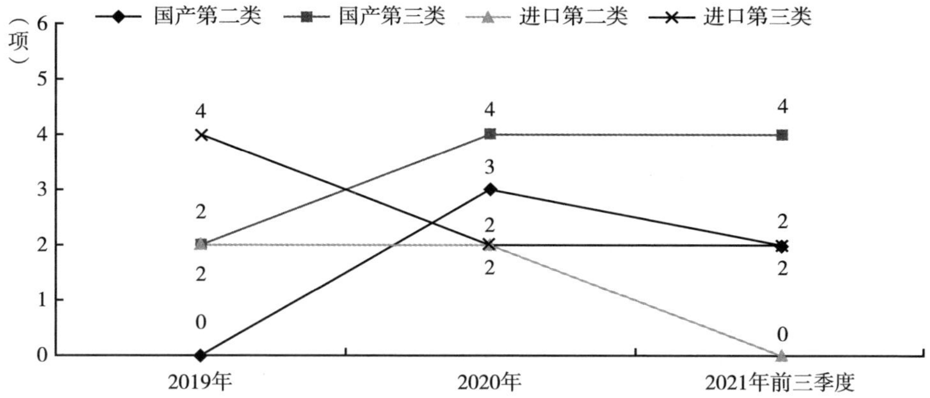

图 28　2019～2021 年 9 月全国第二、第三类放射治疗器械首次注册数量趋势

和英国进口的产品分别为 39 项和 11 项，两者之和占总体的 56.2%（见图 29）。

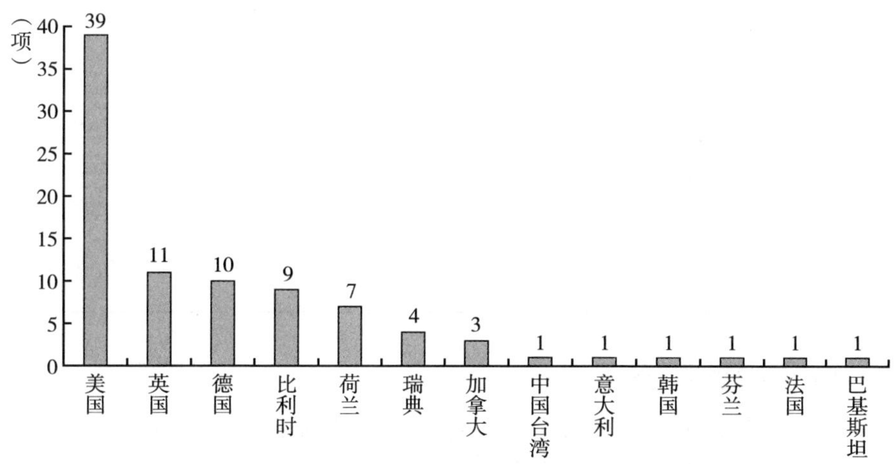

图 29　2021 年 1～9 月全国放射治疗器械进口国家产品数量分布

相同报告期内，我国放射治疗器械国产产品共计 295 项，其中自广东省产出的产品共计 79 项，全国排名第一；其后山东省和江苏省分别以 38 项和 35 项产品位居第二和第三（见表 29）。

表 29　2021 年 1～9 月全国放射治疗器械国产产品各省（市、自治区）数量分布

单位：项

省份	产品数量
广东省	79
山东省	38
江苏省	35
北京市	27
上海市	22
浙江省	18
湖北省	17
四川省	13
陕西省	8
河北省	8
湖南省	7
天津市	4
河南省	4
辽宁省	3
江西省	3
新疆维吾尔自治区	2
安徽省	2
重庆市	1
山西省	1
吉林省	1
甘肃省	1
福建省	1

3. 国产产品数量比例

根据《医疗器械分类目录（2017 年版）》，放射治疗器械共划分为 4 个一级产品类别，在一级产品类别的基础上设立了 22 个二级产品类别。截至 2021 年 9 月底，我国放射治疗器械共有 9 个二级产品类别国产产品数量比例①达到或超过 50.0%。目前尚没有产品完全实现国产替代。此外，“02 医用轻离子治疗系统”“04 超声影像引导系统”等 6 类产品国产数量均为零（见表 30）。

① 国产产品数量比例＝国产产品数量/（国产产品数量＋进口产品数量），计算数据来源自众成数科大数据平台。

表 30 截至 2021 年 9 月底全国放射治疗器械二级产品类别国产比例

单位：项，%

二级产品类别	国产数量	进口数量	国产比例
01 放射治疗模拟系统	8	1	88.9
08 放射治疗患者用固定装置	228	31	88.0
04 伽马射束远距离治疗机	13	2	86.7
02 放射治疗用 X 射线图像引导系统	2	1	66.7
06 光学定位引导系统	3	2	60.0
05 近距离后装治疗设备	5	4	55.6
01 医用电子加速器	15	15	50.0
02 准直限束装置	3	3	50.0
06 放射治疗激光定位系统	4	4	50.0
03 放射治疗患者摆位系统	1	2	33.3
03 医用 X 射线治疗设备	1	2	33.3
01 射线束扫描测量系统	0	1	0.0
02 呼吸门控系统	0	3	0.0
02 医用轻离子治疗系统	0	1	0.0
04 超声影像引导系统	0	1	0.0
04 施源器	0	4	0.0
05 电磁定位系统	0	1	0.0

（六）医用成像器械

医用成像器械是指医用成像类医疗器械，主要包括 X 射线、超声、放射性核素、核磁共振和光学等成像医疗器械，不包括眼科、妇产科等临床专科中的成像医疗器械。

1. 产品数量

根据国家药监局、各省（市、自治区）药监局及市场监管局公开数据统计，2021 年 1 ~9 月，全国医用成像器械注册及备案产品共计 7992 项，其中国产产品 6529 项，进口产品 1463 项（见表 31）。

表 31　2019～2021 年 9 月全国医用成像器械各类产品注册及备案数量分布

单位：项

类型	国产			进口		
	2019 年	2020 年	2021 年前三季度	2019 年	2020 年	2021 年前三季度
第一类	2295	2966	3582	146	167	216
第二类	2112	2264	2421	606	654	628
第三类	413	482	526	641	719	619
合计	4820	5712	6529	1393	1540	1463

从首次注册情况分析，相比 2019 年，2020 年全国医用成像器械首次注册数量呈上升趋势，2021 年前三季度首次注册数量略有下降。2021 年前三季度全国医用成像器械第二、第三类产品首次注册数量共计 460 项，其中国产产品 406 项，进口产品 54 项（见图 30）。

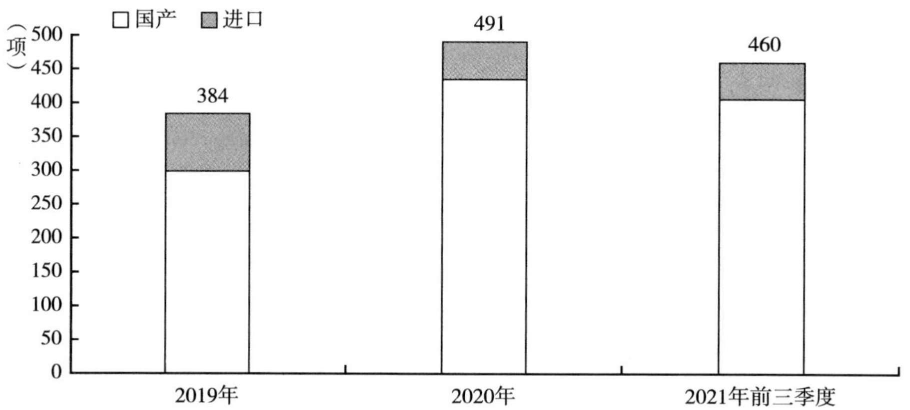

图 30　2019～2021 年 9 月全国第二、第三类医用成像器械首次注册数量变化

从第二、第三类产品首次注册趋势看，相较 2019 年，2020 年国产第二、第三类首次注册数量均呈上升趋势。其中，国产第二、第三类分别同比上涨 53.9% 和 16.4%。2020 年进口第二、第三类首次注册数量分别同比下降 52.6% 和 19.1%。2021 年前三季度，进口第二类则略有回升。从管理类别分析，国产第二类首次注册数量占比远高于其他类别（见图 31）。

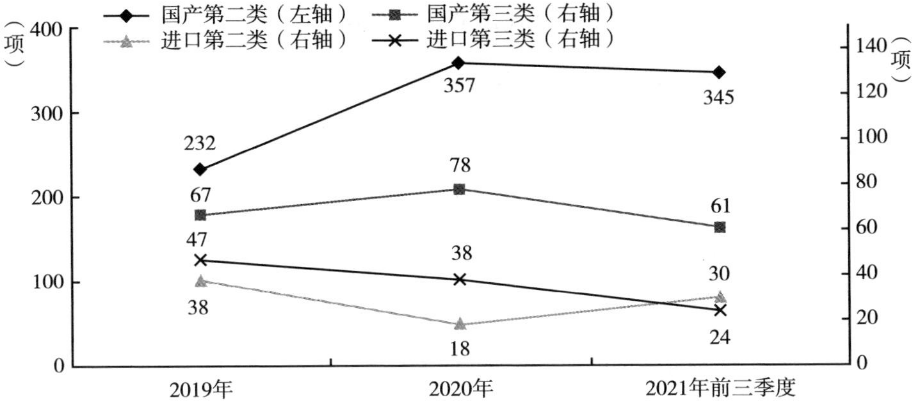

图31 2019～2021年9月全国第二、第三类医用成像器械首次注册数量趋势

2. 产品分布

2021年1～9月，我国医用成像器械进口产品共计1463项，其中自德国和日本进口的产品分别为417项和365项，两者之和占总体的53.5%（见图32）。

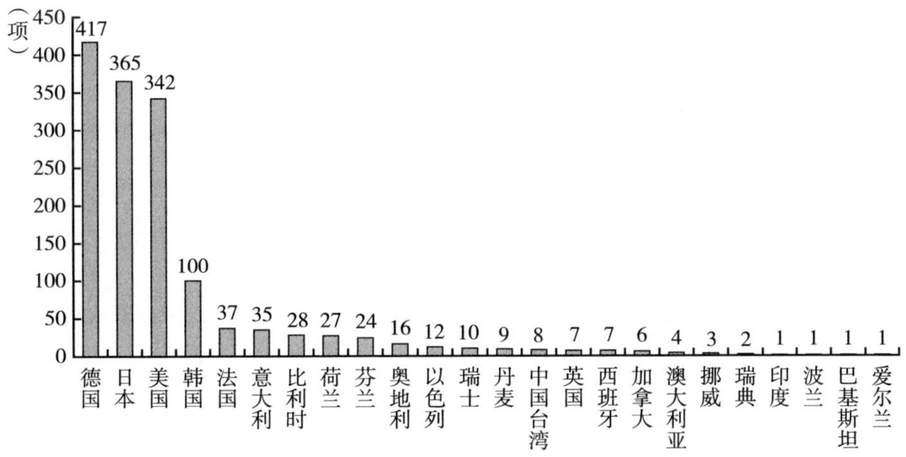

图32 2021年1～9月全国医用成像器械进口国家或地区产品数量分布

相同报告期内，我国医用成像器械国产产品共计6529项，其中自广东省产出的产品共计1235项，全国排名第一；其后江苏省和山东省分别以1126项和594项产品位居第二和第三（见表32）。

表 32　2021 年 1 ~ 9 月全国医用成像器械国产产品各省（市、自治区）数量分布

单位：项

省份	产品数量
广东省	1235
江苏省	1126
山东省	594
浙江省	546
上海市	506
北京市	395
河南省	236
湖北省	203
辽宁省	200
河北省	200
湖南省	172
天津市	169
四川省	155
广西壮族自治区	143
安徽省	133
江西省	121
重庆市	111
福建省	90
陕西省	54
山西省	32
吉林省	29
贵州省	26
黑龙江省	17
云南省	16
甘肃省	7
内蒙古自治区	5
青海省	3
新疆维吾尔自治区	2
海南省	2
宁夏回族自治区	1

3. 国产产品数量比例

根据《医疗器械分类目录（2017 年版）》，医用成像器械共划分为 18 个一级产品类别，在一级产品类别的基础上根据预期临床用途、产品组成划分 93 个二级产品类别。截至 2021 年 9 月底，我国医用成像器械共有 75 个二级产品类别国产产品数量比例①达到或超过 50.0%，其中，包括“10 车载 X 射线机”“11 携带式 X 射线机”在内的 20 类进口注册产品尚属空白。此外，“12 - 放射性核素成像辅助设备”一级分类下的“01 自动给药系统”产品国产数量为零（见表 33）。

表 33　截至 2021 年 9 月底全国医用成像器械二级产品类别国产比例

单位：项，%

二级产品类别	国产数量	进口数量	国产比例
01X 射线高压发生器	26	0	100. 0
02 常导型磁共振成像系统	4	0	100. 0
02 导管床	2	0	100. 0
02 锝气体发生器	1	0	100. 0
02 红外线乳腺诊断仪	24	0	100. 0
02 胶囊内窥镜姿态控制器	1	0	100. 0
02 胶片扫描仪	4	0	100. 0
04 内窥镜润滑剂	13	0	100. 0
05 取片机	202	0	100. 0
05 医用增感屏	3	0	100. 0
06 防散射滤线栅	1	0	100. 0
06 透视荧光屏	1	0	100. 0
06 胃肠超声显像粉	1	0	100. 0
07X 射线摄影暗盒	4	0	100. 0
08X 射线胶片显影剂、定影剂	42	0	100. 0
09 胶片观察装置	157	0	100. 0
10 车载 X 射线机	25	0	100. 0
11 患者体位固定装置	19	0	100. 0
11 携带式 X 射线机	23	0	100. 0
13 静脉尿路造影腹压器	1	0	100. 0
01 超声耦合剂	429	4	99. 1
06 内窥镜用活检袋	74	1	98. 7

① 国产产品数量比例 = 国产产品数量/（国产产品数量 + 进口产品数量），计算数据来源自众成数科大数据平台。

续表

二级产品类别	国产数量	进口数量	国产比例
02 超声耦合垫	198	3	98.5
02 医用射线防护装置	258	5	98.1
12 穿刺定位引导装置	87	2	97.8
07 内窥镜咬口、套管	90	3	96.8
04 影像记录介质	875	32	96.5
03X 射线摄影患者支撑装置	43	3	93.5
03 医用图像打印机	222	16	93.3
04 悬吊、支撑装置	26	2	92.9
01 医用射线防护用具	763	62	92.5
07 摄影 X 射线机	434	38	91.9
01 红外热像仪	29	3	90.6
01 图像显示处理工作站	26	3	89.7
02X 射线管	25	3	89.3
05 微循环显微镜	8	1	88.9
01 永磁型磁共振成像系统	63	10	86.3
02 超声回波多普勒成像设备	332	54	86.0
14 胃肠 X 射线检查用品	6	1	85.7
03 超导型磁共振成像系统	54	11	83.1
03 电子内窥镜图像处理器	57	12	82.6
05 透视摄影 X 射线机	71	16	81.6
04 超声探头	22	5	81.5
04X 射线感光胶片	67	16	80.7
03 乳腺 X 射线机	49	12	80.3
03 超声水囊	4	1	80.0
05 超声探头穿刺架	27	8	77.1
04 胶囊式内窥镜系统	10	3	76.9
10X 射线胶片自动洗片机	10	3	76.9
01X 射线计算机体层摄影设备(CT)	115	37	75.7
01 伽马照相机	3	1	75.0
04 限束装置	3	1	75.0
06 医用光学放大器具	116	39	74.8
01 内窥镜用冷光源	115	48	70.6
05 内窥镜冲洗吸引器	25	11	69.4
06 移动式 C 形臂 X 射线机	56	25	69.1
02 泌尿 X 射线机	2	1	66.7

续表

二级产品类别	国产数量	进口数量	国产比例
02X 射线探测器、X 射线探测器及其影像系统	69	37	65.1
02 内窥镜摄像系统	104	58	64.2
01 磁共振造影注射装置	5	3	62.5
01 超声脉冲回波成像设备	119	72	62.3
01 光学内窥镜	194	119	62.0
03X 射线管组件	63	39	61.8
02 电凝切割内窥镜	12	8	60.0
03 光相干断层成像系统(非眼科)	6	4	60.0
03 正电子发射断层成像设备	3	2	60.0
05 内窥镜先端帽	6	4	60.0
04 内窥镜送气装置	28	19	59.6
05 造影剂注射装置	62	43	59.0
04 手术显微镜(非眼科)	48	36	57.1
03X 射线摄影用影像板成像装置(CR)	19	15	55.9
08 透视 X 射线机	5	4	55.6
04 口腔 X 射线机	77	66	53.8
02 单光子发射计算机断层成像设备	5	5	50.0
03 正电子发射及磁共振成像系统	2	2	50.0
09X 射线骨密度仪	14	17	45.2
02 正电子发射及 X 射线计算机断层成像系统	14	20	41.2
07 影像板	9	14	39.1
01X 射线影像增强器及其电视系统	5	10	33.3
03 电子内窥镜	97	203	32.3
06 内窥镜膨腔泵	2	5	28.6
01 血管造影 X 射线机	12	39	23.5
04 超声电子内窥镜	2	12	14.3
01 单光子发射及 X 射线计算机断层成像系统	2	13	13.3
01 自动给药系统	0	1	0.0

（七）医用诊察和监护器械

医用诊察和监护器械是指医用诊察和监护器械及诊察和监护过程中配套使用的医疗器械，不包括眼科器械、口腔科器械等临床专科使用的诊察器械和医用成像器械。

1. 产品数量

根据国家药监局、各省（市、自治区）药监局及市场监管局公开数据统计，2021 年 1 ~9 月，全国医用诊察和监护器械注册及备案产品共计 4846 项，其中国产产品 4104 项，进口产品 742 项（见表 34）。

表 34　2019 ~2021 年 9 月全国医用诊察和监护器械各类产品注册及备案数量分布

单位：项

类型	国产			进口		
	2019 年	2020 年	2021 年前三季度	2019 年	2020 年	2021 年前三季度
第一类	678	895	1077	65	72	105
第二类	2092	2815	2889	501	565	483
第三类	111	122	138	167	197	154
合计	2881	3832	4104	733	834	742

从首次注册情况分析，相比 2019 年，2020 年全国医用诊察和监护器械首次注册数量大幅上升，2021 年前三季度注册数量出现回落。2021 年前三季度全国医用诊察和监护器械第二、第三类产品首次注册数量共计 377 项，其中国产产品 355 项，进口产品 22 项（见图 33）。

从第二、第三类产品首次注册趋势分析，2019 ~2021 年 9 月，国产第二类产品首次注册数量变动幅度较大。其中，2020 年国产第二类产品同比增长 253.2%。同一报告期内，国产第三类产品及进口第二、第三类产品相对稳定。从管理类别分析，国产第二类产品首次注册数量占比显著高于其他类别（见图 34）。

2. 产品分布

2021 年 1 ~9 月，我国医用诊察和监护器械进口产品共计 742 项，其中自美国和德国进口的产品分别为 249 项和 128 项，两者之和占总体的 50.8%（见图 35）。

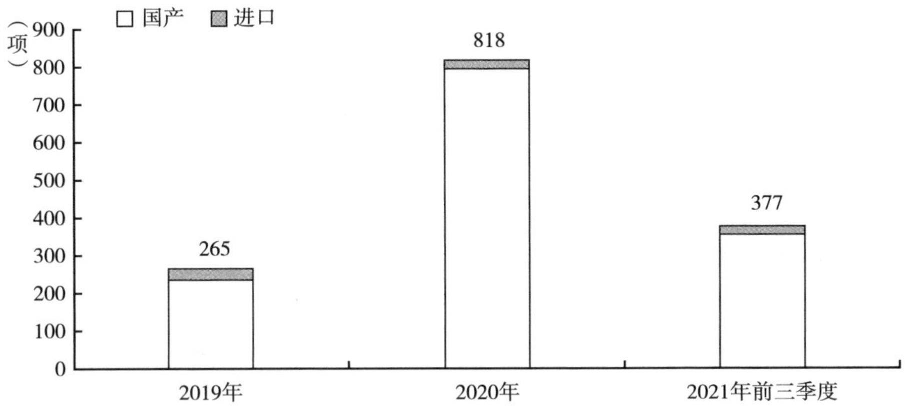

图 33　2019～2021 年 9 月全国第二、第三类医用诊察和监护器械首次注册数量变化

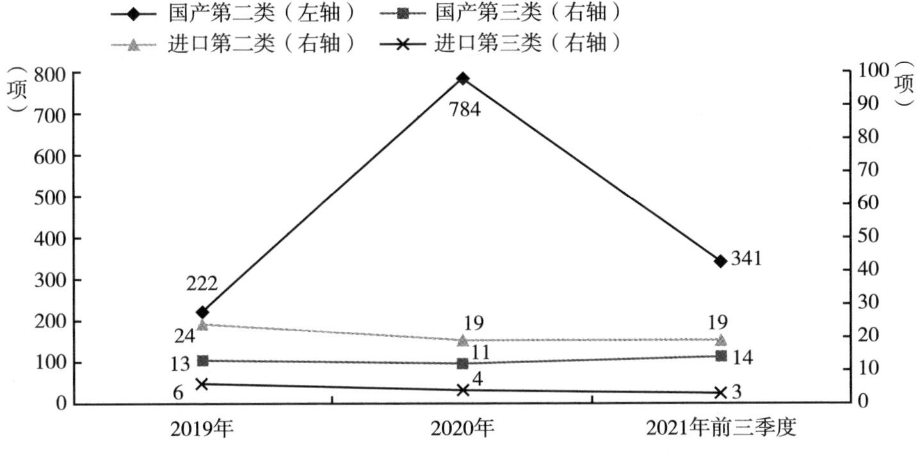

图 34　2019～2021 年 9 月全国第二、第三类医用诊察和监护器械首次注册数量趋势

相同报告期内，我国医用诊察和监护器械国产产品共计 4104 项，其中自广东省产出的产品共计 1448 项，全国排名第一；其后江苏省和浙江省分别以 554 项和 334 项产品位居第二和第三（见表 35）。

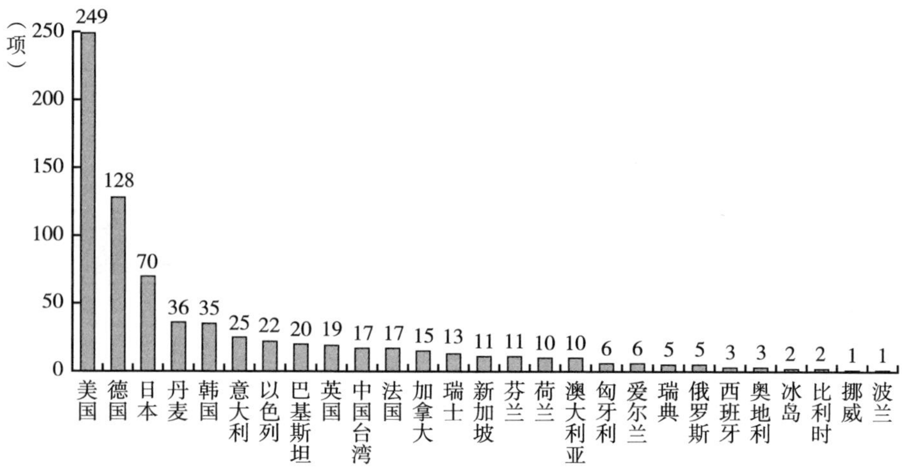

图 35　2021 年 1 ~ 9 月全国医用诊察和监护器械进口国家或地区产品数量分布

表 35　2021 年 1 ~ 9 月全国医用诊察和监护器械国产产品各省（市、自治区）数量分布

单位：项

省份	产品数量
广东省	1448
江苏省	554
浙江省	334
湖南省	233
北京市	223
上海市	181
山东省	146
江西省	112
河南省	105
湖北省	100
河北省	97
安徽省	83
天津市	81
辽宁省	69
四川省	62
福建省	53
陕西省	43

续表

省份	产品数量
重庆市	36
吉林省	26
黑龙江省	25
广西壮族自治区	24
贵州省	23
山西省	19
甘肃省	10
云南省	9
海南省	4
新疆维吾尔自治区	3
西藏自治区	1

3. 国产产品数量比例

根据《医疗器械分类目录（2017 年版）》，医用诊察和监护器械共划分为 10 个一级产品类别，在一级产品类别的基础上根据预期用途不同设立了 58 个二级产品类别。截至 2021 年 9 月底，我国医用诊察和监护器械共有 44 个二级产品类别国产产品数量比例①达到或超过 50.0%，其中，包括“04 呼气流量测量设备”“07 单一气体检测器”在内的 8 类进口注册产品尚属空白。此外，“02呼吸热量监测设备”“06 气道过敏反应测试设备”等 5 类产品国产数量均为零（见表 36）。

表 36　截至 2021 年 9 月底全国医用诊察和监护器械二级产品类别国产比例

单位：项，%

二级产品类别	国产数量	进口数量	国产比例
01 遥测监护设备	7	0	100. 0
02 电声门图仪	4	0	100. 0
02 肾及甲状腺功能测量设备	2	0	100. 0
02 眼震电图设备	3	0	100. 0
04 呼气流量测量设备	9	0	100. 0

① 国产产品数量比例 = 国产产品数量/（国产产品数量 + 进口产品数量），计算数据来源自众成数科大数据平台。

续表

二级产品类别	国产数量	进口数量	国产比例
05 言语障碍测量设备	2	0	100.0
07 单一气体检测器	11	0	100.0
09 体表色素测量设备	9	0	100.0
04 体温测量设备	811	11	98.7
03 中央监护系统	39	1	97.5
01 压舌板	278	9	96.9
06 无创血压袖带	154	5	96.9
07 心电导联线	193	9	95.5
06 反光器具	21	1	95.5
03 无创血压测量设备	519	32	94.2
02 听诊器	128	11	92.1
04 叩诊锤	43	4	91.5
01 病人监护设备	281	32	89.8
01 心电测量、分析设备	333	39	89.5
01 气体测定设备	8	1	88.9
04 脉搏血氧传感器	104	13	88.9
10 电导分析仪	7	1	87.5
03 五官科检查镜	192	29	86.9
05 脉搏血氧测量设备	86	24	78.2
07 血管硬度测量设备	7	2	77.8
01 泌尿、消化动力学测量、分析设备	16	5	76.2
05 导电膏	9	3	75.0
06 生理参数诱发诊断设备	84	29	74.3
01 超声多普勒血流分析设备	29	11	72.5
05 表面检查灯	86	33	72.3
07 听觉检查音叉	15	6	71.4
03 体表电极	90	37	70.9
04 平衡测试设备	2	1	66.7
06 心血管功能检测设备	4	2	66.7
07 人体阻抗测量、分析设备	22	11	66.7
12 血管内皮功能测试设备	2	1	66.7
03 动态血糖/葡萄糖监测设备	7	4	63.6
02 超声人体组织测量设备	22	14	61.1
01 有创血压传感器	27	20	57.4
03 肺功能测试设备	38	33	53.5

续表

二级产品类别	国产数量	进口数量	国产比例
08 无创血流分析设备	9	8	52.9
03 睡眠呼吸监测设备	26	25	51.0
08 酸碱度检测设备	1	1	50.0
11 鼻阻力测量设备	1	1	50.0
02 心脏电生理标测设备	10	11	47.6
03 耳声发射仪	3	5	37.5
02 电生理标测导管	15	26	36.6
01 听力计	13	26	33.3
04 耳声阻抗测量仪	1	3	25.0
14 有创颅内压设备	1	3	25.0
01 放射性核素骨密度测量设备	0	1	0.0
02 呼吸热量监测设备	0	1	0.0
03 伽马射线探测装置	0	1	0.0
06 气道过敏反应测试设备	0	1	0.0
13 脑磁图设备	0	1	0.0

（八）呼吸、麻醉和急救器械

呼吸、麻醉和急救器械是指呼吸、麻醉和急救以及相关辅助器械。该类产品应用于多类场景，主要用于保障患者呼吸系统运作正常，舒缓患者因意外、疾病或手术产生的不适，是目前医疗机构不可或缺的设备。随着医疗技术的更迭，我国医疗器械企业专注于为患者、医生提供更为行之有效的解决方案。2020 年我国独创的用于治疗重度哮喘的支气管射频消融系统进入国家药监局创新审批通道，该产品采用了微调渐进式射频能量传递/反馈控制策略，通过优化消融关键参数、提升人机应答以提高手术操作流畅性、有效性，提高手术的成功率，减轻患者术后的不适感。

1. 产品数量

根据国家药监局、各省（市、自治区）药监局及市场监管局公开数据统计，2021 年 1 ~9 月，全国呼吸、麻醉和急救器械注册及备案产品共计 5037 项，其中国产产品 4549 项，进口产品 488 项（见表 37）。

表 37　2019～2021 年 9 月全国呼吸、麻醉和急救器械各类产品注册及备案数量分布

单位：项

类型	国产			进口		
	2019 年	2020 年	2021 年前三季度	2019 年	2020 年	2021 年前三季度
第一类	499	700	922	23	26	36
第二类	2908	3127	3348	344	360	299
第三类	255	261	279	159	181	153
合计	3662	4088	4549	526	567	488

从首次注册数量情况分析，2020 年全国呼吸、麻醉和急救器械首次注册数量有所上升。2021 年前三季度全国呼吸、麻醉和急救器械第二、第三类产品首次注册数量共计 373 项，其中国产产品 360 项，进口产品 13 项（见图 36）。

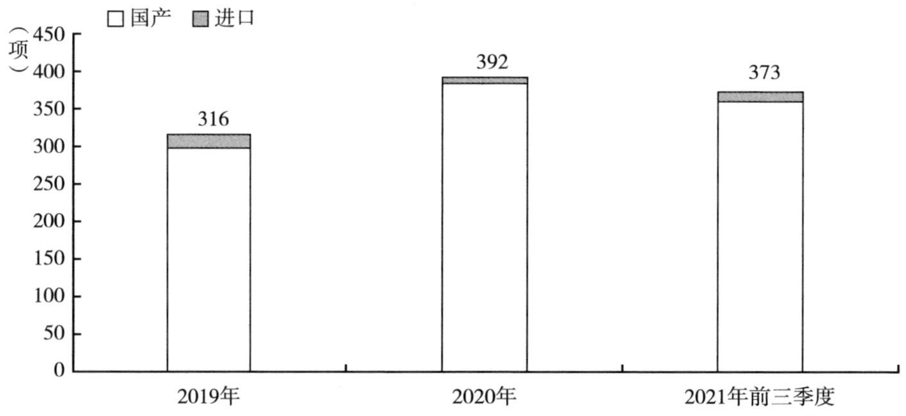

图 36　2019～2021 年 9 月全国第二、第三类呼吸、麻醉和急救器械首次注册数量变化

从第二、第三类产品首次注册趋势看，相比 2019 年，2020 年国产第二、第三类产品首次注册数量出现较大增长，分别同比增长 27.4% 和 61.5%。2019～2021 年 9 月，进口第二、第三类注册数量相对稳定。从管理类别分析，国产第二类的首次注册数量占比远高于其他类别（见图 37）。

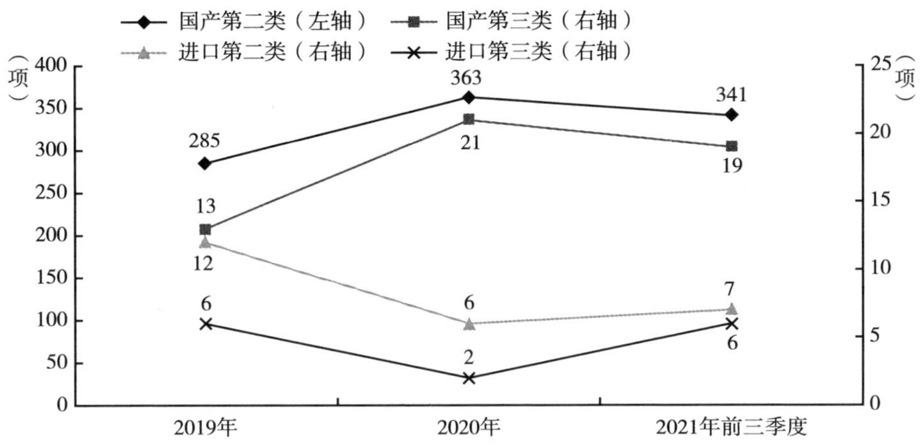

图 37　2019～2021 年 9 月全国第二、第三类呼吸、麻醉和急救器械首次注册数量趋势

2. 产品分布

2021 年 1～9 月，我国呼吸、麻醉和急救器械进口产品共计 488 项，其中自美国和德国进口的产品分别为 174 项和 88 项，两者之和占总体的 53.7%（见图 38）。

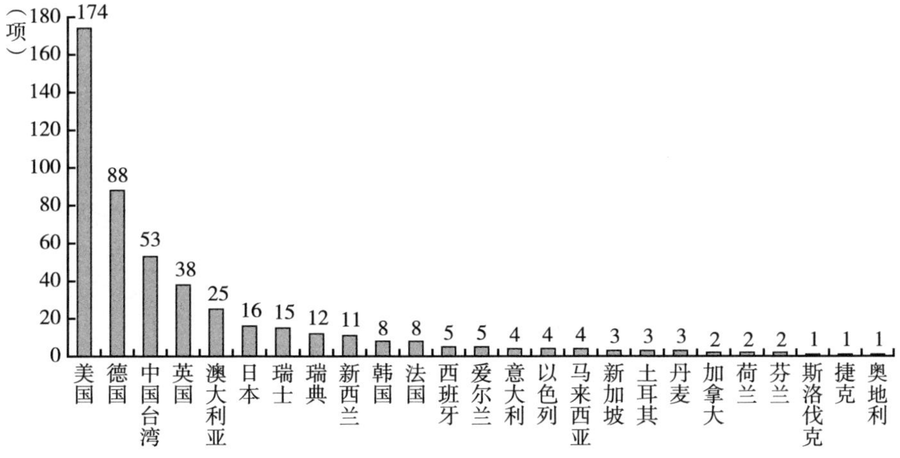

图 38　2021 年 1～9 月全国呼吸、麻醉和急救器械进口国家或地区产品数量分布

相同报告期内，我国呼吸、麻醉和急救器械国产产品共计 4549 项，其中自江苏省产出的产品共计 1131 项，全国排名第一；其后广东省和浙江省分别以 745 项和 522 项产品位居第二和第三（见表 38）。

表 38　2021 年 1～9 月全国呼吸、麻醉和急救器械国产产品各省（市、自治区）数量分布

单位：项

省份	产品数量
江苏省	1131
广东省	745
浙江省	522
河南省	511
山东省	237
上海市	178
湖南省	170
北京市	156
江西省	141
河北省	136
四川省	74
天津市	67
安徽省	66
福建省	65
辽宁省	64
陕西省	60
湖北省	56
重庆市	45
广西壮族自治区	22
贵州省	21
甘肃省	19
山西省	18
吉林省	15
内蒙古自治区	13
青海省	7
海南省	4
云南省	2
宁夏回族自治区	2
新疆维吾尔自治区	1
西藏自治区	1

3. 国产产品数量比例

根据《医疗器械分类目录（2017 年版）》，呼吸、麻醉和急救器械共划分为 7 个一级产品类别，在一级产品类别的基础上根据预期用途设立了 55 个二级产品类别。截至 2021 年 9 月底，我国呼吸、麻醉和急救器械共有 47 个二级产品类别国产产品数量比例①超过 50.0%，其中，包括“02 麻醉穿刺针”“03 吸入镇痛装置”在内的 13 类进口注册产品尚属空白。此外，“01 呼吸设备”一级分类下的“03 高频呼吸机”国产数量为零（见表 39）。

表 39　截至 2021 年 9 月底全国呼吸、麻醉和急救器械二级产品类别国产比例

单位：项，%

二级产品类别	国产数量	进口数量	国产比例
02 麻醉穿刺针	15	0	100.0
02 医用气体混合器	17	0	100.0
03 供氧、排氧器	33	0	100.0
03 吸入镇痛装置	5	0	100.0
04 医用膜分离制氧机	1	0	100.0
04 医用压缩气体供应系统	163	0	100.0
05 氧气发生器	3	0	100.0
05 医用气体汇流排	13	0	100.0
08 麻醉储气囊	4	0	100.0
09 麻醉废气吸附器	11	0	100.0
10 麻醉气体净化传递和收集系统	1	0	100.0
11 吸氧头罩	2	0	100.0
12 雾化面罩	54	0	100.0
15 氧气吸入器	260	1	99.6
08 鼻氧管	479	3	99.4
01 医用分子筛制氧系统	81	1	98.8
02 医用分子筛制氧机	195	7	96.5
09 呼吸道用吸引导管（吸痰管）	233	9	96.3

① 国产产品数量比例 = 国产产品数量/（国产产品数量 + 进口产品数量），计算数据来源自众成数科大数据平台。

续表

二级产品类别	国产数量	进口数量	国产比例
07 雾化设备/雾化装置	486	19	96.2
13 麻醉面罩	84	4	95.5
02 呼吸管路	317	16	95.2
13 呼吸训练器	93	6	93.9
14 输氧面罩	188	13	93.5
06 气管插管用喉镜	150	11	93.2
01 医用空气压缩机	39	3	92.9
05 喉罩	126	10	92.6
06 医用气体报警系统	11	1	91.7
07 支气管堵塞器	11	1	91.7
05 人工复苏器(简易呼吸器)	49	5	90.7
03 气管内插管/气管套管	420	44	90.5
06 口咽/鼻咽通气道	46	5	90.2
01 硬膜外麻醉导管	9	1	90.0
04 心肺复苏设备	25	3	89.3
04 热湿交换器	29	5	85.3
03 呼吸系统过滤器	70	13	84.3
05 家用呼吸支持设备(非生命支持)	20	4	83.3
14 二氧化碳吸收器(含二氧化碳吸收剂)	96	22	81.4
01 麻醉机	59	14	80.8
02 医用呼吸道湿化器	37	12	75.5
10 呼吸面罩	33	12	73.3
01 麻醉蒸发器	8	4	66.7
05 呼吸管路辅助器械	4	2	66.7
06 气动急救复苏器	2	1	66.7
03 婴儿辐射保暖台	9	5	64.3
06 睡眠呼吸暂停治疗设备	60	34	63.8
02 急救和转运用呼吸机	30	20	60.0
02 婴儿培养箱	14	10	58.3
01 治疗呼吸机(生命支持)	24	36	40.0
01 体外除颤设备	13	25	34.2
11 持续正压通气用面罩、口罩、鼻罩	1	5	16.7
12 除颤电极	1	5	16.7
04 家用呼吸机(生命支持)	1	7	12.5
03 高频呼吸机	0	3	0.0

（九）物理治疗器械

物理治疗器械是指采用电、热、光、力、磁、声以及不能归入以上范畴的其他物理治疗器械。不包括手术类的器械以及属于其他专科专用的物理治疗器械。

1. 产品数量

根据国家药监局、各省（市、自治区）药监局及市场监管局公开数据统计，2021 年 1 ~9 月，全国物理治疗器械注册及备案产品共计 15529 项，其中国产产品 15121 项，进口产品 408 项（见表 40）。

表 40　2019 ~2021 年 9 月全国物理治疗器械各类产品注册及备案数量分布

单位：项

类型	国产			进口		
	2019 年	2020 年	2021 年前三季度	2019 年	2020 年	2021 年前三季度
第一类	6468	9724	11572	57	68	87
第二类	3011	3131	3385	210	228	207
第三类	162	160	164	121	126	114
合计	9641	13015	15121	388	422	408

从首次注册情况看，2020 年全国物理治疗器械首次注册数量较上年小幅上升，2021 年前三季度略有回落。2021 年前三季度全国物理治疗器械第二、第三类产品首次注册数量共计 404 项，其中国产产品 395 项，进口产品 9 项（见图 39）。

从第二、第三类产品首次注册趋势看，2019 ~2021 年 9 月，国产及进口第二、第三类产品首次注册数量均较为稳定，变化幅度较小。国产第二类产品首次注册数量整体略有上升，国产第三类注册数量则略有下降。其中，国产第二类产品 2020 年注册数量较上年同比增长 1.3%。从管理类别分析，国产第二类首次注册数量占比显著高于其他类别（见图 40）。

2. 产品分布

2021 年 1 ~9 月，我国物理治疗器械进口产品共计 408 项，其中进口自美

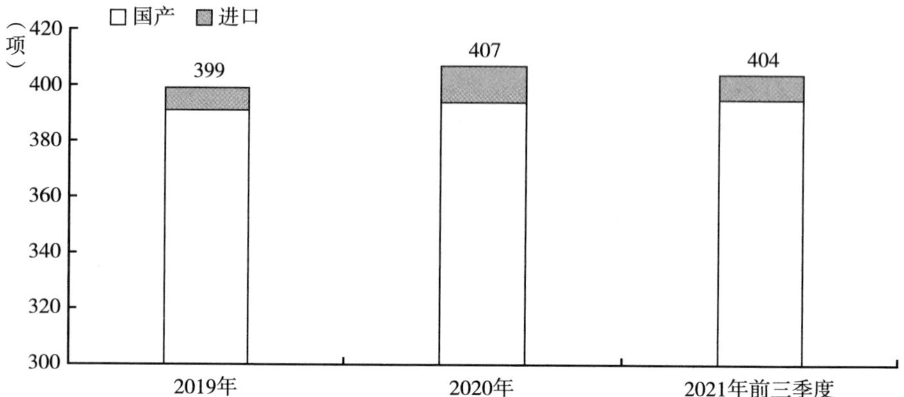

图 39　2019～2021 年 9 月全国第二、第三类物理治疗器械首次注册数量变化

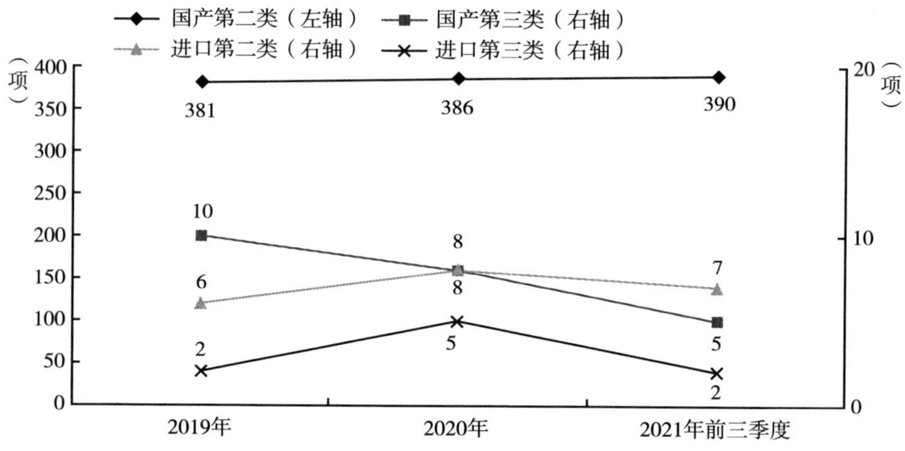

图 40　2019～2021 年 9 月全国第二、第三类物理治疗器械首次注册数量趋势

国、日本和中国台湾的产品数量位居前三，分别为 89 项、70 项和 54 项，三者之和占总体的 52.2%（见图 41）。

相同报告期内，我国物理治疗器械国产产品共计 15121 项，其中自广东省产出的产品共计 2625 项，全国排名第一；其后，山东省和湖北省分别以 1807 项和 1462 项产品位居第二和第三（见表 41）。

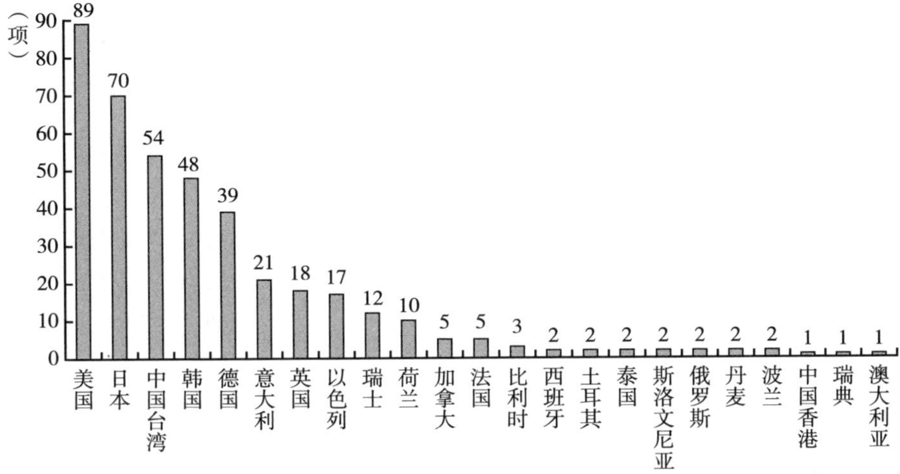

图 41　2021 年 1～9 月全国物理治疗器械进口国家或地区产品数量分布

表 41　2021 年 1～9 月全国物理治疗器械国产产品各省（市、自治区）数量分布

单位：项

省份	产品数量
广东省	2625
山东省	1807
湖北省	1462
河南省	1101
江苏省	1038
陕西省	831
江西省	680
安徽省	569
湖南省	542
浙江省	533
河北省	488
北京市	377
吉林省	355
辽宁省	347
山西省	321
广西壮族自治区	284
上海市	257

续表

省份	产品数量
贵州省	254
四川省	224
天津市	219
黑龙江省	157
重庆市	148
福建省	144
青海省	100
海南省	81
甘肃省	60
云南省	50
宁夏回族自治区	36
新疆维吾尔自治区	14
内蒙古自治区	10
西藏自治区	7

3. 国产产品数量比例

根据《医疗器械分类目录（2017 年版）》，物理治疗器械共划分为 8 个一级产品类别，在一级产品类别的基础上根据其功能或用途不同细分为 35 个二级产品类别。截至 2021 年 9 月底，我国物理治疗器械二级产品类别国产产品数量比例①均超过 50.0%。其中，包括“02 直流电治疗设备”“04 静电贴敷器具”在内的 11 类进口注册产品尚属空白（见表 42）。

表 42　截至 2021 年 9 月底全国物理治疗器械二级产品类别国产比例

单位：项，%

二级产品类别	国产数量	进口数量	国产比例
01 医用氧舱	14	0	100.0
02 超声治疗设备附件	132	0	100.0
02 光动力激光治疗设备	32	0	100.0
02 直流电治疗设备	2	0	100.0

① 国产产品数量比例 = 国产产品数量/（国产产品数量 + 进口产品数量），计算数据来源自众成数科大数据平台。

续表

二级产品类别	国产数量	进口数量	国产比例
04 静电贴敷器具	25	0	100. 0
04 牵引器具	62	0	100. 0
04 烧烫伤浸浴装置	4	0	100. 0
05 肠道水疗机	16	0	100. 0
05 毫米波治疗设备	13	0	100. 0
06 气囊式体外反搏装置	4	0	100. 0
06 药物导入设备	23	0	100. 0
02 静磁场治疗器具	271	1	99. 6
05 神经和肌肉刺激器用电极	771	6	99. 2
03 物理降温设备	10691	89	99. 2
01 热传导治疗设备	716	10	98. 6
02 热辐射治疗设备	125	2	98. 4
01 负压(振动)治疗设备	58	1	98. 3
03 牵引治疗设备	116	6	95. 1
01 动磁场治疗设备	131	7	94. 9
03 低中频治疗设备	531	30	94. 7
03 生物反馈治疗设备	49	3	94. 2
05 红光治疗设备	65	4	94. 2
02 射频浅表治疗设备	12	1	92. 3
07 紫外治疗设备	66	6	91. 7
01 超声治疗设备	89	9	90. 8
04 强脉冲光治疗设备	31	4	88. 6
03 微波治疗设备	35	6	85. 4
01 电位治疗设备	44	8	84. 6
06 蓝光治疗设备	31	6	83. 8
05 冲击波治疗设备	49	14	77. 8
04 短波治疗仪	18	6	75. 0
02 臭氧治疗设备	20	7	74. 1
02 加压治疗设备	138	50	73. 4
01 激光治疗设备	138	73	65. 4
01 射频热疗设备	5	3	62. 5

（十）输血、透析和体外循环器械

输血、透析和体外循环器械是指临床用于输血、透析和心肺转流领域的医疗器械。2021 年我国国产体外膜肺氧合装置研发实现重大突破，西安交通大学第一附属医院参与研发的国产 ECMO 设备进入临床阶段，该设备成功救治两名危重心血管病患者。

1. 产品数量

根据国家药监局、各省（市、自治区）药监局及市场监管局公开数据统计，2021 年 1～9 月，全国输血、透析和体外循环器械注册及备案产品共计 1003 项，其中国产产品 628 项，进口产品 375 项（见表 43）。

表 43　2019～2021 年 9 月全国输血、透析和体外循环器械各类产品注册及备案数量分布

单位：项

类型	国产			进口		
	2019 年	2020 年	2021 年前三季度	2019 年	2020 年	2021 年前三季度
第一类	5	10	10	0	0	0
第二类	122	124	134	40	48	40
第三类	464	464	484	339	388	335
合计	591	598	628	379	436	375

从首次注册数量情况分析，2019～2021 年 9 月，全国输血、透析和体外循环器械首次注册数量逐年增加。其中，进口产品首次注册数量占比逐渐增大，国产产品首次注册数量占比逐渐减小。2021 年前三季度全国输血、透析和体外循环器械第二、第三类产品首次注册数量共计 65 项，其中国产产品 45 项，进口产品 20 项（见图 42）。

从第二、第三类产品首次注册趋势看，2019～2021 年 9 月，国产第二类产品首次注册数量变化较为稳定，国产第三类注册数量略有下降。其中，2020 年国产第三类首次注册数量同比下降 16.2%。同一报告期内，进口第三类产品首次注册数量逐年增长，进口第二类产品首次注册数量均为零。从管理类别分析，与其他类别相比，国产第三类首次注册数量占比较高（见图 43）。

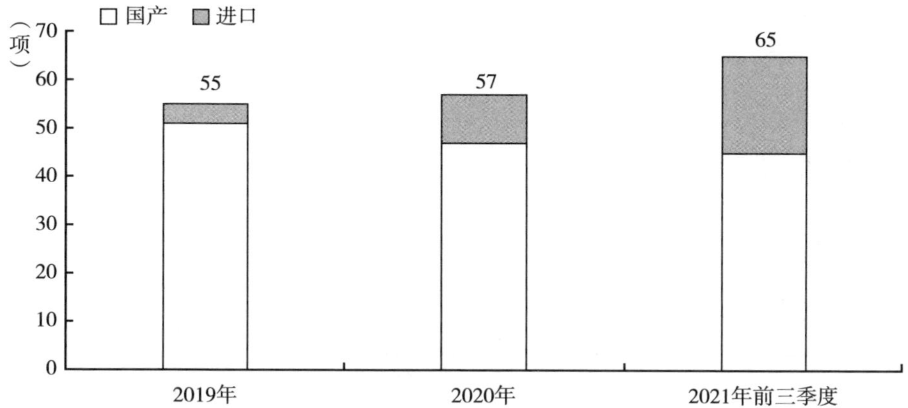

图 42　2019～2021 年 9 月全国第二、第三类输血、透析和体外循环器械首次注册数量变化

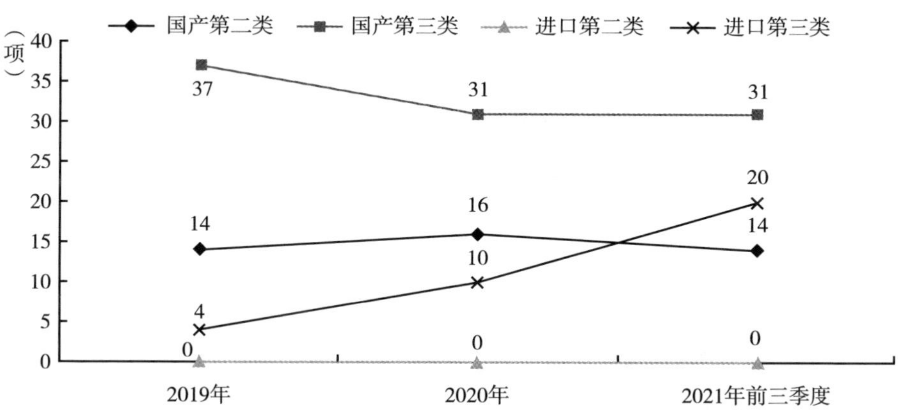

图 43　2019～2021 年 9 月全国第二、第三类输血、透析和体外循环器械首次注册数量趋势

2. 产品分布

2021 年 1～9 月底，我国输血、透析和体外循环器械进口产品共计 375 项，其中自德国和美国进口的产品数量分别为 133 项和 89 项，两者之和占总体的 59.2%（见图 44）。

相同报告期内，我国输血、透析和体外循环器械国产产品共计 628 项，其中自山东省产出的产品共计 104 项，全国排名第一；其后广东省和江苏省分别以 89 项和 86 项产品位居第二和第三（见表 44）。

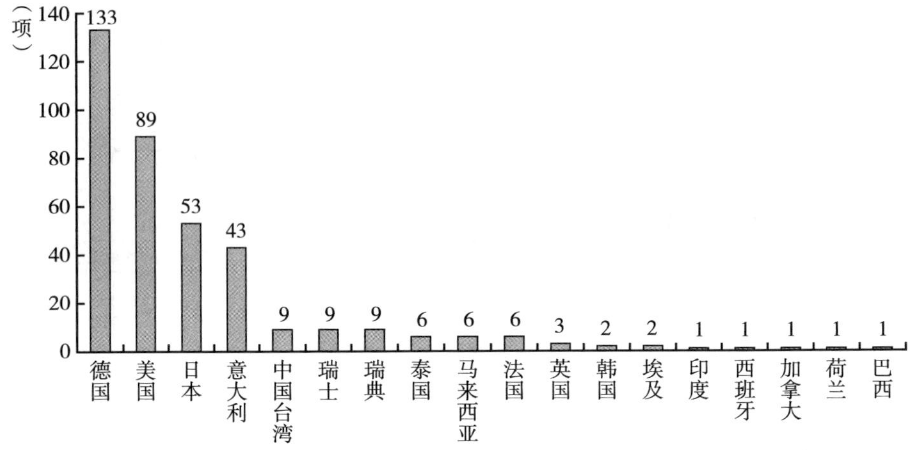

图 44　2021 年 1～9 月全国输血、透析和体外循环器械进口国家或地区产品数量分布

表 44　2021 年 1～9 月全国输血、透析和体外循环器械国产产品各省（市、自治区）数量分布

单位：项

省份	产品数量
山东省	104
广东省	89
江苏省	86
四川省	47
天津市	43
北京市	39
上海市	31
浙江省	29
江西省	26
河南省	22
河北省	18
重庆市	16
陕西省	16
辽宁省	13
安徽省	11
吉林省	10

续表

省份	产品数量
湖北省	9
湖南省	5
福建省	5
海南省	3
广西壮族自治区	3
云南省	1
山西省	1
黑龙江省	1

3. 国产产品数量比例

根据《医疗器械分类目录（2017 年版）》，输血、透析和体外循环器械共划分为 7 个一级产品类别，在一级产品类别的基础上根据产品用途分为 41 个二级产品类别。截至 2021 年 9 月底，我国输血、透析和体外循环器械共有 25 个二级产品类别国产产品数量比例①达到或超过 50.0%。其中，包括“05 血浆病毒灭活设备”“01 血袋”在内的 6 类进口注册产品尚属空白。此外，“08 血脂分离设备”“05 血脂分离器具”等 6 类产品国产数量为零（见表 45）。

表 45　截至 2021 年 9 月底全国输血、透析和体外循环器械二级产品类别国产比例

单位：项，%

二级产品类别	国产数量	进口数量	国产比例
01 血袋	15	0	100.0
02 贮血滤血器	4	0	100.0
03 血液灌流设备	3	0	100.0
05 血浆病毒灭活设备	3	0	100.0
07 冰冻红细胞洗涤机用管路	1	0	100.0
07 腹膜透析辅助设备	3	0	100.0
04 输血器	66	5	93.0
04 腹膜透析器具	47	5	90.4

① 国产产品数量比例 = 国产产品数量/（国产产品数量 + 进口产品数量），计算数据来源自众成数科大数据平台。

续表

二级产品类别	国产数量	进口数量	国产比例
06 腹膜透析设备	8	1	88.9
06 心肺转流用管路及接头	27	7	79.4
06 血液融化设备	15	4	78.9
05 血液透析辅助设备	47	16	74.6
02 血液灌流器具	26	9	74.3
04 血液辐照设备	7	3	70.0
03 动静脉穿刺器	27	13	67.5
01 血液透析器具	144	78	64.9
02 离心式血液成分分离器	16	10	61.5
05 心脏停跳液灌注器	8	5	61.5
03 血细胞处理设备	3	2	60.0
05 自体血液处理器具	6	4	60.0
03 微栓过滤器	4	3	57.1
01 血液成分分离设备	7	6	53.8
03 血液净化辅助器具	33	33	50.0
06 血浆管路	1	1	50.0
08 心脏停跳液	1	1	50.0
01 血液透析设备	15	17	46.9
02 自体血液回收设备	5	7	41.7
03 热交换设备	1	2	33.3
08 富血小板血浆制备器	1	2	33.3
02 连续性血液净化设备	6	14	30.0
01 氧合器	6	20	23.1
01 心肺转流用泵	1	5	16.7
04 血液浓缩器	1	5	16.7
02 心肺转流监测设备	0	1	0.0
04 体外心肺支持辅助系统	0	1	0.0
05 体外心肺支持用升温仪	0	1	0.0
05 血脂分离器具	0	1	0.0
07 离心泵泵头	0	5	0.0
08 血脂分离设备	0	1	0.0

（十一）医疗消毒灭菌器械

医疗消毒灭菌器械是指非接触人体的、用于医疗器械消毒灭菌的医疗器械，不包括以“无源医疗器械或部件 + 化学消毒剂”组合形式的专用消毒器械。

1. 产品数量

根据国家药监局、各省（市、自治区）药监局及市场监管局公开数据统计，2021 年 1 ~9 月，全国医疗消毒灭菌器械注册及备案产品共计 712 项，其中国产产品 619 项，进口产品 93 项（见表 46）。

表 46　2019 ~2021 年 9 月全国医疗消毒灭菌器械各类产品注册及备案数量分布

单位：项

类型	国产			进口		
	2019 年	2020 年	2021 年前三季度	2019 年	2020 年	2021 年前三季度
第一类	189	253	286	10	12	19
第二类	325	329	333	69	85	74
第三类	0	0	0	0	0	0
合计	514	582	619	79	97	93

从首次注册数量情况分析，2019 ~2021 年 9 月，全国医疗消毒灭菌器械首次注册数量呈先升后降的趋势。2021 年前三季度全国医疗消毒灭菌器械第二类产品首次注册数量共计 22 项，其中国产产品 21 项，进口产品 1 项（见图45）。

从第二类产品首次注册趋势看，2019 ~2021 年 9 月，国产第二类首次注册数量呈先升后降的趋势。其中，2020 年国产第二类产品首次注册数量同比上涨 62.5%。同一报告期内，进口第二类注册数量总体表现稳定，2021 年前三季度略有下降。从产地角度分析，国产产品首次注册数量占比优势显著（见图 46）。医疗消毒灭菌器械暂无第三类产品，故不做分析。

2. 产品分布

2021 年 1 ~9 月，我国医疗消毒灭菌器械进口产品共计 93 项，其中自美

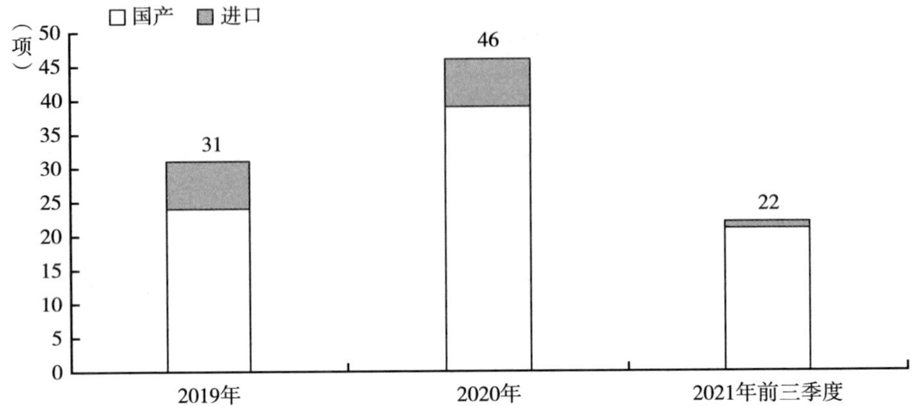

图 45　2019～2021 年 9 月全国第二类医疗消毒灭菌器械首次注册数量变化

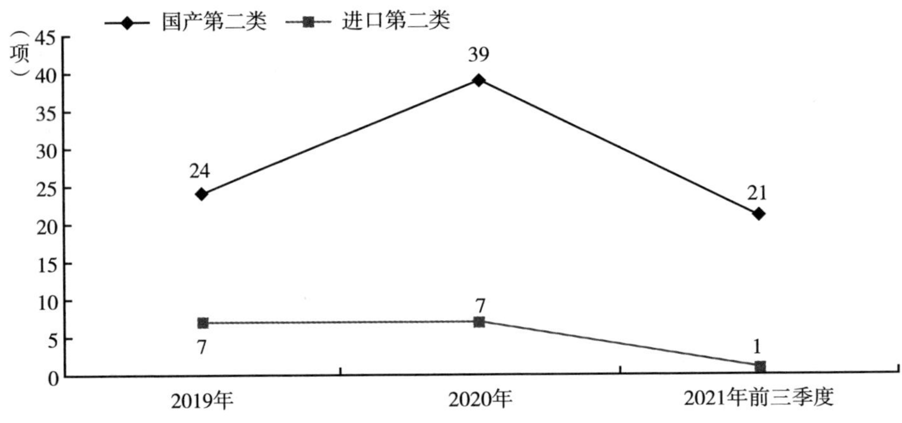

图 46　2019～2021 年 9 月全国第二类医疗消毒灭菌器械首次注册数量趋势

国、意大利及德国进口的产品数量位居前三，分别为 27 项、14 项及 12 项，三者之和占总体的 57.0%（见图 47）。

相同报告期内，我国医疗器械消毒灭菌器械国产产品共计 619 项，其中自江苏省产出的产品共计 147 项，全国排名第一；其后广东省和山东省分别以 104 项和 94 项产品位居第二和第三（见表 47）。

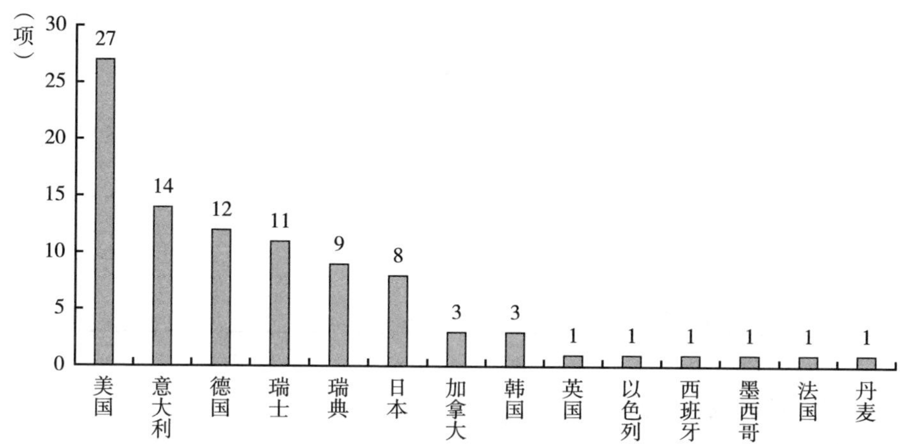

图 47　2021 年 1~9 月全国医疗消毒灭菌器械进口国家产品数量分布

表 47　2021 年 1~9 月全国医疗消毒灭菌器械国产产品各省（市、自治区）数量分布

单位：项

省份	产品数量
江苏省	147
广东省	104
山东省	94
浙江省	65
北京市	32
四川省	29
上海市	29
河南省	24
辽宁省	15
安徽省	14
湖北省	11
天津市	8
湖南省	8
黑龙江省	8
福建省	8

续表

省份	产品数量
重庆市	6
陕西省	5
河北省	4
江西省	3
山西省	2
甘肃省	2
吉林省	1

3. 国产产品数量比例

根据《医疗器械分类目录（2017 年版）》，医疗消毒灭菌器械共划分为 5 个一级产品类别，在一级产品类别的基础上根据产品特性分为 14 个二级产品类别。截至 2021 年 9 月底，我国医疗消毒灭菌器械二级产品类别国产产品数量比例①均超过 50.0%。其中，包括“01 蒸汽消毒器”“02 煮沸消毒器”在内的 6 类进口注册产品尚属空白（见表 48）。

表 48 截至 2021 年 9 月底全国医疗消毒灭菌器械二级产品类别国产比例

单位：项，%

二级产品类别	国产数量	进口数量	国产比例
01 蒸汽消毒器	3	0	100.0
01 紫外线消毒器	1	0	100.0
02 热空气灭菌器	4	0	100.0
02 煮沸消毒器	5	0	100.0
03 热辐射灭菌器	1	0	100.0
06 其他化学消毒灭菌器	2	0	100.0
02 臭氧消毒器	20	1	95.2
02 医用清洗器	286	19	93.8
03 环氧乙烷灭菌器	21	2	91.3
01 酸性氧化电位水生成器	20	2	90.9
03 压力蒸汽灭菌器	138	21	86.8

① 国产产品数量比例 = 国产产品数量/（国产产品数量 + 进口产品数量），计算数据来源自众成数科大数据平台。

续表

二级产品类别	国产数量	进口数量	国产比例
01 清洗消毒器	80	33	70. 8
05 过氧化氢灭菌器	19	10	65. 5
04 甲醛灭菌器	4	3	57. 1

（十二）有源植入器械

有源植入器械是指由植入体和配合使用的体外部分组成的有源植入器械。

1. 产品数量

根据国家药监局、各省（市、自治区）药监局及市场监管局公开数据统计，2021 年 1 ~ 9 月，全国有源植入器械注册及备案产品共计 342 项，其中国产产品 60 项，进口产品 282 项（见表 49）。

表 49　2019 ~ 2021 年 9 月全国有源植入器械各类产品注册及备案数量分布

单位：项

类型	国产			进口		
	2019 年	2020 年	2021 年前三季度	2019 年	2020 年	2021 年前三季度
第一类	0	0	0	0	0	0
第二类	17	22	27	39	44	40
第三类	33	30	33	278	283	242
共计	50	52	60	317	327	282

从首次注册数量情况看，2019 ~ 2021 年 9 月，全国有源植入器械首次注册数量总体较为稳定。同一报告期内，进口产品注册数量占比明显高于国产产品。2021 年前三季度全国有源植入器械第二、第三类产品首次注册数量共计 22 项，其中国产产品 4 项，进口产品 18 项（见图 48）。

从第二、第三类产品首次注册趋势看，2019 ~ 2020 年 9 月，进口第三类产品首次注册数量先降后升，国产第二、第三类及进口第二类注册数量均相对稳定。从管理类别分析，相较其他类别，进口第三类注册数量较高（见图 49）。

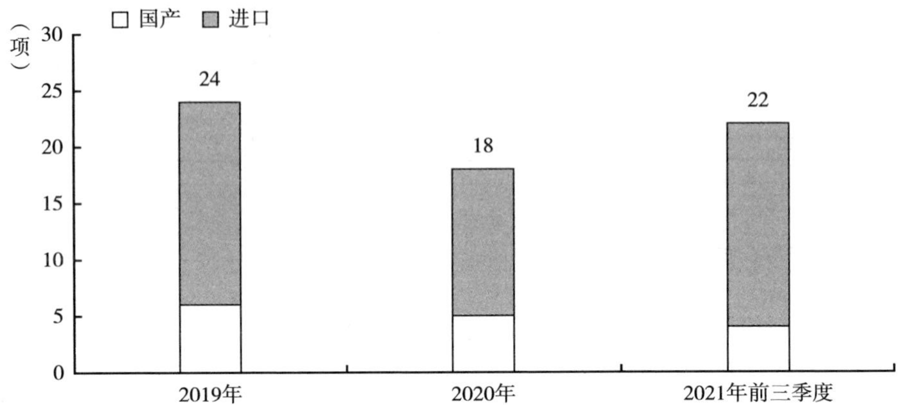

图 48　2019～2021 年 9 月全国第二、第三类有源植入器械首次注册数量变化

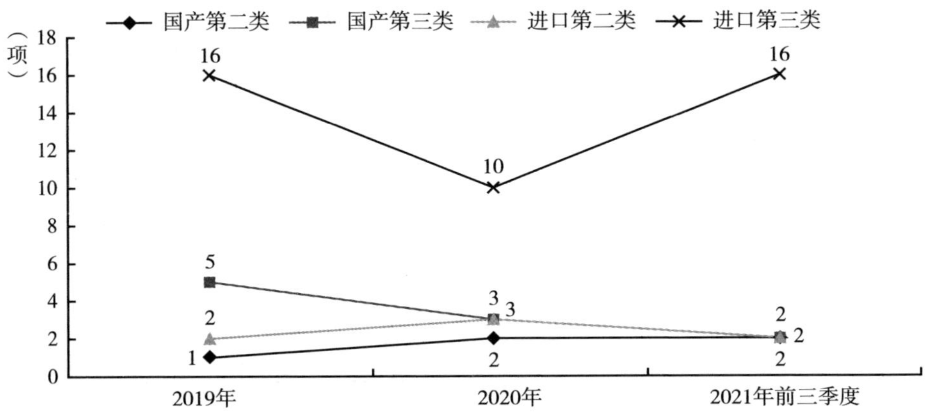

图 49　2019～2021 年 9 月全国第二、第三类有源植入器械首次注册数量趋势

2. 产品分布

2021 年 1～9 月，我国有源植入器械进口产品共计 282 项，其中自美国和德国进口的产品分别为 177 项和 50 项，两者之和占总体的 80.5%（见图 50）。

相同报告期内，我国有源植入器械国产产品共计 60 项，其中自北京市和江苏省产出的产品数量均为 14 项，全国排名并列第一；其后上海市和陕西省均以 9 项产品并列第二，辽宁省以 5 项产品位居第三（见表 50）。

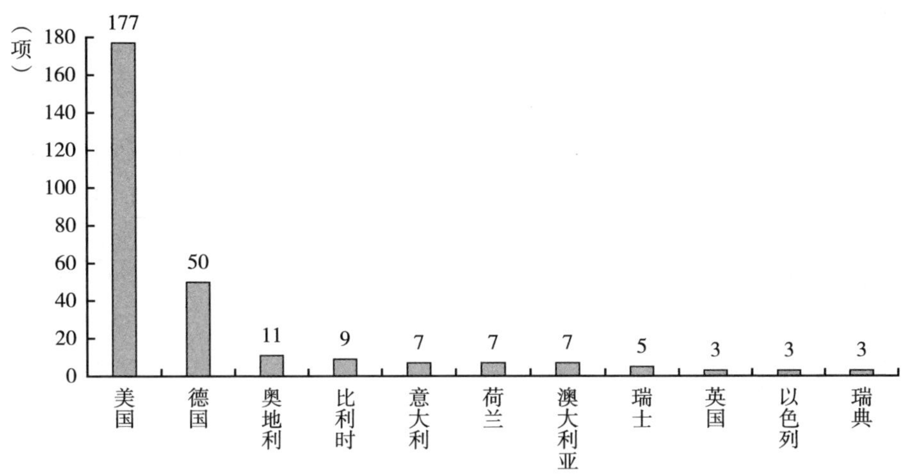

图 50　2021 年 1～9 月全国有源植入器械进口国家或地区产品数量分布

表 50　2021 年 1～9 月全国有源植入器械国产产品各省（市、自治区）数量分布

单位：项

省份	产品数量
江苏省	14
北京市	14
上海市	9
陕西省	9
辽宁省	5
浙江省	4
广东省	3
重庆市	1
山东省	1

3. 国产产品数量比例

根据《医疗器械分类目录（2017 年版）》，有源植入器械共划分为 4 个一级产品类别，在一级产品类别的基础上根据不同临床用途、风险类别划分为 27 个二级产品类别。截至 2021 年 9 月底，我国有源植入器械共有 4 个二级产

品类别国产产品数量比例①达到或超过 50.0%。此外，“02 植入式心律转复除颤器”“05 植入式心脏除颤电极导线”等 10 类产品国产数量为零（见表 51）。

表 51　截至 2021 年 9 月底全国有源植入器械二级产品类别国产比例

单位：项，%

二级产品类别	国产数量	进口数量	国产比例
10 起搏系统分析设备	3	1	75.0
11 心脏节律管理程控设备	3	2	60.0
01 植入式神经刺激器	8	7	53.3
04 神经调控充电设备	2	2	50.0
02 体外声音处理器	9	12	42.9
02 植入式神经刺激电极	7	13	35.0
01 植入式心脏收缩力调节设备	1	2	33.3
07 测试刺激器	2	4	33.3
01 植入式位听觉设备	4	11	26.7
09 神经调控程控设备	4	12	25.0
03 临时起搏器	1	5	16.7
06 临时起搏电极导线	1	6	14.3
01 植入式心脏起搏器	5	61	7.6
04 植入式心脏起搏电极导线	3	38	7.3
02 植入式心律转复除颤器	0	44	0.0
03 测试刺激电极	0	3	0.0
03 辅助位听觉调控设备	0	1	0.0
03 植入式药物输注设备	0	1	0.0
05 植入式电极导线适配工具	0	1	0.0
05 植入式心脏除颤电极导线	0	16	0.0
06 植入式电极导线补件	0	1	0.0
07 植入式心脏事件监测设备	0	2	0.0
08 植入式封堵工具	0	2	0.0
12 连接器套筒	0	1	0.0

① 国产产品数量比例 = 国产产品数量/（国产产品数量 + 进口产品数量），计算数据来源自众成数科大数据平台。

（十三）无源植入器械

无源植入器械是指无源植入类医疗器械，不包括眼科器械、口腔科器械和妇产科、辅助生育和避孕器械中的无源植入器械及可吸收缝合线。

1. 产品数量

根据国家药监局、各省（市、自治区）药监局及市场监管局公开数据统计，2021 年 1 ~9 月，全国无源植入器械注册及备案产品共计 3611 项，其中国产产品 1937 项，进口产品 1674 项（见表 52）。

表 52　2019 ~2021 年 9 月全国无源植入器械各类产品注册及备案数量分布

单位：项

类型	国产			进口		
	2019 年	2020 年	2021 年前三季度	2019 年	2020 年	2021 年前三季度
第一类	0	0	0	0	0	0
第二类	0	1	2	0	0	0
第三类	1647	1818	1935	1765	2030	1674
共计	1647	1819	1937	1765	2030	1674

从首次注册数量情况看，2019 ~2020 年 9 月，全国无源植入器械首次注册数量呈下降趋势。2021 年前三季度全国无源植入器械第三类产品首次注册数量共计 194 项，其中国产产品 157 项，进口产品 37 项（见图 51）。

从第三类产品首次注册趋势看，2019 ~2021 年 9 月，国产第三类产品首次注册数量呈明显下降趋势，进口第三类产品首次注册数量略有下降。其中，2020 年国产及进口第三类产品首次注册数量较上年分别同比下降 5.4% 和 10%。从第三类产品的产地分析，国产产品首次注册数量占比具有显著优势（见图 52）。无源植入器械暂无第二类产品，不做分析。

2. 产品分布

2021 年 1 ~9 月，我国无源植入器械进口产品共计 1674 项，其中自美国和德国进口的产品分别为 765 项和 237 项，两者之和占总体的 59.9%（见图 53）。

相同报告期内，我国无源植入器械国产产品共计 1937 项，其中自江苏省

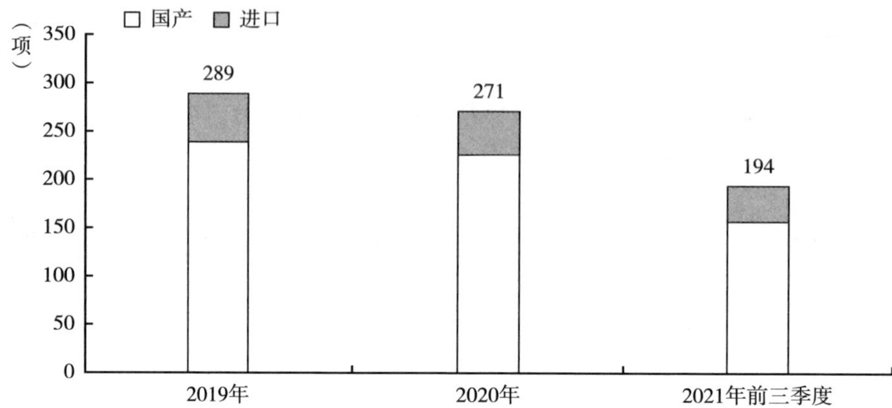

图 51　2019～2021 年 9 月全国第三类无源植入器械首次注册数量变化

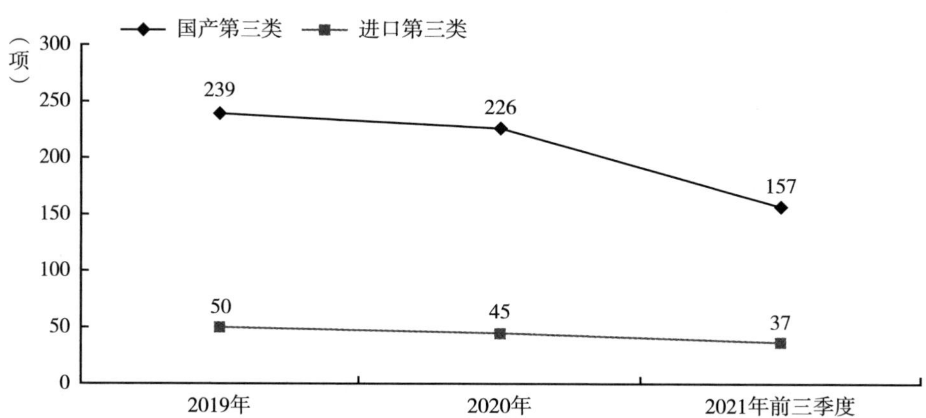

图 52　2019～2021 年 9 月全国第三类无源植入器械首次注册数量趋势

产出的产品共计 630 项，全国排名第一；其后北京市和上海市分别以 384 项和 184 项产品位居第二和第三（见表 53）。

表 53　2021 年 1～9 月全国无源植入器械国产产品各省（市、自治区）数量分布

单位：项

省份	产品数量
江苏省	630
北京市	384
上海市	184

续表

省份	产品数量
天津市	166
山东省	123
广东省	92
浙江省	86
福建省	86
湖北省	50
四川省	34
河北省	19
重庆市	15
陕西省	15
河南省	13
甘肃省	13
山西省	7
吉林省	7
西藏自治区	6
辽宁省	4
湖南省	3

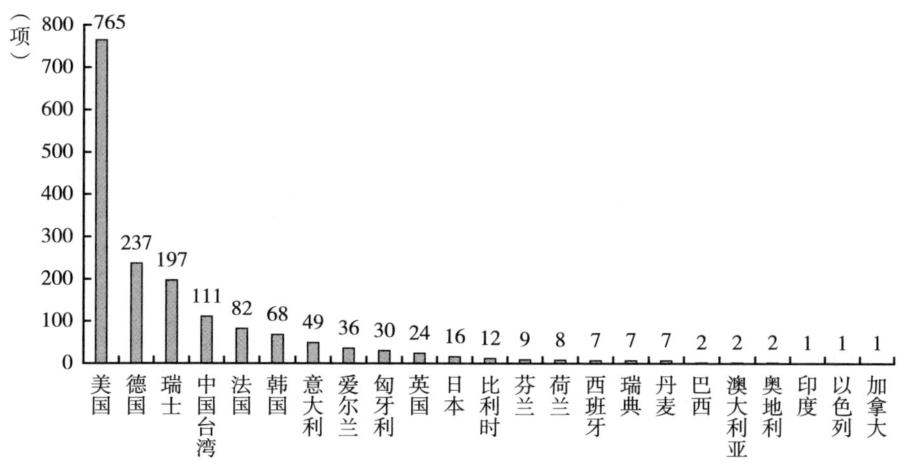

图 53　2021 年 1～9 月全国无源植入器械进口国家或地区产品数量分布

3. 国产产品数量比例

根据《医疗器械分类目录（2017 年版）》，无源植入器械共划分为 11 个一级产品类别，在一级产品类别的基础上根据功能、用途或者结构特点进一步细化为 66 个二级产品类别。截至 2021 年 9 月底，我国无源植入器械共有 28 个二级产品类别国产产品数量比例①达到或超过 50.0%。其中，包括“06 腕关节假体”“07 踝关节假体”在内的 7 类进口注册产品尚属空白。此外，“02 运动损伤软组织置换植入物”“09 人工颅骨”等 6 类产品国产数量为零（见表 54）。

表 54　截至 2021 年 9 月底全国无源植入器械二级产品类别国产比例

单位：项，%

二级产品类别	国产数量	进口数量	国产比例
01 脱细胞皮肤	1	0	100.0
02 脱细胞真皮基质	6	0	100.0
03 胶原蛋白支架材料	1	0	100.0
06 腕关节假体	1	0	100.0
07 踝关节假体	1	0	100.0
07 颅内栓塞器械	4	0	100.0
09 阴茎假体	1	0	100.0
03 单/多部件记忆合金骨固定器械	38	1	97.4
05 金属固定环扎装置	44	2	95.7
03 同种异体骨修复材料	18	1	94.7
06 光面或带螺纹的金属骨固定紧固件	73	12	85.9
04 神经修复材料	5	1	83.3
04 金属髓内装置	110	25	81.5
01 单/多部件金属骨固定器械及附件	571	134	81.0
07 心脏封堵器	37	9	80.4
04 硬脑(脊)膜补片	13	4	76.5
05 心血管补片	3	1	75.0
10 软组织扩张器	3	1	75.0
02 脊柱椎体间固定/置换系统	85	48	63.9

① 国产产品数量比例 = 国产产品数量/（国产产品数量 + 进口产品数量），计算数据来源自众成数科大数据平台。

续表

二级产品类别	国产数量	进口数量	国产比例
01 单/多部件预制颅骨成形术板及紧固件	18	11	62.1
01 脊柱椎板间固定系统	172	111	60.8
01 运动损伤软组织修复重建植入物	60	53	53.1
02 钙盐类骨填充植入物	20	19	51.3
01 髋关节假体	181	176	50.7
01 整形填充材料	12	12	50.0
02 漏斗胸成形系统	3	3	50.0
08 肛瘘塞	1	1	50.0
08 颞下颌关节假体	1	1	50.0
04 椎间融合器	85	91	48.3
03 乳房植入物	6	7	46.2
02 整形用注射填充物	22	27	44.9
04 外科补片/外科修补网	46	65	41.4
01 丙烯酸树脂骨水泥	14	20	41.2
01 血管内假体	15	22	40.5
04 肘关节假体	2	3	40.0
03 单/多部件颅颌面固定器械及附件	16	26	38.1
08 颅内弹簧圈系统	6	10	37.5
06 非血管支架	34	58	37.0
02 膝关节假体	49	84	36.8
03 腔静脉滤器	4	7	36.4
05 修补固定器	1	2	33.3
04 金属填充物	5	11	31.3
06 人工心脏瓣膜及瓣膜修复器械	15	33	31.3
02 血管支架	32	72	30.8
05 椎间盘假体	4	9	30.8
02 颅骨夹/锁	3	8	27.3
01 骨蜡	1	3	25.0
01 听小骨假体	1	3	25.0

续表

二级产品类别	国产数量	进口数量	国产比例
03 脊柱椎弓根系统	1	3	25.0
06 棘突植入物	1	3	25.0
03 肩关节假体	4	15	21.1
04 人工血管	4	17	19.0
02 单/多部件可吸收骨固定器械	12	53	18.5
06 颅内支架系统	1	5	16.7
05 动脉瘤夹	1	12	7.7
08 心血管栓塞器械	3	36	7.7
02 耳内假体	0	4	0.0
02 运动损伤软组织置换植入物	0	1	0.0
03 胸骨捆扎/抓扣固定系统	0	1	0.0
03 植入性止鼾装置	0	1	0.0
09 人工颅骨	0	2	0.0
10 脑积水分流器及组件	0	9	0.0

（十四）注输、护理和防护器械

注输、护理和防护器械包括注射器械，穿刺器械，输液器械，止血器具，非血管内导（插）管与配套用体外器械，清洗、灌洗、吸引、给药器械，外科敷料（材料），创面敷料，包扎敷料，造口器械，疤痕护理用品等以护理为主要目的的器械（主要在医院普通病房内使用），还包括医护人员防护用品、手术室感染控制用品等控制病毒传播的医疗器械。其中，包扎敷料产品不断更新迭代，以海绵填塞为代表的止血防粘材料克服了临床常用产品的缺陷，提升治疗效果的同时缓解患者的痛苦。

1. 产品数量

根据国家药监局、各省（市、自治区）药监局及市场监管局公开数据统计，2021 年 1 ~9 月，全国注输、护理和防护器械注册及备案产品共计 51824 项，其中国产产品 50112 项，进口产品 1712 项（见表 55）。

表 55　2019 ~ 2021 年 9 月全国注输、护理和防护器械各类产品注册及备案数量分布

单位：项

类型	国产			进口		
	2019 年	2020 年	2021 年前三季度	2019 年	2020 年	2021 年前三季度
第一类	12181	25682	31448	434	525	671
第二类	10003	16357	16725	456	534	467
第三类	1871	1874	1939	693	741	574
合计	24055	43913	50112	1583	1800	1712

从首次注册数量情况分析，相较 2019 年，2020 年全国注输、护理和防护器械首次注册数量大幅上涨，2021 年前三季度注册出现明显回落。2021 年前三季度全国注输、护理和防护器械第二、第三类产品首次注册数量共计 3023 项，其中国产产品 3005 项，进口产品 18 项，国产产品首次注册数量占据绝对优势（见图 54）。

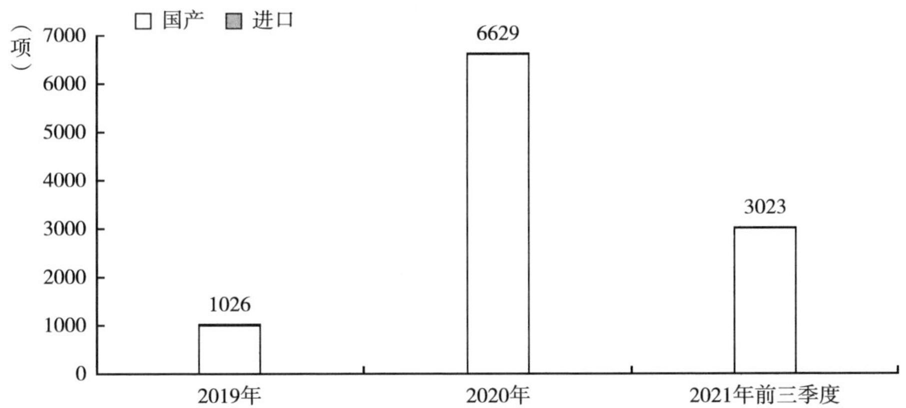

图 54　2019 ~ 2021 年 9 月全国第二、第三类注输、护理和防护器械首次注册数量变化

从第二、第三类产品首次注册趋势看，2019 ~ 2021 年 9 月，国产第二类产品首次注册数量波动剧烈。其中，2020 年国产第二类产品涨幅为 660. 1% 。同一报告期内，国产第三类及进口第二、第三类产品首次注册数量相对稳定，总体呈下降趋势。其中，2020 年国产第三类同比下降 19. 3% 。从管理类别分析，国产第二类产品首次注册数量占比显著高于其他类别（见图 55）。

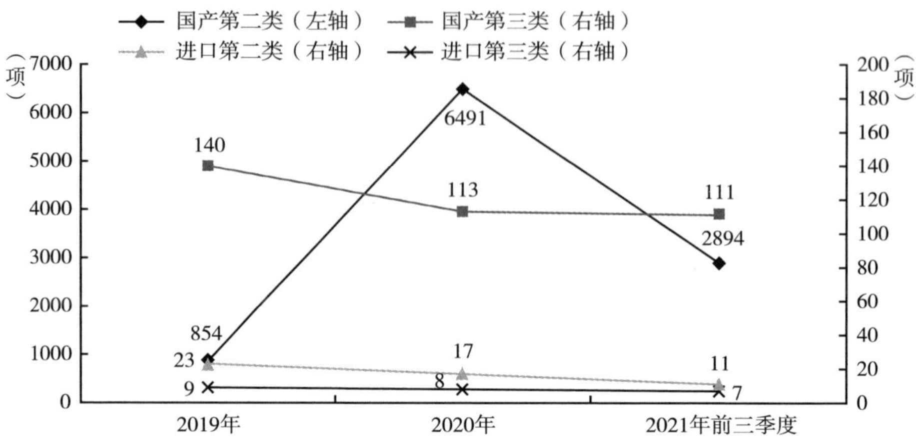

图 55　2019～2021 年 9 月全国第二、第三类注输、护理和防护器械首次注册数量趋势

2. 产品分布

2021 年 1～9 月，我国注输、护理和防护器械进口产品共计 1712 项，其中自美国、德国和日本进口的产品分别为 495 项、320 项和 107 项，三者之和占总体的 53.9%（见图 56）。

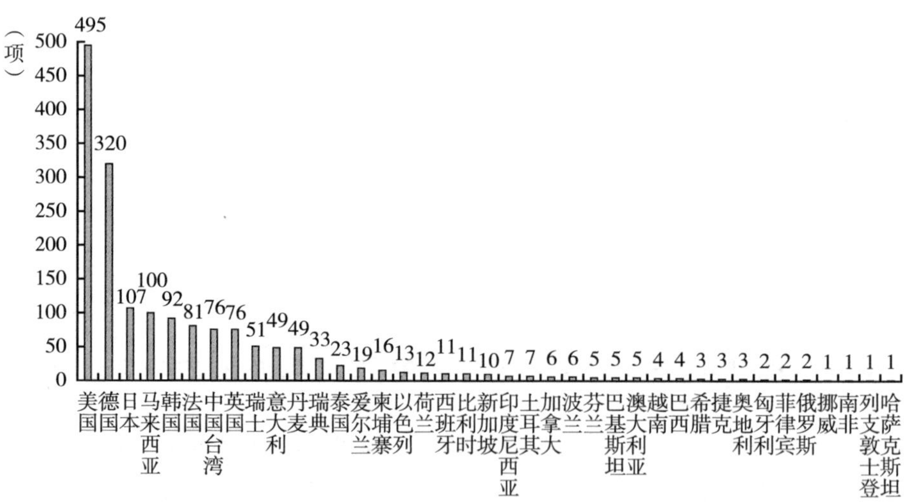

图 56　2021 年 1～9 月底全国注输、护理和防护器械进口国家或地区产品数量分布

相同报告期内，我国注输、护理和防护器械国产产品共计 50112 项，其中自江苏省产出的产品共计 7101 项，全国排名第一；其后山东省和广东省分别以 6945 项和 5299 项产品位居第二和第三（见表 56）。

表 56　2021 年 1～9 月全国注输、护理和防护器械国产产品各省（市、自治区）数量分布表

单位：项

省份	产品数量
江苏省	7101
山东省	6945
广东省	5299
河南省	5019
浙江省	3394
湖北省	3349
江西省	3158
河北省	2045
湖南省	1854
安徽省	1555
上海市	1101
辽宁省	1045
吉林省	927
福建省	892
四川省	874
北京市	871
陕西省	783
天津市	768
广西壮族自治区	622
黑龙江省	414
贵州省	355
重庆市	340
云南省	338
山西省	307
新疆维吾尔自治区	239
海南省	188
甘肃省	133
青海省	84

续表

省份	产品数量
内蒙古自治区	68
宁夏回族自治区	36
西藏自治区	8

3. 国产产品数量比例

根据《医疗器械分类目录（2017 年版）》，注输、护理和防护器械共划分为 16 个一级产品类别，在一级产品类别的基础上根据相关器械的组成、用途的特点及差异细化为 108 个二级产品类别。截至 2021 年 9 月底，我国注输、护理和防护器械共有 107 个二级产品类别国产产品数量比例[①]达到或超过 50.0%。其中，包括“05 玻璃注射器”“02 输液信息采集系统”在内的 23 类进口注册产品尚属空白（见表 57）。

表 57　截至 2021 年 9 月底全国注输、护理和防护器械二级产品类别国产比例

单位：项，%

二级产品类别	国产数量	进口数量	国产比例
01 洁净屏	6	0	100.0
01 颅脑外引流收集装置	8	0	100.0
01 婴儿光疗防护眼罩	11	0	100.0
02 防护服	566	0	100.0
02 输液信息采集系统	14	0	100.0
02 外科非织造布敷料	29	0	100.0
02 眼贴	40	0	100.0
03 鼻部护理器械	8	0	100.0
03 粉末敷料	13	0	100.0
03 隔离衣帽	4752	0	100.0
04 抗鼻腔过敏凝胶(不含药)	19	0	100.0
04 胰岛素泵用储液器	2	0	100.0
05 玻璃注射器	10	0	100.0

① 国产产品数量比例＝国产产品数量/（国产产品数量＋进口产品数量），计算数据来源自众成数科大数据平台。

续表

二级产品类别	国产数量	进口数量	国产比例
05 通气辅助器械	34	0	100.0
06 宫腔负压吸引设备及附件	1	0	100.0
07 急救毯	48	0	100.0
08 体表器械固定装置	22	0	100.0
10 医用中心吸引系统	152	0	100.0
11 输液袋	11	0	100.0
11 碳纤维和活性炭敷料	12	0	100.0
13 输液用放气针	7	0	100.0
13 无菌接管机	4	0	100.0
14 胶原贴敷料	7	0	100.0
04 外科口罩	5617	3	99.9
05 足部隔离用品	1282	1	99.9
06 隔离护罩	2824	5	99.8
10 涂抹及吸液材料	3595	7	99.8
01 外科织造布类敷料	779	2	99.7
05 垫单	2194	6	99.7
01 手术单	326	1	99.7
05 手术室用衣帽	992	4	99.6
01 防护口罩	722	3	99.6
08 液体、膏状敷料	4780	43	99.1
02 灌肠器	206	2	99.0
06 肠营养袋	200	2	99.0
03 负压引流器及组件	662	8	98.8
03 无源止血带	405	5	98.8
01 冲洗器械	583	9	98.5
03 给药器	645	10	98.5
01 注射泵	139	3	97.9
04 直肠管(肛门管)	88	2	97.8
02 胶带	1776	41	97.7
02 血管显像设备	83	2	97.6
06 咬口	248	7	97.3
12 药液用转移、配药器具	276	8	97.2
01 绷带	2124	64	97.1
02 胸腔引流装置	62	2	96.9
09 润滑剂及载体	29	1	96.7

续表

二级产品类别	国产数量	进口数量	国产比例
12 含壳聚糖敷料	109	4	96.5
12 医用导管夹	26	1	96.3
05 输液器	645	26	96.1
02 创口贴	1292	57	95.8
02 手术膜	105	5	95.5
06 静脉输液针	102	5	95.3
11 体外引流、吸引管	381	19	95.3
04 真空负压机	20	1	95.2
09 医用人工驱动吸引器械	20	1	95.2
06 医用防护衬垫	233	12	95.1
01 输液泵	132	7	95.0
01 创面敷贴	557	31	94.7
02 无源止血器	53	3	94.6
03 导尿管	233	15	94.0
04 手部防护用品	2113	149	93.4
01 肠营养泵	41	3	93.2
03 外科手套	119	9	93.0
11 压力绷带	864	73	92.2
02 无菌注射器	254	22	92.0
10 生物敷料	10	1	90.9
02 疤痕修复材料	119	13	90.2
05 肠营养器	9	1	90.0
13 非血管内导管充盈装置	33	4	89.2
04 海水鼻腔清洗液	152	19	88.9
07 注射器辅助推动装置	63	8	88.7
01 有源止血器	23	3	88.5
04 无源输注泵	57	8	87.7
07 医用电动吸引器械	67	10	87.0
03 无针注射器	6	1	85.7
04 凝胶敷料	84	15	84.8
08 以负压源或压力源为动力吸引器械	22	4	84.6
02 经鼻肠营养导管	76	14	84.4
01 造口护理及辅助器械	464	92	83.5
08 输液连接管路	89	18	83.2

续表

二级产品类别	国产数量	进口数量	国产比例
06 引流导管	86	18	82.7
03 输液辅助电子设备	38	8	82.6
07 血管内留置针	152	33	82.2
09 隔离敷料	27	6	81.8
06 纤维敷料	75	17	81.5
03 外科海绵敷料	29	7	80.6
04 笔式注射器	35	9	79.5
09 测压导管	23	6	79.3
03 预充式导管冲洗器	7	2	77.8
09 输液、输血用连接件及附件	82	24	77.4
08 穿刺器械	66	20	76.7
06 注射针	133	42	76.0
05 水胶体敷料	48	16	75.0
02 可吸收外科防粘连敷料	26	9	74.3
07 扩张导管	39	16	70.9
01 可吸收外科止血材料	32	14	69.6
02 胰岛素泵	12	6	66.7
03 胰岛素泵用皮下输液器	4	2	66.7
05 负压引流海绵	18	9	66.7
08 造影导管	9	6	60.0
09 活检针	46	33	58.2
07 泡沫敷料	55	42	56.7
05 输尿管支架	38	33	53.5
10 活检枪	1	1	50.0
10 植入式给药器械	7	7	50.0
13 含银敷料	9	17	34.6

（十五）患者承载器械

患者承载器械包括手术台、诊疗台、医用病床、患者位置固定辅助器械、患者转运器械以及防压疮（褥疮）垫。

1. 产品数量

根据国家药监局、各省（市、自治区）药监局及市场监管局公开数据统

计，2021 年 1 ~9 月，全国患者承载器械注册及备案产品共计 5813 项，其中国产产品 5565 项，进口产品 248 项（见表 58）。

表 58　2019 ~2021 年 9 月全国患者承载器械各类产品注册及备案数量分布

单位：项

类型	国产			进口		
	2019 年	2020 年	2021 年前三季度	2019 年	2020 年	2021 年前三季度
第一类	3273	4162	4944	103	123	157
第二类	536	572	621	100	93	91
第三类	0	0	0	0	0	0
合计	3809	4734	5565	203	216	248

从首次注册数量情况分析，2019 ~2021 年 9 月，全国患者承载器械首次注册数量逐年上升。2021 年前三季度全国患者承载器械第二类产品首次注册数量共计 80 项，其中国产产品 74 项，进口产品 6 项（见图 57）。患者承载器械暂无第三类产品，故不做分析。

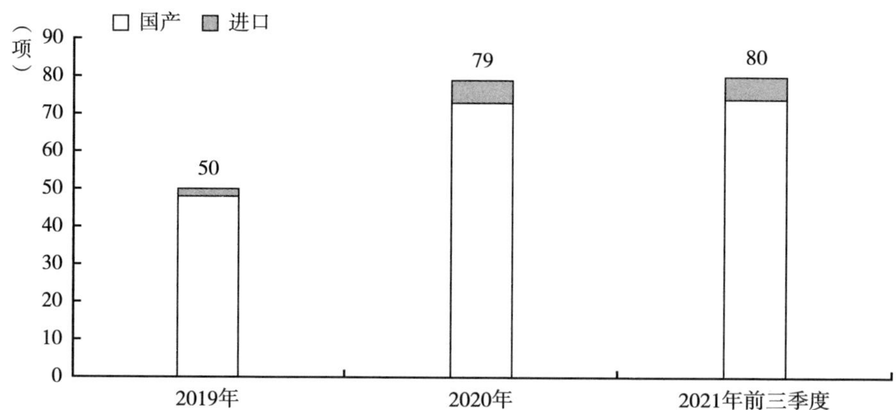

图 57　2019 ~2021 年 9 月全国第二类患者承载器械首次注册数量变化

从第二类产品首次注册趋势看，2019 ~2021 年 9 月，国产产品首次注册数量逐年增长，其中 2020 年国产产品同比增长 52.1%。同一报告期内，进口产品首次注册数量保持相对稳定。从产地角度分析，国产产品首次注册数量占比具有明显优势（见图 58）。

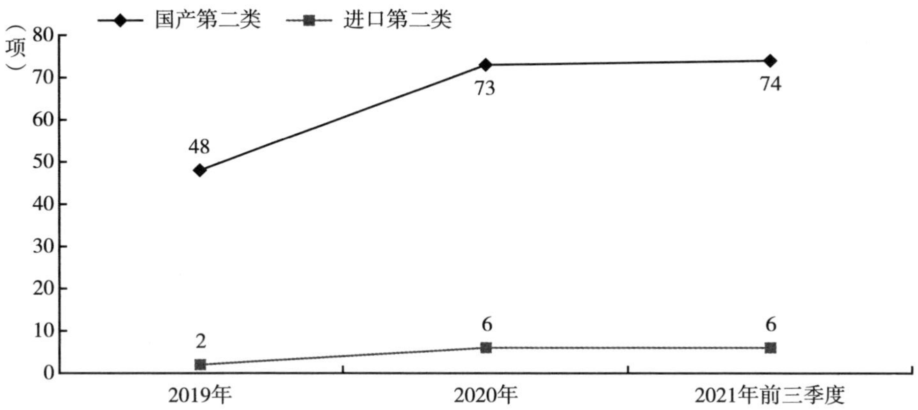

图 58　2019 ~ 2021 年 9 月全国第二类患者承载器械首次注册数量趋势

2. 产品分布

2021 年 1 ~ 9 月，我国患者承载器械进口产品共计 248 项，其中自美国、中国台湾及德国进口的产品分别为 56 项、48 项和 36 项，三者之和占总体的 56.5%（见图 59）。

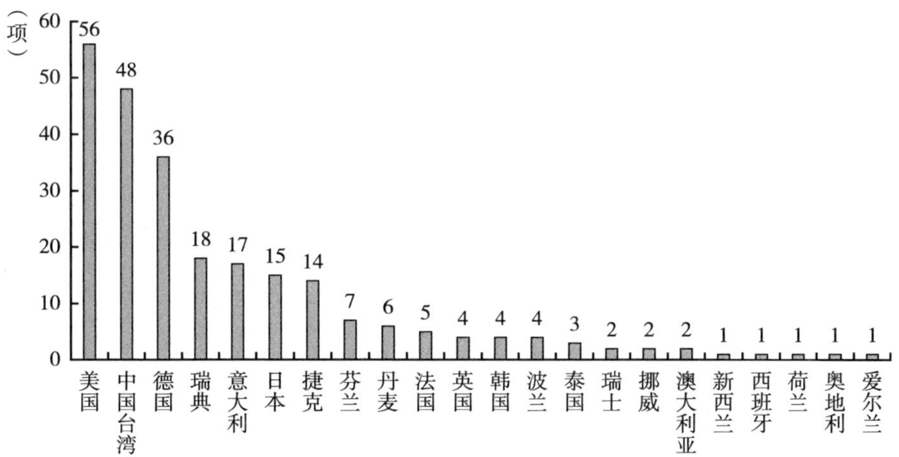

图 59　2021 年 1 ~ 9 月全国患者承载器械进口国家或地区产品数量分布

相同报告期内，我国患者承载器械国产产品共计 5565 件，其中自河北省产出的产品共计 1087 件，全国排名第一；其后江苏省和广东省分别以 878 件和 767 件产品位居第二和第三（见表 59）。

表 59　2021 年 1～9 月全国患者承载器械国产产品各省（市、自治区）数量分布

单位：项

省份	产品数量
河北省	1087
江苏省	878
广东省	767
山东省	594
河南省	337
上海市	234
浙江省	220
四川省	196
江西省	178
安徽省	134
湖北省	133
湖南省	114
北京市	108
天津市	104
辽宁省	84
黑龙江省	79
陕西省	59
广西壮族自治区	55
福建省	51
重庆市	42
吉林省	31
云南省	24
新疆维吾尔自治区	23
贵州省	22
甘肃省	5
山西省	4
西藏自治区	1
内蒙古自治区	1

3. 国产产品数量比例

根据《医疗器械分类目录（2017 年版）》，患者承载器械共划分为 6 个一级产品类别，在一级产品类别的基础上根据先设备后附件的形式设立了 17 个二级产品类别。截至 2021 年 9 月底，我国患者承载器械共有 16 个二级产品类别国产产品数量比例①超过 50.0%。其中，“05 患者转运器械”一级分类下的“01 患者运送隔离器械”进口注册产品尚属空白（见表 60）。

表 60　截至 2021 年 9 月底全国患者承载器械二级产品类别国产比例

单位：项，%

二级产品类别	国产数量	进口数量	国产比例
01 患者运送隔离器械	4	0	100.0
02 手动诊疗台及诊疗椅	512	1	99.8
02 手动病床	2095	6	99.7
03 医用婴儿床	245	4	98.4
04 简易转移器械	193	6	97.0
03 手动手术台（机械）	222	8	96.5
03 手动推车、担架等器械	1075	50	95.6
02 手动手术台（液压）	19	1	95.0
01 电动病床	272	17	94.1
02 手动防压疮（褥疮）垫	281	23	92.4
01 电动防压疮（褥疮）垫	88	8	91.7
05 其他转移器械	197	23	89.5
01 电动诊疗台及诊疗椅	20	3	87.0
02 电动推车、担架等器械	13	2	86.7
02 无源患者手术位置固定辅助器械	111	33	77.1
01 电动手术台（液压、机械、气动等）	153	47	76.5
01 电动患者手术位置固定辅助器械	2	3	40.0

（十六）眼科器械

眼科器械是指眼科诊察、手术、治疗、防护所使用的各类眼科器械及相关

① 国产产品数量比例 = 国产产品数量/（国产产品数量 + 进口产品数量），计算数据来源自众成数科大数据平台。

辅助器械，不包括眼科康复训练类器械。眼科领域的医疗器械具有技术壁垒高、国产替代率低的特点。随着国内眼科器械企业深耕眼科领域，国产眼科产品涌现。近年来，国产“全景前后节一体式”的多功能、高性能光学相干断层扫描仪（OCT）产品的出现标志着我国高端眼科器械技术的重大突破。

1. 产品数量

根据国家药监局、各省（市、自治区）药监局及市场监管局公开数据统计，2021 年 1 ~9 月，全国眼科器械注册及备案产品共计 4316 项，其中国产产品 3177 项，进口产品 1139 项（见表 61）。

表 61　2019 ~2021 年 9 月全国眼科器械各类产品注册及备案数量分布

单位：项

类型	国产			进口		
	2019 年	2020 年	2021 年前三季度	2019 年	2020 年	2021 年前三季度
第一类	1559	2089	2410	135	145	185
第二类	310	365	425	236	278	261
第三类	339	323	342	688	774	693
合计	2208	2777	3177	1059	1197	1139

从首次注册数量情况分析，2020 年全国眼科器械首次注册数量较前年略有上升，2021 年前三季度首次注册数量与 2020 年全年数量持平。2021 年前三季度全国眼科器械第二、第三类产品首次注册数量共计 114 项，其中国产产品 85 项，进口产品 29 项（见图 60）。

从第二、第三类产品首次注册趋势看，相较 2019 年，2020 年国产第二类产品首次注册数量呈上升趋势，同比上涨 26.4%。2019 ~2021 年 9 月，国产第三类及进口第二、第三类产品首次注册数量均保持相对稳定。从管理类别分析，国产第二类首次注册数量占比较高（见图 61）。

2. 产品分布

2021 年 1 ~9 月，我国眼科器械进口产品共计 1139 项，其中自美国、中国台湾和德国进口的产品分别为 313 项、168 项和 137 项，三者之和占总体的 54.3%（见图 62）。

相同报告期内，我国眼科器械国产产品共计 3177 项，其中自江苏省产出

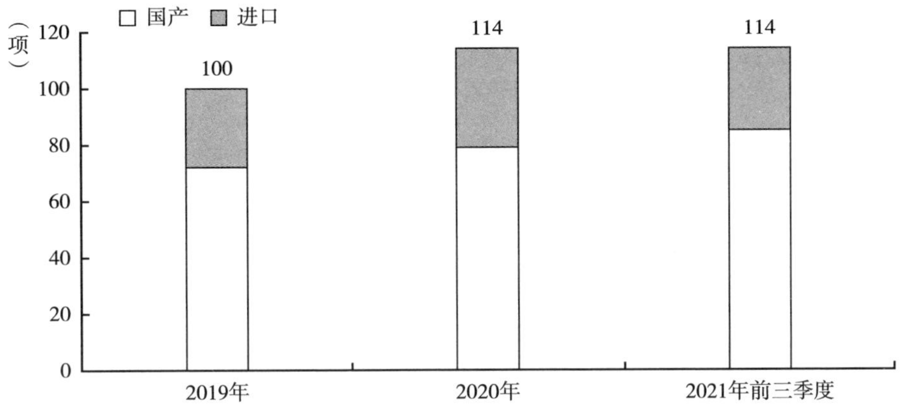

图 60　2019～2021 年 9 月全国第二、第三类眼科器械首次注册数量变化

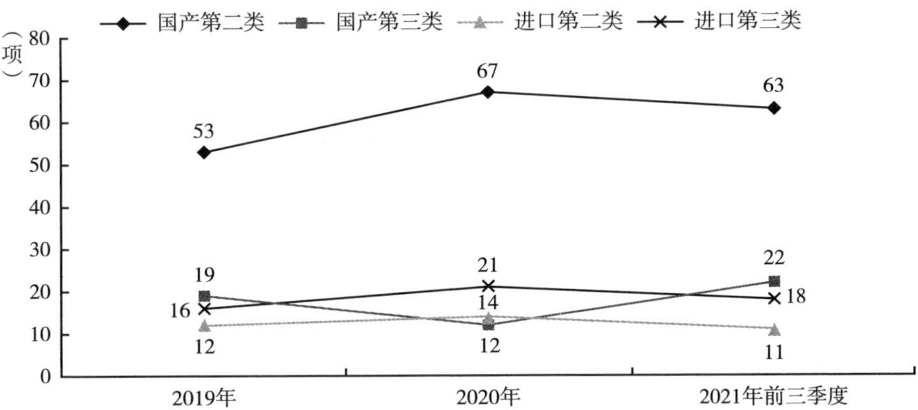

图 61　2019～2021 年 9 月全国第二、第三类眼科器械首次注册数量趋势

的产品共计 1723 项，全国排名第一；其后上海市和山东省分别以 319 项和 227 项产品位居第二和第三（见表 62）。

表 62　2021 年 1～9 月底全国眼科器械国产产品各省（市、自治区）数量分布

单位：项

省份	产品数量
江苏省	1723
上海市	319
山东省	227

续表

省份	产品数量
广东省	222
浙江省	136
北京市	108
吉林省	68
天津市	57
重庆市	54
河南省	44
河北省	43
湖南省	30
湖北省	26
陕西省	24
安徽省	22
辽宁省	16
江西省	14
山西省	11
甘肃省	9
福建省	8
四川省	6
广西壮族自治区	6
黑龙江省	2
云南省	1
海南省	1

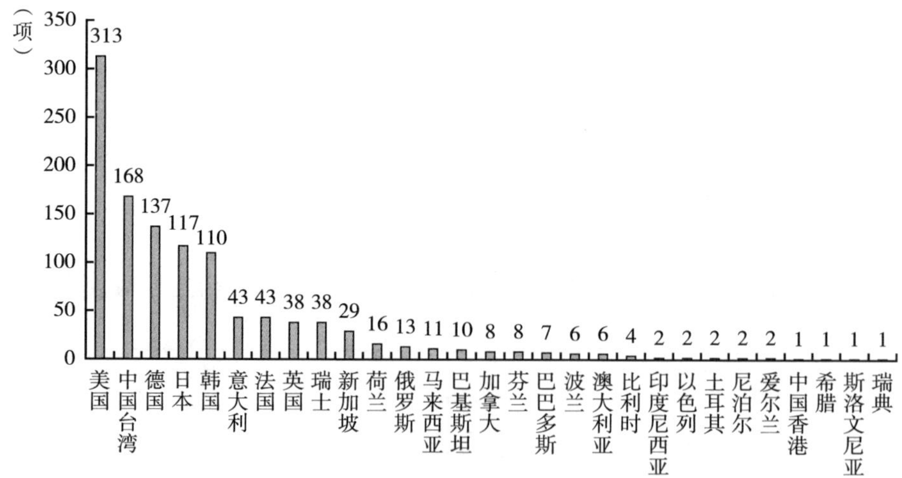

图 62　2021 年 1～9 月全国眼科器械进口国家或地区产品数量分布

3. 国产产品数量比例

根据《医疗器械分类目录（2017 年版）》，眼科器械共划分为 7 个一级产品类别，在一级产品类别的基础上根据具体产品特性不同细分为 82 个二级产品类别。截至 2021 年 9 月底，我国眼科器械共有 53 个二级产品类别国产产品数量比例①达到或超过 50.0%。其中，包括“02 眼用凿”、“06 眼用夹”在内的 24 类进口注册产品尚属空白。此外，“11 角膜共焦显微镜”“03 眼科内窥镜及附件”等 4 类产品国产数量均为零（见表 63）。

表 63　截至 2021 年 9 月底全国眼科器械二级产品类别国产比例

单位：项，%

二级产品类别	国产数量	进口数量	国产比例
02 眼用凿	2	0	100.0
02 眼用注入器	8	0	100.0
03 防护器具	8	0	100.0
04 眼科冷冻治疗设备	3	0	100.0
04 眼用压迫器	18	0	100.0
04 助视器	3	0	100.0
05 眼用保护、支持器	29	0	100.0
06 眼底造影机	3	0	100.0
06 眼用夹	1	0	100.0
08 人工玻璃体球囊	1	0	100.0
09 组织工程生物羊膜	2	0	100.0
10 角膜基质片	3	0	100.0
10 眼用剥离器	26	0	100.0
10 眼用抛光器	11	0	100.0
11 眼用置物台	2	0	100.0
14 眼用止血器	15	0	100.0
14 义眼片	16	0	100.0
15 眼用浸泡环	5	0	100.0
15 眼用锯	16	0	100.0
16 囊袋张力环植入器械	3	0	100.0
18 眼球突出计	1	0	100.0

① 国产产品数量比例 = 国产产品数量/（国产产品数量 + 进口产品数量），计算数据来源自众成数科大数据平台。

续表

二级产品类别	国产数量	进口数量	国产比例
19 干眼检测仪	4	0	100. 0
22 眼力器	13	0	100. 0
07 眼用固位器	70	1	98. 6
13 眼用咬除器	42	1	97. 7
03 视觉治疗设备	33	1	97. 1
09 眼用取出器	33	1	97. 1
05 眼用镊	554	23	96. 0
12 眼用碎核器	23	1	95. 8
11 眼用牵开器	19	1	95. 0
03 眼用剪	284	16	94. 7
07 眼用针	120	7	94. 5
08 眼用测量器	98	6	94. 2
08 眼用钩	225	16	93. 4
13 眼用冲吸器	68	6	91. 9
09 眼用刮匙	29	3	90. 6
06 眼用器械手柄	74	8	90. 2
12 眼用扩张器	101	11	90. 2
01 验光设备和器具	288	45	86. 5
14 眼用钻	21	4	84. 0
04 眼用钳	60	13	82. 2
16 眼用铲	25	7	78. 1
01 眼用刀	107	34	75. 9
07 裂隙灯显微镜	46	15	75. 4
02 视功能检查设备和器具	42	14	75. 0
05 眼用照相机	35	22	61. 4
03 眼科超声诊断设备	14	10	58. 3
06 眼科治疗和手术辅助器具	27	20	57. 4
08 直接检眼镜	8	6	57. 1
21 眼科诊断辅助器具	26	20	56. 5
04 眼用粘弹剂	17	14	54. 8

续表

二级产品类别	国产数量	进口数量	国产比例
02 接触镜护理产品	55	47	53.9
03 青光眼引流装置	1	1	50.0
04 光学相干断层扫描仪	9	11	45.0
09 间接检眼镜	4	5	44.4
12 角膜地形图仪	7	9	43.8
15 眼组织深度测量仪	3	4	42.9
06 义眼台	2	3	40.0
15 人工晶状体、人工玻璃体植入器械	14	21	40.0
01 接触镜	210	358	37.0
05 其他眼科治疗和手术设备	5	9	35.7
17 眼压计	10	26	27.8
07 囊袋张力环	1	3	25.0
14 眼前节测量诊断系统	1	3	25.0
02 眼科激光治疗设备	9	39	18.8
10 角膜内皮细胞显微镜	1	5	16.7
01 人工晶状体	16	120	11.8
01 眼科超声手术设备	2	15	11.8
01 眼科激光诊断设备	1	8	11.1
02 眼内填充物	2	22	8.3
03 眼科内窥镜及附件	0	1	0.0
05 泪点塞	0	5	0.0
11 角膜共焦显微镜	0	1	0.0
12 泪道管	0	2	0.0

（十七）口腔科器械

口腔科器械是指口腔科用设备、器具、口腔科材料等医疗器械。不包括口腔科治疗用激光、内窥镜、显微镜、射线类医疗器械。

1. 产品数量

根据国家药监局、各省（市、自治区）药监局及市场监管局公开数据统计，2021 年 1 ~9 月，全国口腔科器械注册及备案产品共计 14251 项，其中国产产品 10776 项，进口产品 3475 项（见表 64）。

表 64 2019～2021 年 9 月全国口腔科器械各类产品注册及备案数量分布

单位：项

类型	国产			进口		
	2019 年	2020 年	2021 年前三季度	2019 年	2020 年	2021 年前三季度
第一类	2666	3661	4616	1450	1636	2071
第二类	5611	5698	5984	912	1050	857
第三类	147	165	176	551	671	547
合计	8424	9524	10776	2913	3357	3475

从首次注册数量情况看，2019～2021 年 9 月，全国口腔科器械首次注册数量稳步增长。2021 年前三季度，全国口腔科器械第二、第三类产品首次注册数量共计 711 项，其中国产产品 681 项，进口产品 30 项（见图 63）。

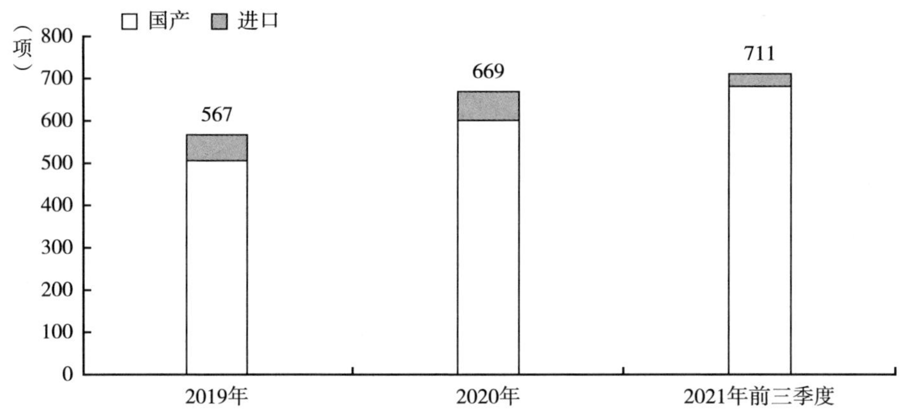

图 63 2019～2021 年 9 月全国第二、第三类口腔科器械首次注册数量变化

从第二、第三类产品首次注册趋势分析，2019～2021 年 9 月，国产第二类产品首次注册数量呈持续增长趋势，其他类别注册数量均先增后降。其中，2020 年国产及进口第二类注册数量同比增长率分别为 17.7% 和 10.3%。从管理类别看，国产第二类首次注册数量占比远高于其他类别（见图 64）。

2. 产品分布

2021 年 1～9 月，我国口腔科器械进口产品共计 3475 项，其中自德国、美国和韩国进口的产品分别为 739 项、613 项和 506 项，三者之和占总体的 53.5%（见图 65）。

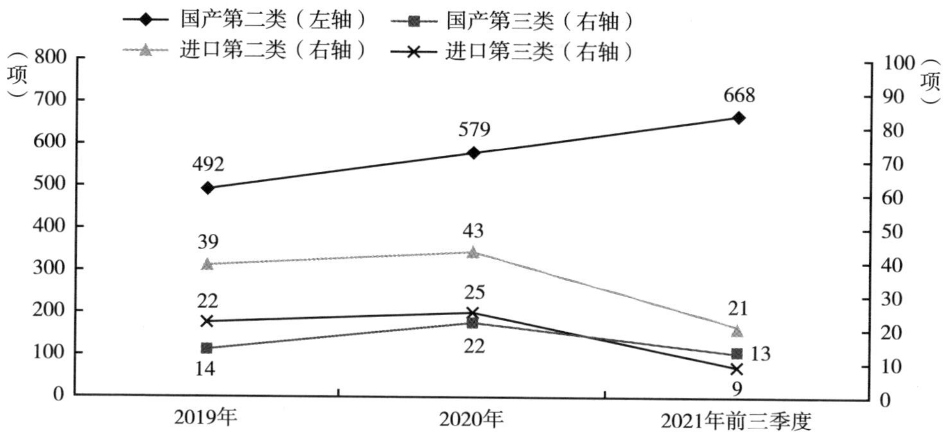

图 64　2019～2021 年 9 月全国第二、第三类口腔科器械首次注册数量趋势

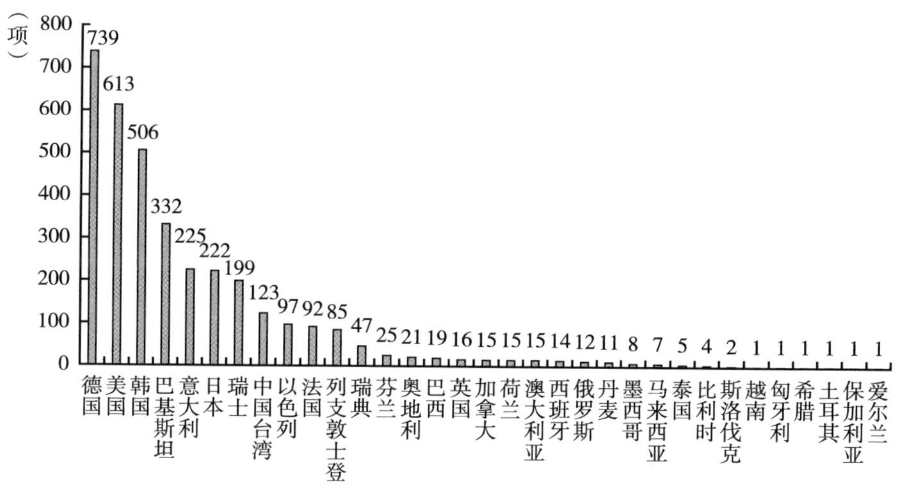

图 65　2021 年 1～9 月全国口腔科器械进口国家或地区产品数量分布

相同报告期内，我国口腔科器械国产产品共计 10776 项，其中自广东省产出的产品共计 2007 项，全国排名第一；其后江苏省和上海市分别以 1073 项和 852 项产品位居第二和第三（见表 65）。

表 65　2021 年 1 ~ 9 月全国口腔科器械国产产品各省（市、自治区）数量分布

单位：项

省份	产品数量
广东省	2007
江苏省	1073
上海市	852
浙江省	810
山东省	695
河北省	581
河南省	573
湖北省	417
四川省	367
北京市	367
广西壮族自治区	341
辽宁省	336
湖南省	320
陕西省	246
吉林省	241
山西省	211
天津市	204
福建省	198
黑龙江省	187
江西省	155
重庆市	153
安徽省	124
云南省	78
甘肃省	61
贵州省	45
新疆维吾尔自治区	43
内蒙古自治区	43
海南省	26
宁夏回族自治区	12
青海省	8
西藏自治区	2

3. 国产产品数量比例

根据《医疗器械分类目录（2017 年版）》，口腔科器械共划分为 10 个一级产品类别，在一级产品类别的基础上根据产品组成成分和产品用途分为 93 个二级产品类别。截至 2021 年 9 月底，我国口腔科器械共有 63 个二级产品类别国产产品数量比例①达到或超过 50.0%。其中，包括“01 牙周袋探测设备”“02 牙髓活力测试设备”在内的 6 类进口注册产品尚属空白。此外，“04 龋齿探测设备”“08 盖髓材料”等 5 类产品国产数量均为零（见表 66）。

表 66　截至 2021 年 9 月底全国口腔科器械二级产品类别国产比例

单位：项，%

二级产品类别	国产数量	进口数量	国产比例
01 牙周袋探测设备	1	0	100.0
02 牙髓活力测试设备	1	0	100.0
04 正畸基托聚合物	3	0	100.0
06 牙托梗	5	0	100.0
06 银汞合金	1	0	100.0
11 银汞合金调合器	6	0	100.0
04 定制式义齿	4452	3	99.9
02 口腔溃疡、组织创面愈合治疗辅助材料	48	1	98.0
14 口腔清洗器具	266	6	97.8
07 矫治器具及附件	240	13	94.9
05 口腔正负压设备	256	17	93.8
02 牙科用椅	55	5	91.7
13 正畸材料处理器械	129	12	91.5
02 吸潮纸尖	20	2	90.9
08 牙齿漂白设备	9	1	90.0
07 菌斑/龋齿指示剂	71	10	87.7
15 口腔综合治疗设备配件	154	23	87.0
03 带环及颊面管	38	8	82.6
18 口腔分离牵开用具	286	69	80.6
03 口腔洁治清洗设备及附件	130	34	79.3

① 国产产品数量比例 = 国产产品数量/（国产产品数量 + 进口产品数量），计算数据来源自众成数科大数据平台。

续表

二级产品类别	国产数量	进口数量	国产比例
05 正畸弹簧	15	4	78.9
10 蜡	75	21	78.1
11 牙科分离剂	31	9	77.5
02 口腔用镜	151	44	77.4
05 口腔成像设备	107	32	77.0
09 根管治疗设备	67	21	76.1
05 口腔针	146	46	76.0
05 种植辅助材料	421	137	75.4
08 模型材料	218	72	75.2
06 牙科锉	159	53	75.0
03 脱敏剂	29	10	74.4
01 牙科治疗机	94	36	72.3
16 口腔用镊、夹	137	54	71.7
07 临时充填材料	5	2	71.4
06 口腔照明设备	45	19	70.3
13 隔离及赋形材料	54	23	70.1
06 固化设备	42	19	68.9
12 材料输送器具	182	102	64.1
01 根管预备辅助材料	16	9	64.0
10 打磨抛光清洁器具	93	53	63.7
12 咬合关系记录/检查材料	29	17	63.0
08 洁治器具	153	90	63.0
01 手动测量用器械	65	42	60.7
02 正畸丝	23	15	60.5
04 牙科手机及附件	159	104	60.5
02 口腔用钳	191	127	60.1
19 去冠器	29	20	59.2
09 口腔隔离器具	102	71	59.0
01 托槽	64	47	57.7
07 颌面固定植入物	4	3	57.1
17 口腔注射用具	32	24	57.1
09 铸造包埋材料	29	22	56.9

续表

二级产品类别	国产数量	进口数量	国产比例
02 义齿用陶瓷材料及制品	67	51	56.8
06 研磨抛光材料	53	41	56.4
03 义齿用高分子材料及制品	71	57	55.5
01 口腔手术刀、凿	89	72	55.3
01 义齿用金属材料及制品	91	74	55.2
06 正畸弹性体附件	6	5	54.5
04 牙挺	67	59	53.2
11 种植体安装辅助器械	241	226	51.6
10 口腔麻醉推注设备	2	2	50.0
12 口腔用骨粉制备设备	2	2	50.0
20 治疗辅助器具	19	19	50.0
07 印模材料	78	80	49.4
04 防龋材料	26	27	49.1
03 口腔手术剪	31	37	45.6
14 义齿试用材料	4	5	44.4
05 牙科膜片	3	4	42.9
07 牙科种植用设备	11	15	42.3
07 口腔车针、钻	89	126	41.4
06 骨填充及修复材料	7	11	38.9
01 水门汀	35	57	38.0
03 根管充填封闭材料	8	16	33.3
05 排龈材料	4	9	30.8
03 酸蚀剂	5	12	29.4
05 固位桩	6	16	27.3
04 预处理剂	3	10	23.1
06 牙齿漂白材料	4	14	22.2
02 粘接剂	14	52	21.2
01 牙种植体	21	100	17.4
04 复合树脂	5	66	7.0
02 基台及附件	6	97	5.8
03 种植支抗	0	10	0.0
04 龋齿探测设备	0	1	0.0
08 盖髓材料	0	2	0.0
08 牙髓活力测试剂	0	1	0.0
09 基台定制材料	0	2	0.0

（十八）妇产科、辅助生殖和避孕器械

妇产科、辅助生殖和避孕器械是指专用于妇产科、计划生育和辅助生殖的医疗器械。

1. 产品数量

根据国家药监局、各省（市、自治区）药监局及市场监管局公开数据统计，2021 年 1 ~9 月，全国妇产科、辅助生殖和避孕器械注册及备案产品共计 4048 项，其中国产产品 3694 项，进口产品 354 项（见表 67）。

表 67　2019 ~2021 年 9 月全国妇产科、辅助生殖和避孕器械各类产品注册及备案数量分布

单位：项

类型	国产			进口		
	2019 年	2020 年	2021 年前三季度	2019 年	2020 年	2021 年前三季度
第一类	1329	1728	2320	67	77	96
第二类	1197	1270	1321	140	178	162
第三类	43	46	53	101	117	96
合计	2569	3044	3694	308	372	354

从首次注册数量情况分析，2019 ~2021 年 9 月，全国妇产科、辅助生殖和避孕器械首次注册数量先升后降。2021 年前三季度全国妇产科、辅助生殖和避孕器械第二、第三类产品首次注册数量共计 137 项，其中国产产品 133 项，进口产品 4 项（见图 66）。

从第二、第三类产品首次注册趋势看，2019 ~2021 年 9 月，国产第二类产品首次注册数量先升后降。其中，2020 年国产第二类产品同比增长 22.5%。同一报告期内，国产第三类及进口第二、第三类产品首次注册数量相对稳定。其中，国产第三类产品注册数量稳中有升。从管理类别分析，国产第二类首次注册数量占比远高于其他类别（见图 67）。

2. 产品分布

2021 年 1 ~9 月，我国妇产科、辅助生殖和避孕器械进口产品共计 354 项，其中自德国和美国进口的产品分别为 89 项和 79 项，两者之和占总体的 47.5%

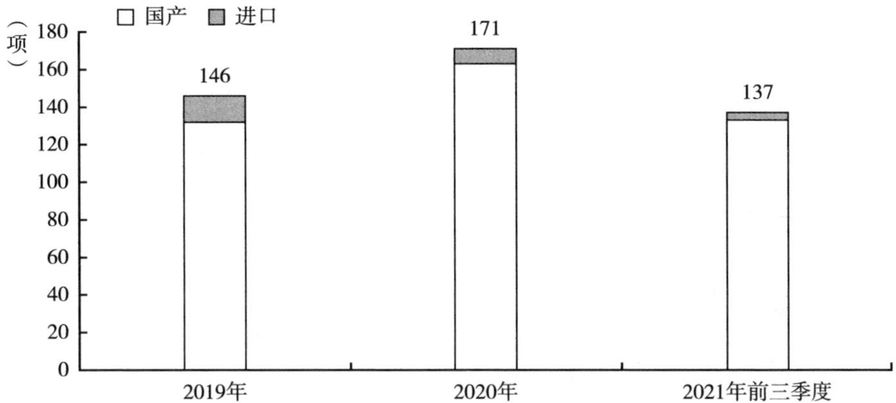

图 66　2019～2021 年 9 月全国第二、第三类妇产科、辅助生殖和避孕器械首次注册数量变化

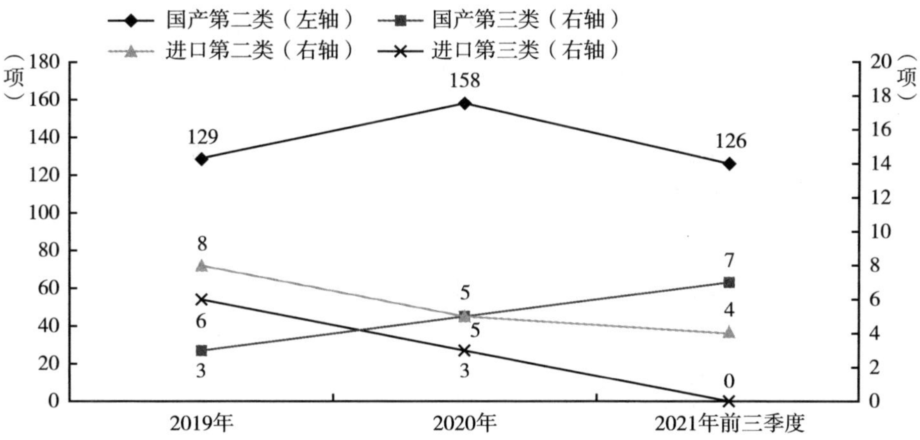

图 67　2019～2021 年 9 月全国第二、第三类妇产科、辅助生殖和避孕器械首次注册数量趋势

（见图 68）。

相同报告期内，我国妇产科、辅助生殖和避孕器械国产产品共计 3694 项，其中自江苏省产出的产品共计 622 项，全国排名第一；其后广东省和山东省分别以 513 项和 393 项产品位居第二和第三（见表 68）。

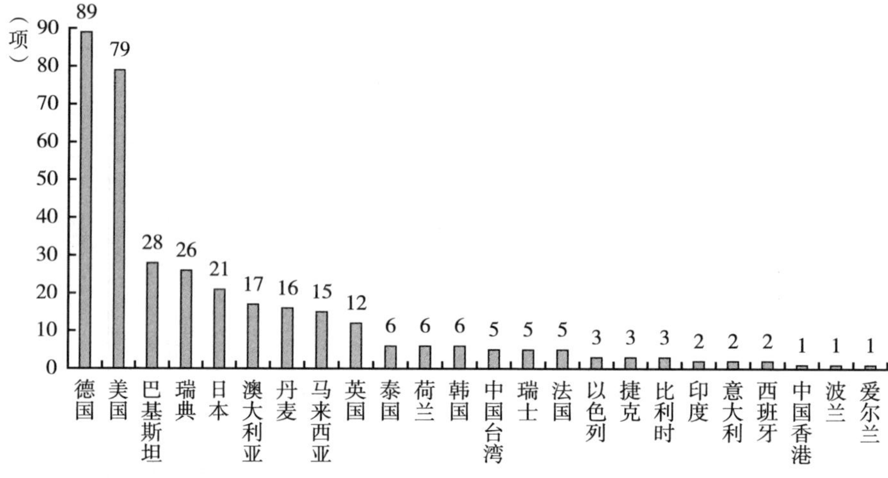

图 68　2021 年 1～9 月全国妇产科、辅助生殖和避孕器械进口国家或地区产品数量分布

表 68　2021 年 1～9 月全国妇产科、辅助生殖和避孕器械国产产品各省（市、自治区）数量分布

单位：项

省份	产品数量
江苏省	622
广东省	513
山东省	393
浙江省	307
江西省	270
上海市	250
河北省	193
河南省	159
湖北省	136
湖南省	132
吉林省	124
北京市	76
天津市	72
辽宁省	66
安徽省	57
陕西省	56

续表

省份	产品数量
四川省	49
广西壮族自治区	48
黑龙江省	34
福建省	30
甘肃省	24
重庆市	18
海南省	15
云南省	14
贵州省	14
山西省	9
新疆维吾尔自治区	7
内蒙古自治区	3
西藏自治区	2
青海省	1

3. 国产产品数量比例

根据《医疗器械分类目录（2017 年版）》，妇产科、辅助生殖和避孕器械共划分为 7 个一级产品类别，在一级产品类别的基础上根据临床预期用途细分为 37 个二级产品类别。截至 2021 年 9 月底，我国妇产科、辅助生殖和避孕器械共有 32 个二级产品类别国产产品数量比例①超过 50.0%。其中，包括“01妇产科用刀”“12 医用妇科护垫”在内的 7 类进口注册产品尚属空白（见表 69）。

表 69　截至 2021 年 9 月底全国妇产科、辅助生殖和避孕器械二级产品类别国产比例

单位：项，%

二级产品类别	国产数量	进口数量	国产比例
01 妇产科用刀	8	0	100.0
02 超声多普勒胎儿心率设备	59	0	100.0

① 国产产品数量比例 = 国产产品数量/（国产产品数量 + 进口产品数量），计算数据来源自众成数科大数据平台。

续表

二级产品类别	国产数量	进口数量	国产比例
05 结扎手术器械	45	0	100.0
06 宫腔负压吸引设备及附件	82	0	100.0
12 医用妇科护垫	198	0	100.0
13 凝胶	129	0	100.0
14 阴道填塞材料	38	0	100.0
07 阴道洗涤器/给药器	727	1	99.9
02 妇科手术/检查床	291	3	99.0
01 宫内节育器及取放器械	95	1	99.0
10 子宫输卵管造影、输卵管通液器械	52	1	98.1
11 妇科压板	32	1	97.0
01 产床	187	8	95.9
05 妇产科用扩张器、牵开器	375	19	95.2
09 子宫操纵器	58	3	95.1
03 手动测量器械	63	4	94.0
02 阴道镜	62	4	93.9
01 超声多普勒胎儿监护设备	42	3	93.3
08 妇科剥离器械	67	5	93.1
05 妇科检查器械	13	1	92.9
01 妇科物理治疗器械	50	4	92.6
03 妇产科用钳	210	17	92.5
04 妇科采样器械	69	8	89.6
02 妇产科用剪	114	14	89.1
06 助产器械	5	1	83.3
02 辅助生殖穿刺取卵/取精针	23	5	82.1
04 妇产科用镊、夹、钩、针	68	20	77.3
02 妇科假体器械	18	7	72.0
03 屏障式避孕器械	84	38	68.9
03 辅助生殖微型工具	19	10	65.5
03 妇科内窥镜	51	30	63.0
01 辅助生殖导管	17	13	56.7
05 辅助生殖专用仪器	9	11	45.0
04 体外辅助生殖用液	5	47	9.6

（十九）医用康复器械

医用康复器械是指医用康复器械类医疗器械，主要包括认知言语视听障碍康复设备、运动康复训练器械、助行器械、矫形固定器械，不包括骨科用器械。

1. 产品数量

根据国家药监局、各省（市、自治区）药监局及市场监管局公开数据统计，2021 年 1 ~9 月，全国医用康复器械注册及备案产品共计 4941 项，其中国产产品 4753 项，进口产品 188 项（见表 70）。

表 70　2019 ~2021 年 9 月全国医用康复器械各类产品注册及备案数量分布

单位：项

类型	国产			进口		
	2019 年	2020 年	2021 年前三季度	2019 年	2020 年	2021 年前三季度
第一类	2345	3497	3898	79	138	126
第二类	640	737	855	102	90	62
第三类	0	0	0	0	0	0
合计	2985	4234	4753	181	228	188

从首次注册数量情况分析，全国医用康复器械首次注册数量逐年上升。2021 年前三季度全国无源手术器械第二类产品首次注册数量共计 155 项，其中国产产品 155 项，无进口产品（见图 69）。

从第二类产品首次注册趋势看，2019 ~2021 年 9 月，国产产品首次注册数量稳步上升，其中 2020 年国产产品首次注册数量同比增长率为 37.9%。同一报告期内，进口产品首次注册数量较少。从产地角度分析，国产产品首次注册数量占比显著高于进口产品（见图 70）。医用康复器械暂无第三类产品，不做分析。

2. 产品分布

2021 年 1 ~9 月，我国医用康复器械进口产品共计 188 项，其中自德国和中国台湾进口的产品分别为 52 项和 37 项，二者之和占总体的 47.3%（见图 71）。

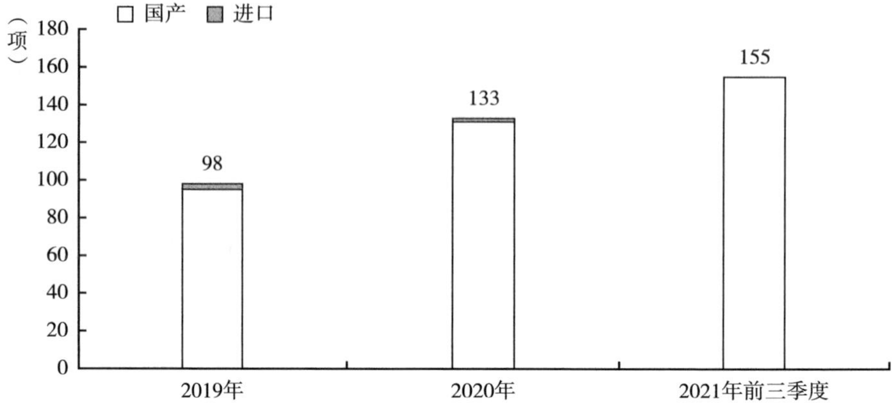

图 69　2019 ~ 2021 年 9 月全国第二类医用康复器械首次注册数量变化

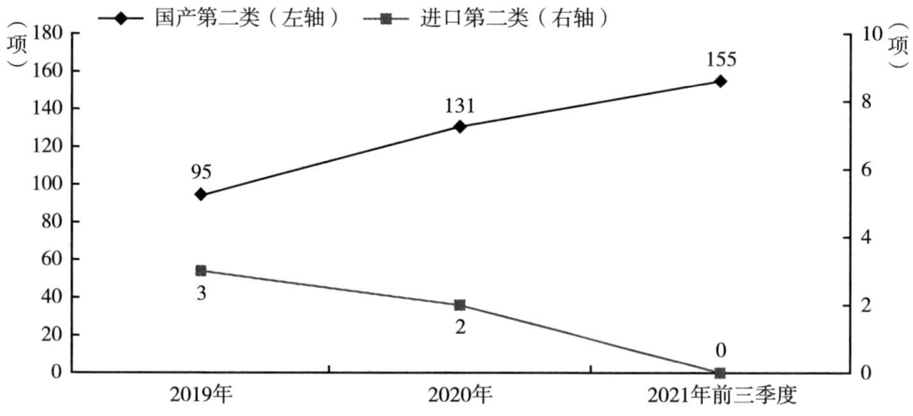

图 70　2019 ~ 2021 年 9 月全国第二类医用康复器械首次注册数量趋势

相同报告期内，我国医用康复器械国产产品共计 4753 项，其中自江苏省产出的产品共计 817 项，全国排名第一；其后广东省和河北省均以 806 项并列第二，山东省以 356 项位列第三（见表 71）。

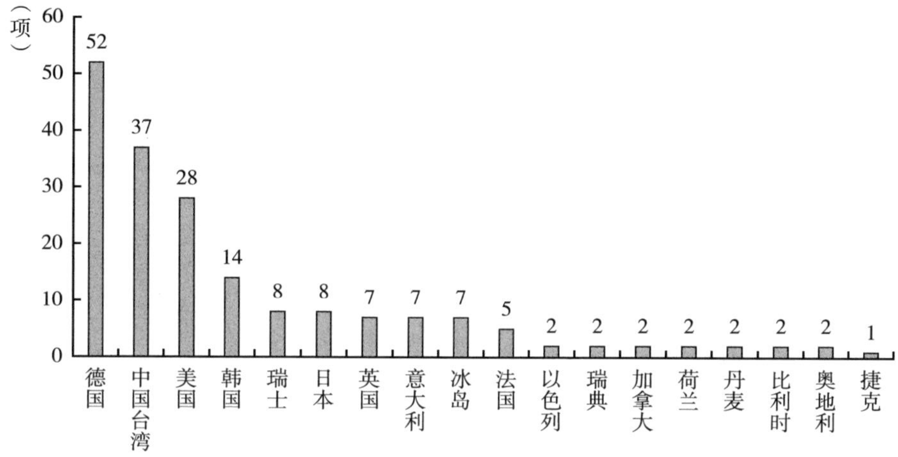

图 71　2021 年 1～9 月全国医用康复器械进口国家或地区产品数量分布

表 71　2021 年 1～9 月底全国医用康复器械国产产品各省（市、自治区）数量分布

单位：项

省份	产品数量
江苏省	817
河北省	806
广东省	806
山东省	356
河南省	287
浙江省	250
上海市	207
湖南省	200
福建省	192
湖北省	141
天津市	135
北京市	119
陕西省	71
安徽省	71
辽宁省	68
四川省	58
江西省	36

续表

省份	产品数量
广西壮族自治区	25
宁夏回族自治区	20
吉林省	20
山西省	17
重庆市	11
云南省	11
黑龙江省	10
新疆维吾尔自治区	4
内蒙古自治区	4
海南省	4
甘肃省	4
青海省	2
贵州省	1

3. 国产产品数量比例

根据《医疗器械分类目录（2017年版）》，医用康复器械共划分为4个一级产品类别，在一级产品类别的基础上根据作用部位、作用机理等形成18个二级产品类别。2021年1~9月，我国医用康复器械共有17个二级产品类别国产产品数量比例①超过50.0%。其中，包括“01 认知障碍康复设备”“04 言语障碍康复设备”在内的5类进口注册产品尚属空白。此外，“01 认知言语视听障碍康复设备”一级分类下的“05 真耳测试仪”产品国产数量为零（见表72）。

表72　截至2021年9月底全国医用康复器械二级产品类别国产比例

单位：项，%

二级产品类别	国产数量	进口数量	国产比例
01 矫形器	37	0	100.0
01 认知障碍康复设备	4	0	100.0
04 言语障碍康复设备	15	0	100.0

① 国产产品数量比例=国产产品数量/（国产产品数量+进口产品数量），计算数据来源自众成数科大数据平台。

续表

二级产品类别	国产数量	进口数量	国产比例
06 助讲器	2	0	100.0
07 舌肌康复训练器	2	0	100.0
06 盆底肌肉训练设备	130	1	99.2
02 辅助行走站立器械	1065	12	98.9
07 助听器	170	2	98.8
02 康复训练床	88	3	96.7
05 关节训练设备	613	23	96.4
01 医用轮椅车	300	12	96.2
02 固定器	2203	101	95.6
02 视觉康复设备	18	1	94.7
03 听觉康复设备	11	1	91.7
03 平衡训练设备	15	2	88.2
01 步态训练设备	28	6	82.4
04 振动训练设备	3	1	75.0
05 真耳测试仪	0	1	0.0

（二十）中医器械

中医器械是指基于中医医理的医疗器械，包括中医诊断设备、中医治疗设备以及中医器具，不包括中医独立软件。

1. 产品数量

根据国家药监局、各省（市、自治区）药监局及市场监管局公开数据统计，2021 年 1 ~ 9 月，全国中医器械注册及备案产品共计 2390 项，其中国产产品 2383 项，进口产品 7 项（见表 73）。

表 73　2019 ~ 2021 年 9 月全国中医器械各类产品注册及备案数量分布

单位：项

类型	国产			进口		
	2019 年	2020 年	2021 年前三季度	2019 年	2020 年	2021 年前三季度
第一类	841	1415	1822	2	3	4
第二类	504	551	561	3	4	3
第三类	0	0	0	0	0	0
合计	1345	1966	2383	5	7	7

从首次注册数量情况分析，全国中医器械首次注册数量逐年递增。2021年前三季度全国中医器械第二、第三类产品首次注册数量共计87项，均为国产产品（见图72）。

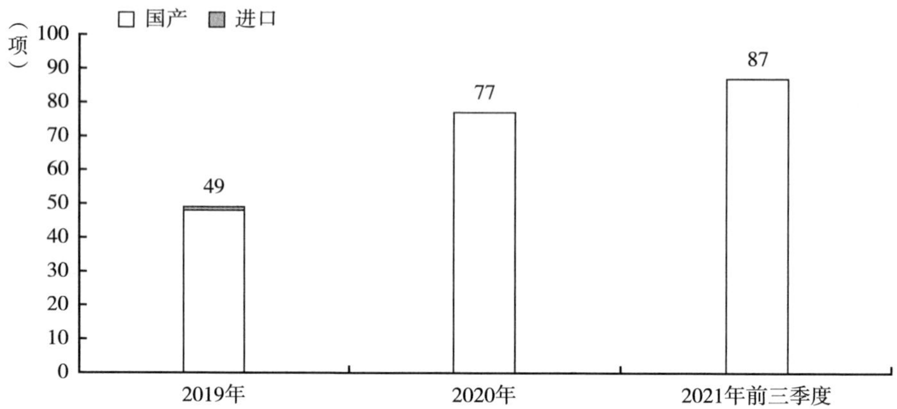

图72　2019～2021年9月全国第二、第三类中医器械首次注册数量变化

从第二类产品首次注册趋势看，2019～2021年9月，国产第二类产品首次注册数量稳步上升，2020年国产第二类产品首次注册数量同比增长60.4%。同一报告期内，国产及进口第三类产品首次注册数量均为零。2020～2021年9月，进口第二类产品首次注册数量均为零。从产地角度分析，国产产品首次注册数量占比优势明显（见图73）。

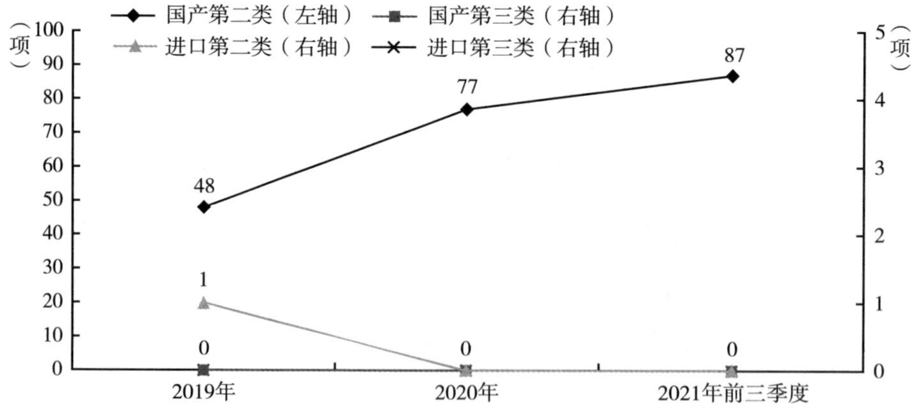

图73　2019～2021年9月全国第二、第三类中医器械首次注册数量趋势

2. 产品分布

2021 年 1 ~9 月，我国中医器械进口产品共计 7 项，其中自日本和韩国进口的产品均为 3 项，两者之和占总体的 85. 7%（见图 74）。

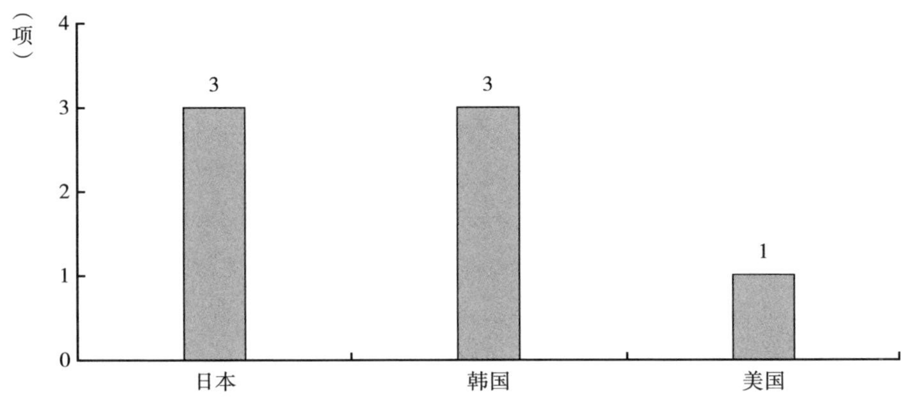

图 74　2021 年 1 ~9 月底全国中医器械进口国家产品数量分布

相同报告期内，我国中医器械国产产品共计 2383 项，其中自山东省产出的产品共计 411 项，全国排名第一；其后江苏省和河南省分别以 284 项和 218 项产品位居第二和第三（见表 74）。

表 74　2021 年 1 ~9 月全国中医器械国产产品各省（市、自治区）数量分布

单位：项

省份	产品数量
山东省	411
江苏省	284
河南省	218
广东省	204
湖北省	187
江西省	118
河北省	114
湖南省	113
安徽省	98

续表

省份	产品数量
北京市	80
浙江省	77
山西省	72
陕西省	70
辽宁省	57
上海市	36
天津市	35
吉林省	34
贵州省	22
福建省	22
广西壮族自治区	21
四川省	20
黑龙江省	18
青海省	16
重庆市	15
云南省	10
新疆维吾尔自治区	7
内蒙古自治区	7
宁夏回族自治区	6
甘肃省	6
海南省	4
西藏自治区	1

3. 国产产品数量比例

根据《医疗器械分类目录（2017 年版）》，中医器械共划分为 3 个一级产品类别，在一级产品类别的基础上根据产品原理的不同形成 24 个二级产品类别。截至 2021 年 9 月底，我国中医器械共有 22 个二级产品类别国产产品数量比例①超过 50.0%。其中，包括“01 脉诊设备”“02 望诊设备”在内的 17 类进口注册产品尚属空白（见表 75）。

① 国产产品数量比例 = 国产产品数量/（国产产品数量 + 进口产品数量），计算数据来源自众成数科大数据平台。

表 75　截至 2021 年 9 月底全国中医器械二级产品类别国产比例

单位：项，%

二级产品类别	国产数量	进口数量	国产比例
01 脉诊设备	5	0	100.00
01 穴位电刺激设备	23	0	100.00
02 三棱针	12	0	100.00
02 望诊设备	4	0	100.00
02 温针治疗设备	2	0	100.00
03 灸疗设备	57	0	100.00
03 小针刀	21	0	100.00
03 穴位阻抗检测设备	8	0	100.00
04 拔罐设备	12	0	100.00
04 皮肤针	20	0	100.00
05 滚针	26	0	100.00
05 熏蒸治疗设备	79	0	100.00
07 埋线针	17	0	100.00
07 穴位激光刺激设备	4	0	100.00
08 灸疗器具	83	0	100.00
09 穴位磁疗器具	19	0	100.00
10 浮针	4	0	100.00
11 穴位压力刺激器具	1004	1	99.90
12 刮痧器具	276	1	99.60
13 拔罐器具	490	2	99.60
06 皮内针	36	1	97.30
01 针灸针	58	2	96.70

（二十一）医用软件

医用软件包括治疗计划软件、影像处理软件、数据处理软件、决策支持软件、体外诊断软件以及其他软件。2021 年，杭州脉流科技有限公司基于冠脉造影自主研发的冠脉功能学评估分析软件通过美国 FDA 认证，同时该软件为首个基于冠脉造影原理在中国、欧洲及美国均获证上市的产品。

1. 产品数量

根据国家药监局、各省（市、自治区）药监局及市场监管局公开数据统

计，2021 年 1 ~9 月，全国医用软件注册及备案产品共计 1034 项，其中国产产品 871 项，进口产品 163 项（见表 76）。

表 76　2019 ~2021 年 9 月全国医用软件各类产品注册及备案数量分布

单位：项

类型	国产			进口		
	2019 年	2020 年	2021 年前三季度	2019 年	2020 年	2021 年前三季度
第一类	0	0	0	0	0	0
第二类	578	671	822	107	115	114
第三类	22	36	49	57	58	49
合计	600	707	871	164	173	163

从首次注册数量情况分析，全国医用软件首次注册数量逐年上升。2021 年前三季度全国医用软件第二、第三类产品首次注册数量共计 188 项，其中国产产品 176 项，进口产品 12 项（见图 75）。

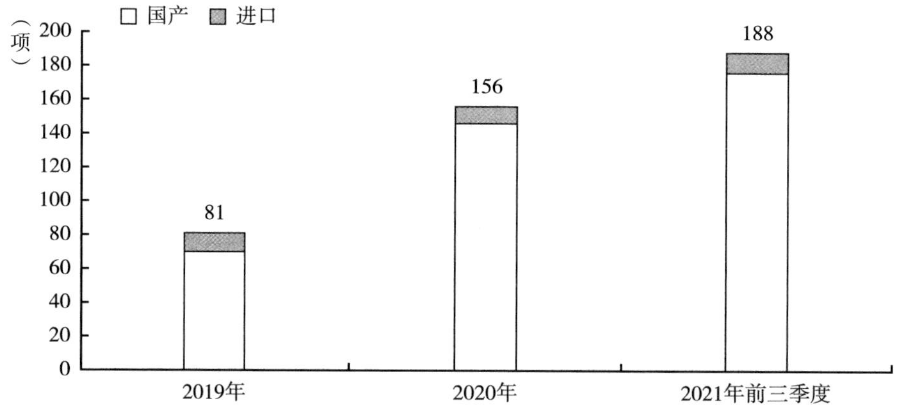

图 75　2019 ~2021 年 9 月全国第二、第三类医用软件首次注册数量变化

从第二、第三类产品首次注册看，2019 ~2021 年 9 月，国产第二、第三类及进口第二类产品首次注册数量逐年增加。其中 2020 年国产第二类注册数量同比上涨 106.2%。同一报告期内，国产第三类及进口第二类产品首次注册数量稳中有升，进口第三类则略有下降。从管理类别分析，国产第二类产品首次注册数量占比远高于其他类别（见图 76）。

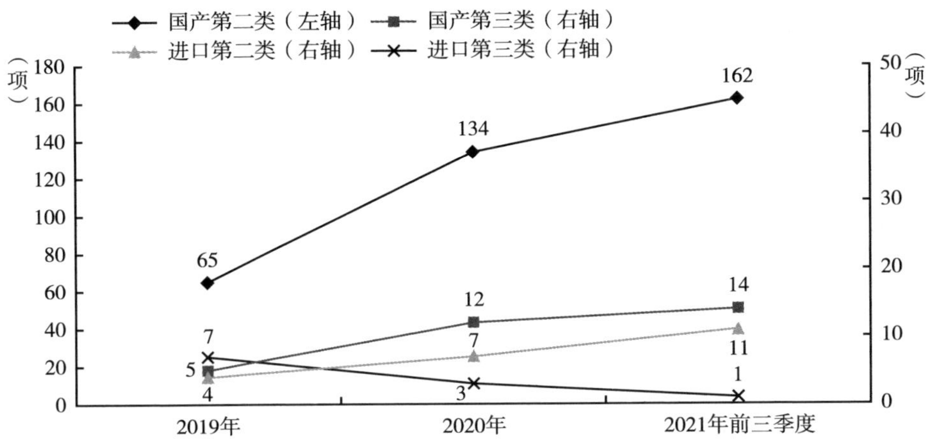

图 76　2019～2021 年 9 月全国第二、第三类医用软件首次注册数量趋势

2. 产品分布

2021 年 1～9 月，我国医用软件进口产品共计 163 项，其中自美国和德国进口的产品分别为 59 项和 34 项，两者之和占总体的 57.1%（见图 77）。

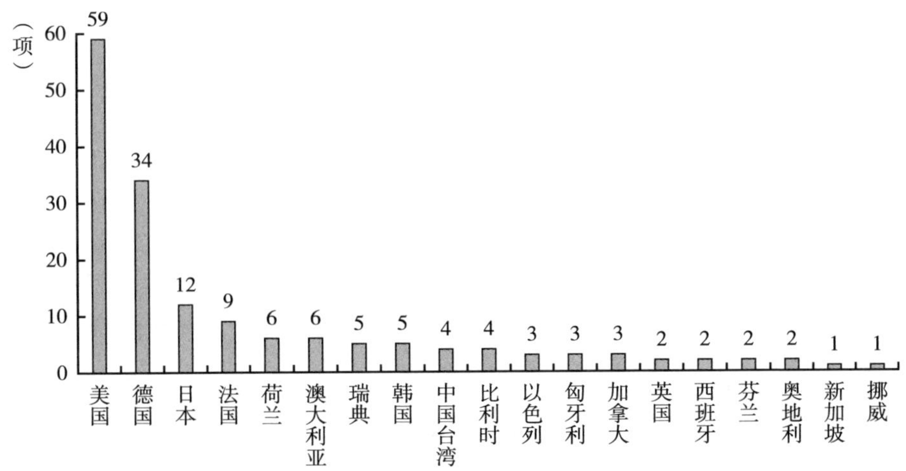

图 77　2021 年 1～9 月全国医用软件进口国家或地区产品数量分布

相同报告期内，我国医用软件国产产品共计 871 项，其中自广东省产出的产品共计 152 项，全国排名第一；其后北京市和江苏省分别以 133 项和 105 项产品位居第二和第三（见表 77）。

表 77　2021 年 1 ~ 9 月底全国医用软件国产产品各省（市、自治区）数量分布

单位：项

省份	产品数量
广东省	152
北京市	133
江苏省	105
浙江省	85
上海市	71
湖南省	58
湖北省	32
辽宁省	26
四川省	23
山东省	21
贵州省	21
安徽省	20
福建省	19
重庆市	17
陕西省	16
河北省	16
天津市	14
江西省	13
广西壮族自治区	9
河南省	6
云南省	5
山西省	4
宁夏回族自治区	2
黑龙江省	2
吉林省	1

3. 国产产品数量比例

根据《医疗器械分类目录（2017 年版）》，医用软件共划分为 6 个一级产品类别，在一级产品类别的基础上设立了 13 个二级产品类别。截至 2021 年 9 月底，我国医用软件共有 11 个二级产品类别国产产品数量比例①达到或超过

① 国产产品数量比例 = 国产产品数量/（国产产品数量 + 进口产品数量），计算数据来源自众成数科大数据平台。

50.0%。其中，“06 其他医用软件”一级分类下的“01 康复训练软件”进口注册产品尚属空白。此外，“04 决策支持软件”一级分类下的“01 药物计算软件”产品国产数量为零（见表 78）。

表 78　截至 2021 年 9 月底全国医用软件二级产品类别国产比例

单位：项，%

二级产品类别	国产数量	进口数量	国产比例
01 康复训练软件	6	0	100.0
01 医学显微影像分析软件	23	1	95.8
01 医学影像存储与传输系统软件	283	17	94.3
02 筛查、分析软件	29	3	90.6
02 生理信号处理软件	58	10	85.3
02 医学影像处理软件	149	31	82.8
01 监护软件	13	5	72.2
02 放射治疗辅助软件	13	5	72.2
02 计算机辅助诊断/分析软件	19	8	70.4
01 放射治疗计划系统软件	10	6	62.5
03 手术计划软件	6	6	50.0
01 药物计算软件	0	1	0.0

（二十二）临床检验器械

临床检验器械是指用于临床检验实验室的设备、仪器、辅助设备和器具及医用低温存储设备，不包括体外诊断试剂。国内医疗器械企业始终致力于为我国医疗机构提供更便捷、更高效、更精确的检验器械。自新冠肺炎疫情暴发以来，多家企业专注于研发精准高效、快速出结果的基因测序仪，满足机构快速紧急检测的需求。

1. 产品数量

根据国家药监局、各省（市、自治区）药监局及市场监管局公开数据统计，2021 年 1 ~ 9 月，全国临床检验器械注册及备案产品共计 9316 项，其中国产产品 8001 项，进口产品 1315 项（如表 79 所示）。

表 79　2019～2021 年 9 月全国临床检验器械各类产品注册及备案数量分布

单位：项

类型	国产			进口		
	2019 年	2020 年	2021 年前三季度	2019 年	2020 年	2021 年前三季度
第一类	1561	3323	4664	318	343	448
第二类	2549	2862	3098	827	928	769
第三类	212	221	239	116	126	98
合计	4322	6406	8001	1261	1397	1315

从首次注册数量情况分析，2019～2021 年 9 月，全国临床检验器械首次注册数量先升后降。2021 年前三季度，全国临床检验器械第二、第三类产品首次注册数量共计 446 项，其中国产产品 431 项，进口产品 15 项（见图 78）。

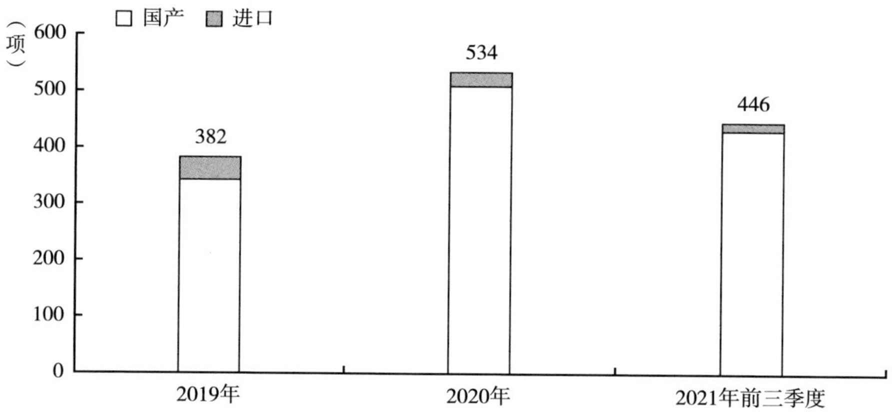

图 78　2019～2021 年 9 月全国第二、第三类临床检验器械首次注册数量变化

从第二、第三类产品首次注册趋势看，2019～2021 年 9 月，国产第二类产品首次注册数量先升后降。其中，2020 年国产第二类注册数量较前年同比增长 53.0%。同一报告期内，进口第二类呈下降趋势，国产及进口第三类产品首次注册数量相对稳定。从管理类别分析，国产第二类首次注册数量占比明显高于其他类别（见图 79）。

2. 产品分布

2021 年 1～9 月，我国临床检验器械进口产品共计 1315 件，其中自美国和

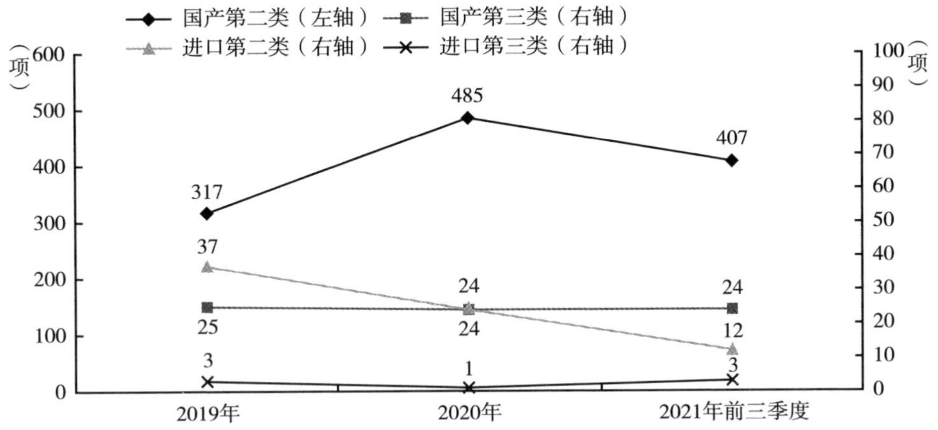

图 79　2019～2021 年 9 月全国第二、第三类临床检验器械首次注册数量趋势

德国进口的产品分别为 402 项和 239 项，两者之和占总体的 48.7%（如图 80 所示）。

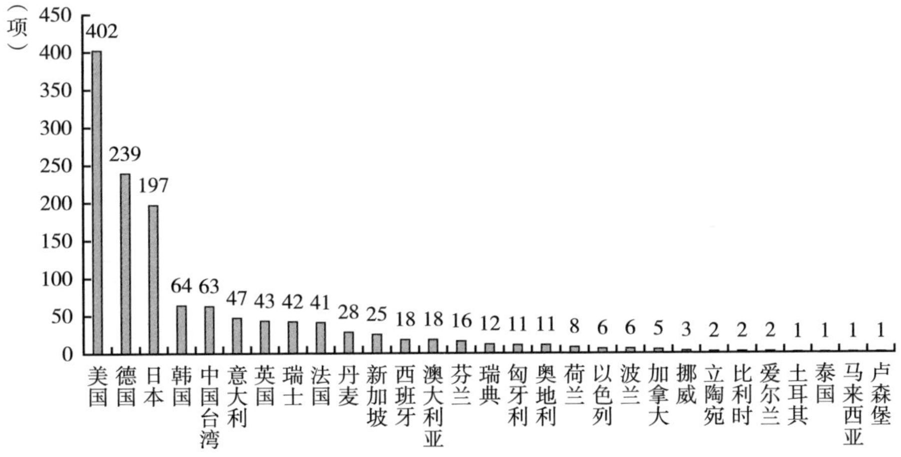

图 80　2021 年 1～9 月全国临床检验器械进口国家或地区产品数量分布

相同报告期内，我国临床检验器械国产产品共计 8001 项，其中自广东省产出的产品共计 1589 项，全国排名第一；其后江苏省和山东省分别以 1189 项和 781 项产品位居第二和第三（见表 80）。

表 80　2021 年 1～9 月全国临床检验器械国产产品各省（市、自治区）数量分布

单位：项

省份	产品数量
广东省	1589
江苏省	1189
山东省	781
湖南省	648
浙江省	616
湖北省	536
北京市	443
上海市	428
河南省	239
福建省	185
天津市	179
安徽省	154
吉林省	138
河北省	134
广西壮族自治区	128
江西省	126
四川省	125
重庆市	124
辽宁省	101
陕西省	51
山西省	22
云南省	17
新疆维吾尔自治区	17
贵州省	17
黑龙江省	10
甘肃省	3
海南省	1

3. 国产产品数量比例

根据《医疗器械分类目录（2017 年版）》，临床检验器械共划分为 16 个一级产品类别，在一级产品类别的基础上根据学科内仪器类别细分为 86 个二级产品类别。截至 2021 年 9 月底，我国临床检验器械共有 75 个二级产品类别国产产品数量比例①达到或超过 50. 0%。其中，包括“03 微生物药敏培养监测仪器”在内的 14 类进口注册产品尚属空白。此外，“04 免疫分析设备”一级分类下的“08 间接免疫荧光分析仪器”产品国产数量为零（见表 81）。

表 81　截至 2021 年 9 月底全国临床检验器械二级产品类别国产比例

单位：项，%

二级产品类别	国产数量	进口数量	国产比例
01 放射免疫 γ 计数器	5	0	100. 0
01 流式点阵仪器	1	0	100. 0
02 sanger 测序仪器	1	0	100. 0
02 洁净工作台	14	0	100. 0
02 微量元素分析仪器	30	0	100. 0
03 放射性层析扫描装置	1	0	100. 0
03 流式细胞术样本裂解仪	5	0	100. 0
03 微生物药敏培养监测仪器	1	0	100. 0
06 渗透压测定仪器	3	0	100. 0
06 生殖道分泌物分析仪器	15	0	100. 0
07 细菌内毒素/真菌葡聚糖检测仪器	5	0	100. 0
07 血液采集卡	28	0	100. 0
08 其他体液形态学分析仪器	1	0	100. 0
10 激光采血仪	2	0	100. 0
09 其他样本采集器具	2000	13	99. 4
01 生物安全柜	59	2	96. 7
04 粪便分析仪器	28	1	96. 6
06 血流变分析仪器	24	1	96. 0
05 核酸分子杂交仪器	22	1	95. 7
01 电解质分析仪器	39	2	95. 1
04 核酸扩增仪器	18	1	94. 7
03 尿液分析系统	16	1	94. 1
05 精子分析仪器	16	1	94. 1
04 免疫层析分析仪器	95	7	93. 1
08 生物芯片分析仪器	54	4	93. 1
05 末梢采血管	80	6	93. 0

① 国产产品数量比例 = 国产产品数量/（国产产品数量 + 进口产品数量），计算数据来源自众成数科大数据平台。

续表

二级产品类别	国产数量	进口数量	国产比例
02 化学发光免疫分析仪器	220	17	92.8
03 荧光免疫分析仪器	313	27	92.1
02 核酸提取纯化仪	463	43	91.5
03 孵育器	92	9	91.1
06 免疫散射浊度分析仪器	90	9	90.9
01 干化学尿液分析仪器	131	15	89.7
01 洗板机	64	8	88.9
11 足跟采血器	8	1	88.9
04 低温储存设备	76	10	88.4
05 样本处理系统	273	39	87.5
04 静脉血样采血管	166	24	87.4
01 基因测序仪器	19	3	86.4
08 幽门螺旋杆菌分析仪器	19	3	86.4
02 病理分析前样本处理仪器	966	160	85.8
01 血细胞分析前样本处理仪器	64	11	85.3
07 红细胞沉降仪器	22	4	84.6
03 自动加样系统	15	3	83.3
02 血细胞分析仪器	170	35	82.9
09 生化免疫分析仪器	14	3	82.4
01 医用离心机	455	98	82.3
01 生化分析仪器	279	61	82.1
02 微生物培养监测仪器	12	3	80.0
01 动静脉采血针及连接件	76	20	79.2
04 液相色谱分析仪器	66	18	78.6
01 医用显微镜	98	27	78.4
02 末梢采血针	42	12	77.8
03 图像分析仪器	37	11	77.1
02 尿液有形成分分析仪器	27	9	75.0
02 图像扫描仪器	18	6	75.0
02 厌氧培养系统	3	1	75.0
05 微生物质谱鉴定仪器	6	2	75.0
02 血糖及血糖相关参数分析仪器	263	88	74.9
01 医用培养/恒温箱	43	15	74.1
04 凝血分析仪器	120	43	73.6
03 采血笔	52	19	73.2

续表

二级产品类别	国产数量	进口数量	国产比例
08 流式细胞分析仪器	21	8	72.4
09 电泳仪器	44	17	72.1
06 微生物鉴定药敏分析仪器	26	12	68.4
05 免疫印迹仪器	19	9	67.9
01 微生物比浊仪器	10	5	66.7
06 末梢血采集容器	4	2	66.7
07 免疫分析一体机	36	19	65.5
02 计数板	14	8	63.6
03 质谱检测系统	14	8	63.6
01 酶联免疫分析仪器	5	3	62.5
05 血小板分析仪器	7	5	58.3
03 血细胞形态分析仪器	5	4	55.6
03 核酸扩增分析仪器	63	51	55.3
04 微生物鉴定仪器(非质谱)	1	1	50.0
05 色谱柱	9	10	47.4
01 血型分析仪器	9	11	45.0
03 电解质血气分析仪器	5	7	41.7
02 血气分析仪器	10	15	40.0
07 其他体液分析仪器	1	3	25.0
04 血小板振荡器	1	4	20.0
04 电解质血气检测电极	3	110	2.7
08 间接免疫荧光分析仪器	0	1	0.0

资料来源：国家药监局、各省（市、自治区）药监局、各市市场监管局产品注册/备案信息。

（二十三）体外诊断试剂

体外诊断试剂是指可单独使用或与仪器、器具、设备或系统组合使用，在疾病的预防、诊断、治疗监测、预后观察、健康状态评价以及遗传性疾病的预测过程中，用于对人体样本（各种体液、细胞、组织样本等）进行体外检测的试剂、试剂盒、校准品（物）、质控品（物）等。辅助生殖领域试剂检测作为体外诊断试剂的应用场景之一，近年来广受人们关注，合法合规的辅助生殖术是自然受孕有困难又渴望拥有新生命的患者夫妇的曙光。在进行辅助生殖术前，患者夫妇需进行多项检测，以确保手术可以顺利进行。准确高效的术前检测是辅助生殖术成功的保证。目前，我国创新胚胎植入前甲基化筛查辅助生殖检测技术（PIMS）通过对胚胎中全基因组 DNA 甲基化状态的检测，从染色体倍数及甲基化水平两个维度完成对胚胎发育治疗的评估，以期提升胚胎单次移植成功率，为辅助生殖效率低等问题提供了切实解决方案。

1. 产品数量

根据国家药监局、各省（市、自治区）药监局及市场监管局公开数据统计，2021 年 1 ~9 月，全国体外诊断试剂注册及备案产品共计 68024 项，其中国产产品 61074 项，进口产品 6950 项（见表 82）。

表 82　2019 ~2021 年 9 月全国体外诊断试剂各类产品注册及备案数量分布

单位：项

类型	国产			进口		
	2019 年	2020 年	2021 年前三季度	2019 年	2020 年	2021 年前三季度
第一类	15390	24061	30667	1484	1610	2028
第二类	21252	23463	26503	3948	3924	3848
第三类	4100	4161	3904	1149	1126	1074
共计	40742	51685	61074	6581	6660	6950

从首次注册数量情况分析，全国体外诊断试剂首次注册数量逐年增加。2021 年前三季度全国体外诊断试剂第二、第三类产品首次注册数量共计 3767 项，其中国产产品 3720 项，进口产品 47 项（见图 81）。

从第二、第三类产品首次注册趋势看，2019 ~2021 年 9 月，国产第二类产品首次注册数量逐年增长。其中，2020 年国产第二类产品首次注册数量同比上涨 16.0%。同一报告期内，国产第三类及进口第二、第三类均呈持续下降趋势。其中，2020 年国产第三类、进口第二类产品注册数量分别同比下降 11.8%和 19.6%。从管理类别分析，国产第二类首次注册数量占比最高，国产第三类占比相对较高，进口第三类则占比较小（见图 82）。

2. 产品分布

2021 年 1 ~9 月，我国体外诊断试剂进口产品共计 6950 项，其中自美国和德国进口的产品分别为 2298 项和 1376 项，两者之和占总体的 52.9%（见

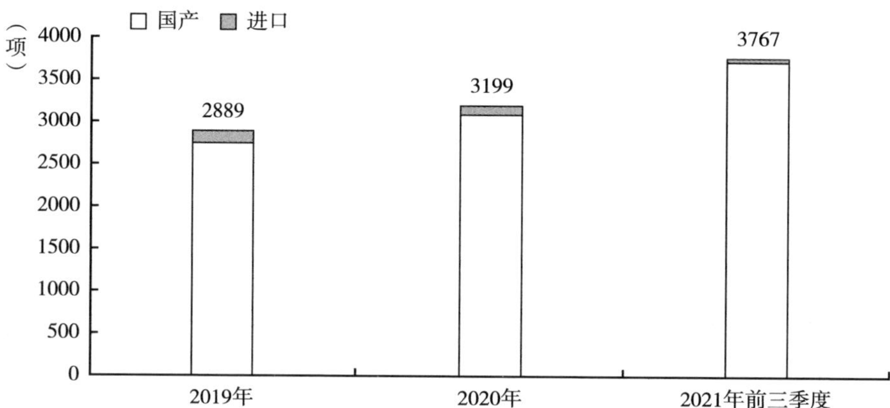

图 81　2019～2021 年 9 月全国第二、第三类体外诊断试剂首次注册数量变化

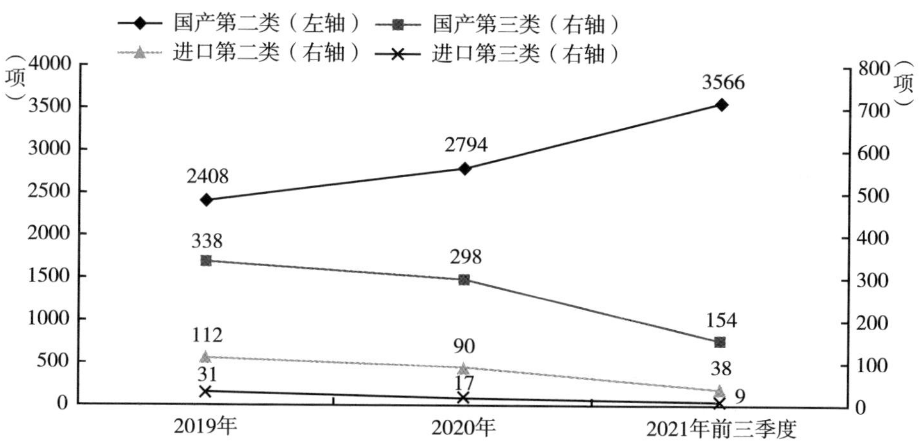

图 82　2019～2021 年 9 月全国第二、第三类体外诊断试剂首次注册数量趋势

图 83）。

相同报告期内，我国体外诊断试剂国产产品共计 61074 项，其中自广东省产出的产品共计 11577 项，全国排名第一；其后江苏省和北京市分别以 7563 项和 6684 项产品位居第二和第三（见表 83）。

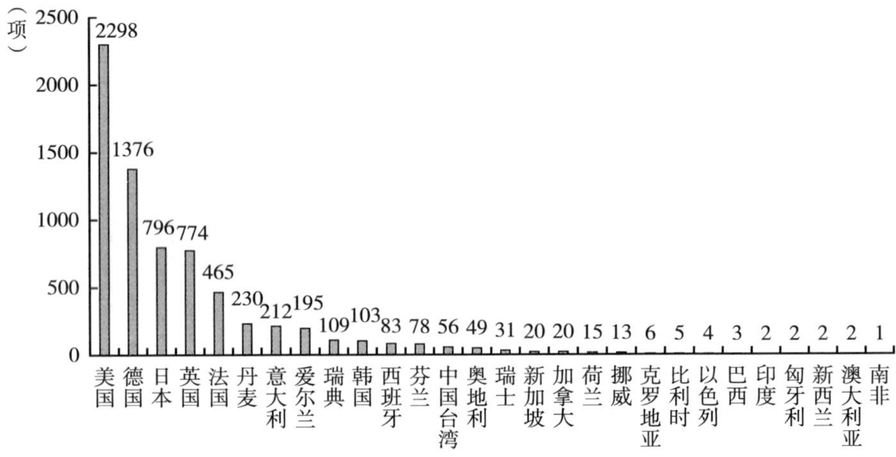

图 83　2021 年 1 ~ 9 月全国体外诊断试剂进口国家或地区产品数量分布

表 83　2021 年 1 ~ 9 月全国体外诊断试剂国产产品各省（市、自治区）数量分布

单位：项

省份	产品数量
广东省	11577
江苏省	7563
北京市	6684
浙江省	6152
上海市	4647
湖北省	3553
湖南省	3506
山东省	2773
福建省	2112
河南省	1883
天津市	1587
安徽省	1478
吉林省	1194
重庆市	1177
四川省	1120
江西省	882
河北省	875
广西壮族自治区	580

续表

省份	产品数量
云南省	438
辽宁省	411
贵州省	278
新疆维吾尔自治区	153
陕西省	136
甘肃省	107
山西省	103
黑龙江省	61
内蒙古自治区	23
海南省	13
西藏自治区	6
宁夏回族自治区	2

设备市场篇

Equipment Market

B.3

我国医疗设备市场数据分析报告

金东　周勇*

摘　要： 本文从二十三类医疗设备品牌配置情况、设备的售后服务情况、维修保养服务情况、采购推荐多个维度阐述了我国医用设备的配置及使用现状，通过对八类医疗设备招投标数据情况的解读，阐述了2020～2021年部分医疗设备中标分布情况。

关键词： 医疗设备　医院配置　售后服务

* 金东，《中国医疗设备》杂志社法人、社长，首都医科大学生物医学工程学院临床工程学系副主任，“全国高等学校生物医学工程专业（临床工程方向）国家卫健委 规划教材”评审委员会副主委，中国药品监督管理研究会医疗器械监管研究专业委员会副主委兼秘书长，中国老年保健协会副会长、老年医学分会会长，中国整形美容协会发起人、副秘书长、市场部主任，中国研究型医院学会临床工程专业委员会副主委，中国非公立医疗机构协会临床工程分会会长。周勇，广州众成大数据科技有限公司董事长兼总经理，上海交通大学公共管理硕士（MPA），中国整形美容协会医美大数据中心主任、中国医疗器械行业协会中医医疗器械专委会秘书长、广州市生物产业联盟医疗器械专业委员会秘书长。

一 2017~2021年医疗设备市场分析

（一）CT 类设备整体市场数据分析

1. CT 类设备整体市场及分级市场数据

（1）2017~2021 年全国 CT 类设备主要品牌保有率

我国 CT 类设备市场以进口品牌为主，2017~2021 年全国 CT 类设备品类中，主要品牌保有率情况如表 1 所示。其他品牌包括赛诺威盛、日立、安科等。

表 1 2017~2021 年全国 CT 类设备主要品牌保有率

单位：%

序号	品牌名称	2017 年	2018 年	2019 年	2020 年	2021 年
1	GE	32.0	29.8	35.2	32.5	31.5
2	西门子	26.2	26.8	24.1	29.6	26.5
3	飞利浦	22.0	26.8	21.7	20.2	20.9
4	东软医疗	7.4	6.2	9.3	9.2	9.5
5	联影	1.1	1.9	2.0	3.6	5.8
6	佳能	10.7	7.6	7.2	4.1	4.5
7	其他	0.6	0.9	0.5	0.8	1.3

资料来源：《中国医疗设备》杂志社行业数据调查。

（2）2017~2021 年全国 CT 类设备三级医院主要品牌保有率

2017~2021 年，在三级医院 CT 类设备市场中，东软医疗、联影自 2017 年起呈逐渐上涨状态，其他品牌波动较小（见表 2）。

（3）2017~2021 年全国 CT 类设备二级医院主要品牌保有率

2017~2021 年，在二级医院 CT 类设备市场中，GE 保有率高于其他品牌且保有率波动较小（见表 3）。

表 2 2017~2021 年全国 CT 类设备三级医院主要品牌保有率

单位：%

序号	品牌名称	2017 年	2018 年	2019 年	2020 年	2021 年
1	GE	33.2	31.7	37.3	33.6	32.2
2	西门子	27.9	27.7	25.2	31.5	26.0

续表

序号	品牌名称	2017年	2018年	2019年	2020年	2021年
3	飞利浦	22.3	26.3	23.7	21.2	22.2
4	东软医疗	2.9	3.5	3.7	5.5	8.8
5	联影	1.0	1.4	2.0	3.3	5.4
6	佳能	12.3	9.0	8.0	4.3	4.6
7	其他	0.4	0.4	0.1	0.6	0.8

资料来源：《中国医疗设备》杂志社行业数据调查。

表3　2017～2021年全国CT类设备二级医院主要品牌保有率

单位：%

序号	品牌名称	2017年	2018年	2019年	2020年	2021年
1	GE	29.7	26.7	31.6	33.6	30.9
2	西门子	23.7	24.3	22.6	31.5	26.5
3	飞利浦	22.8	28.6	18.8	21.2	16.7
4	东软医疗	14.4	10.4	18.3	5.5	13.0
5	联影	1.5	2.9	2.0	3.3	5.6
6	佳能	7.2	4.6	5.5	4.3	4.3
7	其他	0.7	2.5	1.2	0.6	3.0

资料来源：《中国医疗设备》杂志社行业数据调查。

2. CT类设备售后服务现状分析

（1）2017～2021年全国CT类设备主要品牌售后服务满意度

2017～2021年，CT类设备主要品牌售后服务满意度整体呈增高趋势。东软医疗满意度较高，但波动较大；佳能满意度较低，但一直保持增长趋势；西门子和联影的满意度总体上也呈增长趋势（见表4）。

表4　2017～2021年全国CT类设备主要品牌售后服务满意度

单位：分

序号	品牌名称	2017年	2018年	2019年	2020年	2021年
1	GE	4.12	3.99	4.10	4.21	4.32
2	西门子	4.07	4.08	4.11	4.23	4.30
3	飞利浦	3.97	4.25	4.08	4.22	4.32
4	东软医疗	4.53	4.39	4.26	4.39	4.58

续表

序号	品牌名称	2017 年	2018 年	2019 年	2020 年	2021 年
5	联影	4.05	4.05	4.21	4.41	4.28
6	佳能	3.89	3.95	4.03	4.22	4.29

资料来源：《中国医疗设备》杂志社行业数据调查。

（2）2017～2021 年全国 CT 类设备主要品牌三级医院售后服务满意度

2017～2021 年，三级医院 CT 类设备主要品牌售后服务满意度中，品牌之间竞争较激烈。东软医疗在 2017～2018 年、2020～2021 年满意度排名均为第一（见表 5）。

表 5　2017～2021 年全国 CT 类设备主要品牌三级医院售后服务满意度

单位：分

序号	品牌名称	2017 年	2018 年	2019 年	2020 年	2021 年
1	GE	4.12	4.07	4.09	4.22	4.30
2	西门子	4.09	4.12	4.10	4.24	4.34
3	飞利浦	4.02	4.33	4.06	4.24	4.33
4	东软医疗	4.48	4.41	4.14	4.52	4.58
5	联影	3.85	4.02	4.17	4.44	4.25
6	佳能	3.90	4.00	4.01	4.26	4.37

资料来源：《中国医疗设备》杂志社行业数据调查。

（3）2017～2021 年全国 CT 类设备主要品牌二级医院售后服务满意度

2017～2021 年，二级医院 CT 类设备东软医疗满意度表现较好（见表 6）。

表 6　2017～2021 年全国 CT 类设备主要品牌二级医院售后服务满意度

单位：分

序号	品牌名称	2017 年	2018 年	2019 年	2020 年	2021 年
1	GE	4.09	3.82	4.11	4.20	4.38
2	西门子	4.01	4.03	4.11	4.18	4.22
3	飞利浦	3.91	4.04	4.12	4.13	4.20
4	东软医疗	4.51	4.24	4.24	4.38	4.56
5	联影	4.41	4.01	4.19	4.33	4.36
6	佳能	3.82	3.69	3.99	4.08	3.97

资料来源：《中国医疗设备》杂志社行业数据调查。

（4）2017～2021 年全国 CT 类设备主要品牌核心环节竞争力

2017～2021 年，在全国 CT 类设备品类中，设备使用及管理人员最关注的四个售后服务问题的情况如图 1 所示。

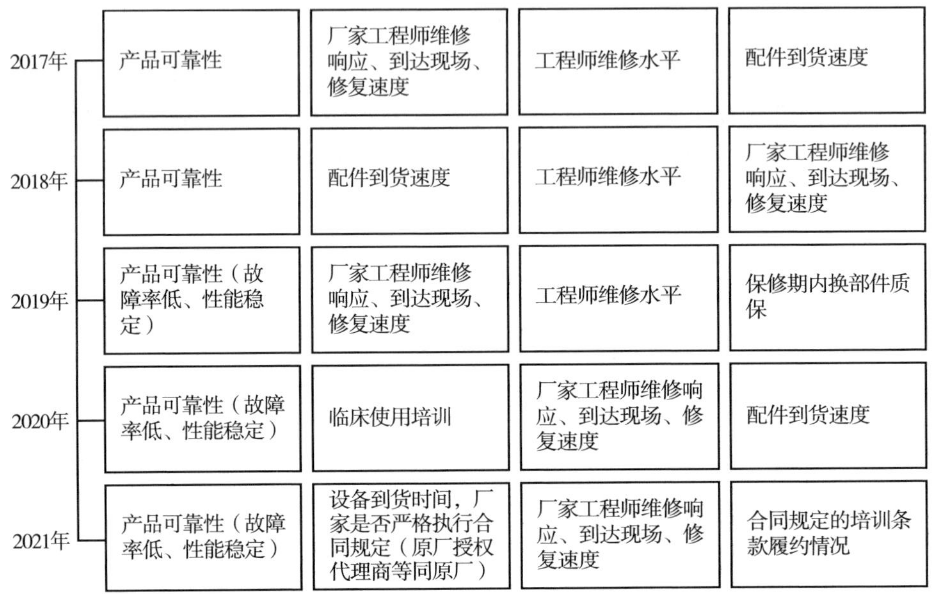

图 1　2017～2021 年全国 CT 类设备主要品牌核心环节竞争力

资料来源：《中国医疗设备》杂志社行业数据调查。

从整体来看，医院对 CT 类设备售后服务中最为关注的方面是产品质量、维修质量、效率和培训。其中，对产品质量（即产品可靠性）最为看重；保修期内换部件质保、工程师维修水平等指标均反映了维修质量；配件到货速度，厂家工程师维修响应、到达现场、修复速度等指标均反映了效率；临床使用培训、合同规定的培训条款履约情况等指标均反映了培训。

（5）2017～2021 年全国 CT 类设备六维综合满意度

2017～2021 年，从全国 CT 类设备六维综合满意度评价中可以看出，服务态度维度为满意度分值较高的维度，说明在 CT 类设备中，医院对设备维修服务态度比较满意。价格在这六个维度中满意度分值最低，连续五年低于 4 分（见表 7）。

表 7　2017～2021 年全国 CT 类设备六维综合满意度

单位：分

年份	产品质量	维修质量	价格	效率	培训	服务态度
2017	4.01	4.28	3.62	4.35	3.85	4.48
2018	4.04	4.37	3.72	4.48	4.01	4.48
2019	3.98	4.23	3.63	4.39	4.01	4.48
2020	4.44	4.19	3.79	4.47	4.15	4.45
2021	4.45	4.28	3.91	4.53	4.29	4.42

资料来源：《中国医疗设备》杂志社行业数据调查。

3. CT 类设备维修保养服务情况分析

在 2021 年全国 CT 类设备品类中，维修保养服务情况如表 8 所示（按照保有率顺序展示，不包含其他类品牌，以下同）。

表 8　2021 年全国 CT 类设备主要品牌维修保养服务情况

单位：%

品牌名称	维保履行率	先修后付款所占比例	无间断服务情况
GE	95.4	81.1	94.6
西门子	97.9	78.8	95.7
飞利浦	97.9	76.8	97.9
东软医疗	100.0	93.2	99.5
联影	97.4	89.7	95.7
佳能	98.9	89.0	95.6

资料来源：《中国医疗设备》杂志社行业数据调查。

4. CT 类设备采购推荐情况

在 2021 年全国 CT 类设备品类中，采购推荐情况如表 9 所示。

表 9　2021 年全国 CT 类设备主要品牌采购推荐情况

单位：%

品牌名称	净推荐值	意向复购率
GE	49.4	88.2
西门子	53.8	92.9
飞利浦	54.0	90.7

续表

品牌名称	净推荐值	意向复购率
东软医疗	64.4	90.6
联影	51.5	88.1
佳能	35.6	70.1

资料来源：《中国医疗设备》杂志社行业数据调查。

5. CT 类设备满意度 & 重要度分析

在 2021 年全国 CT 类设备品类中，满意度 & 重要度四分如图 2 所示。

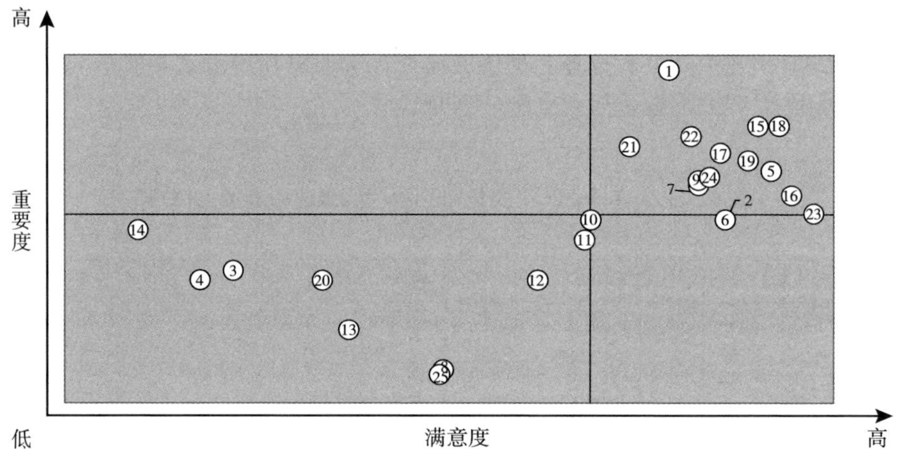

图 2　2021 年全国 CT 类设备满意度 & 重要度四分

注：①～㉕指代见本书总报告《医疗器械行业数据调研项目的进展及未来趋势》表 7。
资料来源：《中国医疗设备》杂志社行业数据调查。

由图 2 可见，企业在产品可靠性；设备到货时间，厂家是否严格执行合同规定；厂家工程师维修响应、到达现场、修复速度等重要度较高的指标上，满意度也较高。

（二）磁共振 MRI 类设备市场数据分析

1. 磁共振 MRI 类设备整体市场及分级市场数据

（1）2017～2021 年全国磁共振 MRI 类设备主要品牌保有率

我国磁共振 MRI 类设备市场以进口品牌为主，2017～2021 年全国磁共振

MRI 类设备品类中，主要品牌保有率情况见表 10。其他品牌包括安科、鑫高益、奥泰、贝斯达、朗润医疗、日立、百胜、开普医疗、康达医疗等。

表 10　2017～2021 年全国磁共振 MRI 类设备主要品牌保有率

单位：%

序号	品牌名称	2017 年	2018 年	2019 年	2020 年	2021 年
1	西门子	35.1	37.2	30.9	33.3	30.7
2	GE	30.4	31.6	30.2	29.7	27.6
3	飞利浦	19.6	18.5	18.5	17.2	20.6
4	东软医疗	4.9	2.9	8.5	7.4	11.4
5	联影	2.4	2.5	3.1	4.6	4.7
6	佳能	1.8	1.3	1.9	1.5	1.2
7	其他	5.8	6.0	6.9	6.3	3.8

资料来源：《中国医疗设备》杂志社行业数据调查。

（2）2017～2021 年全国磁共振 MRI 类设备三级医院主要品牌保有率

2017～2021 年，在三级医院磁共振 MRI 类设备市场中，西门子、GE、飞利浦维持较高保有率（见表 11）。

表 11　2017～2021 年全国磁共振 MRI 类设备三级医院主要品牌保有率

单位：%

序号	品牌名称	2017 年	2018 年	2019 年	2020 年	2021 年
1	西门子	38.3	39.7	33.5	35.3	33.7
2	GE	32.9	33.6	36.8	33.3	31.6
3	飞利浦	20.4	19.5	21.4	19.3	23.3
4	东软医疗	1.9	1.1	2.4	3.7	3.5
5	联影	2.3	1.8	2.6	4.3	4.8
6	佳能	1.5	1.1	1.4	1.3	1.1
7	其他	2.7	3.2	1.9	2.8	2.0

资料来源：《中国医疗设备》杂志社行业数据调查。

（3）2017～2021 年全国磁共振 MRI 类设备二级医院主要品牌保有率

2017～2021 年，二级医院 MRI 类设备市场中联影、佳能保有率较为稳定，其他品牌波动较大（见表 12）。

表 12 2017～2021 年全国磁共振 MRI 类设备二级医院主要品牌保有率

单位：%

序号	品牌名称	2017 年	2018 年	2019 年	2020 年	2021 年
1	西门子	26.1	32.5	28.3	35.3	23.5
2	GE	25.5	26.4	18.9	33.3	16.4
3	飞利浦	17.9	14.2	13.1	19.3	13.8
4	东软医疗	11.4	6.6	19.9	3.7	31.7
5	联影	2.7	4.7	5.1	4.3	5.2
6	佳能	2.7	1.9	1.7	1.3	1.5
7	其他	13.7	13.7	13.0	2.8	7.9

资料来源：《中国医疗设备》杂志社行业数据调查。

2. 磁共振 MRI 类设备售后服务现状分析

（1）2017～2021 年全国磁共振 MRI 类设备主要品牌售后服务满意度

2017～2021 年，磁共振 MRI 类设备主要品牌售后服务满意度整体呈波动增高趋势。其中东软医疗及联影的满意度自 2017 年起均保持领先水平；西门子、佳能的满意度呈逐年递增趋势（见表 13）。

表 13 2017～2021 年全国磁共振 MRI 类设备主要品牌售后服务满意度

单位：分

序号	品牌名称	2017 年	2018 年	2019 年	2020 年	2021 年
1	西门子	4.04	4.11	4.19	4.23	4.33
2	GE	4.10	4.07	4.19	4.21	4.28
3	飞利浦	4.14	4.17	4.12	4.28	4.40
4	东软医疗	4.50	4.37	4.40	4.64	4.44
5	联影	4.46	4.37	4.33	4.40	4.57
6	佳能	3.42	3.45	4.03	4.14	4.40

资料来源：《中国医疗设备》杂志社行业数据调查。

（2）2017～2021 年磁共振 MRI 类设备三级医院主要品牌售后服务满意度

2017～2021 年，三级医院磁共振 MRI 类设备主要品牌售后服务满意度中，东软医疗、联影的满意度较高，西门子、GE 均呈增长趋势（见表 14）。

表 14　2017～2021 年全国磁共振 MRI 类设备主要品牌三级医院售后服务满意度

单位：分

序号	品牌名称	2017 年	2018 年	2019 年	2020 年	2021 年
1	西门子	4.07	4.15	4.17	4.23	4.32
2	GE	4.08	4.17	4.18	4.22	4.30
3	飞利浦	4.15	4.24	4.11	4.33	4.38
4	东软医疗	4.55	4.55	4.52	4.61	4.51
5	联影	4.53	4.39	4.19	4.49	4.62
6	佳能	3.37	3.07	3.95	4.02	4.29

资料来源：《中国医疗设备》杂志社行业数据调查。

（3）2017～2021 年磁共振 MRI 类设备二级医院主要品牌售后服务满意度

2017～2021 年，二级医院磁共振 MRI 类设备主要品牌售后服务满意度中，品牌之间竞争较激烈。西门子、佳能的满意度整体呈增长趋势，东软医疗的满意度在 2021 年略有下滑（见表 15）。

表 15　2017～2021 年全国磁共振 MRI 类设备主要品牌二级医院售后服务满意度

单位：分

序号	品牌名称	2017 年	2018 年	2019 年	2020 年	2021 年
1	西门子	3.87	3.99	4.20	4.23	4.35
2	GE	4.16	3.77	4.20	4.17	4.24
3	飞利浦	4.09	3.88	4.11	4.07	4.48
4	东软医疗	4.42	4.27	4.33	4.70	4.44
5	联影	4.32	4.35	4.47	4.25	4.44
6	佳能	3.51	3.98	4.13	4.29	4.58

资料来源：《中国医疗设备》杂志社行业数据调查。

（4）2017～2021 年全国磁共振 MRI 类设备主要品牌核心环节竞争力

2017～2021 年，在全国磁共振 MRI 类设备品类中，设备使用及管理人员最关注的四个售后服务问题的情况如图 3 所示。

从整体来看，医院对磁共振 MRI 类设备售后服务中最为关注的方面是产品质量、维修质量、效率和培训。其中，对产品质量（即产品可靠性）最为看重；保修期内换部件质保、工程师维修水平等指标均反映了维修质量；配件

图 3　2017～2021 年全国磁共振 MRI 类设备主要品牌核心环节竞争力

资料来源：《中国医疗设备》杂志社行业数据调研。

到货速度，厂家工程师维修响应、到达现场、修复速度等指标均反映了效率；临床使用培训、合同规定的培训条款履约情况等指标均反映了培训。

（5）2017～2021 年全国磁共振 MRI 类设备六维综合满意度

2017～2021 年，从全国磁共振 MRI 类设备六维综合满意度评价中可以看出，服务态度为满意度分值较高的维度，说明在磁共振 MRI 类设备中，医院对设备维修服务态度比较满意。价格在这六个维度中满意度分值最低，连续五年低于 4 分，需提高对于价格维度的关注度（见表 16）。

表 16　2017～2021 年全国磁共振 MRI 类设备六维综合满意度

单位：分

年份	产品质量	维修质量	价格	效率	培训	服务态度
2017	3.99	4.28	3.68	4.37	3.86	4.45
2018	3.55	3.88	3.34	3.93	3.57	3.98
2019	4.09	4.28	3.84	4.41	4.17	4.48
2020	4.43	4.22	3.91	4.44	4.21	4.43
2021	4.45	4.31	3.97	4.51	4.30	4.38

资料来源：《中国医疗设备》杂志社行业数据调查。

3. 磁共振 MRI 类设备维修保养服务情况分析

在 2021 年全国磁共振 MRI 类设备品类中，维修保养服务情况如表 17 所示。

表 17　2021 年全国磁共振 MRI 类设备主要品牌维修保养服务情况

单位：%

品牌名称	维保履行率	先修后付款所占比例	无间断服务情况
西门子	97.2	79.3	94.8
GE	96.3	84.4	96.3
飞利浦	96.7	80.2	96.7
东软医疗	97.8	82.2	100.0
联影	96.4	82.1	96.4
佳能	100.0	100.0	100.0

资料来源：《中国医疗设备》杂志社行业数据调查。

4. 磁共振 MRI 类设备采购推荐情况

在 2021 年全国磁共振 MRI 类设备品类中，采购推荐情况如表 18 所示。

表 18　2021 年全国磁共振 MRI 类设备主要品牌采购推荐情况

单位：%

品牌名称	净推荐值	意向复购率
西门子	53.3	93.8
GE	42.3	87.9
飞利浦	57.3	90.5
东软医疗	50.4	93.8
联影	62.3	92.5
佳能	33.3	83.3

资料来源：《中国医疗设备》杂志社行业数据调查。

5. 磁共振 MRI 类设备满意度 & 重要度分析

在 2021 年全国磁共振 MRI 类设备品类中，满意度 & 重要度四分如图 4 所示。

由图 4 可见，企业在产品可靠性；设备到货时间，厂家是否严格执行合同

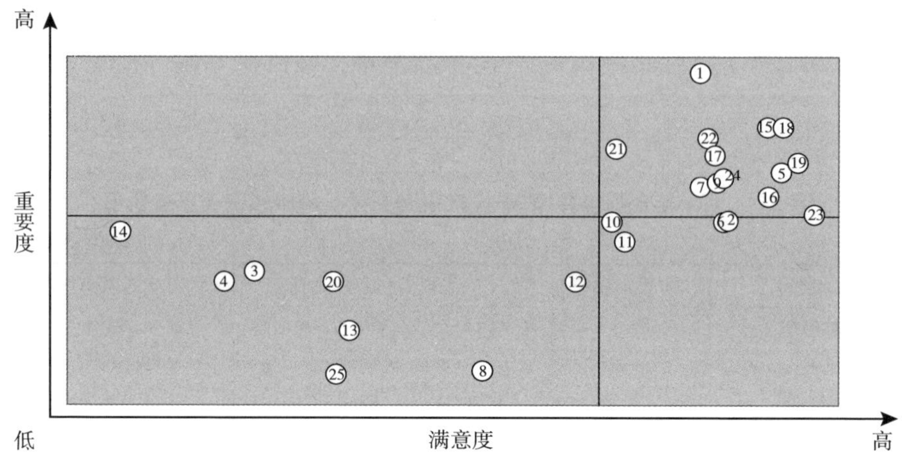

图4 2021年全国磁共振MRI类设备满意度&重要度四分

注：①~㉕指代见本书总报告《医疗器械行业数据调研项目的进展及未来趋势》表7。
资料来源：《中国医疗设备》杂志社行业数据调查。

规定；厂家工程师维修响应、到达现场、修复速度等重要度较高的指标上，满意度也较高。

（三）血管造影机DSA类设备市场数据分析

1. 血管造影机DSA类设备整体市场及分级市场数据

（1）2017~2021年全国血管造影机DSA类设备主要品牌保有率

我国血管造影机DSA类设备市场以进口品牌为主，2017~2021年全国血管造影机DSA类设备品类中，主要品牌保有率情况见表19。其他品牌包括万东、岛津、乐普医疗等。

表19 2017~2021年全国血管造影机DSA类设备主要品牌保有率

单位：%

序号	品牌名称	2017年	2018年	2019年	2020年	2021年
1	飞利浦	37.5	35.4	43.6	42.1	41.4
2	西门子	30.8	31.4	26.2	28.8	27.6
3	GE	24.2	26.2	20.1	22.5	24.0
4	东软医疗	—	—	—	0.1	3.0

续表

序号	品牌名称	2017 年	2018 年	2019 年	2020 年	2021 年
5	佳能	4.4	3.7	4.0	2.9	2.1
6	其他	3.1	3.3	6.1	3.6	1.9

资料来源：《中国医疗设备》杂志社行业数据调查。

（2）2017～2021 年全国血管造影机 DSA 类设备三级医院主要品牌保有率具体情况如表 20 所示。

表 20　2017～2021 年全国血管造影机 DSA 类设备三级医院主要品牌保有率

单位：%

序号	品牌名称	2017 年	2018 年	2019 年	2020 年	2021 年
1	飞利浦	38.3	35.8	43.7	42.2	41.7
2	西门子	32.3	32.2	29.7	29.9	29.3
3	GE	23.2	25.4	19.0	22.5	24.5
4	东软医疗	—	—	—	—	1.5
5	佳能	4.1	4.2	3.3	2.9	2.0
6	其他	2.1	2.4	4.3	2.5	1.0

资料来源：《中国医疗设备》杂志社行业数据调查。

（3）2017～2021 年全国血管造影机 DSA 类设备二级医院主要品牌保有率

2017～2021 年，二级医院血管造影机 DSA 类设备市场中，西门子、GE 的排名同整体血管造影机 DSA 类排名略有不同，2017 年、2019 年、2021 年，GE 的保有率略高于西门子的保有率（见表 21）。

表 21　2017～2021 年全国血管造影机 DSA 类设备二级医院主要品牌保有率

单位：%

序号	品牌名称	2017 年	2018 年	2019 年	2020 年	2021 年
1	飞利浦	30.6	31.0	42.9	42.2	39.3
2	西门子	22.2	30.2	18.6	29.9	17.8
3	GE	31.9	29.3	24.8	22.5	23.4
4	东软医疗	—	—	—	—	12.1
5	佳能	6.9	1.7	5.2	2.9	2.8
6	其他	8.4	7.8	8.5	2.5	4.6

资料来源：《中国医疗设备》杂志社行业数据调查。

2. 血管造影机 DSA 类设备售后服务现状分析

（1）2017～2021 年血管造影机 DSA 类设备主要品牌售后服务满意度

2017～2021 年，血管造影机 DSA 类设备主要品牌售后服务满意度整体呈增高趋势，但是 2018 年均略有下降（见表 22）。

表 22　2017～2021 年全国血管造影机 DSA 类设备主要品牌售后服务满意度

单位：分

序号	品牌名称	2017 年	2018 年	2019 年	2020 年	2021 年
1	飞利浦	4.23	4.16	4.20	4.35	4.33
2	西门子	4.13	4.11	4.23	4.18	4.31
3	GE	4.06	3.94	4.15	4.16	4.30
4	东软医疗	—	—	—	4.09	4.65
5	佳能	3.88	3.72	4.40	4.58	4.48

资料来源：《中国医疗设备》杂志社行业数据调查。

（2）2017～2021 年血管造影机 DSA 类设备三级医院主要品牌售后服务满意度

2017～2021 年，三级医院血管造影机 DSA 类设备主要品牌售后服务满意度中，品牌名次同血管造影机 DSA 类设备整体市场差异较小（见表 23）。

表 23　2017～2021 年全国血管造影机 DSA 类设备主要品牌三级医院售后服务满意度

单位：分

序号	品牌名称	2017 年	2018 年	2019 年	2020 年	2021 年
1	飞利浦	4.23	4.20	4.21	4.35	4.33
2	西门子	4.11	4.11	4.21	4.17	4.33
3	GE	4.00	4.08	4.17	4.13	4.27
4	东软医疗	—	—	—	—	4.60
5	佳能	3.76	3.87	4.46	4.56	4.48

资料来源：《中国医疗设备》杂志社行业数据调查。

（3）2017～2021 年血管造影机 DSA 类设备二级医院主要品牌售后服务满意度

2017～2021 年，二级医院血管造影机 DSA 类设备主要品牌售后服务满意度中，品牌竞争较激烈，除飞利浦外各品牌均获得过满意度第一名（见表 24）。

表 24　2017～2021 年全国血管造影机 DSA 类设备主要品牌二级医院售后服务满意度

单位：分

序号	品牌名称	2017 年	2018 年	2019 年	2020 年	2021 年
1	飞利浦	4. 19	3. 94	4. 20	4. 38	4. 30
2	西门子	4. 15	4. 08	4. 27	4. 23	4. 20
3	GE	4. 27	3. 54	4. 09	4. 28	4. 41
4	东软医疗	—	—	—	4. 09	4. 66
5	佳能	4. 18	2. 50	4. 54	4. 64	4. 49

资料来源：《中国医疗设备》杂志社行业数据调查。

（4）2017～2021 年全国血管造影机 DSA 类设备主要品牌核心环节竞争力

2017～2021 年，在全国血管造影机 DSA 类设备品类中，设备使用及管理人员最关注的四个售后服务问题的情况如图 5 所示。

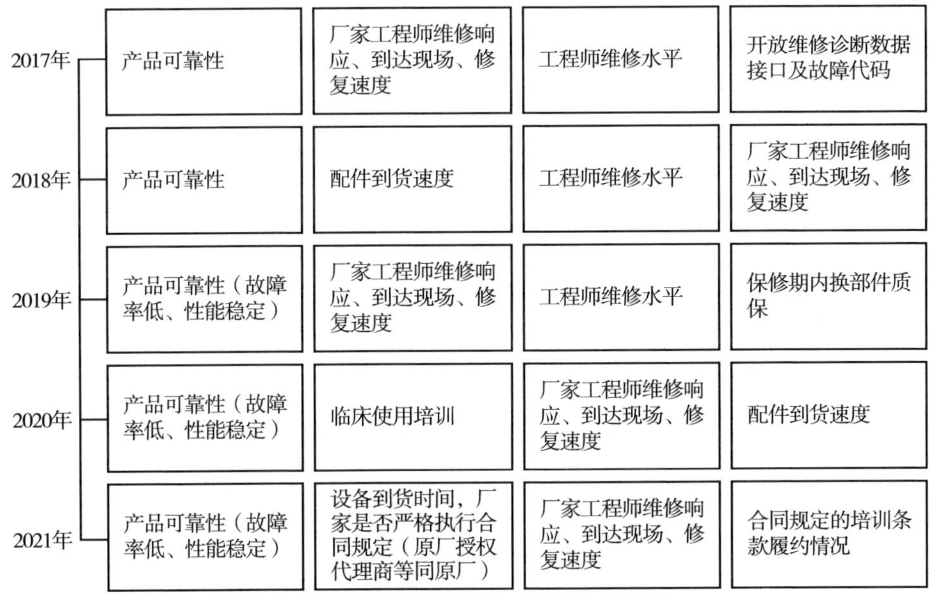

图 5　2017～2021 年全国血管造影机 DSA 类设备主要品牌核心环节竞争力

资料来源：《中国医疗设备》杂志社行业数据调查。

从整体来看，医院对血管造影机 DSA 类设备售后服务中最为关注的方面是产品质量、维修质量、效率和培训。其中，对产品质量（即产品可靠性）最为看重；开放维修诊断数据接口及故障代码、保修期内换部件质保、工程师维修水平等指标均反映了维修质量；配件到货速度，厂家工程师维修响应、到达现场、修复速度等指标均反映了效率；临床使用培训、合同规定的培训条款履约情况等指标均反映了培训。

（5）2017～2021 年全国血管造影机 DSA 类设备六维综合满意度

2017～2021 年，从全国血管造影机 DSA 类设备六维综合满意度评价中可以看出，服务态度维度为满意度分值较高的维度，说明在血管造影机 DSA 类设备中，医院对设备维修服务态度比较满意。价格在这六个维度中满意度分值最低（见表 25）。

表 25　2017～2021 年全国血管造影机 DSA 类设备六维综合满意度

单位：分

年份	产品质量	维修质量	价格	效率	培训	服务态度
2017	4.07	4.29	3.66	4.39	3.92	4.47
2018	3.51	3.83	3.28	3.94	3.53	4.00
2019	4.10	4.28	3.80	4.43	4.14	4.49
2020	4.46	4.20	3.83	4.47	4.18	4.47
2021	4.51	4.29	3.89	4.53	4.28	4.37

资料来源：《中国医疗设备》杂志社行业数据调查。

3. 血管造影机 DSA 类设备维修保养服务情况分析

在 2021 年全国血管造影机 DSA 类设备品类中，维修保养服务情况如表 26 所示。

表 26　2021 年全国血管造影机 DSA 类设备主要品牌维修保养服务情况

单位：%

品牌名称	维保履行率	先修后付款所占比例	无间断服务情况
飞利浦	96.4	81.4	96.7
西门子	97.8	80.0	95.6
GE	95.4	82.7	96.4
东软医疗	100.0	100.0	100.0
佳能	94.1	76.5	88.2

资料来源：《中国医疗设备》杂志社行业数据调查。

4. 血管造影机 DSA 类设备采购推荐情况

在 2021 年全国血管造影机 DSA 类设备品类中，采购推荐情况如表 27 所示。

表 27　2021 年全国血管造影机 DSA 类设备主要品牌采购推荐情况

单位：%

品牌名称	净推荐值	意向复购率
飞利浦	56.1	93.9
西门子	53.0	91.6
GE	41.6	83.9
东软医疗	64.0	96.0
佳能	50.0	75.0

资料来源：《中国医疗设备》杂志社行业数据调查。

5. 血管造影机 DSA 类设备满意度 & 重要度分析

在 2021 年全国血管造影机 DSA 类设备品类中，满意度 & 重要度四分如图 6 所示。

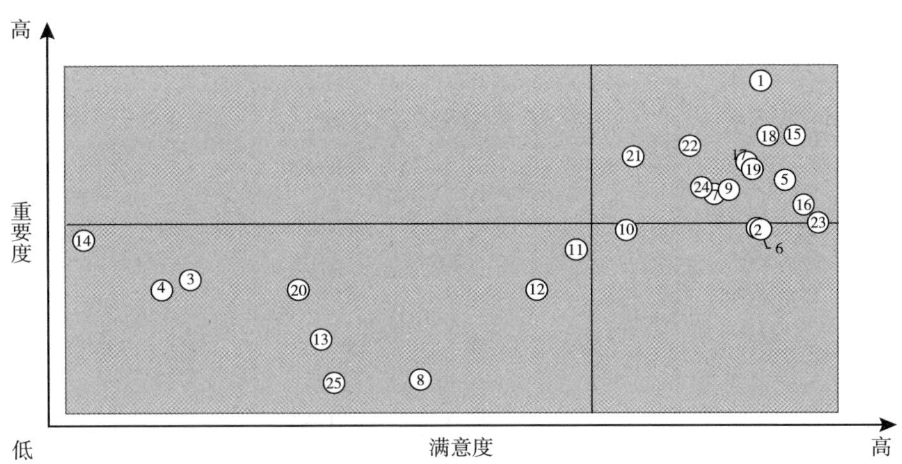

图 6　2021 年全国血管造影机 DSA 类设备满意度 & 重要度四分

注：①～㉕指代见本书总报告《医疗器械行业数据调研项目的进展及未来趋势》表 7。
资料来源：《中国医疗设备》杂志社行业数据调查。

由图 6 可见，企业在产品可靠性；设备到货时间，厂家是否严格执行合同规定；厂家工程师维修响应、到达现场、修复速度等重要度较高的指标上，满意度也较高。

（四）X 射线类设备市场数据分析

1. X 射线类设备整体市场及分级市场数据

（1）2017～2021 年全国 X 射线类设备主要品牌保有率

我国 X 射线类设备市场以进口品牌为主，2017～2021 年全国 X 射线类设备品类中，主要品牌保有率情况如表 28 所示。其他品牌包括 GMM、普朗医疗、日立、MIS、普兰梅卡、新华医疗、富士胶片等。

表 28　2017～2021 年全国 X 射线类设备主要品牌保有率

单位：%

序号	品牌名称	2017 年	2018 年	2019 年	2020 年	2021 年
1	西门子	19.4	21.2	21.2	20.5	23.2
2	飞利浦	17.9	17.4	15.9	14.5	14.0
3	GE	13.6	15.5	14.4	12.6	12.4
4	东软医疗	4.5	3.3	9.3	9.7	9.7
5	锐珂	14.1	10.3	7.0	9.1	8.1
6	岛津	9.5	8.4	7.2	5.9	7.0
7	万东	3.9	7.6	8.4	7.7	5.3
8	安健科技	0.1	0.4	1.3	2.9	5.1
9	联影	0.9	3.1	2.7	4.6	4.2
10	佳能	3.1	2.2	2.2	1.5	1.6
11	爱克发	1.2	0.5	1.2	0.8	1.5
12	迈瑞	0.1	0.8	1.3	1.5	1.4
13	赛德科	1.0	1.3	1.4	1.1	1.1
14	其他	10.7	8.0	6.5	7.6	5.4

资料来源：《中国医疗设备》杂志社行业数据调查。

（2）2017～2021 年全国 X 射线类设备三级医院主要品牌保有率

2017～2021 年，三级医院 X 射线类设备市场中，东软医疗保有率自 2017 年起呈逐渐上涨状态（见表 29）。

表 29　2017～2021 年全国 X 射线类设备三级医院主要品牌保有率

单位：%

序号	品牌名称	2017 年	2018 年	2019 年	2020 年	2021 年
1	西门子	21. 4	22. 9	25. 5	24. 6	27. 0
2	飞利浦	20. 2	17. 6	17. 1	17. 2	17. 6
3	GE	15. 3	17. 5	18. 0	14. 9	13. 7
4	东软医疗	1. 8	2. 1	4. 5	5. 6	6. 4
5	锐珂	15. 5	10. 8	7. 7	11. 0	9. 9
6	岛津	9. 8	9. 3	9. 2	6. 2	8. 3
7	万东	2. 2	4. 8	5. 6	4. 3	2. 7
8	安健科技	—	0. 3	0. 1	1. 1	1. 7
9	联影	1. 0	3. 3	2. 7	4. 6	3. 6
10	佳能	2. 9	2. 1	2. 0	1. 6	1. 5
11	爱克发	1. 6	0. 3	0. 8	0. 5	1. 6
12	迈瑞	—	0. 6	0. 8	1. 7	1. 5
13	赛德科	1. 4	1. 5	1. 4	1. 4	1. 2
14	其他	6. 9	6. 9	4. 6	5. 3	3. 3

资料来源：《中国医疗设备》杂志社行业数据调查。

（3）2017～2021 年全国 X 射线类设备二级医院主要品牌保有率

具体情况如表 30 所示。

表 30　2017～2021 年全国 X 射线类设备二级医院主要品牌保有率

单位：%

序号	品牌名称	2017 年	2018 年	2019 年	2020 年	2021 年
1	西门子	15. 9	16. 1	15. 6	24. 6	17. 2
2	飞利浦	12. 5	18. 4	16. 3	17. 2	7. 7
3	GE	9. 7	9. 7	9. 7	14. 9	11. 3
4	东软医疗	9. 7	6. 8	14. 6	5. 6	13. 6
5	锐珂	11. 9	8. 7	6. 8	11. 0	5. 4
6	岛津	9. 7	6. 5	4. 9	6. 2	5. 6
7	万东	6. 8	13. 5	10. 5	4. 3	10. 6
8	安健科技	0. 6	0. 3	2. 3	1. 1	7. 4
9	联影	0. 6	2. 6	2. 7	4. 6	6. 7
10	佳能	4. 0	2. 9	2. 1	1. 6	1. 8
11	爱克发	—	1. 0	1. 6	0. 5	1. 3
12	迈瑞	0. 6	1. 3	2. 3	1. 7	1. 5
13	赛德科	—	0. 6	1. 6	1. 4	1. 0
14	其他	18. 0	11. 6	9. 0	5. 3	8. 9

资料来源：《中国医疗设备》杂志社行业数据调查。

2. X射线类设备售后服务现状分析

（1）2017～2021年X射线类设备主要品牌售后服务满意度

2017～2021年，X射线类设备主要品牌售后服务满意度整体波动较大，西门子呈增长趋势（见表31）。

表31　2017～2021年全国X射线类设备主要品牌售后服务满意度

单位：分

序号	品牌名称	2017年	2018年	2019年	2020年	2021年
1	西门子	4.08	4.08	4.10	4.24	4.24
2	飞利浦	4.22	4.05	4.11	4.20	4.21
3	GE	4.20	4.06	4.16	4.09	3.99
4	东软医疗	4.51	4.14	4.47	4.64	4.42
5	锐珂	4.04	3.99	4.05	4.15	4.09
6	岛津	4.03	3.98	4.10	4.11	4.12
7	万东	4.26	3.92	4.25	4.20	4.05
8	安健科技	3.73	4.44	3.94	4.43	4.66
9	联影	4.24	4.15	4.33	4.40	4.34
10	佳能	3.99	3.85	4.12	4.18	4.23
11	爱克发	3.98	3.05	4.07	3.97	3.84
12	迈瑞	5.00	4.35	4.43	4.12	4.30
13	赛德科	4.00	3.46	3.81	3.77	3.85

资料来源：《中国医疗设备》杂志社行业数据调查。

（2）2017～2021年X射线类设备三级医院主要品牌售后服务满意度

2017～2021年，三级医院X射线类设备主要品牌售后服务满意度中，各品牌之间竞争较为激烈，其中西门子、东软医疗、联影满意度较高（见表32）。

表32　2017～2021年全国X射线类设备主要品牌三级医院售后服务满意度

单位：分

序号	品牌名称	2017年	2018年	2019年	2020年	2021年
1	西门子	4.14	4.11	4.04	4.21	4.28
2	飞利浦	4.31	4.13	4.04	4.20	4.21
3	GE	4.27	4.12	4.13	4.13	4.09
4	东软医疗	4.56	3.87	4.42	4.64	4.42
5	锐珂	4.13	4.05	3.97	4.14	4.04
6	岛津	4.19	3.98	4.21	4.04	4.01

续表

序号	品牌名称	2017 年	2018 年	2019 年	2020 年	2021 年
7	万东	4. 10	3. 76	4. 13	4. 00	4. 10
8	安健科技	—	4. 05	2. 81	4. 42	4. 50
9	联影	4. 27	4. 26	4. 26	4. 42	4. 29
10	佳能	4. 06	3. 81	4. 14	4. 19	4. 15
11	爱克发	3. 98	2. 88	3. 69	3. 81	3. 70
12	迈瑞	—	4. 36	4. 37	4. 43	4. 29
13	赛德科	4. 00	3. 65	3. 84	3. 70	3. 82

资料来源：《中国医疗设备》杂志社行业数据调查。

（3）2017～2021 年 X 射线类设备二级医院主要品牌售后服务满意度

2017～2021 年，二级医院 X 射线类设备主要品牌售后服务满意度中，东软医疗满意度较高（见表 33）。

表 33　2017～2021 年全国 X 射线类设备主要品牌二级医院售后服务满意度

单位：分

序号	品牌名称	2017 年	2018 年	2019 年	2020 年	2021 年
1	西门子	3. 89	3. 95	4. 20	4. 29	4. 21
2	飞利浦	3. 84	3. 84	4. 18	4. 24	4. 14
3	GE	3. 95	3. 77	4. 17	3. 98	3. 75
4	东软医疗	4. 46	4. 31	4. 47	4. 63	4. 39
5	锐珂	3. 78	3. 81	4. 14	4. 16	4. 35
6	岛津	3. 65	3. 97	3. 79	4. 14	4. 39
7	万东	4. 26	3. 87	4. 30	4. 22	4. 05
8	安健科技	3. 73	4. 73	3. 96	4. 18	4. 75
9	联影	4. 12	3. 77	4. 21	4. 32	4. 37
10	佳能	3. 86	3. 93	3. 87	4. 16	4. 42
11	爱克发	—	3. 22	4. 12	4. 08	3. 74
12	迈瑞	5. 00	4. 35	4. 43	3. 15	4. 41
13	赛德科	—	2. 54	3. 75	3. 98	3. 97

资料来源：《中国医疗设备》杂志社行业数据调查。

（4）2017～2021 年全国 X 射线类设备主要品牌核心环节竞争力

2017～2021 年，在全国 X 射线类设备品类中，设备使用及管理人员最关注的四个售后服务问题的情况如图 7 所示。

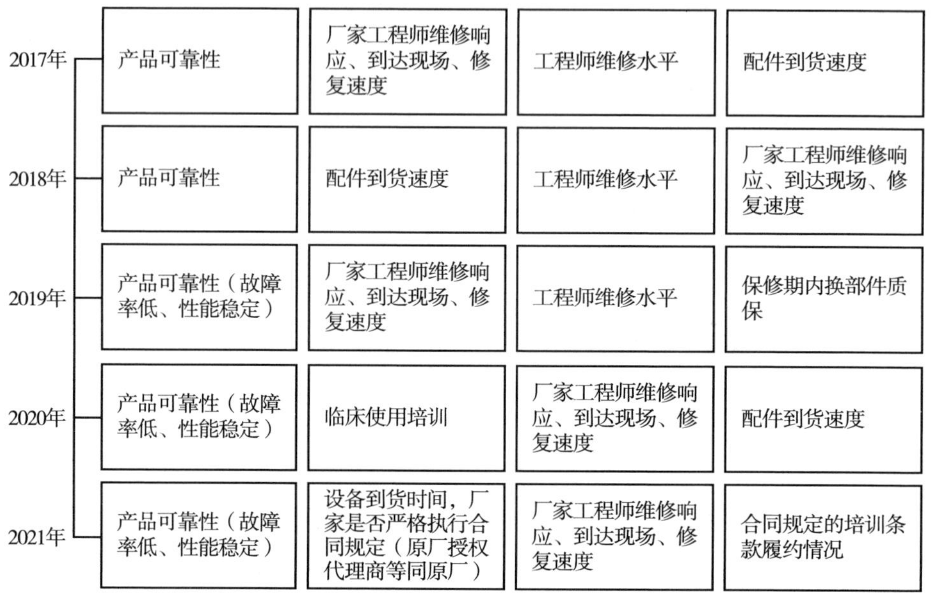

图 7　2017～2021 年全国 X 射线类设备主要品牌核心环节竞争力

资料来源：《中国医疗设备》杂志社行业数据调查。

从整体来看，医院对 X 射线类设备售后服务中最为关注的方面是产品质量、维修质量、效率和培训。其中，对产品质量（即产品可靠性）最为看重；保修期内换部件质保、工程师维修水平等指标均反映了维修质量；配件到货速度，厂家工程师维修响应、到达现场、修复速度等指标均反映了效率；临床使用培训、合同规定的培训条款履约情况等指标均反映了培训。

（5）2017～2021 年全国 X 射线类设备六维综合满意度

2017～2021 年，从全国 X 射线类设备的六维综合满意度评价中可以看出，效率维度为满意度分值较高的维度，价格在这六个维度中满意度分值最低（见表 34）。

表 34　2017～2021 年全国 X 射线类设备六维综合满意度

单位：分

年份	产品质量	维修质量	价格	效率	培训	服务态度
2017	4.07	4.28	3.68	4.37	3.98	4.46
2018	3.39	3.60	3.20	3.74	3.39	3.73
2019	4.13	4.17	3.82	4.37	4.10	4.43
2020	4.37	4.17	3.93	4.40	4.18	4.38
2021	4.36	4.15	3.85	4.38	4.18	4.24

资料来源：《中国医疗设备》杂志社行业数据调查。

3. X 射线类设备维修保养服务情况分析

在 2021 年全国 X 射线类设备品类中，维修保养服务情况如表 35 所示。

表 35　2021 年全国 X 射线类设备主要品牌维修保养服务情况

单位：%

品牌名称	维保履行率	先修后付款所占比例	无间断服务情况
西门子	91.9	77.3	93.0
飞利浦	91.4	84.9	95.7
GE	94.2	85.9	96.6
东软医疗	96.9	95.0	98.8
锐珂	91.0	89.6	95.5
岛津	89.7	87.1	85.3
万东	76.6	88.6	94.3
安健科技	98.8	91.7	98.8
联影	95.7	85.7	91.4
佳能	73.1	76.9	88.5
爱克发	96.0	96.0	64.0
迈瑞	79.2	100.0	100.0
赛德科	77.8	83.3	94.4

资料来源：《中国医疗设备》杂志社行业数据调查。

4. X 射线类设备采购推荐情况

在 2021 年全国 X 射线类设备品类中，采购推荐情况如表 36 所示。

表 36　2021 年全国 X 射线类设备主要品牌采购推荐情况

单位：%

品牌名称	净推荐值	意向复购率
西门子	58. 9	86. 5
飞利浦	48. 1	89. 6
GE	33. 0	83. 0
东软医疗	59. 8	93. 2
锐珂	23. 3	67. 1
岛津	47. 5	86. 9
万东	37. 3	86. 4
安健科技	70. 4	85. 9
联影	51. 1	95. 7
佳能	25. 0	85. 0
爱克发	20. 0	53. 3
迈瑞	47. 1	88. 2
赛德科	20. 0	60. 0

资料来源：《中国医疗设备》杂志社行业数据调查。

5. X 射线类设备满意度 & 重要度分析

在 2021 年全国 X 射线类设备品类中，满意度 & 重要度四分如图 8 所示。

由图 8 可见，企业在产品可靠性；设备到货时间，厂家是否严格执行合同规定；厂家工程师维修响应、到达现场、修复速度等重要度较高的指标上，满意度也较高。

（五）超声影像类设备市场数据分析

1. 超声影像类设备整体市场及分级市场数据

（1）2017 ~2021 年全国超声影像类设备主要品牌保有率

我国超声影像类设备市场以进口品牌为主，2017 ~2021 年全国超声影像类设备品类中，主要品牌保有率情况如表 37 所示。其他品牌包括华声医疗、富士胶片、汕头超声、声科影像、安健科技、飞依诺等。

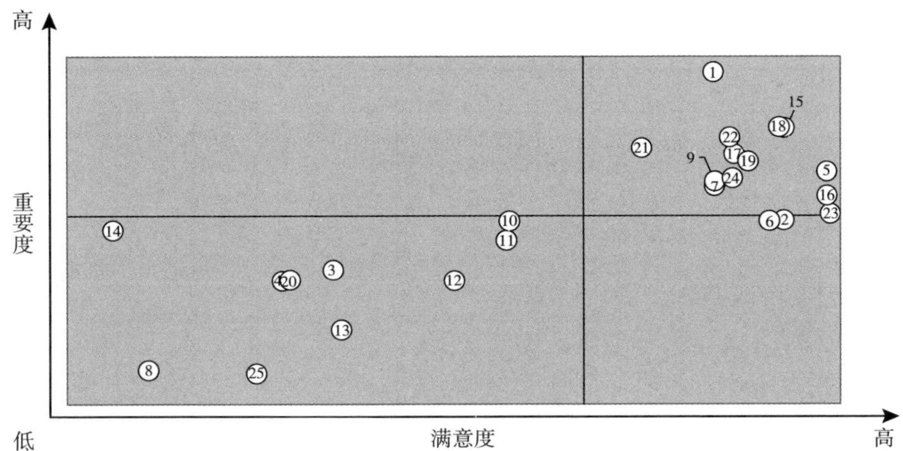

图 8　2021 年全国 X 射线类设备满意度 & 重要度四分

注：①~㉕指代见本书总报告《医疗器械行业数据调研项目的进展及未来趋势》表 7。
资料来源：《中国医疗设备》杂志社行业数据调查。

表 37　2017~2021 年全国超声影像类设备主要品牌保有率

单位：%

序号	品牌名称	2017 年	2018 年	2019 年	2020 年	2021 年
1	GE	31.6	34.2	35.3	35.5	33.5
2	飞利浦	30.9	31.4	33.8	32.1	32.2
3	迈瑞	7.2	8.2	9.5	9.6	11.3
4	开立医疗	0.1	0.6	0.7	0.9	5.4
5	日立	7.7	6.1	4.0	5.6	3.9
6	西门子	9.8	9.1	5.6	5.0	3.2
7	佳能	4.4	3.9	3.4	2.5	2.7
8	万东	—	—	—	3.6	2.2
9	东软医疗	0.9	0.7	2.3	1.4	1.8
10	三星麦迪逊	1.3	1.5	0.9	1.3	1.6
11	其他	6.1	4.3	4.5	2.5	2.2

资料来源：《中国医疗设备》杂志社行业数据调查。

（2）2017~2021 年全国超声影像类设备三级医院主要品牌保有率

2017~2021 年，三级医院超声影像类设备市场中，GE 与飞利浦保有率差距较小（见表 38）。

表 38 2017～2021 年全国超声影像类设备三级医院主要品牌保有率

单位：%

序号	品牌名称	2017 年	2018 年	2019 年	2020 年	2021 年
1	GE	31.6	34.3	34.9	34.8	34.2
2	飞利浦	31.8	32.3	36.3	33.6	34.0
3	迈瑞	6.9	9.2	9.7	9.7	11.5
4	开立医疗	0.1	0.4	0.6	0.8	3.1
5	日立	7.5	5.6	4.1	6.6	4.2
6	西门子	10.3	8.6	5.0	4.4	3.1
7	佳能	3.8	3.7	3.5	2.3	2.7
8	万东	—	—	—	3.7	2.4
9	东软医疗	0.7	0.5	0.5	1.0	1.0
10	三星麦迪逊	1.2	1.1	0.8	1.5	1.7
11	其他	6.1	4.3	4.6	1.6	2.1

资料来源：《中国医疗设备》杂志社行业数据调查。

（3）2017～2021 年全国超声影像类设备二级医院主要品牌保有率

具体情况如表 39 所示。

表 39 2017～2021 年全国超声影像类设备二级医院主要品牌保有率

单位：%

序号	品牌名称	2017 年	2018 年	2019 年	2020 年	2021 年
1	GE	32.7	33.8	38.5	34.8	35.9
2	飞利浦	27.7	29.6	29.7	33.6	27.8
3	迈瑞	7.4	5.1	8.0	9.7	11.6
4	开立医疗	—	0.9	0.8	0.8	5.7
5	日立	8.8	7.7	4.5	6.6	3.5
6	西门子	8.6	10.1	6.8	4.4	4.3
7	佳能	7.0	5.1	2.7	2.3	2.8
8	万东	—	—	—	3.7	1.5
9	东软医疗	0.4	1.1	3.9	1.0	3.0
10	三星麦迪逊	1.9	2.7	0.8	1.5	1.4
11	其他	5.5	3.9	4.3	1.6	2.5

资料来源：《中国医疗设备》杂志社行业数据调查。

2. 超声影像类设备售后服务现状分析

（1）2017～2021 年超声影像类设备主要品牌售后服务满意度

2017～2021 年，超声影像类设备主要品牌售后服务满意度整体呈增高趋势。其中东软医疗的满意度在 2017～2020 年均为最高，2021 年开立医疗拔得满意度头筹（见表 40）。

表 40　2017～2021 年全国超声影像类设备主要品牌售后服务满意度

单位：分

序号	品牌名称	2017 年	2018 年	2019 年	2020 年	2021 年
1	GE	4. 11	4. 07	4. 18	4. 24	4. 24
2	飞利浦	4. 16	4. 13	4. 20	4. 23	4. 31
3	迈瑞	4. 07	4. 27	4. 24	4. 42	4. 38
4	开立医疗	4. 08	3. 86	3. 81	4. 34	4. 61
5	日立	3. 92	3. 84	3. 97	3. 98	4. 09
6	西门子	3. 99	3. 88	4. 17	4. 05	4. 05
7	佳能	4. 07	3. 83	4. 11	4. 18	3. 92
8	万东	—	—	—	4. 16	4. 02
9	东软医疗	4. 58	4. 44	4. 58	4. 56	4. 55
10	三星麦迪逊	3. 54	3. 55	3. 91	4. 24	4. 11

资料来源：《中国医疗设备》杂志社行业数据调查。

（2）2017～2021 年超声影像类设备三级医院主要品牌售后服务满意度

2017～2021 年，三级医院超声影像类设备主要品牌售后服务满意度同整体调研市场排名基本保持一致（见表 41）。

表 41　2017～2021 年全国超声影像类设备主要品牌三级医院售后服务满意度

单位：分

序号	品牌名称	2017 年	2018 年	2019 年	2020 年	2021 年
1	GE	4. 10	4. 10	4. 17	4. 24	4. 26
2	飞利浦	4. 23	4. 20	4. 21	4. 24	4. 33
3	迈瑞	4. 17	4. 27	4. 24	4. 47	4. 43
4	开立医疗	4. 08	4. 06	3. 68	4. 26	4. 52
5	日立	3. 90	3. 74	4. 10	3. 93	4. 09
6	西门子	3. 99	3. 91	4. 07	4. 01	4. 05
7	佳能	4. 14	3. 89	4. 13	4. 26	4. 04

续表

序号	品牌名称	2017 年	2018 年	2019 年	2020 年	2021 年
8	万东	—	—	—	4.20	3.99
9	东软医疗	4.39	3.98	4.80	4.55	4.45
10	三星麦迪逊	3.22	3.65	4.11	4.21	4.12

资料来源：《中国医疗设备》杂志社行业数据调查。

（3）2017～2021 年超声影像类设备二级医院主要品牌售后服务满意度

2017～2021 年，二级医院超声影像类设备主要品牌售后服务满意度同整体调研市场排名基本保持一致（见表 42）。

表 42　2017～2021 年全国超声影像类设备主要品牌二级医院售后服务满意度

单位：分

序号	品牌名称	2017 年	2018 年	2019 年	2020 年	2021 年
1	GE	4.20	3.95	4.15	4.23	4.17
2	飞利浦	3.96	3.96	4.17	4.19	4.23
3	迈瑞	3.86	4.23	4.17	4.24	4.28
4	开立医疗	—	3.15	3.78	4.10	4.70
5	日立	3.94	4.04	3.75	4.04	4.06
6	西门子	4.07	3.86	4.27	4.05	3.97
7	佳能	3.94	3.69	3.91	4.03	3.50
8	万东	—	—	—	3.97	3.84
9	东软医疗	4.85	4.75	4.38	4.58	4.52
10	三星麦迪逊	4.42	3.18	3.65	4.31	4.09

资料来源：《中国医疗设备》杂志社行业数据调查。

（4）2017～2021 年全国超声影像类设备主要品牌核心环节竞争力

2017～2021 年，在全国超声影像类设备品类中，设备使用及管理人员最关注的四个售后服务问题的情况如图 9 所示。

从整体来看，医院对超声影像类设备售后服务中最为关注的方面是产品质量、维修质量、效率和培训。其中，对产品质量（即产品可靠性）最为看重；保修期内换部件质保、工程师维修水平等指标均反映了维修质量；配件到货速度，厂家工程师维修响应、到达现场、修复速度等指标均反映了效率；临床使用培训、合同规定的培训条款履约情况等指标均反映了培训。

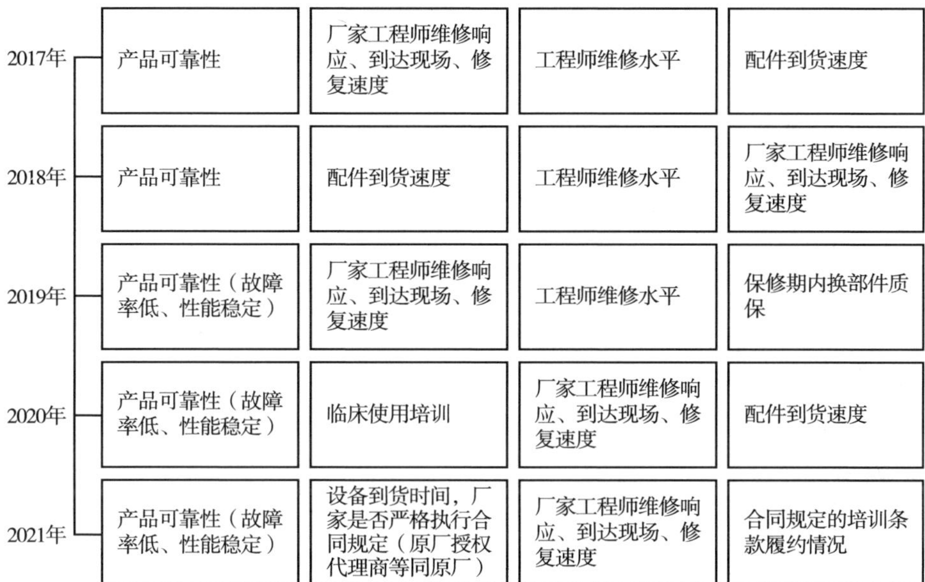

图 9　2017～2021 年全国超声影像类设备主要品牌核心环节竞争力

资料来源：《中国医疗设备》杂志社行业数据调查。

（5）2017～2021 年全国超声影像类设备六维综合满意度

2017～2021 年，从全国超声影像类设备的六维综合满意度评价中可以看出，服务态度维度为满意度分值较高的维度，价格在这六个维度中满意度分值最低（见表 43）。

表 43　2017～2021 年全国超声影像类设备六维综合满意度

单位：分

年份	产品质量	维修质量	价格	效率	培训	服务态度
2017	3.97	4.16	3.68	4.35	3.95	4.45
2018	3.53	3.79	3.32	3.91	3.56	3.94
2019	4.13	4.19	3.81	4.42	4.16	4.48
2020	4.43	4.12	3.91	4.42	4.23	4.41
2021	4.49	4.20	3.92	4.46	4.27	4.33

资料来源：《中国医疗设备》杂志社行业数据调查。

3. 超声影像类设备维修保养服务情况分析

在2021年全国超声影像类设备品类中，维修保养服务情况如表44所示。

表44　2021年全国超声影像类设备主要品牌维修保养服务情况

单位：%

品牌名称	维保履行率	先修后付款所占比例	无间断服务情况
GE	94.5	90.2	90.1
飞利浦	94.4	89.1	92.0
迈瑞	94.3	96.5	95.7
开立医疗	94.7	91.6	93.5
日立	95.5	94.9	92.0
西门子	84.2	94.5	86.3
佳能	85.1	91.7	83.5
万东	87.1	88.1	91.1
东软医疗	100.0	97.5	100.0
三星麦迪逊	100.0	95.8	95.8

资料来源：《中国医疗设备》杂志社行业数据调查。

4. 超声影像类设备采购推荐情况

在2021年全国超声影像类设备品类中，采购推荐情况如表45所示。

表45　2021年全国超声影像类设备主要品牌采购推荐情况

单位：%

品牌名称	净推荐值	意向复购率
GE	43.5	92.8
飞利浦	51.7	89.5
迈瑞	50.4	95.7
开立医疗	66.4	94.1
日立	36.5	76.9
西门子	25.4	59.3
佳能	17.8	73.3
万东	13.3	66.7
东软医疗	78.3	97.8
三星麦迪逊	42.9	85.7

资料来源：《中国医疗设备》杂志社行业数据调查。

5. 超声影像类设备满意度 & 重要度分析

在 2021 年全国超声影像类设备品类中，满意度 & 重要度四分如图 10 所示。

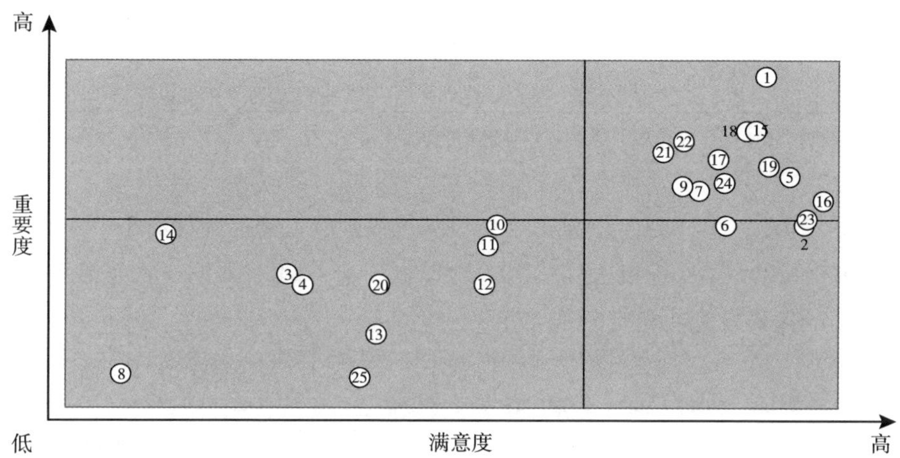

图 10　2021 年全国超声影像类设备满意度 & 重要度四分

注：①～㉕指代见本书总报告《医疗器械行业数据调研项目的进展及未来趋势》表 7。
资料来源：《中国医疗设备》杂志社行业数据调查。

由图 10 可见，企业在产品可靠性；设备到货时间，厂家是否严格执行合同规定；厂家工程师维修响应、到达现场、修复速度等重要度较高的指标上，满意度也较高。

（六）核医学类设备市场数据分析

1. 核医学类设备整体市场及分级市场数据

（1）2017～2021 年全国核医学类设备主要品牌保有率

我国核医学类设备市场以进口品牌为主，2017～2021 年全国核医学类设备品类中，主要品牌保有率情况见表 46。其他品牌包括新产业生物、新华医疗等。

表 46　2017～2021 年全国核医学类设备主要品牌保有率

单位：%

序号	品牌名称	2017 年	2018 年	2019 年	2020 年	2021 年
1	GE	49.3	52.1	40.6	51.4	57.3
2	西门子	34.2	34.0	39.4	27.7	31.1

续表

序号	品牌名称	2017 年	2018 年	2019 年	2020 年	2021 年
3	飞利浦	11.0	9.0	12.9	15.0	7.3
4	联影	0.7	2.8	5.8	2.9	3.0
5	赛诺联合	—	0.7	—	—	1.2
6	其他	4.8	1.4	1.3	3.0	0.1

资料来源:《中国医疗设备》杂志社行业数据调查。

（2）2017～2021 年全国核医学类设备三级医院主要品牌保有率

2017～2021 年，三级医院核医学设备市场中，GE、西门子占据较高保有率，GE 的优势较为明显（见表 47）。

表 47　2017～2021 年全国核医学类设备三级医院主要品牌保有率

单位：%

序号	品牌名称	2017 年	2018 年	2019 年	2020 年	2021 年
1	GE	53.4	50.8	42.9	52.6	58.7
2	西门子	30.8	35.4	38.3	28.2	30.0
3	飞利浦	10.5	9.2	11.3	12.8	7.3
4	联影	0.8	3.1	6.0	3.2	3.3
5	赛诺联合	—	0.8	—	—	0.7
6	其他	4.5	0.7	1.5	3.2	—

资料来源:《中国医疗设备》杂志社行业数据调查。

（3）2017～2021 年全国核医学类设备二级医院主要品牌保有率

具体情况如表 48 所示。

表 48　2017～2021 年全国核医学类设备二级医院主要品牌保有率

单位：%

序号	品牌名称	2017 年	2018 年	2019 年	2020 年	2021 年
1	GE	9.1	61.5	30.8	52.6	25.0
2	西门子	63.6	23.1	38.4	28.2	50.0
3	飞利浦	18.2	7.7	23.1	12.8	12.5
4	联影	—	—	7.7	3.2	—
5	赛诺联合	—	—	—	—	12.5
6	其他	9.1	7.7	—	3.2	—

资料来源:《中国医疗设备》杂志社行业数据调查。

2. 核医学类设备售后服务现状分析

（1）2017～2021 年核医学类设备主要品牌售后服务满意度

2017～2021 年，核医学类设备主要品牌售后服务满意度整体呈波动趋势。其中，联影的满意度波动较大，西门子的满意度整体呈增高趋势（见表 49）。

表 49　2017～2021 年全国核医学类设备主要品牌售后服务满意度

单位：分

序号	品牌名称	2017 年	2018 年	2019 年	2020 年	2021 年
1	GE	4.14	4.15	4.33	4.07	4.16
2	西门子	3.90	4.20	4.12	4.23	4.28
3	飞利浦	3.99	4.42	4.44	4.33	4.10
4	联影	4.62	4.13	4.64	4.79	4.39
5	赛诺联合	—	4.00	—	—	3.89

资料来源：《中国医疗设备》杂志社行业数据调查。

（2）2017～2021 年核医学类设备三级医院主要品牌售后服务满意度

2017～2021 年，三级医院核医学类设备主要品牌售后服务满意度中，2017 年及 2019～2021 年联影满意度排名第一，2018 年飞利浦满意度最高（见表 50）。

表 50　2017～2021 年全国核医学类设备主要品牌三级医院售后服务满意度

单位：分

序号	品牌名称	2017 年	2018 年	2019 年	2020 年	2021 年
1	GE	4.14	4.19	4.34	4.05	4.15
2	西门子	3.91	4.27	4.11	4.20	4.34
3	飞利浦	4.15	4.45	4.32	4.19	4.07
4	联影	4.62	4.13	4.62	4.79	4.39
5	赛诺联合	—	4.00	—	—	3.18

资料来源：《中国医疗设备》杂志社行业数据调查。

（3）2017～2021 年核医学类设备二级医院主要品牌售后服务满意度

2017～2021 年，二级医院核医学类设备主要品牌售后服务满意度波动较大（见表 51）。

表 51　2017～2021 年全国核医学类设备主要品牌二级医院售后服务满意度

单位：分

序号	品牌名称	2017 年	2018 年	2019 年	2020 年	2021 年
1	GE	4.10	3.73	4.20	4.08	4.77
2	西门子	3.37	3.33	3.42	4.71	3.93
3	飞利浦	2.89	4.05	4.60	4.80	4.47
4	联影	—	—	4.81	—	—
5	赛诺联合	—	—	—	—	4.60

资料来源：《中国医疗设备》杂志社行业数据调查。

（4）2017～2021 年全国核医学类设备主要品牌核心环节竞争力

2017～2021 年，在全国核医学类设备品类中，设备使用及管理人员最关注的四个售后服务问题的情况如图 11 所示。

图 11　2017～2021 年全国核医学类设备主要品牌核心环节竞争力

资料来源：《中国医疗设备》杂志社行业数据调查。

从整体来看，医院对核医学类设备售后服务中最为关注的方面是产品质量、维修质量、效率和培训。其中，对产品质量（即产品可靠性）最为看重；

保修期内换部件质保、工程师维修水平等指标均反映了维修质量；配件到货速度，厂家工程师维修响应、到达现场、修复速度等指标均反映了效率；临床使用培训、合同规定的培训条款履约情况这些指标均反映了培训。

（5）2017～2021 年全国核医学类设备六维综合满意度

2017～2021 年，从全国核医学类设备的六维综合满意度评价中可以看出，效率维度为满意度分值较高的维度，价格在这六个维度中满意度分值最低（见表 52）。

表 52　2017～2021 年全国核医学类设备六维综合满意度

单位：分

年份	产品质量	维修质量	价格	效率	培训	服务态度
2017	3.97	4.19	3.58	4.23	3.88	4.33
2018	3.76	4.06	3.54	4.14	3.85	4.19
2019	4.17	4.35	3.96	4.51	4.18	4.44
2020	4.32	4.10	3.81	4.35	4.14	4.35
2021	4.32	4.19	3.75	4.39	4.05	4.22

资料来源：《中国医疗设备》杂志社行业数据调查。

3. 核医学类设备维修保养服务情况分析

在 2021 年全国核医学类设备品类中，维修保养服务情况如表 53 所示。

表 53　2021 年全国核医学类设备主要品牌维修保养服务情况

单位：%

品牌名称	维保履行率	先修后付款所占比例	无间断服务情况
GE	97.9	78.7	94.7
西门子	98.0	96.1	98.0
飞利浦	100.0	83.3	100.0
联影	100.0	100.0	100.0
赛诺联合	100.0	100.0	100.0

资料来源：《中国医疗设备》杂志社行业数据调查。

4. 核医学类设备采购推荐情况

在 2021 年全国核医学类设备品类中，采购推荐情况如表 54 所示。

表 54　2021 年全国核医学类设备主要品牌采购推荐情况

单位：%

品牌名称	净推荐值	意向复购率
GE	37.3	92.0
西门子	63.2	92.1
飞利浦	36.4	72.7
联影	50.0	75.0
赛诺联合	50.0	50.0

资料来源：《中国医疗设备》杂志社行业数据调查。

5. 核医学类设备满意度 & 重要度分析

在 2021 年全国核医学类设备品类中，满意度 & 重要度四分如图 12 所示。

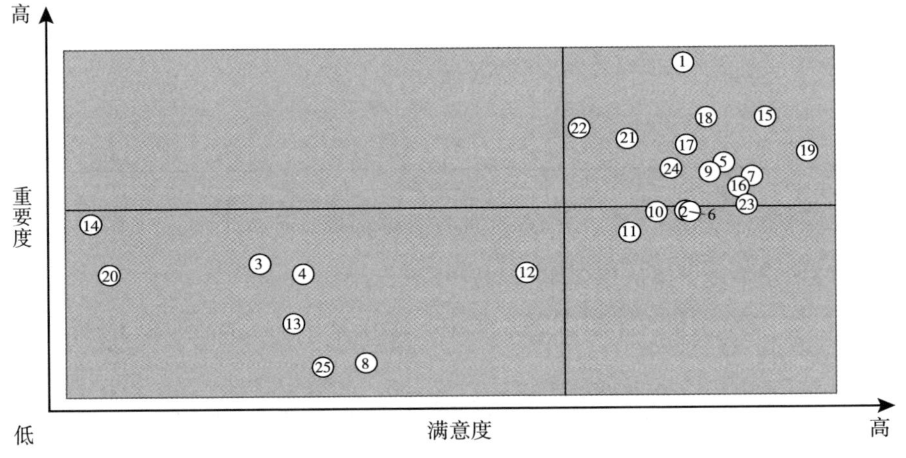

图 12　2021 年全国核医学类设备满意度 & 重要度四分

注：①~㉕指代见本书总报告《医疗器械行业数据调研项目的进展及未来趋势》表 7。

资料来源：《中国医疗设备》杂志社行业数据调查。

由图 12 可见，企业在产品可靠性；设备到货时间，厂家是否严格执行合同规定；厂家工程师维修响应、到达现场、修复速度等重要度较高的指标上，满意度也较高。

（七）直线加速器类设备市场数据分析

1. 直线加速器类设备整体市场及分级市场数据

（1）2017~2021 年全国直线加速器类设备主要品牌保有率

我国直线加速器类设备市场以进口品牌为主，2017～2021 年全国直线加速器类设备品类中，主要品牌保有率情况如表 55 所示。其他品牌包括联影、海博科技、中核安科瑞等。

表 55　2017～2021 年全国直线加速器类设备主要品牌保有率

单位：%

序号	品牌名称	2017 年	2018 年	2019 年	2020 年	2021 年
1	瓦里安	41. 0	38. 9	42. 2	41. 5	40. 5
2	医科达	32. 8	36. 4	34. 2	38. 5	37. 7
3	西门子	14. 3	13. 0	9. 8	7. 7	7. 6
4	东软医疗	0. 8	1. 7	6. 7	5. 8	6. 8
5	新华医疗	5. 0	8. 3	7. 1	4. 9	5. 9
6	其他	6. 1	1. 7	0. 0	1. 6	1. 5

资料来源：《中国医疗设备》杂志社行业数据调查。

（2）2017～2021 年全国直线加速器类设备三级医院主要品牌保有率

2017～2021 年，三级医院直线加速器类设备市场中，瓦里安、医科达占据较高保有率（见表 56）。

表 56　2017～2021 年全国直线加速器类设备三级医院主要品牌保有率

单位：%

序号	品牌名称	2017 年	2018 年	2019 年	2020 年	2021 年
1	瓦里安	42. 5	40. 7	44. 5	46. 6	45. 6
2	医科达	33. 9	38. 6	37. 0	39. 7	38. 2
3	西门子	14. 3	12. 9	12. 7	8. 4	7. 8
4	东软医疗	—	0. 4	—	0. 8	2. 0
5	新华医疗	3. 1	5. 8	5. 8	3. 1	4. 7
6	其他	6. 2	1. 6	—	1. 4	1. 7

资料来源：《中国医疗设备》杂志社行业数据调查。

（3）2017～2021 年全国直线加速器类设备二级医院主要品牌保有率

具体情况如表 57 所示。

表 57　2017～2021 年全国直线加速器类设备二级医院主要品牌保有率

单位：%

序号	品牌名称	2017 年	2018 年	2019 年	2020 年	2021 年
1	瓦里安	25.7	29.3	35.4	46.6	14.8
2	医科达	25.7	24.4	25.0	39.7	33.3
3	西门子	14.3	12.2	—	8.4	5.6
4	东软医疗	8.6	7.3	29.2	0.8	33.3
5	新华医疗	20.0	24.4	10.4	3.1	13.0
6	其他	5.7	2.4	—	1.4	—

资料来源：《中国医疗设备》杂志社行业数据调查。

2. 直线加速器类设备售后服务现状分析

（1）2017～2021 年直线加速器类设备主要品牌售后服务满意度

2017～2021 年，直线加速器类设备主要品牌售后服务满意度整体波动较大。2018～2021 年，东软医疗满意度均为最高（见表 58）。

表 58　2017～2021 年全国直线加速器类设备主要品牌售后服务满意度

单位：分

序号	品牌名称	2017 年	2018 年	2019 年	2020 年	2021 年
1	瓦里安	4.09	4.12	4.11	4.31	4.26
2	医科达	4.16	4.12	4.19	4.24	4.16
3	西门子	3.87	4.06	3.92	4.21	4.29
4	东软医疗	3.67	4.78	4.66	4.43	4.48
5	新华医疗	4.01	4.01	3.72	3.74	4.09

资料来源：《中国医疗设备》杂志社行业数据调查。

（2）2017～2021 年直线加速器类设备三级医院主要品牌售后服务满意度

2017～2021 年，三级医院直线加速器类设备主要品牌售后服务满意度中，医科达、东软医疗的满意度较高（见表 59）。

表 59　2017～2021 年全国直线加速器类设备主要品牌三级医院售后服务满意度

单位：分

序号	品牌名称	2017 年	2018 年	2019 年	2020 年	2021 年
1	瓦里安	4.09	4.18	4.07	4.30	4.25
2	医科达	4.18	4.21	4.19	4.21	4.11

续表

序号	品牌名称	2017 年	2018 年	2019 年	2020 年	2021 年
3	西门子	3.86	4.07	3.92	4.17	4.26
4	东软医疗	—	5.00	—	4.75	4.46
5	新华医疗	3.98	3.95	3.71	3.60	3.81

资料来源：《中国医疗设备》杂志社行业数据调查。

（3）2017～2021 年直线加速器类设备二级医院主要品牌售后服务满意度

2017～2021 年，二级医院直线加速器类设备主要品牌售后服务满意度中，西门子呈逐年增高趋势（见表 60）。

表 60　2017～2021 年全国直线加速器类设备主要品牌二级医院售后服务满意度

单位：分

序号	品牌名称	2017 年	2018 年	2019 年	2020 年	2021 年
1	瓦里安	3.94	3.71	4.27	4.29	4.32
2	医科达	4.03	3.39	4.17	4.33	4.42
3	西门子	3.74	3.85	—	4.63	4.84
4	东软医疗	3.67	4.98	4.65	4.38	4.49
5	新华医疗	4.04	4.12	3.53	4.02	4.63

资料来源：《中国医疗设备》杂志社行业数据调查。

（4）2017～2021 年全国直线加速器类设备主要品牌核心环节竞争力

2017～2021 年，在全国直线加速器类设备品类中，设备使用及管理人员最关注的四个售后服务问题的情况如图 13 所示。

从整体来看，医院对直线加速器类设备售后服务中最为关注的方面是产品质量、维修质量、效率和培训。其中，对产品质量（即产品可靠性）最为看重；保修期内换部件质保、工程师维修水平等指标均反映了维修质量；配件到货速度，厂家工程师维修响应、到达现场、修复速度等指标均反映了效率，临床使用培训、合同规定的培训条款履约情况等指标均反映了培训。

（5）2017～2021 年全国直线加速器类设备六维综合满意度

2017～2021 年，从全国直线加速器类设备的六维综合满意度评价中可以看出，服务态度维度为满意度分值较高的维度，价格在这六个维度中满意度分值最低（见表 61）。

图 13　2017～2021 年全国直线加速器类设备主要品牌核心环节竞争力

资料来源：《中国医疗设备》杂志社行业数据调查。

表 61　2017～2021 年全国直线加速器类设备六维综合满意度

单位：分

年份	产品质量	维修质量	价格	效率	培训	服务态度
2017	4.11	4.23	3.65	4.29	3.82	4.40
2018	3.67	3.72	3.29	3.77	3.48	3.84
2019	4.10	4.21	3.74	4.36	3.98	4.37
2020	4.33	4.22	3.86	4.39	4.13	4.39
2021	4.36	4.19	3.80	4.42	4.09	4.27

资料来源：《中国医疗设备》杂志社行业数据调查。

3. 直线加速器类设备维修保养服务情况分析

在 2021 年全国直线加速器类设备品类中，维修保养服务情况如表 62 所示。

表 62　2021 年全国直线加速器类设备主要品牌维修保养服务情况

单位：%

品牌名称	维保履行率	先修后付款所占比例	无间断服务情况
瓦里安	97.9	86.0	95.8
医科达	99.2	76.7	99.2
西门子	96.3	81.5	96.3
东软医疗	100.0	91.7	100.0
新华医疗	100.0	90.5	95.2

资料来源：《中国医疗设备》杂志社行业数据调查。

4. 直线加速器类设备采购推荐情况

在 2021 年全国直线加速器类设备品类中，采购推荐情况如表 63 所示。

表 63　2021 年全国直线加速器类设备主要品牌采购推荐情况

单位：%

品牌名称	净推荐值	意向复购率
瓦里安	52.2	91.3
医科达	38.3	91.6
西门子	20.0	44.0
东软医疗	68.0	92.0
新华医疗	28.6	76.2

资料来源：《中国医疗设备》杂志社行业数据调查。

5. 直线加速器类设备满意度 & 重要度分析

在 2021 年全国直线加速器类设备品类中，满意度 & 重要度四分如图 14 所示。

由图 14 可见，企业在产品可靠性；设备到货时间，厂家是否严格执行合同规定；厂家工程师维修响应、到达现场、修复速度等重要度较高的指标上，满意度也较高。

企业需要提高用户对临床使用培训的满意度。

（八）监护类设备市场数据分析

1. 监护类设备整体市场及分级市场数据

（1）2017～2021 年全国监护类设备主要品牌保有率

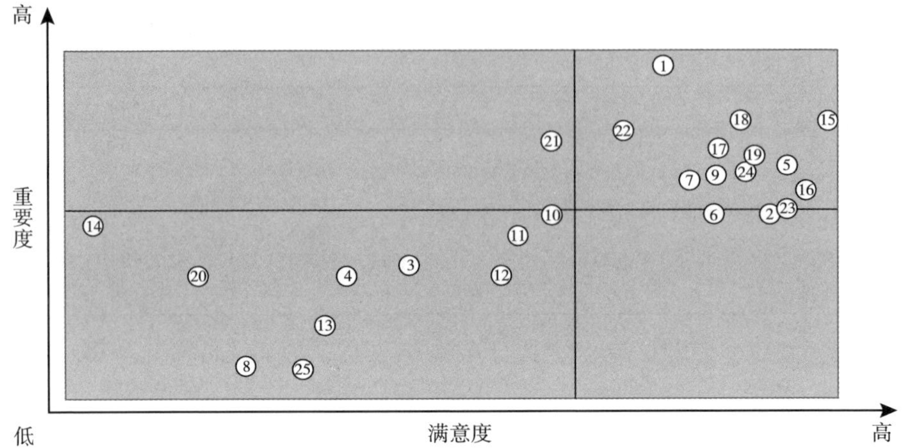

图 14　2021 年全国直线加速器类设备满意度 & 重要度四分

注：①～㉕指代见本书总报告《医疗器械行业数据调研项目的进展及未来趋势》表 7。
资料来源：《中国医疗设备》杂志社行业数据调查。

我国监护类设备市场以国产品牌为主，2017～2021 年全国监护类设备品类中，主要品牌保有率情况如表 64 所示。其他品牌包括美伦、威高、力康、埃顿等。

表 64　2017～2021 年全国监护类设备主要品牌保有率

单位：%

序号	品牌名称	2017 年	2018 年	2019 年	2020 年	2021 年
1	迈瑞	64.8	63.3	72.0	71.4	74.4
2	飞利浦	17.7	19.5	16.1	15.7	12.1
3	理邦仪器	3.7	3.1	2.3	3.4	3.6
4	宝莱特	3.5	2.5	2.1	2.8	2.8
5	科曼	1.6	2.3	2.9	2.1	2.3
6	GE	3.8	4.3	2.0	1.9	2.2
7	光电	1.8	2.0	1.9	1.7	1.5
8	其他	3.1	3.0	0.7	1.0	1.1

资料来源：《中国医疗设备》杂志社行业数据调查。

（2）2017～2021 年全国监护类设备三级医院主要品牌保有率

2017～2021 年，三级医院监护类设备市场中，迈瑞占据较高保有率，飞利浦保有率情况波动较大，理邦仪器、宝莱特、科曼、光电变化较平稳（见表65）。

表65　2017~2021年全国监护类设备三级医院主要品牌保有率

单位：%

序号	品牌名称	2017年	2018年	2019年	2020年	2021年
1	迈瑞	63.9	62.9	72.8	72.5	75.4
2	飞利浦	19.1	21.0	17.1	16.4	13.0
3	理邦仪器	3.7	2.9	2.3	2.5	2.6
4	宝莱特	3.5	1.8	1.9	2.5	2.2
5	科曼	1.1	1.7	2.0	1.5	1.7
6	GE	4.3	4.8	2.2	2.0	2.5
7	光电	1.5	1.8	1.5	1.6	1.5
8	其他	2.9	3.1	0.2	1.0	1.1

资料来源：《中国医疗设备》杂志社行业数据调查。

（3）2017~2021年全国监护类设备二级医院主要品牌保有率

具体情况如表66所示。

表66　2017~2021年全国监护类设备二级医院主要品牌保有率

单位：%

序号	品牌名称	2017年	2018年	2019年	2020年	2021年
1	迈瑞	70.3	65.1	67.8	72.5	70.2
2	飞利浦	9.1	13.4	12.2	16.4	8.3
3	理邦仪器	4.0	4.2	2.4	2.5	7.6
4	宝莱特	3.2	5.5	3.3	2.5	4.8
5	科曼	4.1	5.1	7.8	1.5	5.0
6	GE	1.3	1.9	1.2	2.0	1.0
7	光电	3.9	2.4	2.5	1.6	1.4
8	其他	4.1	2.4	2.8	1.0	1.7

资料来源：《中国医疗设备》杂志社行业数据调查。

2. 监护类设备售后服务现状分析

（1）2017~2021年监护类设备主要品牌售后服务满意度

2017～2021 年，监护类设备主要品牌售后服务满意度中，迈瑞 2018～2021 年保持领先状态（见表 67）。

表 67　2017～2021 年全国监护类设备主要品牌售后服务满意度

单位：分

序号	品牌名称	2017 年	2018 年	2019 年	2020 年	2021 年
1	迈瑞	4.32	4.29	4.42	4.46	4.45
2	飞利浦	4.09	4.06	4.13	4.09	4.18
3	理邦仪器	4.17	3.96	4.09	4.25	4.15
4	宝莱特	4.40	3.95	4.17	4.36	3.94
5	科曼	3.95	3.82	3.66	3.95	3.97
6	GE	3.95	4.01	3.92	3.96	4.02
7	光电	4.00	4.20	4.23	4.04	4.04

资料来源：《中国医疗设备》杂志社行业数据调查。

（2）2017～2021 年监护类设备三级医院主要品牌售后服务满意度

2017～2021 年，监护类设备三级医院主要品牌售后服务满意度中，迈瑞 2018～2021 年连续 4 年保持领先状态（见表 68）。

表 68　2017～2021 年全国监护类设备主要品牌三级医院售后服务满意度

单位：分

序号	品牌名称	2017 年	2018 年	2019 年	2020 年	2021 年
1	迈瑞	4.32	4.35	4.42	4.48	4.45
2	飞利浦	4.09	4.08	4.12	4.10	4.20
3	理邦仪器	4.21	4.06	4.13	4.21	4.23
4	宝莱特	4.34	3.84	4.08	4.24	3.84
5	科曼	4.02	3.66	3.25	3.89	3.84
6	GE	3.96	4.05	3.83	3.92	4.05
7	光电	3.75	4.24	4.13	3.93	4.03

资料来源：《中国医疗设备》杂志社行业数据调查。

（3）2017～2021 年监护类设备二级医院主要品牌售后服务满意度

2017～2021 年，监护类设备二级医院主要品牌售后服务满意度中，各品牌竞争较激烈，其中 2018～2021 年迈瑞的满意度呈上升趋势（见表 69）。

表 69　2017～2021 年全国监护类设备主要品牌二级医院售后服务满意度

单位：分

序号	品牌名称	2017 年	2018 年	2019 年	2020 年	2021 年
1	迈瑞	4. 31	4. 13	4. 41	4. 41	4. 46
2	飞利浦	4. 12	4. 01	4. 13	4. 01	4. 17
3	理邦仪器	4. 12	3. 76	3. 97	4. 29	4. 00
4	宝莱特	4. 57	4. 04	4. 26	4. 61	3. 97
5	科曼	3. 85	4. 11	4. 13	4. 03	4. 15
6	GE	3. 93	3. 65	4. 40	4. 14	3. 83
7	光电	4. 51	4. 13	4. 58	4. 47	4. 09

资料来源：《中国医疗设备》杂志社行业数据调查。

（4）2017～2021 年全国监护类设备主要品牌核心环节竞争力

2017～2021 年，在全国监护类设备品类中，设备使用及管理人员最关注的四个售后服务问题的情况如图 15 所示。

图 15　2017～2021 年全国监护类设备主要品牌核心环节竞争力

资料来源：《中国医疗设备》杂志社行业数据调查。

从整体来看，医院对监护类设备售后服务中最为关注的方面是产品质量、维修质量、效率和培训。其中，对产品质量（即产品可靠性、产品易用性）最为看重；工程师维修水平指标反映了维修质量；厂家工程师维修响应、到达现场、修复速度指标反映了效率；临床使用培训指标反映了培训。

（5）2017～2021 年全国监护类设备六维综合满意度

2017～2021 年，从全国监护类设备的六维综合满意度评价中可以看出，服务态度维度为满意度分值较高的维度，价格在这六个维度中满意度分值最低（见表 70）。

表 70　2017～2021 年全国监护类设备六维综合满意度

单位：分

年份	产品质量	维修质量	价格	效率	培训	服务态度
2017	4.33	4.21	3.89	4.31	4.15	4.47
2018	4.27	4.18	3.86	4.26	4.14	4.41
2019	4.36	4.31	4.01	4.36	4.30	4.47
2020	4.50	4.28	4.05	4.43	4.35	4.44
2021	4.49	4.29	4.11	4.40	4.31	4.32

资料来源：《中国医疗设备》杂志社行业数据调查。

3. 监护类设备维修保养服务情况分析

在 2021 年全国监护类设备品类中，保有率不低于 1% 的品牌的维修保养服务情况如表 71 所示。

表 71　2021 年全国监护类设备主要品牌维保服务情况

单位：%

品牌名称	维保履行率	先修后付款所占比例	无间断服务情况
迈瑞	85.0	96.0	88.7
飞利浦	76.4	87.0	77.6
理邦仪器	83.6	94.5	62.3
宝莱特	73.6	98.4	50.1
科曼	58.8	96.0	56.1
GE	68.4	93.5	71.4
光电	40.6	90.0	74.2

资料来源：《中国医疗设备》杂志社行业数据调查。

4. 监护类设备采购推荐情况

在2021年全国监护类设备品类中，保有率不低于1%的品牌的采购推荐情况如表72所示。

表72　2021年全国监护类设备主要品牌采购推荐情况

单位：%

品牌名称	净推荐值	意向复购率
迈瑞	62.9	95.2
飞利浦	28.0	82.5
理邦仪器	29.3	85.3
宝莱特	19.3	68.4
科曼	13.3	64.0
GE	17.9	76.8
光电	29.7	78.4

资料来源：《中国医疗设备》杂志社行业数据调查。

5. 监护类设备满意度 & 重要度分析

在2021年全国监护类设备品类中，21项指标的满意度 & 重要度四分如图16所示。

由图16可见，企业在产品可靠性、产品易用性、工程师维修水平等重要度较高的指标上，满意度也较高。

企业需要提高用户对提供预防性维护计划和组织实施的满意度。

（九）呼吸类设备市场数据分析

1. 呼吸类设备整体市场及分级市场数据

（1）2017～2021年全国呼吸类设备主要品牌保有率

我国呼吸类设备市场以进口品牌为主，2017～2021年全国呼吸类设备品类中，主要品牌保有率情况如表73所示。其他品牌包括BD、GE、天马、灵智、斯蒂芬、费雪派克等。

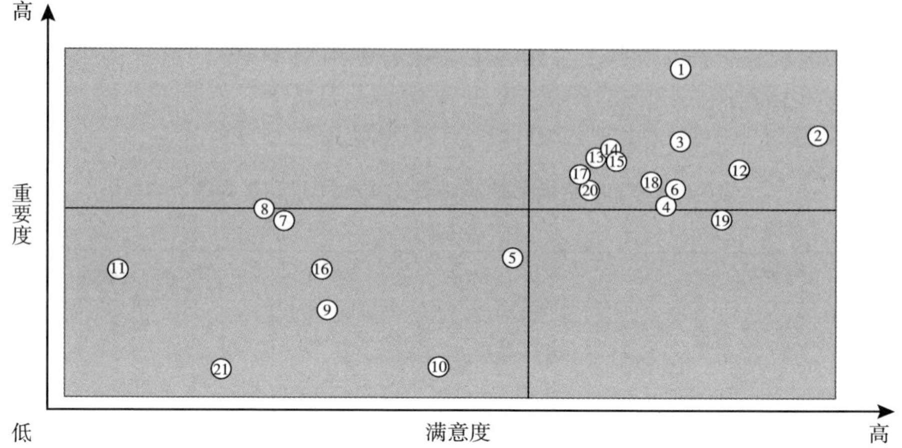

图16　2021年全国监护类设备满意度＆重要度四分

注：①~㉑指代见本书总报告《医疗器械行业数据调研项目的进展及未来趋势》表8。
资料来源：《中国医疗设备》杂志社行业数据调查。

表73　2017~2021年全国呼吸类设备主要品牌保有率

单位：%

序号	品牌名称	2017年	2018年	2019年	2020年	2021年
1	德尔格	35.8	37.7	38.7	33.0	43.4
2	迈柯唯	15.8	23.1	23.7	15.5	15.5
3	飞利浦	5.5	10.0	11.1	10.7	11.4
4	谊安医疗	1.4	1.3	1.4	4.1	7.5
5	迈瑞	1.5	2.3	4.2	8.7	6.8
6	美敦力	19.2	7.4	8.1	12.5	6.4
7	哈美顿	5.9	6.6	4.9	6.2	3.2
8	瑞思迈	1.4	2.5	1.8	3.1	1.3
9	万曼	0.5	1.2	1.3	1.0	1.2
10	其他	13.0	7.9	4.8	5.2	3.3

资料来源：《中国医疗设备》杂志社行业数据调查。

（2）2017~2021年全国呼吸类设备三级医院主要品牌保有率

具体情况如表74所示。

表 74　2017 ~ 2021 年全国呼吸类设备三级医院主要品牌保有率

单位：%

序号	品牌名称	2017 年	2018 年	2019 年	2020 年	2021 年
1	德尔格	36. 8	38. 1	39. 3	33. 8	47. 9
2	迈柯唯	16. 4	23. 7	25. 1	16. 2	17. 3
3	飞利浦	5. 0	9. 2	10. 0	10. 4	10. 5
4	谊安医疗	1. 0	1. 0	1. 0	2. 6	4. 1
5	迈瑞	1. 4	2. 2	3. 3	7. 3	5. 3
6	美敦力	19. 4	7. 5	8. 6	13. 6	6. 7
7	哈美顿	5. 9	6. 4	4. 8	7. 0	3. 3
8	瑞思迈	1. 5	2. 8	2. 1	3. 5	1. 3
9	万曼	0. 4	1. 1	1. 4	0. 8	0. 9
10	其他	12. 2	8. 0	4. 4	4. 8	2. 7

资料来源：《中国医疗设备》杂志社行业数据调查。

（3）2017 ~ 2021 年全国呼吸类设备二级医院主要品牌保有率

2017 ~ 2021 年二级医院呼吸类设备品类中，德尔格的保有率优势略低于德尔格在 2017 ~ 2021 年三级医院呼吸类设备中的保有率，迈瑞、谊安医疗等在二级医院呼吸类设备中的保有率高于迈瑞、谊安医疗等在三级医院呼吸类设备品类中的保有率（见表 75）。

表 75　2017 ~ 2021 年全国呼吸类设备二级医院主要品牌保有率

单位：%

序号	品牌名称	2017 年	2018 年	2019 年	2020 年	2021 年
1	德尔格	27. 8	34. 6	35. 5	33. 8	21. 9
2	迈柯唯	10. 2	19. 2	13. 4	16. 2	8. 1
3	飞利浦	10. 6	14. 6	18. 5	10. 4	17. 0
4	谊安医疗	4. 6	3. 1	3. 9	2. 6	22. 5
5	迈瑞	2. 8	2. 7	9. 4	7. 3	11. 2
6	美敦力	17. 5	6. 7	5. 1	13. 6	5. 9
7	哈美顿	6. 5	7. 9	6. 0	7. 0	3. 0
8	瑞思迈	0. 6	0. 9	—	3. 5	1. 2
9	万曼	1. 4	1. 7	0. 1	0. 8	3. 3
10	其他	18. 0	8. 6	8. 1	4. 8	5. 9

资料来源：《中国医疗设备》杂志社行业数据调查。

2. 呼吸类设备售后服务现状分析

（1）2017～2021 年呼吸类设备主要品牌售后服务满意度

2017～2021 年，呼吸类设备主要品牌售后服务满意度整体呈波动增高趋势，其中德尔格、飞利浦和谊安医疗呈逐年上升趋势（见表 76）。

表 76　2017～2021 年全国呼吸类设备主要品牌售后服务满意度

单位：分

序号	品牌名称	2017 年	2018 年	2019 年	2020 年	2021 年
1	德尔格	4. 13	4. 17	4. 22	4. 28	4. 36
2	迈柯唯	4. 24	4. 22	4. 36	4. 29	4. 34
3	飞利浦	3. 82	4. 04	4. 11	4. 18	4. 26
4	谊安医疗	3. 80	3. 86	4. 09	4. 69	4. 83
5	迈瑞	4. 63	4. 56	4. 43	4. 45	4. 37
6	美敦力	4. 15	4. 18	4. 33	4. 28	4. 45
7	哈美顿	4. 21	4. 19	4. 12	4. 20	4. 22
8	瑞思迈	3. 90	3. 98	3. 78	3. 99	4. 27
9	万曼	4. 14	3. 88	4. 12	3. 96	4. 01

资料来源：《中国医疗设备》杂志社行业数据调查。

（2）2017～2021 年呼吸类设备三级医院主要品牌售后服务满意度

2017～2021 年，呼吸类设备三级医院主要品牌售后服务满意度中，德尔格、谊安医疗呈逐年上升趋势，迈瑞、万曼 2021 年的满意度较2017～2020 年平均水平略有下降（见表 77）。

表 77　2017～2021 年全国呼吸类设备主要品牌三级医院售后服务满意度

单位：分

序号	品牌名称	2017 年	2018 年	2019 年	2020 年	2021 年
1	德尔格	4. 16	4. 19	4. 23	4. 29	4. 40
2	迈柯唯	4. 26	4. 27	4. 36	4. 28	4. 37
3	飞利浦	3. 97	4. 14	4. 20	4. 19	4. 29
4	谊安医疗	3. 56	3. 74	4. 12	4. 66	4. 79
5	迈瑞	4. 56	4. 61	4. 57	4. 55	4. 37
6	美敦力	4. 13	4. 17	4. 32	4. 29	4. 45
7	哈美顿	4. 26	4. 21	4. 00	4. 17	4. 21
8	瑞思迈	3. 82	4. 01	3. 78	3. 96	4. 21
9	万曼	3. 98	3. 97	4. 08	3. 72	3. 89

资料来源：《中国医疗设备》杂志社行业数据调查。

（3）2017～2021 年呼吸类设备二级医院主要品牌售后服务满意度

2017～2021 年，呼吸类设备二级医院主要品牌售后服务满意度波动趋势与三级医院售后服务满意度大体相同（见表 78）。

表 78　2017～2021 年全国呼吸类设备主要品牌二级医院售后服务满意度

单位：分

序号	品牌名称	2017 年	2018 年	2019 年	2020 年	2021 年
1	德尔格	4.02	4.11	4.20	4.26	4.25
2	迈柯唯	4.13	4.09	4.34	4.32	4.18
3	飞利浦	3.35	3.74	3.85	4.16	4.23
4	谊安医疗	4.06	4.02	4.03	4.70	4.84
5	迈瑞	4.89	4.33	4.19	4.20	4.31
6	美敦力	4.22	4.22	4.42	4.22	4.45
7	哈美顿	4.04	4.20	4.50	4.49	4.28
8	瑞思迈	4.40	3.83	—	4.35	4.45
9	万曼	4.61	3.62	5.00	4.46	4.16

资料来源：《中国医疗设备》杂志社行业数据调查。

（4）2017～2021 年全国呼吸类设备主要品牌核心环节竞争力

2017～2021 年，在全国呼吸类设备品类中，设备使用及管理人员最关注的四个售后服务问题的情况如图 17 所示。

从整体来看，医院对呼吸类设备售后服务中最为关注的方面是产品质量、维修质量、效率和培训。其中，对产品质量（即产品可靠性、产品易用性）最为看重；工程师维修水平指标反映了维修质量；厂家工程师维修响应、到达现场、修复速度指标反映了效率；临床使用培训指标反映了培训。

（5）2017～2021 年全国呼吸类设备六维综合满意度

2017～2021 年，从全国呼吸类设备的六维综合满意度评价中可以看出，服务态度维度为满意度分值较高的维度，价格在这六个维度中满意度分值最低（见表 79）。

表 79　2017～2021 年全国呼吸类设备六维综合满意度

单位：分

年份	产品质量	维修质量	价格	效率	培训	服务态度
2017	4.22	4.18	3.68	4.23	4.05	4.39

续表

年份	产品质量	维修质量	价格	效率	培训	服务态度
2018	4.21	4.20	3.70	4.28	4.05	4.37
2019	4.25	4.28	3.83	4.36	4.18	4.49
2020	4.49	4.23	3.96	4.37	4.26	4.38
2021	4.55	4.41	4.13	4.47	4.37	4.38

资料来源：《中国医疗设备》杂志社行业数据调查。

图 17　2017～2021 年全国呼吸类设备主要品牌核心环节竞争力

资料来源：《中国医疗设备》杂志社行业数据调查。

3. 呼吸类设备维修保养服务情况分析

在 2021 年全国呼吸类设备品类中，保有率不低于 1% 的品牌的维修保养服务情况如表 80 所示。

表 80　2021 年全国呼吸类设备主要品牌维保服务情况

单位：%

品牌名称	维保履行率	先修后付款所占比例	无间断服务情况
德尔格	89.7	91.2	88.8

续表

品牌名称	维保履行率	先修后付款所占比例	无间断服务情况
迈柯唯	87. 2	97. 1	82. 4
飞利浦	93. 9	90. 9	87. 2
谊安医疗	96. 5	92. 1	97. 5
迈瑞	90. 5	92. 7	87. 8
美敦力	87. 3	97. 1	93. 1
哈美顿	75. 9	88. 2	83. 2
瑞思迈	89. 9	98. 2	91. 1
万曼	82. 8	90. 8	81. 0

资料来源：《中国医疗设备》杂志社行业数据调查。

4. 呼吸类设备采购推荐情况

在 2021 年全国呼吸类设备品类中，保有率不低于 1% 的品牌的采购推荐情况如表 81 所示。

表 81　2021 年全国呼吸类设备主要品牌采购推荐情况

单位：%

品牌名称	净推荐值	意向复购率
德尔格	50. 4	91. 4
迈柯唯	43. 1	88. 5
飞利浦	42. 3	93. 7
谊安医疗	87. 1	98. 7
迈瑞	59. 0	94. 9
美敦力	59. 2	88. 7
哈美顿	53. 3	86. 7
瑞思迈	52. 9	94. 1
万曼	57. 9	100. 0

资料来源：《中国医疗设备》杂志社行业数据调查。

5. 呼吸类设备满意度 & 重要度分析

在 2021 年全国呼吸类设备品类中，21 项指标的满意度 & 重要度四分如图 18 所示。

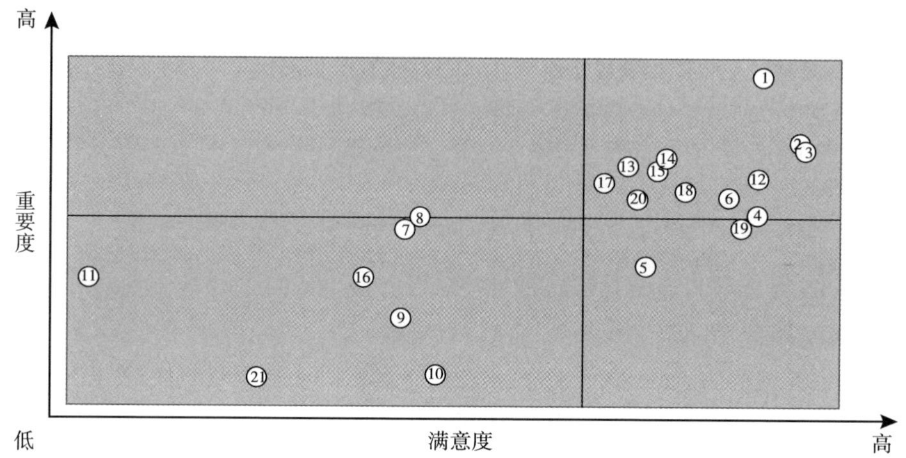

图 18　2021 年全国呼吸类设备满意度 & 重要度四分

注：①～㉑指代见本书总报告《医疗器械行业数据调研项目的进展及未来趋势》表 8。
资料来源：《中国医疗设备》杂志社行业数据调查。

由图 18 可见，企业在产品可靠性、产品易用性、工程师维修水平等重要度较高的指标上，满意度也较高。

企业需要提高用户对提供预防性维护计划和组织实施的满意度。

（十）输注泵类设备市场数据分析

1. 输注泵类设备整体市场及分级市场数据

（1）2017～2021 年全国输注泵类设备主要品牌保有率

我国输注泵类设备市场以国产品牌为主，2017～2021 年全国输注泵类设备品类中，主要品牌保有率情况如表 82 所示。其他品牌包括北京思路高、雷恩医疗、威高日机装等。

表 82　2017～2021 年全国输注泵类设备主要品牌保有率

单位：%

序号	品牌名称	2017 年	2018 年	2019 年	2020 年	2021 年
1	史密斯	48.2	43.9	42.8	39.6	27.7
2	麦科田	—	2.7	7.1	9.5	17.2
3	迈瑞	2.2	4.6	9.2	14.5	13.0
4	贝朗	12.7	9.1	7.3	4.0	10.9

续表

序号	品牌名称	2017 年	2018 年	2019 年	2020 年	2021 年
5	来普惠康	—	—	9.8	6.6	5.5
6	圣诺	4.7	6.4	4.3	6.0	4.1
7	思路高	4.0	4.6	3.4	4.7	4.0
8	迈帝康	—	—	—	—	3.6
9	科力医疗	4.4	6.3	2.7	4.6	3.3
10	费森尤斯卡比	5.0	5.7	5.6	1.8	2.4
11	泰尔茂	2.0	2.5	0.4	1.0	2.4
12	威利方舟	1.1	1.4	1.9	2.9	1.7
13	华玺医疗	0.4	0.6	0.2	0.4	1.3
14	美瑞华	0.5	0.8	3.3	1.0	1.1
15	其他	14.8	11.4	2.0	3.4	1.8

资料来源：《中国医疗设备》杂志社行业数据调查。

（2）2017～2021 年全国输注泵类设备三级医院主要品牌保有率

2017～2021 年三级医院输注泵类设备品类中，史密斯的保有率自 2018 年起呈现逐渐上涨状态，圣诺、思路高、科力医疗等变化比较平稳（见表 83）。

表 83　2017～2021 年全国输注泵类设备三级医院主要品牌保有率

单位：%

序号	品牌名称	2017 年	2018 年	2019 年	2020 年	2021 年
1	麦科田	49.9	45.2	44.4	41.3	29.1
2	史密斯	—	2.6	7.4	9.3	14.7
3	迈瑞	1.8	5.0	10.0	15.6	14.2
4	贝朗	14.2	10.1	8.4	4.6	12.9
5	来普惠康	—	—	9.2	6.0	5.7
6	圣诺	5.0	6.7	3.5	5.6	3.7
7	思路高	3.0	4.1	2.8	3.5	3.9
8	迈帝康	—	—	—	—	2.3
9	科力医疗	3.8	4.2	2.3	4.0	3.2
10	费森尤斯卡比	4.9	6.1	5.3	1.7	2.8
11	泰尔茂	2.1	3.0	0.4	1.2	2.4
12	威利方舟	1.0	1.1	0.9	3.0	1.9
13	华玺医疗	—	0.2	—	0.1	1.0
14	美瑞华	0.3	0.7	3.7	1.0	0.8
15	其他	14.0	11.0	1.7	3.1	1.4

资料来源：《中国医疗设备》杂志社行业数据调查。

（3）2017～2021 年全国输注泵类设备二级医院主要品牌保有率

具体情况如表 84 所示。

表 84　2017～2021 年全国输注泵类设备二级医院主要品牌保有率

单位：%

序号	品牌名称	2017 年	2018 年	2019 年	2020 年	2021 年
1	麦科田	35.6	37.7	35.2	41.3	20.7
2	史密斯	—	3.2	5.5	9.3	35.0
3	迈瑞	4.9	2.9	5.0	15.6	6.3
4	贝朗	2.8	4.4	1.7	4.6	1.8
5	来普惠康	—	—	13.0	6.0	4.2
6	圣诺	3.2	5.2	8.3	5.6	5.8
7	思路高	11.1	7.0	6.6	3.5	4.2
8	迈帝康	—	—	—	—	7.3
9	科力医疗	8.5	15.9	4.3	4.0	3.3
10	费森尤斯卡比	5.9	3.4	7.0	1.7	0.9
11	泰尔茂	1.1	0.3	—	1.2	2.3
12	威利方舟	1.6	3.1	6.9	3.0	0.6
13	华玺医疗	3.4	2.5	1.2	0.1	2.4
14	美瑞华	2.0	0.8	1.5	1.0	2.1
15	其他	19.9	13.6	3.8	3.1	3.1

资料来源：《中国医疗设备》杂志社行业数据调查。

2. 输注泵类设备售后服务现状分析

（1）2017～2021 年输注泵类设备主要品牌售后服务满意度

2017～2021 年，输注泵类设备主要品牌售后服务满意度竞争较激烈，其中麦科田、迈瑞、贝朗和圣诺呈波动上升趋势（见表 85）。

表 85　2017～2021 年全国输注泵类设备主要品牌售后服务满意度

单位：分

序号	品牌名称	2017 年	2018 年	2019 年	2020 年	2021 年
1	史密斯	4.19	4.18	4.22	4.21	4.05
2	麦科田	4.00	4.79	4.75	4.49	4.56
3	迈瑞	4.26	4.11	4.35	4.40	4.45
4	贝朗	4.17	4.02	4.10	4.23	4.36

续表

序号	品牌名称	2017 年	2018 年	2019 年	2020 年	2021 年
5	来普惠康	4. 20	4. 38	4. 32	4. 38	3. 78
6	圣诺	4. 02	4. 15	4. 39	4. 24	4. 23
7	思路高	4. 03	4. 21	4. 01	3. 96	3. 96
8	迈帝康	—	—	—	—	4. 60
9	科力医疗	4. 01	4. 02	4. 32	4. 07	3. 96
10	费森尤斯卡比	3. 84	3. 50	3. 92	4. 25	3. 53
11	泰尔茂	3. 99	4. 02	4. 09	4. 53	4. 06
12	威利方舟	4. 19	4. 09	4. 23	4. 42	4. 12
13	华玺医疗	3. 59	3. 70	4. 00	3. 94	3. 51
14	美瑞华	4. 33	3. 66	3. 56	4. 40	4. 15

资料来源：《中国医疗设备》杂志社行业数据调查。

（2）2017～2021 年输注泵类设备三级医院主要品牌售后服务满意度

2017～2021 年，输注泵类设备三级医院主要品牌售后服务满意度竞争较激烈，2018～2021 年迈瑞呈逐年上升趋势（见表 86）。

表 86　2017～2021 年全国输注泵类设备主要品牌三级医院售后服务满意度

单位：分

序号	品牌名称	2017 年	2018 年	2019 年	2020 年	2021 年
1	史密斯	4. 19	4. 21	4. 22	4. 19	4. 04
2	麦科田	4. 00	4. 73	4. 76	4. 47	4. 57
3	迈瑞	4. 18	4. 00	4. 30	4. 38	4. 46
4	贝朗	4. 17	3. 97	4. 12	4. 22	4. 42
5	来普惠康	—	—	4. 42	4. 43	3. 71
6	圣诺	3. 99	4. 11	4. 30	4. 17	4. 12
7	思路高	3. 78	4. 20	3. 92	4. 01	3. 98
8	迈帝康	—	—	—	—	4. 52
9	科力医疗	3. 89	3. 96	4. 32	3. 81	3. 75
10	费森尤斯卡比	—	3. 50	4. 11	4. 37	3. 40
11	泰尔茂	3. 93	4. 01	4. 09	4. 53	4. 11
12	威利方舟	4. 12	4. 03	4. 14	4. 53	4. 06
13	华玺医疗	1. 63	3. 82	4. 55	3. 95	3. 18
14	美瑞华	4. 12	3. 71	3. 40	4. 40	4. 19

资料来源：《中国医疗设备》杂志社行业数据调查。

（3）2017～2021 年输注泵类设备二级医院主要品牌售后服务满意度

2017～2021 年，输注泵类设备二级医院主要品牌售后服务满意度竞争较激烈（见表 87）。

表 87　2017～2021 年全国输注泵类设备主要品牌二级医院售后服务满意度

单位：分

序号	品牌名称	2017 年	2018 年	2019 年	2020 年	2021 年
1	史密斯	4.23	4.07	4.21	4.29	4.06
2	麦科田	—	4.99	4.70	4.53	4.53
3	迈瑞	4.42	4.57	4.53	4.54	4.35
4	贝朗	4.25	4.34	3.88	4.72	4.03
5	来普惠康	—	—	3.99	4.22	3.98
6	圣诺	4.20	4.28	4.56	4.38	4.44
7	思路高	4.53	4.21	4.14	3.87	3.84
8	迈帝康	—	—	—	—	4.63
9	科力医疗	4.22	4.07	4.33	4.40	4.41
10	费森尤斯卡比	3.37	—	—	3.82	4.06
11	泰尔茂	4.22	4.18	—	—	3.94
12	威利方舟	4.50	4.22	4.31	3.88	4.45
13	华玺医疗	3.68	3.60	3.89	3.93	3.76
14	美瑞华	4.69	3.53	4.27	4.40	4.28

资料来源：《中国医疗设备》杂志社行业数据调查。

（4）2017～2021 年全国输注泵类设备主要品牌核心环节竞争力

2017～2021 年，在全国输注泵类设备品类中，设备使用及管理人员最关注的四个售后服务问题的情况如图 19 所示。

从整体来看，医院对输注泵类设备售后服务中最为关注的方面是产品质量、维修质量、效率和培训。其中，对产品质量（即产品可靠性、产品易用性）最为看重；工程师维修水平指标反映了维修质量；厂家工程师维修响应、到达现场、修复速度指标反映了效率；临床使用培训指标反映了培训。

（5）2017～2021 年全国输注泵类设备六维综合满意度

2017～2021 年，从全国输注泵类设备的六维综合满意度评价中可以看出，服务态度维度为满意度分值较高的维度，价格在这六个维度中满意度分值最低（见表 88）。

图 19　2017～2021 年全国输注泵类设备主要品牌核心环节竞争力

资料来源：《中国医疗设备》杂志社行业数据调查。

表 88　2017～2021 年全国输注泵类设备六维综合满意度

单位：分

年份	产品质量	维修质量	价格	效率	培训	服务态度
2017	4.22	4.10	3.95	4.16	4.02	4.23
2018	4.19	4.07	3.99	4.20	4.04	4.20
2019	4.24	4.25	4.11	4.30	4.19	4.46
2020	4.36	4.19	4.14	4.33	4.25	4.33
2021	4.33	4.19	4.11	4.26	4.21	4.18

资料来源：《中国医疗设备》杂志社行业数据调查。

3. 输注泵类设备维修保养服务情况分析

在 2021 年全国输注泵类设备品类中，保有率不低于 1% 的品牌的维修保养服务情况如表 89 所示。

表 89　2021 年全国输注泵类设备主要品牌维保服务情况

单位：%

品牌名称	维保履行率	先修后付款所占比例	无间断服务情况
史密斯	75.6	94.3	50.9
麦科田	98.5	99.8	97.1
迈瑞	92.3	93.1	89.7
贝朗	88.6	97.0	80.0
来普惠康	74.4	92.9	36.3
圣诺	69.2	95.6	78.9
思路高	79.6	88.5	78.1
迈帝康	94.9	86.1	96.4
科力医疗	68.6	98.9	62.5
费森尤斯卡比	78.2	77.3	42.7
泰尔茂	74.6	90.8	50.9
威利方舟	92.2	77.2	90.8
华玺医疗	85.6	99.8	84.0
美瑞华	90.2	91.5	66.1

资料来源：《中国医疗设备》杂志社行业数据调查。

4. 输注泵类设备采购推荐情况

在 2021 年全国输注泵类设备品类中，保有率不低于 1% 的品牌的采购推荐情况如表 90 所示。

表 90　2021 年全国输注泵类设备主要品牌采购推荐情况

单位：%

品牌名称	净推荐值	意向复购率
史密斯	28.5	77.8
麦科田	57.3	97.0
迈瑞	54.1	86.1
贝朗	39.7	66.2
来普惠康	7.4	66.7
圣诺	36.4	81.8
思路高	19.4	74.2
迈帝康	68.0	95.9
科力医疗	46.8	89.4

续表

品牌名称	净推荐值	意向复购率
费森尤斯卡比	8.3	61.1
泰尔茂	26.3	78.9
威利方舟	31.8	63.6
华玺医疗	—	58.1
美瑞华	9.1	72.7

资料来源：《中国医疗设备》杂志社行业数据调查。

5. 输注泵类设备满意度 & 重要度分析

在2021年全国输注泵类设备品类中，21项指标的满意度 & 重要度四分如图20所示。

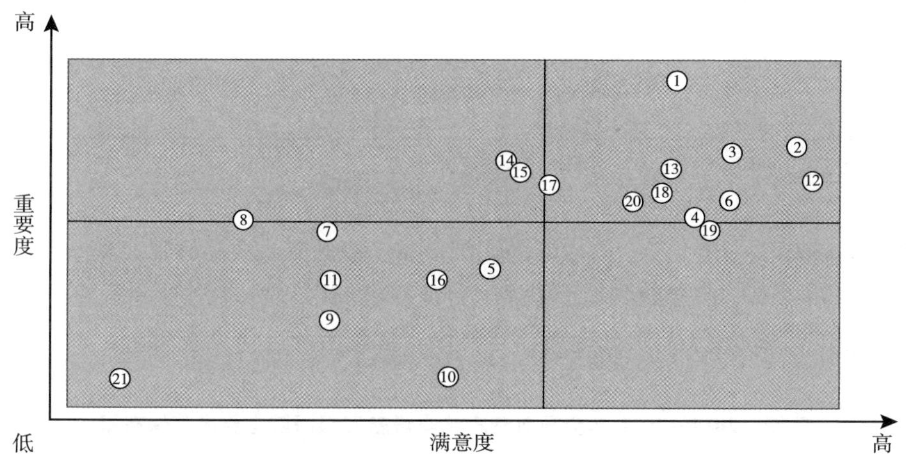

图20　2021年全国输注泵类设备满意度 & 重要度四分

注：①~㉑指代见本书总报告《医疗器械行业数据调研项目的进展及未来趋势》表8。
资料来源：《中国医疗设备》杂志社行业数据调查。

由图20可见，企业在产品可靠性、产品易用性、工程师维修水平等重要度较高的指标上，满意度也较高。

企业需要提高用户对提供预防性维护计划和组织实施，厂家工程师维修响应、到达现场、修复速度，服务热线工作方式和到场响应速度的满意度。

（十一）血液净化类设备市场数据分析

1. 血液净化类设备整体市场及分级市场数据

（1）2017～2021 年全国血液净化类设备主要品牌保有率

我国血液净化类设备市场以进口品牌为主，2017～2021 年全国血液净化类设备品类中，主要品牌保有率情况如表 91 所示。其他品牌包括山外山、暨华、贝尔克、旭化成、金宝等。

表 91　2017～2021 年全国血液净化类设备主要品牌保有率

单位：%

序号	品牌名称	2017 年	2018 年	2019 年	2020 年	2021 年
1	费森尤斯	46.1	48.6	46.0	48.7	47.3
2	贝朗爱敦	18.8	19.0	18.5	18.4	23.4
3	百特	17.1	15.4	15.6	16.3	13.2
4	威高日机装	7.8	8.0	9.1	9.7	9.0
5	东丽	5.0	4.3	5.5	3.5	2.8
6	尼普洛	2.6	2.3	2.2	0.9	2.0
7	其他	2.6	2.4	3.1	2.5	2.3

资料来源：《中国医疗设备》杂志社行业数据调查。

（2）2017～2021 年全国血液净化类设备三级医院主要品牌保有率

2017～2021 年三级医院血液净化类设备市场中，费森尤斯占据较高保有率且保有率波动较小，贝朗爱敦、百特保有率较为接近（见表 92）。

表 92　2017～2021 年全国血液净化类设备三级医院主要品牌保有率

单位：%

序号	品牌名称	2017 年	2018 年	2019 年	2020 年	2021 年
1	费森尤斯	46.0	46.7	45.4	47.7	46.3
2	贝朗爱敦	17.9	19.1	18.7	17.9	23.6
3	百特	18.9	18.0	16.3	18.1	14.6
4	威高日机装	7.9	8.1	10.2	9.7	8.9
5	东丽	5.0	4.0	5.0	3.7	2.8
6	尼普洛	1.7	2.2	1.8	0.6	1.6
7	其他	2.6	1.9	2.6	2.3	2.2

资料来源：《中国医疗设备》杂志社行业数据调查。

（3）2017～2021 年全国血液净化类设备二级医院主要品牌保有率

与 2017～2021 年三级医院血液净化类设备市场情况相比，在 2017～2021 年二级医院血液净化类设备市场中，贝朗爱敦保有率高于百特保有率（见表 93）。

表 93 2017～2021 年全国血液净化类设备二级医院主要品牌保有率

单位：%

序号	品牌名称	2017 年	2018 年	2019 年	2020 年	2021 年
1	费森尤斯	46.3	52.7	48.0	47.7	51.0
2	贝朗爱敦	22.2	19.5	17.8	17.9	23.1
3	百特	10.2	8.7	13.1	18.1	7.7
4	威高日机装	7.5	7.5	5.0	9.7	9.6
5	东丽	5.3	5.2	7.0	3.7	2.6
6	尼普洛	5.5	2.8	3.7	0.6	3.5
7	其他	3.0	3.6	5.4	2.3	2.5

资料来源：《中国医疗设备》杂志社行业数据调查。

2. 血液净化类设备售后服务现状分析

（1）2017～2021 年血液净化类设备主要品牌售后服务满意度

2017～2021 年，血液净化类设备主要品牌售后服务满意度整体呈波动上升趋势，其中威高日机装始终保持领先状态，百特 2018～2021 年的满意度逐年上升，东丽 2019～2021 年的满意度略有下降（见表 94）。

表 94 2017～2021 年全国血液净化类设备主要品牌售后服务满意度

单位：分

序号	品牌名称	2017 年	2018 年	2019 年	2020 年	2021 年
1	费森尤斯	4.16	4.26	4.20	4.29	4.29
2	贝朗爱敦	4.15	4.18	4.18	4.16	4.28
3	百特	4.09	4.06	4.11	4.21	4.24
4	威高日机装	4.35	4.29	4.33	4.40	4.39
5	东丽	4.17	3.83	4.25	4.09	3.84
6	尼普洛	3.98	4.28	4.01	4.07	4.02

资料来源：《中国医疗设备》杂志社行业数据调查。

（2）2017～2021 年血液净化类设备三级医院主要品牌售后服务满意度

2017～2021 年，血液净化类设备三级医院主要品牌售后服务满意度同整体调研市场排名基本保持一致（见表 95）。

表 95　2017～2021 年全国血液净化类设备主要品牌三级医院售后服务满意度

单位：分

序号	品牌名称	2017 年	2018 年	2019 年	2020 年	2021 年
1	费森尤斯	4. 16	4. 31	4. 25	4. 28	4. 29
2	贝朗爱敦	4. 15	4. 23	4. 20	4. 15	4. 32
3	百特	4. 14	4. 13	4. 11	4. 23	4. 27
4	威高日机装	4. 44	4. 26	4. 35	4. 41	4. 47
5	东丽	4. 04	4. 02	4. 12	4. 24	3. 87
6	尼普洛	3. 91	4. 16	4. 04	4. 17	4. 07

资料来源：《中国医疗设备》杂志社行业数据调查。

（3）2017～2021 年血液净化类设备二级医院主要品牌售后服务满意度

2017～2021 年，血液净化类设备二级医院主要品牌售后服务满意度竞争较激烈（见表 96）。

表 96　2017～2021 年全国血液净化类设备主要品牌二级医院售后服务满意度

单位：分

序号	品牌名称	2017 年	2018 年	2019 年	2020 年	2021 年
1	费森尤斯	4. 17	4. 17	4. 03	4. 33	4. 29
2	贝朗爱敦	4. 15	4. 03	4. 11	4. 13	4. 15
3	百特	3. 84	3. 77	4. 11	4. 11	3. 98
4	威高日机装	4. 05	4. 35	4. 23	4. 41	4. 18
5	东丽	4. 55	3. 46	4. 59	3. 62	3. 74
6	尼普洛	4. 06	4. 52	3. 97	3. 95	3. 95

资料来源：《中国医疗设备》杂志社行业数据调查。

（4）2017～2021 年全国血液净化类设备主要品牌核心环节竞争力

2017～2021 年，在全国血液净化类设备品类中，设备使用及管理人员最关注的四个售后服务问题的情况如图 21 所示。

从整体来看，医院对血液净化类设备售后服务中最为关注的方面是产品质量、维修质量、效率和培训。其中，对产品质量（即产品可靠性、产品易用性）最为看重；工程师维修水平指标反映了维修质量；厂家工程师维修响应、到达现场、修复速度指标反映了效率；临床使用培训指标反映了培训。

图 21　2017～2021 年全国血液净化类设备主要品牌核心环节竞争力

资料来源：《中国医疗设备》杂志社行业数据调查。

（5）2017～2021 年全国血液净化类设备六维综合满意度

2017～2021 年，从全国血液净化类设备的六维综合满意度评价中可以看出，服务态度维度为满意度分值较高的维度，价格在这六个维度中满意度分值最低（见表 97）。

表 97　2017～2021 年全国血液净化类设备六维综合满意度

单位：分

年份	产品质量	维修质量	价格	效率	培训	服务态度
2017	4.33	4.23	3.67	4.24	4.14	4.39
2018	4.28	4.29	3.76	4.30	4.13	4.36
2019	4.20	4.25	3.77	4.32	4.16	4.38
2020	4.35	4.21	3.89	4.33	4.27	4.36
2021	4.39	4.23	3.94	4.40	4.26	4.25

资料来源：《中国医疗设备》杂志社行业数据调查。

3. 血液净化类设备维修保养服务情况分析

在2021年全国血液净化类设备品类中，保有率不低于1%的品牌的维保服务情况如表98所示。

表98　2021年全国血液净化类设备主要品牌维保服务情况

单位：%

品牌名称	维保履行率	先修后付款所占比例	无间断服务情况
费森尤斯	84.4	91.4	89.9
贝朗爱敦	89.5	93.3	89.8
百特	70.7	98.2	95.8
威高日机装	90.7	88.0	90.1
东丽	47.5	99.3	83.2
尼普洛	91.0	83.4	80.9

资料来源：《中国医疗设备》杂志社行业数据调查。

4. 血液净化类设备采购推荐情况

在2021年全国血液净化类设备品类中，保有率不低于1%的品牌的采购推荐情况如表99所示。

表99　2021年全国血液净化类设备主要品牌采购推荐情况

单位：%

品牌名称	净推荐值	意向复购率
费森尤斯	50.6	88.4
贝朗爱敦	49.2	89.4
百特	32.9	78.6
威高日机装	53.4	81.0
东丽	14.3	71.4
尼普洛	—	75.0

资料来源：《中国医疗设备》杂志社行业数据调查。

5. 血液净化类设备满意度 & 重要度分析

在2021年全国血液净化类设备品类中，21项指标的满意度 & 重要度四分如图22所示。

由图22可见，企业在产品可靠性、产品易用性、工程师维修水平等重要度较高的指标上，满意度也较高。

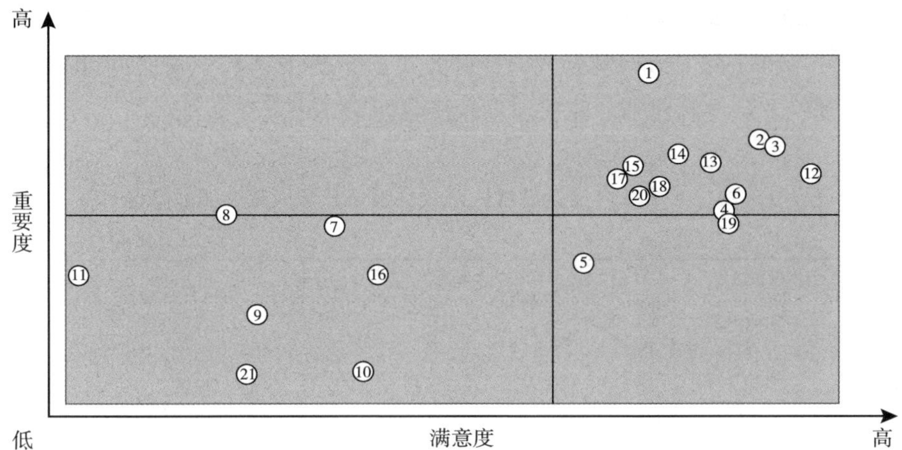

图 22　2021 年全国血液净化类设备满意度 & 重要度四分

注：①~㉑指代见本书总报告《医疗器械行业数据调研项目的进展及未来趋势》表 8。
资料来源：《中国医疗设备》杂志社行业数据调查。

企业需要提高用户对提供预防性维护计划和组织实施的满意度。

（十二）软式内窥镜类设备市场数据分析

1. 软式内窥镜类设备整体市场及分级市场数据

（1）2017～2021 年全国软式内窥镜类设备主要品牌保有率

我国软式内窥镜类设备市场以进口品牌为主，2017～2021 年全国软式内窥镜类设备品类中，主要品牌保有率情况如表 100 所示。其他品牌包括铂立、浙江优亿、卡尔史托斯等。

表 100　2017～2021 年全国软式内窥镜类设备主要品牌保有率

单位：%

序号	品牌名称	2017 年	2018 年	2019 年	2020 年	2021 年
1	奥林巴斯	87.4	82.2	82.0	73.8	69.0
2	富士胶片	9.2	10.8	13.3	17.3	18.2
3	开立医疗	—	0.1	—	0.4	6.7
4	宾得	—	6.1	4.5	8.1	5.2
5	其他	3.4	0.8	0.2	0.4	0.9

资料来源：《中国医疗设备》杂志社行业数据调查。

（2）2017～2021年全国软式内窥镜类设备三级医院主要品牌保有率

2017～2021年三级医院软式内窥镜类设备市场中，富士胶片自2017年起呈现上涨状态，奥林巴斯、宾得波动较小（见表101）。

表101　2017～2021年全国软式内窥镜类设备三级医院主要品牌保有率

单位：%

序号	品牌名称	2017年	2018年	2019年	2020年	2021年
1	奥林巴斯	88.4	83.0	83.5	74.9	71.3
2	富士胶片	8.3	10.5	12.1	16.6	19.9
3	开立医疗	—	—	—	0.4	3.4
4	宾得	—	5.7	4.2	7.7	5.3
5	其他	3.3	0.8	0.2	0.4	0.1

资料来源：《中国医疗设备》杂志社行业数据调查。

（3）2017～2021年全国软式内窥镜类设备二级医院主要品牌保有率

具体情况如表102所示。

表102　2017～2021年全国软式内窥镜类设备二级医院主要品牌保有率

单位：%

序号	品牌名称	2017年	2018年	2019年	2020年	2021年
1	奥林巴斯	79.2	81.7	74.4	74.9	65.7
2	富士胶片	17.0	11.1	19.4	16.6	12.8
3	开立医疗	—	—	—	0.4	11.9
4	宾得	—	6.7	6.2	7.7	5.0
5	其他	3.8	0.5	—	0.4	4.6

资料来源：《中国医疗设备》杂志社行业数据调查。

2. 软式内窥镜类设备售后服务现状分析

（1）2017～2021年软式内窥镜类设备主要品牌售后服务满意度

2017～2021年，软式内窥镜类设备主要品牌售后服务满意度整体呈波动上升趋势，且竞争较激烈（见表103）。

表 103　2017～2021 年全国软式内窥镜类设备主要品牌售后服务满意度

单位：分

序号	品牌名称	2017 年	2018 年	2019 年	2020 年	2021 年
1	奥林巴斯	4.08	4.01	4.07	4.11	4.43
2	富士胶片	4.10	3.78	3.92	4.10	4.40
3	开立医疗	—	3.48	—	3.60	4.72
4	宾得	—	3.81	3.91	3.88	3.98

资料来源：《中国医疗设备》杂志社行业数据调查。

（2）2017～2021 年软式内窥镜类设备三级医院主要品牌售后服务满意度

2017～2021 年，软式内窥镜类设备三级医院主要品牌售后服务满意度同整体调研市场排名基本保持一致（见表 104）。

表 104　2017～2021 年全国软式内窥镜类设备主要品牌三级医院售后服务满意度

单位：分

序号	品牌名称	2017 年	2018 年	2019 年	2020 年	2021 年
1	奥林巴斯	4.12	4.03	4.06	4.07	4.44
2	富士胶片	4.13	3.84	—	—	4.41
3	开立医疗	—	—	—	4.03	4.81
4	宾得	—	3.78	3.97	3.91	3.96

资料来源：《中国医疗设备》杂志社行业数据调查。

（3）2017～2021 年软式内窥镜类设备二级医院主要品牌售后服务满意度

2017～2021 年，软式内窥镜类设备二级医院主要品牌售后服务满意度同整体调研市场排名基本保持一致（见表 105）。

表 105　2017～2021 年全国软式内窥镜类设备主要品牌二级医院售后服务满意度

单位：分

序号	品牌名称	2017 年	2018 年	2019 年	2020 年	2021 年
1	奥林巴斯	3.91	3.95	4.10	4.22	4.39
2	富士胶片	4.01	3.52	—	—	4.37
3	开立医疗	—	—	—	—	4.67
4	宾得	—	3.89	3.63	3.79	3.95

资料来源：《中国医疗设备》杂志社行业数据调查。

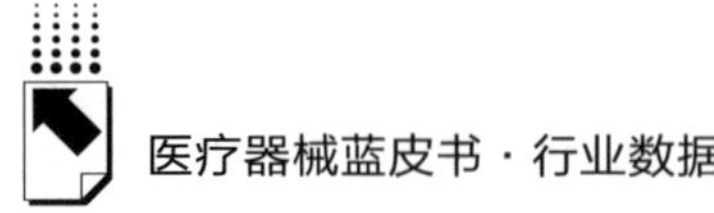

（4）2017～2021 年全国软式内窥镜类设备主要品牌核心环节竞争力

2017～2021 年，在全国软式内窥镜类设备品类中，设备使用及管理人员最关注的四个售后服务问题的情况如图 23 所示。

图 23　2017～2021 年全国软式内窥镜类设备主要品牌核心环节竞争力

资料来源：《中国医疗设备》杂志社行业数据调查。

从整体来看，医院对软式内窥镜类设备售后服务中最为关注的方面是产品质量、维修质量、效率和培训。其中，对产品质量（即产品可靠性、产品易用性）最为看重；工程师维修水平、维修后返修情况及保修期内换部件质保等指标均反映了维修质量；厂家工程师维修响应、到达现场、修复速度等指标均反映了效率；临床使用培训和合同规定的培训条款履约情况等指标均反映了培训。

（5）2017～2021 年全国软式内窥镜类设备六维综合满意度

2017～2021 年，从全国软式内窥镜类设备的六维综合满意度评价中可以看出，服务态度维度为满意度分值较高的维度，价格在这六个维度中满意度分值最低（见表 106）。

表 106　2017～2021 年全国软式内窥镜类设备六维综合满意度

年份	产品质量	维修质量	价格	效率	培训	服务态度
2017	4.21	4.25	3.52	4.15	4.01	4.37
2018	4.16	4.11	3.40	4.05	3.94	4.17
2019	4.13	4.15	3.52	4.14	4.06	4.29
2020	4.34	4.11	3.51	4.23	4.09	4.25
2021	4.56	4.49	3.98	4.51	4.44	4.48

资料来源：《中国医疗设备》杂志社行业数据调查。

3. 软式内窥镜类设备维修保养服务情况分析

在 2021 年全国软式内窥镜类设备品类中，保有率不低于 1% 的品牌的维修保养服务情况如表 107 所示。

表 107　2021 年全国软式内窥镜类设备主要品牌维保服务情况

单位：%

品牌名称	维保履行率	先修后付款所占比例	无间断服务情况
奥林巴斯	91.0	92.3	80.0
富士胶片	95.4	97.2	84.1
开立医疗	99.6	91.6	84.5
宾得	84.3	92.4	68.6

资料来源：《中国医疗设备》杂志社行业数据调查。

4. 软式内窥镜类设备采购推荐情况

在 2021 年全国软式内窥镜类设备品类中，保有率不低于 1% 的品牌的采购推荐情况如表 108 所示。

表 108　2021 年全国软式内窥镜类设备主要品牌采购推荐情况

单位：%

品牌名称	净推荐值	意向复购率
奥林巴斯	39.1	89.0
富士胶片	44.6	79.3
开立医疗	66.3	88.8
宾得	31.5	72.2

资料来源：《中国医疗设备》杂志社行业数据调查。

5. 软式内窥镜类设备满意度 & 重要度分析

在 2021 年全国软式内窥镜类设备品类中，21 项指标的满意度 & 重要度四分如图 24 所示。

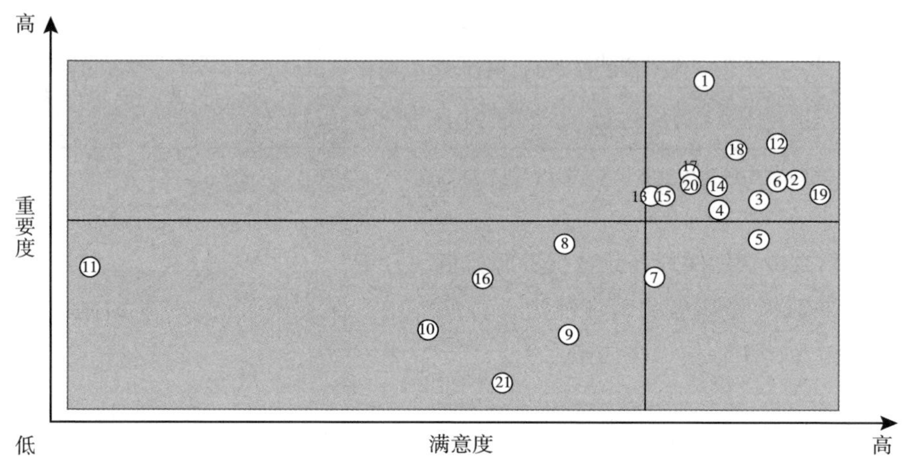

图 24　2021 年全国软式内窥镜类设备满意度 & 重要度四分

注：①～㉑指代见本书总报告《医疗器械行业数据调研项目的进展及未来趋势》表 8。
资料来源：《中国医疗设备》杂志社行业数据调查。

由图 24 可见，企业在产品可靠性；设备到货时间，厂家是否严格执行合同规定；合同规定的培训条款履约情况等重要度较高的指标上，满意度也较高。

（十三）硬式内窥镜类设备市场数据分析

1. 硬式内窥镜类设备整体市场及分级市场数据

（1）2017～2021 年全国硬式内窥镜类设备主要品牌保有率

我国硬式内窥镜类设备市场以进口品牌为主，2017～2021 年全国硬式内窥镜类设备品类中，主要品牌保有率情况如表 109 所示。其他品牌包括开立医疗、天松医疗、优亿医疗、天荣医疗等。

表 109　2017～2021 年全国硬式内窥镜类设备主要品牌保有率

单位：%

序号	品牌名称	2017 年	2018 年	2019 年	2020 年	2021 年
1	卡尔史托斯	47.3	36.0	46.0	47.6	49.6

续表

序号	品牌名称	2017 年	2018 年	2019 年	2020 年	2021 年
2	奥林巴斯	23.3	26.3	25.0	27.3	23.4
3	史赛克	12.7	18.0	17.2	16.3	13.7
4	狼牌	9.4	7.7	3.0	3.6	7.2
5	施乐辉	1.0	2.4	2.4	1.8	2.0
6	沈大内窥镜	2.8	5.1	3.7	1.2	1.5
7	其他	3.5	4.5	2.7	2.2	2.6

资料来源：《中国医疗设备》杂志社行业数据调查。

（2）2017～2021 年全国硬式内窥镜类设备三级医院主要品牌保有率

2017～2021 年三级医院硬式内窥镜设备市场中，卡尔史托斯、奥林巴斯占据较高保有率且变化情况较为平稳，沈大内窥镜保有率有较大波动（见表 110）。

表 110　2017～2021 年全国硬式内窥镜类设备三级医院主要品牌保有率

单位：%

序号	品牌名称	2017 年	2018 年	2019 年	2020 年	2021 年
1	卡尔史托斯	48.4	39.5	48.9	49.2	53.2
2	奥林巴斯	23.5	24.2	26.7	27.1	24.7
3	史赛克	13.2	19.9	14.5	16.2	12.6
4	狼牌	8.3	5.6	3.2	3.0	6.7
5	施乐辉	0.7	2.7	2.6	2.0	1.4
6	沈大内窥镜	2.4	4.3	1.2	1.0	0.6
7	其他	3.5	3.8	2.9	1.5	0.8

资料来源：《中国医疗设备》杂志社行业数据调研。

（3）2017～2021 年全国硬式内窥镜类设备二级医院主要品牌保有率

相比于 2017～2021 年三级医院硬式内窥镜设备市场，2017～2021 年二级医院硬式内窥镜设备市场中，卡尔史托斯、奥林巴斯、史赛克、狼牌、沈大内窥镜等波动较大（见表 111）。

表 111　2017～2021 年全国硬式内窥镜类设备二级医院主要品牌保有率

单位：%

序号	品牌名称	2017 年	2018 年	2019 年	2020 年	2021 年
1	卡尔史托斯	38.7	24.3	35.4	49.2	34.4
2	奥林巴斯	22.0	34.6	18.8	27.1	15.7
3	史赛克	8.1	11.2	26.4	16.2	20.3
4	狼牌	17.9	15.0	2.1	3.0	8.9
5	施乐辉	2.9	1.4	1.4	2.0	4.3
6	沈大内窥镜	5.8	7.5	13.9	1.0	3.6
7	其他	4.6	6.0	2.0	1.5	12.8

资料来源：《中国医疗设备》杂志社行业数据调研。

2. 硬式内窥镜类设备售后服务现状分析

（1）2017～2021 年硬式内窥镜类设备主要品牌售后服务满意度

2017～2021 年，硬式内窥镜类设备主要品牌售后服务满意度竞争激烈，且各品牌评分均波动较大（见表 112）。

表 112　2017～2021 年全国硬式内窥镜类设备主要品牌售后服务满意度

单位：分

序号	品牌名称	2017 年	2018 年	2019 年	2020 年	2021 年
1	卡尔史托斯	4.35	4.29	4.22	4.26	4.20
2	奥林巴斯	4.10	4.02	4.17	4.09	4.33
3	史赛克	3.99	3.80	4.22	4.24	4.14
4	狼牌	3.64	3.98	3.72	4.06	3.90
5	施乐辉	4.04	4.24	3.91	4.25	4.22
6	沈大内窥镜	3.95	4.17	4.83	4.14	3.62

资料来源：《中国医疗设备》杂志社行业数据调研。

（2）2017～2021 年硬式内窥镜类设备三级医院主要品牌售后服务满意度

2017～2021 年，硬式内窥镜类设备三级医院主要品牌售后服务满意度同整体调研市场排名基本保持一致（见表 113）。

表 113　2017～2021 年全国硬式内窥镜类设备主要品牌三级医院售后服务满意度

单位：分

序号	品牌名称	2017 年	2018 年	2019 年	2020 年	2021 年
1	卡尔史托斯	4.35	4.29	4.22	4.26	4.23
2	奥林巴斯	4.06	4.11	4.15	4.04	4.37
3	史赛克	3.97	3.92	4.16	4.25	4.26
4	狼牌	3.52	4.11	3.68	4.15	4.08
5	施乐辉	3.88	4.18	3.72	4.26	4.21
6	沈大内窥镜	4.04	4.34	4.78	3.98	3.67

资料来源：《中国医疗设备》杂志社行业数据调研。

（3）2017～2021 年硬式内窥镜类设备二级医院主要品牌售后服务满意度

2017～2021 年，硬式内窥镜类设备二级医院主要品牌售后服务满意度同整体调研市场排名基本保持一致（见表 114）。

表 114　2017～2021 年全国硬式内窥镜类设备主要品牌二级医院售后服务满意度

序号	品牌名称	2017 年	2018 年	2019 年	2020 年	2021 年
1	卡尔史托斯	4.34	4.28	4.22	4.31	4.12
2	奥林巴斯	4.24	3.85	4.24	4.22	4.13
3	史赛克	4.19	3.35	4.34	4.19	3.85
4	狼牌	3.91	3.87	4.02	3.95	3.52
5	施乐辉	4.37	4.44	4.92	4.15	4.12
6	沈大内窥镜	3.79	3.68	5.00	4.38	3.52

资料来源：《中国医疗设备》杂志社行业数据调研。

（4）2017～2021 年全国硬式内窥镜类设备主要品牌核心环节竞争力

2017～2021 年，在全国硬式内窥镜类设备品类中，设备使用及管理人员最关注的四个售后服务问题的情况如图 25 所示。

从整体来看，医院对硬式内窥镜类设备售后服务中最为关注的方面是产品质量、维修质量、效率和培训。其中，对产品质量（即产品可靠性、产品易用性）最为看重；工程师维修水平、维修后返修情况及保修期内换部件质保等指标均反映了维修质量；厂家工程师维修响应、到达现场、修复速度指标反

图 25　2017～2021 年全国硬式内窥镜类设备主要品牌核心环节竞争力

资料来源：《中国医疗设备》杂志社行业数据调研。

映了效率；临床使用培训和合同规定的培训条款履约情况等指标均反映了培训。

（5）2017～2021 年全国硬式内窥镜类设备六维综合满意度

2017～2021 年，从全国硬式内窥镜类设备的六维综合满意度评价中可以看出，产品质量维度为满意度分值较高的维度，价格在这六个维度中满意度分值最低（见表 115）。

表 115　2017～2021 年全国硬式内窥镜类设备六维综合满意度

单位：分

年份	产品质量	维修质量	价格	效率	培训	服务态度
2017	4.25	4.19	3.70	4.15	4.07	4.37
2018	4.28	4.21	3.65	4.25	4.09	4.31
2019	4.25	4.28	3.76	4.31	4.17	4.41
2020	4.46	4.17	3.74	4.31	4.21	4.33
2021	4.42	4.19	3.73	4.25	4.15	4.19

资料来源：《中国医疗设备》杂志社行业数据调研。

3. 硬式内窥镜类设备维修保养服务情况分析

在2021年全国硬式内窥镜类设备品类中，保有率不低于1%的品牌的维修保养服务情况如表116所示。

表116　2021年全国硬式内窥镜类设备主要品牌维保服务情况

单位：%

品牌名称	维保履行率	先修后付款所占比例	无间断服务情况
卡尔史托斯	77.8	76.6	73.7
奥林巴斯	90.8	54.7	79.7
史赛克	79.0	74.5	79.7
狼牌	52.3	63.1	78.5
施乐辉	85.4	29.3	90.2
沈大内窥镜	75.0	81.3	65.6

资料来源：《中国医疗设备》杂志社行业数据调查。

4. 硬式内窥镜类设备采购推荐情况

在2021年全国硬式内窥镜类设备品类中，保有率不低于1%的品牌的采购推荐情况如表117所示。

表117　2021年全国硬式内窥镜类设备主要品牌采购推荐情况

单位：%

品牌名称	净推荐值	意向复购率
卡尔史托斯	49.4	92.0
奥林巴斯	39.8	87.4
史赛克	33.0	87.2
狼牌	23.3	76.7
施乐辉	26.7	80.0
沈大内窥镜	27.3	54.5

资料来源：《中国医疗设备》杂志社行业数据调查。

5. 硬式内窥镜类设备满意度 & 重要度分析

在2021年全国硬式内窥镜类设备品类中，21项指标的满意度 & 重要度四分如图26所示。

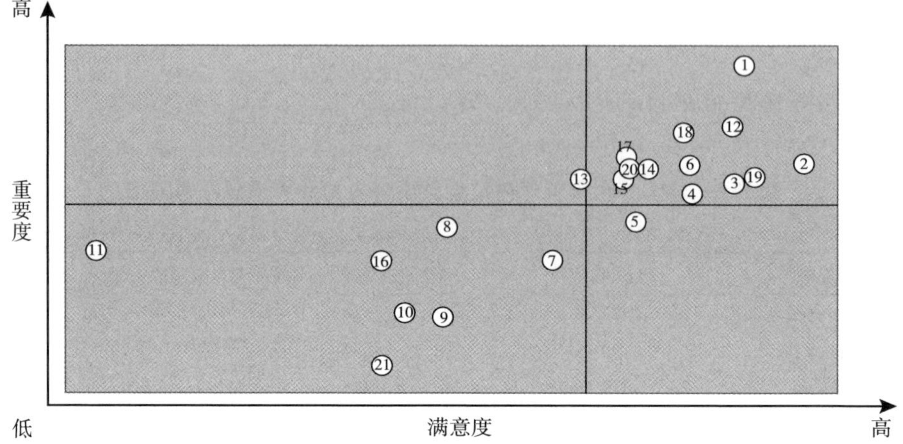

图 26　2021 年全国硬式内窥镜类设备满意度 & 重要度四分

注：①~㉑指代见本书总报告《医疗器械行业数据调研项目的进展及未来趋势》表 8。
资料来源：《中国医疗设备》杂志社行业数据调查。

由图 26 可见，企业在产品可靠性；设备到货时间，厂家是否严格执行合同规定；合同规定的培训条款履约情况等重要度较高的指标上，满意度也较高。

企业需要提高用户对配件价格的满意度。

（十四）麻醉类设备市场数据分析

1. 麻醉类设备整体市场及分级市场数据

（1）2017~2021 年全国麻醉类设备主要品牌保有率

我国麻醉类设备市场以进口品牌为主，2017~2021 年全国麻醉类设备品类中，主要品牌保有率情况如表 118 所示。其他品牌包括力康、攀龙、华纳医疗等。

表 118　2017~2021 年全国麻醉类设备主要品牌保有率

单位：%

序号	品牌名称	2017 年	2018 年	2019 年	2020 年	2021 年
1	德尔格	46.2	44.0	45.1	43.6	40.8
2	GE	32.5	27.9	33.0	29.6	26.9
3	迈瑞	11.2	14.6	13.5	19.0	16.3

续表

序号	品牌名称	2017 年	2018 年	2019 年	2020 年	2021 年
4	谊安医疗	3.8	4.2	2.7	3.1	11.4
5	德国海伦	1.0	2.8	1.1	—	1.6
6	科曼	—	0.1	0.7	0.4	1.1
7	其他	5.3	6.4	3.9	4.3	1.9

资料来源：《中国医疗设备》杂志社行业数据调查。

（2）2017～2021 年全国麻醉类设备三级医院主要品牌保有率

具体情况如表 119 所示。

表 119　2017～2021 年全国麻醉类设备三级医院主要品牌保有率

单位：%

序号	品牌名称	2017 年	2018 年	2019 年	2020 年	2021 年
1	德尔格	48.1	47.5	46.1	44.9	44.2
2	GE	33.8	28.8	34.4	30.6	29.5
3	迈瑞	9.5	12.9	12.7	17.9	15.9
4	谊安医疗	3.1	2.6	1.6	2.2	5.7
5	德国海伦	1.0	3.6	1.3	—	1.7
6	科曼	—	0.1	0.8	0.5	1.1
7	其他	4.5	4.5	3.1	3.9	1.9

资料来源：《中国医疗设备》杂志社行业数据调查。

（3）2017～2021 年全国麻醉类设备二级医院主要品牌保有率

2017～2021 年二级医院麻醉类设备品类市场中，各品牌保有率波动较大（见表 120）。

表 120　2017～2021 年全国麻醉类设备二级医院主要品牌保有率

单位：%

序号	品牌名称	2017 年	2018 年	2019 年	2020 年	2021 年
1	德尔格	33.9	34.3	41.0	44.9	29.4
2	GE	24.6	23.2	28.3	30.6	17.3
3	迈瑞	21.5	20.6	16.1	17.9	19.0

续表

序号	品牌名称	2017 年	2018 年	2019 年	2020 年	2021 年
4	谊安医疗	7.8	8.6	7.0	2.2	29.9
5	德国海伦	0.7	0.2	—	—	1.3
6	科曼	0.2	—	—	0.5	1.0
7	其他	11.3	13.1	7.6	3.9	2.1

资料来源：《中国医疗设备》杂志社行业数据调查。

2. 麻醉类设备售后服务现状分析

（1）2017～2021 年麻醉类设备主要品牌售后服务满意度

2017～2021 年，麻醉类设备主要品牌售后服务满意度整体呈波动上升趋势，其中 2017 年、2019～2020 年迈瑞保持领先地位（见表 121）。

表 121　2017～2021 年全国麻醉类设备主要品牌售后服务满意度

单位：分

序号	品牌名称	2017 年	2018 年	2019 年	2020 年	2021 年
1	德尔格	4.23	4.20	4.15	4.34	4.35
2	GE	4.10	4.26	4.20	4.24	4.09
3	迈瑞	4.48	4.33	4.48	4.52	4.42
4	谊安医疗	4.16	3.80	4.01	4.23	4.78
5	德国海伦	3.97	4.28	3.94	4.06	4.18
6	科曼	4.12	4.71	4.38	3.47	4.57

资料来源：《中国医疗设备》杂志社行业数据调查。

（2）2017～2021 年麻醉类设备三级医院主要品牌售后服务满意度

2017～2021 年，麻醉类设备三级医院主要品牌售后服务满意度整体中，迈瑞 2018～2020 年呈逐年增长趋势（见表 122）。

表 122　2017～2021 年全国麻醉类设备主要品牌三级医院售后服务满意度

单位：分

序号	品牌名称	2017 年	2018 年	2019 年	2020 年	2021 年
1	德尔格	4.22	4.24	4.14	4.33	4.41
2	GE	4.10	4.37	4.21	4.25	4.05
3	迈瑞	4.57	4.43	4.52	4.59	4.48
4	谊安医疗	4.11	3.79	3.64	4.50	4.77

续表

序号	品牌名称	2017 年	2018 年	2019 年	2020 年	2021 年
5	德国海伦	4.05	4.29	3.94	—	4.19
6	科曼	—	4.71	4.24	3.57	4.48

资料来源：《中国医疗设备》杂志社行业数据调查。

(3) 2017～2021 年麻醉类设备二级医院主要品牌售后服务满意度

2017～2021 年，麻醉类设备二级医院主要品牌售后服务满意度同整体调研市场排名基本保持一致（见表 123）。

表 123　2017～2021 年全国麻醉类设备主要品牌二级医院售后服务满意度

单位：分

序号	品牌名称	2017 年	2018 年	2019 年	2020 年	2021 年
1	德尔格	4.26	4.08	4.21	4.37	4.15
2	GE	4.10	3.98	4.17	4.19	4.22
3	迈瑞	4.31	4.17	4.41	4.37	4.32
4	谊安医疗	4.23	3.75	4.13	3.91	4.76
5	德国海伦	3.56	3.99	—	—	4.14
6	科曼	4.12	—	—	—	4.73

资料来源：《中国医疗设备》杂志社行业数据调查。

(4) 2017～2021 年全国麻醉类设备主要品牌核心环节竞争力

2017～2021 年，在全国麻醉类设备品类中，设备使用及管理人员最关注的四个售后服务问题的情况如图 27 所示。

从整体来看，医院对麻醉类设备售后服务中最为关注的方面是产品质量、维修质量、效率和培训。其中，对产品质量（即产品可靠性、产品易用性）最为看重；工程师维修水平、维修后返修情况及保修期内换部件质保等指标均反映了维修质量；厂家工程师维修响应、到达现场、修复速度指标反映了效率；临床使用培训指标反映了培训。

(5) 2017～2021 年全国麻醉类设备六维综合满意度

2017～2021 年，从全国麻醉类设备的六维综合满意度评价中可以看出，服务态度维度为满意度分值较高的维度，价格在这六个维度中满意度分值最低（见表 124）。

图 27　2017～2021 年全国麻醉类设备主要品牌核心环节竞争力

资料来源：《中国医疗设备》杂志社行业数据调查。

表 124　2017～2021 年全国麻醉类设备六维综合满意度

单位：分

年份	产品质量	维修质量	价格	效率	培训	服务态度
2017	4.30	4.25	3.79	4.25	4.08	4.43
2018	4.27	4.26	3.90	4.33	4.09	4.40
2019	4.24	4.26	3.80	4.29	4.12	4.39
2020	4.55	4.27	3.95	4.42	4.28	4.46
2021	4.56	4.39	4.15	4.46	4.32	4.37

资料来源：《中国医疗设备》杂志社行业数据调查。

3. 麻醉类设备维修保养服务情况分析

在 2021 年全国麻醉类设备品类中，保有率不低于 1% 的品牌的维修保养服务情况如表 125 所示。

表 125　2021 年全国麻醉类设备主要品牌维保服务情况

单位：%

品牌名称	维保履行率	先修后付款所占比例	无间断服务情况
德尔格	90.5	52.0	83.2
GE	81.6	53.0	83.9
迈瑞	91.8	58.7	93.1
谊安医疗	95.6	74.6	94.4
德国海伦	68.9	63.9	70.5
科曼	95.1	22.0	100.0

资料来源：《中国医疗设备》杂志社行业数据调查。

4. 麻醉类设备采购推荐情况

在 2021 年全国麻醉类设备品类中，保有率不低于 1% 的品牌的采购推荐情况如表 126 所示。

表 126　2021 年全国麻醉类设备主要品牌采购推荐情况

单位：%

品牌名称	净推荐值	意向复购率
德尔格	53.9	94.5
GE	45.2	88.5
迈瑞	58.3	92.7
谊安医疗	79.4	95.0
德国海伦	50.0	91.7
科曼	33.3	83.3

资料来源：《中国医疗设备》杂志社行业数据调查。

5. 麻醉类设备满意度 & 重要度分析

在 2021 年全国麻醉类设备品类中，21 项指标的满意度 & 重要度四分如图 28 所示。

由图 28 可见，企业在产品可靠性，工程师维修水平，厂家工程师维修响应、到达现场、修复速度等重要度较高的指标上，满意度也较高。

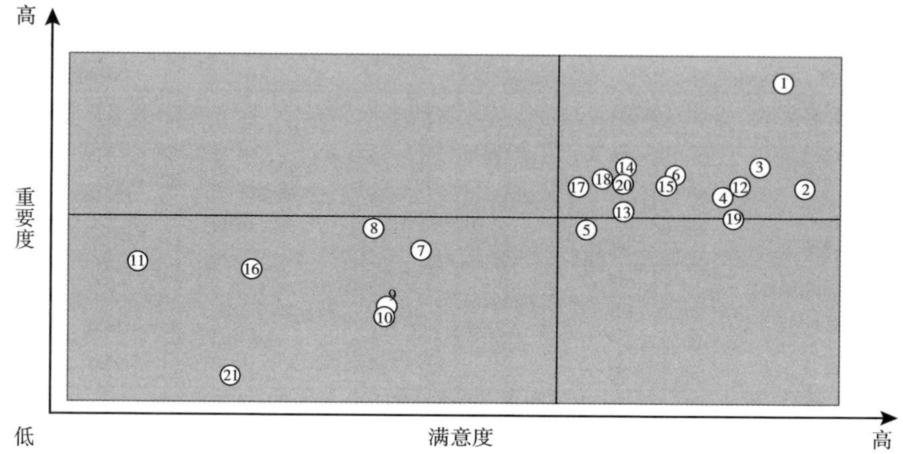

图 28　2021 年全国麻醉类设备满意度 & 重要度四分

注：①～㉑指代见本书总报告《医疗器械行业数据调研项目的进展及未来趋势》表 8。
资料来源：《中国医疗设备》杂志社行业数据调查。

（十五）电刀、超声刀等医用刀类设备市场数据分析

1. 电刀、超声刀等医用刀类设备整体市场及分级市场数据

（1）2017～2021 年全国电刀、超声刀等医用刀类设备主要品牌保有率

我国电刀、超声刀等医用刀类设备市场以进口品牌为主，2017～2021 年全国电刀、超声刀等医用刀类设备品类中，主要品牌保有率情况如表 127 所示。其他品牌包括贝林、玉华医疗、健马、博威等。

表 127　2017～2021 年全国电刀、超声刀等医用刀类设备主要品牌保有率

单位：%

序号	品牌名称	2017 年	2018 年	2019 年	2020 年	2021 年
1	美敦力	25.2	25.2	32.7	36.6	40.7
2	强生	15.1	14.9	13.5	16.4	18.7
3	爱尔博	21.9	24.0	23.3	19.4	14.0
4	上海沪通	12.7	14.4	18.4	12.5	12.1
5	康美	4.6	4.8	3.6	7.7	6.2
6	奥林巴斯	6.7	3.6	1.7	2.6	3.6
7	延陵电子	3.4	5.2	1.3	0.6	1.8

续表

序号	品牌名称	2017 年	2018 年	2019 年	2020 年	2021 年
8	力康	1.2	1.5	2.3	0.2	1.7
9	其他	9.2	6.4	3.2	4.0	1.2

资料来源：《中国医疗设备》杂志社行业数据调查。

（2）2017 ~2021 年全国电刀、超声刀等医用刀类设备三级医院主要品牌保有率

2017 ~2021 年三级医院电刀、超声刀等医用刀类设备市场中，美敦力保有率呈现上升状态，爱尔博、康美、奥林巴斯等变化较为平稳（见表 128）。

表 128　2017 ~2021 年全国电刀、超声刀等医用刀类设备三级医院主要品牌保有率

单位：%

序号	品牌名称	2017 年	2018 年	2019 年	2020 年	2021 年
1	美敦力	29.3	29.9	36.6	42.6	44.3
2	强生	16.8	15.9	13.3	17.1	19.8
3	爱尔博	21.7	23.6	23.9	19.5	15.2
4	上海沪通	11.1	12.0	15.2	8.7	7.9
5	康美	4.2	4.7	3.0	8.3	6.6
6	奥林巴斯	7.0	3.4	1.2	1.4	3.4
7	延陵电子	2.5	5.3	1.5	0.1	0.9
8	力康	1.4	1.7	2.5	—	1.2
9	其他	6.0	3.5	2.8	2.3	0.7

资料来源：《中国医疗设备》杂志社行业数据调查。

（3）2017 ~2021 年全国电刀、超声刀等医用刀类设备二级医院主要品牌保有率

2017 ~2021 年二级医院电刀、超声刀等医用刀类设备市场中，美敦力、爱尔博、上海沪通保有率波动较大，康美保有率变化较为平稳（见表 129）。

表 129　2017 ~2021 年全国电刀、超声刀等医用刀类设备二级医院主要品牌保有率

单位：%

序号	品牌名称	2017 年	2018 年	2019 年	2020 年	2021 年
1	美敦力	4.4	9.8	9.5	42.6	18.6

续表

序号	品牌名称	2017 年	2018 年	2019 年	2020 年	2021 年
2	强生	6.3	11.6	14.5	17.1	11.5
3	爱尔博	23.1	26.1	20.7	19.5	7.1
4	上海沪通	20.6	22.1	36.8	8.7	37.5
5	康美	6.9	5.4	7.0	8.3	4.3
6	奥林巴斯	5.0	4.1	2.9	1.4	5.3
7	延陵电子	7.8	4.9	0.4	0.1	7.7
8	力康	—	1.0	0.8	—	4.6
9	其他	25.9	15.0	7.4	2.3	3.4

资料来源：《中国医疗设备》杂志社行业数据调查。

2. 电刀、超声刀等医用刀类设备售后服务现状分析

（1）2017～2021 年电刀、超声刀等医用刀类设备主要品牌售后服务满意度

2017～2021 年，电刀、超声刀等医用刀类设备主要品牌售后服务满意度竞争较激烈（见表 130）。

表 130　2017～2021 年全国电刀、超声刀等医用刀类设备主要品牌售后服务满意度

单位：分

序号	品牌名称	2017 年	2018 年	2019 年	2020 年	2021 年
1	美敦力	4.29	4.09	4.32	4.22	4.32
2	强生	3.91	4.10	4.14	4.28	4.23
3	爱尔博	4.16	4.19	4.17	4.20	4.21
4	上海沪通	4.12	4.24	4.29	4.21	4.29
5	康美	4.12	3.88	3.90	4.36	4.12
6	奥林巴斯	4.16	4.01	3.95	3.91	4.09
7	延陵电子	4.67	4.19	3.94	4.51	4.49
8	力康	—	—	—	4.74	4.48

资料来源：《中国医疗设备》杂志社行业数据调查。

（2）2017～2021 年电刀、超声刀等医用刀类设备三级医院主要品牌售后服务满意度

2017～2021 年，电刀、超声刀等医用刀类设备三级医院主要品牌售后服务满意度排名波动较大且竞争激烈（见表 131）。

表 131　2017～2021 年全国电刀、超声刀等医用刀类设备主要品牌三级医院售后服务满意度

单位：分

序号	品牌名称	2017 年	2018 年	2019 年	2020 年	2021 年
1	美敦力	4.31	4.07	4.28	4.18	4.34
2	强生	3.94	4.16	4.17	4.27	4.20
3	爱尔博	4.27	4.23	4.17	4.18	4.20
4	上海沪通	4.13	4.38	4.27	4.03	4.21
5	康美	4.13	4.24	3.96	4.45	4.08
6	奥林巴斯	4.15	4.09	4.04	3.70	4.02
7	延陵电子	4.59	4.28	3.86	4.15	4.15
8	力康	—	—	—	—	4.38

资料来源：《中国医疗设备》杂志社行业数据调查。

（3）2017～2021 年电刀、超声刀等医用刀类设备二级医院主要品牌售后服务满意度

2017～2021 年，电刀、超声刀等医用刀类设备二级医院主要品牌售后服务满意度排名波动较大且竞争激烈（见表 132）。

表 132　2017～2021 年全国电刀、超声刀等医用刀类设备主要品牌二级医院售后服务满意度

单位：分

序号	品牌名称	2017 年	2018 年	2019 年	2020 年	2021 年
1	美敦力	4.04	4.26	4.59	4.47	4.11
2	强生	3.64	3.92	4.07	4.32	4.30
3	爱尔博	3.81	4.11	4.18	4.23	4.23
4	上海沪通	4.11	4.05	4.32	4.33	4.39
5	康美	4.09	3.29	3.76	3.65	4.29
6	奥林巴斯	4.19	3.89	3.70	4.01	4.20
7	延陵电子	4.75	3.95	4.51	4.56	4.67
8	力康	—	—	—	4.74	4.64

资料来源：《中国医疗设备》杂志社行业数据调查。

（4）2017～2021 年全国电刀、超声刀等医用刀类设备主要品牌核心环节竞争力

2017～2021 年，在全国电刀、超声刀等医用刀类设备品类中，设备使用及管理人员最关注的四个售后服务问题的情况如图 29 所示。

图 29　2017～2021 年全国电刀、超声刀等医用刀类设备主要品牌核心环节竞争力

资料来源：《中国医疗设备》杂志社行业数据调查。

从整体来看，医院对电刀、超声刀等医用刀类设备售后服务中最为关注的方面是产品质量、维修质量、效率和培训。其中，对产品质量（即产品可靠性、产品易用性）最为看重；工程师维修水平、维修后返修情况及保修期内换部件质保等指标均反映了维修质量；厂家工程师维修响应、到达现场、修复速度指标反映了效率；临床使用培训指标反映了培训。

（5）2017～2021 年全国电刀、超声刀等医用刀类设备六维综合满意度

2017～2021 年，从全国电刀、超声刀等医用刀类设备的六维综合满意度评价中可以看出，产品质量维度为满意度分值较高的维度，价格在这六个维度中满意度分值最低（见表 133）。

表 133　2017 ~ 2021 年全国电刀、超声刀等医用刀类设备六维综合满意度

单位：分

年份	产品质量	维修质量	价格	效率	培训	服务态度
2017	4.28	4.15	3.82	4.24	4.00	4.29
2018	4.24	4.15	3.78	4.20	4.01	4.19
2019	4.28	4.24	3.87	4.24	4.02	4.29
2020	4.57	4.22	3.83	4.30	4.14	4.31
2021	4.51	4.25	3.95	4.31	4.18	4.20

资料来源：《中国医疗设备》杂志社行业数据调查。

3. 电刀、超声刀等医用刀类设备维修保养服务情况分析

在 2021 年全国电刀、超声刀等医用刀类设备品类中，保有率不低于 1% 的品牌的维修保养服务情况如表 134 所示。

表 134　2021 年全国电刀、超声刀等医用刀类设备主要品牌维修保养服务情况

单位：%

品牌名称	维保履行率	先修后付款所占比例	无间断服务情况
美敦力	85.6	67.0	65.1
强生	84.5	43.8	79.6
爱尔博	76.2	74.0	58.8
上海沪通	80.3	66.3	67.4
康美	59.0	91.7	73.6
奥林巴斯	88.1	61.9	66.7
延陵电子	100.0	90.5	88.1
力康	61.5	94.9	82.1

资料来源：《中国医疗设备》杂志社行业数据调查。

4. 电刀、超声刀等医用刀类设备采购推荐情况

在 2021 年全国电刀、超声刀等医用刀类设备品类中，保有率不低于 1% 的品牌的采购推荐情况如表 135 所示。

表 135　2021 年全国电刀、超声刀等医用刀类设备主要品牌采购推荐情况

单位：%

品牌名称	净推荐值	意向复购率
美敦力	52.1	98.6
强生	46.6	91.8
爱尔博	39.3	90.2
上海沪通	50.0	89.1
康美	47.6	76.2
奥林巴斯	50.0	95.0
延陵电子	37.5	100.0
力康	53.8	84.6

资料来源：《中国医疗设备》杂志社行业数据调查。

5. 电刀、超声刀等医用刀类设备满意度 & 重要度分析

在 2021 年全国电刀、超声刀等医用刀类设备品类中，21 项指标的满意度 & 重要度四分如图 30 所示。

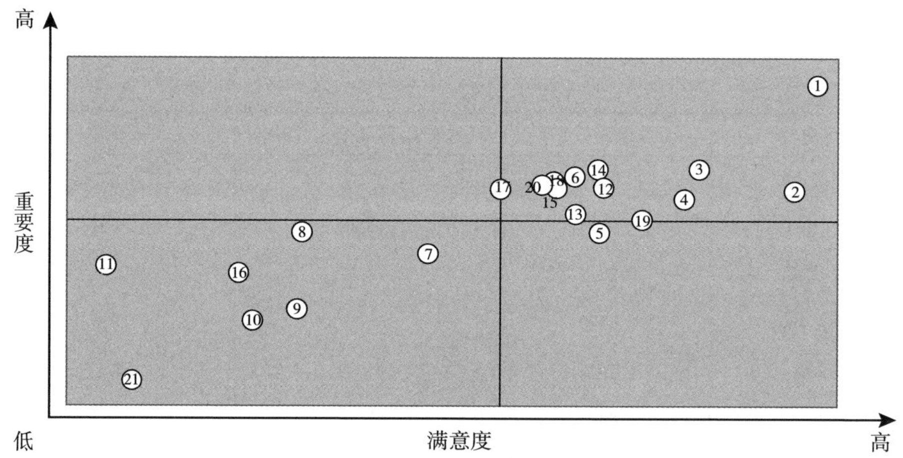

图 30　2021 年全国电刀、超声刀等医用刀类设备满意度 & 重要度四分

注：①～㉑指代见本书总报告《医疗器械行业数据调研项目的进展及未来趋势》表 8。
资料来源：《中国医疗设备》杂志社行业数据调查。

由图 30 可见，企业在产品可靠性，工程师维修水平，厂家工程师维修响应、到达现场、修复速度等重要度较高的指标上，满意度也较高。

企业需要提高用户对临床使用培训的满意度。

（十六）手术室灯床类设备市场数据分析

1. 手术室灯床类设备整体市场及分级市场数据

（1）2017～2021 年全国手术室灯床类设备主要品牌保有率

我国手术室灯床类设备市场以国产品牌为主，2017～2021 年全国手术室灯床类设备品类中，主要品牌保有率情况如表 136 所示。其他品牌包括南通医疗、山东铭泰、医达医疗、法迈、维怡等。

表 136　2017～2021 年全国手术室灯床类设备主要品牌保有率

单位：%

序号	品牌名称	2017 年	2018 年	2019 年	2020 年	2021 年
1	迈瑞	9.9	12.1	18.7	19.9	20.5
2	德尔格	18.1	23.9	25.5	23.9	15.4
3	谊安医疗	0.9	2.7	2.1	3.3	11.1
4	明基三丰	10.8	10.1	11.4	13.6	9.8
5	美迪兰	6.4	8.7	11.0	8.9	7.4
6	史赛克	—	—	3.7	4.2	7.4
7	熠隆	—	—	—	—	5.3
8	马丁	1.6	—	—	0.9	3.6
9	上海力康	4.2	4.5	2.6	3.8	2.4
10	迈柯唯	13.6	7.2	5.8	3.9	2.3
11	上海医疗器械厂有限公司	3.1	1.5	0.8	3.1	2.2
12	肯莎维	2.2	—	0.2	0.2	2.0
13	八乐梦	1.6	0.2	1.9	0.7	1.8
14	美国医用照明	1.8	2.2	2.1	0.7	1.8
15	太阳龙医疗	8.3	11.1	4.3	2.7	1.7
16	新华医疗	0.2	0.2	0.3	1.1	1.1
17	科凌	—	—	—	—	1.0
18	其他	17.3	15.6	9.6	9.1	3.2

资料来源：《中国医疗设备》杂志社行业数据调查。

（2）2017～2021 年全国手术室灯床类设备三级医院主要品牌保有率

2017～2021 年三级医院手术室灯床类设备市场中，迈瑞、力康、德尔格等整体波动较大（见表 137）。

表 137　2017～2021 年全国手术室灯床类设备三级医院主要品牌保有率

单位：%

序号	品牌名称	2017 年	2018 年	2019 年	2020 年	2021 年
1	迈瑞	7.1	11.6	12.0	20.9	19.0
2	力康	21.3	28.4	31.4	26.0	17.8
3	德尔格	0.1	2.2	1.0	3.1	7.3
4	谊安医疗	12.0	11.5	13.5	15.0	10.4
5	明基三丰	5.9	6.0	9.2	7.2	6.6
6	美迪兰	—	—	4.9	5.1	9.4
7	史赛克	—	—	—	—	6.3
8	熠隆	—	—	—	1.1	4.5
9	马丁	4.2	1.8	1.8	1.9	2.3
10	迈柯唯	15.9	7.6	5.6	4.3	2.8
11	上海医疗器械厂有限公司	2.1	0.6	0.8	1.6	2.0
12	肯莎维	2.6	—	0.3	0.2	2.0
13	八乐梦	1.8	0.2	2.5	—	2.3
14	美国医用照明	1.8	2.5	2.2	0.9	2.1
15	太阳龙医疗	6.7	11.6	4.4	2.7	2.1
16	新华医疗	0.3	—	0.4	1.4	0.4
17	科凌	—	—	—	—	—
18	其他	18.2	16.0	10.0	8.6	2.7

资料来源：《中国医疗设备》杂志社行业数据调查。

（3）2017～2021 年全国手术室灯床类设备二级医院主要品牌保有率具体情况如表 138 所示。

表 138　2017～2021 年全国手术室灯床类设备二级医院主要品牌保有率

单位：%

序号	品牌名称	2017 年	2018 年	2019 年	2020 年	2021 年
1	迈瑞	25.3	14.3	39.7	20.9	27.8
2	力康	0.7	6.0	6.6	26.0	1.2
3	德尔格	5.3	5.1	5.7	3.1	25.7
4	谊安医疗	3.9	4.3	4.7	15.0	8.3
5	明基三丰	9.3	20.0	17.3	7.2	10.4
6	美迪兰	—	—	—	5.1	—

续表

序号	品牌名称	2017年	2018年	2019年	2020年	2021年
7	史赛克	—	—	—	—	1.1
8	熠隆	—	—	—	1.1	—
9	马丁	4.1	14.6	5.0	1.9	3.0
10	迈柯唯	1.5	5.7	6.6	4.3	0.4
11	上海医疗器械厂有限公司	8.4	5.1	1.0	1.6	3.0
12	肯莎维	0.1	—	—	0.2	2.1
13	八乐梦	—	—	—	—	—
14	美国医用照明	1.7	0.9	1.8	0.9	0.9
15	太阳龙医疗	16.7	9.3	4.4	2.7	0.4
16	新华医疗	—	0.9	—	1.4	3.9
17	科凌	—	—	—	—	5.3
18	其他	23.0	13.8	7.2	8.6	6.5

资料来源：《中国医疗设备》杂志社行业数据调查。

2. 手术室灯床类设备售后服务现状分析

（1）2017～2021年手术室灯床类设备主要品牌售后服务满意度

2017～2021年，手术室灯床类设备主要品牌售后服务满意度整体呈波动上升趋势，其中新华医疗在2021年拔得头筹，但其排名波动较大（见表139）。

表139　2017～2021年全国手术室灯床类设备主要品牌售后服务满意度

单位：分

序号	品牌名称	2017年	2018年	2019年	2020年	2021年
1	迈瑞	4.30	4.16	4.27	4.32	4.37
2	德尔格	3.96	4.30	4.08	4.22	4.30
3	谊安医疗	4.30	3.32	4.09	3.88	4.66
4	明基三丰	3.92	4.08	4.07	4.10	4.15
5	美迪兰	3.97	4.21	4.04	4.13	3.92
6	史赛克	—	—	3.83	3.90	3.82
7	熠隆	—	—	—	—	3.67
8	马丁	—	—	—	4.65	3.99
9	上海力康	—	—	—	—	3.82
10	迈柯唯	4.00	3.95	4.16	4.48	4.25
11	上海医疗器械厂有限公司	3.50	3.58	4.46	4.07	3.80

续表

序号	品牌名称	2017 年	2018 年	2019 年	2020 年	2021 年
12	肯莎维	3. 21	3. 77	5. 00	4. 49	4. 25
13	八乐梦	3. 98	4. 53	4. 39	3. 81	4. 58
14	美国医用照明	4. 11	4. 12	4. 18	3. 83	4. 23
15	太阳龙医疗	4. 19	4. 32	4. 42	4. 09	4. 37
16	新华医疗	4. 78	5. 00	2. 13	3. 79	4. 98
17	科凌	2. 61	—	—	—	3. 15

资料来源：《中国医疗设备》杂志社行业数据调查。

（2）2017 ~2021 年手术室灯床类设备三级医院主要品牌售后服务满意度

2017 ~2021 年，手术室灯床类设备三级医院主要品牌售后服务满意度同整体调研市场排名基本保持一致（见表 140）。

表 140　2017 ~2021 年全国手术室灯床类设备主要品牌三级医院售后服务满意度

单位：分

序号	品牌名称	2017 年	2018 年	2019 年	2020 年	2021 年
1	迈瑞	4. 11	4. 20	4. 16	4. 33	4. 40
2	德尔格	3. 92	4. 27	4. 09	4. 19	4. 23
3	谊安医疗	4. 00	2. 39	3. 65	3. 84	4. 83
4	明基三丰	3. 89	4. 10	4. 03	4. 10	4. 12
5	美迪兰	3. 97	4. 04	3. 87	4. 17	3. 90
6	史赛克	—	—	3. 83	3. 90	3. 82
7	熠隆	—	—	—	—	3. 55
8	马丁	—	—	—	4. 65	3. 99
9	上海力康	—	—	—	—	3. 42
10	迈柯唯	4. 04	3. 82	4. 07	4. 55	4. 22
11	上海医疗器械厂有限公司	3. 04	4. 03	4. 44	4. 38	3. 72
12	肯莎维	3. 23	3. 77	5. 00	4. 49	4. 50
13	八乐梦	3. 98	4. 53	4. 39	—	4. 58
14	美国医用照明	4. 22	4. 12	4. 15	3. 83	4. 10
15	太阳龙医疗	4. 21	4. 28	4. 50	3. 94	4. 45
16	新华医疗	4. 78	—	2. 13	3. 79	4. 95
17	科凌	2. 61	—	—	—	—

资料来源：《中国医疗设备》杂志社行业数据调查。

（3）2017～2021 年手术室灯床类设备二级医院主要品牌售后服务满意度

2017～2021 年，手术室灯床类设备二级医院主要品牌售后服务满意度中，熠隆、美国医用照明和新华医疗在 2021 年的表现较好（见表 141）。

表 141　2017～2021 年全国手术室灯床类设备主要品牌二级医院售后服务满意度

单位：分

序号	品牌名称	2017 年	2018 年	2019 年	2020 年	2021 年
1	迈瑞	4.56	4.03	4.45	4.27	4.27
2	德尔格	4.93	4.56	3.79	4.33	4.95
3	谊安医疗	4.34	4.21	4.33	3.97	4.70
4	明基三丰	4.13	3.95	4.18	4.13	4.25
5	美迪兰	3.95	4.45	4.43	4.04	3.97
6	史赛克	—	—	—	—	—
7	熠隆	—	—	—	—	5.00
8	马丁	—	—	—	—	—
9	上海力康	—	—	—	—	4.61
10	迈柯唯	3.32	4.78	4.45	3.87	4.78
11	上海医疗器械厂有限公司	4.22	3.34	4.51	3.90	3.99
12	肯莎维	2.61	—	—	—	3.12
13	八乐梦	—	—	—	—	—
14	美国医用照明	3.59	4.07	4.28	—	5.00
15	太阳龙医疗	4.16	4.45	4.26	4.65	3.69
16	新华医疗	—	5.00	—	—	5.00
17	科凌	—	—	—	—	3.15

资料来源：《中国医疗设备》杂志社行业数据调查。

（4）2017～2021 年全国手术室灯床类设备主要品牌核心环节竞争力

2017～2021 年，在全国手术室灯床类设备品类中，设备使用及管理人员最关注的四个售后服务问题的情况如图 31 所示。

从整体来看每年医院对手术室灯床类设备售后服务中最为关注的方面均是产品质量、维修质量、效率和培训。其中，对产品质量（即产品可靠性、产品易用性）最为看重；工程师维修水平、维修后返修情况及保修期内换部件质保等指标均反映了维修质量；厂家工程师维修响应、到达现场、修复速度指标反映了效率；临床使用培训指标反映了培训。

图 31　2017～2021 年全国手术室灯床类设备主要品牌核心环节竞争力

资料来源：《中国医疗设备》杂志社行业数据调查。

（5）2017～2021 年全国手术室灯床类设备六维综合满意度

2017～2021 年，从全国手术室灯床类设备的六维综合满意度评价中可以看出，产品质量维度为满意度分值较高的维度，价格在这六个维度中满意度分值最低（见表 142）。

表 142　2017～2021 年全国手术室灯床类设备六维综合满意度

单位：分

年份	产品质量	维修质量	价格	效率	培训	服务态度
2017	4.20	3.96	3.65	3.99	3.94	4.20
2018	4.23	4.13	3.86	4.14	4.01	4.24
2019	4.25	4.14	3.87	4.19	4.09	4.28
2020	4.35	4.08	3.85	4.27	4.17	4.24
2021	4.43	4.17	4.03	4.26	4.16	4.15

资料来源：《中国医疗设备》杂志社行业数据调查。

3. 手术室灯床类设备维修保养服务情况分析

在 2021 年全国手术室灯床类设备品类中，保有率不低于 1% 的品牌的维修保养服务情况如表 143 所示。

表 143　2021 年全国手术室灯床类设备主要品牌维保服务情况

单位：%

品牌名称	维保履行率	先修后付款所占比例	无间断服务情况
迈瑞	94.1	47.9	87.6
德尔格	81.8	52.5	81.4
谊安医疗	96.3	50.3	97.0
明基三丰	64.8	71.0	77.9
美迪兰	65.0	65.5	82.7
史赛克	86.8	52.1	87.7
熠隆	71.2	51.3	61.5
马丁	100.0	79.2	34.9
上海力康	83.3	69.4	55.6
迈柯唯	49.3	94.0	59.7
上海医疗器械厂有限公司	14.1	31.3	67.2
肯莎维	69.0	65.5	100.0
八乐梦	53.7	46.3	53.7
美国医用照明	61.1	77.8	100.0
太阳龙医疗	100.0	56.0	52.0
新华医疗	100.0	100.0	100.0
科凌	0.0	0.0	100.0

资料来源：《中国医疗设备》杂志社行业数据调查。

4. 手术室灯床类设备采购推荐情况

在 2021 年全国手术室灯床类设备品类中，保有率不低于 1% 的品牌的采购推荐情况如表 144 所示。

表 144　2021 年全国手术室灯床类设备主要品牌采购推荐情况

单位：%

品牌名称	净推荐值	意向复购率
迈瑞	56.0	96.0
德尔格	50.0	86.7
谊安医疗	79.1	90.9

续表

品牌名称	净推荐值	意向复购率
明基三丰	36. 6	85. 4
美迪兰	31. 6	68. 4
史赛克	33. 3	88. 9
熠隆	22. 2	77. 8
马丁	25. 0	62. 5
上海力康	58. 6	91. 4
迈柯唯	75. 0	75. 0
上海医疗器械厂有限公司	18. 2	72. 7
肯莎维	62. 5	100. 0
八乐梦	100. 0	100. 0
美国医用照明	60. 0	100. 0
太阳龙医疗	100. 0	100. 0
新华医疗	100. 0	100. 0

资料来源:《中国医疗设备》杂志社行业数据调查。

5. 手术室灯床类设备满意度 & 重要度分析

在 2021 年全国手术室灯床类设备品类中，21 项指标的满意度 & 重要度四分如图 32 所示。

由图 32 可见，企业在产品可靠性，工程师维修水平，厂家工程师维修响应、到达现场、修复速度等重要度较高的指标上，满意度也较高。

企业需要提高用户对临床使用培训的满意度。

（十七）医用激光类设备市场数据分析

1. 医用激光类设备整体市场及分级市场数据

（1）2017 ~ 2021 年全国医用激光类设备主要品牌保有率

我国医用激光类设备市场以进口品牌为主，2017 ~ 2021 年全国医用激光类设备品类中，主要品牌保有率情况如表 145 所示。其他品牌包括大华激光、法国光太、华工激光等。

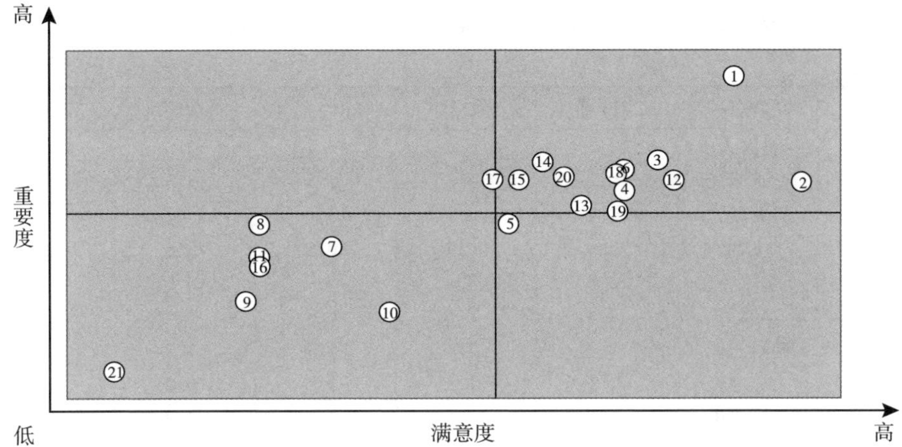

图 32　2021 年全国手术室灯床类设备满意度 & 重要度四分

注：①～㉑指代见本书总报告《医疗器械行业数据调研项目的进展及未来趋势》表 8。
资料来源：《中国医疗设备》杂志社行业数据调查。

表 145　2017～2021 年全国医用激光类设备主要品牌保有率

单位：%

序号	品牌名称	2017 年	2018 年	2019 年	2020 年	2021 年
1	科医人	41.7	37.8	51.6	53.9	54.5
2	奇致激光	8.7	5.0	3.3	6.5	8.7
3	科英激光	6.9	3.0	3.3	4.6	4.5
4	飞顿	4.6	6.7	9.8	3.9	4.2
5	金莱特	2.3	2.3	—	0.7	4.2
6	赛诺秀	2.3	7.4	6.0	3.6	4.2
7	爱科凯能	3.7	3.3	3.3	1.3	2.9
8	大族激光	2.3	5.4	5.4	1.3	2.6
9	嘉定光电	0.9	0.3	1.6	3.3	1.9
10	赛诺龙	—	—	—	—	1.9
11	卡尔蔡司	7.8	1.0	—	0.7	1.6
12	其他	18.8	27.8	15.7	20.2	8.8

资料来源：《中国医疗设备》杂志社行业数据调查。

（2）2017～2021 年全国医用激光类设备三级医院主要品牌保有率

2017～2021 年三级医院医用激光类设备市场中，科医人的保有率自 2018 年起呈现上涨状态，奇致激光、科英激光、飞顿等波动较大（见表 146）。

表 146　2017～2021 年全国医用激光类设备三级医院主要品牌保有率

单位：%

序号	品牌名称	2017 年	2018 年	2019 年	2020 年	2021 年
1	科医人	41.6	39.5	53.1	54.3	60.8
2	奇致激光	10.1	4.3	3.8	8.1	9.7
3	科英激光	7.9	0.9	3.1	5.7	4.6
4	飞顿	5.6	6.9	10.6	3.6	3.0
5	金莱特	2.8	3.0	—	0.8	5.1
6	赛诺秀	2.8	8.6	6.3	3.6	4.6
7	爱科凯能	2.2	2.6	1.9	1.2	2.1
8	大族激光	1.1	4.3	5.0	0.8	2.1
9	嘉定光电	1.1	0.4	1.9	4.0	2.1
10	赛诺龙	—	—	—	—	0.4
11	卡尔蔡司	9.0	—	—	0.4	0.4
12	其他	15.8	29.5	14.3	17.5	5.1

资料来源：《中国医疗设备》杂志社行业数据调查。

（3）2017～2021 年全国医用激光类设备二级医院主要品牌保有率

具体情况如表 147 所示。

表 147　2017～2021 年全国医用激光类设备二级医院主要品牌保有率

单位：%

序号	品牌名称	2017 年	2018 年	2019 年	2020 年	2021 年
1	科医人	41.0	32.8	41.7	54.3	33.8
2	奇致激光	2.6	7.8	—	8.1	5.9
3	科英激光	2.6	9.4	4.2	5.7	4.4
4	飞顿	—	6.3	4.2	3.6	8.8
5	金莱特	—	—	—	0.8	1.5
6	赛诺秀	—	3.1	4.2	3.6	2.9
7	爱科凯能	10.3	4.7	12.5	1.2	5.9
8	大族激光	7.7	9.4	8.3	0.8	4.4
9	嘉定光电	—	—	—	4.0	1.5
10	赛诺龙	—	—	—	—	7.4
11	卡尔蔡司	2.6	4.7	—	0.4	4.4
12	其他	33.2	21.8	24.9	17.5	19.1

资料来源：《中国医疗设备》杂志社行业数据调查。

2. 医用激光类设备售后服务现状分析

（1）2017～2021年医用激光类设备主要品牌售后服务满意度

2017～2021年，医用激光类设备主要品牌售后服务满意度整体呈波动上升趋势；其中大族激光的满意度逐年上升，卡尔蔡司在2021年拔得头筹（见表148）。

表148　2017～2021年全国医用激光类设备主要品牌售后服务满意度

单位：分

序号	品牌名称	2017年	2018年	2019年	2020年	2021年
1	科医人	4.08	4.08	4.09	4.30	4.10
2	奇致激光	4.40	3.90	4.30	4.34	4.55
3	科英激光	3.92	4.37	4.47	4.24	4.69
4	飞顿	4.31	4.15	4.48	4.27	4.09
5	金莱特	3.74	5.00	—	4.14	4.13
6	赛诺秀	3.32	4.07	4.51	4.29	3.93
7	爱科凯能	3.92	4.02	4.17	4.44	4.06
8	大族激光	3.39	3.72	3.92	4.27	4.35
9	嘉定光电	4.68	4.18	3.65	4.33	4.74
10	赛诺龙	—	—	—	—	4.72
11	卡尔蔡司	3.52	3.15	—	4.20	4.95

资料来源：《中国医疗设备》杂志社行业数据调查。

（2）2017～2021年医用激光类设备三级医院主要品牌售后服务满意度

2017～2021年，医用激光类设备三级医院主要品牌售后服务满意度波动较大且竞争激烈（见表149）。

表149　2017～2021年全国医用激光类设备主要品牌三级医院售后服务满意度

单位：分

序号	品牌名称	2017年	2018年	2019年	2020年	2021年
1	科医人	4.12	4.15	4.04	4.33	4.18
2	奇致激光	4.41	3.85	4.30	4.34	4.65
3	科英激光	3.79	4.00	4.40	4.24	4.83
4	飞顿	4.31	4.11	4.42	4.69	4.15
5	金莱特	3.74	5.00	—	4.14	4.01
6	赛诺秀	3.32	4.14	4.56	4.38	3.94

续表

序号	品牌名称	2017 年	2018 年	2019 年	2020 年	2021 年
7	爱科凯能	3.76	4.44	4.47	4.52	3.82
8	大族激光	2.33	3.67	4.01	4.34	4.16
9	嘉定光电	4.68	4.18	3.65	4.33	4.63
10	赛诺龙	—	—	—	—	4.73
11	卡尔蔡司	3.58	—	—	3.58	4.82

资料来源：《中国医疗设备》杂志社行业数据调查。

（3）2017～2021 年医用激光类设备二级医院主要品牌售后服务满意度

2017～2021 年，医用激光类设备二级医院主要品牌售后服务满意度波动较大且竞争激烈（见表 150）。

表 150　2017～2021 年全国医用激光类设备主要品牌二级医院售后服务满意度

单位：分

序号	品牌名称	2017 年	2018 年	2019 年	2020 年	2021 年
1	科医人	3.93	3.84	4.41	4.31	3.88
2	奇致激光	4.29	4.03	—	—	4.38
3	科英激光	5.00	4.34	4.77	—	4.35
4	飞顿	—	4.23	5.00	3.08	4.01
5	金莱特	—	—	—	—	4.85
6	赛诺秀	—	3.50	4.17	3.96	3.85
7	爱科凯能	4.08	2.55	3.86	4.20	4.33
8	大族激光	4.10	3.79	3.62	4.20	4.64
9	嘉定光电	—	—	—	—	5.00
10	赛诺龙	—	—	—	—	4.71
11	卡尔蔡司	3.00	3.15	—	4.82	5.00

资料来源：《中国医疗设备》杂志社行业数据调查。

（4）2017～2021 年全国医用激光类设备主要品牌核心环节竞争力

2017～2021 年，在全国医用激光类设备品类中，设备使用及管理人员最关注的四个售后服务问题的情况如图 33 所示。

从整体来看，医院对医用激光类设备售后服务中最为关注的方面是产品质量、维修质量、效率和培训。其中，对产品质量（即产品可靠性、产品易用性）最为看重；工程师维修水平、维修后返修情况及保修期内换部件质保等

图 33　2017～2021 年全国医用激光类设备主要品牌核心环节竞争力

资料来源：《中国医疗设备》杂志社行业数据调查。

指标均反映了维修质量；厂家工程师维修响应、到达现场、修复速度指标均反映了效率；临床使用培训指标反映了培训。

（5）2017～2021 年全国医用激光类设备六维综合满意度

2017～2021 年，从全国医用激光类设备的六维综合满意度评价中可以看出，服务态度维度为满意度分值较高的维度，价格在这六个维度中满意度分值最低（见表 151）。

表 151　2017～2021 年全国医用激光类设备六维综合满意度

单位：分

年份	产品质量	维修质量	价格	效率	培训	服务态度
2017	4.05	4.03	3.49	4.07	3.80	4.20
2018	4.13	4.17	3.73	4.28	4.06	4.35
2019	4.25	4.21	3.72	4.32	4.18	4.42
2020	4.46	4.28	3.92	4.40	4.27	4.45
2021	4.47	4.26	3.92	4.31	4.18	4.21

资料来源：《中国医疗设备》杂志社行业数据调查。

3. 医用激光类设备维修保养服务情况分析

在2021年全国医用激光类设备品类中，保有率不低于1%的品牌的维修保养服务情况如表152所示。

表152　2021年全国医用激光类设备主要品牌维保服务情况

单位：%

品牌名称	维保履行率	先修后付款所占比例	无间断服务情况
科医人	94.1	36.5	88.8
奇致激光	96.3	96.3	100.0
科英激光	100.0	85.7	100.0
飞顿	100.0	84.6	92.3
金莱特	92.3	100.0	100.0
赛诺秀	76.9	92.3	84.6
爱科凯能	88.9	100.0	88.9
大族激光	100.0	75.0	100.0
嘉定光电	100.0	83.3	16.7
赛诺龙	100.0	100.0	100.0
卡尔蔡司	100.0	40.0	100.0

资料来源：《中国医疗设备》杂志社行业数据调查。

4. 医用激光类设备采购推荐情况

在2021年全国医用激光类设备品类中，保有率不低于1%的品牌的采购推荐情况如表153所示。

表153　2021年全国医用激光类设备主要品牌采购推荐情况

单位：%

品牌名称	净推荐值	意向复购率
科医人	42.6	88.5
奇致激光	57.1	85.7
科英激光	66.7	83.3
飞顿	36.4	81.8
金莱特	20.0	100.0
赛诺秀	22.2	77.8
爱科凯能	25.0	87.5
大族激光	25.0	87.5

续表

品牌名称	净推荐值	意向复购率
嘉定光电	50.0	100.0
赛诺龙	66.7	100.0
卡尔蔡司	100.0	100.0

资料来源：《中国医疗设备》杂志社行业数据调查。

5. 医用激光类设备满意度 & 重要度分析

在 2021 年全国医用激光类设备品类中，21 项指标的满意度 & 重要度四分如图 34 所示。

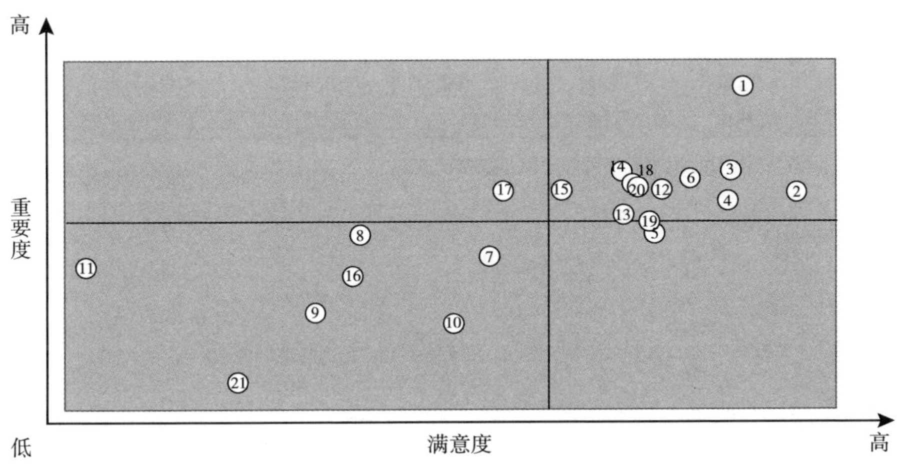

图 34　2021 年全国医用激光类设备满意度 & 重要度四分

注：①～㉑指代见本书总报告《医疗器械行业数据调研项目的进展及未来趋势》表 8。
资料来源：《中国医疗设备》杂志社行业数据调查。

由图 34 可见，企业在产品可靠性，工程师维修水平，厂家工程师维修响应、到达现场、修复速度等重要度较高的指标上，满意度也较高。

企业需要提高用户对临床使用培训的满意度。

（十八）供应室及手术室消毒类设备市场数据分析

1. 供应室及手术室消毒类设备整体市场及分级市场数据

（1）2017～2021 年全国供应室及手术室消毒类设备主要品牌保有率

我国供应室及手术室消毒类设备市场以国产品牌为主，2017～2021 年全国供应室及手术室消毒类设备品类中，主要品牌保有率情况如表154所示。其他品牌包括肯格王、3M、美莱格、思泰瑞、凯斯普、日本樱花等。

表154　2017～2021年全国供应室及手术室消毒类设备主要品牌保有率

单位：%

序号	品牌名称	2017年	2018年	2019年	2020年	2021年
1	新华医疗	15.7	56.5	64.0	62.1	58.8
2	巨光	12.3	0.3	—	0.3	14.9
3	老肯	53.1	8.1	5.4	5.5	10.4
4	倍力曼	0.7	2.4	5.1	7.1	6.3
5	迈柯唯(洁定)	2.6	8.1	12.5	11.4	3.1
6	强生	1.1	4.7	3.7	4.0	2.2
7	白象	0.5	6.2	3.8	4.5	1.3
8	其他	14.0	13.7	5.5	5.1	3.0

资料来源：《中国医疗设备》杂志社行业数据调查。

（2）2017～2021年全国供应室及手术室消毒类设备三级医院主要品牌保有率

2017～2021年三级医院供应室及手术室消毒类设备市场中，新华医疗、巨光、老肯等保有率波动较大（见表155）。

表155　2017～2021年全国供应室及手术室消毒类设备三级医院主要品牌保有率

单位：%

序号	品牌名称	2017年	2018年	2019年	2020年	2021年
1	新华医疗	15.0	57.7	58.2	57.6	49.4
2	巨光	15.7	—	—	—	19.6
3	老肯	52.8	4.2	6.1	2.1	13.3
4	倍力曼	0.9	2.5	5.8	9.1	7.1
5	迈柯唯(洁定)	3.3	11.5	16.4	15.1	3.8
6	强生	1.1	6.3	4.4	5.3	2.6
7	白象	0.4	7.1	3.3	5.4	1.1
8	其他	10.8	10.7	5.8	5.4	3.1

资料来源：《中国医疗设备》杂志社行业数据调查。

（3）2017～2021 年全国供应室及手术室消毒类设备二级医院主要品牌保有率

具体情况如表 156 所示。

表 156　2017～2021 年全国供应室及手术室消毒类设备二级医院主要品牌保有率

单位：%

序号	品牌名称	2017 年	2018 年	2019 年	2020 年	2021 年
1	新华医疗	17.6	54.5	82.0	57.6	88.4
2	巨光	1.7	1.2	—	—	—
3	老肯	55.2	14.2	3.2	2.1	1.1
4	倍力曼	0.1	2.3	3.2	9.1	4.1
5	迈柯唯(洁定)	0.6	—	—	15.1	1.0
6	强生	1.1	1.2	1.8	5.3	1.2
7	白象	0.6	4.3	5.9	5.4	1.9
8	其他	23.1	22.3	3.9	5.4	2.3

资料来源：《中国医疗设备》杂志社行业数据调查。

2. 供应室及手术室消毒类设备售后服务现状分析

（1）2017～2021 年供应室及手术室消毒类设备主要品牌售后服务满意度

2017～2021 年，供应室及手术室消毒类设备主要品牌售后服务满意度中，倍力曼整体表现较好，在 2017 年、2019～2021 年均获得第一名（见表 157）。

表 157　2017～2021 年全国供应室及手术室消毒类设备主要品牌售后服务满意度

单位：分

序号	品牌名称	2017 年	2018 年	2019 年	2020 年	2021 年
1	新华医疗	4.17	4.20	4.28	4.22	4.62
2	巨光	4.07	2.81	—	4.00	4.08
3	老肯	4.14	4.05	4.07	3.86	4.44
4	倍力曼	4.24	4.16	4.43	4.69	4.79
5	迈柯唯(洁定)	3.96	4.22	3.96	3.96	4.06
6	强生	3.88	4.13	4.09	4.04	4.22
7	白象	3.34	3.87	4.06	3.98	3.61

资料来源：《中国医疗设备》杂志社行业数据调查。

（2）2017～2021 年供应室及手术室消毒类设备三级医院主要品牌售后服务满意度

2017 ~2021 年，供应室及手术室消毒类设备三级医院主要品牌售后服务满意度中，2017 年、2019 ~2021 年倍力曼均拔得头筹（见表 158）。

表 158　2017 ~2021 年全国供应室及手术室消毒类设备主要品牌三级医院售后服务满意度

单位：分

序号	品牌名称	2017 年	2018 年	2019 年	2020 年	2021 年
1	新华医疗	4.12	4.25	4.29	4.16	4.59
2	巨光	3.99	—	—	—	4.08
3	老肯	4.12	4.21	4.06	3.58	4.44
4	倍力曼	4.30	4.34	4.44	4.71	4.78
5	迈柯唯(洁定)	—	4.22	3.96	3.95	4.15
6	强生	3.97	4.13	4.21	4.06	4.22
7	白象	3.40	4.35	4.34	4.17	3.96

资料来源：《中国医疗设备》杂志社行业数据调查。

（3）2017 ~2021 年供应室及手术室消毒类设备二级医院主要品牌售后服务满意度

2017 ~2021 年，供应室及手术室消毒类设备二级医院主要品牌售后服务满意度波动较大且竞争激烈，其中新华医疗和老肯表现力相对稳定（见表 159）。

表 159　2017 ~2021 年全国供应室及手术室消毒类设备主要品牌二级医院售后服务满意度

单位：分

序号	品牌名称	2017 年	2018 年	2019 年	2020 年	2021 年
1	新华医疗	4.24	4.11	4.26	4.33	4.66
2	巨光	5.00	2.81	—	—	—
3	老肯	4.17	4.04	4.10	4.00	4.39
4	倍力曼	3.40	3.81	4.40	4.51	4.86
5	迈柯唯(洁定)	3.67	—	—	—	3.08
6	强生	3.43	4.14	3.24	3.83	4.19
7	白象	3.22	2.92	3.59	3.46	2.98

资料来源：《中国医疗设备》杂志社行业数据调查。

（4）2017～2021 年全国供应室及手术室消毒类设备主要品牌核心环节竞争力

2017～2021 年，在全国供应室及手术室消毒类设备品类中，设备使用及管理人员最关注的四个售后服务问题的情况如图 35 所示。

图 35　2017～2021 年全国供应室及手术室消毒类设备主要品牌核心环节竞争力

资料来源：《中国医疗设备》杂志社行业数据调查。

从整体来看，医院对供应室及手术室消毒类设备售后服务中最为关注的方面是产品质量、维修质量、效率和培训。其中，对产品质量（即产品可靠性、产品易用性）最为看重；工程师维修水平、维修后返修情况及保修期内换部件质保等指标均反映了维修质量；厂家工程师维修响应、到达现场、修复速度指标反映了效率；临床使用培训指标反映了培训。

（5）2017～2021 年全国供应室及手术室消毒类设备六维综合满意度

2017～2021 年，从全国供应室及手术室消毒类设备的六维综合满意度评价中可以看出，服务态度维度为满意度分值较高的维度，价格在这六个维度中满意度分值最低（见表 160）。

表 160　2017～2021 年全国供应室及手术室消毒类设备六维综合满意度

单位：分

年份	产品质量	维修质量	价格	效率	培训	服务态度
2017	4.21	4.07	3.81	4.16	3.99	4.26
2018	4.19	4.18	3.93	4.24	4.08	4.33
2019	4.20	4.22	3.99	4.34	4.18	4.36
2020	4.26	4.15	4.02	4.29	4.15	4.30
2021	4.61	4.52	4.39	4.55	4.51	4.50

资料来源：《中国医疗设备》杂志社行业数据调查。

3. 供应室及手术室消毒类设备维修保养服务情况分析

在 2021 年全国供应室及手术室消毒类设备品类中，保有率不低于 1% 的品牌的维修保养服务情况如表 161 所示。

表 161　2021 年全国供应室及手术室消毒类设备主要品牌维保服务情况

单位：%

品牌名称	维保履行率	先修后付款所占比例	无间断服务情况
新华医疗	96.5	82.8	98.1
巨光	100.0	71.3	82.3
老肯	100.0	82.2	84.5
倍力曼	95.8	60.8	96.2
迈柯唯(洁定)	91.3	68.7	91.3
强生	100.0	41.0	88.0
白象	76.6	95.7	72.3

资料来源：《中国医疗设备》杂志社行业数据调查。

4. 供应室及手术室消毒类设备采购推荐情况

在 2021 年全国供应室及手术室消毒类设备品类中，保有率不低于 1% 的品牌的采购推荐情况如表 162 所示。

表 162　2021 年全国供应室及手术室消毒类设备主要品牌采购推荐情况

单位：%

品牌名称	净推荐值	意向复购率
新华医疗	73.0	95.9

续表

品牌名称	净推荐值	意向复购率
巨光	25.0	100.0
老肯	54.5	90.9
倍力曼	70.1	96.9
迈柯唯(洁定)	26.1	87.0
强生	61.9	95.2
白象	27.3	63.6

资料来源：《中国医疗设备》杂志社行业数据调查。

5. 供应室及手术室消毒类设备满意度 & 重要度分析

在 2021 年全国供应室及手术室消毒类设备品类中，21 项指标的满意度 & 重要度四分如图 36 所示。

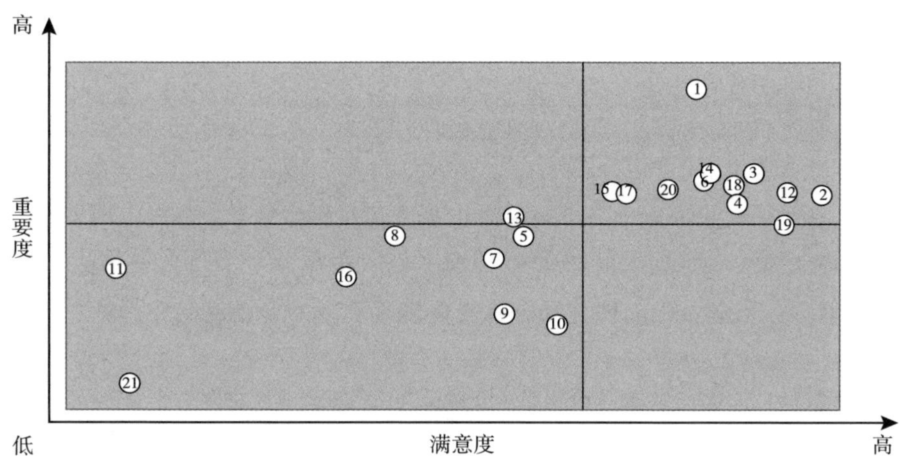

图 36　2021 年全国供应室及手术室消毒类设备满意度 & 重要度四分

注：①~㉑指代见本书总报告《医疗器械行业数据调研项目的进展及未来趋势》表 8。
资料来源：《中国医疗设备》杂志社行业数据调查。

由图 36 可见，企业在产品可靠性，工程师维修水平，厂家工程师维修响应、到达现场、修复速度等重要度较高的指标上，满意度也较高。

企业需要提高用户对配件到货速度的满意度。

（十九）手术显微镜类设备市场数据分析

1. 手术显微镜类设备整体市场及分级市场数据

（1）2017～2021 年全国手术显微镜类设备主要品牌保有率

我国手术显微镜类设备市场以进口品牌为主，2017～2021 年全国手术显微镜类设备品类中，主要品牌保有率情况如表 163 所示。其他品牌包括重庆康华瑞明、中天医疗等。

表 163　2017～2021 年全国手术显微镜类设备主要品牌保有率

单位：%

序号	品牌名称	2017 年	2018 年	2019 年	2020 年	2021 年
1	卡尔蔡司	38.3	38.2	53.5	53.3	61.0
2	徕卡	35.0	27.9	34.4	38.9	30.9
3	目乐	5.7	7.3	6.9	3.5	4.8
4	六六视觉	4.2	6.5	4.8	3.0	2.4
5	其他	16.8	20.1	0.4	1.3	0.9

资料来源：《中国医疗设备》杂志社行业数据调查。

（2）2017～2021 年全国手术显微镜类设备三级医院主要品牌保有率

2017～2021 年三级医院手术显微镜类设备市场中，卡尔蔡司、徕卡占据较高保有率，目乐、六六视觉保有率变化较为平稳（见表 164）。

表 164　2017～2021 年全国手术显微镜类设备三级医院主要品牌保有率

单位：%

序号	品牌名称	2017 年	2018 年	2019 年	2020 年	2021 年
1	卡尔蔡司	43.4	44.1	58.7	56.9	63.6
2	徕卡	36.7	30.9	32.1	37.1	29.9
3	目乐	6.0	8.6	6.6	3.0	4.7
4	六六视觉	2.9	3.0	2.6	2.0	0.9
5	其他	11.0	13.4	—	1.0	0.9

资料来源：《中国医疗设备》杂志社行业数据调查。

（3）2017～2021 年全国手术显微镜类设备二级医院主要品牌保有率

2017～2021 年二级医院手术显微镜类设备市场中，卡尔蔡司、徕卡的保有率波动较大（见表 165）。

表 165　2017～2021 年全国手术显微镜类设备二级医院主要品牌保有率

单位：%

序号	品牌名称	2017 年	2018 年	2019 年	2020 年	2021 年
1	卡尔蔡司	13.6	21.2	30.9	56.9	38.1
2	徕卡	27.3	19.7	49.1	37.1	42.9
3	目乐	4.5	3.6	9.1	3.0	7.9
4	六六视觉	10.2	13.1	9.1	2.0	9.5
5	其他	44.4	42.4	1.8	1.0	1.6

资料来源：《中国医疗设备》杂志社行业数据调查。

2. 手术显微镜类设备售后服务现状分析

（1）2017～2021 年手术显微镜类设备主要品牌售后服务满意度

2017～2021 年，手术显微镜类设备主要品牌售后服务满意度中，卡尔蔡司呈逐年上升趋势（见表 166）。

表 166　2017～2021 年全国手术显微镜类设备主要品牌售后服务满意度

单位：分

序号	品牌名称	2017 年	2018 年	2019 年	2020 年	2021 年
1	卡尔蔡司	4.05	4.18	4.20	4.27	4.31
2	徕卡	3.94	4.16	4.09	4.19	4.19
3	目乐	3.69	3.93	4.20	4.23	3.55
4	六六视觉	3.83	4.07	4.47	4.17	4.24

资料来源：《中国医疗设备》杂志社行业数据调查。

（2）2017～2021 年手术显微镜类设备三级医院主要品牌售后服务满意度

2017～2021 年，手术显微镜类设备三级医院主要品牌售后服务满意度波动较大且竞争激烈（见表 167）。

表 167　2017～2021 年全国手术显微镜类设备主要品牌三级医院售后服务满意度

单位：分

序号	品牌名称	2017 年	2018 年	2019 年	2020 年	2021 年
1	卡尔蔡司	4.03	4.18	4.19	4.30	4.28
2	徕卡	4.00	4.23	4.10	4.17	4.20
3	目乐	3.94	3.97	4.33	4.22	3.53
4	六六视觉	3.51	4.00	4.54	4.83	4.03

资料来源：《中国医疗设备》杂志社行业数据调查。

（3）2017～2021 年手术显微镜类设备主要二级医院品牌售后服务满意度

2017～2021 年，手术显微镜类设备二级医院主要品牌售后服务满意度波动较大且竞争激烈（见表 168）。

表 168　2017～2021 年全国手术显微镜类设备主要品牌二级医院售后服务满意度

单位：分

序号	品牌名称	2017 年	2018 年	2019 年	2020 年	2021 年
1	卡尔蔡司	4.33	4.19	4.22	4.24	4.36
2	徕卡	3.63	3.91	4.07	4.29	4.16
3	目乐	2.42	3.71	3.86	4.23	3.63
4	六六视觉	4.26	3.99	4.28	3.38	4.25

资料来源：《中国医疗设备》杂志社行业数据调查。

（4）2017～2021 年全国手术显微镜类设备主要品牌核心环节竞争力

2017～2021 年，在全国手术显微镜类设备品类中，设备使用及管理人员最关注的四个售后服务问题的情况如图 37 所示。

从整体来看，医院对手术显微镜类设备售后服务中最为关注的方面是产品质量、维修质量、效率和培训。其中，对产品质量（即产品可靠性、产品易用性）最为看重；工程师维修水平、维修后返修情况及保修期内换部件质保等指标均反映了维修质量；厂家工程师维修响应、到达现场、修复速度指标反映了效率；临床使用培训指标反映了培训。

（5）2017～2021 年全国手术显微镜类设备六维综合满意度

2017～2021 年，从全国手术显微镜类设备的六维综合满意度评价中可以看出，产品质量维度为满意度分值较高的维度，价格在这六个维度中满意度分值最低（见表 169）。

图 37　2017～2021 年全国手术显微镜类设备主要品牌核心环节竞争力

资料来源：《中国医疗设备》杂志社行业数据调查。

表 169　2017～2021 年全国手术显微镜类设备六维综合满意度

单位：分

年份	产品质量	维修质量	价格	效率	培训	服务态度
2017	4.22	4.08	3.53	4.10	3.88	4.23
2018	4.23	4.09	3.71	4.16	3.96	4.19
2019	4.28	4.22	3.73	4.32	4.14	4.43
2020	4.52	4.19	3.92	4.35	4.18	4.35
2021	4.51	4.23	3.89	4.28	4.13	4.10

资料来源：《中国医疗设备》杂志社行业数据调查。

3. 手术显微镜类设备维修保养服务情况分析

在 2021 年全国手术显微镜类设备品类中，保有率不低于 1% 的品牌的维修保养服务情况如表 170 所示。

表 170　2021 年全国手术显微镜类设备主要品牌维保服务情况

单位：%

品牌名称	维保履行率	先修后付款所占比例	无间断服务情况
卡尔蔡司	87.9	79.1	87.6
徕卡	83.8	77.2	88.0
奥林巴斯	79.4	63.7	61.8
目乐	61.5	73.1	69.2
六六视觉	84.6	53.8	84.6

资料来源：《中国医疗设备》杂志社行业数据调查。

4. 手术显微镜类设备采购推荐情况

在 2021 年全国手术显微镜类设备品类中，保有率不低于 1% 的品牌的采购推荐情况如表 171 所示。

表 171　2021 年全国手术显微镜类设备主要品牌采购推荐情况

单位：%

品牌名称	净推荐值	意向复购率
卡尔蔡司	59.6	94.7
徕卡	45.5	90.9
奥林巴斯	33.3	83.3
目乐	14.3	71.4
六六视觉	50.0	90.0

资料来源：《中国医疗设备》杂志社行业数据调查。

5. 手术显微镜类设备满意度 & 重要度分析

在 2021 年全国手术显微镜类设备品类中，21 项指标的满意度 & 重要度四分如图 38 所示。

由图 38 可见，企业在产品可靠性，工程师维修水平，厂家工程师维修响应、到达现场、修复速度等重要度较高的指标上，满意度也较高。

企业需要提高用户对客户投诉的处理效率与处理效果的满意度。

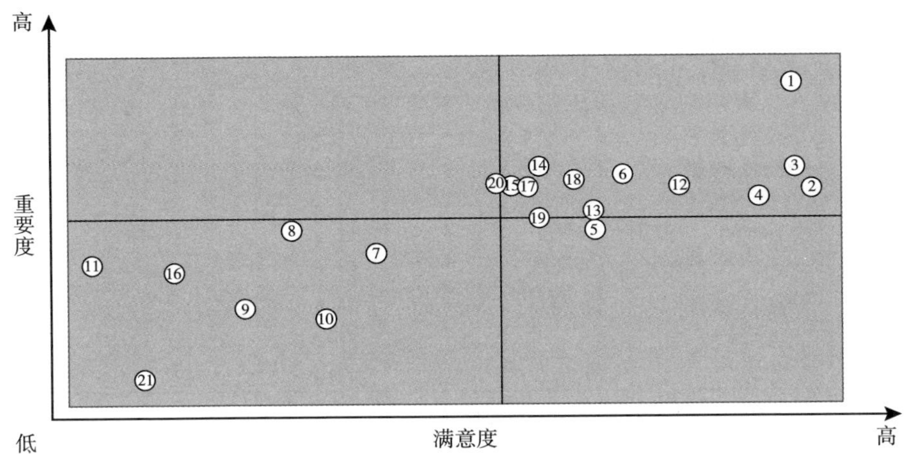

图 38　2021 年全国手术显微镜类设备满意度 & 重要度四分

注：①～㉑指代见本书总报告《医疗器械行业数据调研项目的进展及未来趋势》表 8。
资料来源：《中国医疗设备》杂志社行业数据调查。

（二十）检验室设备类设备市场数据分析

1. 检验室设备类设备整体市场及分级市场数据

（1）2017～2021 年全国检验室设备类设备主要品牌保有率

我国检验室设备类设备市场以进口品牌为主，2017～2021 年全国检验室设备类设备品类中，主要品牌保有率情况如表 172 所示。其他品牌包括迪瑞、开立医疗、安图生物等。

表 172　2017～2021 年全国检验室设备类设备主要品牌保有率

单位：%

序号	品牌名称	2017 年	2018 年	2019 年	2020 年	2021 年
1	希森美康	26.1	23.5	36.5	27.5	24.3
2	贝克曼库尔特	15.3	11.5	7.9	14.2	18.0
3	奥林巴斯	2.5	5.2	8.4	5.3	11.4
4	迈瑞	15.3	13.2	19.3	18.9	10.0
5	罗氏	9.4	11.9	13.0	15.8	7.8
6	雅培	5.9	7.0	4.3	3.5	3.4
7	海尔	1.5	—	—	—	3.0

续表

序号	品牌名称	2017 年	2018 年	2019 年	2020 年	2021 年
8	奥森多	—	—	—	—	2.3
9	优利特	2.3	1.6	0.4	1.4	2.2
10	赛默飞世尔	—	2.7	2.0	1.6	2.1
11	上海力康	—	—	—	—	2.1
12	西门子	2.9	2.9	0.4	0.5	1.8
13	日立	6.5	5.1	2.9	1.7	1.6
14	北京白洋医疗	1.5	5.2	1.9	2.1	1.5
15	迪瑞	1.7	0.9	—	0.3	1.0
16	其他	9.1	9.3	3.0	7.2	7.5

资料来源：《中国医疗设备》杂志社行业数据调查。

（2）2017～2021 年全国检验室设备类设备三级医院主要品牌保有率

2017～2021 年三级医院检验室设备类市场中，希森美康、贝克曼库尔特变化较为平稳，上海力康、奥林巴斯、迈瑞等波动较大（见表 173）。

表 173　2017～2021 年全国检验室设备类设备三级医院主要品牌保有率

单位：%

序号	品牌名称	2017 年	2018 年	2019 年	2020 年	2021 年
1	上海力康	28.4	24.3	34.6	25.2	25.1
2	希森美康	18.6	11.4	9.0	16.3	20.8
3	贝克曼库尔特	1.5	7.0	11.6	7.0	13.4
4	奥林巴斯	14.3	9.1	10.1	15.5	6.5
5	迈瑞	11.2	13.8	16.2	18.4	8.7
6	罗氏	6.8	7.9	4.9	3.5	3.2
7	雅培	1.1	—	—	—	3.5
8	海尔	—	—	—	—	2.5
9	奥森多	2.1	0.7	—	0.5	0.9
10	优利特	—	0.8	3.1	2.0	2.6
11	赛默飞世尔	—	—	—	—	1.8
12	西门子	3.0	3.2	0.7	0.6	1.3
13	日立	6.1	4.0	2.9	1.6	1.1
14	北京白洋医疗	0.3	7.6	2.9	2.8	1.3
15	迪瑞	1.3	0.5	—	—	0.9
16	其他	5.3	9.7	4.0	6.6	6.4

资料来源：《中国医疗设备》杂志社行业数据调查。

(3) 2017～2021 年全国检验室设备类设备二级医院主要品牌保有率

具体情况如表 174 所示。

表 174　2017～2021 年全国检验室设备类设备二级医院主要品牌保有率

单位：%

序号	品牌名称	2017 年	2018 年	2019 年	2020 年	2021 年
1	上海力康	22.4	25.1	44.0	25.2	26.0
2	希森美康	7.4	10.9	6.5	16.3	8.9
3	贝克曼库尔特	3.6	2.2	1.8	7.0	4.1
4	奥林巴斯	20.5	21.5	31.0	15.5	20.5
5	迈瑞	6.8	7.6	7.9	18.4	4.8
6	罗氏	4.6	6.5	3.6	3.5	6.2
7	雅培	1.1	—	—	—	0.7
8	海尔	—	—	—	—	2.1
9	奥森多	2.2	4.0	1.1	0.5	2.1
10	优利特	—	—	—	2.0	—
11	赛默飞世尔	—	—	—	—	0.7
12	西门子	3.3	2.5	—	0.6	4.1
13	日立	7.9	7.6	2.5	1.6	5.5
14	北京白洋医疗	4.6	1.1	—	2.8	3.4
15	迪瑞	3.0	1.8	—	—	1.4
16	其他	12.6	9.2	1.6	6.6	9.5

资料来源：《中国医疗设备》杂志社行业数据调查。

2. 检验室设备类设备售后服务现状分析

(1) 2017～2021 检验室设备类设备主要品牌售后服务满意度

2017～2021 年，检验室设备类主要品牌售后服务满意度整体水平较稳定（见表 175）。

表 175　2017～2021 年全国检验室设备类设备主要品牌售后服务满意度

单位：分

序号	品牌名称	2017 年	2018 年	2019 年	2020 年	2021 年
1	希森美康	4.19	4.15	4.26	4.23	4.50
2	贝克曼库尔特	4.28	4.18	4.44	4.26	4.20
3	奥林巴斯	4.32	4.14	4.25	4.24	4.46

续表

序号	品牌名称	2017 年	2018 年	2019 年	2020 年	2021 年
4	迈瑞	4.44	4.35	4.49	4.42	4.43
5	罗氏	4.12	4.31	4.47	4.22	4.23
6	雅培	4.34	4.11	4.32	4.47	4.41
7	海尔	4.58	—	—	—	4.31
8	奥森多	—	—	—	—	4.69
9	优利特	4.50	3.90	4.57	4.38	4.31
10	赛默飞世尔	—	4.00	4.29	4.46	4.49
11	上海力康	—	—	—	—	4.65
12	西门子	4.23	4.08	4.03	4.55	4.00
13	日立	4.33	4.20	4.38	4.29	3.97
14	北京白洋医疗	4.73	4.52	4.69	4.53	4.78
15	迪瑞	4.04	4.05	—	1.67	4.47

资料来源：《中国医疗设备》杂志社行业数据调查。

（2）2017～2021 检验室设备类设备三级医院主要品牌售后服务满意度

2017～2021 年，检验室设备类三级医院主要品牌售后服务满意度同整体调研市场排名基本保持一致（见表 176）。

表 176　2017～2021 年全国检验室设备类设备主要品牌三级医院售后服务满意度

单位：分

序号	品牌名称	2017 年	2018 年	2019 年	2020 年	2021 年
1	希森美康	4.22	4.13	4.29	4.28	4.47
2	贝克曼库尔特	4.32	4.36	4.37	4.23	4.17
3	奥林巴斯	4.12	4.16	4.29	4.26	4.61
4	迈瑞	4.46	4.48	4.49	4.41	4.48
5	罗氏	4.23	4.48	4.51	4.19	4.13
6	雅培	4.29	4.22	4.47	4.60	4.28
7	海尔	5.00	—	—	—	4.35
8	奥森多	—	—	—	—	4.69
9	优利特	4.37	3.89	—	4.11	4.59
10	赛默飞世尔	—	4.40	4.29	4.48	4.49
11	上海力康	—	—	—	—	4.63
12	西门子	4.17	3.94	4.03	4.40	3.75
13	日立	4.35	4.34	4.41	4.08	3.92
14	北京白洋医疗	4.42	4.52	4.69	4.48	4.64
15	迪瑞	3.80	3.79	—	—	4.64

资料来源：《中国医疗设备》杂志社行业数据调查。

（3）2017～2021 检验室设备类设备二级医院主要品牌售后服务满意度

2017～2021 年，检验室设备类二级医院主要品牌售后服务满意度同整体调研市场排名基本保持一致（见表 177）。

表 177 2017～2021 年全国检验室设备类设备主要品牌二级医院售后服务满意度

单位：分

序号	品牌名称	2017 年	2018 年	2019 年	2020 年	2021 年
1	希森美康	4.12	4.13	4.17	4.16	4.59
2	贝克曼库尔特	4.09	3.87	4.59	4.34	4.32
3	奥林巴斯	4.40	4.08	4.12	4.07	3.62
4	迈瑞	4.44	4.25	4.39	4.47	4.20
5	罗氏	3.87	4.16	4.33	4.33	4.66
6	雅培	4.56	3.88	3.94	4.39	4.76
7	海尔	4.16	—	—	—	4.06
8	奥森多	—	—	—	—	4.70
9	优利特	4.76	3.90	4.40	4.32	4.03
10	赛默飞世尔	—	—	—	4.41	—
11	上海力康	—	—	—	—	4.63
12	西门子	4.29	4.63	—	5.00	4.29
13	日立	4.34	4.11	4.42	4.60	4.03
14	北京白洋医疗	4.80	4.58	—	4.87	5.00
15	迪瑞	4.44	4.20	—	1.67	4.48

资料来源：《中国医疗设备》杂志社行业数据调查。

（4）2017～2021 年全国检验室设备类设备主要品牌核心环节竞争力

2017～2021 年，在全国检验室设备类设备品类中，设备使用及管理人员最关注的四个售后服务问题的情况如图 39 所示。

从整体来看，医院对检验室设备类设备售后服务中最为关注的方面是产品质量、维修质量、效率和培训。其中，对产品质量（即产品可靠性、产品易用性）最为看重；工程师维修水平、维修后返修情况等指标均反映了维修质量；厂家工程师维修响应、到达现场、修复速度指标反映了效率；临床使用培训和合同规定的培训条款履约情况等指标均反映了培训。

（5）2017～2021 年全国检验室设备类设备六维综合满意度

2017～2021 年，从全国检验室设备类设备的六维综合满意度评价中可以

图 39　2017～2021 年全国检验室设备类设备主要品牌核心环节竞争力

资料来源：《中国医疗设备》杂志社行业数据调查。

看出，服务态度维度为满意度分值较高的维度，价格在这六个维度中满意度分值最低（见表 178）。

表 178　2017～2021 年全国检验室设备类设备六维综合满意度

单位：分

年份	产品质量	维修质量	价格	效率	培训	服务态度
2017	4.35	4.35	4.00	4.39	4.19	4.50
2018	4.24	4.31	3.92	4.36	4.10	4.43
2019	4.37	4.41	4.14	4.52	4.32	4.55
2020	4.52	4.26	4.00	4.36	4.20	4.38
2021	4.56	4.47	4.23	4.50	4.28	4.26

资料来源：《中国医疗设备》杂志社行业数据调查。

3. 检验室设备类设备维修保养服务情况分析

在 2021 年全国检验室设备类设备品类中，保有率不低于 1% 的品牌的维修保养服务情况如表 179 所示。

表 179　2021 年全国检验室设备类设备主要品牌维保服务情况

单位：%

品牌名称	维保履行率	先修后付款所占比例	无间断服务情况
希森美康	96.1	54.9	97.6
贝克曼库尔特	98.9	97.9	100.0
奥林巴斯	100.0	20.0	100.0
迈瑞	100.0	68.6	96.2
罗氏	89.0	72.0	74.4
雅培	91.7	47.2	100.0
海尔	100.0	100.0	100.0
奥森多	95.8	83.3	95.8
优利特	100.0	43.5	95.7
赛默飞世尔	100.0	95.5	100.0
上海力康	100.0	72.7	100.0
西门子	84.2	68.4	100.0
日立	82.4	82.4	76.5
北京白洋医疗	100.0	100.0	100.0
迪瑞	90.9	90.9	100.0

资料来源：《中国医疗设备》杂志社行业数据调查。

4. 检验室设备类设备采购推荐情况

在 2021 年全国检验室设备类设备品类中，保有率不低于 1% 的品牌的采购推荐情况如表 180 所示。

表 180　2021 年全国检验室设备类设备主要品牌采购推荐情况

单位：%

品牌名称	净推荐值	意向复购率
希森美康	64.6	92.3
贝克曼库尔特	56.3	96.9
奥林巴斯	50.0	100.0
迈瑞	53.8	94.9
罗氏	48.1	85.2
雅培	60.0	93.3
海尔	50.0	100.0
奥森多	58.3	91.7

续表

品牌名称	净推荐值	意向复购率
优利特	28.6	71.4
赛默飞世尔	66.7	66.7
上海力康	86.7	95.6
西门子	44.4	88.9
日立	41.7	91.7
北京白洋医疗	100.0	100.0
迪瑞	50.0	83.3

资料来源：《中国医疗设备》杂志社行业数据调查。

5. 检验室设备类设备满意度 & 重要度分析

在 2021 年全国检验室设备类设备品类中，21 项指标的满意度 & 重要度四分如图 40 所示。

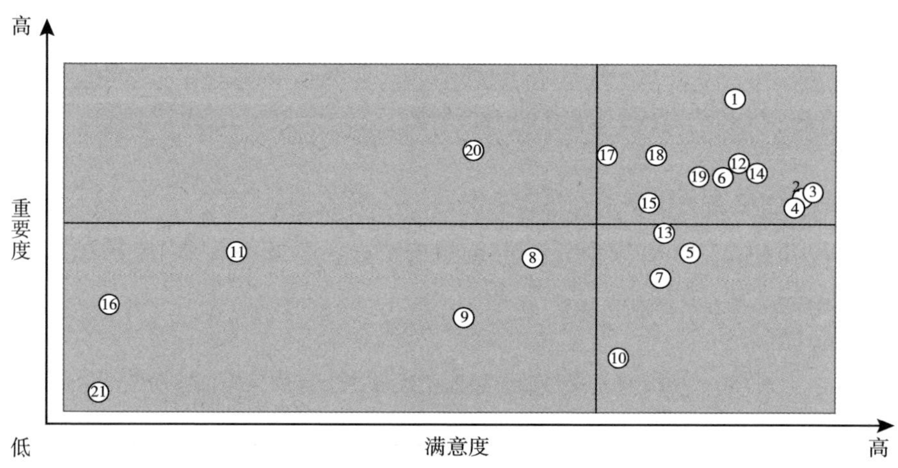

图 40　2021 年全国检验室设备类设备满意度 & 重要度四分

注：①～㉑指代见本书总报告《医疗器械行业数据调研项目的进展及未来趋势》表 8。
资料来源：《中国医疗设备》杂志社行业数据调查。

由图 40 可见，企业在产品可靠性；设备到货时间，厂家是否严格执行合同规定；合同规定的培训条款履约情况等重要度较高的指标上，满意度也较高。

企业需要提高用户对客户投诉的处理效率与处理效果的满意度。

（二十一）病理类设备市场数据分析

1. 病理类设备整体市场及分级市场数据

（1）2017～2021 年全国病理类设备主要品牌保有率

我国病理类设备市场以进口品牌为主，2017～2021 年全国病理类设备品类中，主要品牌保有率情况如表 181 所示。其他品牌包括罗氏、孝感亚光、卡尔蔡司等。

表 181　2017～2021 年全国病理类设备主要品牌保有率

单位：%

序号	品牌名称	2017 年	2018 年	2019 年	2020 年	2021 年
1	徕卡	48.8	59.3	63.2	39.8	65.4
2	奥林巴斯	25.9	12.8	22.7	35.2	21.7
3	PHCHD	—	—	—	7.5	4.2
4	尼康	3.2	2.1	—	5.3	2.5
5	日本樱花	4.0	4.3	2.3	2.4	2.2
6	中威医疗	2.2	2.9	1.3	0.5	1.8
7	其他	15.9	18.6	10.5	9.3	2.2

资料来源：《中国医疗设备》杂志社行业数据调查。

（2）2017～2021 年全国病理类设备三级医院主要品牌保有率

2017～2021 年三级医院病理类设备市场中，徕卡、奥林巴斯占据较高保有率，日本樱花变化较为平稳，其他品牌波动较大（见表 182）。

表 182　2017～2021 年全国病理类设备三级医院主要品牌保有率

单位：%

序号	品牌名称	2017 年	2018 年	2019 年	2020 年	2021 年
1	徕卡	48.7	61.7	67.3	37.4	66.0
2	奥林巴斯	26.8	14.1	20.5	36.3	21.0
3	PHCHD	—	—	—	8.3	4.7
4	尼康	3.3	2.3	—	6.2	2.8
5	日本樱花	4.8	4.8	2.7	2.6	2.3
6	中威医疗	2.3	2.5	—	0.6	1.5
7	其他	14.1	14.6	9.5	8.6	1.7

资料来源：《中国医疗设备》杂志社行业数据调查。

(3) 2017~2021 年全国病理类设备二级医院主要品牌保有率

具体情况如表 183 所示。

表 183　2017~2021 年全国病理类设备二级医院主要品牌保有率

单位：%

序号	品牌名称	2017 年	2018 年	2019 年	2020 年	2021 年
1	徕卡	48.7	52.7	47.9	37.4	58.5
2	奥林巴斯	22.6	6.3	20.8	36.3	29.2
3	PHCHD	—	—	—	8.3	—
4	尼康	2.6	1.8	—	6.2	—
5	日本樱花	0.9	2.7	—	2.6	1.5
6	中威医疗	1.7	4.5	10.4	0.6	4.6
7	其他	23.5	32.0	20.9	8.6	6.2

资料来源：《中国医疗设备》杂志社行业数据调查。

2. 病理类设备售后服务现状分析

(1) 2017~2021 年病理类设备主要品牌售后服务满意度

2017~2021 年，病理类设备主要品牌售后服务满意度波动较大且竞争激烈（见表 184）。

表 184　2017~2021 年全国病理类设备主要品牌售后服务满意度

单位：分

序号	品牌名称	2017 年	2018 年	2019 年	2020 年	2021 年
1	徕卡	4.01	4.19	4.17	3.95	4.04
2	奥林巴斯	3.90	4.33	4.26	4.34	4.11
3	PHCHD	—	—	—	4.18	4.07
4	尼康	3.34	3.85	—	4.21	4.49
5	日本樱花	4.27	4.55	4.42	4.54	4.22
6	中威医疗	4.56	4.33	4.57	3.97	3.94

资料来源：《中国医疗设备》杂志社行业数据调查。

(2) 2017~2021 年病理类设备主要品牌三级医院售后服务满意度

2017~2021 年，病理类设备三级医院主要品牌售后服务满意度中，日本樱花表现较稳定但在 2021 年满意度略有下降（见表 185）。

表 185　2017～2021 年全国病理类设备主要品牌三级医院售后服务满意度

单位：分

序号	品牌名称	2017 年	2018 年	2019 年	2020 年	2021 年
1	徕卡	4. 00	4. 19	4. 14	3. 84	4. 00
2	奥林巴斯	3. 97	4. 45	4. 12	4. 35	4. 17
3	PHCHD	—	—	—	4. 17	4. 07
4	尼康	3. 25	3. 59	—	4. 21	4. 49
5	日本樱花	4. 48	4. 54	4. 42	4. 65	4. 13
6	中威医疗	4. 54	4. 08	—	3. 97	3. 92

资料来源：《中国医疗设备》杂志社行业数据调查。

（3）2017～2021 年病理类设备主要品牌二级医院售后服务满意度

2017～2021 年，病理类设备二级医院主要品牌售后服务满意度波动较大且竞争激烈，其中徕卡表现相对稳定（见表 186）。

表 186　2017～2021 年全国病理类设备主要品牌二级医院售后服务满意度

单位：分

序号	品牌名称	2017 年	2018 年	2019 年	2020 年	2021 年
1	徕卡	4. 04	4. 16	4. 30	4. 27	4. 23
2	奥林巴斯	3. 72	3. 53	4. 39	4. 37	3. 97
3	PHCHD	—	—	—	4. 21	—
4	尼康	3. 76	4. 50	—	—	—
5	日本樱花	1. 89	4. 63	—	3. 86	5. 00
6	中威医疗	4. 65	5. 00	4. 57	—	4. 00

资料来源：《中国医疗设备》杂志社行业数据调查。

（4）2017～2021 年全国病理类设备主要品牌核心环节竞争力

2017～2021 年，在全国病理类设备品类中，设备使用及管理人员最关注的四个售后服务问题的情况如图 41 所示。

从整体来看，医院对病理类设备售后服务中最为关注的方面是产品质量、维修质量、效率和培训。其中，对产品质量（即产品可靠性、产品易用性）最为看重；工程师维修水平、维修后返修情况等指标均反映了维修质量；厂家工程师维修响应、到达现场、修复速度指标反映了效率；临床使用培训和合同规定的培训条款履约情况等指标反映了培训。

图 41　2017～2021 年全国病理类设备主要品牌核心环节竞争力

资料来源：《中国医疗设备》杂志社行业数据调查。

（5）2017～2021 年全国病理类设备六维综合满意度

2017～2021 年，从全国检验室设备类设备的六维综合满意度评价中可以看出，产品质量维度为满意度分值较高的维度，价格在这六个维度中满意度分值最低（见表 187）。

表 187　2017～2021 年全国病理类设备六维综合满意度

单位：分

年份	产品质量	维修质量	价格	效率	培训	服务态度
2017	4. 18	4. 08	3. 59	4. 05	3. 90	4. 18
2018	4. 26	4. 22	3. 91	4. 20	4. 06	4. 37
2019	4. 33	4. 24	3. 88	4. 30	4. 13	4. 41
2020	4. 40	4. 03	3. 85	4. 20	4. 15	4. 20
2021	4. 29	4. 11	3. 82	4. 07	4. 02	4. 04

资料来源：《中国医疗设备》杂志社行业数据调查。

3. 病理类设备维修保养服务情况分析

在2021年全国病理类设备品类中，保有率不低于1%的品牌的维修保养服务情况如表188所示。

表188　2021年全国病理类设备主要品牌维保服务情况

单位：%

品牌名称	维保履行率	先修后付款所占比例	无间断服务情况
徕卡	81.7	64.5	88.8
奥林巴斯	95.2	87.6	95.2
PHCHD	78.6	89.3	92.9
尼康	100.0	100.0	100.0
日本樱花	93.3	100.0	93.3
中威医疗	41.7	75.0	100.0

资料来源：《中国医疗设备》杂志社行业数据调查。

4. 病理类设备采购推荐情况

在2021年全国病理类设备品类中，保有率不低于1%的品牌的采购推荐情况如表189所示。

表189　2021年全国病理类设备主要品牌采购推荐情况

单位：%

品牌名称	净推荐值	意向复购率
徕卡	34.9	90.4
奥林巴斯	50.0	100.0
PHCHD	20.0	70.0
尼康	25.0	100.0
日本樱花	50.0	83.3
中威医疗	33.3	100.0

资料来源：《中国医疗设备》杂志社行业数据调查。

5. 病理类设备满意度 & 重要度分析

在2021年全国病理类设备品类中，21项指标的满意度 & 重要度四分如图42所示。

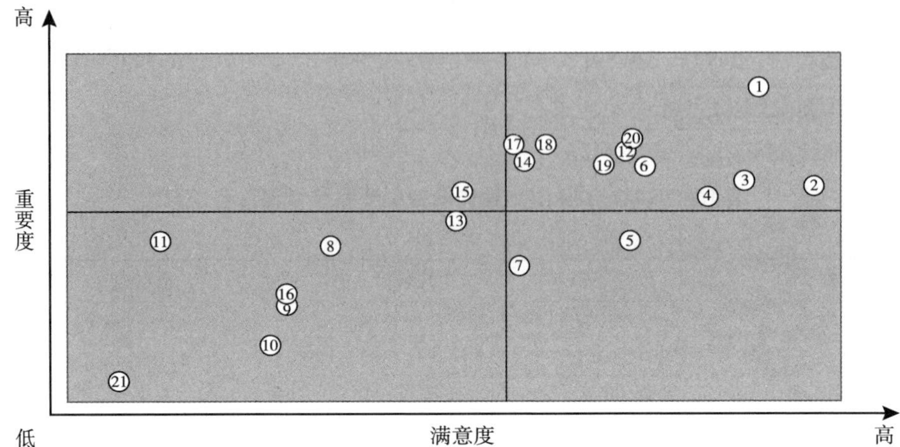

图 42　2021 年全国病理类设备满意度 & 重要度四分

注：①～㉑指代见本书总报告《医疗器械行业数据调研项目的进展及未来趋势》表 8。
资料来源：《中国医疗设备》杂志社行业数据调查。

由图 42 可见，企业在产品可靠性、合同规定的培训条款履约情况、客户投诉的处理效率与处理效果等重要度较高的指标上，满意度也较高。

企业需要提高用户对服务热线工作方式和到场响应速度的满意度。

二　2021年伽马刀类、急诊检验类医疗设备市场分析

（一）伽马刀类设备市场数据分析

1. 伽马刀类设备整体市场及分级市场数据

2021 年全国伽马刀类设备品牌保有率如表 190 所示。

表 190　2021 年全国伽马刀类设备品牌保有率

单位：%

序号	品牌名称	整体调研市场	三级市场	二级市场
1	奥沃	66.2	63.9	80.0
2	玛西普	17.6	19.7	—
3	医科达	14.7	14.8	20.0
4	一体医疗	1.5	1.6	—

资料来源：《中国医疗设备》杂志社行业数据调查。

我国伽马刀类设备市场以国产品牌为主。在全国伽马刀类设备市场中，国产品牌保有率为100.0%；三级医院伽马刀类设备市场中，国产品牌保有率为100.0%；二级医院伽马刀类设备市场中，国产品牌保有率为100%。

2. 伽马刀类设备售后服务现状分析

（1）2021年伽马刀类设备主要品牌售后服务满意度

2021年，伽马刀类设备作为新增加的调研对象，其主要品牌售后服务满意度中，奥沃在整体市场及各等级医院中均排名第一（见表191）。

表191　2021年全国伽马刀类设备主要品牌售后服务满意度

单位：分

序号	品牌名称	整体调研市场	三级医院	二级医院
1	奥沃	4.85	4.86	4.91
2	玛西普	3.90	3.90	—
3	医科达	3.80	3.81	3.70
4	一体医疗	4.52	4.52	—

资料来源：《中国医疗设备》杂志社行业数据调查。

（2）2021年全国伽马刀类设备主要品牌核心环节竞争力

保有率不低于1%的品牌在设备使用及管理人员最关注的四个售后服务问题的情况如表192所示。

表192　2021年全国伽马刀类设备主要品牌核心环节竞争力

单位：分

品牌	产品可靠性	设备到货时间，厂家是否严格执行合同规定	厂家工程师维修响应、到达现场、修复速度	合同规定的培训条款履约情况
奥沃	4.83	4.81	4.82	4.90
玛西普	4.20	4.25	4.14	3.71
医科达	4.08	4.08	3.85	3.63
一体医疗	3.00	5.00	5.00	5.00

资料来源：《中国医疗设备》杂志社行业数据调查。

（3）2021年全国伽马刀类设备主要品牌六维综合满意度

在2021年全国伽马刀类设备品类中，保有率不低于1%的品牌的六维综合售后服务满意度情况如表193所示。

表 193　2021 年全国伽马刀类设备主要品牌六维综合满意度

单位：分

品牌	产品质量	维修质量	价格	效率	培训	服务态度
奥沃	4.82	4.85	4.85	4.85	4.88	4.85
玛西普	4.29	3.79	3.72	4.12	3.73	3.88
医科达	4.08	3.76	3.33	3.97	3.79	3.73
一体医疗	3.00	4.40	4.00	5.00	5.00	5.00

资料来源：《中国医疗设备》杂志社行业数据调查。

3. 伽马刀类设备维修保养服务情况分析

在 2021 年全国伽马刀类设备品类中，保有率不低于 1% 的品牌的维修保养服务情况如表 194 所示。

表 194　2021 年全国伽马刀类设备主要品牌维保服务情况

单位：%

品牌名称	维保履行率	先修后付款所占比例	无间断服务情况
奥沃	100.0	97.8	91.1
玛西普	91.7	100.0	58.3
医科达	90.0	70.0	80.0
一体医疗	100.0	100.0	100.0

资料来源：《中国医疗设备》杂志社行业数据调查。

4. 伽马刀类设备采购推荐情况

在 2021 年全国伽马刀类设备品类中，保有率不低于 1% 的品牌的采购推荐情况如表 195 所示。

表 195　2021 年全国伽马刀类设备主要品牌采购推荐情况

单位：%

品牌名称	净推荐值	意向复购率
奥沃	84.2	100.0
玛西普	25.0	75.0
医科达	0.0	77.8

资料来源：《中国医疗设备》杂志社行业数据调查。

5. 伽马刀类设备满意度 & 重要度分析

在 2021 年全国伽马刀类设备品类中，满意度 & 重要度四分如图 43 所示。

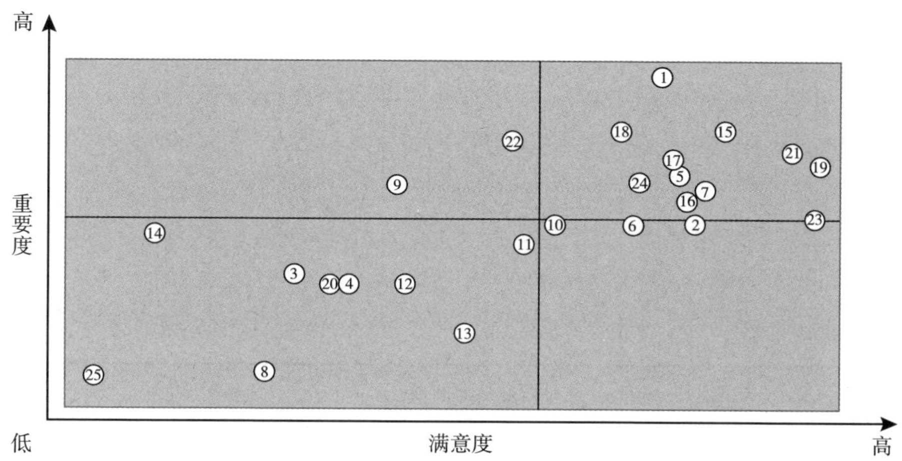

图 43 2021 年全国伽马刀类设备满意度 & 重要度四分

注：①~㉕指代见本书总报告《医疗器械行业数据调研项目的进展及未来趋势》表 7。
资料来源：《中国医疗设备》杂志社行业数据调查。

由图 43 可见，企业在产品可靠性；设备到货时间，厂家是否严格执行合同规定；厂家工程师维修响应、到达现场、修复速度等重要度较高的指标上，满意度也较高。

企业需要提高用户对保修期内换部件质保、合同规定的培训条款履约情况的满意度。

（二）急诊检验类设备市场数据分析

1. 急诊检验类设备整体市场及分级市场数据

2021 年全国急诊检验类设备品牌保有率如表 196 所示。

表 196 2021 年全国急诊检验类设备品牌保有率

单位：%

序号	品牌名称	整体调研市场	三级市场	二级市场
1	奥森多	29. 1	28. 5	34. 0
2	希森美康	19. 6	20. 8	12. 9

续表

序号	品牌名称	整体调研市场	三级市场	二级市场
3	贝克曼库尔特	12.5	12.6	11.7
4	罗氏	10.0	10.3	9.9
5	迈瑞	9.8	9.3	12.9
6	雅培	3.6	3.5	3.7
7	迪瑞	2.7	3.1	0.6
8	西门子	2.6	2.7	1.2
9	日立	1.7	1.7	1.8
10	雷杜	1.6	1.5	1.2
11	爱威	1.2	0.7	4.3
12	优利特	1.1	0.9	1.8
13	其他	4.5	4.4	4.0

资料来源：《中国医疗设备》杂志社行业数据调查。

我国急诊检验类设备市场以进口品牌为主。在全国急诊检验类设备市场中，国产品牌保有率为12.5%，进口品牌保有率为87.5%；三级医院急诊检验类设备市场中，国产品牌保有率为11.1%，进口品牌保有率为88.9%；二级医院急诊检验类设备市场中，国产品牌保有率为18.9%，进口品牌保有率为81.1%。其中，其他品牌包括爱威、强生、优利特、北京白洋医疗、梅里埃、伯乐、思塔高、沃芬、赛默飞世尔、理邦仪器、深圳普门等，市场保有率较低。

2. 急诊检验类设备售后服务现状分析

（1）2021年急诊检验类设备主要品牌售后服务满意度

2021年，急诊检验类设备作为新增加的调研对象，其主要品牌售后服务满意度中，奥森多在整体市场和三级医院中均排名第一，雷杜在二级医院满意度中拔得头筹（见表197）。

表197　2021年全国急诊检验类设备主要品牌售后服务满意度

单位：分

序号	品牌名称	整体调研市场	三级医院	二级医院
1	奥森多	4.76	4.76	4.74
2	希森美康	4.44	4.46	4.29

续表

序号	品牌名称	整体调研市场	三级医院	二级医院
3	贝克曼库尔特	4.37	4.38	4.28
4	罗氏	4.41	4.39	4.54
5	迈瑞	4.39	4.39	4.38
6	雅培	4.35	4.38	4.18
7	迪瑞	4.17	4.23	2.71
8	西门子	4.32	4.27	4.87
9	日立	4.53	4.59	4.19
10	雷杜	4.25	4.12	4.97
11	爱威	3.81	3.83	3.79
12	优利特	4.39	4.31	4.59

资料来源：《中国医疗设备》杂志社行业数据调查。

（2）2021 年全国急诊检验类设备主要品牌核心环节竞争力

保有率不低于 1% 的品牌在设备使用及管理人员最关注的四个售后服务问题的情况如表 198 所示。

表 198　2021 年全国急诊检验类设备主要品牌核心环节竞争力

单位：分

品牌	产品可靠性	试剂耗材可靠性	设备应用培训	装机后培训
奥森多	4.69	4.66	4.74	4.74
希森美康	4.38	4.32	4.43	4.50
贝克曼库尔特	4.24	4.22	4.42	4.38
罗氏	4.38	4.25	4.49	4.52
迈瑞	4.37	4.26	4.45	4.46
雅培	4.24	4.30	4.41	4.30
迪瑞	4.10	4.07	4.14	4.27
西门子	4.31	4.02	4.38	4.50
日立	4.34	4.61	4.53	4.67
雷杜	4.28	4.26	4.02	4.34
爱威	3.65	3.81	3.75	3.87
优利特	4.47	4.39	4.31	4.31
日立	4.34	4.61	4.53	4.67
雷杜	4.28	4.26	4.02	4.34

续表

品牌	产品可靠性	试剂耗材可靠性	设备应用培训	装机后培训
爱威	3.65	3.81	3.75	3.87
优利特	4.47	4.39	4.31	4.31

资料来源：《中国医疗设备》杂志社行业数据调查。

（3）2021 年全国急诊检验类设备主要品牌五维综合满意度

在 2021 年全国急诊检验类设备品类中，保有率不低于 1% 的品牌的五维综合售后服务满意度情况如表 199 所示。

表 199 2021 年全国急诊检验类设备主要品牌六维综合满意度

单位：分

品牌	产品质量	维修质量	效率	培训	服务态度
奥森多	4.60	4.89	4.89	4.74	4.88
希森美康	4.35	4.43	4.49	4.46	4.55
贝克曼库尔特	4.21	4.38	4.47	4.40	4.52
罗氏	4.25	4.44	4.45	4.51	4.57
迈瑞	4.30	4.36	4.39	4.45	4.53
雅培	4.28	4.33	4.42	4.36	4.43
迪瑞	4.12	4.07	4.22	4.21	4.27
西门子	4.18	4.48	4.27	4.44	4.42
日立	4.46	4.50	4.50	4.60	4.62
雷杜	4.28	4.14	4.32	4.18	4.26
爱威	3.81	3.77	3.71	3.81	3.91
优利特	4.45	4.57	4.46	4.31	4.18

资料来源：《中国医疗设备》杂志社行业数据调查。

3. 急诊检验类设备满意度 & 重要度分析

在 2021 年全国急诊检验类设备品类中，14 项指标的满意度 & 重要度四分如图 44 所示。

由图 44 可见，企业在工程师解决疑难问题的能力、售后服务人员维修速度、装机后培训、设备应用培训等重要度较高的指标上，满意度也较高。

企业需要提高用户对产品可靠性、试剂耗材可靠性的满意度。

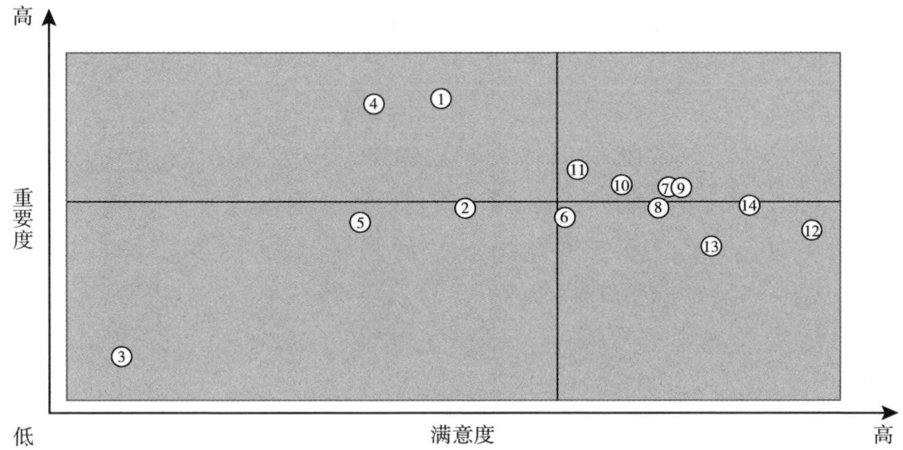

图 44　2021 年全国急诊检验类设备满意度 & 重要度四分

注：①~⑭指代见本书总报告《医疗器械行业数据调研项目的进展及未来趋势》表 9。
资料来源：《中国医疗设备》杂志社行业数据调查。

三　2020~2021年八大类医疗设备招投标数据分析

（一）内窥镜中标数据分析

1. 总体情况

据众成医械大数据平台统计，2020 年 10 月 ~2021 年 9 月共监测到 4888 家医院公布内窥镜招投标中标结果，涉及 15516 条内窥镜中标结果数据，涵盖 380 个品牌商，采购数量共计 32333 件，采购总额合计 149.0 亿元。

其中，共有 8382 条品牌信息披露较完整[①]的中标结果数据，采购数量共计 22265 件，采购总额合计 80.4 亿元。根据不同类型，消化道内窥镜中标金额最高，为 21.2 亿元，数量为 2554 件；胸腹腔镜和支气管镜的总金额分别是 17.6 亿元和 6.3 亿元，总数量分别是 1760 件和 890 件。具体的统计信息参见表 200。

① 品牌信息披露完整是指中标产品品牌和总额信息披露完整。

表 200　2020 年 10 月～2021 年 9 月各类内窥镜中标情况

单位：亿元，件

序号	品类	中标金额	中标数量
1	消化道内镜	21.20	2554
2	胸腹腔镜	17.60	1760
3	支气管镜	6.30	890
4	鼻咽喉镜	4.10	2765
5	关节镜	2.90	300
6	宫腔镜	2.60	551
7	脊柱内镜	1.90	165
8	组合内镜	1.40	156
9	电切镜	1.00	265
10	神经内镜	0.70	75
11	输尿管镜	0.60	191
12	气管镜	0.50	122
13	肾镜	0.50	299
14	膀胱镜	0.40	194
15	乳管镜	0.10	24
16	耳镜	0.10	181
17	其他	18.50	11773
合计		80.4	22265

资料来源：众成医械大数据平台。

2. 每月中标情况

据众成医械大数据平台统计，根据2020年10月～2021年9月一年统计周期内采集到的内窥镜中标数据进行分析，总价在2020年最后一季度呈上升趋势，而2021年第一季度大幅度下降；2021年3月至9月整体趋势较为平缓。总数量从2020年10月开始三个月持续上升，到2021年1月下降超过一半，之后整体趋于平缓，且在8月出现显著上升。本统计周期内，医院端内窥镜平均每件产品采购金额为46.1万元。2021年8月内窥镜采购数量为本统计周期内的最大值，达12054件，该月产品采购额为14.4亿元，平均每件产品采购金额为 11.9 万元，采购产品多为镜片、刨削系统等内窥镜配件。具体情况参见图 45。

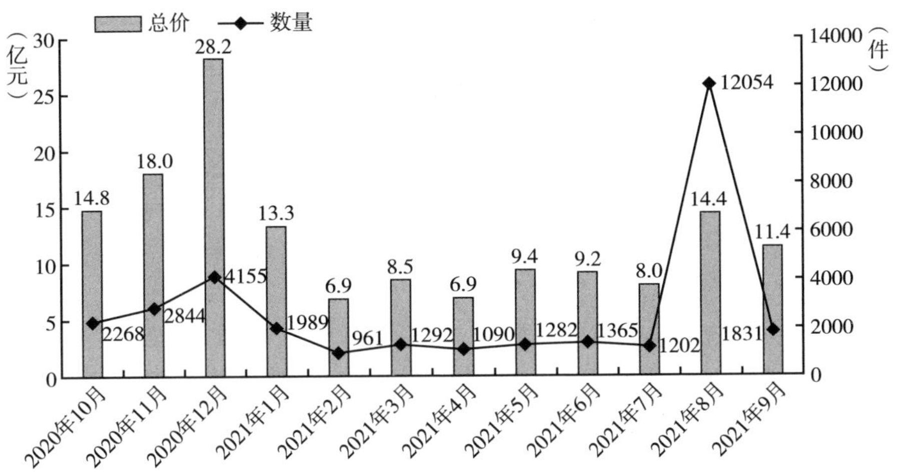

图 45　2020 年 10 月 ~2021 年 9 月医院端内窥镜中标每月动态变化

资料来源：众成医械大数据平台。

3. 品牌中标情况

据众成医械大数据平台统计，在 2020 年 10 月 ~2021 年 9 月全国医院端内窥镜各品牌的销售额情况中，奥林巴斯等 15 个品牌占据了 84.6% 的市场份额。其中，奥林巴斯占据首位，市场占有率达 34.9%，具有明显优势。此外，市场销售份额排名前三的品牌还有卡尔史托斯与富士，市场占有率分别为 16.0% 和 9.0%。

按市场销售量分析，销售量在前十五的内窥镜品牌占据了 81.5% 的份额，而其余品牌则只有 18.5% 的份额。本统计周期内，灵洋因旗下产品“一次性使用喉镜片”位于首位，其销售量占总量的 44.9%；而奥林巴斯、卡尔史托斯和富士分别以 13.6%、5.8% 和 3.4% 的市场份额，位居第二、第三和第四。总体看来，无论是销售额还是销售量，我国内窥镜市场主要由奥林巴斯、卡尔史托斯和富士这三个品牌占据，其他品牌的市场集中度相对较低。具体请参见表 201 和表 202。

表 201　医院端内窥镜中标品牌市场占有率（部分）

单位：%

品牌	市场占有率(根据销售额)
奥林巴斯(OLYMPUS)	34.90
卡尔史托斯(KARL STORZ)	16.00
富士(FUJIFILM)	9.00
达芬奇(da Vinci Intutive)	7.70
豪雅(HOYA)	3.70
狼牌(Richard Wolf)	2.00
史赛克(Stryker)	1.80
开立(SonoScape)	1.60
施乐辉(Smith&Nephew)	1.60
艾克松(XION)	1.40
诺瓦达克技术(Novadaq)	1.20
Joimax	1.10
理邦仪器(EDAN)	1.00
澳华(AOHUA)	0.90
欧谱曼迪(OPTOMEDIC)	0.80

资料来源：众成医械大数据平台。

表 202　医院端内窥镜中标品牌市场占有率（部分）

单位：%

品牌	市场占有率(根据销售量)
灵洋	44.90
奥林巴斯(OLYMPUS)	13.60
卡尔史托斯(KARL STORZ)	5.80
富士(FUJIFILM)	3.40
优亿	3.10
狼牌(Richard Wolf)	2.20
豪雅(HOYA)	2.00
沈大(ShengDa)	1.10
莱夫凯尔(L'CARE)	0.80
澳华(AOHUA)	0.80
好克	0.80
开立(SonoScape)	0.80
因赛德思(INSIGHTERS)	0.70
史赛克(Stryker)	0.70
宏济医疗(HugeMed)	0.70

资料来源：众成医械大数据平台。

4. 区域市场情况

根据众成医械大数据平台统计，2020 年 10 月 ~2021 年 9 月内窥镜招标最活跃的地区为广东省、河北省和四川省，采购金额分别为 19.58 亿元、12.28 亿元和 8.58 亿元（见表 203）。

表 203　2020 年 10 月 ~2021 年 9 月各省份医院端内窥镜招标情况

单位：亿元

省份	采购金额
广东省	19.58
河北省	12.28
四川省	8.58
浙江省	8.07
湖北省	7.86
山东省	7.46
福建省	6.88
河南省	6.55
云南省	5.97
江苏省	5.18
江西省	5.18
广西壮族自治区	4.83
黑龙江省	4.23
山西省	4.14
内蒙古自治区	4.14
北京市	4.05
甘肃省	3.91
上海市	3.73
湖南省	3.49
新疆维吾尔自治区	3.07
贵州省	2.95
辽宁省	2.51
陕西省	2.41
重庆市	2.19
安徽省	2.04
天津市	1.90
吉林省	1.37
青海省	0.77
海南省	0.75
宁夏回族自治区	0.72
西藏自治区	0.46

资料来源：众成医械大数据平台。

5. 采购医院情况

据众成医械大数据平台统计，从全国各采购医院级别分析，在本统计周期内，二级及以下医院的采购金额最高，共计70.9亿元，总金额领先于排名第二的三甲医院4.3亿元。另外，采购数量最多的是三甲医院，共计19845件。从平均采购金额来看，其他三级医院和二级及以下医院的内窥镜及相关产品平均采购金额为65.98万元，而三甲医院的平均采购金额为33.56万元（见图46）。

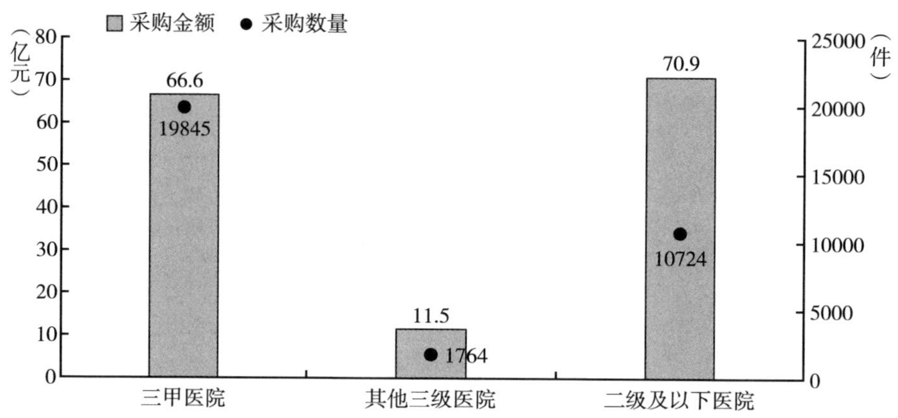

图46　2020年10月~2021年9月各等级医院内窥镜采购情况

资料来源：众成医械大数据平台。

（二）超声影像诊断设备中标数据分析

1. 总体情况

据众成医械大数据平台统计，2020年10月~2021年9月共监测到2387家医院公布超声影像诊断设备招投标中标结果，涉及3609条超声影像诊断设备中标结果数据，涵盖94个品牌商，采购数量共计4648件，采购总额合计57.7亿元。

其中，共有3377条品牌信息披露较完整①的中标结果数据，采购数量共计4368件，采购总额合计54.16亿元。根据不同类型，一体式超声工作站中

① 品牌信息披露完整是指中标产品品牌和总额信息披露完整。

标金额最高，为 49.16 亿元，数量为 3431 件；便携式超声诊断仪总金额为 5.0 亿元，总数量为 937 件。具体的统计信息参见表 204。

表 204 2020 年 10 月～2021 年 9 月各类超声影像诊断设备中标情况

单位：亿元，件

序号	品类	中标金额	中标数量
1	一体式超声工作站	49.16	3431
2	便携式超声诊断仪	5.00	937
合计		54.16	4368

资料来源：众成医械大数据平台。

2. 每月中标情况

据众成医械大数据平台统计，根据 2020 年 10 月～2021 年 9 月一年统计周期内采集到的超声影像诊断设备中标数据进行分析，总价在 2020 年最后一季度呈上升趋势，而 2021 年第一季度大幅度下降；2021 年 3 月至 9 月整体趋势较为平缓。总数量从 2020 年 10 月开始上升，12 月开始有下降的趋势，到 2021 年 1 月下降超过一半，之后整体趋于平缓。本统计周期内，医院端超声影像诊断设备平均每件产品采购金额为 124.4 万元。2020 年 11 月超声影像诊断设备采购数量为本统计周期内的最大值，达 1176 件，该月产品采购额为 14.5 亿元，平均每件产品采购金额为 123.3 万元，采购产品多为一体式超声工作站。具体情况参见图 47。

3. 品牌中标情况

据众成医械大数据平台统计，在 2020 年 10 月～2021 年 9 月全国医院端超声影像诊断设备各品牌的销售额情况中，迈瑞等 15 个品牌占据了 86.9% 的市场份额。其中，迈瑞占据首位，市场占有率达 30.1%，具有明显优势。此外，市场销售份额排名前三的品牌还有通用电气与飞利浦，市场占有率分别为 14.8% 和 13.0%。

按市场销售量分析，销售量在前十五的超声影像诊断设备品牌占据了 93.7% 的份额，而其余品牌则只有 6.3% 的份额。本统计周期内，通用电气位于首位，其销售量占总量的 24.8%；而迈瑞、飞利浦分别以 22.0%、20.9% 的市场份额，位居第二、第三。总体看来，无论是销售额还是销售量，我国超

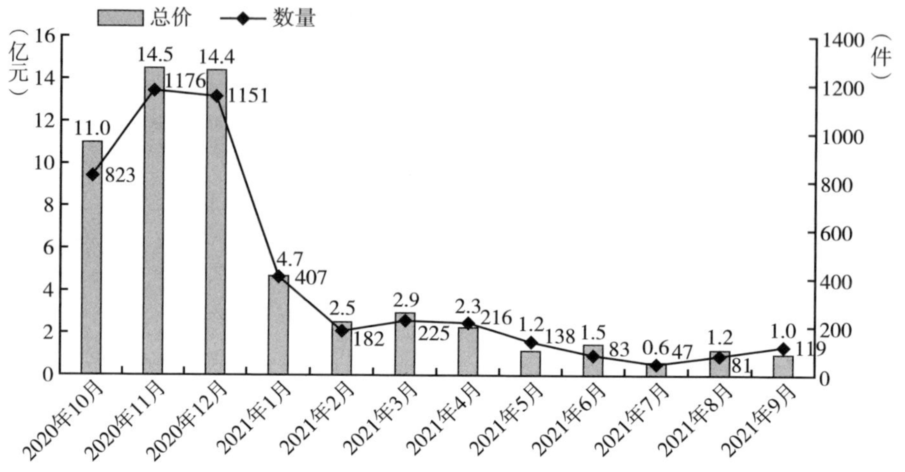

图 47　2020 年 10 月～2021 年 9 月医院端超声影像诊断设备中标每月动态变化

资料来源：众成医械大数据平台。

声影像诊断设备市场主要由通用电气、迈瑞和飞利浦这三个品牌占据，其他品牌的市场集中度相对较低。具体请参见表 205 和表 206。

表 205　医院端超声影像诊断设备中标品牌市场占有率（部分）

单位：%

品牌	市场占有率(根据销售额)
迈瑞(Mindray)	30.10
通用电气(GE)	14.80
飞利浦(PHILIPS)	13.00
开立(SonoScape)	8.70
日立高新(HITACHI)	2.70
西门子医疗(SIEMENS)	2.60
理邦仪器(EDAN)	2.50
SIUI	2.40
三星麦迪(SAMSUNG)	2.40
华声医疗(wisonic)	1.80
飞依诺(VINNO)	1.70
富士(FUJIFILM)	1.20
东芝(Toshiba)	1.10
东软医疗(Neusoft)	1.00
佳能(canon)	1.00

资料来源：众成医械大数据平台。

表 206　医院端超声影像诊断设备中标品牌市场占有率（部分）

单位：%

品牌	市场占有率(根据销售量)
通用电气(GE)	24. 80
迈瑞(Mindray)	22. 00
飞利浦(PHILIPS)	20. 90
三星麦迪(SAMSUNG)	4. 20
开立(SonoScape)	4. 20
西门子医疗(SIEMENS)	4. 10
日立高新(HITACHI)	4. 00
东芝(Toshiba)	2. 00
佳能(canon)	1. 60
百胜(ESAOTE)	1. 10
法国声科影像(Supersonic)	1. 10
飞依诺(VINNO)	1. 00
SIUI	1. 00
富士(FUJIFILM)	0. 90
东软医疗(Neusoft)	0. 80

资料来源：众成医械大数据平台。

4. 区域市场情况

根据监测到的所有招投标信息，2020 年 10 月 ~2021 年 9 月超声影像诊断设备招标最活跃的地区为广东省、河北省、湖北省和四川省，采购金额分别为 6. 26 亿元、4. 30 亿元、5. 00 亿元和 5. 00 亿元（见表 207）。

表 207　2020 年 10 月 ~2021 年 9 月各省份医院端超声影像诊断设备招标情况

单位：亿元

省份	采购金额
广东省	6. 26
四川省	5. 00
湖北省	5. 00
河北省	4. 30
浙江省	3. 02

续表

省份	采购金额
广西壮族自治区	2.92
内蒙古自治区	2.56
云南省	2.34
北京市	2.07
黑龙江省	2.03
河南省	1.99
江西省	1.95
山东省	1.76
辽宁省	1.74
山西省	1.73
甘肃省	1.53
重庆市	1.53
吉林省	1.24
安徽省	1.15
江苏省	1.11
上海市	1.11
新疆维吾尔自治区	1.04
福建省	0.96
湖南省	0.86
陕西省	0.57
天津市	0.56
海南省	0.49
青海省	0.24
宁夏回族自治区	0.20
西藏自治区	0.09
贵州省	0.09

资料来源：众成医械大数据平台。

5. 采购医院情况

据众成医械大数据平台统计，从全国各采购医院级别分析，在本统计周期内，二级及以下医院的采购金额最高，共计 35.6 亿元，总金额领先于排名第二的三甲医院 17.3 亿元。另外，采购数量最多的是二级及以下医院，共计 3172 件。从平均采购金额来看，其他三级医院和二级及以下医院的超声影像诊断设备及相关产品平均采购金额为 115.3 万元，而三甲医院的平均采购金额为 148.8 万元（见图 48）。

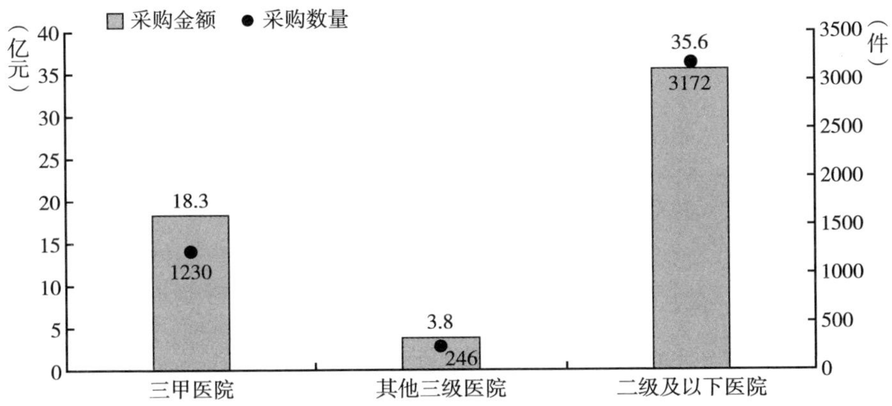

图 48　2020 年 10 月 ~2021 年 9 月各等级医院超声影像诊断设备采购情况

资料来源：众成医械大数据平台。

（三）监护设备中标数据分析

1. 总体情况

据众成医械大数据平台统计，2020 年 10 月 ~2021 年 9 月共监测到 2754 家医院公布监护设备招投标中标结果，涉及 5258 条监护设备中标结果数据，涵盖 154 个品牌商，采购数量共计 31725 件，采购总额合计 20.71 亿元。

其中，共有 4648 条品牌信息披露较完整①的中标结构数据，采购数量共计 27905 件，采购总额合计 16.23 亿元。根据不同类型，一般床边监护仪中标金额最高，为 11.6 亿元，数量为 24333 件；遥测和中央监护仪与麻醉监护仪的总金额分别是 1.8 亿元和 1.5 亿元，总数量分别是 1092 件和 702 件。具体的统计信息参见表 208。

① 品牌信息披露较完整是指中标产品品牌和总额信息披露完整。

表 208　2020 年 10 月 ~2021 年 9 月各类监护设备中标情况

单位：亿元，件

序号	品类	中标金额	中标数量
1	一般床边监护仪	11. 60	24333
2	遥测和中央监护仪	1. 75	1092
3	麻醉监护仪	1. 55	702
4	母婴监护仪	0. 58	1219
5	重症床边监护仪	0. 33	294
6	颅脑监护仪	0. 30	89
7	除颤监护仪	0. 13	176
合计		16. 23	27905

资料来源：众成医械大数据平台。

2. 每月中标情况

据众成医械大数据平台统计，根据 2020 年 10 月 ~2021 年 9 月一年统计周期内采集到的监护设备中标数据进行分析，总价在 2020 年最后一季度呈上升趋势，而 2021 年第一季度大幅度下降；2021 年 3 月至 9 月整体趋势较为平缓，且在 6 月有较小幅度上升。总数量从 2020 年 10 月开始三个月持续上升，然而到 2021 年 1 月下降明显，之后数据处于轻微上下波动的水平。本统计周期内，医院端监护设备平均每件产品采购金额为 6. 5 万元。2020 年 12 月监护设备中标金额为本统计周期内的最大值，达 4. 3 亿元；该月的采购数量也达到中标数量的峰值，为 6518 件，平均每件产品采购金额为 6. 6 万元，采购产品多为心电监护仪、遥测和中央监护系统等监护设备配件。具体情况参见图 49。

3. 品牌中标情况

据众成医械大数据平台统计，在 2020 年 10 月 ~2021 年 9 月全国医院端监护设备各品牌的销售额数据中，迈瑞等 15 个品牌占据了 73. 5% 的市场份额。其中，迈瑞占据首位，市场占有率高达 45. 1%，具有明显优势。此外，市场销售份额排名前三的品牌还有飞利浦与理邦仪器，市场占有率分别为 7. 3% 和 4. 7%。

按市场销售量分析，销售量在前十五的监护设备品牌占据了 82. 1% 的份额，而其余品牌则只有 17. 9% 的份额。其中，迈瑞位于首位，其销售量占总

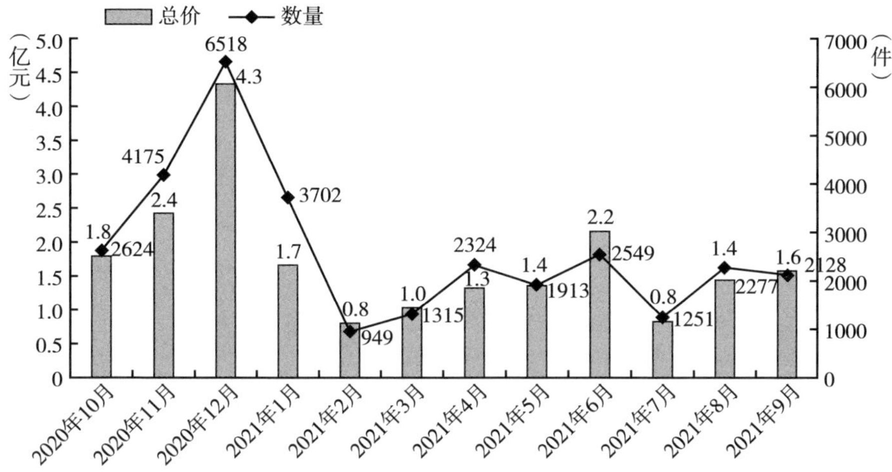

图 49　2020 年 10 月～2021 年 9 月医院端监护设备中标每月动态变化

资料来源：众成医械大数据平台。

量的 45.2%。总体看来，无论是销售额还是销售量，迈瑞是名副其实的双料冠军，从各品牌销售量的占比看来，除了迈瑞以外，其他品牌的市场集中度相对较低。具体请参见表 209 和表 210。

表 209　医院端监护设备中标品牌市场占有率（部分）

单位：%

品牌	市场占有率(根据销售额)
迈瑞(Mindray)	45.10
飞利浦(PHILIPS)	7.30
理邦仪器(EDAN)	4.70
科曼(COMEN)	4.10
通用电气(GE)	4.00
日本光电(NIHON KOHDEN)	1.60
宝莱特	1.30
德尔格医疗(Dräger)	1.00
MIPM	0.90
美敦力(Medtronic)	0.80
内特斯(NATUS)	0.80
爱德华兹(Edwards)	0.70

续表

品牌	市场占有率(根据销售额)
柯惠(Covidien)	0.60
太阳科技(SOLAR)	0.30
中旗(ZONCARE)	0.30

资料来源：众成医械大数据平台

表 210　医院端监护设备中标品牌市场占有率（部分）

单位：%

品牌	市场占有率(根据销售量)
迈瑞(Mindray)	45.20
理邦仪器(EDAN)	8.20
科曼(COMEN)	8.00
飞利浦(PHILIPS)	7.10
通用电气(GE)	3.30
宝莱特	3.10
日本光电(NIHON KOHDEN)	2.00
中旗(ZONCARE)	1.10
康泰(CONTEC)	0.90
鱼跃(yuwell)	0.80
迪姆(DMS DM)	0.60
麦邦(M&B)	0.50
威高(WEGO)	0.50
邦健(biocare)	0.40
三诺生物	0.40

资料来源：众成医械大数据平台。

4. 区域市场情况

据众成医械大数据平台统计，根据众成医械大数据平台采集到的所有招投标信息，2020 年 10 月 ~2021 年 9 月监护设备招标最活跃的地区为广东省、北京市和广西壮族自治区，采购金额分别为 2.2 亿元、1.2 亿元和 1.2 亿元（见表 211）。

表 211　2020 年 10 月 ~2021 年 9 月各省份医院端监护设备招标情况

单位：亿元

省份	采购金额
广东省	2.20
北京市	1.24
广西壮族自治区	1.21
江苏省	0.91
浙江省	0.77
福建省	0.73
四川省	0.72
新疆维吾尔自治区	0.64
河北省	0.62
云南省	0.60
湖北省	0.59
河南省	0.59
江西省	0.56
湖南省	0.40
吉林省	0.37
黑龙江省	0.34
山东省	0.32
安徽省	0.30
天津市	0.29
辽宁省	0.29
内蒙古自治区	0.26
上海市	0.24
山西省	0.24
甘肃省	0.23
重庆市	0.16
海南省	0.16
陕西省	0.15
青海省	0.07
宁夏回族自治区	0.07
西藏自治区	0.06
贵州省	0.03

资料来源：众成医械大数据平台。

5. 采购医院情况

据众成医械大数据平台统计，从全国各采购医院级别分析，在本统计周期内，二级及以下医院的采购总金额最高，共计 10.4 亿元，总金额领先于排名第二的三甲医院 1.4 亿元。另外，采购数量最多的同样是二级及以下医院，共计 18853 件。从平均采购金额来看，三甲医院的平均采购金额为 8.0 万元，而其他三级医院和二级及以下医院的平均采购金额为 5.7 万元（见图 50）。

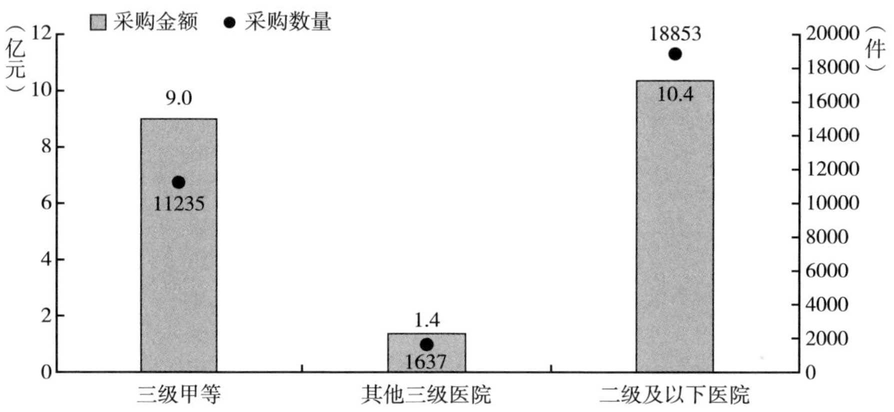

图 50　2020 年 10 月～2021 年 9 月各等级医院监护设备采购情况

资料来源：众成医械大数据平台。

（四）呼吸机中标数据分析

1. 总体情况

据众成数科大数据平台统计显示，从 2020 年 10 月至 2021 年 9 月，一共收集到 4422 条呼吸机设备招投标的中标结果数据，涉及 2321 家不同类型医院公布的呼吸机招投标中标信息和结果，105 个品牌商，采购数量共计 12484 件，采购总额合计 29.1 亿元。

其中，共有 4201 条标准数据品牌信息披露较完整①的中标结果数据，其采购数量共计 11843 件，采购总额合计 26.7 亿元。根据不同类型，呼吸治疗

① 品牌信息披露较完整是指中标产品品牌和总额信息披露完整。

机中标金额最高，为22.4亿元，数量为10069件；小儿呼吸机和急救呼吸机的总金额分别是2.0亿元和1.2亿元，总数量分别是624和872件；其他三种类型，高频、麻醉和睡眠呼吸机的总金额和数量分别为0.5亿元、0.4亿元和104.7万元，71件，189件和17件，高压氧舱呼吸机中标1件产品，金额为30.0万元。具体的统计信息参见表212。

表212　2020年10月~2021年9月各类呼吸机中标情况

单位：万元，件

序号	品类	中标金额	中标数量
1	呼吸治疗机	224344.5	10069
2	小儿呼吸机	20403.4	624
3	急救呼吸机	12019.5	872
4	高频呼吸机	5284.5	71
5	麻醉呼吸机	4418.8	189
6	睡眠呼吸机	104.7	17
7	高压氧舱呼吸机	30.0	1
合计		266605.4	11843

资料来源：众成医械大数据平台。

2．每月中标情况

通过众成医械大数据平台统计数据，在月份时间轴上，根据2020年10月到2021年9月一年里采集到的整体呼吸机中标数据进行分析，采购总价在2020年最后一季度呈显著上升趋势，在2021年1月下降，之后直至9月整体趋势较为平缓，其中5月和8月有较小幅度的上升。总数量的趋势同样在2020年最后三个月有明显上升趋势然后下降在次年1月，从2021年2月至9月销量的趋势都较为平缓。在统计周期内，各种类型医院端呼吸机平均每月采购金额和采购量为2.4亿元和1040件，平均每件呼吸机的采购金额为23.3万元。在统计周期内，2020年12月达到呼吸机中标金额和采购数量的最大值，该月的中标金额为7.7亿元，采购数量为3513件，平均每件产品采购金额为21.8万元；其中标金额最小值在2021年7月，为0.97亿元，当月中标数量478件，平均每件产品采购金额为20.3万。具体情况参见图51。

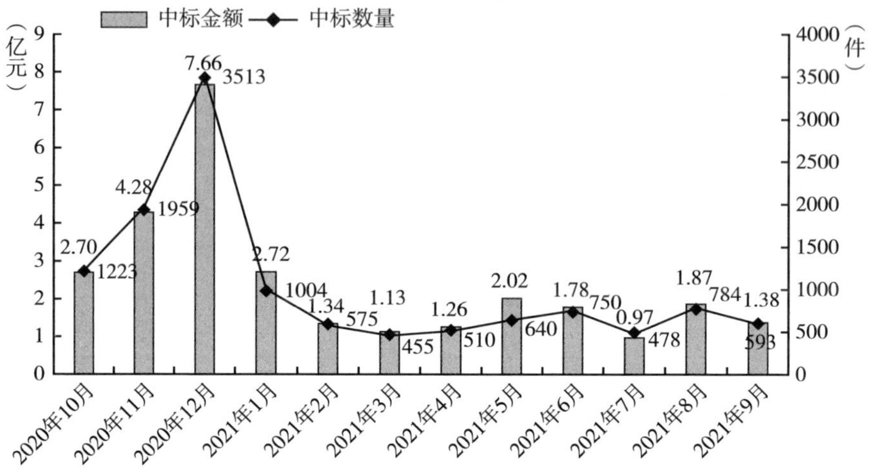

图 51　2020 年 10 月 ~2021 年 9 月医院端呼吸机中标每月动态变化

资料来源：众成医械大数据平台。

3．品牌中标情况

由众成医械大数据平台的销售额统计，在 2020 年 10 月至 2021 年 9 月全国医院端呼吸机各品牌的销售情况中，迈瑞等 15 个品牌贡献了 83.7% 的市场份额。其中，迈瑞占据首位，市场占有率高达 31.3%。此外，市场销售份额排名前三的品牌还有德尔格医疗与迈柯唯，市场占有率分别为 11.8% 和 7.5%。按市场销售量统计，销售量在前十五的品牌获得了呼吸机市场 73.5% 的份额，而迈瑞同样位于首位，其销售量占总量的 27.3%。总体看来，无论是销售额还是销售量，迈瑞是名副其实的双料冠军，从各品牌销售量的占比看来，其他品牌的市场分布相对分散。具体请参见表 213 和表 214。

表 213　医院端呼吸机中标品牌市场占有率（部分）

单位：%

品牌	市场占有率(根据销售额)
迈瑞 Mindray	31.3
德尔格医疗 Dräger	11.8
迈柯唯 Maquet	7.5
飞利浦伟康 PHILIPS	5.3
柯惠 Covidien	5.2

续表

品牌	市场占有率(根据销售额)
哈美顿 Hamilton	4.6
谊安 Aeonmed	4.5
科曼 COMEN	2.2
通用电气 GE	2.1
凯迪泰 CURATIVE	1.9
瑞士菲萍 ACUTRONIC	1.6
普博 PRUNUS	1.5
安保科技 Ambul	1.4
德国海伦 Heinen	1.4
斯蒂芬 Stephan	1.4

资料来源：众成医械大数据平台。

表 214　医院端呼吸机中标品牌市场占有率（部分）

单位：%

品牌	市场占有率(根据销售量)
迈瑞 Mindray	27.3
德尔格医疗 Dräger	7.8
飞利浦伟康 PHILIPS	7.1
谊安 Aeonmed	6.8
迈柯唯 Maquet	4.2
凯迪泰 CURATIVE	3.4
柯惠 Covidien	3.3
安保科技 Ambul	3.1
哈美顿 Hamilton	2.9
科曼 COMEN	2.5
普博 PRUNUS	2.1
通用电气 GE	1.2
瑞士菲萍 ACUTRONIC	0.8
斯蒂芬 Stephan	0.5
德国海伦 Heinen	0.5

资料来源：众成医械大数据平台。

4．区域市场情况

根据众成医械大数据平台采集到的所有招投标中标结果，2020 年 10 月至

2021 年 9 月全国医院呼吸机招标较活跃的地区集中在南方地区，其中广东省的采购金额最高，为 4.1 亿元，金额最少的省份是青海省，采购金额分别为 0.08 亿元（见表 215）。

表 215　2020 年 10 月～2021 年 9 月各省份医院端呼吸机招标情况

单位：亿元

省份	采购金额
广东省	4.10
河北省	2.39
四川省	2.12
广西壮族自治区	1.93
河南省	1.40
浙江省	1.22
内蒙古自治区	1.19
黑龙江省	1.18
福建省	0.98
北京市	0.94
江苏省	0.93
江西省	0.93
新疆维吾尔自治区	0.90
吉林省	0.88
山西省	0.85
湖北省	0.83
湖南省	0.81
云南省	0.75
安徽省	0.73
辽宁省	0.67
山东省	0.62
甘肃省	0.48
上海市	0.39
重庆市	0.30
海南省	0.29
西藏自治区	0.24
陕西省	0.21
宁夏回族自治区	0.15
贵州省	0.15
天津市	0.12
青海省	0.08

资料来源：众成医械大数据平台。

5. 采购医院情况

据众成数科大数据平台统计，从全国各采购医院级别分析，在本统计周期内，二级及以下医院的采购总金额最高，共计 15.44 亿元，总金额领先于排名第二的三甲医院 3.87 亿元。另外，采购数量最多的也是二级及以下医院，共计 7566 件。从平均采购金额来看，其他三级医院和二级及以下医院的呼吸机及相关产品平均采购金额为 21.0 万元，而三甲医院的平均采购金额为 28.1 万元（见图 52）。

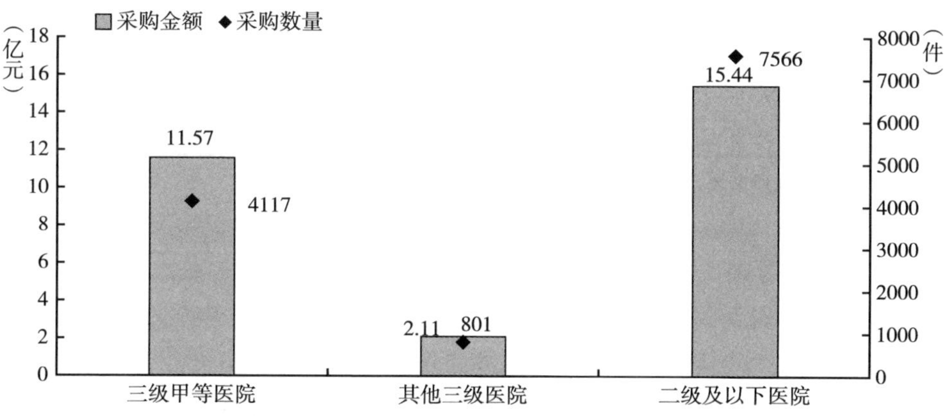

图 52　2020 年 10 月～2021 年 9 月各等级医院呼吸机采购情况

资料来源：众成医械大数据平台。

（五）体外除颤设备中标数据分析

1. 总体情况

据众成医械大数据平台统计，2020 年 10 月～2021 年 9 月共监测到 1388 家医院公布体外除颤设备招投标中标结果，涉及 1890 条体外除颤设备中标结果数据，涵盖 27 个品牌商，采购数量共计 16819 件，采购总额合计 5.3 亿元。

其中，共有 1378 条品牌信息披露较完整①的中标结果数据，采购数量共计 14840 件，采购总额合计 4.0 亿元。根据不同类型，一般除颤仪中标金额最

① 品牌信息披露较完整是指中标产品品牌和总额信息披露完整。

高，为2.1亿元，数量为3580件；自动体外除颤仪和半自动体外除颤仪的总金额分别是1.0亿元和0.7亿元，总数量分别是4779件和5709件。具体的统计信息参见表216。

表216　2020年10月～2021年9月各类体外除颤设备中标情况

单位：万元，件

序号	品类	中标金额	中标数量
1	一般除颤仪	20923.96	3580
2	自动体外除颤仪	10131.25	4779
3	半自动体外除颤仪	6543.95	5709
4	便携式除颤仪	2403.91	729
5	监护除颤仪	226.99	43
总计		40230.06	14840

资料来源：众成医械大数据平台。

2. 每月中标情况

据众成医械大数据平台统计，根据2020年10月～2021年9月一年统计周期内采集到的体外除颤设备中标数据进行分析，总价在2020年12月大幅度上升，而2021年第一季度大幅度下降，2021年1月至9月整体趋势较为平缓，且在9月有较小幅度上升。本统计周期内，医院端体外除颤设备平均每件产品采购金额为3.2万元。2020年12月体外除颤设备中标金额和中标数量为本统计周期内的最大值，采购金额达1.3亿元，采购数量为6451件，平均每件产品采购金额为2.0万元。具体情况参见图53所示。

3. 品牌中标情况

据众成医械大数据平台的统计，在2020年10月～2021年9月全国医院端体外除颤设备各品牌的销售额数据中，迈瑞等10个品牌占据了98.12%的市场份额。其中，迈瑞占据首位，市场占有率高达61.96%，具有明显优势。此外，市场销售额排名前三的品牌还有日本光电与麦邦，市场占有率分别为14.33%和6.10%。

按市场销售量分析，销售量前十的体外除颤设备品牌占据了99.18%的份额，而其余品牌则只有0.82%的份额。其中，迈瑞位于首位，其销售量占总量的74.82%。总体看来，无论是销售额还是销售量，迈瑞是名副其实的双料

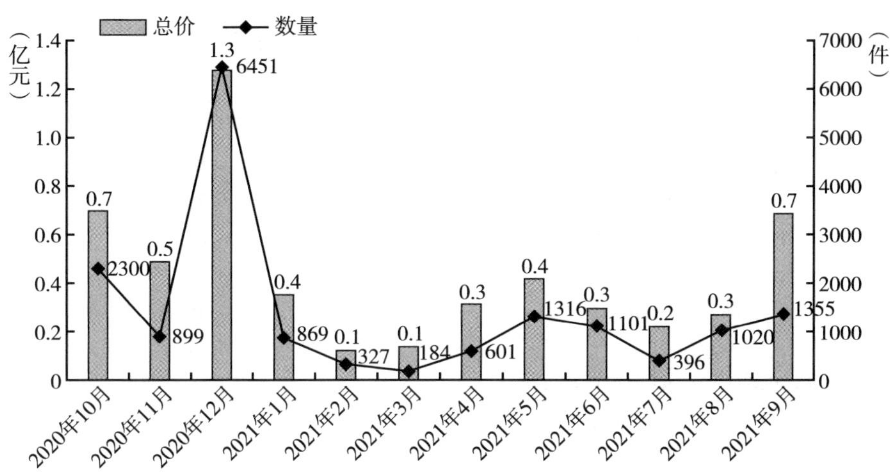

图 53　2020 年 10 月～2021 年 9 月医院端体外除颤设备中标每月动态变化

资料来源：众成医械大数据平台。

冠军，我国体外除颤设备市场主要由迈瑞、麦邦和日本光电这三个品牌占据，其他品牌的市场集中度相对较低。具体请参见表 217 和表 218。

表 217　医院端体外除颤设备中标品牌市场占有率（部分）

单位：%

品牌	市场占有率（根据销售额）
迈瑞（Mindray）	61.96
日本光电（NIHON KOHDEN）	14.33
麦邦（M&B）	6.10
飞利浦（PHILIPS）	4.73
久心	3.93
卓尔（ZOLL）	2.47
普美康（PRIMEDIC）	2.14
菲声康彻（PHYSIO CONTROL）	1.29
席勒（Schiller）	0.73
英诺美特（Innomed）	0.44

资料来源：众成医械大数据平台。

表 218　医院端体外除颤设备中标品牌市场占有率（部分）

单位：%

品牌	市场占有率(根据销售量)
迈瑞(Mindray)	74.82
麦邦(M&B)	6.73
日本光电(NIHON KOHDEN)	6.04
久心	4.65
飞利浦(PHILIPS)	2.15
卓尔(ZOLL)	1.87
菲声康彻(PHYSIO CONTROL)	1.37
普美康(PRIMEDIC)	1.04
重药席勒(Schiller)	0.36
科曼(COMEN)	0.15

资料来源：众成医械大数据平台。

4. 区域市场情况

据众成医械大数据平台统计，2020 年 10 月 ~2021 年 9 月全国医院体外除颤设备招标最活跃的地区为云南省、广东省和北京市，采购金额分别为 0.55 亿元、0.47 亿元和 0.40 亿元（见表 219）。

表 219　2020 年 10 月 ~2021 年 9 月各省份医院端体外除颤设备招标情况

单位：亿元

省份	采购金额
云南省	0.55
广东省	0.47
北京市	0.40
湖北省	0.38
浙江省	0.32
河北省	0.29
内蒙古自治区	0.28
江苏省	0.23
广西壮族自治区	0.22

续表

省份	采购金额
福建省	0.22
四川省	0.21
海南省	0.19
新疆维吾尔自治区	0.17
河南省	0.16
山西省	0.15
山东省	0.12
甘肃省	0.12
安徽省	0.10
贵州省	0.09
上海市	0.09
江西省	0.08
吉林省	0.07
湖南省	0.07
辽宁省	0.06
黑龙江省	0.05
陕西省	0.04
西藏自治区	0.03
重庆市	0.02
青海省	0.02
天津市	0.01
宁夏回族自治区	0.01

资料来源：众成医械大数据平台。

5. 采购医院情况

据众成医械大数据平台统计，从全国各采购医院级别分析，在本统计周期内，二级及以下医院的采购总金额最高，共计4.4亿元，总金额领先于排名第二的三甲医院3.7亿元。另外，采购数量最多的同样是二级及以下医院，共计15650件。从平均采购金额来看，其他三级医院和二级及以下医院的体外除颤设备及相关产品平均采购金额为2.9万元，而三甲医院的平均采购金额为7.7万元（见图54）。

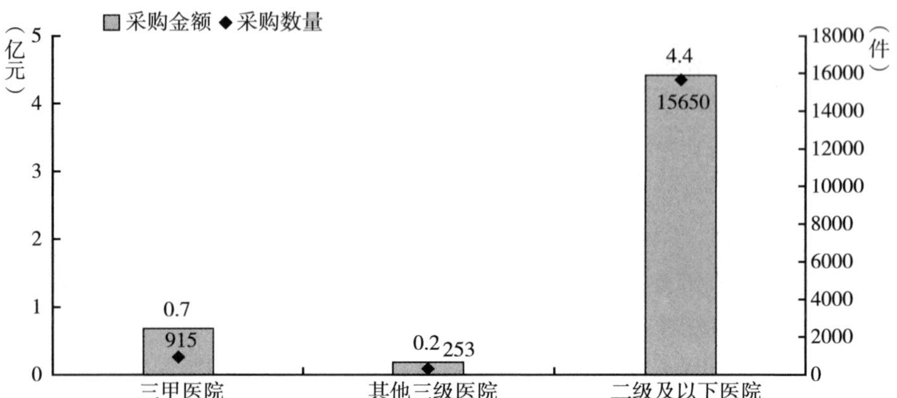

图 54　2020 年 10 月～2021 年 9 月各等级医院体外除颤设备采购情况

资料来源：众成医械大数据平台。

（六）消毒灭菌设备中标数据分析

1. 总体情况

据众成医械大数据平台统计，2020 年 10 月～2021 年 9 月共监测到 2411 家医院公布消毒灭菌设备招投标中标结果，涉及 3857 条消毒灭菌设备中标结果数据，涵盖 226 个品牌商，采购数量共计 15845 件，采购总额合计 12.8 亿元（见表 220）。

其中，共有 3442 条品牌信息披露较完整①的中标结果数据，采购数量共计 13651 件，采购总额合计 11.3 亿元。根据不同类型，等离子灭菌器中标金额最高，为 2.4 亿元，数量为 3320 件；真空灭菌器和高压蒸汽灭菌器的总金额分别是 2.4 亿元和 2.0 亿元，总数量分别是 664 和 1491 件。

表 220　2020 年 10 月～2021 年 9 月各类消毒灭菌设备中标情况

单位：万元，件

序号	品类	中标金额	中标数量
1	等离子灭菌器	24395.36	3320
2	真空灭菌器	24013.47	593

① 品牌信息披露较完整是指中标产品品牌和总额信息披露完整。

续表

序号	品类	中标金额	中标数量
3	高压蒸汽灭菌器	20466.33	1341
4	环氧乙烷灭菌器	5892.04	57
5	空气消毒机	5445.06	5991
6	医用煮沸消毒器	339.56	44
7	紫外线消毒器	172.89	37
8	干热消毒灭菌设备	4.35	4
9	其它清洗消毒灭菌设备	32727.29	2264
合计		113456.35	13651

注：①其他清洗消毒灭菌设备包括全自动清洗消毒器、台式灭菌器等无明确工作原理或在上述八种工作原理外的消毒灭菌设备。

资料来源：众成医械大数据平台。

2. 每月中标情况

据众成医械大数据平台统计，根据2020年10月～2021年9月一年统计周期内采集到的消毒灭菌设备中标数据进行分析，总价在2020年最后一季度呈持续上升趋势，而2021年第一季度大幅度下降；2021年3～9月整体趋势较为平缓，且在5月份和8月数据出现小幅度上涨。总数量在2020年第四季度呈上升趋势，而在2021年1月大幅度下降，之后整体趋势较为波动。本统计周期内，医院端消毒灭菌设备平均每件产品采购金额为8.1万元。2020年12月消毒灭菌设备采购额为本统计周期内的最大值，达2.3亿元，该月产品采购量为3164件，平均每件产品采购金额为7.2万元，采购产品多为清洗消毒设备、等离子消毒器等消毒灭菌设备配件。具体情况参见图55。

3. 品牌中标情况

据众成医械大数据平台的统计，在2020年10月～2021年9月全国医院端消毒灭菌设备各品牌的销售额数据中，迈瑞等15个品牌占据了42.3%的市场份额。其中，新华占据首位，市场占有率达18.5%。此外，市场销售份额排名前三的品牌还有洁定与STERRAD，市场占有率分别为4.4%和4.1%。

按市场销售量分析，销售量在前十五的消毒灭菌设备品牌占据了63.3%的份额，而其余品牌则只有36.7%的份额。其中，新华位于首位，其销售量占总量的18.9%。总体看来，无论是销售额还是销售量，新华是名副其实的

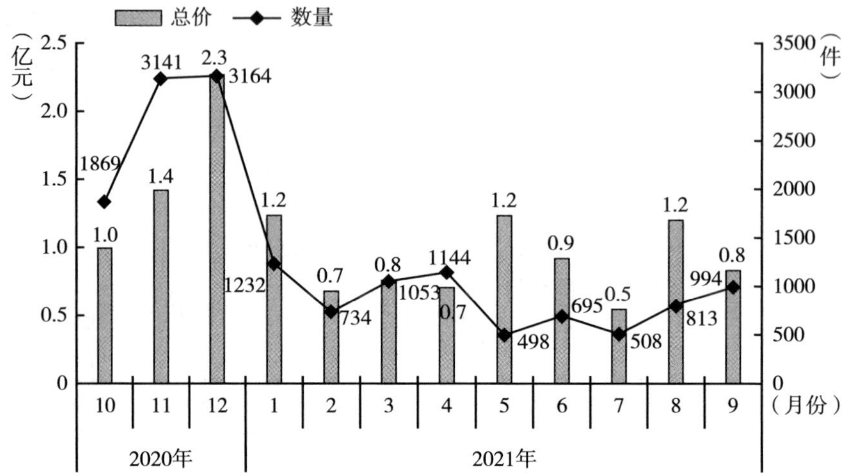

图 55　2020 年 10 月～2021 年 9 月医院端消毒灭菌设备中标每月动态变化

资料来源：众成医械大数据平台。

双料冠军，从各品牌销售量的占比看来，除了新华以外，其他品牌的市场集中度相对较低。具体请参见表 221 和表 222。

表 221　医院端消毒灭菌设备中标品牌市场占有率（部分）

单位：%

品牌	市场占有率(根据销售额)
新华(SHINVA)	18. 50
洁定(Getinge)	4. 40
STERRAD	4. 10
倍力曼(Belimed)	2. 90
3M	2. 50
老肯(LAOKEN)	2. 40
史帝瑞(STERIS)	1. 60
白象	1. 20
美雅洁	0. 90
迈柯唯(Maquet)	0. 90
致微(ZEALWAY)	0. 70
禹科(EKEAIR)	0. 60
才风医疗	0. 60
肯格王(KENGEWANG)	0. 50
泰林生物(TAiLiN)	0. 50

资料来源：众成医械大数据平台。

表 222　医院端消毒灭菌设备中标品牌市场占有率（部分）

单位：%

品牌	市场占有率(根据销售量)
新华(SHINVA)	18.90
老肯(LAOKEN)	12.00
白象	1.10
致微(ZEALWAY)	1.30
肯格王(KENGEWANG)	4.60
博科(BIOBASE)	2.60
巨光(JUGUANG)	5.50
好空气医疗	2.80
恒佳境净化	3.50
奥洁(AOJIE)	3.10
赛得立	2.60
净为康(JWK)	1.30
申星(SNXIN)	1.70
荣杰星(Machida)	1.10
飞扬器械(PHIYANG)	1.20

资料来源：众成医械大数据平台。

4. 区域市场情况

据众成医械大数据平台统计，2020 年 10 月 ~2021 年 9 月全国医院消毒灭菌设备招标最活跃的地区为北京市和广东省，采购金额分别为 1.1 亿元和 1.0 亿元，浙江省紧随其后，采购金额为 0.8 亿元（见表 223）。

表 223　2020 年 10 月 ~2021 年 9 月各省份医院端消毒灭菌设备招标情况

单位：亿元

省份	采购金额
北京市	11263.70
广东省	10173.53
浙江省	7984.77
福建省	4810.40
江西省	4610.70

续表

省份	采购金额
江苏省	4578.99
湖北省	4375.53
四川省	3926.31
新疆维吾尔自治区	3234.90
河南省	3216.85
广西壮族自治区	3116.04
云南省	3095.54
上海市	3027.74
河北省	2589.76
黑龙江省	2488.01
吉林省	2272.23
安徽省	2269.58
山西省	2259.63
重庆市	2229.19
山东省	2163.58
天津市	1836.80
甘肃省	1665.52
辽宁省	1475.63
内蒙古自治区	1012.08
湖南省	979.07
陕西省	845.05
海南省	739.31
宁夏回族自治区	547.77
青海省	414.21
贵州省	290.80
西藏自治区	109.21

资料来源：众成医械大数据平台。

5. 采购医院情况

据众成医械大数据平台统计，从全国各采购医院级别分析，在本统计周期内，二级及以下医院的采购总金额最高，共计6.4亿元，总金额领先于排名第二的三甲医院0.8亿元。另外，采购数量最多的同样是二级及以下医院，共计11074件。根据采购金额和采购数量计算，从平均采购金额来看，其他三级医院和二级及以下医院的消毒灭菌设备及相关产品平均采购金额为6.1万元，而三甲医院的平均采购金额为14.1万元（见图56）。

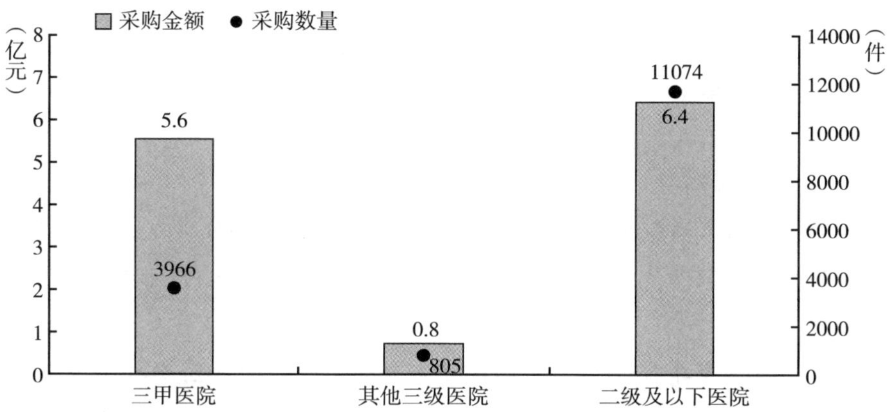

图56　2020年10月~2021年9月各等级医院消毒灭菌设备采购情况

资料来源：众成医械大数据平台。

（七）麻醉设备中标数据分析

1. 总体情况

据众成数科大数据平台统计，2020年10月~2021年9月共监测到1144家医院公布麻醉设备招投标中标结果，涉及1518条麻醉设备中标结果数据，涵盖42个品牌商，采购数量共计3137件，采购总额合计12.0亿元。

其中，共有1476条品牌信息披露较完整①的中标结果数据，采购数量共计3041件，采购总额合计11.6亿元。根据不同类型，麻醉机中标金额最高，为8.6亿元，数量为2517件；麻醉工作站总金额为2.2亿元，数量为198件；麻醉系统的金额和数量是0.9亿元和326件，具体的统计信息参见表224。

① 品牌信息披露较完整是指中标产品品牌和总额信息披露完整。

表 224　2020 年 10 月 ~2021 年 9 月各类麻醉设备中标情况

单位：亿元，件

序号	品类	中标金额	中标数量
1	麻醉机	8.55	2517
2	麻醉工作站	2.15	198
3	麻醉系统	0.91	326
合计		11.61	3041

资料来源：众成医械大数据平台。

2．每月中标情况

据众成数科大数据平台统计，根据 2020 年 10 月 ~2021 年 9 月一年统计周期内采集到的麻醉设备中标数据进行分析，总价在 2020 年 11 月有明显上升趋势，随后 12 月至 2021 年 2 月持续下降，从 2021 年 2 月至次年 9 月整体趋于都较为平缓。总数量在 2020 年第四季度呈上升趋势，随后 2021 年 1 月至 2 月连续下降，3 月至 4 月有小幅度上升，之后整体趋于平缓。本统计周期内，医院端麻醉设备平均每件产品采购金额为 38.2 万元。2020 年 11 月麻醉设备采购金额为本统计周期内的最大值，达 2.5 亿元，该月的采购数量为 409 件，平均每件产品采购金额为 61.0 万元，具体情况参见图 57。

3．品牌中标情况

据众成数科大数据平台统计，在 2020 年 10 月 ~2021 年 9 月全国医院端麻醉设备各品牌的销售额情况中，通用电气、迈瑞、科曼等 15 个品牌占据了 98.6% 的市场份额。其中，通用电气占据首位，市场占有率达 34.4%。此外，市场销售份额排名前三的品牌还有迈瑞与德尔格医疗，市场占有率分别为 31.2% 和 21.3%。

按市场销售量分析，销售量在前十五的麻醉设备品牌占据了 97.4% 的份额，而其余品牌则只有 2.6% 的份额。本统计周期内，迈瑞位于首位，其销售量占总量的 37.3%；而通用电气和德尔格医疗科曼分别以 22.5% 和 19.2% 的市场份额，位居第二和第三。总体看来，无论是销售额还是销售量，我国麻醉设备市场主要由通用电气 、迈瑞和德尔格医疗，科曼这四个品牌占据，其他品牌的市场集中度相对分散。具体请参见表 225 和表 226。

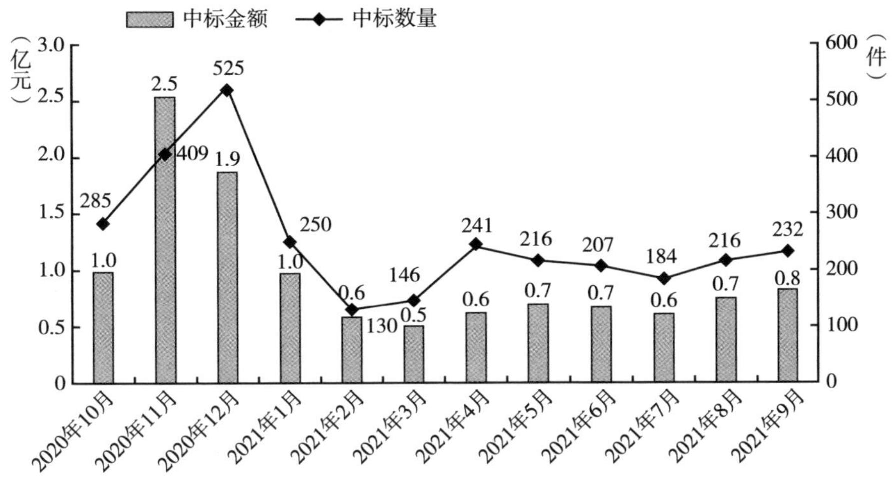

图 57　2020 年 10 月 ~2021 年 9 月医院端麻醉设备中标每月动态变化

资料来源：众成医械大数据平台。

表 225　医院端麻醉设备中标品牌市场占有率（部分）

单位：%

品牌	市场占有率(根据销售额)
通用电气 GE	34.4%
迈瑞 Mindray	31.2%
德尔格医疗 Dräger	21.3%
科曼 COMEN	6.6%
谊安 Aeonmed	1.2%
德国海伦 Heinen	0.8%
舒普思达	0.8%
攀龙 Penlon	0.5%
圣宁	0.4%
航天长峰医疗	0.3%
迈世通 Milestone	0.2%
普博 PRUNUS	0.2%
华纳医疗 HUANA	0.2%
易世恒	0.2%
皇家医疗 Royal	0.2%

资料来源：众成医械大数据平台。

表 226　医院端麻醉设备中标品牌市场占有率（部分）

单位：%

品牌	市场占有率(根据中标数量)
迈瑞 Mindray	37.3%
通用电气 GE	22.5%
德尔格医疗 Dräger	19.2%
科曼 COMEN	8.6%
迈世通 Milestone	2.6%
谊安 Aeonmed	2.1%
舒普思达	1.3%
圣宁	0.7%
华纳医疗 HUANA	0.7%
德国海伦 Heinen	0.6%
航天长峰医疗	0.6%
攀龙 Penlon	0.4%
普博 PRUNUS	0.4%
易世恒	0.3%
皇家医疗 Royal	0.2%

资料来源：众成医械大数据平台。

4. 区域市场情况

据众成数科大数据平台统计，2020 年 10 月 ~2021 年 9 月麻醉设备招标最活跃的地区为广东省，采购金额为 1.32 亿元，随后湖北省和广西壮族自治区分别以 0.55 亿元和 0.52 亿元位列第二和第三（见表 227）。

表 227　2020 年 10 月 ~2021 年 9 月各省份医院端麻醉设备招标情况

单位：亿元

省份	采购金额
广东省	1.32
湖北省	0.55
广西壮族自治区	0.53
河南省	0.46
上海市	0.42
四川省	0.41

续表

省份	采购金额
福建省	0.40
江苏省	0.40
河北省	0.39
浙江省	0.39
江西省	0.32
北京市	0.31
甘肃省	0.30
安徽省	0.29
云南省	0.29
山东省	0.27
黑龙江省	0.25
新疆维吾尔自治区	0.24
重庆市	0.18
湖南省	0.18
辽宁省	0.18
吉林省	0.13
天津市	0.11
陕西省	0.10
海南省	0.08
青海省	0.07
山西省	0.06
内蒙古自治区	0.05
宁夏回族自治区	0.03
西藏自治区	0.02

资料来源：众成医械大数据平台。

5．采购医院情况

据众成数科大数据平台统计，从全国各采购医院级别分析，在本统计周期内，二级及以下医院的采购总金额最高，共计6.43亿元。同时。采购数量最多的也是二级以下医院，共计1496件。从平均采购金额来看，其他三级医院麻醉设备及相关产品平均采购金额为30.9万元，二级及以下医院的平均金额为43.0万元，而三甲医院的平均采购金额为34.9万元（见图58）。

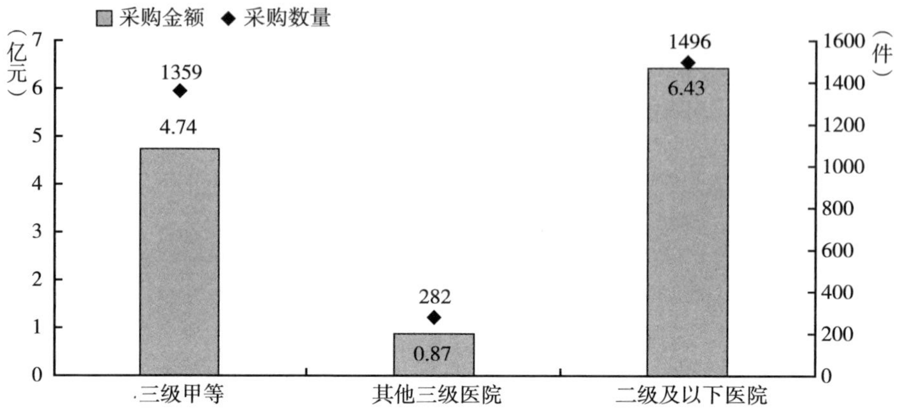

图 58　2020 年 10 月～2021 年 9 月各等级医院麻醉设备采购情况

资料来源：众成医械大数据平台。

（八）血液透析设备中标数据分析

1. 总体情况

据众成医械大数据平台统计，2020 年 10 月～2021 年 9 月共监测到 1085 家医院公布血液透析设备招投标中标结果，涉及 1069 条血液透析设备中标结果数据，涵盖 59 个品牌商，采购数量共计 6786 件，采购总额合计 17. 8 亿元。

其中，共有 1307 条品牌信息披露较完整①的中标结果数据，采购数量共计 5867 件，采购总额合计 13. 31 亿元。根据不同类型，一般血液透析机中标金额最高，为 9. 36 亿元，数量为 4452 件；单泵血液透析机和连续性血液净化设备（CRRT）的总金额分别是 1. 63 亿元和 1. 50 亿元，总数量分别是 715 件和 423 件。具体的统计信息参见表 228。

表 228　2020 年 10 月～2021 年 9 月各类血液透析设备中标情况

单位：亿元，件

序号	品类	中标金额	中标数量
1	一般血液透析机	9. 36	4452
2	单泵血液透析机	1. 63	715

① 品牌信息披露完整是指中标产品品牌和总额信息披露完整。

续表

序号	品类	中标金额	中标数量
3	连续性血液净化设备(CRRT)	1.50	423
4	双泵血液透析机	0.43	185
5	水处理设备	0.35	54
6	腹膜透析机	0.04	38
总计		13.31	5867

资料来源：众成医械大数据平台。

2. 每月中标情况

据众成医械大数据平台统计，根据2020年10月~2021年9月一年统计周期内采集到的整体血液透析设备中标数据进行分析，总价在2020年最后一季度呈高位趋势，而2021年第一季度大幅度下降；2021年3月至9月整体趋势较为平缓。总数量从2020年10月开始三个月持续上升，随后2021年1月至2月大幅下降，之后整体趋于平缓。本统计周期内，医院端血液透析设备平均每件产品采购金额为26.2万元。2020年12月血液透析设备采购金额和数量为本统计周期内的最大值，为3.2亿元，该月采购数量为1174件，平均每件产品采购金额为27.3万元，该月采购产品一般血液透析透析机、连续性血液净化设备（CRRT）等血液透析设备。具体情况参见图59。

3. 品牌中标情况

据众成医械大数据平台的统计，在2020年10月~2021年9月全国医院端血液透析设备各品牌的销售额数据中，费森尤斯、贝朗等15个品牌贡献了47.6%的市场份额。其中，费森尤斯占据首位，市场占有率达14.83%。此外，市场销售份额排名前三的品牌还有贝朗与威高，市场占有率分别为13.16%和6.08%。

按市场销售量分析，销售量在前十五的血液透析设备品牌占据了48.14%的份额。本统计周期内，费森尤斯位于首位，其销售量占总量的14.45%；而贝朗和威高分别以10.66%和8.25%的市场份额，位居第二、第三。总体看来，无论是销售额还是销售量，费森尤斯是名副其实的双料冠军，从各品牌销售量的占比看来，除了费森尤斯以外，其他品牌的市场集中度相对较低。具体请参见表229和表230。

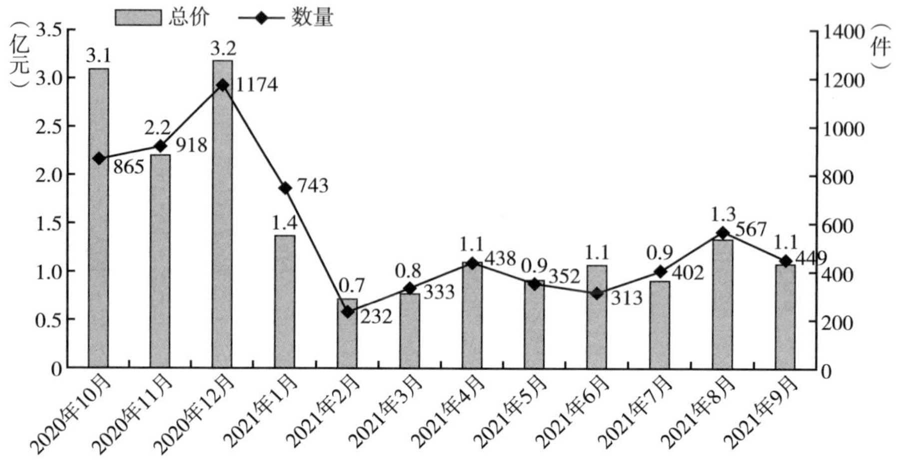

图 59　2020 年 10 月 ~2021 年 9 月医院端血液透析设备中标每月动态变化

资料来源：众成医械大数据平台。

表 229　医院端血液透析设备中标品牌市场占有率（部分）

单位：%

品牌	市场占有率(根据销售额)
费森尤斯(Fresenius)	14.83
贝朗(B. Braun AuitumAG)	13.16
威高(WEGO)	6.08
百特金宝(Gambro Lundia AB)	4.73
尼普洛(NIPRO)	3.69
山外山	1.03
JMS	0.65
健帆生物	0.60
日机装(Nikkiso Europe)	0.55
诺斯贝尔(NOXBELLCOW)	0.49
旭化成(AsahiKASEI)	0.43
东丽	0.42
涩谷(Shibuya)	0.38
启诚(QICHENG)	0.34
百特(Baxter)	0.22

资料来源：众成医械大数据平台。

表 230　医院端血液透析设备中标品牌市场占有率（部分）

单位：%

品牌	市场占有率(根据销售量)
费森尤斯(Fresenius)	14. 45
贝朗(B. Braun AuitumAG)	10. 66
威高(WEGO)	8. 25
百特金宝(Gambro Lundia AB)	5. 58
尼普洛(NIPRO)	3. 55
山外山	1. 50
JMS	0. 76
涩谷(Shibuya)	0. 69
东丽	0. 56
诺斯贝尔(NOXBELLCOW)	0. 52
日机装(Nikkiso Europe)	0. 50
健帆生物	0. 48
百特(Baxter)	0. 23
暨华	0. 21
宝莱特	0. 20

资料来源：众成医械大数据平台。

4. 区域市场情况

据众成医械大数据平台统计，2020 年 10 月 ~2021 年 9 月血液透析设备招标最活跃的地区为广东省、湖北省和广西壮族自治区，采购金额分别为 2. 05 亿元、1. 21 亿元和 0. 99 亿元（见表 231）。

表 231　2020 年 10 月 ~2021 年 9 月各省份医院端血液透析设备招标情况

单位：亿元

省份	采购金额
广东省	2. 05
湖北省	1. 21
广西壮族自治区	0. 99
四川省	0. 91

续表

省份	采购金额
江西省	0. 75
吉林省	0. 67
内蒙古自治区	0. 65
河北省	0. 61
山西省	0. 60
山东省	0. 51
福建省	0. 47
浙江省	0. 45
云南省	0. 38
河南省	0. 35
江苏省	0. 31
黑龙江省	0. 28
北京市	0. 28
贵州省	0. 25
湖南省	0. 24
天津市	0. 21
辽宁省	0. 20
安徽省	0. 18
甘肃省	0. 14
新疆维吾尔自治区	0. 12
海南省	0. 11
重庆市	0. 10
陕西省	0. 09
上海市	0. 09
宁夏回族自治区	0. 03
西藏自治区	0. 01
青海省	0. 01

资料来源：众成医械大数据平台。

5. 采购医院情况

据众成医械大数据平台统计，从全国各采购医院级别分析，在本统计周期内，二级及以下医院的采购金额最高，共计 8.5 亿元，总金额领先于排名第二的三甲医院的 3.7 亿元。另外，采购数量最多的同样是二甲及以下医院，共计 3283 件。从平均采购金额来看，其他三级医院和二级及以下医院的血液透析设备及相关产品平均采购金额为 24.9 万元，而三甲医院的平均采购金额为 18.8 万元（见图 60）。

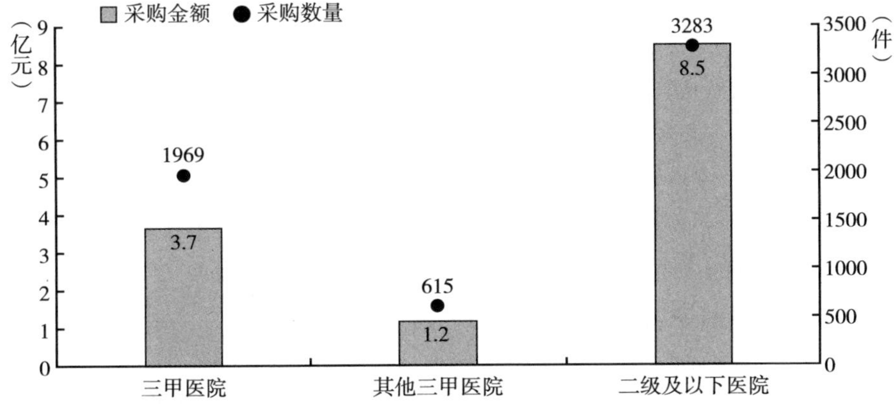

图 60　2020 年 10 月～2021 年 9 月各等级医院血液透析设备采购情况

资料来源：众成医械大数据平台。

B.4
中国医疗器械产业关键核心技术和关键零配件现状研究报告

张旭　金东*

摘　要：　当前我国部分高端医疗器械及其关键核心技术和关键零配件仍依赖进口，而部分关键核心技术瓶颈短时间内难以突破，一旦国外断供，将严重威胁国家医疗安全和人民群众的生命健康。因此，摸清我国部分高端医疗器械及其关键核心技术和关键零配件现状，对于明确我国部分高端医疗器械科技攻关方向，促进我国高端医疗器械研发生产，保障国家医疗安全和人民群众的生命健康具有重大意义。本文基于我国高端医疗产业CT类、核磁类、人工智能类三条产品线的调研分析，就我国关键核心技术及关键零配件当前面临的主要问题进行探讨。

关键词：　CT　核磁　人工智能　关键核心技术　关键零配件

一　行业现状

（一）研究背景

近年来我国医疗器械产业发展迅速，医疗器械研发生产企业技术水平不断

* 张旭，首都医科大学生物医学工程学院教授，博士生导师，研究方向：神经调控，医学人工智能，重大脑病脑功能认知，教育部生物医学工程类专业教学指导委员会委员，中国研究型医院学会临床工程专业委员会主任委员，中国药品监督管理研究会医疗器械监管研究专业委员会副主任委员；金东，《中国医疗设备》杂志社法人、社长，首都医科大学生物医学工程学院临床工程学系副主任，“全国高等学校生物医学工程专业（临床工程方向）国家卫健委规划教材”评审委员会副主委，中国药品监督管理研究会医疗器械监管研究专业委员会副主委兼秘书长，中国老年保健协会副会长、老年医学分会会长，中国整形美容协会发起人、副秘书长、市场部主任，中国研究型医院学会临床工程专业委员会副主委，中国非公立医疗机构协会临床工程分会会长。

提高，高端医疗器械研发生产形势喜人，创新医疗器械产品加速涌现，国产替代路径日渐明晰。

但目前我国部分高端医疗器械仍依赖进口，关键核心技术、关键零配件受制于人的局面仍未实现根本转变，即使起步较早的人工智能领域，也存在着核心算法、芯片等依赖进口的问题，随时面临“卡脖子”的风险。本次调研显示，2021年全球百强医疗器械企业中有55家总部位于美国，14家总部位于日本，7家总部位于德国，4家总部位于荷兰，4家总部位于丹麦，3家总部位于英国，3家总部位于瑞典，共计占90%。高端医疗器械市场集中度最高，主要由美国、英国、德国、荷兰、瑞典、日本的少数大企业占领。真正的高端医疗器械关键核心技术、关键零配件，引不进，买不来，只能靠自己研发解决。我们必须放弃幻想，加大高端医疗器械产品，特别是高端医疗器械关键核心技术、关键零配件的研发投入，把重点放在尚未掌握或尚未完全掌握的关键核心技术、关键零配件的研发方面。

（二）研究目的

通过本次调研，细化、摸清高端医疗器械产业在各个产品线上的关键核心技术、关键零配件的一线真实情况，弥补我国尚无医疗器械产业关键核心技术及关键零配件全面系统调研的不足。围绕医疗器械关键核心技术及关键零配件的创新突破，全面摸底掌握市场上高端医疗器械各产品线都有哪些关键核心技术，关键零配件都掌握在哪些国家哪些企业手里，找出轻重缓急的突破口，分析应采用哪些应对策略，最终实现关键领域自主可控，以及产业链、供应链安全，明确我国部分高端医疗器械科技攻关方向，促进我国高端医疗器械研发生产，保障国家医疗安全和人民群众的生命健康。

（三）行业概况及相关政策

我国医疗器械行业处于产业变革关键期，国家医疗器械带量采购、两票制等政策的推进，加速了产业集聚发展、质量提升和研发创新。基层医疗、分级诊疗都需要高性价比的医疗器械，政策对优秀国产设备扶持力度加大，将引导国内企业逐步提升技术核心竞争力。作为国家战略性新兴产业，医疗器械行业未来的影响力将全面升级，高端医疗器械关键核心技术、关键零配件国产替代和产业化将成为发展重点。

当前我国高端医疗器械主要靠进口，60% ~80% 市场份额被外资企业占据，关键零配件也依赖进口，部分关键核心技术短时间内难以突破，国际环境一旦恶化，将面临“断链”“断供”的风险，严重威胁国家医疗安全和人民群众的生命健康。目前，医疗器械产业已相继被纳入国家战略性新兴产业、《中国制造 2025》以及国家重点支持的高新技术领域，政策扶持力度也在不断加大，工业和信息化部、科技部、财政部、商务部、国务院国有资产监督管理委员会、中国证券监督管理委员会六部门联合发布《加快培育发展制造业优质企业的指导意见》，强调加大基础零部件等领域关键核心技术、产品、装备攻关和示范应用。国家市场监管总局发布《关于加强标准物质建设和管理的指导意见》，强调到 2035 年，在关系国家安全和重点产业的领域，基本具备自主可控、安全可靠的国内研发、生产供给能力，标准物质“卡脖子”关键核心技术取得重点突破，中国标准物质品种、品质和美誉度大幅提升。党的十九届五中全会审议通过的《中共中央关于制定国民经济和社会发展第十四个五年规划和二〇三五年远景目标的建议》对“坚持创新驱动发展”做出重要部署，提出要“打好关键核心技术攻坚战”。2021 年底，工信部、国家卫健委等 11 个部门出台了《“十四五”医疗装备产业发展规划》，对推动我国医疗器械，特别是高端医疗器械发展，解决高端医疗器械“卡脖子”问题，做出了规划。

二　研究内容及研究方法

（一）中国医疗器械行业数据调查

1. 充分利用《中国医疗设备》杂志社十四年积累的行业数据

《中国医疗设备》杂志社从 2010 年开始，在中华医学会医学工程学分会等单位支持下，动员全国二级及以上医院医学工程人员积极参与，坚持开展了中国医疗设备售后服务调研、高端医疗器械市场不同企业品牌份额调研，2021 年的调研更是涵盖五大类别，共 23 类主流设备，覆盖全国 3665 家医疗机构，其中三级医院 1503 家，二级医院 1425 家，一级（含其他）医疗机构 737 家，回收问卷数量共计 16406 份，积累了大量有价值的资料。

2. 调研方法

（1）利用“好医工”App独立问卷系统采集数据：问卷在“好医工”App、“好医工”PC端完成填写，数据直接进入服务器，实时得出调查结果。

（2）设计调研问卷，由医院固定的中国医疗器械行业研究员填写、收集有关数据。

（3）针对不同产品设计不同问卷，分别统计分析。23类产品线，按照数字诊疗装备、急救与生命支持设备、腔镜类设备、手术室设备、实验室设备五大类进行问卷设计。

（二）关键核心技术和关键零配件调研

1. 调研对象

本次调研针对医院在用的CT类、核磁类及人工智能类三条产品线的设备，对中国医疗器械行业数据调研结果中市场保有率较高的品牌（进口品牌不低于1%、国产品牌不低于1%或由专家推荐）进行调研。各产品线具体调研对象情况如表1所示。

表1　调研对象情况

产品线	参与企业数量(家)	关键核心技术数量(项)	关键零配件数量(件)
CT类	9	27	28
核磁类	6	22	15
人工智能类	7	40	1

资料来源：国家药品监督管理局立项课题“中国医疗产业关键核心技术和关键零配现状调研”。

2. 调研体系科学、完整、创新

为更好地完成本次调研，编者创建了一套科学、完整、创新的调研体系。本次调研与原有调研具体对比情况如表2所示。

表2　调研体系对比

原有调研	本次调研
没有调研	对医疗产业关键核心技术及关键零配件进行了全面系统的调研。

续表

原有调研	本次调研
不区分产品线	针对CT类、人工智能类及核磁类三条产品线的医院在用设备,对中国医疗器械行业数据调查结果中市场保有率较高的品牌(进口品牌不低于1%、国产品牌不低于1%或由专家推荐)进行调研
不区分专家类别	成立医疗产业关键核心技术专家库。以专家库为基础,成立专家组,每条产品线由10名以上临床医生、10名以上医学工程人员、10名以上企业研发人员共同组成
只调查一年	以历时15年建立的中国医疗器械行业数据研究员五级体系、连续12年数据调研经验为基础,进行长期的、持续性调研

资料来源:《中国医疗设备》杂志社行业数据调查,国家药品监督管理局立项课题“中国医疗产业关键核心技术和关键零配现状调研”。

(1)成立医疗产业关键核心技术专家库

由中国药品监督管理研究会医疗器械监管研究专委会、中国研究型医院学会临床工程专委会、首都医科大学生物医学工程学院、《中国医疗设备》杂志社,联合组建医疗产业关键核心技术专家库。组成3000多人的专家群体,其中包含1000位临床专家、1000位工程专家、1000位企业研发人员,为开展该课题做前期准备。

以专家库为基础,按照CT、核磁、人工智能各产品线成立产品线专家组。每条产品线,由医院的临床医师担任临床组长,医学工程人员担任医工组长。由该产品线的企业技术总监、零配件企业的研发人员共同组成企业组。具体配置如下:

- 临床组长:每条产品线1名,
  临床专家:每条产品线10名;
- 医工组长:每条产品线1名,
  医工专家:每条产品线10名;
- 企业专家组:企业技术总监、零配件企业的研发人员10名。

(2)充分发挥历时十五年建立的中国医疗器械行业数据研究员五级体系作用

- 《中国医疗设备》杂志社。

- 编委会（省级）：医学工程省级编委会 28 家，影像技术省级编委会 33 家，总计 61 家。
- 编委会（地市级）：医学工程地市级编委会 37 家，影像技术 27 个学组编委会，总计 64 家。
- 培训中心（医院级）：建立全国医学工程培训中心 17 家，影像技术培训中心 6 家（筹建中）。
- 行业研究员：医学工程行业数据研究员 1.6 万余名，覆盖医院 8000 余家。影像技术行业数据研究员 500 余人，覆盖医院 500 余家。

（3）充分借鉴过去十三年数据调研经验

- 连续十三年开展全国大范围的医疗器械行业数据调研，撰写并发布《中国医疗器械行业数据报告》。
- 主编医疗器械蓝皮书：《中国医疗器械行业数据报告（2019）》是我国第一部完整的关于医疗器械行业数据研究报告。2022 版将于 2022 年 3 月出版。

3. 研究方法

（1）调研分析法：本次调研主要采取问卷调研的方式，完成调研问卷回收之后，通过异常数据识别、数据降噪、关键特征提取、降维、聚类分析等方式实现数据结构化。综合定性、定量等因素影响，运用描述性统计分析、层次决策分析等方法，整合形成中国医疗产业关键核心技术和关键零配件现状调研分析报告。

（2）专家打分法：客观综合多数专家经验与主观判断，将定性描述定量化，进一步进行连加综合分析，得到专家推荐指数；结合打分人数权重，消除打分人数对结果影响，综合考虑核心医工专家、临床专家意见，得到最终综合评价指数。

（3）文献分析法：基于文献、引文和共引关系，以及专利数据检索、标引和多维度技术的统计分析，开展医疗装备应用及工程技术热点分析及国内外产品技术差距分析研究。之后，通过专家咨询，制订调查问卷。各产品线 2019 ~ 2021 年文献数据情况如表 3 所示。

表 3　2019～2021 年相关文献数据统计情况

单位：条

项目名称	CT	核磁	人工智能
文献数	61021	43017	52722

资料来源：中国知网。

（4）专利研究法：通过对比分析不同国家、不同品牌技术专利情况，研判全球关键核心技术及关键零配件发展方向。各产品线 2019～2021 年专利数据情况如表 4 所示。

表 4　2019～2021 年相关专利数据统计情况

单位：项

项目名称	CT	核磁	人工智能
专利数	30828	7950	29578
调研企业相关专利数	517	570	102

资料来源：中华人民共和国国家知识产权局。

4. 科学确定研究指标

各产品线专家组依据需要了解的内容设计、修改、完善调研问卷，具体研究指标汇总如表 5 所示。

表 5　研究指标汇总表

序号	关键核心技术	关键零配件
1	临床需求	临床使用评价
2	临床使用评价	推动医疗行业发展的意义
3	性能评价关键指标情况	性能评价关键指标情况
4	临床功能及临床获益	功能作用及整机性能获益
5	推动医疗行业发展的意义	技术风险
6	关键核心技术支撑临床科研的价值	关键核心部件支撑临床科研的价值
7	技术成熟度	—

资料来源：国家药品监督管理局立项课题“中国医疗产业关键核心技术和关键零配现状调研”。

三　分产品线调研结果

（一）CT 类设备市场情况

1. 保有率情况分析

图 1 ~4 显示 2021 年全国 CT 类设备品牌总体及分级市场保有率，显示数字均保留 1 位小数，因为四舍五入进位，加起来可能不等于 100%。

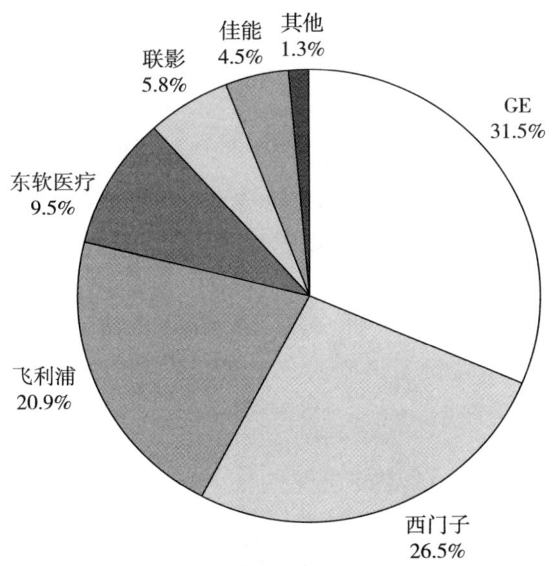

图 1　2021 年全国 CT 类设备品牌保有率

资料来源：《中国医疗设备》杂志社行业数据调查。

2. 平均故障次数

在 2021 年全国 CT 类设备品类中，保有率不低于 10% 的品牌平均故障次数如图 5 所示（按照保有率顺序展示）。

3. CT 类关键核心技术

本课题共调研了我国 CT 类设备市场中 9 家关键核心技术相关企业，包含 5 家国产企业、3 家进口企业、1 家合资企业。据国家知识产权局数据统计，

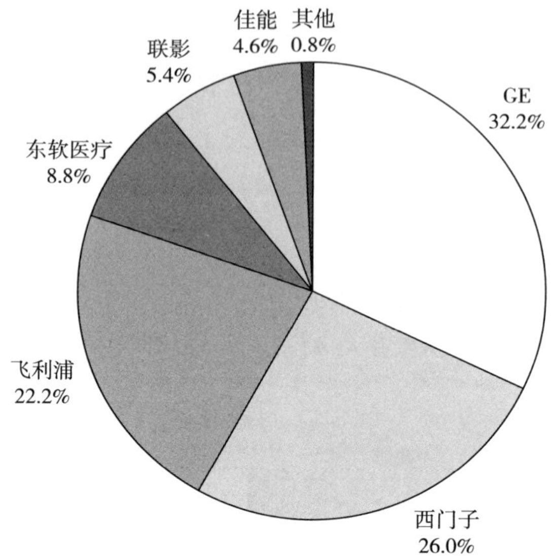

图 2　2021 年全国 CT 类设备品牌保有率（三级医院）

资料来源：《中国医疗设备》杂志社行业数据调查。

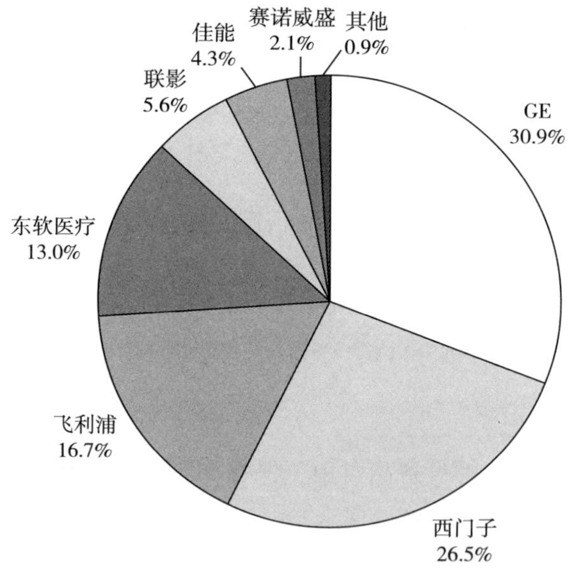

图 3　2021 年全国 CT 类设备品牌保有率（二级医院）

资料来源：《中国医疗设备》杂志社行业数据调查。

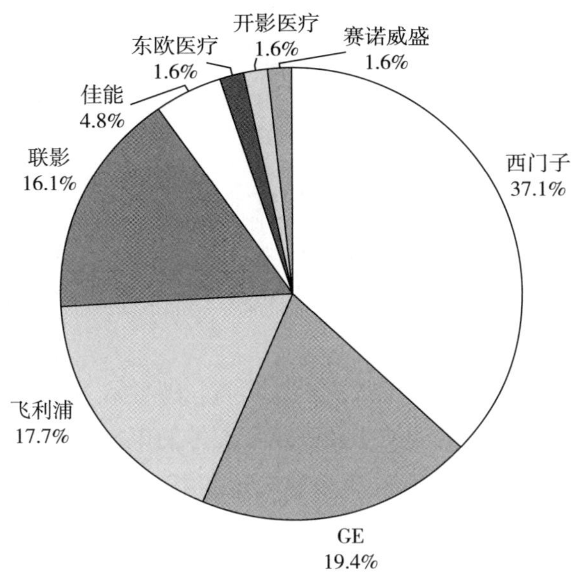

图 4　2021 年全国 CT 类设备品牌保有率（一级及其他无等级医疗机构）

资料来源：《中国医疗设备》杂志社行业数据调查。

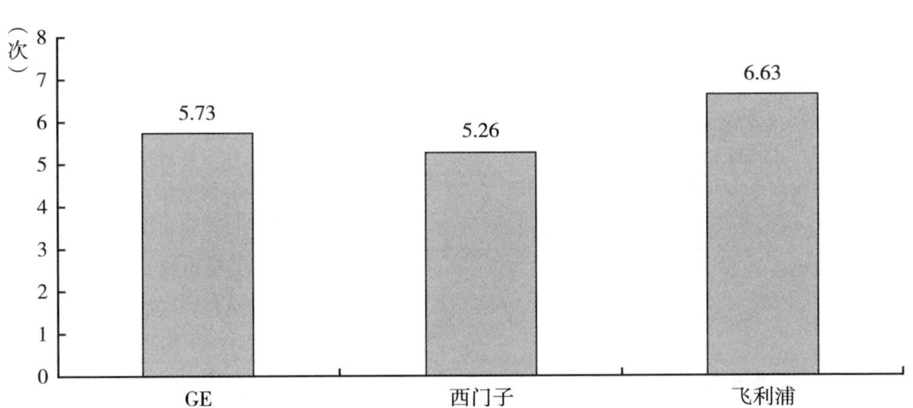

图 5　2021 年全国 CT 类设备平均故障次数

资料来源：《中国医疗设备》杂志社行业数据调查。

本次被调研企业 2019～2021 年共申报 517 项 CT 相关专利，本次调研共涉及 27 项关键核心技术，被推荐为中国医疗产业关键核心技术的共 12 项，其中具有专利证书的项目8项，9项关键核心技术实现境内自主研发，8项关键核心技术实现境内自主生产，6项关键核心技术填补了国内技术空白，1项关键核心技术实现了新材料研发，2项关键核心技术将引领下一代CT发展方向。

在全国CT类设备整体市场保有率不低于10%的企业中，通用电气医疗系统贸易发展（上海）有限公司有1项技术被列入中国医疗产业关键核心技术清单，西门子医疗系统有限公司有1项技术被列入中国医疗产业关键核心技术清单，飞利浦（中国）投资有限公司有1项技术被列入中国医疗产业关键核心技术清单。

在本次调研中，国产品牌申报积极性较高，编者认为，进口品牌出于技术保密性方面考虑，在关键核心技术及关键零配件的申报上有所保留，相信本调研结果的公布，会进一步提升进口品牌的申报积极性。具体项目情况如表6所示。

表6　中国医疗产业关键核心技术CT类设备入选名单

序号	关键核心技术名称	申报单位
1	24/36源静态CT平台技术	北京纳米维景科技有限公司
2	60kV低剂量CT成像技术	东软医疗系统股份有限公司
3	卒中/胸痛/心脏/肿瘤多参数多模态一站式成像技术	东软医疗系统股份有限公司
4	A-eye智能CT摆位技术	东软医疗系统股份有限公司
5	0.3125毫米薄层超高清成像技术	东软医疗系统股份有限公司
6	精密断层成像技术	辽宁开影医疗有限公司
7	低剂量CT人工智能图像重建技术	上海联影医疗科技股份有限公司
8	全流程人工智能CT技术	赛诺威盛科技(北京)股份有限公司
9	深度天眼CT定位技术	通用电气医疗系统贸易发展(上海)有限公司
10	光谱成像技术	飞利浦(中国)投资有限公司
11	DLR-AiCE深度学习图像系统	佳能医疗系统(中国)有限公司
12	双源CT平台技术	西门子医疗系统有限公司

资料来源：国家药品监督管理局立项课题“中国医疗产业关键核心技术和关键零配现状调研”。

4. CT类关键零配件

本课题共调研了我国CT类设备市场中7家关键零配件相关企业，包含3

家国产企业、3 家进口企业、1 家合资企业。据国家知识产权局数据统计，本次调研企业 2019～2021 年共申报 517 项 CT 相关专利，本次调研共涉及 28 项关键零配件。推荐为“中国医疗产业关键零配件”的共 22 项，其中具有专利证书的项目 12 项。其中 15 项关键零配件实现境内自主研发，11 项关键零配件实现境内自主生产，8 项关键零配件填补了国内技术空白，8 项关键零配件实现了国产替代，5 项关键零配件实现了技术升级，12 项关键零配件实现技术创新，1 项关键零配件实现了新材料研发，1 项关键零配件将引领下一代 CT 发展方向。

在全国 CT 类设备整体市场保有率不低于 10% 的企业中，通用电气医疗系统贸易发展（上海）有限公司有 2 项零配件入选中国医疗产业关键零配件清单，西门子医疗系统有限公司有 2 项零配件入选中国医疗产业关键零配件清单，飞利浦（中国）投资有限公司有 3 项零配件入选中国医疗产业关键零配件清单。具体项目情况如表 7 所示。

表 7　中国医疗产业关键零配件 CT 类设备入选名单

序号	关键零配件名称	申报单位
1	阵列式一体化射线源	北京纳米维景科技有限公司
2	光子流探测器	北京纳米维景科技有限公司
3	大功率飞焦点 X 射线 CT 球管	上海联影医疗科技股份有限公司
4	全数字化 3D 结构时空探测器	上海联影医疗科技股份有限公司
5	全数字控制高频逆变大功率 CT 高压发生器	上海联影医疗科技股份有限公司
6	高速旋转石墨 - 难熔金属复合结构靶盘	上海联影医疗科技股份有限公司
7	3D 打印弧面钨影准直光栅	东软医疗系统股份有限公司
8	大热容量 X 射线 CT 球管	赛诺威盛科技(北京)股份有限公司
9	一体化高集成度闪烁体 CT 探测器	赛诺威盛科技(北京)股份有限公司
10	人工智能重建算法及操作系统	飞利浦(中国)投资有限公司
11	等光距追光者弧面探测器	东软医疗系统股份有限公司
12	高精密度 CT 滑环	赛诺威盛科技(北京)股份有限公司
13	智能数控变焦 X 射线 CT 球管及动态准直系统	飞利浦(中国)投资有限公司
14	0. 25 毫秒高低压瞬切射线源	通用电气医疗系统贸易发展(上海)有限公司
15	超高初始速度超短余晖宝石探测器	通用电气医疗系统贸易发展(上海)有限公司
16	立体双层光谱探测器	飞利浦(中国)投资有限公司
17	0. 25mm 物理切割超高清 CT 探测器	佳能医疗系统(中国)有限公司

续表

序号	关键零配件名称	申报单位
18	0.4mm×0.5mm 超微焦点 CT 球管	佳能医疗系统(中国)有限公司
19	光子计数(Photon－Counting)探测器	佳能医疗系统(中国)有限公司
20	30MHU 热容量 X 线 CT 球管	东软医疗系统股份有限公司
21	碲化镉(CdTe)半导体光子计数(Photon－Counting)探测器	西门子医疗系统有限公司
22	30MHU 大功率 X 射线 CT 球管与多组光滤能谱纯化系统	西门子医疗系统有限公司

资料来源：国家药品监督管理局立项课题"中国医疗产业关键核心技术和关键零配现状调研"。

（二）核磁类设备市场情况

1. 保有率情况分析

图6～9显示2021年全国核磁类设备品牌总体及分级市场保有率，数字均保留1位小数，因为四舍五入进位，加起来可能不等于100%。

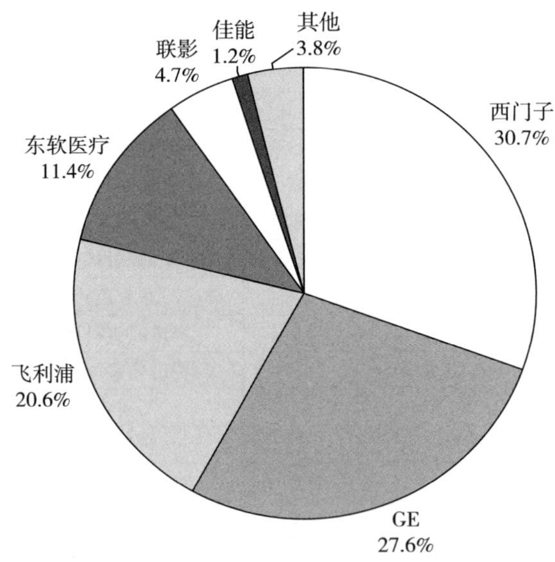

图6　2021年全国核磁类设备品牌保有率

资料来源：《中国医疗设备》杂志社行业数据调查。

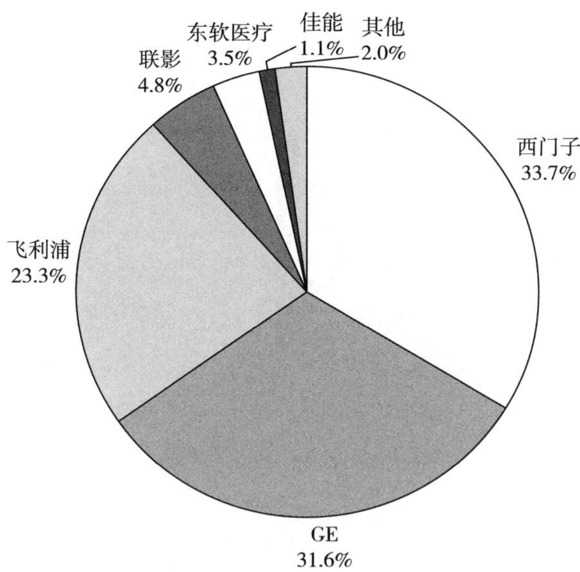

图7　2021年全国核磁类设备品牌保有率（三级医院）

资料来源：《中国医疗设备》杂志社行业数据调查。

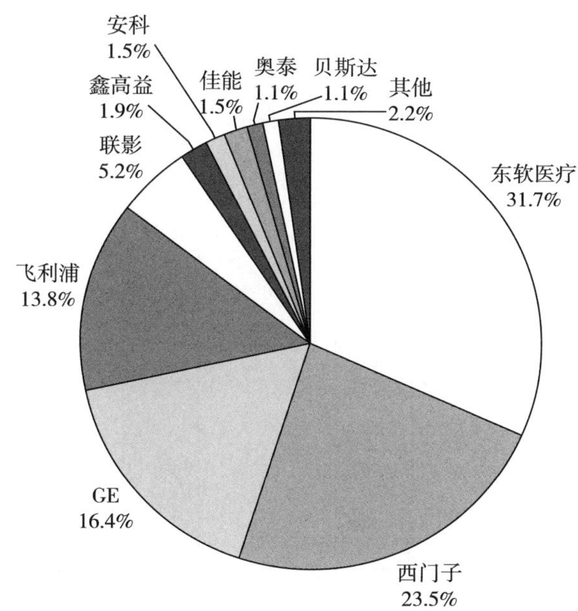

图8　2021年全国核磁类设备品牌保有率（二级医院）

资料来源：《中国医疗设备》杂志社行业数据调查。

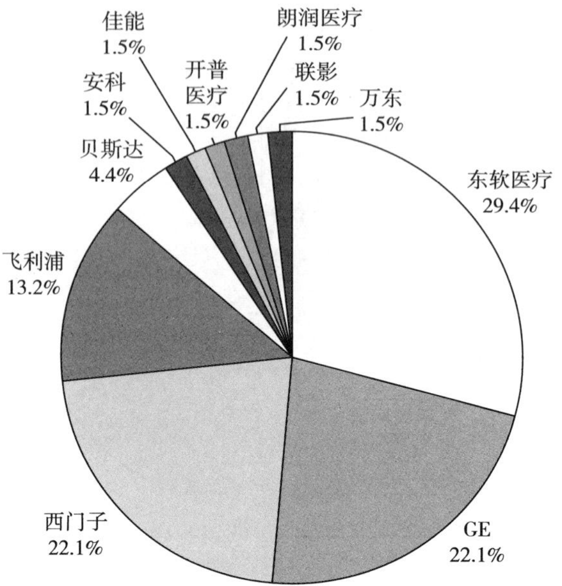

图 9　2021 年全国核磁类设备品牌保有率（一级及其他无等级医疗机构）

资料来源：《中国医疗设备》杂志社行业数据调查。

2. 平均故障次数

在 2021 年全国核磁类设备品类中，保有率不低于 10% 的品牌平均故障次数如图 10 所示（按照保有率顺序展示）。

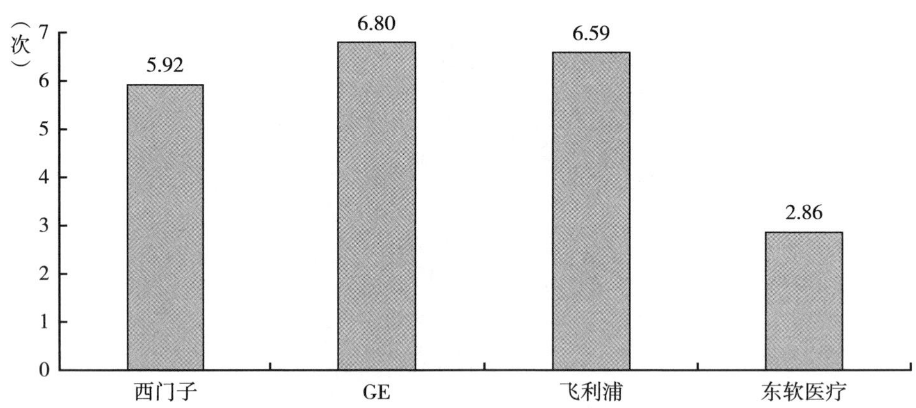

图 10　2021 年全国核磁类设备平均故障次数

资料来源：《中国医疗设备》杂志社行业数据调查。

3. 核磁类关键核心技术

本课题共调研了我国核磁类设备市场中 6 家关键核心技术相关企业，包含 3 家国产企业、2 家进口企业、1 家合资企业。据国家知识产权局数据统计，本次调研企业 2019 ~ 2021 年共申报 570 项核磁相关专利，本次调研共涉及 22 项关键核心技术，被推荐为中国医疗产业关键核心技术的共 10 项，主要应用于 1. 5T、3. 0T 超导磁场。其中具有专利证书项目 5 项，7 项关键核心技术实现境内自主研发，2 项关键核心技术填补了国内技术空白，2 项关键核心技术实现了国产替代，6 项关键核心技术实现技术创新。

在全国核磁类设备整体市场保有率不低于 10% 的品牌中，通用电气医疗系统（天津）有限公司有 1 项技术入选中国医疗产业关键核心技术名单，飞利浦医疗（苏州）有限公司有 3 项技术入选中国医疗产业关键核心技术名单，东软医疗系统股份有限公司有 1 项技术入选中国医疗产业关键核心技术名单。具体项目情况如表 8 所示。

表 8　中国医疗产业关键核心技术核磁类设备入选名单

序号	关键核心技术名称	申报单位
1	一键脑 10 +5 成像技术	奥泰医疗系统有限责任公司
2	BrainQuant 定量一键脑	东软医疗系统股份有限公司
3	压缩感知技术	奥泰医疗系统有限责任公司
4	3D 多对比定量技术(MultiPlex,MTP)	上海联影医疗科技股份有限公司
5	智能光梭成像技术(AI – assisted compressed sensing,ACS)	上海联影医疗科技股份有限公司
6	智能图像降噪保真技术(DeepRecon)	上海联影医疗科技股份有限公司
7	全心冠脉成像	飞利浦医疗(苏州)有限公司
8	无造影剂颅脑类 DSA 成像	飞利浦医疗(苏州)有限公司
9	3D ASL(无对比剂全脑容积灌注成像)	通用电气医疗系统(天津)有限公司
10	全数字射频接收技术	飞利浦医疗(苏州)有限公司

资料来源：国家药品监督管理局立项课题“中国医疗产业关键核心技术和关键零配现状调研”。

4. 核磁类关键零配件

本课题共调研了我国核磁类设备市场中 5 家关键零配件相关企业，包含 3 家国产企业、1 家进口企业、1 家合资企业。据国家知识产权局数据统计，本次调研企业 2019 ~ 2021 年共申报 570 项核磁相关专利，本次调研共涉及

15 项关键零配件，被推荐为中国医疗产业关键零配件的共 8 项，主要应用于 1.5T、3.0T 超导磁场。其中具有专利证书的项目 6 项，7 项关键零配件实现境内自主研发，7 项关键零配件实现境内自主生产，3 项关键零配件填补了国内技术空白，4 项关键零配件实现了国产替代，5 项关键零配件实现技术创新。

在全国核磁类设备整体市场保有率不低于 10% 的企业中，通用电气医疗系统（天津）有限公司有 1 项零配件入选中国医疗产业关键零配件名单，东软医疗系统股份有限公司有 1 项零配件入选中国医疗产业关键零配件名单。

本次课题调研主要针对中国医疗器械产业，对于未应用于国内医疗产业的关键核心技术及关键零配件，未做推荐。具体项目情况如表 9 所示。

表 9　中国医疗产业关键零配件核磁类设备入选名单

序号	关键零配件名称	申报单位
1	无液氦磁体 850 - beta	鑫高益医疗设备股份有限公司
2	梯度系统	上海联影医疗科技股份有限公司
3	32 通道射频谱仪	奥泰医疗系统有限责任公司
4	射频线圈	上海联影医疗科技股份有限公司
5	XGY - SP - A 型谱仪	鑫高益医疗设备股份有限公司
6	谱仪系统	上海联影医疗科技股份有限公司
7	AIM 接收线圈	东软医疗系统股份有限公司
8	AIR coil(魔毯线圈)	通用电气医疗系统(天津)有限公司

资料来源：国家药品监督管理局立项课题“中国医疗产业关键核心技术和关键零配现状调研”。

（三）人工智能类

1. 人工智能类关键核心技术

本课题共调研了我国人工智能类设备市场中 7 家关键核心技术相关企业，均为国产品牌，共涉及 40 项关键核心技术，被推荐为中国医疗产业关键核心技术的共 25 项，主要应用于精准治疗辅助决策支持系统、病理分型、智慧医疗支持系统、远程治疗诊断、智能影像等领域。其中具有专利证书的项目 16 项，具有软著证书的项目 10 项，16 项关键核心技术填补了国内技术空白，5

项关键核心技术实现了国产替代，5 项技术实现了关键核心技术升级。具体项目情况如表 10 所示。

表 10　中国医疗产业关键核心技术人工智能类设备入选名单

序号	关键核心技术名称	申报单位
1	基于三维流体力学仿真技术的血流储备分数计算	深圳睿心智能医疗科技有限公司
2	肺结节 CT 影像辅助检测软件	推想医疗科技股份有限公司
3	数字影像平台	浙江飞图影像科技有限公司
4	图像识别技术和深度学习技术	推想医疗科技股份有限公司
5	CT 影像肺小结节检测、分类、分割	浙江飞图影像科技有限公司
6	Ki－67 定量分析模块	金域医学检验集团股份有限公司
7	PD－L1 定量分析模块	金域医学检验集团股份有限公司
8	脑卒中 CT 影像辅助检测科研模块	推想医疗科技股份有限公司
9	基于网格位置编码的冠脉钙化积分分割算法	北京医准智能科技有限公司
10	图像分类模块	金域医学检验集团股份有限公司
11	基于机器学习技术的血管自动化命名	深圳睿心智能医疗科技有限公司
12	CT 影像肺炎检测、智能疫情风险评估	浙江飞图影像科技有限公司
13	基于深度学习技术的血管狭窄和斑块分析	深圳睿心智能医疗科技有限公司
14	基于 Vision Transformer 的冠脉斑块检测算法	北京医准智能科技有限公司
15	阳性细胞检测模块	金域医学检验集团股份有限公司
16	基于深度学习技术的血管中心线提取、分割与重建	深圳睿心智能医疗科技有限公司
17	放疗靶区智能勾画系统	深圳市医诺智能科技发展有限公司
18	胸部骨折 CT 影像辅助检测科研模块	推想医疗科技股份有限公司
19	基于同侧不同视图的乳腺 X 线影像病灶匹配	北京医准智能科技有限公司
20	基于 PointNet 的冠脉优势型识别算法	北京医准智能科技有限公司
21	基于卷积神经网络特征融合模拟恢复 3D 算法	北京医准智能科技有限公司
22	基于序数回归的乳腺钼靶病灶良恶性分析	北京医准智能科技有限公司
23	乳腺 X 线影像辅助检测科研模块	推想医疗科技股份有限公司
24	智能肿瘤临床靶区自动勾画系统	北京医智影科技有限公司
25	智能放疗计划系统	北京医智影科技有限公司

资料来源：国家药品监督管理局立项课题“中国医疗产业关键核心技术和关键零配现状调研”。

2. 人工智能类关键零配件

本课题共调研了我国人工智能类设备市场中 1 家关键零配件相关企业，为国产品牌，共涉及1项关键零配件，被推荐为中国医疗产业关键零配件的共1项，主要应用于病理分型、智能影像等领域。其中具有专利证书项目1项，1项关键零配件填补了国内技术空白，其是算法运行的必要前提。具体项目情况如表11所示。

表11　中国医疗产业关键零配件人工智能类设备入选名单

序号	关键零配件名称	申报单位
1	显微影像分析仪	金域医学检验集团股份有限公司

资料来源：国家药品监督管理局立项课题“中国医疗产业关键核心技术和关键零配现状调研”。

耗材市场篇

Consumables Market

B.5
我国医保医用耗材市场品类数据分析报告

张兴强　杨　雳　关巧贤*

摘　要： 带量采购是指在药品或医疗器械集中采购过程中开展招投标或谈判议价时，让企业针对具体的采购数量进行报价的一种集中采购方式。带量采购这一方式在药品领域率先启动，并取得显著成效。医疗器械种类繁杂，并且同样的产品，不同城市命名和分类方式不同，导致医疗器械难以获得一致性评价，因此医疗器械带量采购饱受业界猜疑。然而，国务院办公厅2019年7月印发《治理高值医用耗材改革方案》，明确了高值耗材带量采购的政策方向。高值耗材带量采购陆续在福建、浙江、江苏、安徽、京津冀等多个地区进行试点，涉及产品包括冠脉支架、介入球囊、人工晶体、骨科耗材等。目前，除了高值耗材领域，一些体外诊断试剂甚至大型医疗

* 张兴强，广州众成大数据科技有限公司副总经理，汕头大学分子生物学硕士；杨雳，广州众成大数据科技有限公司产业研究部经理，华南师范大学管理学硕士，经济师；关巧贤，广州众成大数据科技有限公司数据部数据分析师，生物医学工程专业。

设备，也逐渐成为带量采购的覆盖品种。在医保基金持续承压、价格虚高问题突出等背景下，医疗器械至少是医用耗材全品种带量采购成为大势所趋。

关键词： 高值耗材　带量采购　采购目录

一　我国医保医用耗材带量采购数据分析

（一）集采政策时间轴

2004 年以来医疗器械集中采购的发展历程分为三个阶段，各个阶段都有相关国家政策出台。

1. 第一阶段：2004～2008年，耗材集采试点期

这一阶段先是进行跨省市耗材集采的试点，随后又组织了全国范围的统一集采试点。试点开端为2004 年卫生部颁发了《关于进一步规范医疗机构药品集中招标采购的若干规定》，针对探索期出现的重点问题进行政策完善，并在北京、上海、天津、重庆、广东、浙江、辽宁和湖北八地进行跨省市高值耗材联合采购试点，这一试点工作成为之后跨省市集采联盟的原型。2007 年，在八省市联合集采试点降价效果良好的基础上，卫生部发布《关于进一步加强医疗器械集中采购管理的通知》，从国家层面组织部分高值耗材集采工作，同时将其他医疗设备的集采工作下放到各省市。

2. 第二阶段：2009～2014年，耗材集采规范期

2009 年医改方案出台，耗材集中采购工作被暂时搁置。2012 年《高值医用耗材集中采购工作规范（试行）》发布，对前两阶段试点工作进行细化，规范采购的范围、组织方式、机构组成、采购目录和采购方式、采购平台、专家管理、各方的责任义务以及处罚措施。这一阶段的集采工作主要以省为单位，发展出了“宁波模式”等特色模式，并引入了“双信封”机制。

3. 第三阶段：2015年至今，耗材集采转型期

这一阶段，耗材集采政策进一步深化，各省发展特色集采模式，形成了多个集采联盟以及多种采购方式。2015 年卫计委发布《关于落实完善公立医院药品集中采购工作指导意见的通知》，涉及分类采购、改进结算方式、加强配送管理、规范采购平台建设、对耗材进行成本效益评估等细化准则，奠定了国家在新阶段对耗材集采要求趋严，逐渐与药品同标准的趋势。

2019 年 11 月 15 日，国务院发文明确提出各地要针对临床用量较大、采购金额较高、临床使用较成熟、多家企业生产的高值医用耗材按类别探索带量采购，并要求综合医改试点省份于 2020 年 9 月底前率先进行探索。

（二）国家及地区集采进展

1. 国家级

表 1　2019～2021 年我国医保医用耗材国家级集采情况

中标时间	集采品种	相关内容
2020 年 11 月	冠脉支架	首次高值医用耗材冠脉支架带量采购首年意向采购量 107.4722 万个，占用量 80%，采购周期 2 年。意向采购的产品共涉及 11 家中外生产企业，27 个产品，其中国产 10 个产品，进口 17 个产品。拟中选产品涉及 8 家中外生产企业、10 个品种，平均降价 93%。
2021 年 9 月	人工关节 （髋关节、膝关节）	首年意向采购量共 54 万套，占全国医疗机构总需求量的 90%。共有 48 家企业参与本次集采，44 家中选，中选率 92%。拟中选髋关节平均价格从 3.5 万元下降至 7000 元左右，膝关节平均价格从 3.2 万元下降至 5000 元左右，平均降价 82%。

2. 省级

表 2　2019～2021 年我国医保医用耗材省级集采情况

省份	集采品种	集采时间	政　策
广东	新型冠状病毒（2019 － nCoV）检测试剂	2020 年 5 月	《新型冠状病毒检测试剂联盟区域集中采购文件》
		2021 年 4 月	《新型冠状病毒（2019 － nCoV）检测试剂联盟地区集团带量采购文件》
	冠状动脉球囊扩张导管	2020 年 11 月	《冠状动脉球囊扩张导管类医用耗材联盟地区集团带量采购文件（征求意见稿）》
	人工晶状体	2021 年 2 月	《人工晶状体医用耗材联盟地区集团带量采购文件（征求意见稿）》
	超声刀头	2021 年 5 月	《关于共同开展省级药品和耗材超声刀头联盟采购工作的函》
江苏	人工晶体	2019 年 9 月	《江苏省第二轮公立医疗机构部分高值医用耗材组团联盟集中采购方案》
		2021 年 5 月	《江苏省第五轮公立医疗机构医用耗材联盟带量采购公告（一）》
	血管介入球囊	2019 年 9 月	《江苏省第二轮公立医疗机构部分高值医用耗材组团联盟集中采购方案》
	人工髋关节	2019 年 9 月	《江苏省第二轮公立医疗机构部分高值医用耗材组团联盟集中采购方案》
	冠脉扩张球囊	2021 年 5 月	《江苏省第五轮公立医疗机构医用耗材联盟带量采购公告（一）》
	双腔起搏器	2021 年 5 月	《江苏省第五轮公立医疗机构医用耗材联盟带量采购公告（一）》
	冠脉导引导丝	2021 年 5 月	《江苏省第五轮公立医疗机构医用耗材联盟带量采购公告（一）》
	冠脉导引导管	2021 年 5 月	《江苏省第五轮公立医疗机构医用耗材联盟带量采购公告（一）》
安徽	骨科植入 － 脊柱	2021 年 6 月	《2021 年度安徽省高值医用耗材集中带量采购工作方案》
	人工晶体	2021 年 6 月	《2021 年度安徽省高值医用耗材集中带量采购工作方案》
	冠脉扩张球囊	2021 年 6 月	《2021 年度安徽省高值医用耗材集中带量采购工作方案》

续表

省份	集采品种	集采时间	政　策
安徽	血液透析器	2021 年 6 月	《2021 年度安徽省高值医用耗材集中带量采购工作方案》
	乙类大型医用设备（CT、MRI、DSA、LA、SPECT）	2021 年 5 月	《完善全省乙类大型医用设备集中采购工作实施方案》
北京	人工晶体	2020 年 4 月	《关于发布〈京津冀及黑吉辽蒙晋鲁医用耗材（人工晶体类）联合带量采购文件（LH－HD2020－1）〉的公告》
上海	冠脉球囊	2021 年 5 月	《关于开展上海市冠脉球囊类医用耗材集中带量采购有关工作的通知（沪药事〔2021〕16 号）》
天津	人工晶体	2020 年 4 月	《关于发布〈京津冀及黑吉辽蒙晋鲁医用耗材（人工晶体类）联合带量采购文件（LH－HD2020－1）〉的公告》
山东	人工晶体	2020 年 4 月	《关于发布〈京津冀及黑吉辽蒙晋鲁医用耗材（人工晶体类）联合带量采购文件（LH－HD2020－1）〉的公告》
浙江	冠脉介入药物支架	2020 年 5 月	《关于公开征求〈浙江省公立医疗机构部分医用耗材带量采购工作方案〉意见的通知》
	冠脉介入球囊	2020 年 5 月	《关于公开征求〈浙江省公立医疗机构部分医用耗材带量采购工作方案〉意见的通知》
	骨科髋关节	2020 年 5 月	《关于公开征求〈浙江省公立医疗机构部分医用耗材带量采购工作方案〉意见的通知》
西藏	冠脉扩张球囊	2020 年 9 月	《四川等 7 省医疗保障局关于开展省际联盟冠脉扩张球囊集中带量采购工作的公告》
四川	血管介入、非血管介入、骨科、神经外科、电生理类、起搏器类、体外循环及血液净化、眼科、口腔科等类材料真空采血管、注射器、其他（补片、医用高分子材料、超声刀头等）	2021 年 3 月	《四川省医药机构医用耗材集中采购实施方案》
	冠脉扩张球囊	2021 年 1 月	《“六省二区”省际联盟冠脉扩张球囊集中带量采购文件》
		2020 年 9 月	《四川等 7 省医疗保障局关于开展省际联盟冠脉扩张球囊集中带量采购工作的公告》

续表

省份	集采品种	集采时间	政　策
湖南	吻合器	2020 年 11 月	《湖南省 2020 年度医疗机构部分医用耗材集中带量采购方案》
	骨科创伤	2020 年 11 月	《湖南省 2020 年度医疗机构部分医用耗材集中带量采购方案》
	冠脉扩张球囊	2020 年 11 月	《湖南省 2020 年度医疗机构部分医用耗材集中带量采购方案》
山西	冠脉扩张球囊	2020 年 9 月	《四川等 7 省医疗保障局关于开展省际联盟冠脉扩张球囊集中带量采购工作的公告》
		2021 年 1 月	《“六省二区”省际联盟冠脉扩张球囊集中带量采购文件》
	人工晶体	2020 年 4 月	《关于发布〈京津冀及黑吉辽蒙晋鲁医用耗材(人工晶体类)联合带量采购文件(LH－HD2020－1)〉的公告》
	吻合器	2021 年 1 月	《关于公示山西省医用耗材(疝补片、医用胶片、吻合器)集中带量采购拟中选结果的通知》
	医用胶片	2021 年 1 月	《关于公示山西省医用耗材(疝补片、医用胶片、吻合器)集中带量采购拟中选结果的通知》
	疝补片	2021 年 1 月	《关于公示山西省医用耗材(疝补片、医用胶片、吻合器)集中带量采购拟中选结果的通知》
甘肃	人工晶状体	2021 年 2 月	《人工晶状体医用耗材联盟地区集团带量采购文件(征求意见稿)》
陕西	留置针	2021 年 2 月	《关于陕西省医疗机构普通医用耗材集中带量采购中选结果的公告》
	泡沫敷料	2021 年 2 月	《关于陕西省医疗机构普通医用耗材集中带量采购中选结果的公告》
河北	人工晶体	2020 年 4 月	《关于发布〈京津冀及黑吉辽蒙晋鲁医用耗材(人工晶体类)联合带量采购文件(LH－HD2020－1)〉的公告》
	一次性使用输液器	2021 年 3 月	《关于开展医用耗材一次性使用输液器类、静脉留置针类集中带量采购的通知》
	静脉留置针	2021 年 3 月	《关于开展医用耗材一次性使用输液器类、静脉留置针类集中带量采购的通知》

续表

省份	集采品种	集采时间	政　策
福建	冠脉扩张球囊	2021 年 4 月	《福建省第二批医用耗材集中带量采购文件(征求意见稿)》
	心脏双腔起搏器	2021 年 4 月	《福建省第二批医用耗材集中带量采购文件(征求意见稿)》
	单焦点人工晶状体	2021 年 4 月	《福建省第二批医用耗材集中带量采购文件(征求意见稿)》
	一次性使用套管穿刺器	2021 年 4 月	《福建省第二批医用耗材集中带量采购文件(征求意见稿)》
	吻合器	2021 年 4 月	《福建省第二批医用耗材集中带量采购文件(征求意见稿)》
	硬脑(脊)补片	2021 年 4 月	《福建省第二批医用耗材集中带量采购文件(征求意见稿)》
	腹股沟疝补片	2021 年 4 月	《福建省第二批医用耗材集中带量采购文件(征求意见稿)》
河南	气管插管	2021 年 5 月	《河南省豫东"3 + 3 + N"集采联盟医用耗材集中带量采购文件》
	吸氧装置	2021 年 5 月	《河南省豫东"3 + 3 + N"集采联盟医用耗材集中带量采购文件》
	镇痛泵	2021 年 5 月	《河南省豫东"3 + 3 + N"集采联盟医用耗材集中带量采购文件》
	输液器	2021 年 5 月	《河南省豫东"3 + 3 + N"集采联盟医用耗材集中带量采购文件》
辽宁	冠脉扩张球囊	2020 年 9 月	《四川等 7 省医疗保障局关于开展省际联盟冠脉扩张球囊集中带量采购工作的公告》
	冠脉扩张球囊	2021 年 1 月	《"六省二区"省际联盟冠脉扩张球囊集中带量采购文件》
	人工晶体	2020 年 4 月	《关于发布〈京津冀及黑吉辽蒙晋鲁医用耗材(人工晶体类)联合带量采购文件(LH - HD2020 - 1)〉的公告》
吉林	冠脉扩张球囊	2020 年 9 月	《四川等 7 省医疗保障局关于开展省际联盟冠脉扩张球囊集中带量采购工作的公告》
	冠脉扩张球囊	2021 年 1 月	《"六省二区"省际联盟冠脉扩张球囊集中带量采购文件》
	人工晶体	2020 年 4 月	《关于发布〈京津冀及黑吉辽蒙晋鲁医用耗材(人工晶体类)联合带量采购文件(LH - HD2020 - 1)〉的公告》

续表

省份	集采品种	集采时间	政　策
黑龙江	冠脉扩张球囊	2020年9月	《四川等7省医疗保障局关于开展省际联盟冠脉扩张球囊集中带量采购工作的公告》
	冠脉扩张球囊	2021年1月	《"六省二区"省际联盟冠脉扩张球囊集中带量采购文件》
	人工晶体	2020年4月	《关于发布〈京津冀及黑吉辽蒙晋鲁医用耗材(人工晶体类)联合带量采购文件(LH-HD2020-1)〉的公告》
内蒙古	冠脉扩张球囊	2020年9月	《四川等7省医疗保障局关于开展省际联盟冠脉扩张球囊集中带量采购工作的公告》
	冠脉扩张球囊	2021年1月	《"六省二区"省际联盟冠脉扩张球囊集中带量采购文件》
	人工晶体	2020年4月	《关于发布〈京津冀及黑吉辽蒙晋鲁医用耗材(人工晶体类)联合带量采购文件(LH-HD2020-1)〉的公告》

（三）集采重点品种分析

1. 冠脉支架

2020年11月5日，冠状动脉支架（以下简称"冠脉支架"）"集采"结果公布，中位价在700元左右，最低价低于500元，平均降幅超90%，意向采购总量为107.47万个，中标产品覆盖意向采购量68%。而此次带量采购启动前，国产冠脉支架平均售价在7000元以上，进口冠脉支架的平均售价在20000元以上。

本次集采中，国产企业有微创、乐普、蓝帆、易生科技、万瑞飞鸿等企业中标；外企则有美敦力、波士顿科学中标。许多企业都报出了低至千元以下的价格，山东吉威Excrossal心跃支架报价低至469元，与挂网价格13300元相比，降价超过96%。根据冠脉支架意向采购量测算，微创Firebird2产品首年意向采购量最高，占比23.1%；乐普GuReater产品其次，占比11.2%。

对于乐普等国内厂商来说，短期集采会对产品价格造成一定冲击，但金属支架是一个高度竞争的红海市场，保持市占率是优先选项，且进口替代也能带来以价换量的发展红利。像乐普这样的支架龙头公司，在支架外也拥有丰富的产品管线，有能力和资金支持产品研发，集采降价对公司整体业绩的影响可控。带量采购的核心意义在于压缩中间流通环节，降低生产厂家的市场和销售费用。与药品不同，由于没有两票制的约束，大部分高值耗材企业都采取底价出厂和代理商经销的模式。集采之后，回款有明确的保障（医疗机构和企业结算货款不超过 30 天），厂家会进行营销模式变革，把代理商经销的模式改为直接对接医院的直销模式。因此大量代理商面临产品线丢失的经营困局，稀缺的品种将成为代理商抢夺的对象。

从 3 ~5 年的中期来看，集采利好产品体系丰富、技术实力雄厚的细分领域国产龙头企业。国产替代将加速红海竞争，国内龙头企业具有打价格战的天然优势，市场份额将进一步集中。此外，集采也将提高效率，缩短产品的市场推广周期。而实力不足且没有核心优势的小企业将逐步被淘汰。冠脉支架在集采后行业热度大降，不再属于高值耗材产品。从长期来看，冠脉支架领域只会剩下几个主要品牌，包括乐普、微创、吉威等，后期的进口替代增量市场会很大，行业集中度和国产替代将进一步提升，强者恒强。

2. 人工关节

2021 年 9 月 14 日，全国首次人工关节集采落下帷幕。本次人工关节集采的产品范围为人工髋关节和人工膝关节，首年意向采购量共 54 万套，占全国医疗机构总需求量的 90% 。按照 2020 年采购价计算，本次采购涉及的产品市场规模达 200 亿元，占高值医用耗材市场的 10% 以上。

本次集采共有 48 家企业参与，44 家企业中选，中选率为 92% ，拟中选髋关节平均价格从 3. 5 万元下降至 7000 元左右，平均降价 80% ；膝关节平均价格从 3. 2 万元下降至 5000 元左右，平均降价 84% 。

与首次冠脉支架降幅超 90% 的集采结果相比，这次骨科人工关节集采较为“温和”。多家企业也表示，本次集采的价格在可接受范围内。有了首次冠脉支架带量采购的经验和教训，本次带量采购规则设立更合理，注重对厂商的保护和产品的质量。

本次骨科人工关节带量采购的规则与冠脉支架全国集采时只竞价、简分组的形式不同，在骨科人工关节集采规则中，先按照产品类别分为四大产品组，然后再根据医疗机构采购需求、企业供应能力、产品材质3个条件，形成A、B两组。进入A组需要满足全部医院意向采购量在前85%、具备联盟全地市采购需求、具备高交联聚乙烯或高交联聚乙烯（含抗氧化剂）材质三大条件。

二　我国医保高值医用耗材市场品类数据分析

（一）非血管介入治疗类材料

非血管介入治疗是指没有进入人体血管系统，在医学影像设备的导引下，利用穿刺针、导丝、导管等医用耗材经皮肤穿刺或人体现有的其他腔道途径将特定的医用耗材导入病变部位进行微创治疗。非血管介入手术包括活检术、成形术、灭能术、引流术、造瘘术、再通术等，其相应的高值医用耗材主要为各种腔道支架、球囊、导管、导丝、活检钳、穿刺针、引流管、吻合器等。按各自使用部位不同，非血管介入治疗类高值医用耗材大致可以分为呼吸介入材料、消化介入材料、泌尿介入材料、肿瘤介入材料和非血管介入通用材料。

截至2021年9月底，根据国家医保信息业务编码标准数据库的数据，非血管介入治疗类材料进入全国医保耗材分类目录的产品共计9887件，其中进口（含港澳台）产品为2400件，国产产品为7487件。全国医保耗材分类目录——非血管介入治疗类进口产品主要来自美国、德国和日本，三者之和占进口产品总体数量的82.6%（见表3）。

表3　全国医保耗材分类目录——非血管介入治疗类进口产品情况

国家/地区	代表产品	覆盖领域	数量(件)
美　国	食道失弛缓症球囊 尿道扩张球囊导管套装 微穿刺血管鞘 昆腾等离子射频消融电极 乳腺穿刺定位针 气管支气管支架 超声用电磁定位工具	消化介入材料 泌尿介入材料 肿瘤介入材料 呼吸介入材料 乳腺介入材料 其他非血管介入材料 非血管介入通用材料	1239

续表

国家/地区	代表产品	覆盖领域	数量(件)
德　国	经皮肾镜穿刺套装	消化介入材料	439
	水刀	泌尿介入材料	
	贲门失弛缓症用扩张球囊	肿瘤介入材料	
	精准型双极射频消融电极针(三角锥形)	呼吸介入材料	
	冷冻探针	乳腺介入材料	
	电切环	其他非血管介入材料	
	一次性使用乳腺定位丝及其导引针	非血管介入通用材料	
日　本	胃瘘交换用导管	消化介入材料	305
	骨髓移植针	泌尿介入材料	
	一次性内窥镜超声吸引活检针	肿瘤介入材料	
	经皮肾穿刺套件(肾盂球囊型)	呼吸介入材料	
	穿刺针(吸引活检针 2)	其他非血管介入材料	
	吸引活检针(CL 型)	非血管介入通用材料	
意大利	绒毛活检穿刺套针 - SV	泌尿介入材料	130
	活检针 Biopsy Needle - 4	肿瘤介入材料	
	Tm:YAG 激光手术系统 - 光纤 A	非血管介入通用材料	
爱尔兰	全覆膜食道支架系统	消化介入材料	102
	输尿管支架套装一年期(UFI)	泌尿介入材料	
	支气管超声活检针	肿瘤介入材料	
	胆道支架	呼吸介入材料	
韩　国	肠道带膜支架	消化介入材料	70
	射频消融治疗系统配件	泌尿介入材料	
	无张力尿道悬吊带	肿瘤介入材料	
	引流管套件	非血管介入通用材料	
瑞　士	支气管内活瓣输送导管	泌尿介入材料	30
	一次性使用输尿管导引鞘	呼吸介入材料	
	一次性血管夹	消化介入材料	
以色列	SlimLine SIS GI 365	消化介入材料	38
	一次性使用无菌医用激光光纤	泌尿介入材料	
	冷冻消融针	肿瘤介入材料	
	一次性使用骨注射枪(穿刺器 - 成人)	其他非血管介入材料	
	FiberLase 机械导入套管	非血管介入通用材料	

续表

国家/地区	代表产品	覆盖领域	数量(件)
中国台湾	冲洗引流管 输尿管支架套装 一次性使用引流导管	泌尿介入材料 呼吸介入材料 其他非血管介入材料	12
法　国	气管支气管支架 钛夹 一次性使用超声清石探针	呼吸介入材料 消化介入材料 泌尿介入材料	10
澳大利亚	绒毛活检针套装	其他非血管介入材料	4
马来西亚	一次性使用无菌鼻咽通气道	呼吸介入材料	2
丹　麦	尿道支架系统 电子支气管内窥镜	泌尿介入材料 其他非血管介入材料 非血管介入通用材料	6
荷　兰	球囊型胃造口管	消化介入材料	1
加拿大	射频穿刺套管针	其他非血管介入材料	1
瑞　典	膈肌导管 骨活检系统(12G) 骨活检系统(14G)	呼吸介入材料 肿瘤介入材料 其他非血管介入材料 非血管介入通用材料	6
英　国	一次性使用口咽通气道 射频消融导管	呼吸介入材料 消化介入材料	4
西班牙	尿道悬吊带系统	泌尿介入材料	1
合　　计			2400

我国非血管介入类国产产品品类齐全，覆盖消化介入、泌尿介入、呼吸介入、肿瘤介入、乳腺介入等领域，其中进入全国医保耗材分类目录的国产产品中消化介入材料为2928件，泌尿介入材料为2004件，非血管介入通用材料为1399件（见图1）。

值得一提的是，全国医保耗材分类目录——非血管介入治疗类国产产品半数集中在江苏省，共计3849件，占比51.4%。其后，浙江省、广东省和上海市分别以851件、647件和518件位居第二、第三和第四，三者之和占国产产品总体数量的26.9%（见图2）。

目前，国内企业旗下非血管介入治疗类产品满足临床需求、基本医疗保险保障能力、医用耗材产业发展情况并进入全国医保耗材分类目录的注册人共计682家，其中分布在江苏省的注册人为226家，全国排名第一；其后，广东省和浙江省分别以80家和66家位于第二和第三（见图3）。

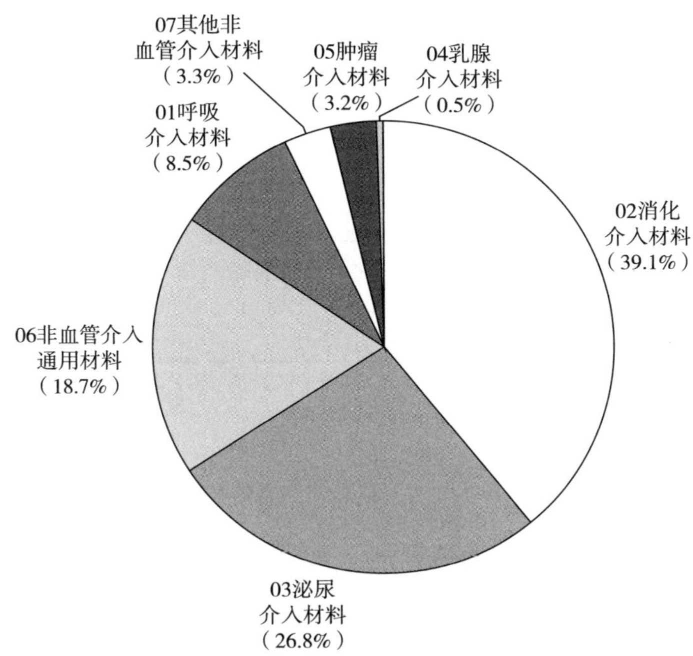

图 1　全国医保耗材分类目录——非血管介入治疗类国产产品数量占比

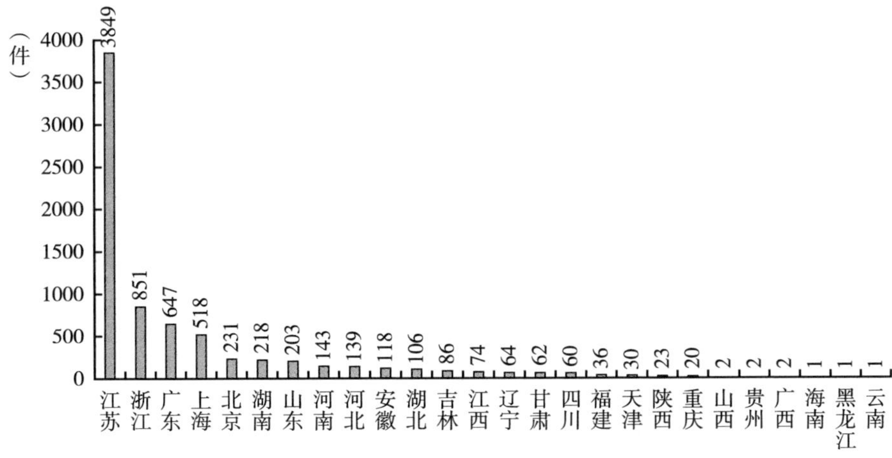

图 2　全国医保耗材分类目录——非血管介入治疗类国产产品区域分布

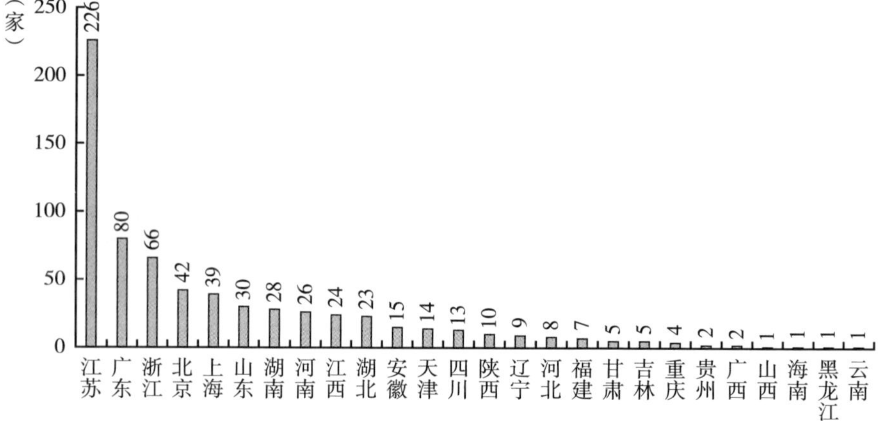

图 3　全国医保耗材分类目录——非血管介入治疗类国产产品注册人区域分布

从注册人来看，全国医保耗材分类目录——非血管介入治疗类国产产品注册证共计 2269 张，分属 682 家注册人，平均每个注册人拥有 3.3 张产品注册证，其中注册证数量最多的注册人为南微医学科技股份有限公司，共计 87 张；产品数量最多的注册人为江苏唯德康医疗科技有限公司，共计 577 件（见表 4）。

表 4　全国医保耗材分类目录——非血管介入治疗类国产产品数量前十注册人情况

序号	企业名称	所属省份	产品数量(件)	注册证数量(张)
1	江苏唯德康医疗科技有限公司	江苏省	577	32
2	南微医学科技股份有限公司	江苏省	405	87
3	杭州安杰思医学科技股份有限公司	浙江省	307	18
4	张家港市欧凯医疗器械有限公司	江苏省	231	14
5	张家港市华美医疗器械有限公司	江苏省	209	18
6	上海埃尔顿医疗器械有限公司	上海市	193	19
7	常州市久虹医疗器械有限公司	江苏省	191	18
8	苏州法兰克曼医疗器械有限公司	江苏省	177	27
9	江苏伊凯医疗器械有限公司	江苏省	171	11
10	苏州新区华盛医疗器械有限公司	江苏省	162	8

（二）血管介入治疗类材料

血管介入治疗主要是指在医学影像设备的导引下，利用穿刺针、导丝、导管等医用耗材经血管途径将特定的医用耗材导入病变部位进行微创治疗。血管介入手术包括动脉栓塞术、血管成形术、全脑血管造影术等，其相应的高值医用耗材主要为冠状动脉球囊、电生理导管、主动脉覆膜支架等。按各自使用部位不同，血管介入治疗类高值医用耗材大致可以分为外周血管介入材料、冠脉介入材料、神经介入材料、通用介入材料、起搏器类材料、电生理类材料、结构心脏病用材料。

截至2021年9月底，根据国家医保信息业务编码标准数据库的数据，血管介入治疗类材料进入全国医保耗材分类目录的产品共计7908件，其中进口（含港澳台）产品为5279件，国产产品为2629件。全国医保耗材分类目录——血管介入治疗类进口产品主要来自美国，其数量占进口产品总体数量的72.4%（见表5）。

表5　全国医保耗材分类目录——血管介入治疗类进口产品情况

国家/地区	代表产品	覆盖领域	数量(件)
美　国	磁电定位环形标测导管 冠状动脉预装带膜支架系统 多孔型房间隔缺损封堵器 传送导管 皮下植入式心律转复除颤器 带有亲水涂层的可控导丝	冠脉介入材料 神经介入材料 外周血管介入材料 通用介入材料 电生理类材料 结构心脏病用材料 起搏器类材料	3822
德　国	电生理诊断导管 造影导丝 热稀释导管包及压力监测套装 植入式心脏再同步化治疗起搏器 取栓导管 血管覆膜支架 中心静脉导管	冠脉介入材料 神经介入材料 外周血管介入材料 通用介入材料 电生理类材料 结构心脏病用材料 起搏器类材料	348
日　本	双弯温控消融导管 螺纹穿通导管 外周血管导丝 桡动脉止血器 神经血管导丝 -1 球囊导管	冠脉介入材料 外周血管介入材料 通用介入材料 电生理类材料 神经介入材料 结构心脏病用材料	244

续表

国家/地区	代表产品	覆盖领域	数量(件)
比利时	接触压力光感应消融导管 左心耳封堵器 植入式心脏复律除颤器 射频热凝导管	外周血管介入材料 电生理类材料 结构心脏病用材料 起搏器类材料	160
爱尔兰	PTCA 球囊扩张导管 左心耳封堵器 远端闭合双层网篮取栓支架 腹主动脉瘤支架系统 压力泵 一次性热球球囊导管	冠脉介入材料 神经介入材料 外周血管介入材料 通用介入材料 结构心脏病用材料 电生理类材料	129
瑞　士	耐高压球囊扩张导管 自膨式颅内取栓器 自膨式镍钛合金外周血管支架系统 血管通路泵系统	冠脉介入材料 神经介入材料 外周血管介入材料 通用介入材料	129
法　国	血栓抽吸导管及附件 可分离栓塞金球囊 静脉曲张剥离导管 化疗泵输送系统	冠脉介入材料 神经介入材料 外周血管介入材料 通用介入材料	143
意大利	植入式心脏起搏器 外科胶 脑保护装置	神经介入材料 外周血管介入材料 起搏器类材料	65
荷　兰	一次性使用体表电极 冠状动脉支架输送系统 植入式心脏起搏电极导线	冠脉介入材料 电生理类材料 起搏器类材料	48
丹　麦	栓塞弹簧圈 腔静脉滤器 导丝 瓣膜成形球囊导管	神经介入材料 外周血管介入材料 通用介入材料 结构心脏病用材料	43
韩　国	NC PTCA 球囊扩张导管 一次性使用激光光纤 球囊扩张压力泵	冠脉介入材料 外周血管介入材料 通用介入材料	26
新加坡	双极临时起搏导管 球囊扩张导管 热稀释漂浮导管 高压造影剂注射导管	冠脉介入材料 通用介入材料 神经介入材料 电生理类材料 结构心脏病用材料	33

续表

国家/地区	代表产品	覆盖领域	数量(件)
加拿大	手动导管回缩器 球囊扩张导管	电生理类材料 结构心脏病用材料	35
西班牙	大隐静脉剥脱系统	外周血管介入材料	8
以色列	诊断/消融可调弯头端导管 半导体激光治疗仪	外周血管介入材料 电生理类材料	17
中国台湾	心导管包 血管球囊扩张导管 血管造影导管	冠脉介入材料 外周血管介入材料 通用介入材料	11
澳大利亚	开孔型腹主动脉瘤血管内支架系统 一次性使用高压注射器附件	外周血管介入材料 通用介入材料	7
英　国	栓塞微球	外周血管介入材料	4
印　度	球囊扩张导管	冠脉介入材料	3
瑞　典	分隔膜密闭式三通	通用介入材料	4
合　计			5279

我国血管介入治疗类国产产品品类齐全，覆盖冠脉介入、外周血管介入、神经介入、通用介入等领域，其中进入全国医保耗材分类目录的国产产品中通用介入材料为1061件，外周血管介入材料为528件，电生理类材料为412件（见图4）。

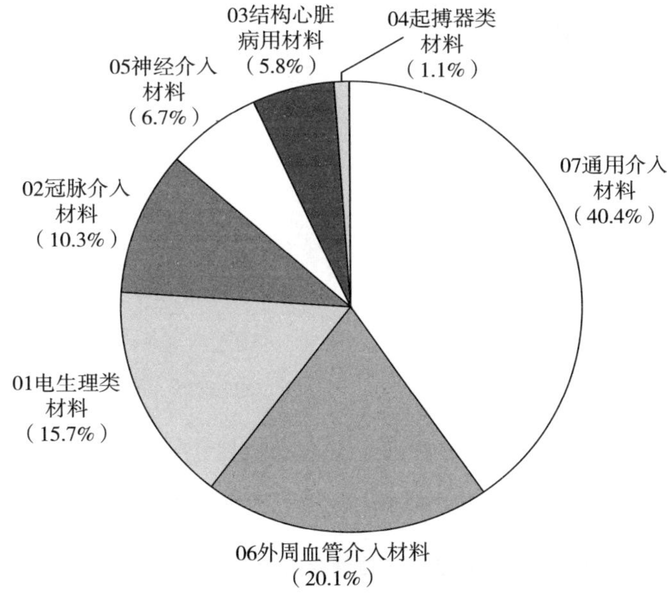

图4　全国医保耗材分类目录——血管介入治疗类国产产品数量占比

值得一提的是，全国医保耗材分类目录——血管介入治疗类国产产品主要集中在北京市、广东省、上海市和江苏省，所拥有的产品数量依次为628件、522件、413件和291件，四者之和占国产产品总体数量的70.5%（见图5）。

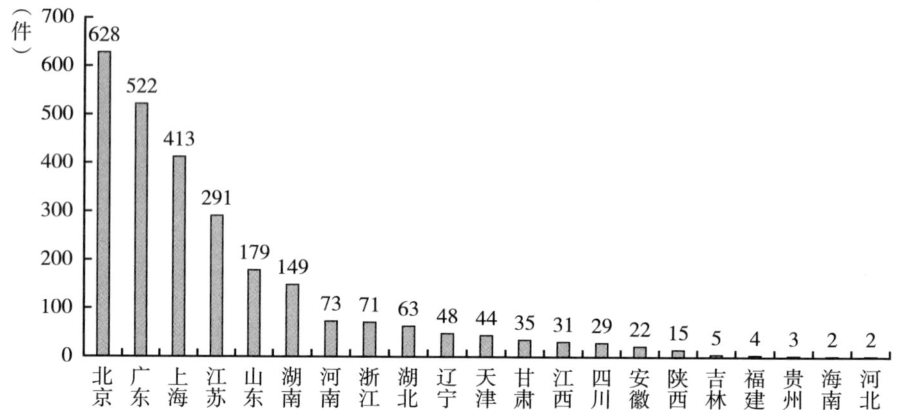

图5　全国医保耗材分类目录——血管介入治疗类国产产品区域分布

从注册人所在的省份看，进入全国医保耗材分类目录的血管介入治疗类国产产品注册人共计257家，其中分布在江苏省的注册人为54家，全国排名第一；广东省以45家，位于第二；其后，上海市和北京市以30家并列第三（见图6）。

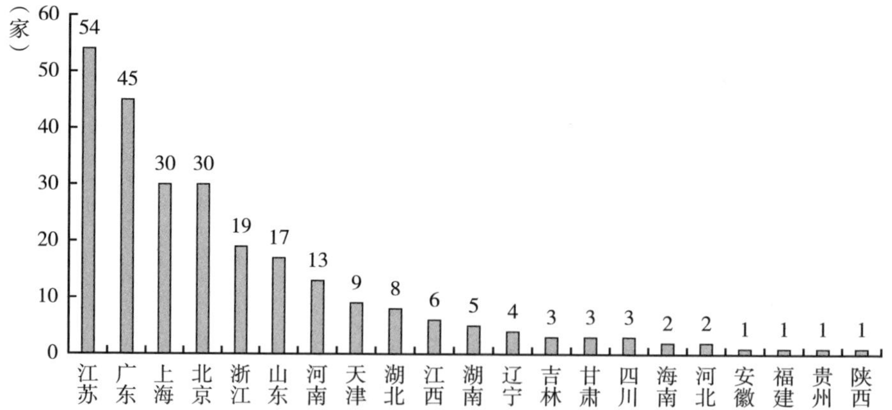

图6　全国医保耗材分类目录——血管介入治疗类国产产品注册人区域分布

从注册人来看，全国医保耗材分类目录——血管介入治疗类国产产品注册证共计1000张，分属257家注册人，平均每个注册人拥有3.9张产品注册证，其中获证数量最多的注册人为乐普（北京）医疗器械股份有限公司，共计43张；产品数量最多的注册人为心诺普医疗技术（北京）有限公司，共计210件（见表6）。

表6　全国医保耗材分类目录——血管介入治疗类国产产品数量前十注册人

序号	企业名称	所属省份	产品(件)	注册证(张)
1	心诺普医疗技术(北京)有限公司	北京市	210	13
2	先健科技(深圳)有限公司	广东省	136	34
3	湖南埃普特医疗器械有限公司	湖南省	131	37
4	山东新华安得医疗用品有限公司	山东省	119	2
5	北京天地和协科技有限公司	北京市	103	9
6	上海微创电生理医疗科技股份有限公司	上海市	90	20
7	上海康德莱医疗器械股份有限公司	上海市	76	34
8	乐普(北京)医疗器械股份有限公司	北京市	76	43
9	深圳惠泰医疗器械股份有限公司	广东省	50	5
10	上海微创心脉医疗科技(集团)股份有限公司	上海市	50	12

（三）骨科材料

骨科学又称矫形外科学，是医学的一个专业或学科，专门研究骨骼肌肉系统的解剖、生理与病理，运用药物、手术及物理方法保持和发展这一系统的正常形态与功能，以及治疗这一系统的伤病。治疗过程中，使用到的骨科植入耗材按照植入治疗部位的不同可以分为五大类：创伤类、脊柱类、关节类、运动医学类、颅颌面外科类。

截至2021年9月底，根据国家医保信息业务编码标准数据库的数据，骨科材料进入全国医保耗材分类目录的产品共计124650件，其中进口（含港澳台）产品为20879件，国产产品为103771件。全国医保耗材分类目录——骨科进口产品主要来自美国、瑞士和匈牙利，三者之和占进口产品总体数量的73.3%（见表7）。

表 7　全国医保耗材分类目录——骨科进口产品情况

国家/地区	代表产品	覆盖领域(个)	数量(件)
美　国	可吸收带针缝线锚钉 聚醚醚酮界面螺钉 内六角空心螺钉 骨腱骨带袢钛板 半月板器缝合针 髋关节等离子刀头	51	8359
瑞　士	带自膨胀不可吸收缝线聚醚醚酮骨锚钉 不可吸收界面螺钉 髁骨加压接骨板 动力髋螺钉 脊柱骨水泥系统 翻修型股骨柄	33	4381
匈牙利	金属接骨螺钉 1. 5L 型万向锁定板 皮质骨钉 弹性髓内钉 克氏针 颈椎前路钢板系统	22	2554
德　国	门型钉 干预螺钉 引导竿 1/4 管形接骨板 T2 肱骨髓内钉 颈椎前路板	32	2010
韩　国	医用高分子夹板 脊柱硬膜外微创导管 颈前路钛板 脊柱内固定系统横连 脊柱系统多轴长臂骨水泥螺钉 骨科固定带	19	1026
意大利	羟基磷灰石螺钉 钛肱骨带螺钉锁钉 肩胛盂内衬 高性能旋转胫骨垫片 陶瓷球头 庆大霉素骨水泥	12	818

续表

国家/地区	代表产品	覆盖领域(个)	数量(件)
法　国	肩锁关节韧带 远端腓骨板 空心加压螺钉 克氏针 皮质骨板螺钉 椎弓根钩	24	619
中国台湾	跟骨外侧骨板 硬质骨星型螺钉 椎间融合器 椎体成形系统 人工骨粉 陶瓷股骨头	21	608
英　国	锻造钴铬钨镍合金尖头骨针 骨水泥中置器 表面处理胫骨假体 髋臼杯 可吸收人工骨粉	8	227
芬　兰	可吸收锥形棒 可吸收骨内固定系统 可吸收接骨棒 颈椎前路钉板系统 可吸收胸腰骶椎前路钉板系统 生物玻璃骨填充材料	8	76
爱尔兰	固定平台胫骨托 交叉韧带保留型股骨假体 股骨头 组配柄远端直柄 磨骨刀头	5	60
日　本	聚左旋乳酸可吸收骨固定系统 骨科高分子夹板 骨修复材料 矢状摆动骨锯 卵形磨头	5	55
澳大利亚	股骨交锁髓内钉	1	49
冰　岛	腕关节支具	1	20

续表

国家/地区	代表产品	覆盖领域(个)	数量(件)
比利时	功能性膝盖矫正支具	1	8
加拿大	手术定位传感器	1	3
波　兰	医用高分子夹板	1	2
泰　国	医用外固定夹板	1	2
巴基斯坦	粘胶型石膏绷带	1	1
西班牙	医用高分子夹板	1	1
合　　计			20879

我国骨科国产产品品类齐全，覆盖接骨板、胸腰椎后路固定系统、脊柱固定融合系统、髓内钉等类型产品，其中进入全国医保耗材分类目录的国产产品中接骨板为47766件，其他固定材料为9108件，螺钉为8309件（见表8）。

表8　全国医保耗材分类目录——骨科国产产品数量及占比

序号	二级分类	产品数量(件)	占比(%)
1	11－接骨板	47766	46.03
2	16－其他固定材料	9108	8.78
3	12－螺钉	8309	8.01
4	25－胸腰椎后路固定系统	7720	7.44
5	14－外固定架系统	7695	7.42
6	13－髓内钉	5352	5.16
7	20－颈椎前路固定系统	1984	1.91
8	44－初次髋关节	1824	1.76
9	26－胸腰椎后路微创系统	1732	1.67
10	21－颈椎后路固定系统	1427	1.38
11	29－脊柱固定融合系统	1304	1.26
12	31－椎体成形系统	1169	1.13
13	45－翻修髋关节	1126	1.09
14	42－初次膝关节	1046	1.01
15	06－固定板	724	0.70
16	其他*	5485	5.29
合　　计		103771	100.00

* 其他包括小儿矫形系统、胸腰椎前路固定系统、骨肿瘤人工关节等33类细分产品。

值得一提的是，全国医保耗材分类目录——骨科国产产品主要集中在江苏省、北京市和天津市，所拥有的产品数量依次为38755件、14298件和11107件，三者之和占国产产品总体数量的61.8%（见图7）。

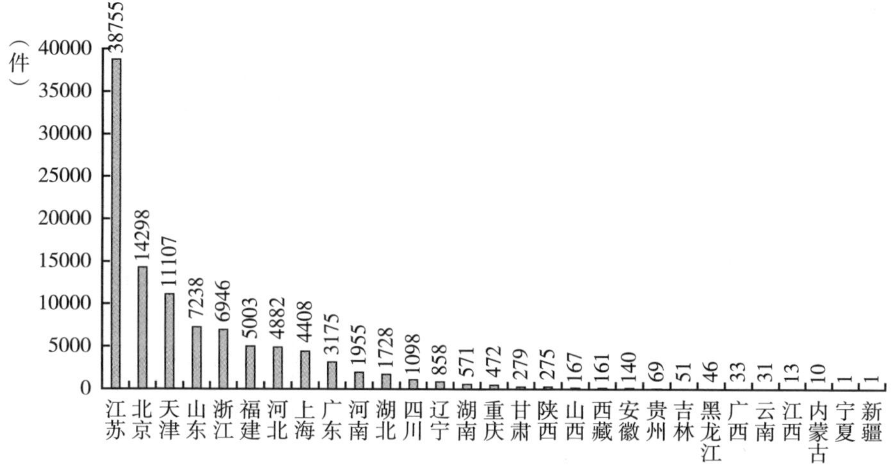

图7　全国医保耗材分类目录——骨科国产产品区域分布

从注册人所在的省份看，进入全国医保耗材分类目录的骨科国产产品注册人共计772家，其中分布在河北省的注册人为155家，全国排名第一；其后，江苏省和北京市分别以129家和70家位于第二和第三（见图8）。

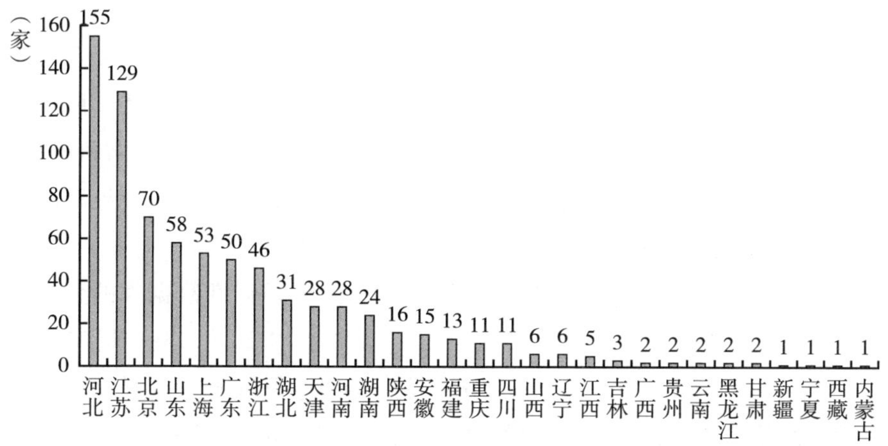

图8　全国医保耗材分类目录——骨科国产产品注册人区域分布

从注册人来看，全国医保耗材分类目录——骨科国产产品注册证共计3970张，分属772家注册人，平均每个注册人拥有5.1张产品注册证，其中获证数量最多的注册人为大博医疗科技股份有限公司，共计77张；产品数量最多的注册人为常州华森医疗器械有限公司，共计11723件（见表9）。

表9　全国医保耗材分类目录——骨科国产产品数量前十注册人

序号	企业名称	所属省份	产品(件)	注册证(张)
1	常州华森医疗器械有限公司	江苏省	11723	46
2	山东威高骨科材料股份有限公司	山东省	3886	48
3	北京市富乐科技开发有限公司	北京市	3753	52
4	浙江科惠医疗器械股份有限公司	浙江省	3085	29
5	大博医疗科技股份有限公司	福建省	2892	77
6	天津妙娅生物科技有限公司	天津市	2812	10
7	北京贝思达生物技术有限公司	北京市	2130	18
8	天津正天医疗器械有限公司	天津市	2067	49
9	上海三友医疗器械股份有限公司	上海市	2026	21
10	天津市金兴达实业有限公司	天津市	1816	25

（四）神经外科材料

神经外科是研究人体神经系统，如脑、脊髓和周围神经系统，以及与之相关的附属机构，如颅骨、头皮、脑血管、脑膜等结构的损伤、炎症、肿瘤、畸形和某些遗传代谢障碍或功能紊乱疾病的病因及发病机制，并探索新的诊断、治疗、预防技术的一门高、精、尖学科。常见耗材有纯钛颅骨锁、纯钛颅骨修补材料、修补钉、开颅钻钻头、脑室分流管、腹腔分流管等。

截至2021年9月底，根据国家医保信息业务编码标准数据库的数据，神经外科材料进入全国医保耗材分类目录的产品共计1973件，其中进口（含港澳台）产品为1343件，国产产品为630件。全国医保耗材分类目录——神经外科进口产品主要来自美国和德国，两者之和占总体的71.5%（见表10）。

表 10　全国医保耗材分类目录——神经外科进口产品情况

国家/地区	代表产品	覆盖领域	数量(件)
美　国	自攻接骨螺钉 颅骨锁 多孔网状骨板 生物硬脑膜修补片 硬膜补片 一次性脑电传感器	颅骨固定/修补材料 神经刺激材料 脑脊液分流材料 颅骨金属类固定/修补材料 颅骨非金属类固定/修补材料 颅内压监测材料 脑电监测材料 硬脑(脊)膜修补材料 补片	617
德　国	颅骨修复用钛网 异型动脉瘤夹 颅内压测量及引流针 Ommaya 囊 外周神经丛刺激器	脑脊液分流材料 颅骨固定/修补材料 动脉瘤夹 硬脑(脊)膜修补材料 颅骨非金属类固定/修补材料 颅内压监测材料 神经刺激材料 颅骨金属类固定/修补材料	343
瑞　士	颅/颅面部个体化 PEEK 植入物 颅骨固定片 可吸收颅骨锁	颅骨固定/修补材料 颅骨金属类固定/修补材料 颅骨非金属类固定/修补材料	246
日　本	聚左旋丙交酯制生物吸收性接骨 聚左旋乳酸可吸收骨固定系统 -3 可吸收性硬脑膜修补材料 脑血管吻合夹	颅骨固定/修补材料 颅骨非金属类固定/修补材料 补片 硬脑(脊)膜修补材料 动脉瘤夹	41
法　国	导向螺钉 深部热凝电极 脑实质及硬膜内压力测量套件 脑脊液分流器及其组件 脊柱输液港	颅骨固定/修补材料 脑电监测材料 颅内压监测材料 脑脊液分流材料 神经刺激材料	54
中国台湾	颌面接骨板系统 颅骨固定系统 -1 可吸收性骨固定系统	颅骨固定/修补材料 颅骨金属类固定/修补材料 颅骨非金属类固定/修补材料	16

续表

国家/地区	代表产品	覆盖领域	数量(件)
意大利	钛网塑型 颅骨锁	颅骨固定/修补材料 颅骨金属类固定/修补材料 神经刺激材料	11
英国	植入式骶前神经根刺激脉冲发生器	神经刺激材料	5
以色列	刺激记录电极	脑电监测材料	3
西班牙	颅骨固定器	颅骨固定/修补材料 颅骨非金属类固定/修补材料	3
韩国	脑室外引流器具	脑脊液分流材料	2
比利时	硬膜修补片	硬脑(脊)膜修补材料 补片	2
合　计			1343

我国神经外科国产产品品类覆盖颅骨固定/修补材料、动脉瘤夹、硬脑（脊）膜修补材料和神经刺激材料等领域，其中进入全国医保系统的国产产品中颅骨固定/修补材料为312件，脑脊液分流材料为95件，神经刺激材料为83件。目前已纳入全国医保耗材分类目录的颅内压监测材料主要依靠进口（见图9）。

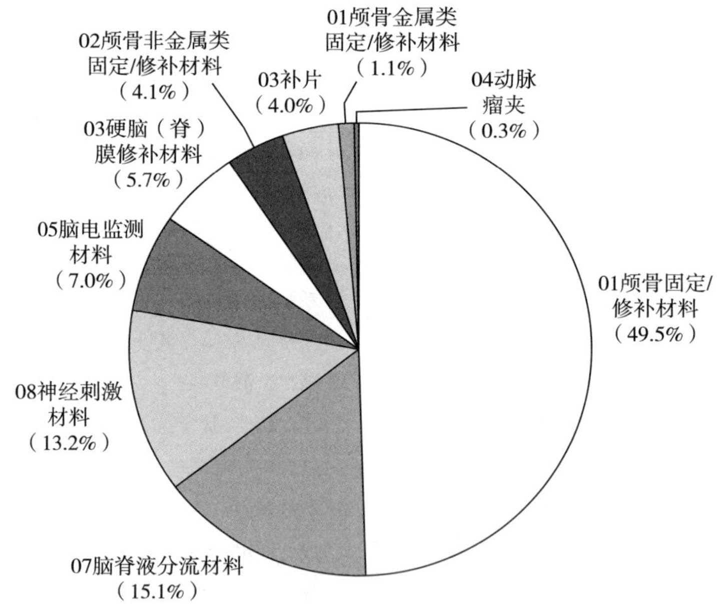

图9　全国医保耗材分类目录——神经外科国产产品数量占比

值得一提的是，全国医保耗材分类目录——神经外科国产产品主要集中在江苏省、广东省和北京市，所拥有的产品数量依次为182件、133件和75件，三者之和占国产产品总体数量的61.9%（见图10）。

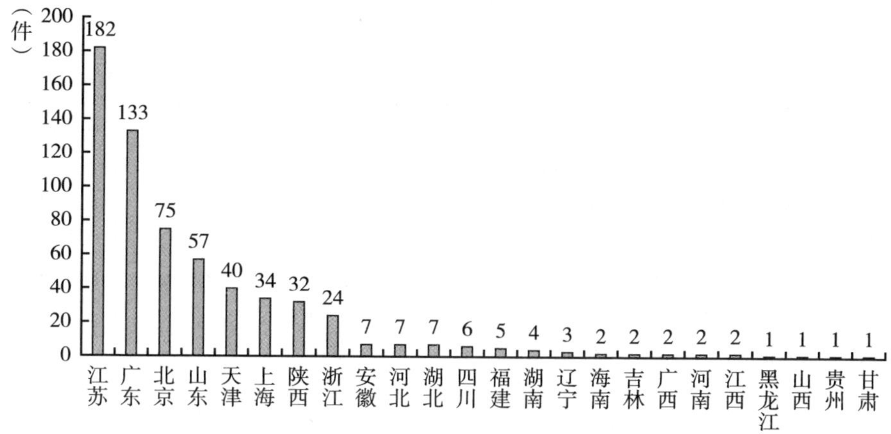

图10　全国医保耗材分类目录——神经外科国产产品区域分布

从注册人所在的省份看，进入全国医保耗材分类目录的神经外科国产产品注册人共计111家，其中分布在江苏省的注册人为26家，全国排名第一；其后，广东省以13家注册人，位于第二；而北京市和山东省以10家注册人并列第三（见图11）。

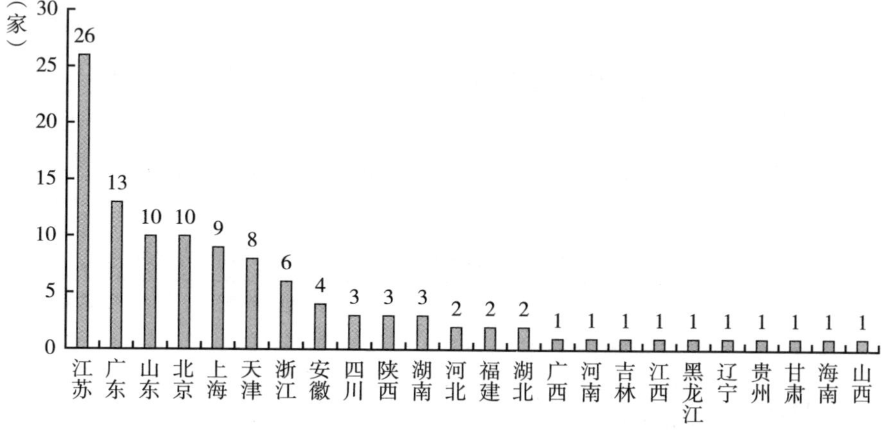

图11　全国医保耗材分类目录——神经外科国产产品注册人区域分布

从注册人来看，全国医保耗材分类目录——神经外科国产产品注册证共计223张，分属111家注册人，平均每个注册人拥有2.0张产品注册证，其中获证数量最多的注册人为北京品驰医疗设备有限公司，共计18张；产品数量最多的注册人为深圳市沃尔德外科医疗器械技术有限公司，共计102件（见表11）。

表11　全国医保耗材分类目录——神经外科国产产品数量前十注册人

序号	企业名称	所属省份	产品(件)	注册证(张)
1	深圳市沃尔德外科医疗器械技术有限公司	广东省	102	10
2	苏州吉美瑞医疗器械股份有限公司	江苏省	44	1
3	常州市康辉医疗器械有限公司	江苏省	29	1
4	西安康拓医疗技术股份有限公司	陕西省	27	8
5	苏州翌康泰电子科技有限公司	江苏省	24	1
6	北京品驰医疗设备有限公司	北京市	23	18
7	上海双申医疗器械股份有限公司	上海市	21	4
8	威海世创医疗科技有限公司	山东省	17	5
9	苏州景昱医疗器械有限公司	江苏省	16	11
10	奥精医疗科技股份有限公司	北京市	15	2

（五）心脏外科材料

心脏外科主要是以手术治疗心脏病，此类手术如心脏搭桥术、先天性心脏病手术、瓣膜置换术等。常见耗材有人工心脏瓣膜、除颤电极、心脏固定器等。

截至2021年9月底，根据国家医保信息业务编码标准数据库的数据，心脏外科材料进入全国医保耗材分类目录的产品共计377件，其中进口（含港澳台）产品为175件，国产产品为202件。全国医保耗材分类目录——心脏外科进口产品主要来自美国，占进口产品总体数量的82.3%（见表12）。

表12　全国医保耗材分类目录——心脏外科进口产品情况

国家/地区	代表产品	覆盖领域	数量(件)
美　国	双极射频消融笔 MAX3 冠状动脉分流栓 人工心脏瓣膜 除颤电极板	心律失常外科材料 冠脉外科材料 结构心脏病用外科材料 其他心脏外科材料	144

续表

国家/地区	代表产品	覆盖领域	数量(件)
意大利	带主动脉瓣血管	结构心脏病用外科材料	18
瑞　士	外科用封合剂	其他心脏外科材料	6
日　本	除颤电极	其他心脏外科材料	5
奥地利	外科用封合剂喷射发生器	其他心脏外科材料	2
合　计			175

我国心脏外科国产产品品类覆盖冠脉外科材料、心律失常外科材料和结构心脏病用外科材料等领域，其中进入全国医保系统的国产产品中其他心脏外科材料为68件，冠脉外科材料为55件，结构心脏病用外科材料为52件（见图12）。

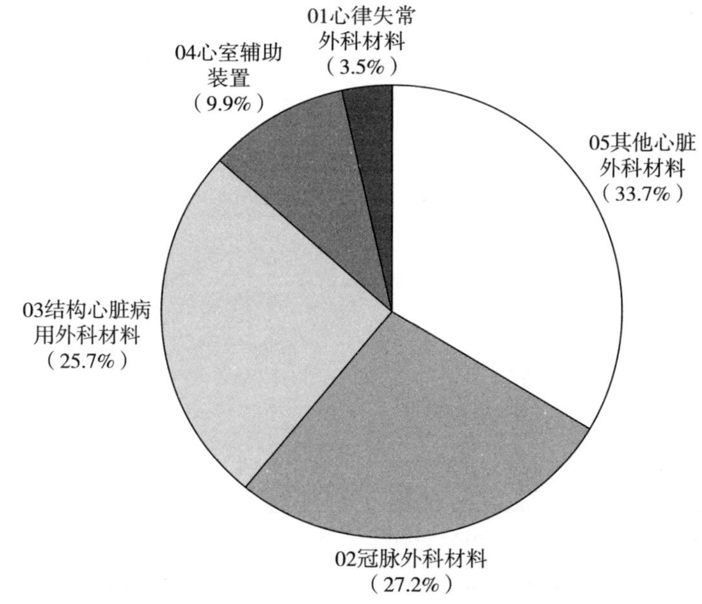

图12　全国医保耗材分类目录——心脏外科国产产品数量占比

我国医保耗材分类目录——心脏外科国产产品主要集中在北京市、广东省和重庆市，所拥有的产品数量依次为97件、43件和20件，三者之和占国产产品总体数量的79.2%（见图13）。

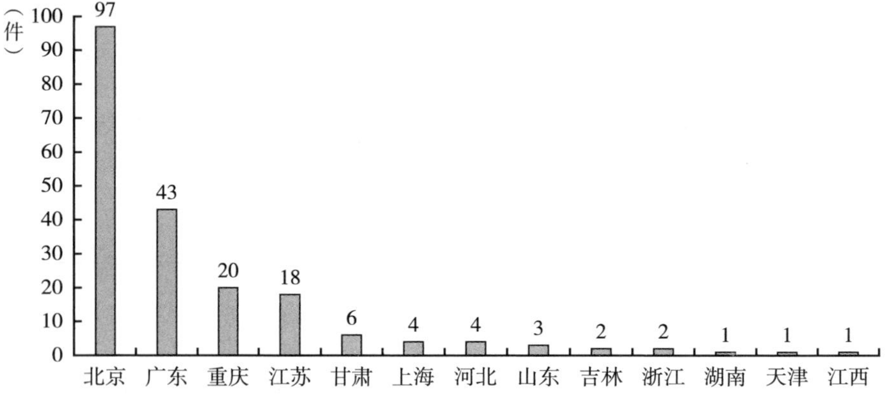

图 13　全国医保耗材分类目录——心脏外科国产产品区域分布

从注册人所在的省份看，进入全国医保耗材分类目录的心脏外科国产产品注册人共计 37 家，其中分布在北京市的注册人为 11 家，全国排名第一；其后，广东省和江苏省以 6 家并列第二（见图 14）。此外，研制国内首款人工心脏的重庆永仁心医疗器械有限公司旗下相关产品也进入了全国医保耗材分类目录。

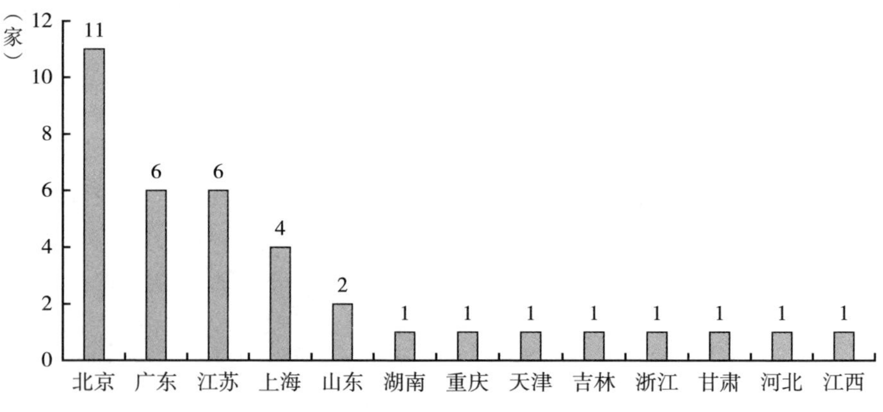

图 14　全国医保耗材分类目录——心脏外科国产产品注册人区域分布

从注册人来看，全国医保耗材分类目录——心脏外科国产产品注册证共计 81 张，分属 37 家注册人，平均每个注册人拥有 2.2 张产品注册证，其中获证数量最多的注册人为北京瑞克翰医疗科技有限公司，共计 10 张；产品数量最多的注册人为北京佰仁医疗科技股份有限公司，共计 36 件（见表 13）。

表 13　全国医保耗材分类目录——心脏外科类国产产品数量前十注册人

序号	企业名称	所属省份	产品(件)	注册证(张)
1	北京佰仁医疗科技股份有限公司	北京市	36	8
2	深圳市瑞迪迈科技有限公司	广东省	31	2
3	北京瑞克翰医疗科技有限公司	北京市	21	10
4	重庆永仁心医疗器械有限公司	重庆市	20	1
5	北京思达医用装置有限公司	北京市	9	3
6	北京迈迪顶峰医疗科技股份有限公司	北京市	8	7
7	中山市西格勒医疗用品有限公司	广东省	7	1
8	北京航天卡迪技术开发研究所	北京市	6	3
9	兰州兰飞医疗器械有限公司	甘肃省	6	3
10	常州市康心医疗器械有限公司	江苏省	5	5

（六）人工器官、组织及配套材料

人工器官是通过研究和模拟人体器官的结构和功能，用人工材料和电子技术制成部分或全部替代人体自然器官功能的机械装置和电子装置，主要包括人工耳蜗、人工气管、人工晶体、人工血管等。

截至 2021 年 9 月底，根据国家医保信息业务编码标准数据库的数据，人工器官、组织及配套材料进入全国医保耗材分类目录的产品共计 360 件，其中进口（含港澳台）产品为 284 件，国产产品为 76 件。全国医保耗材分类目录——人工器官、组织及配套进口产品主要来自美国、荷兰、澳大利亚和德国，四者之和占进口产品总体数量的 76. 1%。

表 14　全国医保耗材分类目录——人工器官、组织及配套进口产品情况

国家/地区	代表产品	覆盖领域	数量(件)
美　国	听小骨置换假体 人工血管 尿路控制系统 人工海绵体及配件 外科牵开器 双片耳植入物	感觉器官、组织及配套材料 血液循环、净化系统人工器官 泌尿系统人工器官、组织及配套材料 生殖系统人工器官、组织及配套材料 其他人工器官 人体器官填充材料	77

续表

国家/地区	代表产品	覆盖领域	数量(件)
荷　兰	毛面圆形凝胶乳房植入体	人体器官填充材料	59
澳大利亚	人工耳蜗植入体	感觉器官、组织及配套材料	43
德　国	镫骨成形术假体 人工血管－薄型管壁 耳部填充物	感觉器官、组织及配套材料 血液循环、净化系统人工器官 人体器官填充材料	37
奥地利	人工耳蜗植入体 骨桥植入体	感觉器官、组织及配套材料 其他人工器官、组织及配套材料	25
瑞　典	声音处理器 圆锥引导钻	其他人工器官、组织及配套材料	15
韩　国	硅橡胶面部假体 膨体聚四氟乙烯面部植入物	其他人工器官、组织及配套材料 人体器官填充材料	11
英　国	人造血管 硅凝胶填充乳房植入体	血液循环、净化系统人工器官 人体器官填充材料	9
法　国	硅凝胶乳房假体 人造血管	人体器官填充材料 血液循环、净化系统人工器官	7
日　本	聚左旋丙交酯制生物吸收性接骨材料フィクソーブMX	其他人工器官、组织及配套材料	1
合　计			284

我国人工器官、组织及配套国产产品涵盖感觉器官、呼吸系统人工器官和消化系统人工器官等领域，其中进入全国医保系统的国产产品中其他人工器官、组织及配套材料为45件，人体器官填充材料为18件，感觉器官、组织及配套材料为7件。目前已纳入全国医保耗材分类目录的生殖系统人工器官、组织及配套材料主要依靠进口（见图15）。

全国医保耗材分类目录——人工器官、组织及配套国产产品主要来自北京市，其拥有的产品数量为28件，总体占比36.8%（见图16）。

从注册人所在的省份看，进入全国医保耗材分类目录的人工器官、组织及配套国产产品注册人共计24家，其中浙江省和广东省的注册人数量，并列第一，同为4家；其后，山东省和上海市以3家并列第三（见图17）。

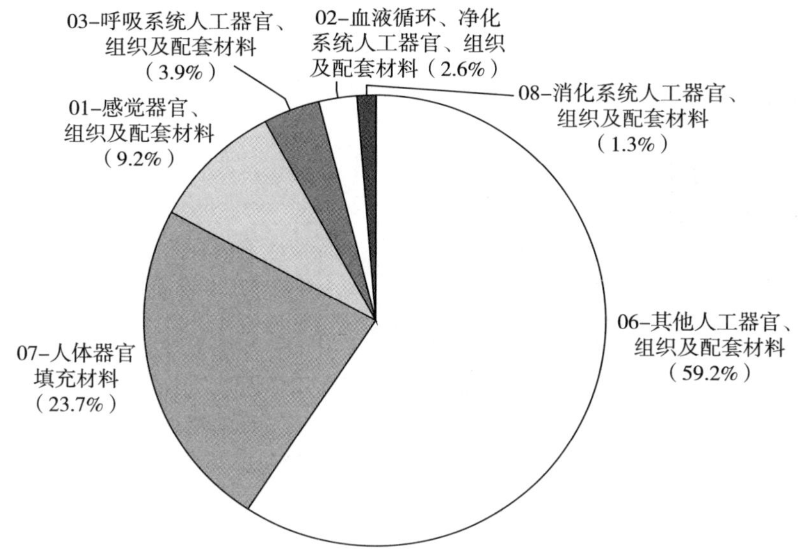

图 15　全国医保耗材分类目录——人工器官、组织及配套国产产品数量占比

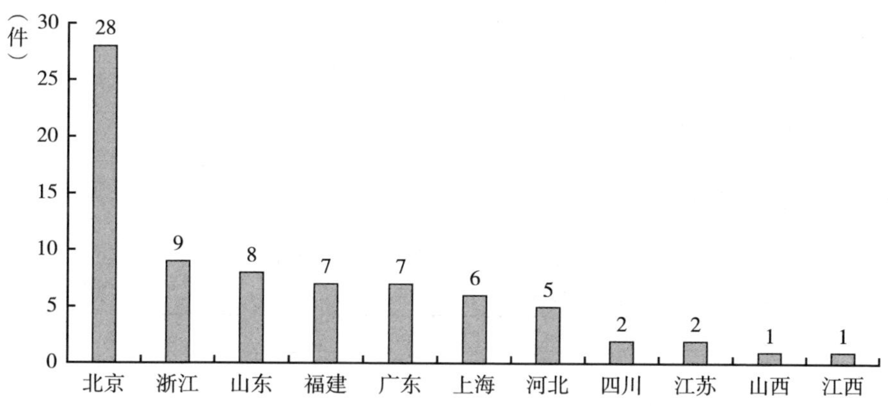

图 16　全国医保耗材分类目录——人工器官、组织及配套国产产品区域分布

从注册人来看，全国医保耗材分类目录——人工器官、组织及配套国产产品注册证共计 41 张，分属 24 家注册人，平均每个注册人拥有 1.7 张产品注册证，其中获证数量最多的注册人为瑞声达听力技术（中国）有限公司，共计 7 张；产品数量最多的注册人为北京科健生物技术有限公司，共计 24 件（见表 15）。

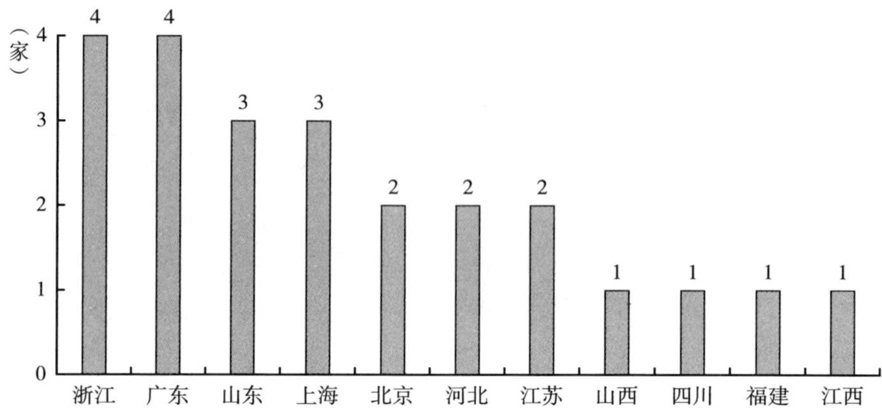

图17　全国医保耗材分类目录——人工器官、组织及配套国产产品注册人区域分布

表15　全国医保耗材分类目录——人工器官、组织及配套国产产品数量前十注册人

序号	企业名称	所属省份	产品(件)	注册证(张)
1	北京科健生物技术有限公司	北京市	24	2
2	瑞声达听力技术(中国)有限公司	福建省	7	7
3	余姚市久盛医疗用品厂	浙江省	6	2
4	华熙生物科技股份有限公司	山东省	5	5
5	上海威宁整形制品有限公司	上海市	4	3
6	广州市万和整形材料有限公司	广东省	4	3
7	北京运康恒业生物技术有限公司	北京市	4	1
8	衡水恒之康医疗器材有限公司	河北省	3	1
9	山东振富医疗科技股份有限公司	山东省	2	2
10	衡水滨湖新区江浩医疗器械厂	河北省	2	1

（七）口腔材料

口腔材料是指用于口腔科疾病治疗的一系列医用耗材的统称，包括口腔颌面外科植入物、种植体、骨修复材料、义齿等。

截至2021年9月底，根据国家医保信息业务编码标准数据库的数据，口腔材料进入全国医保耗材分类目录的产品共计24755件，其中进口（含港澳台）产品为4178件，国产产品为20577件。全国医保耗材分类目录——口腔进口产品主要来自美国、德国、瑞士和韩国，四者之和占进口产品总体数量的69.9%。

表 16　全国医保耗材分类目录——口腔进口产品情况

国家/地区	代表产品	覆盖领域(个)	数量(件)
美　国	下颌骨部件配套螺钉 BICON 钛合金种植体替代体 根管封闭剂 颏接骨板 种植体 根管修复材料	12	1055
德　国	颌面接骨板 EV 覆盖螺钉 垂直加压器 玻璃离子水门汀 齿科脱敏剂 不透明牙本质瓷	12	738
瑞　士	皮质骨螺钉 骨水平种植体 碳化钨牙钻 牙科光固化粘接材料 牙科复合树脂充填材料 胶原瓣	10	729
韩　国	口腔颌面金属接骨螺钉 齿科骨粉用支撑钛膜 根管充填器 光固化流体树脂 全瓷义齿氧化锆瓷块 镍钛弹簧	11	400
日　本	聚左旋丙交酯制生物吸收性接骨材料 钢质机用根管器械 亲水暂封材 护牙素 金属自锁托槽	12	236
瑞　典	15°美观基台普锐马克系统 楔形保护片	2	218

续表

国家/地区	代表产品	覆盖领域(个)	数量(件)
意大利	外科标准工具套装 根管润滑剂 玻璃离子水门汀 牙本质树脂 牙科石膏(超硬石膏) 齿科藻酸盐印模材料	9	181
列支敦士登	玻璃离子水门汀 氢氧化钙糊剂 双固化树脂粘接材料 光固化流体复合树脂 氟保护凝胶 暂时冠桥树脂	9	129
法　国	非抗旋转角度螺栓基台 双固化桩核通用树脂 牙科塑料基底 石英纤维夹板专用流体树脂 排龈膏 石英纤维辅桩 Fibercone 根管桩预备用钻	7	127
中国台湾	球状接合基台 粘着式接合假体 牙科矫正钉 口腔黏膜液体敷料	5	108
英　国	临时基台套装 口腔冲洗器 齿科水门汀 卷装 Special 环钻	5	40
奥地利	牙科氧化锆瓷块	1	25
澳大利亚	玻璃离子粘接水门汀 复合树脂修复材料 矫正器 窝沟封闭剂	2	17
加拿大	根管充填及修复材料 口腔用氟化钠保护剂 牙科修整用钨钢车针	3	16

续表

国家/地区	代表产品	覆盖领域(个)	数量(件)
巴　西	烤瓷抛光套装	1	13
芬　兰	可吸收接骨板 矫治和保持器	2	10
比利时	复合树脂纤维(C&B) 研光器 复合树脂纤维(Orthodox)	3	8
墨西哥	聚羧酸锌粘接用水门汀 光固化氢氧化钙 窝沟封闭剂	3	8
丹　麦	治疗器	1	2
以色列	钛基底	1	114
哥伦比亚	合成树脂牙	1	1
荷　兰	根管冲洗动力装置	1	1
马来西亚	橡皮障器械包	1	1
西班牙	牙科磷酸盐铸造包埋材	1	1
合　　计			4178

我国口腔国产产品品类齐全，覆盖修复体、正畸、口腔种植、义齿和根管治疗等类型产品，其中进入全国医保耗材分类目录的国产产品中修复体制作材料为14933件，正畸材料及制品为2412件，口腔种植修复材料为1205件（见表17）。

表17　全国医保耗材分类目录——口腔国产产品数量及占比

序号	二级分类	产品数量(件)	占比(%)
1	06 修复体制作材料	14933	72.57
2	11 正畸材料及制品	2412	11.72
3	02 口腔种植修复材料	1205	5.86
4	09 预成修复体制品	546	2.65
5	01 颌面整复材料	525	2.55
6	07 义齿制作辅助材料	316	1.54
7	12 其他类口腔材料	265	1.29
8	03 根管材料	186	0.90
9	04 水门汀和粘接用材料	56	0.27
10	08 印模及咬合记录材料	49	0.24
11	05 牙体材料	46	0.22
12	10 预防材料	38	0.18
合　　计		20577	100.00

全国医保耗材分类目录——口腔国产产品主要集中在广东省、四川省和江苏省，所拥有的产品数量依次为4256件、4235件和1796件，三者之和占国产产品总体数量的50.0%（见图18）。

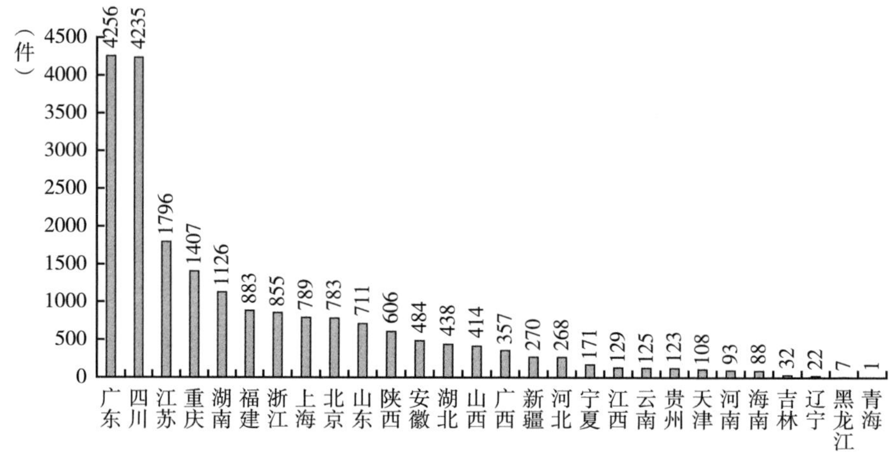

图18　全国医保耗材分类目录——口腔国产产品区域分布

从注册人所在的省份看，进入全国医保耗材分类目录的口腔国产产品注册人共计610家，其中分布在广东省的注册人为86家，全国排名第一；其后，江苏省和四川省分别以75家和55家位于第二和第三（见图19）。

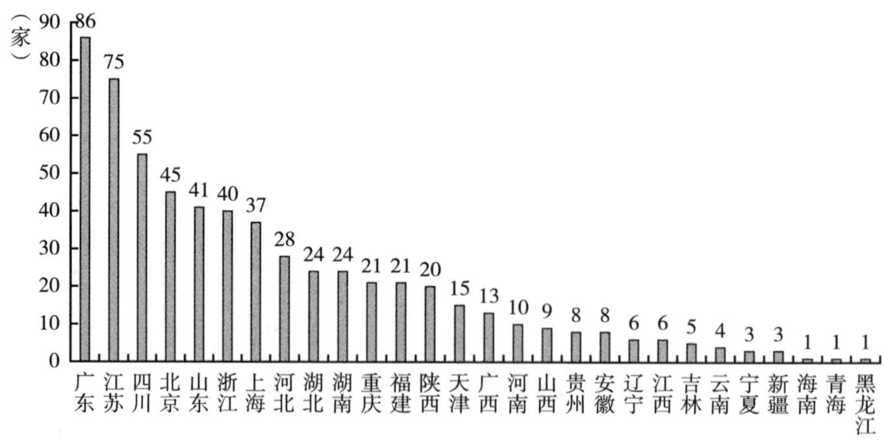

图19　全国医保耗材分类目录——口腔国产产品注册人区域分布

从注册人来看，全国医保耗材分类目录——口腔国产产品注册证共计1593张，分属610家注册人，平均每个注册人拥有2.6张产品注册证，其中上海埃蒙迪材料科技股份有限公司产品注册证数量为17张，获证数量最多，产品数量为100件；而产品数量最多的注册人为成都口口齿科技术有限公司，共计495件（见表18）。

表18　全国医保耗材分类目录——口腔国产产品数量前十注册人

序号	企业名称	所属省份	产品(件)	注册证(张)
1	成都口口齿科技术有限公司	四川省	495	5
2	深圳市家鸿口腔医疗股份有限公司	广东省	387	6
3	洋紫荆牙科器材(深圳)有限公司	广东省	366	5
4	深圳市康泰健牙科器材有限公司	广东省	265	6
5	合肥卓越义齿制作有限公司	安徽省	255	2
6	广东粤诚牙科技术开发中心	广东省	233	3
7	四川恒和鑫口腔科技有限公司	四川省	231	2
8	湖南省紫百合义齿科技有限公司	湖南省	224	5
9	深圳市金悠然科技有限公司	广东省	216	7
10	长沙美冠达牙科医疗器械有限公司	湖南省	211	2

（八）眼科材料

眼科医用耗材是指用于眼科疾病治疗的医用耗材，具体可根据使用类别划分为眼内用耗材、眼表用耗材和其他耗材。眼科高值医用耗材主要包括人工晶状体、人工视网膜、人工玻璃体、人工泪管、人工角膜等产品。

截至2021年9月底，根据国家医保信息业务编码标准数据库的数据，眼科材料进入全国医保耗材分类目录的产品共计1241件，其中进口（含港澳台）产品为933件，国产产品为308件。全国医保耗材分类目录——眼科进口产品主要来自美国、日本和德国，三者之和占进口产品总体数量的76.0%（见表19）。

表 19　全国医保耗材分类目录——眼科进口产品情况

国家/地区	代表产品	覆盖领域	数量(件)
美　国	单件式多焦复曲面人工晶状体 青光眼引流器 MEDPOR 眼科材料 眼科手术用硅油 MEDPOR 眶内填充物 安全防护单面刃穿刺手术刀 玻切刀	人工晶状体 青光眼引流植入物 眼部创伤修复材料 眼内填充物 眶内填充物 术中材料 其他眼科用材料	470
日　本	白内障手术用管路 除蛋白护理液 人工晶状体	人工晶状体 术中材料 其他眼科用材料	137
德　国	超声粉碎探头 喇叭型硬核超乳探头 面部填充材料 义眼台 修复材料 眼科手术用硅油	其他眼科用材料 术中材料 眼部创伤修复材料 眶内填充物 人工晶状体 眼内填充物	102
法　国	肝素表面处理亲水性丙烯酸非球面人工晶状体 巩膜杯 硅油 眼科手术用重水 义眼台	人工晶状体 其他眼科用材料 眼内填充物 术中材料 眶内填充物	36
瑞　士	中心孔后房屈光型人工晶状体 青光眼手术用透明质酸钠凝胶 眼科手术刀 超乳一次性管路	人工晶状体 青光眼引流植入物 术中材料 其他眼科用材料	28
荷　兰	玻切头 非球面人工晶状体 积液盒	术中材料 人工晶状体 其他眼科用材料	26
中国台湾	角膜塑形用硬性透气接触镜 医用透明质酸钠凝胶	其他眼科用材料 术中材料	21
巴巴多斯	等凸双非球面人工晶状体	人工晶状体	21
比利时	人工晶状体	人工晶状体	17
英　国	非球面散光人工晶状体 巩膜切口刀直形	人工晶状体 术中材料	13

续表

国家/地区	代表产品	覆盖领域	数量(件)
韩　国	角膜塑形用硬性透气接触镜	其他眼科用材料	12
奥地利	角膜保护剂 眼用粘弹剂	术中材料 人工晶状体	10
印度尼西亚	人工晶状体	人工晶状体	8
意大利	玻切头 眼科手术工具	术中材料 其他眼科用材料	6
加拿大	多功能硬性角膜接触镜护理液	其他眼科用材料	5
尼泊尔	人工晶状体	人工晶状体	5
波　兰	角膜保护剂 眼用粘弹剂	术中材料 人工晶状体	4
土耳其	人工晶状体植入系统	其他眼科用材料	3
芬　兰	一次性探测头	其他眼科用材料	3
以色列	人工晶状体	人工晶状体	2
新加坡	预装式人工晶体	人工晶状体	2
瑞　典	眼用粘弹剂	术中材料	1
希　腊	一次性眼科手术用刀	术中材料	1
合　　计			933

我国眼科国产产品涵盖人工晶状体、眼内填充物、眶内填充物和青光眼引流植入物等高端、对人体具有潜在危险的产品，其中进入全国医保耗材分类目录的国产产品中其他眼科用材料为158件，术中材料为57件，人工晶状体为48件。目前已纳入全国医保耗材分类目录的眼部创伤修复材料主要依靠进口；眼表修复材料中的人工眼角膜产品共计5件，均为国产，产品类型为“脱细胞角膜植片”和“眼科用生物羊膜”（见图20）。

全国医保耗材分类目录——眼科国产产品主要集中在北京市、江苏省、天津市和安徽省，所拥有的产品数量依次为57件、43件、26件和26件，四者之和占总体的49.4%（见图21）。

从注册人所在的省份看，进入全国医保耗材分类目录的眼科国产产品注册人共计103家，其中分布在江苏省的注册人为24家，全国排名第一；其后，山东省15家，位于第二；浙江省10家，位于第三（见图22）。

从注册人来看，全国医保耗材分类目录——眼科国产产品注册证共计170张，分属103家注册人，平均每个注册人拥有1.7张产品注册证，其中获证数

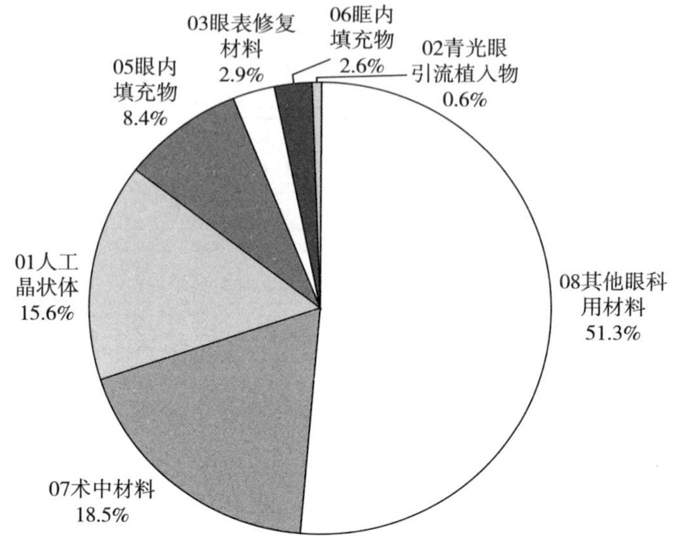

图 20　全国医保耗材分类目录——眼科国产产品数量占比

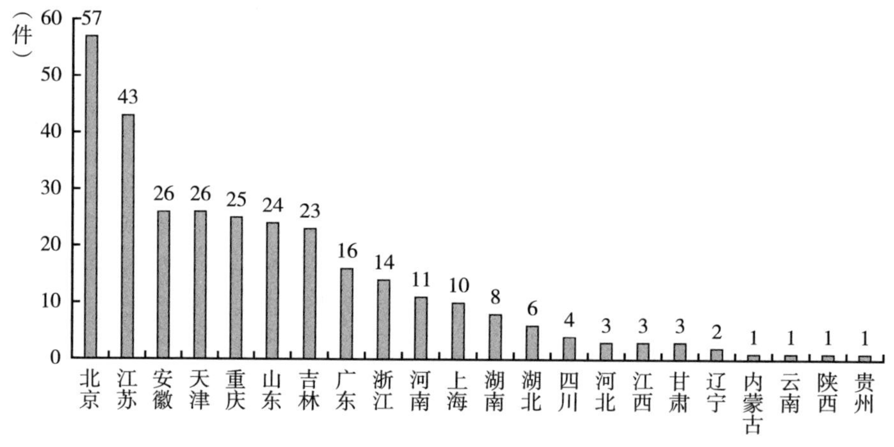

图 21　全国医保耗材分类目录——眼科国产产品区域分布

量最多的注册人为长春耘艾手术器械有限公司，共计 23 张；而产品数量最多的注册人为爱博诺德（北京）医疗科技股份有限公司、欧普康视科技股份有限公司、北京精诚创业医疗器械有限公司和重庆智光医疗设备有限公司，同为 25 件（见表 20）。

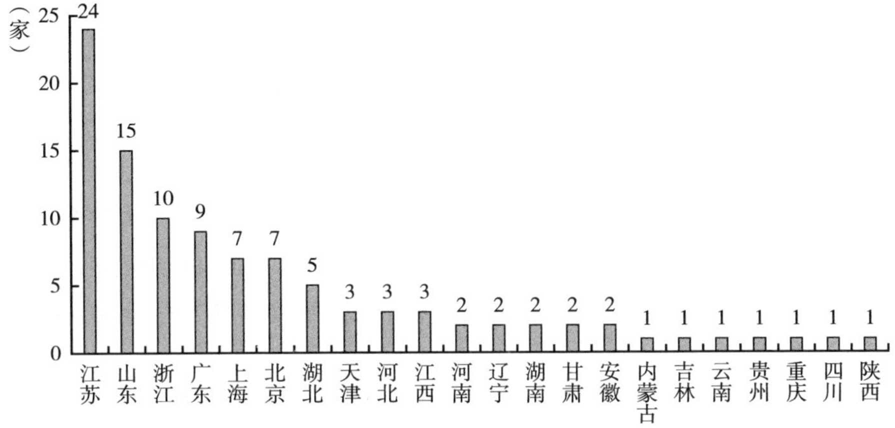

图 22　全国医保耗材分类目录——眼科国产产品注册人区域分布

表 20　全国医保耗材分类目录——眼科国产产品数量前十注册人

序号	企业名称	所属省份	产品(件)	注册证(张)
1	爱博诺德(北京)医疗科技股份有限公司	北京市	25	8
2	欧普康视科技股份有限公司	安徽省	25	2
3	北京精诚创业医疗器械有限公司	北京市	25	1
4	重庆智光医疗设备有限公司	重庆市	25	1
5	长春耘艾手术器械有限公司	吉林省	23	23
6	天津世纪康泰生物医学工程有限公司	天津市	22	7
7	河南宇宙人工晶状体研制有限公司	河南省	10	7
8	长沙昌久医疗科技有限公司	湖南省	7	1
9	江苏康视佳医疗器械有限公司	江苏省	7	1
10	山东百多安医疗器械股份有限公司	山东省	5	5

（九）体外循环材料

体外循环是利用一系列特殊人工装置将回心静脉血引流到体外，经人工方法进行气体交换，调节温度和过滤后，输回体内动脉系统的生命支持技术。体外膜肺氧合（ExtraCorporeal Membrane Oxygenation，简称 ECMO）又称体外生命支持系统。在抗击新冠肺炎疫情期间，ECMO 在医院临床使用成功救治重症患者，并被纳入国家卫健委发布的新型冠状病毒肺炎诊疗方案，被誉为“救命神器”。ECMO 系统最重要的核心技术有三点，为膜式氧合器制造、血泵设计及抗凝涂层技术。目前，由于国外 ECMO 技术垄断，国内市场主流的 ECMO 品牌主要是欧美的美敦力、米道斯、迈柯唯和索林等。

截至 2021 年 9 月底，根据国家医保信息业务编码标准数据库的数据，体外循环材料进入全国医保耗材分类目录的产品共计 421 件，其中进口（含港澳台）产品为 135 件，国产产品为 286 件。全国医保耗材分类目录——体外循环进口产品主要来自意大利、美国和德国，三者之和占进口产品总体数量的 77.8%（见表 21）。

表 21　全国医保耗材分类目录——体外循环进口产品情况

国家/地区	代表产品	覆盖领域	数量(件)
意大利	离心泵头 膜式氧合器 透析附件——连接件 心肌停跳液热交换器 血液浓缩器 一次性使用静脉接头	离心泵头 氧合器 其他体外循环材料 心肌保护液灌注装置 血液滤过器 体外循环管路	41
美　国	血液浓缩器 动静脉插管 集成 CVR 膜式氧合器 离心泵头 一次性使用心脏停跳液灌注器 塑料灌注管路 主动脉内阻断导管	血液滤过器 插管 氧合器 离心泵头 心肌保护液灌注装置 其他体外循环材料 体外循环管路	37
德　国	HTK 溶液 动脉插管 膜式氧合器 体外循环动脉过滤器 血红蛋白检测用装载片 离心泵头	其他体外循环材料 插管 氧合器 动脉微栓过滤器 血液滤过器 离心泵头	27
日　本	动脉过滤器 集成式膜式氧合器 血液净化用回路 一次性血液浓缩器	动脉微栓过滤器 氧合器 体外循环管路 血液滤过器	16

续表

国家/地区	代表产品	覆盖领域	数量(件)
巴　西	膜式氧合器	氧合器	6
中国台湾	体外循环管路	体外循环管路	3
韩　国	富血小板血浆制备装置 富血小板血浆制备装置 PRP Kit	血液滤过器 其他体外循环材料	3
英　国	一次性使用血细胞分离器	体外循环管路	2
合　计			135

我国体外循环国产产品品类齐全，覆盖体外循环管路、血液滤过器、氧合器和离心泵头等类型产品，其中进入全国医保耗材分类目录的国产产品中其他体外循环材料为103件，插管为87件，体外循环管路为51件（见表22）。

表22　全国医保耗材分类目录——体外循环国产产品数量及占比

序号	二级分类	产品数量(件)	占比(%)
1	10 其他体外循环材料	103	36.01
2	01 插管	87	30.42
3	03 体外循环管路	51	17.83
4	04 心肌保护液灌注装置	18	6.29
5	06 氧合器	8	2.80
6	02 动脉微栓过滤器	7	2.45
7	05 血液滤过器	6	2.10
8	08 离心泵头	6	2.10
合　计		286	100.00

就ECMO的核心部分氧合器和离心泵来说，截至2021年9月底，进入全国医保耗材分类目录的氧合器共计54件，其中国产产品为8件，进口产品为46件；进入全国医保耗材分类目录的离心泵共计6件，均为进口产品。

全国医保耗材分类目录——体外循环国产产品主要集中在江苏省、广东省、浙江省和山东省，所拥有的产品数量依次为65件、50件、42件和41件，四者之和占国产产品总体数量的69.2%（见图23）。

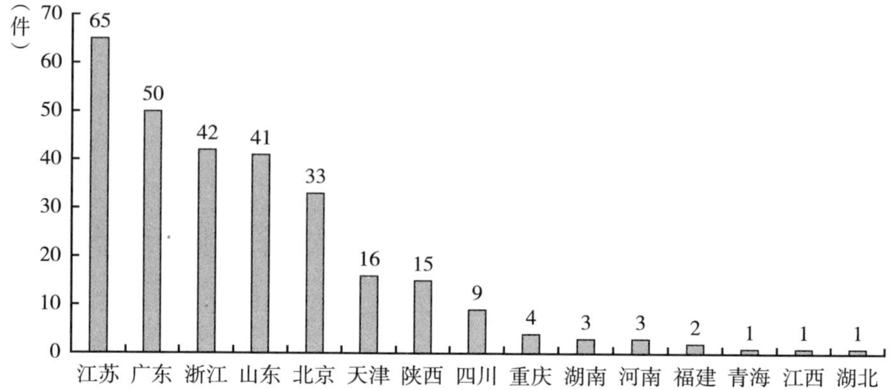

图 23　全国医保耗材分类目录——体外循环国产产品区域分布

从注册人所在的省份看，进入全国医保耗材分类目录的体外循环国产产品注册人共计 53 家，其中分布在江苏省的注册人为 12 家，排名第一；其后，广东省和山东省分别以 9 家和 6 家，排名第二和第三（见图 24）。

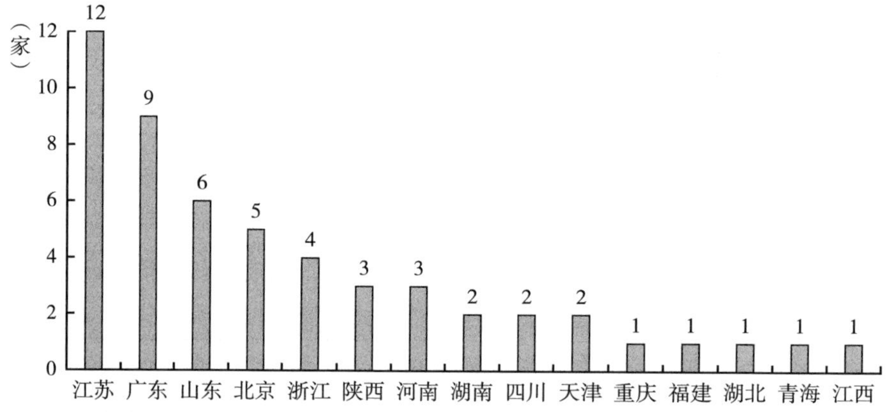

图 24　全国医保耗材分类目录——体外循环国产产品注册人区域分布

从注册人来看，全国医保耗材分类目录——体外循环国产产品注册证共计 163 张，分属 53 家注册人，平均每个注册人拥有 3.1 张产品注册证，其中获证数量最多的注册人为东莞科威医疗器械有限公司，共计 19 张；产品数量最多的注册人为宁波菲拉尔医疗用品有限公司，共计 38 件（见表 23）。

表 23 全国医保耗材分类目录——体外循环国产产品数量前十注册人

序号	企业名称	所属省份	产品(件)	注册证(张)
1	宁波菲拉尔医疗用品有限公司	浙江省	38	8
2	东莞科威医疗器械有限公司	广东省	31	19
3	常州市康心医疗器械有限公司	江苏省	22	11
4	常州市龙莱富医用材料有限公司	江苏省	21	3
5	山东中保康医疗器具有限公司	山东省	20	3
6	天津市塑料研究所有限公司	天津市	14	11
7	北京米道斯医疗器械股份有限公司	北京市	12	5
8	西安西京医疗用品有限公司	陕西省	11	11
9	山东威高新生医疗器械有限公司	山东省	10	10
10	北京米道斯医疗器械有限公司	北京市	10	10

（十）血液净化材料

血液净化耗材指用于血液净化临床治疗且消耗频繁的配件类产品，具体可按治疗方式划分为血液透析材料、血浆置换材料、连续性血液滤过材料、免疫吸附耗材以及其他耗材。血液净化耗材包括透析器、滤过器、体外循环血路以及导管等产品。

截至 2021 年 9 月底，根据国家医保信息业务编码标准数据库的数据，血液净化材料进入全国医保耗材分类目录的产品共计 1320 件，其中进口（含港澳台）产品为 495 件，国产产品为 825 件。全国医保耗材分类目录——血液净化进口产品主要来自德国、美国、意大利和日本，四者之和占进口产品总体数量的 80.2%（见表 24）。

表 24 全国医保耗材分类目录——血液净化进口产品情况

国家/地区	代表产品	覆盖领域(个)	数量(件)
德　国	CRRT 血液滤过/血液透析套件 超滤器 动静脉穿刺器 腹膜透析管 高通量聚砜膜透析器 聚砜膜透析器	8	135

续表

国家/地区	代表产品	覆盖领域(个)	数量(件)
美　国	腹透机管路 富血小板血浆制备用套装 血液滤过器 自体回输系统 一次性使用吸引管路 临时血液透析导管 球囊扩张导管 肾脏保存液	8	98
意大利	透析液过滤器 吸液袋 血液过滤管路及附件 一次性使用带滤器的补液装置 自体血回输装置 血液滤过器	8	89
日　本	持续性血液滤过器 空心纤维透析滤过器 空心纤维透析器 膜型血浆成分分离器 球囊导管 血液净化装置的体外循环血路	8	75
瑞　士	空心纤维血液透析滤过器 血液净化装置的体外循环血路 一次性使用血细胞分离器 医用导管夹	4	26
法　国	带滤器的补液装置 血浆分离器与管路配套 血液灌流器及管路配套 一次性使用血液透析滤过器及配套管路	4	24
中国台湾	内瘘管翼状针安全型 透析用血液回路管 血液透析回路管	3	14
韩　国	中心静脉导管套装	1	9
泰　国	一次性使用动静脉瘘穿刺针	1	8
马来西亚	空心纤维透析器 血液净化装置的体外循环血路	2	7

续表

国家/地区	代表产品	覆盖领域(个)	数量(件)
西班牙	血液透析干粉	1	4
瑞　典	分子吸附循环系统治疗套件 血液透析干粉	2	4
埃　及	聚砜膜空心纤维透析器	1	2
合　计			495

我国血液净化国产产品品类齐全，覆盖血液透析、腹膜透析、血浆置换和连续性血液滤过等类型产品，其中进入全国医保耗材分类目录的国产产品中其他血液净化材料为539件，血液透析材料为179件，腹膜透析材料为30件（见表25）。

表25　全国医保耗材分类目录——血液净化国产产品数量及占比

序号	二级分类	产品数量(件)	占比(%)
1	10 其他血液净化材料	539	65.33
2	08 血液透析材料	179	21.70
3	02 腹膜透析材料	30	3.64
4	07 血液吸附材料	27	3.27
5	06 血液净化用材料	19	2.30
6	04 血液透析滤过材料	12	1.45
7	05 连续性血液滤过材料	11	1.33
8	03 血浆置换材料	8	0.97
合　计		825	100.00

全国医保耗材分类目录——血液净化国产产品主要集中在江苏省、天津市和广东省，所拥有的产品数量依次为134件、115件和99件，三者之和占国产产品总体数量的42.2%（见图25）。

从注册人所在的省份看，进入全国医保耗材分类目录的血液净化国产产品注册人共计134家，其中分布在江苏省的注册人为29家，排名第一；其后，广东省和山东省分别以17家和14家，位于第二和第三（见图26）。

从注册人来看，全国医保耗材分类目录——血液净化国产产品注册证共计350张，分属134家注册人，平均每个注册人拥有2.6张产品注册证，其中获证数量最多的注册人为江西三鑫医疗科技股份有限公司，共计18张；产品数量最多的注册人为天津市肾友达医疗设备技术开发有限公司，共计57件（见表26）。

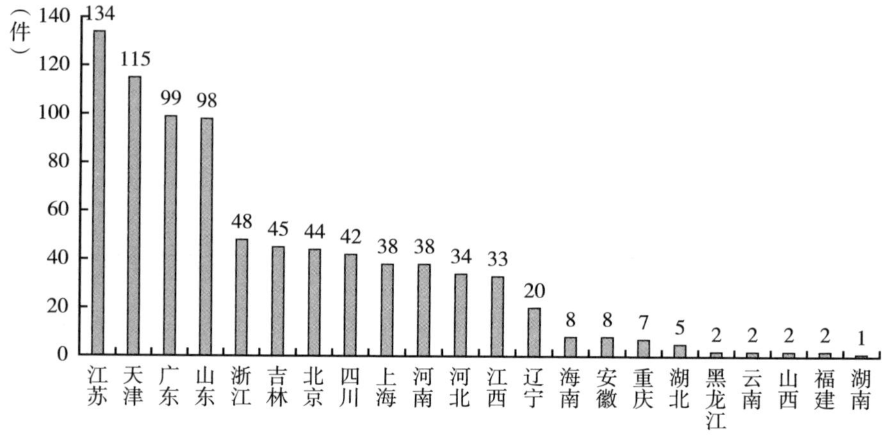

图25 全国医保耗材分类目录——血液净化国产产品区域分布

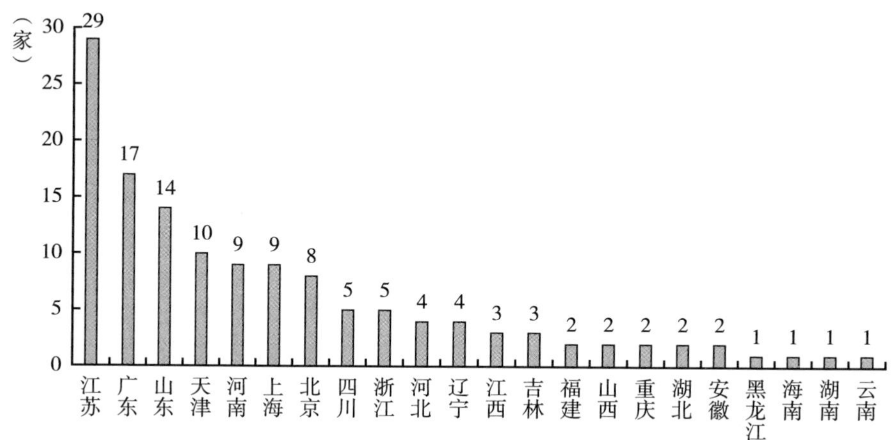

图26 全国医保耗材分类目录——血液净化国产产品注册人区域分布

表26 全国医保耗材分类目录——血液净化国产产品数量前十注册人

序号	企业名称	所属省份	产品(件)	注册证(张)
1	天津市肾友达医疗设备技术开发有限公司	天津市	57	4
2	南京海波医疗器械有限公司	江苏省	48	2
3	吉林省富生医疗器械有限公司	吉林省	42	4
4	山东威高药业股份有限公司	山东省	28	8
5	山东威高肾科医疗器械有限公司	山东省	27	7
6	江西三鑫医疗科技股份有限公司	江西省	24	18

续表

序号	企业名称	所属省份	产品(件)	注册证(张)
7	四川肾友达科技有限公司	四川省	22	3
8	宁波天益医疗器械股份有限公司	浙江省	22	4
9	常州华岳微创医疗器械有限公司	江苏省	21	4
10	广州康盛生物科技股份有限公司	广东省	20	7

（十一）吻合器及附件

吻合器及附件耗材是指手术中用于替代手工缝合的设备，具体可根据手术方式不同划分为开放式吻合器和腔镜吻合器。吻合器及附件耗材主要包括切割吻合器、施夹器、拆钉钳等产品。

截至2021年9月底，根据国家医保信息业务编码标准数据库的数据，吻合器及附件进入全国医保耗材分类目录的产品共计7778件，其中进口（含港澳台）产品为404件，国产产品为7374件。全国医保耗材分类目录——吻合器及附件进口产品主要来自美国，其占进口产品总体数量的90.3%（见表27）。

表27　全国医保耗材分类目录——吻合器及附件进口产品情况

国家/地区	代表产品	覆盖领域	数量(件)
美　国	切割吻合器 闭合吻合器 成钉高度可调节直线型吻合器 电动腔镜关节头直线型标准杆切割吻合器	开放手术用吻合器及钉仓 其他吻合器及附件 开放及微创手术通用吻合器及钉仓	365
英　国	施夹钳	开放手术用吻合器及钉仓	32
德　国	腔内持针钳 施夹器	其他吻合器及附件 开放及微创手术通用吻合器及钉仓	5
日　本	拆钉钳	其他吻合器及附件	2
合　计			404

我国吻合器及附件国产产品品类齐全，覆盖微创手术和开放手术过程中需要闭合创口的器具，其中进入全国医保耗材分类目录的国产产品中开放及微创手术通用吻合器及钉仓为3774件，开放手术用吻合器及钉仓为3001件，其他吻合器及附件为599件（见图27）。

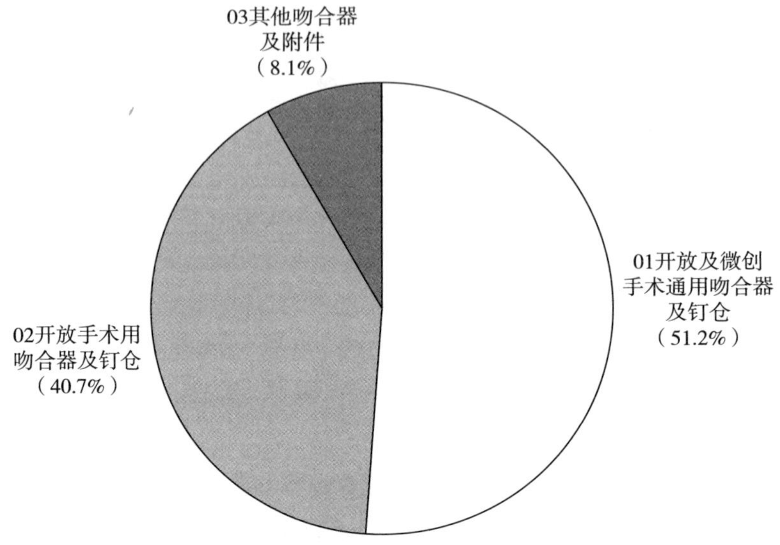

图 27　全国医保耗材分类目录——吻合器及附件国产产品数量占比

全国医保耗材分类目录——吻合器及附件国产产品多数来自江苏省，数量为 5068 件，占国产产品总体数量 68. 7%；与产品数量排名第二的天津市，相距较大（见图 28）。

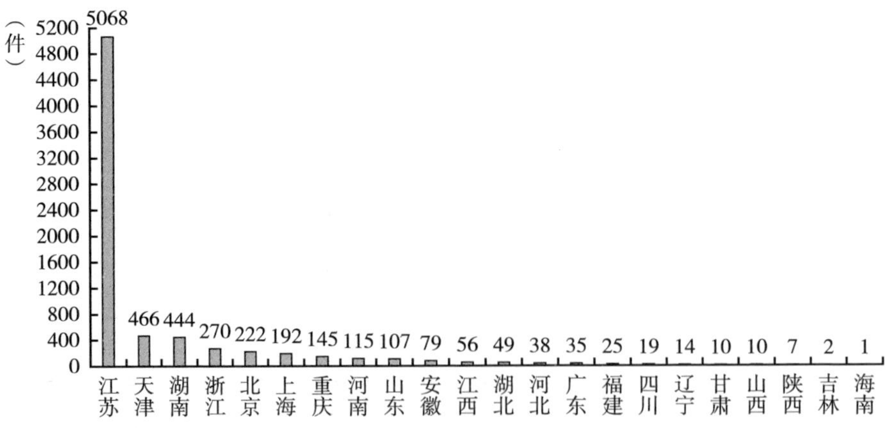

图 28　全国医保耗材分类目录——吻合器及附件国产产品区域分布

从注册人所在的省份看，进入全国医保耗材分类目录的吻合器及附件国产产品注册人共计277家，主要分布在江苏省，注册人为127家，全国排名第一；其后，浙江省和广东省分别以23家和16家，位于第二和第三（见图29）。

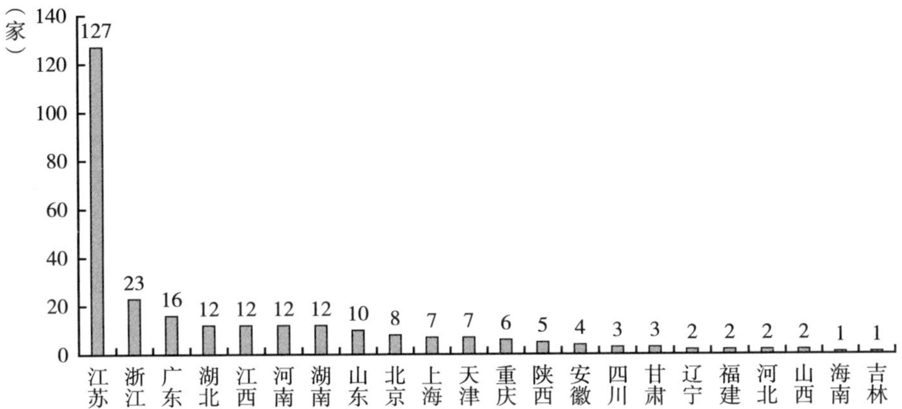

图29 全国医保耗材分类目录——吻合器及附件国产产品注册人区域分布

从注册人来看，全国医保耗材分类目录——吻合器及附件国产产品注册证共计1700张，分属277家注册人，平均每个注册人拥有6.1张产品注册证，其中北京派尔特医疗科技股份有限公司产品注册证数量为47张，获证数量最多，产品数量为147件；产品数量最多的注册人为常州华森医疗器械有限公司，共计446件（见表28）。

表28 全国医保耗材分类目录——吻合器及附件国产产品数量前十注册人

序号	企业名称	所属省份	产品(件)	注册证(张)
1	常州华森医疗器械有限公司	江苏省	446	38
2	天津瑞奇外科器械股份有限公司	天津市	406	27
3	湖南华外医疗科技有限公司	湖南省	337	5
4	常州市智业医疗仪器研究所有限公司	江苏省	237	33
5	江苏博朗森思医疗器械有限公司	江苏省	201	26
6	北京派尔特医疗科技股份有限公司	北京市	147	47
7	江苏明朗医疗器械科技有限公司	江苏省	142	16
8	常州瑞索斯医疗设备有限公司	江苏省	141	28
9	江苏三联星海医疗器械有限公司	江苏省	139	28
10	常州市新能源吻合器总厂有限公司	江苏省	136	28

（十二）修补材料

修补材料是用于与生命系统接触和发生相互作用的，并能对其细胞、组织和器官进行替换修复或诱导再生的一类天然或人工合成的特殊功能材料。常见耗材有疝修补片、乳房补片、骨盆底修复网片等。

截至2021年9月底，根据国家医保信息业务编码标准数据库的数据，修补材料进入全国医保耗材分类目录的产品共计846件，其中进口（含港澳台）产品为501件，国产产品为345件。全国医保耗材分类目录——修补材料进口产品主要来自美国、法国和意大利，三者之和占进口产品总体数量的72.1%（见表29）。

表29　全国医保耗材分类目录——修补材料进口产品情况

国家/地区	代表产品	覆盖领域	数量(件)
美　国	补片 不可吸收立体补片 腹股沟疝修补片 生物可吸收性涂层脐疝补片 心血管补片 载片 长杆可吸收钉修补固定器	骨盆底修补材料 心血管修补材料 其他修补材料 疝修补材料	182
法　国	防粘连补片 编结超薄型人造血管补片 盆底补片修复系统 聚丙烯外科补片 聚酯轻量外科补片 腹壁疝聚酯二维加硬矩形补片 聚酯预切网塞	疝修补材料 心血管修补材料 骨盆底修补材料	125
意大利	复合疝补片 骨盆底修复网片 聚丙烯补片 疝补片 外科修补网	疝修补材料 骨盆底修补材料 胸(腹)壁缺损修补材料	54
比利时	Y形补片 补片 部分可吸收腔镜补片 超普网塞 防粘连修补补片 可吸收补片	骨盆底修补材料 疝修补材料	53

续表

国家/地区	代表产品	覆盖领域	数量(件)
德　国	骨盆底重建修补片 盆底修补网 乳房软组织加强补片 疝气补片 疝修补补片 疝修补网－腹壁疝 食道裂孔疝修补网 造口疝修补网	骨盆底修补材料 软组织修补材料 疝修补材料	47
印　度	不可吸收性合成外科网片	疝修补材料	11
西班牙	疝补片	疝修补材料	10
日　本	聚左旋乳酸可吸收骨固定系统 可吸收性敷料 可吸收性组织加固材料	软组织修补材料 其他修补材料	9
韩　国	盆底网片 网片 注射用交联透明质酸钠凝胶	骨盆底修补材料 皮肤修补材料	4
瑞　典	注射用交联透明质酸钠凝胶	其他修补材料	3
瑞　士	无张力经阴道的尿道悬吊系统	骨盆底修补材料	1
英　国	可吸收高分子组织密封膜	软组织修补材料	1
荷　兰	可吸收外周神经套接管	其他修补材料	1
合　计			501

我国修补材料国产产品涵盖疝修补、软组织修补、心血管修补和骨盆底修补等领域，其中进入全国医保耗材分类目录的国产产品中疝修补材料为232件，其他修补材料为38件，软组织修补材料为38件（见图30）。

全国医保耗材分类目录——修补材料国产产品主要集中在江苏省、北京市和广东省，所拥有的产品数量依次为103件、102件和48件，三者之和占国产产品总体数量的73.3%（见图31）。

从注册人所在的省份看，进入了全国医保耗材分类目录的修补材料国产产品注册人共计69家，其中主要分布在江苏省，注册人为16家，全国排名第一；其后，北京市和广东省分别以12家和8家，位于第二和第三（见图32）。

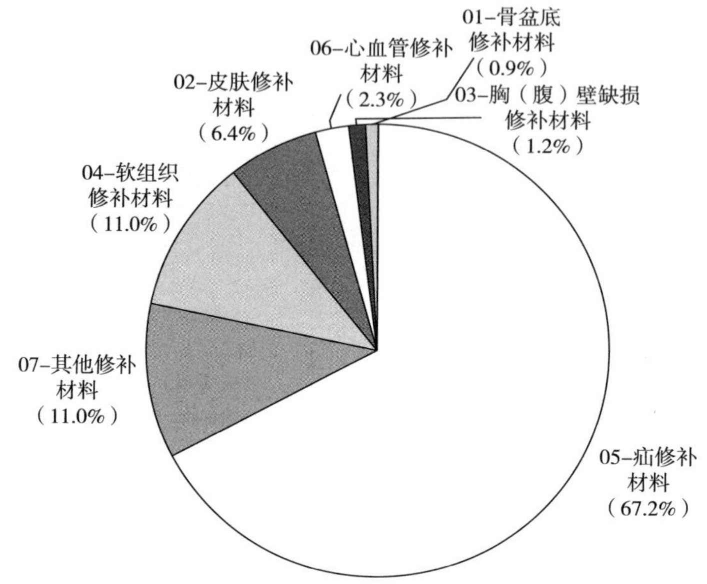

图 30　全国医保耗材分类目录——修补材料国产产品数量占比

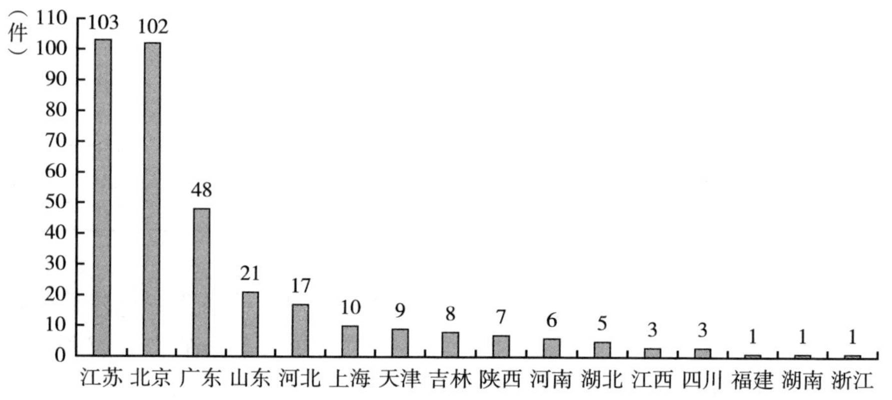

图 31　全国医保耗材分类目录——修补材料国产产品区域分布

从注册人来看，全国医保耗材分类目录——修补材料国产产品注册证共计133 张，分属 69 家注册人，平均每个注册人拥有 1.9 张产品注册证，其中获证数量最多的是爱美客技术发展股份有限公司，共计 9 张；产品数量最多的注册人为常州市康蒂娜医疗科技有限公司，共计 28 件（见表 30）。

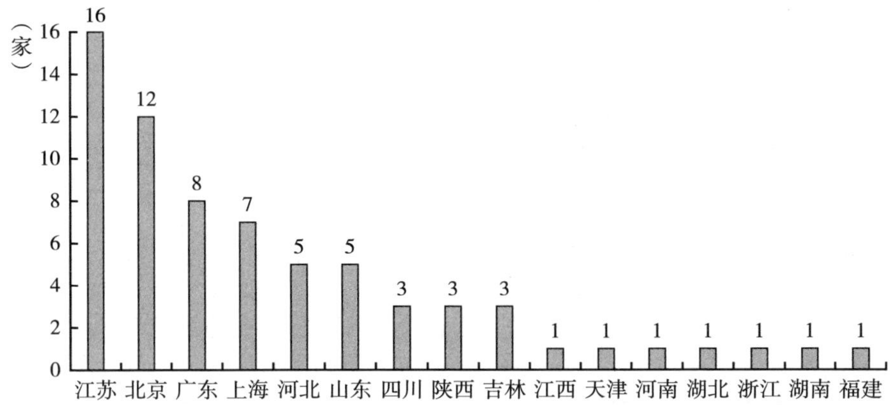

图 32　全国医保耗材分类目录——修补材料国产产品注册人区域分布

表 30　全国医保耗材分类目录——修补材料国产产品数量前十注册人

序号	企业名称	所属省份	产品（件）	注册证（张）
1	常州市康蒂娜医疗科技有限公司	江苏省	28	3
2	北京天助畅运医疗技术股份有限公司	北京市	25	6
3	北京佰仁医疗科技股份有限公司	北京市	25	6
4	南通华利康医疗器械有限公司	江苏省	19	3
5	常州智力微创医疗器械有限公司	江苏省	14	2
6	冠昊生物科技股份有限公司	广东省	12	4
7	深圳市沃尔德外科医疗器械技术有限公司	广东省	11	2
8	北京博辉瑞进生物科技有限公司	北京市	11	4
9	北京派尔特医疗科技股份有限公司	北京市	11	4
10	江苏百纳医疗科技有限公司	江苏省	10	2

三　我国医保低值医用耗材市场品类数据分析

（一）中医类材料

截至 2021 年 9 月底，根据国家医保信息业务编码标准数据库的数据，中医类材料进入全国医保耗材分类目录的产品共计 1494 件，其中进口（含港澳台）产品为6件，国产产品为1488件。我国医保耗材分类目录——中医类进口产品全部来自韩国和日本（见表31）。

表31 全国医保耗材分类目录——中医类进口产品情况

国　家	代表产品	覆盖领域	产品数量(件)
韩　国	无菌针灸针系统控制器 无菌针灸针系统枪体 无菌针灸针系统针夹	针具	3
日　本	揿针 针灸针	针具	3
合　　计			6

我国中医类国产产品涵盖针具、耳贴和其他中医材料等类型的产品，其中进入全国医保耗材分类目录的国产产品中其他中医材料为1250件，针具为206件，耳贴为30件（见图33）。

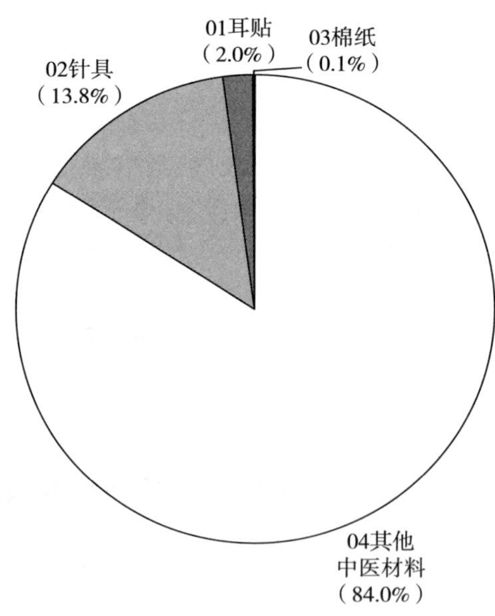

图33 全国医保耗材分类目录——中医类国产产品数量占比

全国医保耗材分类目录——中医类国产产品主要集中在江苏省和山东省，所拥有的产品数量分别为243件和226件，紧随其后的是产品数量为150件的湖北省（见图34）。

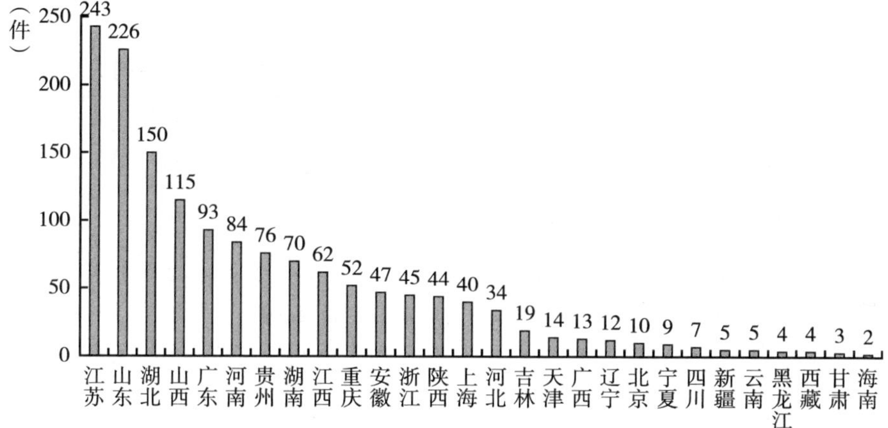

图34　全国医保耗材分类目录——中医类国产产品区域分布

从注册人所在的省份看，进入全国医保耗材分类目录的中医类国产产品注册人共计349家，其中山东省拥有的注册人为49家，全国排名第一；其后，江苏省和河南省分别以47家和29家，位于第二和第三（见图35）。

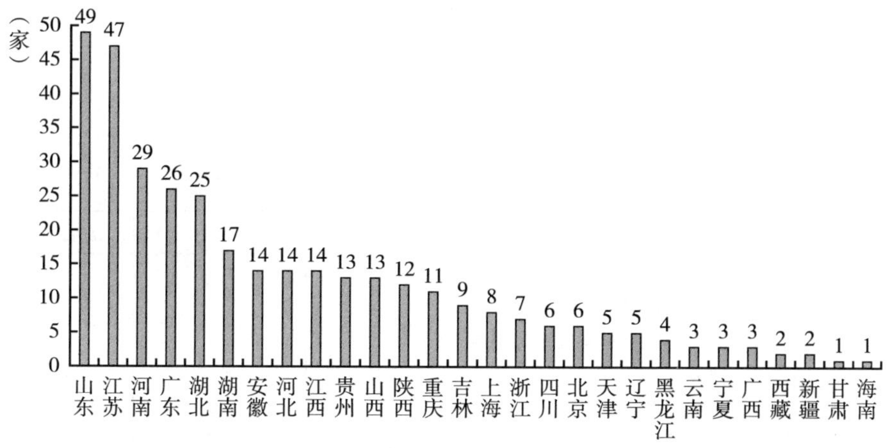

图35　全国医保耗材分类目录——中医类国产产品注册人区域分布

从注册人来看，医保耗材分类目录——中医类国产产品注册证共计 884 张，分属 349 家注册人，平均每个注册人拥有 2.5 张产品注册证，其中获证数量最多的是山西健康动力医疗科技有限公司，共计 16 张；产品数量最多的注册人为太原爱乐医疗器械有限公司，为 35 件（见表 32）。

表 32　全国医保耗材分类目录——中医类国产产品数量前十注册人

序号	企业名称	所属省份	产品(件)	注册证(张)
1	太原爱乐医疗器械有限公司	山西省	35	8
2	杭州元力医疗器械有限公司	浙江省	33	1
3	湖南慈辉医疗科技有限公司	湖南省	27	14
4	苏州医疗用品厂有限公司	江苏省	26	9
5	江苏华灸生物科技有限公司	江苏省	25	12
6	平利县中皇野生艾科研工贸有限公司	山西省	25	1
7	江苏艾泽生物科技有限公司	江苏省	25	10
8	济南汉磁生物科技有限公司	山东省	24	7
9	江西艾慈生物科技有限公司	江西省	23	13
10	泰兴市天和医疗器械有限公司	江苏省	22	1

（二）基础卫生材料

截至 2021 年 9 月底，根据国家医保信息业务编码标准数据库的数据，基础卫生材料进入全国医保耗材分类目录的产品共计 39727 件，其中进口（含港澳台）产品为 4839 件，国产产品为 34888 件。全国医保耗材分类目录——基础卫生进口产品主要来自美国、德国、中国台湾和日本，四者之和占进口产品总体数量的 70.5%（见表 33）。

表 33　全国医保耗材分类目录——基础卫生进口产品情况

国家/地区	代表产品	覆盖领域(个)	产品(件)
美　国	肺动脉楔压导管 标准包埋盒 超声高频外科集成系统超声刀头 电钩 鼻甲射频刀头 电刀笔 电极传感器	25	2329

续表

国家/地区	代表产品	覆盖领域(个)	产品(件)
德　国	加热毯 水刀手柄 一次性麻醉呼吸回路 一次性无菌剪,勾型 真空负压引流装置及附件 中心静脉压监测及输液套件 转运呼吸机使用一次性管路	17	599
中国台湾	带非吸收性外科缝线缝合针 电刀笔 抽痰包 甲状腺超声图像处理软件 简易呼吸器 可调式踝足矫形器	12	243
日　本	单球囊单管 爱飞单针不带垫 绑扎胶布 玻璃化解冻液套装 超声吸引器刀头探针 超声吸引器刀头外套管	17	242
法　国	一次性使用间歇性导尿管 不可吸收缝合线 超软移植管 海水鼻腔喷雾器 泪道引流管 一次性使用无菌胚胎移植管	9	218
英　国	湿热交换器 pH 电极导管 双敷料套装 剥卵针 成人气管插管 传感器套装	12	199
丹　麦	造口灌洗器套装 玻化冷冻液 插管导入器包 冲洗吸引管 定标气瓶 合成取卵液	11	146

续表

国家/地区	代表产品	覆盖领域(个)	产品(件)
马来西亚	一次性使用无菌导尿管 天然胶乳橡胶避孕套 一次性使用无菌气管	3	134
比利时	医用干式胶片 可吸收性缝线	2	85
瑞　士	一次性引流瓶 冷冻治疗笔 校准气体 一次性血管夹 三通旋塞 呼吸通路过滤器	6	83
西班牙	不可吸收外科缝线 带针不可吸收缝合线 合成可吸收性外科缝线 可调节静脉输液器	4	77
韩　国	夹板 可吸收性外科缝线 伤口负压引流敷料包 输液泵 天然胶乳橡胶避孕套 一次性使用无菌牙科注射针	11	62
加拿大	绑带 腹部连接锁 腹部运动传感器	3	55
印　度	可吸收外科缝合线 天然胶乳橡胶避孕套	2	41
瑞　典	剥离管 分隔膜密闭式三通 呼吸过滤器及连接件 卵母细胞及胚胎处理液 输液用三通 透明带打孔管	8	40
新西兰	T-组合婴儿复苏器	1	34
泰　国	弹力绷带 聚异戊二烯合成避孕套 天然胶乳橡胶避孕套	3	32

续表

国家/地区	代表产品	覆盖领域(个)	产品(件)
爱尔兰	保护器 鼻胆引流管 超声吸引刀头 充气防压疮垫 防漏膏 复合管路	9	32
意大利	喉返神经电极 脑电导联线 神经和肌肉刺激器用体表电极 袜型医疗压力带 外科胶 - 1 一次性流量微调式输液器及管路	6	31
新加坡	封闭式采血器 连续硬膜外麻醉套件 血压传感器	3	29
奥地利	微量采血管 一次性超声探头 一次性回路板	3	28
澳大利亚	病人加温系统 单腔取卵针 精子分离原液 卵裂培养液	6	19
以色列	电场贴片 治疗头 皮肤牵张闭合器 一次性使用连接输液管	4	19
柬埔寨	压敏胶带 一次性使用无菌导尿包 一次性使用引流袋 医用手术薄膜	4	19
土耳其	防漏膏 钙石灰 呼吸过滤器 护肤粉 集尿袋	5	12

续表

国家/地区	代表产品	覆盖领域(个)	产品(件)
捷　克	气管切开插管及附件 无扩张钳经皮气切套装 压力绷带	3	11
芬　兰	传感器 引流袋	2	5
荷　兰	一次性使用灌洗管路及附件 一次性使用输血管路及附件 针电极	3	5
希　腊	高渗海水鼻腔喷雾器	1	4
克罗地亚	脱钙液	1	2
波　兰	医用高分子夹板 医用护理垫	2	2
匈牙利	肋骨固定板	1	1
塞舌尔	一次性使用单管喉罩	1	1
合　计			4839

我国基础卫生国产产品品类齐全，覆盖常规医疗用品、护创材料、缝合及凝固材料和消化道插管/引流管等类型，其中进入全国医保耗材分类目录的国产产品中常规医疗用品为13587件，输液、输血器具及管路为4485件，导管、引流装置为4221件（见表34）。

表34　全国医保耗材分类目录——基础卫生国产产品数量及占比

序号	二级分类(用途、品目)	计数(件)	占比(%)
1	02 常规医疗用品	13587	38.94
2	23 输液、输血器具及管路	4485	12.86
3	17 导管、引流装置	4221	12.10
4	09 护创材料	2565	7.35
5	08 缝合及凝固材料	2235	6.41
6	25 气管插管及附件	2225	6.38
7	07 电极及辅助材料	1394	4.00
8	10 麻醉包及套件	1172	3.36
9	24 消化道插管/引流管	777	2.23
10	12 引流袋	592	1.70
11	其他*	1635	4.69
合　计		34888	100.00

* 其他包括造口护理材料、高频电刀、专用吸引材料等15类细分产品。

全国医保耗材分类目录——基础卫生国产产品广泛分布于全国，江苏省产品数量9106件，全国排名第一；随后河南省和广东省分别以4098件和3665件，位居第二和第三（见图36）。

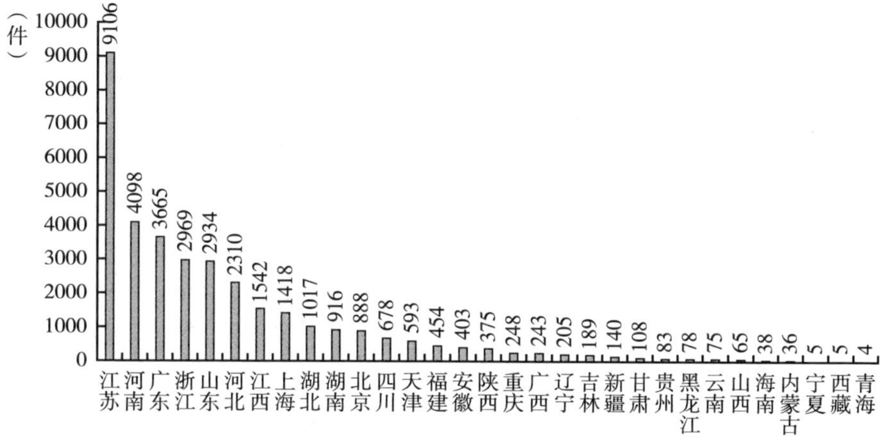

图36　全国医保耗材分类目录——基础卫生国产产品区域分布

从注册人所在的省份看，进入全国医保耗材分类目录的基础卫生国产产品注册人共计3580家，其中江苏省拥有的注册人为753家，全国排名第一；其后，广东省和山东省分别以457家和359家，位于第二和第三（见图37）。

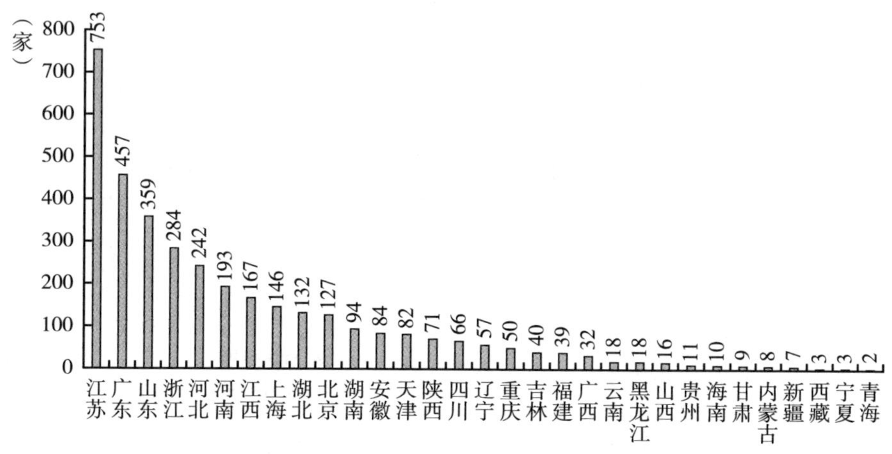

图37　全国医保耗材分类目录——基础卫生国产产品注册人区域分布

从注册人来看，全国医保耗材分类目录——基础卫生国产产品注册证共计17561张，分属3580家注册人，平均每个注册人拥有4.9张产品注册证，其中获证数量最多的是河南驼人贝斯特医疗器械有限公司，共计108张；产品数量最多的注册人为广州阳普医疗科技股份有限公司，共计490件（见表35）。

表35 全国医保耗材分类目录——基础卫生国产产品数量前十注册人

序号	企业名称	所属省份	产品(件)	注册证(张)
1	广州阳普医疗科技股份有限公司	广东省	490	15
2	亿信医疗器械股份有限公司	河南省	477	56
3	苏州市麦克林医疗器械制品有限公司	江苏省	348	24
4	河南驼人医疗器械集团有限公司	河南省	347	71
5	南通华尔康医疗科技有限公司	江苏省	318	8
6	山东新华安得医疗用品有限公司	山东省	300	38
7	河南驼人贝斯特医疗器械有限公司	河南省	294	108
8	浙江伏尔特医疗器械股份有限公司	浙江省	193	47
9	苏州可邦高分子医疗器械有限公司	江苏省	188	16
10	崇仁(厦门)医疗器械有限公司	福建省	184	12

（三）止血防粘连材料

截至2021年9月底，根据国家医保信息业务编码标准数据库的数据，止血防粘连材料进入全国医保耗材分类目录的产品共计970件，其中进口（含港澳台）产品为164件，国产产品为806件。全国医保耗材分类目录——止血防粘连进口产品主要来自美国和德国，两者之和占进口产品总体数量的71.3%（见表36）。

表36 全国医保耗材分类目录——止血防粘连进口产品情况

国家/地区	代表产品	覆盖领域	产品(件)
美国	鼻腔填塞海绵 艾微停微纤维止血胶原(粉) 鼻止血填塞海绵 抗菌手术薄膜 膨胀止血材料 外科术中止血装置 止血海绵	防粘连材料 止血材料	94

续表

国家/地区	代表产品	覆盖领域	产品(件)
德　国	鼻塞 胶质银止血明胶海绵 可吸收性止血纱布 可吸收止血海绵 膨胀止血海绵 止血粉	止血材料	23
中国台湾	耳鼻喉科用敷料	止血材料	13
荷　兰	可降解耳鼻止血绵 可吸收性止血材料 可吸收性止血纱布	止血材料	10
瑞　士	可吸收防粘连医用膜 可吸收止血纱	防粘连材料 止血材料	6
英　国	耳鼻喉止血绵 壳聚糖止血材料	止血材料	4
爱尔兰	无菌透明质酸钠液 骨蜡	防粘连材料	3
以色列	驱血止血弹性束紧套环	止血材料	3
比利时	鼻腔止血塞	止血材料	3
西班牙	骨蜡	止血材料	2
日　本	甲壳素敷料	防粘连材料	1
丹　麦	可吸收止血流体明胶	止血材料	1
韩　国	医用敷贴	止血材料	1
合　　计			164

我国止血防粘连国产产品分为止血材料、防粘连材料和粘堵剂，其中进入全国医保耗材分类目录的国产产品中止血材料为 607 件，防粘连材料为 198 件，粘堵剂为 1 件（见图 38）。

全国医保耗材分类目录——止血防粘连国产产品主要集中在山东省，其所拥有的产品数量为 275 件，紧随其后的是产品数量为 146 件的北京市和产品数量为 79 件的江苏省（见图 39）。

从注册人所在的省份看，进入全国医保耗材分类目录的止血防粘连国产产品注册人共计 142 家，其中江苏省拥有的注册人为 31 家，全国排名第一；其后，广东省和山东省分别以 16 家和 13 家，位于第二和第三（见图 40）。

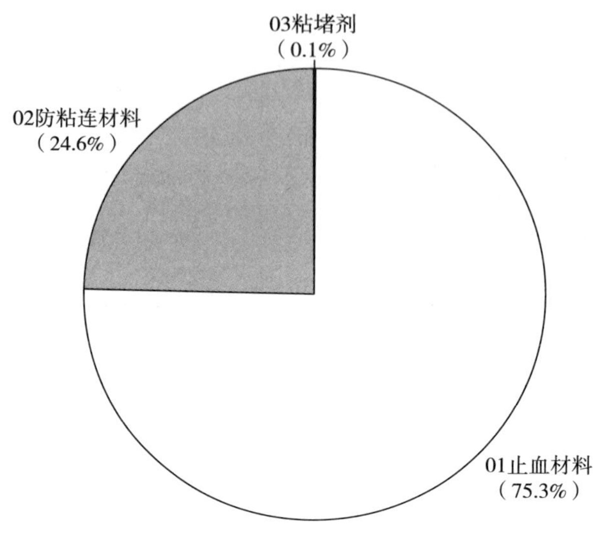

图 38　全国医保耗材分类目录——止血防粘连国产产品数量占比

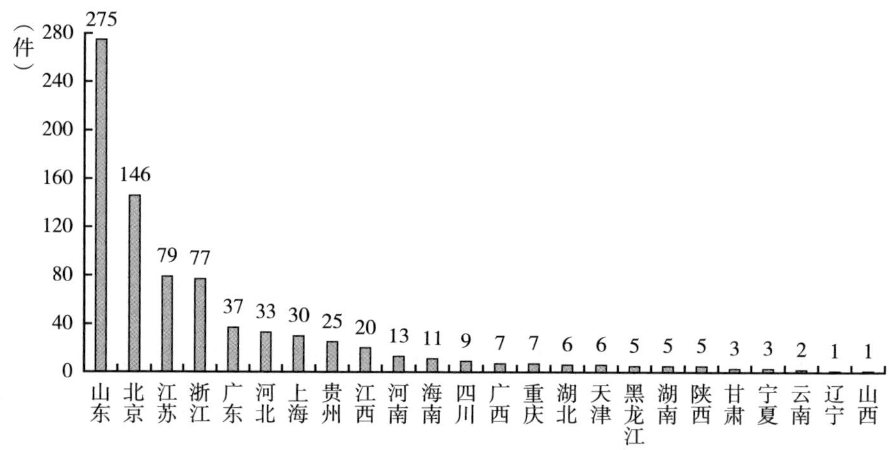

图 39　全国医保耗材分类目录——止血防粘连国产产品区域分布

从注册人来看，全国医保耗材分类目录——止血防粘连国产产品注册证共计 233 张，分属 142 家注册人，平均每个注册人拥有 1.6 张产品注册证，其中获证数量最多的是青岛中惠圣熙生物工程有限公司，共计 11 张；产品数量最多的注册人为赛克赛斯生物科技股份有限公司，共计 195 件（见表 37）。

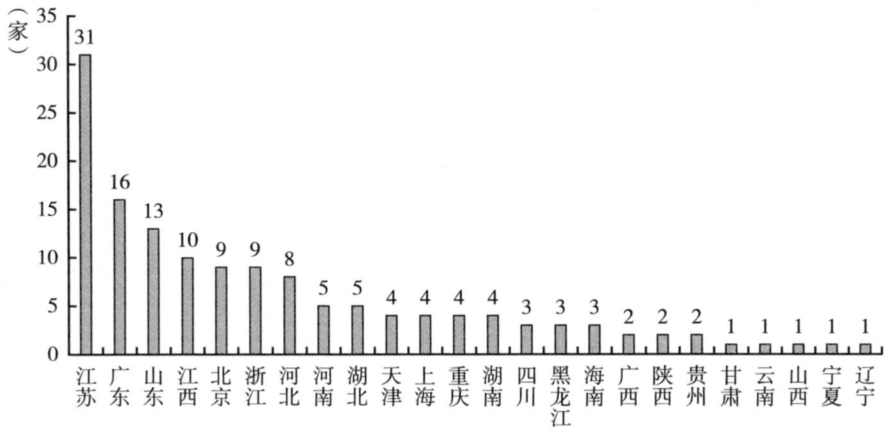

图 40　全国医保耗材分类目录——止血防粘连国产产品注册人区域分布

表 37　全国医保耗材分类目录——止血防粘连国产产品数量前十注册人

序号	企业名称	所属省份	产品(件)	注册证(张)
1	赛克赛斯生物科技股份有限公司	山东省	195	5
2	北京大清生物技术股份有限公司	北京市	67	2
3	青岛中惠圣熙生物工程有限公司	山东省	32	11
4	北京泰科斯曼科技发展有限公司	北京市	29	2
5	嘉兴美森医用材料有限公司	浙江省	29	3
6	杭州协合医疗用品有限公司	浙江省	25	4
7	贵州金玖生物技术有限公司	贵州省	24	4
8	青岛博益特生物材料股份有限公司	山东省	18	8
9	北京爱特康医疗科技有限公司	北京市	17	1
10	上海其胜生物制剂有限公司	上海市	17	7

（四）注射穿刺类材料

截至 2021 年 9 月底，根据国家医保信息业务编码标准数据库的数据，注射穿刺类材料进入全国医保耗材分类目录的产品共计 4185 件，其中进口（含港澳台）产品为 727 件，国产产品为 3458 件。全国医保耗材分类目录——注射穿刺类进口产品主要来自德国和美国，两者之和占进口产品总体数量的 73.2%（见表 38）。

表 38　全国医保耗材分类目录——注射穿刺类进口产品情况

国家/地区	代表产品	覆盖领域(个)	数量(件)
德　国	安全型带加药壶静脉留置针 泵用注射器带针 穿刺器及配件 带加药壶静脉留置针 一次性胰岛素笔用针头	5	271
美　国	穿刺器 一次性使用针尖回缩型静脉留置针 按键回弹式采血器 笔式胰岛素注射器 一次性使用注射笔用针头	5	261
日　本	口腔用一次性注射针 透析用留置针 微创穿刺器 一次性使用人体动脉血样采集器 一次性半自动活检针	8	38
法　国	一次性使用无菌牙科注射针 植入式给药装置专用针 一次性使用泵用注射器 静脉留置针	4	24
韩　国	一次性使用无菌注射针 胰岛素泵配件储药器 胰岛素泵用皮下输液器输注导管	3	22
丹　麦	一次性使用人体动脉血采集器 一次性使用无菌注射针 胰岛素泵用一次性输注管路和针头	3	17
西班牙	固定剂量自毁型注射器	1	16
波　兰	笔式胰岛素注射器 采血针	2	15
英　国	注射笔用针头 一次性使用采血器 一次性使用防针刺动静脉留置针	3	15
泰　国	一次性使用动静脉瘘穿刺针 一次性使用留置针	2	12
奥地利	持针器	1	9
新加坡	一次性使用无菌注射针	1	8

续表

国家/地区	代表产品	覆盖领域(个)	数量(件)
瑞　士	笔式注射器 注射笔用针 Microlet Next	3	7
以色列	一次性使用骨注射枪	1	4
中国台湾	穿刺器大吉士穿刺套管	1	3
爱尔兰	一次性使用采血器	1	2
比利时	一次性使用静脉留置针	1	2
意大利	无菌笔式注射针	1	1
合　计			727

我国注射穿刺类国产产品涵盖血管内留置针，动静脉、管腔室穿刺器和内镜用穿刺器等类型，其中进入全国医保耗材分类目录的国产产品中注射器类产品为1074件，血管内留置针为1032件，动静脉、管腔室穿刺器为691件（见图41）。

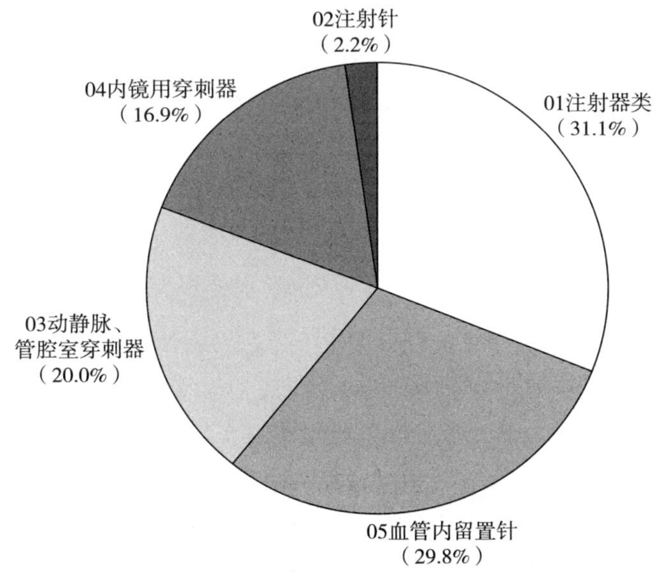

图41　全国医保耗材分类目录——注射穿刺类国产产品数量占比

我国医保耗材分类目录——注射穿刺类国产产品主要集中在江苏省，其所拥有的产品数量为972件，全国排名第一；随后山东省和浙江省分别以508件和348件产品，位居第二和第三（见图42）。

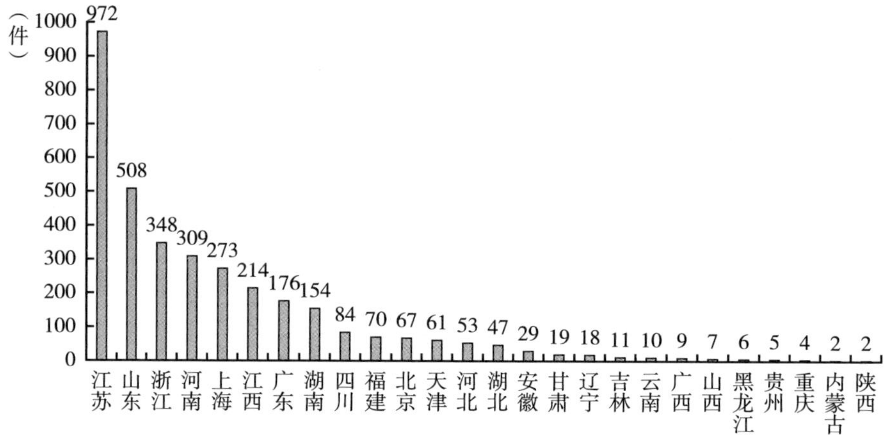

图 42 全国医保耗材分类目录——注射穿刺类国产产品区域分布

从注册人所在的省份看，进入全国医保耗材分类目录的注射穿刺类国产产品注册人共计 406 家，其中江苏省拥有的注册人为 133 家，全国排名第一；其后，浙江省和山东省分别以 40 家和 38 家，位于第二和第三（见图 43）。

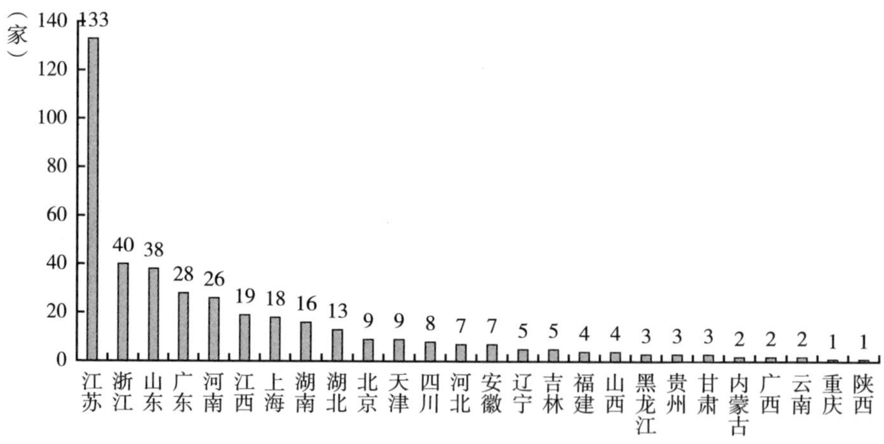

图 43 全国医保耗材分类目录——注射穿刺类国产产品注册人区域分布

从注册人来看，全国医保耗材分类目录——注射穿刺类国产产品注册证共计 1274 张，分属 406 家注册人，平均每个注册人拥有 3.1 张产品注册证，其中获证数量最多的是山东威高集团医用高分子制品股份有限公司，共计25张；产品数量最多的注册人为山东新华安得医疗用品有限公司，共计266件（见表39）。

表39 全国医保耗材分类目录——注射穿刺类国产产品数量前十注册人

序号	企业名称	所属省份	产品(件)	注册证(张)
1	山东新华安得医疗用品有限公司	山东省	266	23
2	苏州林华医疗器械股份有限公司	江苏省	244	19
3	河南驼人医疗器械集团有限公司	河南省	85	11
4	上海正邦医疗科技有限公司	上海市	84	10
5	苏州碧迪医疗器械有限公司	江苏省	83	19
6	浙江康德莱医疗器械股份有限公司	浙江省	73	13
7	河南曙光汇知康生物科技股份有限公司	河南省	68	21
8	山东威高集团医用高分子制品股份有限公司	山东省	61	25
9	福建省百仕韦医用高分子股份有限公司	福建省	56	4
10	湖南平安医械科技有限公司	湖南省	55	14

（五）功能性敷料

截至2021年9月底，根据国家医保信息业务编码标准数据库的数据，全国功能性敷料进入医保耗材分类目录的产品共计7323件，其中进口（含港澳台）产品为464件，国产产品为6859件。全国医保耗材分类目录——功能性敷料进口产品主要来自德国、美国、瑞典和法国，四者之和占进口产品总体数量的53.4%（见表40）。

表40 全国医保耗材分类目录——功能性敷料进口产品情况

国家/地区	代表产品	覆盖领域	数量(件)
德　国	创口敷贴 花粉阻隔剂 聚氨酯衬垫绷带	创口敷料 其他敷料 包扎敷料	77
美　国	pH电极 疤痕敷料 鼻腔海绵 压力绷带	其他敷料 疤痕敷料 创口敷料 包扎敷料	69

续表

国家/地区	代表产品	覆盖领域	数量(件)
瑞　典	薄膜伤口敷贴 自粘性软聚硅酮敷料	创口敷料 瘢痕敷料	54
法　国	痱子伤口护理软膏 亲水纤维敷料	瘢痕敷料 创口敷料	48
丹　麦	硅胶泡沫敷料	创口敷料	47
英　国	银离子藻酸盐敷料 羟丙基甲基纤维素喷鼻器	创口敷料 其他敷料	45
意大利	棉纱筒带 单向中延绷带 单向低延绷带	包扎敷料 创口敷料 其他敷料	30
日　本	医用退热贴 创面敷料	其他敷料 创口敷料	24
韩　国	瘢痕修复贴 聚氨酯泡沫敷料 聚酯纤维绷带 石膏衬垫	瘢痕敷料 创口敷料 包扎敷料 其他敷料	22
中国台湾	壳聚糖敷料 口腔黏膜液体敷料 脚拇指	创口敷料 其他敷料 包扎敷料	19
爱尔兰	泡沫敷料	创口敷料	7
瑞　士	凝胶伤口敷料 液体伤口敷料	创口敷料 瘢痕敷料	5
比利时	瘢痕硅凝胶 伤口凝胶敷料	瘢痕敷料 创口敷料	5
希　腊	高渗海水鼻腔喷雾器	创口敷料	4
柬埔寨	粘贴伤口敷料	其他敷料	3
加拿大	硝酸氧化银伤口敷料	创口敷料	2
捷　克	伤口凝胶敷料	创口敷料	1
土耳其	水凝胶敷料	创口敷料	1
南　非	创面敷料	创口敷料	1
合　计			464

我国功能性敷料国产产品涵盖创口敷料、包扎敷料和瘢痕敷料等类型，其中进入全国医保耗材分类目录的国产产品中其他敷料为3315件，创口敷料为2498件，包扎敷料为859件（见图44）。

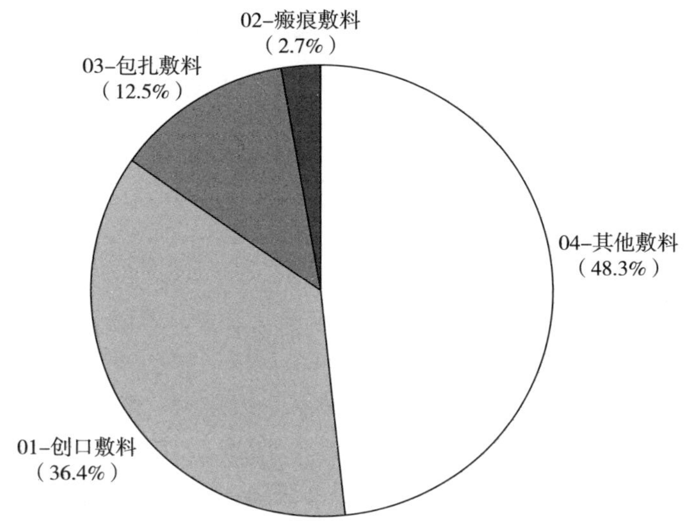

图 44　全国医保耗材分类目录——功能性敷料国产产品数量占比

全国医保耗材分类目录——功能性敷料国产产品主要集中在山东省和江苏省，两省所拥有的产品数量分别为 1121 件和 877 件；紧随其后的是产品数量为 610 件的湖北省（见图 45）。

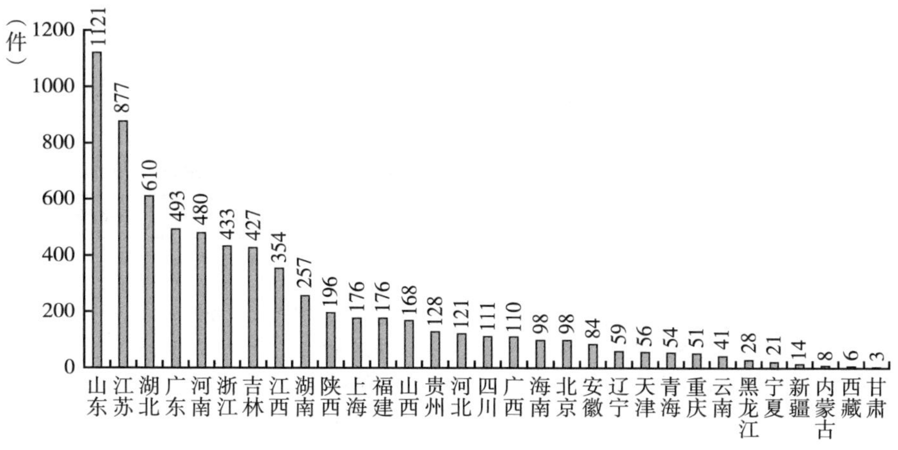

图 45　全国医保耗材分类目录——功能性敷料国产产品区域分布

从注册人所在的省份看，进入全国医保耗材分类目录的功能性敷料国产产品注册人共计1515家，遍及全国（不含港澳台）；其中江苏省拥有的注册人为235家，全国排名第一；其后，山东省和广东省分别以209家和124家，位于第二和第三（见图46）。

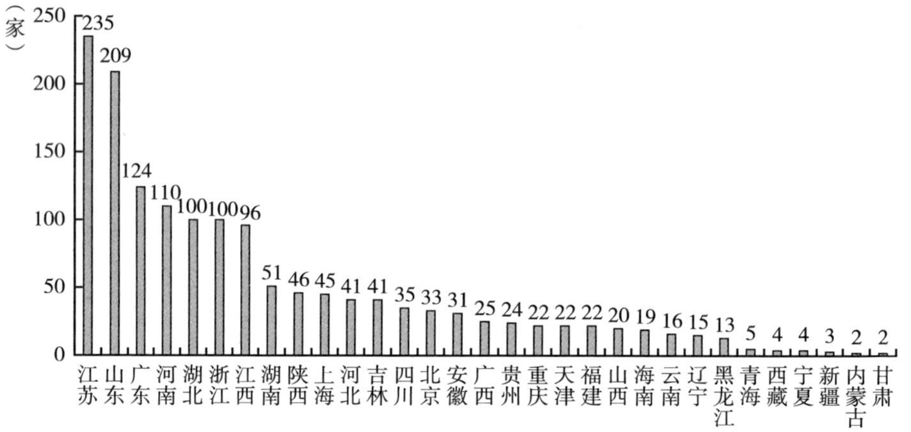

图46　全国医保耗材分类目录——功能性敷料国产产品注册人区域分布

从注册人来看，全国医保耗材分类目录——功能性敷料国产产品注册证共计4324张，分属1515家注册人，平均每个注册人拥有2.9张产品注册证，其中获证数量最多的是长春市科新生化药械研究所，共计43张；产品数量最多的注册人为山东新华安得医疗用品有限公司，共计204件（见表41）。

表41　全国医保耗材分类目录——功能性敷料类国产产品数量前十注册人

序号	企业名称	所属省份	产品(件)	注册证(张)
1	山东新华安得医疗用品有限公司	山东省	204	5
2	湖北特必达生物医疗科技有限公司	湖北省	108	37
3	河南汇博医疗股份有限公司	河南省	90	37
4	青岛中腾生物技术有限公司	山东省	85	27
5	长春市科新生化药械研究所	吉林省	76	43
6	长春市奥朗特生化药械研究所	吉林省	56	37
7	南昌市意尔康医疗器械有限公司	江西省	49	7
8	贵州贝斯生物科技有限公司	贵州省	41	13
9	湖北肽尔生物医疗科技有限公司	湖北省	40	9
10	福州绿野生化技术有限公司	福建省	38	2

国际贸易篇

International Trade

B.6 我国医疗器械重点商品进出口贸易分析

许佳锐　郑　珂　关巧贤*

摘　要： 近年来，随着我国医疗器械科技水平的不断提高，我国医疗器械进出口贸易有较大进展。在政策方面，国家主要从减免关税以及优化报关流程两方面来推进我国医疗器械进出口贸易的发展。从国际层面来看，在进出口额方面，我国医疗器械对外贸易整体上构成贸易顺差关系，其中医用耗材是我国出口贸易的优势品种。在贸易伙伴方面，美国、德国等发达国家及地区为我国重点进出口市场；此外，随着“一带一路”倡议的持续推进，我国医疗器械进出口“一带一路”沿线国家的贸易额总体呈上升趋势。从国内来看，我国医疗器械进出口口岸集中在沿海地区，其中出口额最高的地区为广东省，进口额最高的地区为上海市；同时，各地口岸贸易额总体呈上升趋势。未来，在新冠肺炎疫情防控常态化和国内国际双循环的背景下，我国医疗器械国际贸易市场规

* 许佳锐，广州众成大数据科技有限公司副总经理，中国科学院大学工学硕士；郑珂，广州众成大数据科技有限公司总经理助理、数据部经理，浙江大学高分子材料与工程专业；关巧贤，广州众成大数据科技有限公司数据部数据分析师，生物医学工程专业。

模将进一步扩大。

关键词： 医疗器械　国际贸易　“一带一路”

一　我国医疗器械进出口贸易概述

自2001年加入世界贸易组织以来，我国的进出口量增长迅速。目前，中国是世界第一大出口国和世界第二大进口国，是拉动全球经济增长最重要的引擎。面对百年未有之大变局和新冠肺炎疫情的严重冲击，《中共中央关于制定国民经济和社会发展第十四个五年规划和二〇三五年远景目标的建议》提出了以国内大循环为主、国内国际双循环的战略举措。一方面是逐步形成国内大循环。习近平总书记指出，我国拥有包括4亿多中等收入群体在内的14亿人口所形成的超大规模内需市场。必须充分发挥国内市场潜力，增强我国经济的韧性和弹性。另一方面是构建国内国际双循环格局。国际循环是重要辅助，要提升国际循环的控制力和稳定性，争取国际区域循环有新突破。统筹利用国内国外两个市场、两种资源，实现优势互补。

（一）政策汇总

目前，我国对外贸易成绩瞩目，得益于国内优越的贸易营商环境；同时，跨境电商等外贸新业态迅速发展，对推动外贸稳中向好发挥了重要作用（见表1、表2）。

表1　我国海关、税务对不同贸易方式的政策对比

类型	一般贸易进出口	跨境电子商务
税务	①进口商品征收关税、增值税及消费税	①进口商品免除关税，增值税及消费税七折
	②出口商品免征增值税与消费税	②出口商品免征增值税与消费税
	③征收25%企业所得税	③按4%应税所得征收
报关监管	无特殊通关，流程长，资料多，手续繁杂，需每单都申报	①按个人自用进境物品监管，不执行首次进口商品审批
		②简化分类、清单申报、汇总统计

表 2 我国对外贸易相关政策汇总

发布时间	政策名称	主要内容
2012 年 3 月	《商务部关于利用电子商务平台开展对外贸易的若干意见》	支持电子商务平台增强外贸功能,鼓励企业利用电子商务开展对外贸易,有利于促进内外贸融合,推动内外贸共同发展,提高我国商务事业整体发展水平
2012 年 5 月	《国务院关于加强进口促进对外贸易平衡发展的指导意见》	提出进一步优化进口商品结构,稳定和引导大宗商品进口,积极扩大先进技术设备、关键零部件和能源原材料的进口,适度扩大消费品进口。进一步优化进口国别和地区结构,在符合多边贸易规则的条件下,鼓励自不发达国家进口,扩大自发展中国家进口,拓展自发达国家进口。进一步优化进口贸易结构,鼓励开展直接贸易,增强稳定进口的能力,支持具备条件的国内企业"走出去"
2016 年 12 月	《对外贸易发展"十三五"规划》	提出外贸工作八大任务。加快培育外贸竞争新优势;推动出口迈向中高端;提升外贸企业跨国经营能力;提升与"一带一路"沿线国家贸易合作水平;促进加工贸易和边境贸易创新发展;积极发展外贸新业态;实行积极的进口政策;扎实推进外贸转型升级基地、贸易平台、国际营销网络"三项建设"
2018 年 7 月	《关于扩大进口促进对外贸易平衡发展的意见》	聚焦进口环节突出困难和问题,立足于优化进口结构、优化国际市场布局、积极发挥多渠道促进作用、改善贸易自由化便利化条件,提出了 15 条具体政策
2019 年 11 月	《关于跨境电子商务综合试验区零售出口企业所得税核定征收有关问题的公告》	从核定征收范围、条件、方式、程序、优惠政策等方面对综试区内跨境电商企业核定征收企业所得税相关事项进行了规定,旨在为综试区内跨境电商企业提供更为便利的操作办法
2019 年 12 月	《关于推进贸易高质量发展的指导意见》	明确强化科技创新、制度创新、模式和业态创新,推动进口与出口、货物贸易与服务贸易、贸易与双向投资、贸易与产业协调发展,实现贸易高质量发展
2020 年 2 月	《关于防控新型冠状病毒感染的肺炎疫情进口物资免税政策的公告》	适度扩大《慈善捐赠物资免征进口税收暂行办法》规定的免税进口范围,对捐赠用于疫情防控的进口物资,免征进口关税和进口环节增值税、消费税
2020 年 2 月	《商务部关于应对新冠肺炎疫情做好稳外贸稳外资促消费工作的通知》(商综发〔2020〕30 号)	引导生产防护用品类的外贸外资企业扩大生产。鼓励外贸企业增加国内紧缺的医用物资和农产品进口。积极协调有关部门,将承担生活必需品保供任务的重点商贸流通企业和电子商务企业纳入防护物资优先保障范围,优先配备口罩、消毒液、防护手套、护目镜等必要的防护物资

续表

发布时间	政策名称	主要内容
2020 年 3 月	《财政部　税务总局关于提高部分产品出口退税率的公告》	提高出口退税率的产品清单
2020 年 4 月	《关于当前更好服务稳外贸工作的通知》	提出降低进出口环节收费,全面落实阶段性免征进出口货物港口建设费,减征货物港务费、港口设施保安费以及船舶油污损害赔偿基金等降费政策。会同价格主管部门研究进一步减少港口收费项目,降低政府定价的港口经营服务性项目收费标准。支持外贸企业提高海运运费议价能力,引导我国企业出口选择到岸价格(CIF)结算,进口选择离岸价格(FOB)结算
2020 年 7 月	《支持疫情防控和经济社会发展税费优惠政策指引》	提到关于"提高部分产品出口退税率",其他部分是针对整体经济社会发展的政策,没有具体区分内贸和外贸
2020 年 8 月	《国务院办公厅关于进一步做好稳外贸稳外资工作的意见》	①更好发挥出口信用保险作用;②支持有条件的地方复制或扩大"信保 + 担保"的融资模式;③以多种方式为外贸企业融资提供增信支持;④进一步扩大对中小微外贸企业出口信贷投放;⑤支持贸易新业态发展;⑥引导加工贸易梯度转移;⑦加大对劳动密集型企业的支持力度;⑧助力大型骨干外贸企业破解难题;⑨拓展对外贸易线上渠道;⑩进一步提升通关便利化水平
2020 年 9 月	《国务院办公厅关于支持出口产品转内销的实施意见》	文件明确指出,要加快出口产品转内销市场准入。全面实施出口企业内外销产品"同线同标同质"。文件的贯彻落实,将支持出口产品开拓国内市场,帮助外贸企业纾困,向外贸企业提供优质便利服务
2020 年 10 月	《关于推进对外贸易创新发展的实施意见》	围绕构建新发展格局,推进国际市场布局、国内区域布局、经营主体、商品结构、贸易方式"五个优化"和外贸转型升级基地、贸易促进平台和国际营销体系"三项建设",实现外贸创新发展
2020 年 11 月	《国务院办公厅关于推进对外贸易创新发展的实施意见》	围绕构建以国内大循环为主体、国内国际双循环相互促进的新发展格局,加快推进国际市场布局、国内区域布局、经营主体、商品结构、贸易方式"五个优化"和外贸转型升级基地、贸易促进平台、国际营销体系"三项建设",培育新形势下参与国际合作和竞争新优势,实现外贸创新发展

续表

发布时间	政策名称	主要内容
2021 年 11 月	《国务院关于开展营商环境创新试点工作的意见》	部署在北京、上海、重庆、杭州、广州、深圳 6 个城市开展营商环境创新试点，同时也明确了持续提升跨境贸易便利化水平等重点任务
2021 年 11 月	海关总署第 253 号令（关于公布《中华人民共和国海关报关单位备案管理规定》的令）	明确了报关单位可以在中华人民共和国关境内办理报关业务。取消了对报关人员的备案要求。取消了双重身份企业的经济区域限制，报关单位在全国范围内可同时具有进出口货物收发货人和报关企业双重身份。明确除临时备案单位有效期 1 年外，报关单位备案均为长期有效

（二）总体情况

根据中国海关总署公布的贸易数据，我国医疗器械对外贸易覆盖 200 多个国家及地区，2019 年我国医疗器械对外贸易总额达 857.1 亿美元，其中进口额 404.8 亿美元、出口额 452.3 亿美元。① 受新冠肺炎疫情影响，我国医疗器械出口贸易额在 2020 年达到峰值，共计 1237.7 亿美元。2021 年全球疫情防控常态化，防疫物资出口速度逐渐趋于平缓，但各类检测试剂及仪器需求仍然存在。2021 年前三季度我国医疗器械对外贸易额达 1065.3 亿美元，其中进口额 376.1 亿美元、出口额 689.2 亿美元。在我国医疗器械贸易差方面，2019 ~ 2021 年 9 月，我国医疗器械对外贸易整体上构成贸易顺差关系（见图 1）。

（三）商品贸易统计

从商品类别出口贸易数据看，2019 ~ 2021 年 9 月医用耗材、保健康复产品、IVD 仪器及口腔设备与材料等产品出口贸易趋势相似，出口总额均在 2020 年达到最大值；受新冠肺炎疫情影响，全球对 IVD 试剂的需求持续增加，2019 ~ 2021 年 9 月 IVD 试剂出口贸易额稳步增长。2021 年前三季度，我国医疗器械出口总额达 689.2 亿美元，其中医用耗材出口额达 405.8 亿美元，占总出口额的 58.9%（见图 2）。

① 本章数据均来源自中华人民共和国海关总署，整理自众成数科。

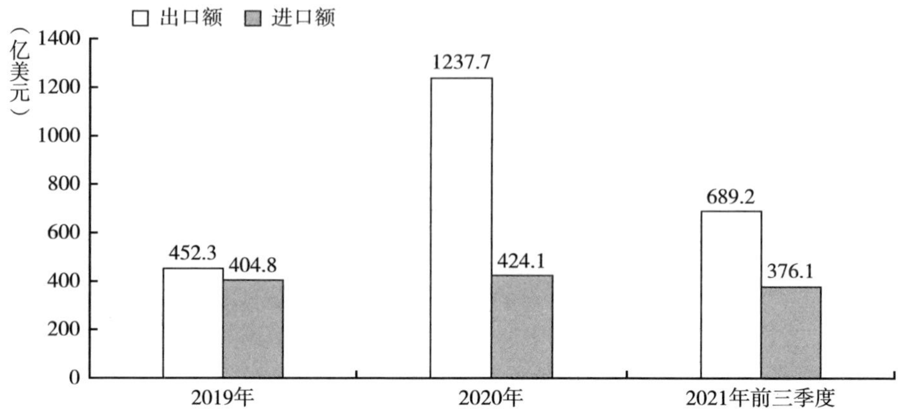

图 1　2019～2021 年 9 月我国医疗器械对外贸易总额情况

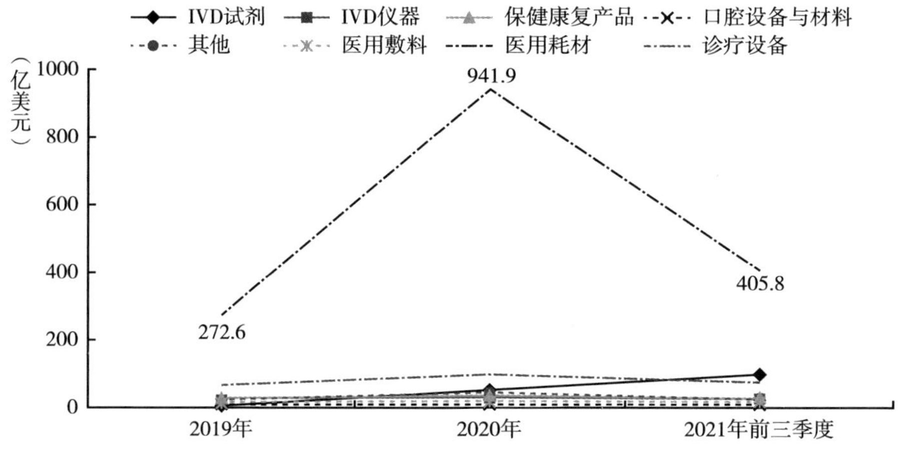

图 2　2019～2021 年 9 月我国医疗器械各商品类型的出口金额

在我国医疗器械贸易差方面，2019～2021 年 9 月我国 IVD 试剂、IVD 仪器对外贸易整体构成贸易逆差关系，保健康复产品、医用敷料和医用耗材对外贸易整体构成贸易顺差关系，其中医用耗材贸易顺差较大；2019 年，我国口腔设备与材料对外贸易整体构成贸易逆差关系，可能受各国控制医疗器械出口的影响，2020 年、2021 年前三季度我国该类产品对外贸易关系实现扭转；而其他类型产品和诊疗设备对外贸易受新冠肺炎疫情影响，各国内部对实验室使用器具、诊疗设备供不应求，2020 年我国该类产品对外贸易关系实现扭转（见表 3）。

表 3　2019～2021 年 9 月我国医疗器械各商品类型出口贸易差额

单位：亿美元

类　型	2019 年	2020 年	2021 年前三季度
IVD 试剂	-100.80	-57.80	-2.70
IVD 仪器	-14.50	-13.20	-23.90
保健康复产品	24.30	31.90	23.00
口腔设备与材料	-1.00	0.80	0.50
其　他	-7.00	9.80	-6.20
医用敷料	12.10	16.00	13.40
医用耗材	158.70	821.50	312.30
诊疗设备	-24.20	4.50	-3.20

二　医疗器械重点商品进出口额分析

（一）医用耗材

医用耗材是用于诊断、治疗、保健、康复等的消耗性器件设备，根据中国海关总署公布的数据，我国医用耗材主要进出口产品包括医用防护服、医用手套、注输护理产品、血管支架等。2019 年我国医用耗材对外贸易总额达 386.5 亿美元，其中进口额 113.9 亿美元、出口额 272.6 亿美元。受新冠肺炎疫情影响，2020 年出口额飞速增长至 941.9 亿美元。2021 年疫情防控常态化，各国对疫情防控物资的需求相对减少，各国医用耗材供应链逐步恢复，我国医用耗材出口规模有所缩小。综观其他品类出口产品，我国医用耗材出口总额始终居于榜首（见图 3、表 4）。

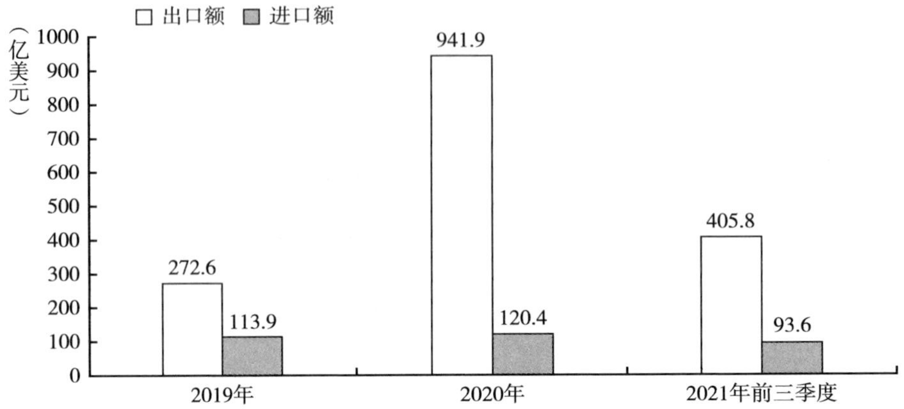

图3　2019～2021 年 9 月我国医用耗材进出口额

表 4　2020～2021 年 9 月全国医用耗材进出口各国或地区金额前十情况

单位：亿美元

出口			进口		
贸易伙伴名称	2020 年	2021 年前三季度	贸易伙伴名称	2020 年	2021 年前三季度
美　国	265.10	130.50	美　国	27.50	22.00
日　本	65.70	27.20	德　国	13.80	12.70
德　国	62.20	22.70	日　本	9.60	7.90
英　国	75.20	14.30	墨西哥	8.30	7.10
加拿大	36.30	13.50	马来西亚	5.40	5.10
荷　兰	22.60	10.70	爱尔兰	7.80	4.90
越　南	8.20	9.00	瑞　士	3.80	3.60
澳大利亚	19.90	8.20	中国(保税区)	6.30	2.60
韩　国	14.70	8.20	中国台湾	2.80	2.50
法　国	46.00	8.20	泰　国	2.80	2.50

注：按 2021 年前三季度数据降序排列。

（二）IVD 试剂

自 2020 年新冠肺炎疫情暴发以来，体外诊断产品成为出口增长最显著的医疗器械品种之一。为助力全球疫情防控，我国体外诊断企业积极开拓全球业务，出口额呈井喷式增长，与疫情相关的新冠病毒抗体、抗原、核酸等检测试剂受到全球市场青睐，检测试剂企业业绩整体向好。2021 年，在其他防疫物资出口走低的情况下，新冠病毒检测试剂产品出口依然增长显著，主要出口市场集中在欧洲和北美洲，其中欧洲对新冠病毒自测类试剂产品有特殊授权，我国新冠病毒自测类试剂出口市场主要集中在英国、德国、奥地利等国家和地区（见图4、表5）。

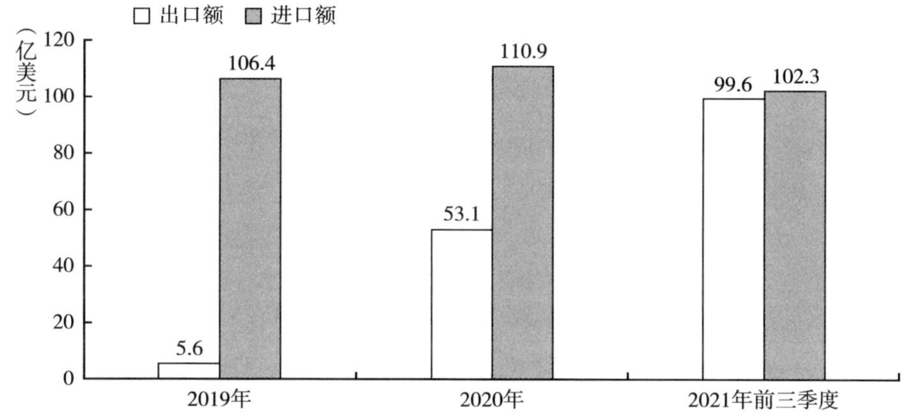

图 4　2019～2021 年 9 月我国 IVD 试剂进出口额

表 5　2020～2021 年 9 月全国 IVD 试剂进出口各国或地区金额前十情况

单位：亿美元

出口			进口		
贸易伙伴名称	2020 年	2021 年前三季度	贸易伙伴名称	2020 年	2021 年前三季度
英　国	7.50	28.10	德　国	36.50	29.10
德　国	5.50	27.40	美　国	32.80	28.60
奥地利	0.80	6.80	瑞　士	10.90	11.40
美　国	6.00	3.50	爱尔兰	7.40	9.70
法　国	2.40	3.30	法　国	2.90	3.60
中国香港	4.40	2.30	日　本	3.60	3.40
荷　兰	0.90	2.10	奥地利	1.50	2.30
比利时	0.60	2.00	英　国	2.50	2.30
印度尼西亚	1.60	1.90	瑞　典	2.30	2.10
捷　克	0.30	1.40	新加坡	1.80	1.90

注：按 2021 年前三季度数据降序排列。

（三）IVD 仪器

根据中国海关总署公布的数据，2019 年我国 IVD 仪器对外贸易总额达 71.9 亿美元，其中进口额 43.2 亿美元、出口额 28.7 亿美元。IVD 仪器出口额稳步增长，基本不受新冠肺炎疫情影响，2020 年我国 IVD 仪器出口贸易额为 31.1 亿美元，2021 年前三季度为 27.4 亿美元。相较于其他类型产品，近年来我国 IVD 仪器对外贸易始终整体处于贸易入超的阶段（见图 5、表 6）。

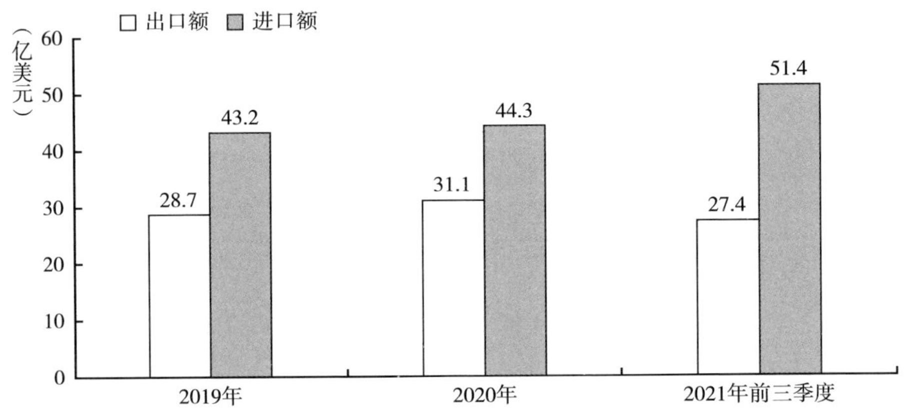

图 5　2019～2021 年 9 月我国 IVD 仪器进出口额

表 6　2020～2021 年 9 月全国 IVD 仪器进出口各国或地区金额前十情况

单位：亿美元

出口			进口		
贸易伙伴名称	2020 年	2021 年前三季度	贸易伙伴名称	2020 年	2021 年前三季度
美　国	7.70	6.10	日　本	8.10	10.60
中国香港	6.40	2.60	美　国	8.10	10.10
德　国	1.10	1.50	德　国	7.00	7.10
印　度	0.90	1.40	新加坡	3.50	5.60
印度尼西亚	0.80	1.30	瑞　士	3.60	3.40
日　本	1.30	1.10	英　国	1.40	1.90
新加坡	1.10	1.00	中国台湾	2.60	1.70
韩　国	0.80	0.70	爱尔兰	1.10	1.20
荷　兰	0.60	0.60	韩　国	1.00	1.00
越　南	0.50	0.50	瑞　典	0.80	1.00

注：按 2021 年前三季度数据降序排列。

（四）诊疗设备

诊疗设备包括CT、磁共振、PET/CT、XR、超声等医学诊断设备、呼吸设备和移动医疗车等。根据中国海关总署公布的数据，近年来我国诊疗设备对外贸易规模逐渐扩大，2019年我国诊疗设备对外贸易总额达158.0亿美元，其中进口额91.1亿美元、出口额66.9亿美元。受新冠肺炎疫情影响，2020年我国诊疗设备出口贸易额增长至98.9亿美元，成功扭转长期以来贸易逆差的局面。2021年前三季度我国诊疗设备出口贸易额为75.8亿美元，进口贸易额为79.0亿美元（见图6、表7）。

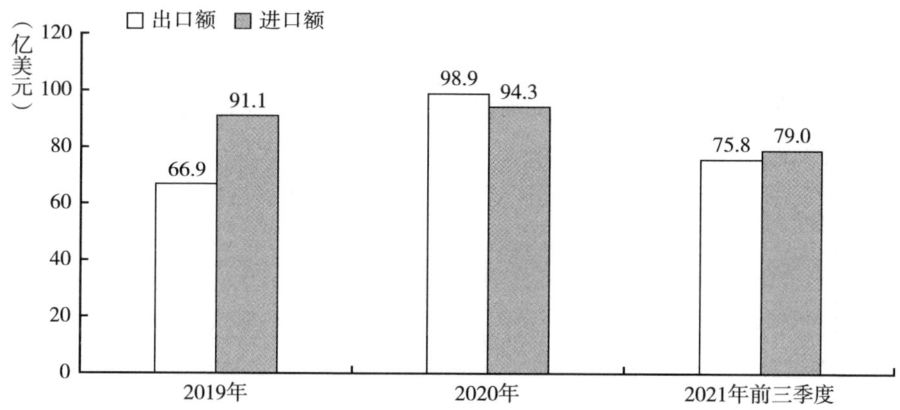

图6　2019～2021年9月我国诊疗设备进出口额

表7　2020～2021年9月全国诊疗设备进出口各国或地区金额前十情况

单位：亿美元

出口			进口		
贸易伙伴名称	2020年	2021年前三季度	贸易伙伴名称	2020年	2021年前三季度
美　国	16.70	13.30	美　国	20.10	18.00
印　度	3.50	7.80	德　国	21.90	18.00
日　本	5.80	5.70	日　本	16.70	12.50
德　国	6.90	5.10	荷　兰	6.80	4.70
荷　兰	3.00	2.80	墨西哥	2.60	4.10
中国香港	4.90	2.70	以色列	4.10	3.20
英　国	3.10	2.00	韩　国	2.70	3.00

续表

出口			进口		
贸易伙伴名称	2020 年	2021 年前三季度	贸易伙伴名称	2020 年	2021 年前三季度
巴　西	3.40	1.90	英　国	3.00	2.30
俄罗斯联邦	3.30	1.70	捷　克	2.30	1.50
法　国	1.80	1.60	法　国	1.80	1.40

注：按 2021 年前三季度数据降序排列。

（五）保健康复产品

保健康复产品包括轮椅（机械、电动），矫正视力、护目等用途的眼镜等。根据中国海关总署公布的数据，近年来我国保健康复产品对外贸易规模逐渐扩大，2020 年我国保健康复产品出口额突破 30.0 亿美元；2021 年前三季度出口额为 27.7 亿美元（见图 7、表 8）。

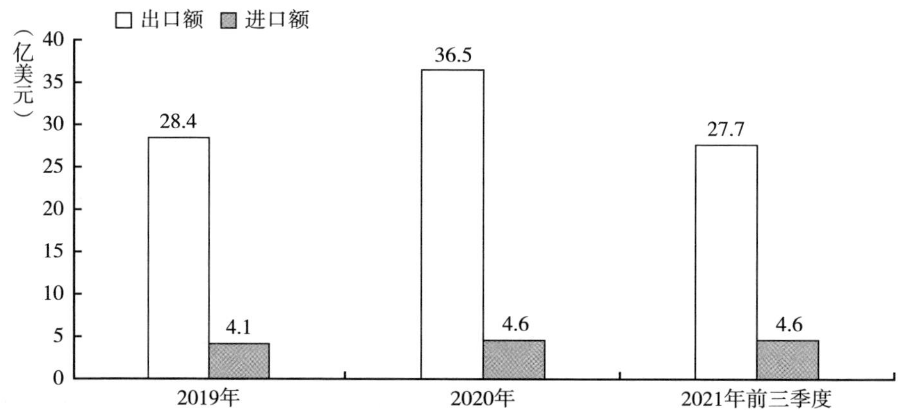

图 7　2019～2021 年 9 月我国保健康复产品进出口额

表 8　2020～2021 年 9 月全国保健康复产品进出口各国或地区金额前十情况

单位：亿美元

出口			进口		
贸易伙伴名称	2020 年	2021 年前三季度	贸易伙伴名称	2020 年	2021 年前三季度
美　国	9.30	7.90	中国台湾	1.80	1.90
中国香港	2.20	1.80	爱尔兰	0.70	0.90
德　国	1.80	1.30	韩　国	0.60	0.50

续表

出口			进口		
贸易伙伴名称	2020 年	2021 年前三季度	贸易伙伴名称	2020 年	2021 年前三季度
日　本	1.60	1.30	日　本	0.40	0.30
英　国	3.60	1.30	美　国	0.30	0.20
意大利	0.80	0.80	波多黎各(美)	0.10	0.20
俄罗斯联邦	0.70	0.70	马来西亚	0.10	0.20
墨西哥	0.60	0.70	中国(保税区)	0.10	0.10
法　国	0.80	0.60	德　国	0.10	0.10
荷　兰	0.70	0.60	新加坡	0.10	0.10

注：按 2021 年前三季度数据降序排列。

（六）医用敷料

医用敷料是包伤的用品，用以覆盖疮、伤口或其他损害的医用材料，包括天然纱布、合成纤维类敷料、多聚膜类敷料、发泡多聚类敷料、水胶体类敷料、藻酸盐敷料等。根据中国海关总署公布的数据，近年来我国医用敷料对外贸易规模稳定，波动幅度较小，但出口规模增长趋势明显。2020 年我国医用敷料出口额超过 20.0 亿美元；2021 年前三季度出口额为 17.8 亿美元（见图 8、表 9）。

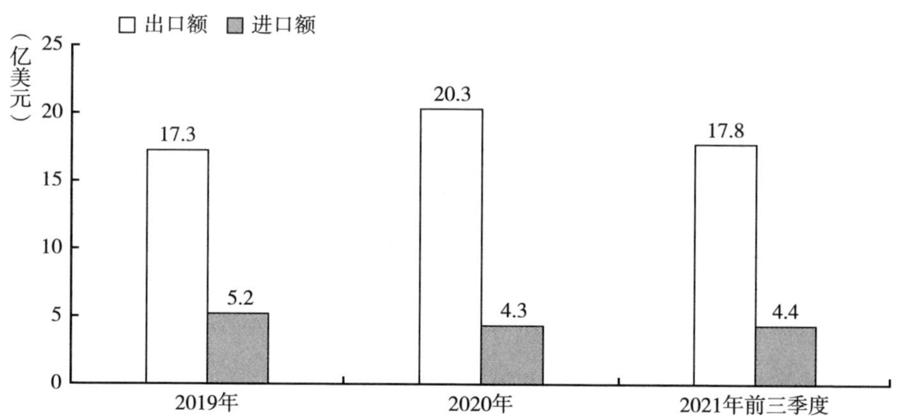

图 8　2019～2021 年 9 月我国医用敷料进出口额

表 9　2020～2021 年 9 月全国医用敷料进出口各国或地区金额前十情况

单位：亿美元

出口			进口		
贸易伙伴名称	2020 年	2021 年前三季度	贸易伙伴名称	2020 年	2021 年前三季度
美　国	5.70	4.30	美　国	1.60	1.50
韩　国	1.50	2.10	日　本	0.40	0.60
尼日利亚	0.60	0.90	德　国	0.30	0.30
日　本	1.10	0.80	墨西哥	0.30	0.30
德　国	0.90	0.70	韩　国	0.20	0.20
英　国	1.30	0.70	瑞　士	0.10	0.20
荷　兰	0.50	0.70	匈牙利	0.20	0.20
巴基斯坦	0.10	0.60	英　国	0.20	0.20
也　门	0.20	0.40	芬　兰	0.20	0.20
澳大利亚	0.40	0.40	多米尼加共和国	0.20	0.10

注：按 2021 年前三季度数据降序排列。

（七）口腔设备与材料

口腔设备是指专供在口腔学中使用的各种小型手提式工具及口腔治疗机等，小型手提式工具包括牙科手机、口腔手机灭菌器等手术器具、牙科旋转器具、根管器具；口腔科材料包括合成树脂牙、义齿基托树脂、牙科粘固剂等。根据中国海关总署公布的数据，近年来我国口腔设备与材料对外贸易规模稳定增长，但受新冠肺炎疫情影响，2020 年、2021 年前三季度进口规模稍有回落。2021 年前三季度出口额为 9.7 亿美元（见图 9、表 10）。

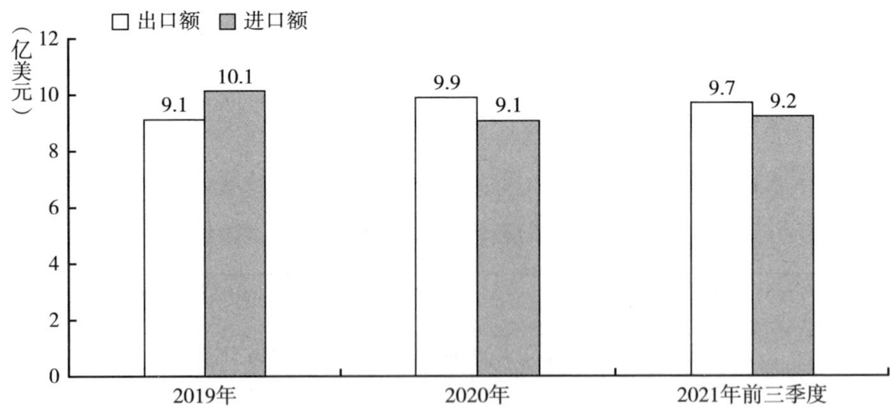

图 9　2019～2021 年 9 月我国口腔设备与材料进出口额

表 10　2020～2021 年 9 月全国口腔设备与材料进出口各国或地区金额前十情况

单位：亿美元

出口			进口		
贸易伙伴名称	2020 年	2021 年前三季度	贸易伙伴名称	2020 年	2021 年前三季度
中国香港	4.60	4.70	韩　国	1.80	1.90
美　国	1.10	1.00	日　本	0.80	1.50
德　国	0.40	0.40	德　国	1.60	1.50
俄罗斯联邦	0.20	0.20	瑞　士	1.30	1.40
日　本	0.20	0.20	美　国	1.10	1.10
土耳其	0.20	0.20	瑞　典	0.40	0.40
埃　及	0.10	0.20	法　国	0.30	0.20
墨西哥	0.10	0.10	意大利	0.20	0.20
印　度	0.10	0.10	越　南	0.20	0.10
荷　兰	0.10	0.10	以色列	0.10	0.10

注：按 2021 年前三季度数据降序排列。

（八）其他产品

其他产品主要包括实验室用器具、机械疗法器具及心理功能测验装置等。根据中国海关总署公布的数据，近年来我国其他产品对外贸易规模稳步增长，受新冠肺炎疫情影响，2020 年我国出口额超过 40.0 亿美元。随着全球疫情防控常态化、各国产品供应链的恢复，2021 年前三季度我国其他产品出口额回落至 25.4 亿美元（见图 10、表 11）。

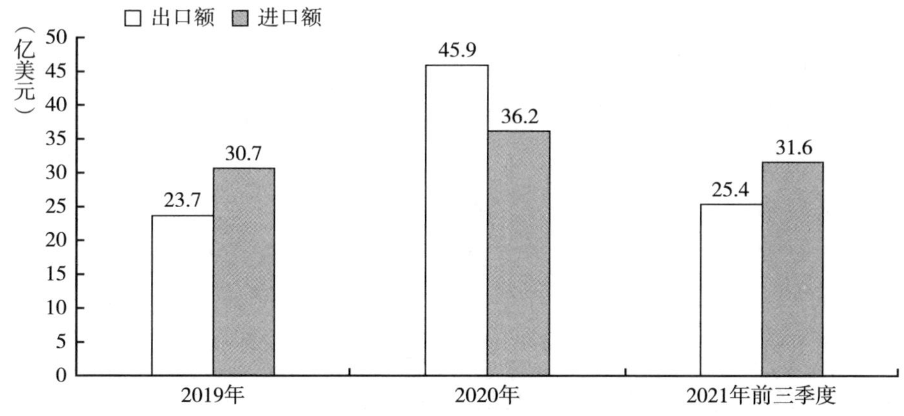

图 10　2019～2021 年 9 月我国其他产品进出口额

表 11　2020～2021 年 9 月全国其他产品进出口各国或地区金额前十情况

单位：亿美元

出口			进口		
贸易伙伴名称	2020 年	2021 年前三季度	贸易伙伴名称	2020 年	2021 年前三季度
美　国	16.20	7.60	美　国	9.60	8.50
德　国	2.20	1.90	墨西哥	4.60	4.70
日　本	2.20	1.80	德　国	4.20	3.30
荷　兰	1.00	0.70	日　本	4.00	2.80
韩　国	0.80	0.70	爱尔兰	1.70	1.80
法　国	1.10	0.60	哥斯达黎加	1.50	1.40
巴　西	0.70	0.60	越　南	1.20	1.40
俄罗斯联邦	0.90	0.50	以色列	1.00	1.10
加拿大	0.60	0.40	法　国	0.80	0.70
土耳其	0.80	0.40	中国（保税区）	1.00	0.60

注：按 2021 年前三季度数据降序排列。

三　贸易伙伴进出口额分析

（一）重点贸易伙伴

1. 美国

在出口方面，受新冠肺炎疫情影响，2020 年我国医疗器械出口美国的贸易总额喷发式增长至 327.6 亿美元，2021 年前三季度我国医疗器械出口美国的贸易额达 174.2 亿美元。在进口方面，近年来我国进口美国医疗器械产品的贸易额稳定，2021 年前三季度进口额为 90.1 亿美元。在贸易差额方面，多年来我国与美国在医疗器械领域进出口方面始终保持贸易顺差关系（见图 11）。

我国出口美国的医疗器械产品品类主要为医用耗材，2021 年前三季度医用耗材出口额占总额的 74.9%。其后，诊疗设备、保健康复产品两者占总额的 12.2%（见图 12）。

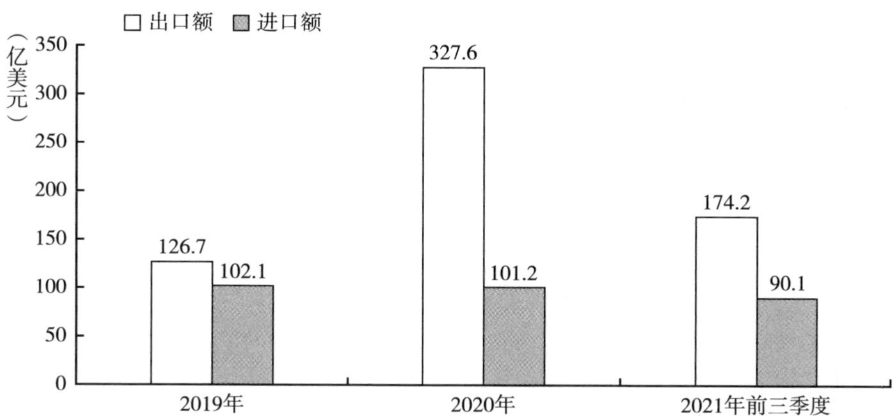

图 11　2019～2021 年 9 月我国医疗器械进出口美国贸易额

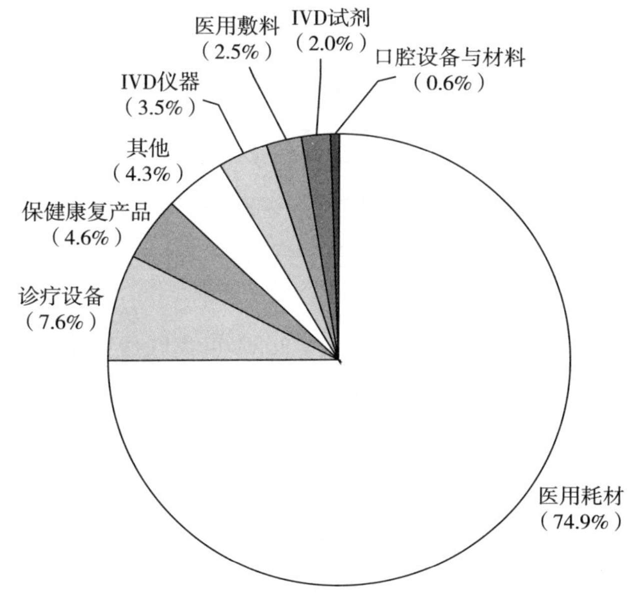

图 12　2021 年前三季度我国医疗器械出口美国各品类产品出口额占比

2. 德国

在出口方面，受新冠肺炎疫情影响，2020 年我国医疗器械出口德国的贸易额快速增长至 81. 1 亿美元。2021 年前三季度我国医疗器械出口德国的贸易额达61.0亿美元。在进口方面，近年来我国进口德国医疗器械产品的贸易额稳定，2021年前三季度进口额为72.0亿美元。在贸易差额方面，多年来我国与德国在医疗器械领域进出口方面始终保持贸易逆差关系，2020年两国贸易差额最小（见图13）。

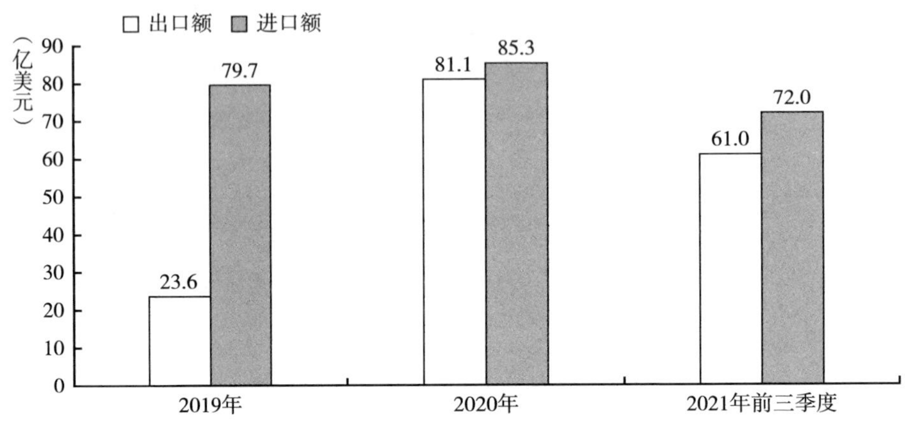

图13　2019～2021年9月我国医疗器械进出口德国贸易额

我国出口德国的医疗器械产品品类主要为IVD试剂，2021年前三季度IVD试剂出口额占总额的44.9%。其后，医用耗材、诊疗设备两者占总额的45.6%（见图14）。

3. 日本

在出口方面，受新冠肺炎疫情影响，2020年我国医疗器械出口日本的贸易额快速增长至78.5亿美元。2021年前三季度我国医疗器械出口日本的贸易额达38.8亿美元。在进口方面，近年来我国进口日本医疗器械产品的贸易额缓慢增长，2021年前三季度进口额为39.5亿美元。在贸易差额方面，多年来我国与日本在医疗器械领域进出口方面始终保持贸易逆差关系，2020年当年两国贸易关系成功扭转（见图15）。

我国出口日本的医疗器械产品品类主要为医用耗材，2021年前三季度医用耗材出口额占总额的70.2%。其后，诊疗设备、其他产品两者占总额的19.2%（见图16）。

4. 瑞士

瑞士是拥有世界一流医疗保健系统的国家之一，其在干细胞治疗、活细胞

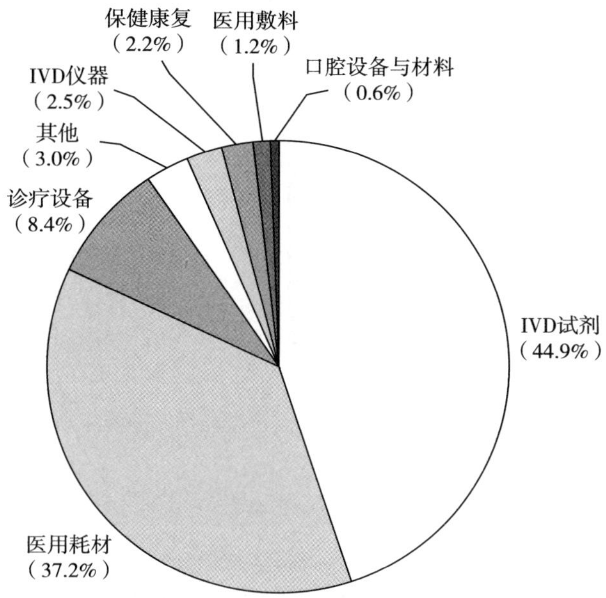

图 14　2021 年前三季度我国医疗器械出口德国各品类产品出口额占比

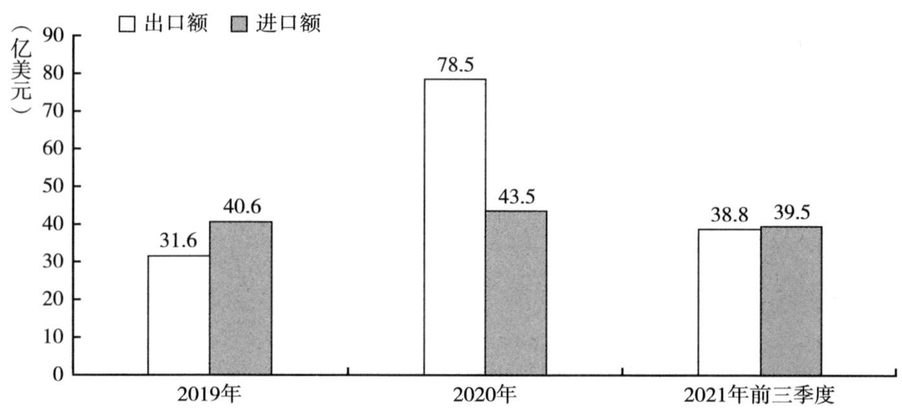

图 15　2019～2021 年 9 月我国医疗器械进出口日本贸易额

抗衰、肿瘤干预、医疗美容、心血管疾病治疗等方面技术遥遥领先，拥有瑞士哈美顿医疗公司（Hamilton Medical）、瑞士诺华制药有限公司和瑞士罗氏公司等知名企业，但是低值耗材基本依赖进口。受新冠肺炎疫情影响，2020 年我

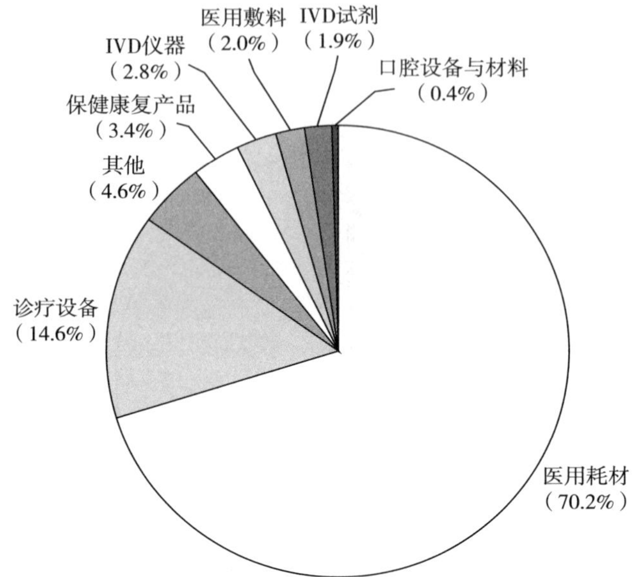

图 16　2021 年前三季度我国医疗器械出口日本各品类产品出口额占比

国医疗器械出口瑞士的贸易额快速增长至 6.2 亿美元。2021 年前三季度我国医疗器械出口瑞士的贸易额回落至 2.0 亿美元。在进口方面，近年来我国进口瑞士医疗器械产品的贸易额稳步增长，即使是 2020 年仍有小幅增长。在贸易差额方面，多年来我国与瑞士在医疗器械领域进出口方面始终保持贸易逆差关系（见图 17）。

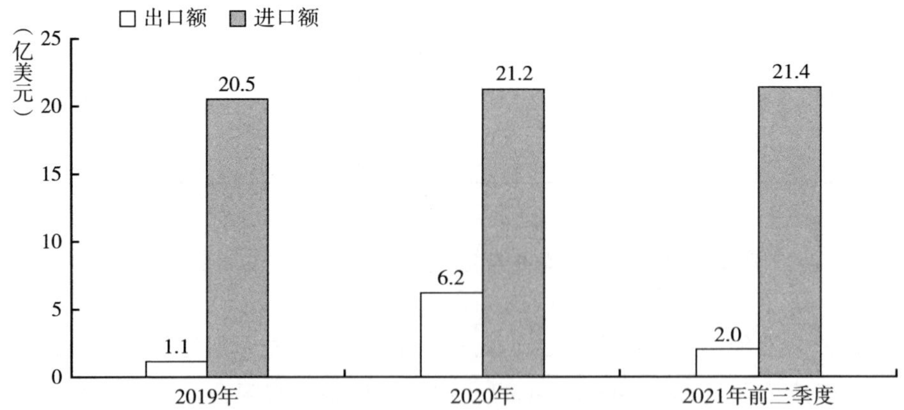

图 17　2019～2021 年 9 月我国医疗器械进出口瑞士贸易额

我国出口瑞士的医疗器械产品品类主要为医用耗材，2021 年前三季度医用耗材出口额占总额的 50.8%。其后，IVD 试剂、诊疗设备两者占总额的 32.0%（见图 18）。

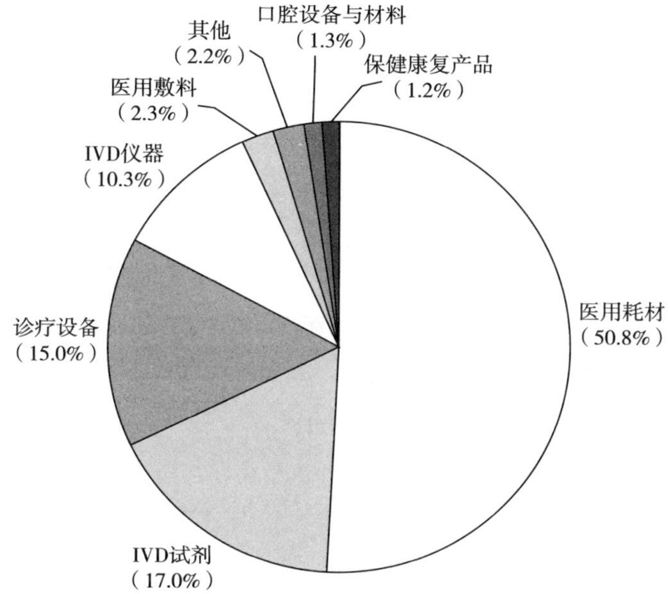

图 18　2021 年前三季度我国医疗器械出口瑞士各品类产品出口额占比

（二）“一带一路”沿线国家

1. 印度

在出口方面，2020 年医疗器械进出口印度规模受新冠肺炎疫情影响较小，2019～2021 年 9 月我国医疗器械出口印度的贸易额逐年稳定增长。2021 年前三季度我国医疗器械出口印度的贸易额达 16.9 亿美元。在进口方面，2019～2020 年我国进口印度医疗器械产品的贸易额保持在 2.0 亿美元以下的水平，2021 年前三季度进口额为 1.1 亿美元。在贸易差额方面，2019 年我国与印度在医疗器械领域的贸易顺差为 9.7 亿美元，2020 年两国贸易顺差超过 10.0 亿美元（见图 19）。

我国出口印度的医疗器械产品品类主要为诊疗设备和医用耗材，2021 年前三季度两者出口额占总额的 78.8%（见图 20）。

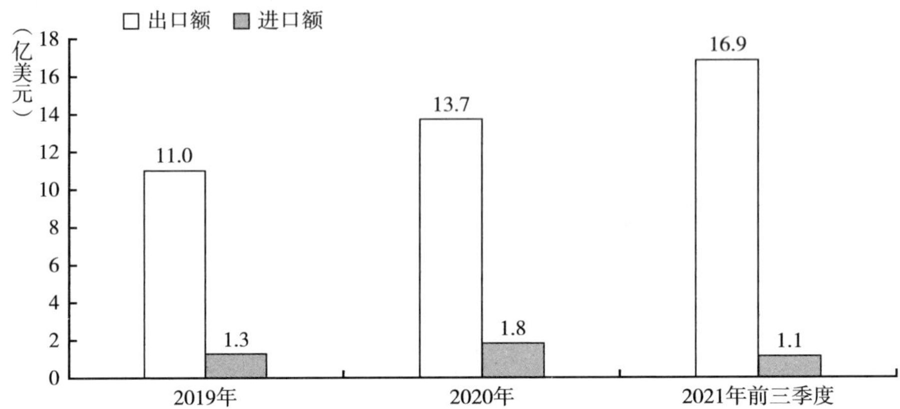

图 19　2019～2021 年 9 月我国医疗器械进出口印度贸易额

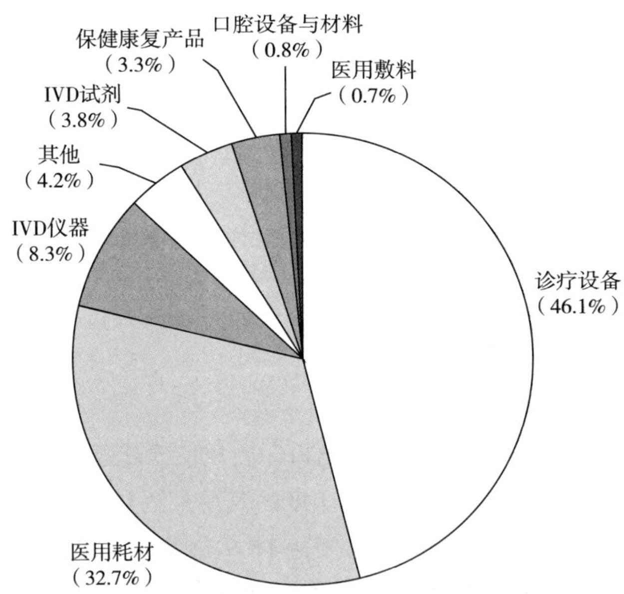

图 20　2021 年前三季度我国医疗器械出口印度各品类产品出口额占比

2. 新加坡

在出口方面，受疫情影响，2020 年出口贸易额快速增长至 19.5 亿美元。2021 年前三季度我国医疗器械出口新加坡的贸易额达 6.7 亿美元。在进口方面，近年来我国进口新加坡医疗器械产品的贸易额波动增长；2020 年进口额稍有回落，为 8.6 亿美元；2021 年前三季度进口额为 10.7 亿美元。在贸易差额方面，2019 年我国与新加坡在医疗器械领域的贸易逆差为 1.6 亿美元；在 2020 年两国贸易关系实现扭转，我国出超 10.9 亿美元；但是由于新冠肺炎疫情防控常态化，我国医疗器械出口规模大幅缩小，2021 年前三季度我国与新加坡的贸易逆差约 4.0 亿美元（见图 21）。

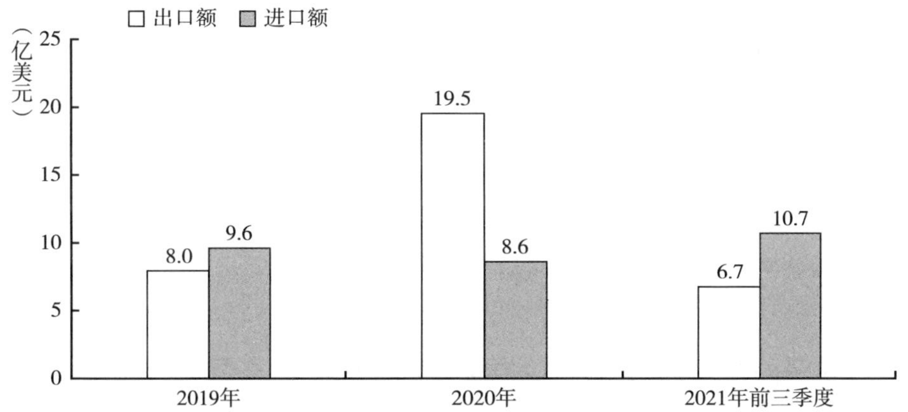

图 21　2019～2021 年 9 月我国医疗器械进出口新加坡贸易额

我国出口新加坡的医疗器械产品品类主要为医用耗材，2021 年前三季度医用耗材出口额占总额的 43.2%。其后，诊疗设备、IVD 仪器两者占总额的 37.6%。值得一提的是，我国出口新加坡的 IVD 仪器达 1.0 亿美元；同年我国从新加坡进口的 IVD 仪器贸易额为 5.6 亿美元，约为出口贸易额的 5.6 倍（见图 22）。

3. 俄罗斯联邦

在出口方面，受疫情影响，2020 年出口贸易额喷发式增长至 24.4 亿美元，2021 年前三季度我国医疗器械出口俄罗斯联邦的贸易额达 9.1 亿美元。在进口方面，近年来我国进口俄罗斯联邦医疗器械产品的贸易额长期保持在百万美元级；2020 年进口额稍高，达到 0.39 亿美元；2021 年前三季度进口总额为 0.04 亿美元。在贸易差额方面，2019 年我国与俄罗斯联邦在医疗器械领域的贸易顺差为 6.85 亿美元，2020 年两国贸易顺差超过 20 亿美元（见图 23）。

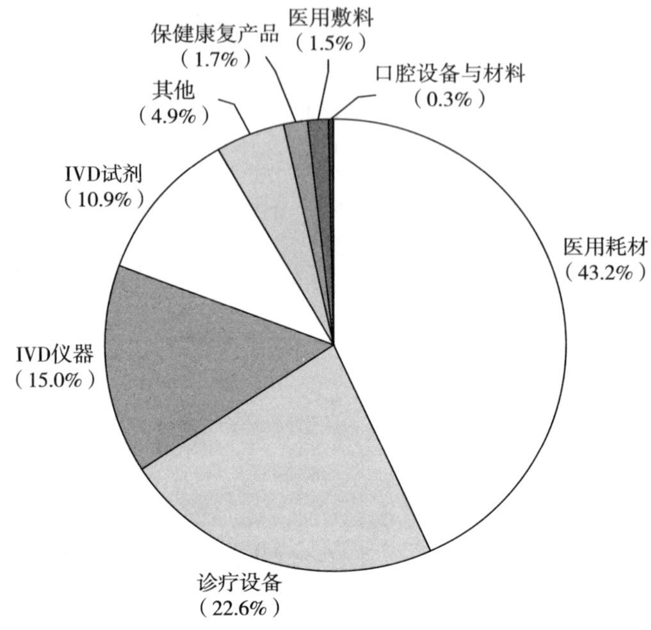

图 22　2021 年前三季度我国医疗器械出口新加坡各品类产品出口额占比

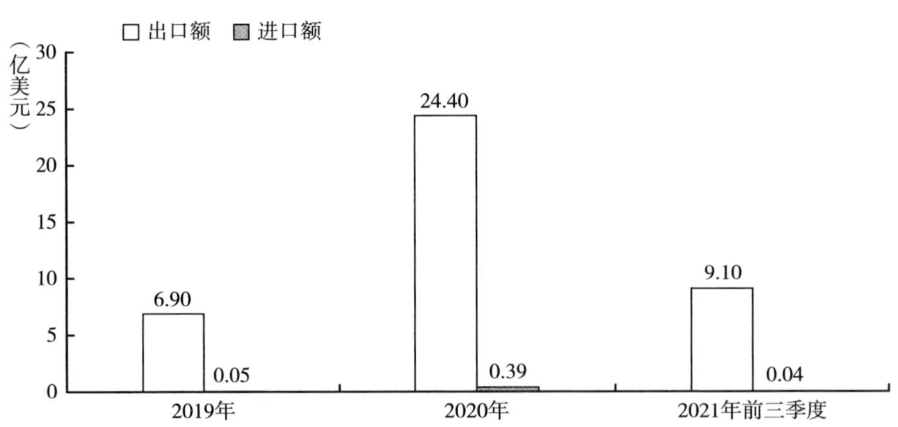

图 23　2019～2021 年 9 月我国医疗器械进出口俄罗斯联邦贸易额

我国出口俄罗斯联邦的医疗器械产品品类主要为医用耗材，2021 年前三季度医用耗材出口额占总额的 56.4%。其后，诊疗设备、保健康复产品两者占总额的 26.6%（见图 24）。

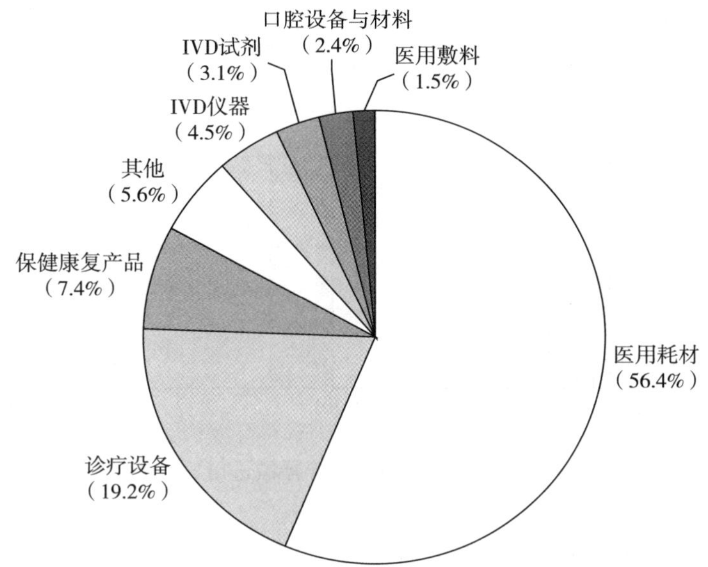

图 24　2021 年前三季度我国医疗器械出口俄罗斯联邦各品类产品出口额占比

4. 以色列

在出口方面，受疫情影响，2020 年出口贸易额快速增长至 6.4 亿美元。2021 年前三季度我国医疗器械出口以色列的贸易额达 2.9 亿美元。在进口方面，近年来我国进口以色列医疗器械产品的贸易额逐年增长，2020 年进口额基本与 2019 年持平；2021 年前三季度进口额为 4.6 亿美元。在贸易差额方面，我国与以色列在医疗器械领域始终存在贸易逆差，受疫情影响，2020 年我国出口 4.1 亿美元的医用耗材，两国贸易逆差实现扭转（见图 25）。

以色列医疗器械重点关注严重威胁人类健康但目前缺乏有效治疗手段的重大疾病。因此，目前多数以色列医疗器械公司业务集中于治疗心血管及周边血管疾病、肿瘤、神经退化性疾病及其他与年龄有关的疾病领域（如眼科和骨科等）。根据中国海关总署公布的贸易数据，我国主要从以色列进口 X 射线断层检查仪，医用 α、β、γ 射线的应用设备，X 光发生器等诊疗设备、实验设备以及原料耗材。根据国家药监局进口产品注册信息库，目前已有半导体激光治疗机、射频治疗仪、液氮外科冷冻治疗设备、脊柱外科手术定位系统、骨关节手术器械等以色列医疗器械企业产品进入我国市场。

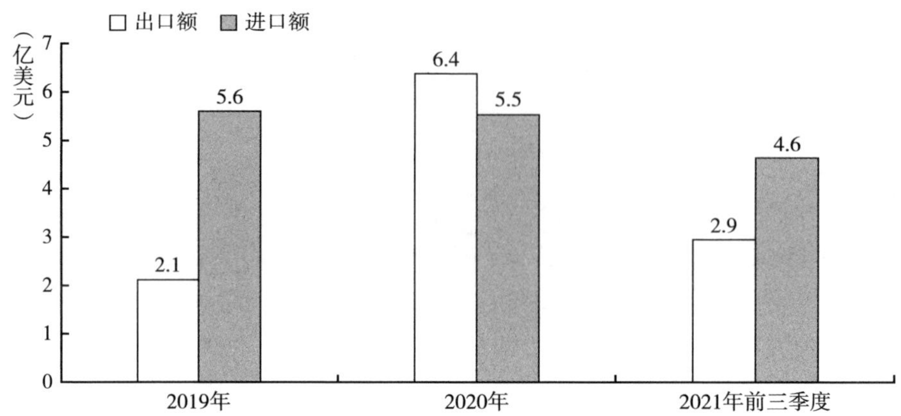

图 25　2019～2021 年 9 月我国医疗器械进出口以色列贸易额

我国出口以色列的医疗器械产品品类主要为医用耗材，2021 年前三季度医用耗材出口额占总额的 54.3%。其后，诊疗设备、其他产品和 IVD 试剂三者占总额的 34.3%（见图 26）。

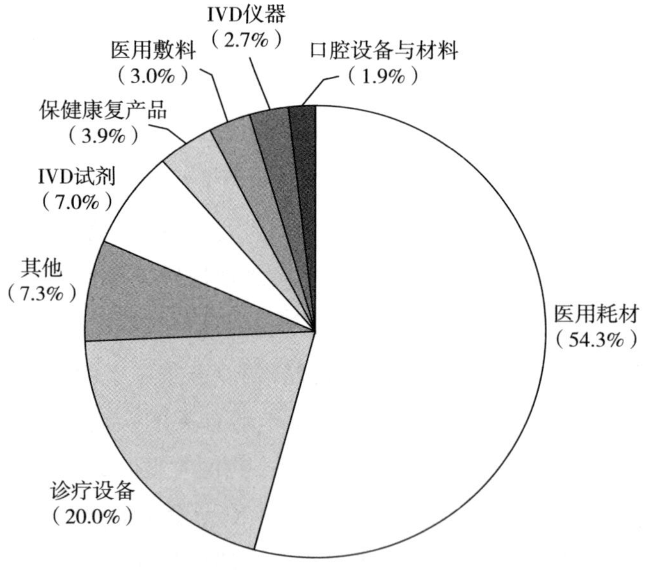

图 26　2021 年前三季度我国医疗器械出口以色列各品类产品出口额占比

四　全国各地进出口额分析

（一）各省（自治区、直辖市）出口

从全国出口海关口岸的贸易数据来看，广东省是我国医疗器械出口额最高的省份，2021 年前三季度出口额达到 143. 3 亿美元，全国占比 20. 8%；其次为浙江省 120. 3 亿美元、江苏省 97. 9 亿美元（见表 12）。

表 12　2019 ~ 2021 年 9 月我国各省（自治区、直辖市）口岸医疗器械出口市场情况

单位：亿美元

省　份	2019 年	2020 年	2021 年前三季度
广东省	115. 60	304. 40	143. 30
浙江省	73. 50	206. 10	120. 30
江苏省	78. 50	168. 00	97. 90
上海市	50. 60	104. 10	54. 90
福建省	18. 30	51. 30	54. 10
山东省	23. 00	81. 10	47. 60
北京市	14. 80	65. 60	29. 50
河北省	8. 40	29. 80	23. 20
湖北省	12. 20	63. 10	21. 30
安徽省	8. 70	31. 50	20. 50

（二）各省（自治区、直辖市）进口

从全国进口海关口岸的贸易数据来看，上海市是我国医疗器械进口额最高的省份，2021 年前三季度进口额达 187. 8 亿美元，全国占比 49. 9%；紧随其后为北京市 68. 1 亿美元、广东省 35. 3 亿美元（见表 13）。

表 13　2019～2021 年 9 月我国各省（自治区、直辖市）口岸医疗器械进口市场情况

单位：亿美元

省　份	2019 年	2020 年	2021 年前三季度
上海市	193.50	201.50	187.80
北京市	75.60	72.30	68.10
广东省	42.60	43.40	35.30
江苏省	25.40	32.90	24.90
山东省	10.30	11.70	9.30
福建省	6.40	6.70	6.70
浙江省	7.00	8.30	6.60
天津市	6.30	7.00	5.90
安徽省	3.70	3.00	4.90
辽宁省	6.70	7.00	4.60

数据实践与应用篇

Data Practice and Application

B.7 医疗器械信息化管理的数据应用与研究

楼晓敏　于雪梅　闫　雪　崔　英　朱隽典*

摘　要： 医疗器械信息化在医院的管理中发挥着重要作用，具有代表性的是人工智能医疗器械与物联网医疗器械的应用。人工智能目前已经被应用于医疗诊断治疗设备与医疗设备管理中，虽然在安全性、设备管理等方面仍存在着挑战，但在设备管理的创新及优化、管理人才的复合化方面却为设备管理及技术人员带来了新的思路与机遇。同时，“物联网 +”与医疗器械耗材供应链的结合也得到广泛应用。基于信息化平台的医疗设备零备件共享模式，提供了一个面向全行业的共享平台，对接整合了各方资源。降低经济成本、提升服务质量，在加强监管和数据完全保障的前提下，会成为下一代医疗设备管理的新趋势。中日友好医院医疗设备全信息化系统、某地级市医院医疗设备共享调配管理平台、上

* 楼晓敏，杭州市红十字会医院纪委书记、高级工程师、中国医学装备协会医疗器械创新与应用分会常务委员；于雪梅，首都儿科研究所附属儿童医院医学工程处处长；闫雪，首都儿科研究所附属儿童医院互联网办公室主任；崔英，首都儿科研究所附属儿童医院信息中心数据组组长；朱隽典，杭州市中医院医学工程部工程师。

海市某医院管理中心大型医用设备智能化管理平台的案例在医疗器械信息化管理方面的进展均具有代表性。

关键词： 医疗器械　信息化管理　人工智能　物联网+

一　新形势下医院医疗设备管理的信息化及系统化

现今医院的管理离不开信息化系统化的医疗系统辅助，在 HMIS、LIS、PACS 等系统的帮助下，医院的工作效率大大提高。① 医疗设备在医疗体系中发挥着越来越重要的作用，这也对医疗设备的管理提出了更高的要求。医疗设备管理系统化、信息化体现着医院管理水平，也对医院整体效益的提升有着重要作用。

（一）医院医疗设备管理现状分析

目前，我国医院医疗设备信息化、系统化发展迅速，大部分医院已摒弃了原始的人工记录、单机版的管理模式，这些管理模式管理方式紊乱，监管手段落后，功能局限于静态管理，无法动态检测。

随着信息技术的不断完善，国内大部分医疗设备信息管理系统已经走向联网时代，同时不断扩展在 PC 端和移动端的功能②，加强在线监控设备运行的动态数据统计分析。物联网技术被广泛应用于医疗设备管理系统中，能有效地对设备维修维护管理、工程师绩效管理等内容进行动态监测。

（二）医院医疗设备管理内容

医疗设备全过程精细化管理是通过信息化的方式实现设备全生命周期系统化的管理。管理内容应至少包括以下几方面。

---

① 王军：《新形势下医院医疗设备管理的信息化及系统化》，《中国医疗器械信息》2020 年第 5 期，第 164～166 页。

② 赖金滔：《医疗设备信息管理系统应用分析》，《中国医疗设备》2017 年第 2 期，第 147～150 页。

1. 设备采购管理

设备采购作为设备生命周期管理的起始端，其流程正规性及合理性十分重要。通过信息化的系统进行采购管理，利用电子化手段做好审批记录，可以让采购流程合规可循。同时，系统内同类设备的维修情况、供应商（厂家）售后能力的统计，也可以作为设备性能和供应商（厂家）服务质量的参考，为后期采购提供数据支持，从而挑选出优秀的设备及售后厂商。①

2. 设备档案管理

设备档案管理贯穿着整个设备生命周期，是信息化系统的关键组成部分。医疗设备档案可分为静态管理档案和动态管理档案。其中，静态管理档案包括设备的申请、采购、合同和验收等，动态管理档案包括设备的维护维修资料、计量检测资料及经济效益管理等内容。② 设备档案管理是信息化管理系统能力的体现，如何加强设备档案管理可操作性是目前系统管理的难点之一。

3. 设备监管管理

设备使用过程中的监督管理工作为设备的稳定运行提供重要保障。医疗设备的监管主要包括预防性维护、计量检测、不良事件管理和医疗器械召回管理等方面。③ 临床工程师工作中往往疏于定期维护的操作与记录工作，医疗设备管理的信息化能有效完善设备的质量控制，为设备稳定运行提供保障。

（三）医院医疗设备管理系统化的难点

医疗设备作为一个精细且庞杂的专用设备，其管理工作实质上是专业且复杂的，不同医院对于设备的管理都有一定的差异，大大增加了数据共享难度，无法完全发挥出信息化管理的优势。

医院医疗设备管理系统软件硬件水平也影响着管理工作的进行，许多引进的系统功能相对滞后，信息安全也存在漏洞，无法满足实际需求，管理效果无

---

① 石海龙：《医疗设备信息管理系统的设计》，《中国医疗器械信息》2020 年第 7 期，第 157 ~ 158 页。

② 文彬、邱丹：《医疗设备档案资料系统化及信息化管理》，《中国医疗设备》2014 年第 6 期，第 86 ~ 88 页。

③ 许仕伟、杨佳佳：《新形势下医院医疗设备管理的信息化与系统化分析》，《中国卫生标准管理》2020 年第 14 期，第 4 ~ 6 页。

法有效呈现。

同时，医院管理人员及设备技术人员的系统化设备管理意识较为薄弱，没有将设备管理工作日常化，存在管理不真实不全面等情况①，无法很好地发挥系统作用。

（四）总结

医疗设备管理的信息化及系统化对于医院管理效率的提升有着重要作用，同时完善设备全生命周期管理也让设备管理工作合理有效地进行。在后续的医疗设备管理过程中，需要不断推动医疗设备管理向着系统化和信息化的方向发展，促进医疗质量及效益的全面提升。

二 “人工智能+”背景下医疗器械设备管理的挑战与机遇

人工智能（AI）系统具有模拟人类智能的特征，即学习能力、推理能力与自我校正的能力②，它能解决人类由于精力、脑力问题而难以完成的任务，现已被广泛应用于各大领域。“人工智能+”是指将“人工智能”作为核心特征并提取出来，与各个行业做全面融合。医学领域是目前融合效果最好的领域之一，两者的紧密结合已为医学工作带来革命性变化，为患者疾病的诊断和治疗提供了重要帮助。

目前，人工智能医疗器械的管理由于各国研究进展不同，并未形成统一标准。美国食品药品监督管理局（Food and Drug Administration，FDA）的人工智能医疗器械管理工作起步较早，并于2021年发布了AI机器学习医疗器械软件行动计划。③

---

① 王勤帮：《试论基于新形势下的医院医疗设备管理的信息化及系统化》，《中国医疗器械信息》2017年第14期，第143~145页。

② Muehlematter U. J., Daniore P., Vokinger K. N. “Approval of artificial intelligence and machine learning-based medical devices in the USA and Europe (2015-20): a comparative analysis.” *Lancet Digit Health*, 2021, 3: e195-e203.

③ US Food and Drug Administration. Artificial intelligence/ machine learning (AI/ML) - based software as a medical device (SaMD) action plan. Washington, DC.: U. S. Food and Drug Administration, 2021.

我国药品监管部门已开展大量工作①，以提高通用医疗器械、医疗器械软件质量管理水平，也发布了不少技术文件，以便于 AI 医疗器械软件的注册审评。②

（一）人工智能在医疗仪器设备中的应用现状

1. 用于医疗诊断治疗设备

医疗设备是人工智能融入最重要的领域之一。医学诊断设备包括放射影像设备、超声检查设备、心电监测设备及病理检查设备等，人工智能系统能显著提高其图像质量、辅助诊断分类、提供数据分析等。治疗设备如达芬奇手术机器人已被广泛应用于各大医院，在精准手术领域发挥着重要作用③，配备手术机器人也是医院实力的重要体现。

2. 用于医疗设备管理

原大多数医疗设备管理系统较滞后被动，无法提前主动解决设备相关问题。现国内有研究者已将设备管理系统与人工智能相结合，开发出智能化管理系统，被广泛应用于设备故障预警、设备数据监测等工作，化被动为主动，大大提高了设备使用效率。

（二）“人工智能＋”背景下医疗器械设备管理的挑战

人工智能医疗器械（Artificial Intelligence Medical Device，AIMD）作为新兴技术，其复杂程度远超过普通医疗设备，这对设备管理部门及人员是个挑战。

1. 安全性挑战

安全性挑战包括医疗安全、数据安全方面的挑战等。

医疗安全主要指的是医疗器械本身的安全性和准确性。AIMD 一旦发生故

---

① 国家药品监督管理局：《医疗器械生产质量管理规范附录独立软件》，2019。

② 国家药品监督管理局医疗器械技术审评中心：《深度学习辅助决策医疗器械软件审评要点》，2019；国家药品监督管理局医疗器械技术审评中心：《肺炎 CT 影像辅助分诊与评估软件审评要点（试行）》，2020。

③ Bautista M.，Manrique J.，Hozack W. J. “Robotics in Total Knee Arthroplasty”. *J Knee Surg*，2019，32（7）：600－606.

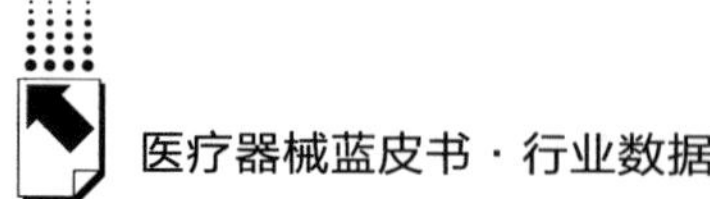

障，将对患者造成严重的伤害甚至导致患者死亡。国外已出现手术机器人故障被紧急召回的情况。与此同时，AIMD 在辅助临床医生做疾病诊断和治疗决策过程中也存在风险，在一些复杂疾病的诊治过程中，不能完全依赖设备的判断。

数据安全的挑战主要体现在数据采集、数据储存和数据共享等方面。AI 程序的训练需要大量的数据作为支撑，然而医院外网云端数据的采集传输等过程存在着数据泄露的风险，同时也威胁着内网系统的安全。

2. 设备管理挑战

医疗设备作为专用设备，其构造本身已较为复杂，结合人工智能后系统复杂程度大大增加，做好对该类设备的维护维修工作对医院设备技术人员来说是重大考验。人工智能医疗器械往往涉及多学科交叉融合，包含了电路、计算机、机械和临床等方面，其管理维护已不局限于单一科室，跨科室管理也是许多医院面临的难题。

（三）"人工智能+"背景下医疗器械设备管理的机遇

医疗器械人工智能化在带来挑战的同时，也为设备管理及技术人员带来了新的思路与机遇。

1. 设备管理的创新及优化

设备的维护管理是智能化的重要组成部分，随着人工智能的推进，设备的维护由原先单一的机械电路故障维修转为多元的信息化系统化问题的解决，设备的管理由原先的被动维保转向现在主动的智能化数据分析。物联网技术在医疗设备管理中得到了广泛应用①，管理人员可通过物联网了解到设备资源分布、设备性能分析等多项数据，有效地提高了设备使用效率，这正是人工智能在管理上创新和优化的体现。

2. 管理人才的复合化

现今社会对人才的要求已不局限于某单一领域，跨学科的问题往往需要复合型人才才能高效率处理。人工智能医疗器械涉及的部门、学科范围广，对管

① 任艳鸿、张阳、高春鹏：《基于人工智能背景下医疗设备管理的挑战与机遇》，《中国医学装备》2021 年第 9 期，第 177～181 页。

理人员的专业性及沟通能力都是很大的考验。与此同时，这也是一个很好的学习机会，管理人员既可以了解到其他部门工作内容，也可以学习到前沿的技术，这对其工作能力是一次重大提升。

（四）总结

人工智能医疗器械正在改变临床医学，同时也影响着设备管理工作，设备管理的智能化，既是挑战也是机遇，设备管理人员应积极适应人工智能带来的改变，发挥专业人员作用，促进医疗事业的进步。

三　“物联网＋”医疗器械耗材信息化管理

（一）医疗器械耗材管理信息化发展进程

医疗器械耗材管理因耗材品类繁多、供应频率高、供应链流程长，所以具有手工处理依赖度高、时间成本高、差错率大、管理负担重等特点，是较早提出信息化管理需求的领域之一。经过一段时间的发展，医疗器械耗材信息化管理目前在不同医院的水平参差不齐，处于多个发展阶段并存的状态。

医疗器械耗材管理系统第一阶段从财务视角出发，以单据为记录依据，满足入出库记账及结算的基本业务需求；第二阶段从医院内部医疗器械耗材精细化管理需求出发，以覆盖医院各个相关业务科室为目标，支持不同类别的管理流程，例如高值追溯、低值定量、采购计划、上下线管控、统计分析、库存预警、重点监控等；第三阶段以实现全流程闭环管理为目标，打通院内院外供应链，建立 SPD 服务团队，基于云平台、系统集成、条码技术等，实现供应商线上集中管理、供应全程条码管理、耗材供应与临床使用消耗关联管控等；第四阶段以满足智慧管理需求为目标，借助物联网新技术及数据分析模型，实现实时定位、精准匹配、快速预警、监测追溯、合理用耗、临床应用评价等功能。目前，全国多数医院处于第二阶段，部分规模较大的医院进入第三阶段。据报道，2021 年开展 SPD 项目的医院将超过 500 家，另有部分信息化基础和管理水平较高的医院尝试向第四阶段迈进；而第三和第四阶段，均不同程度地引入物联网等新技术。

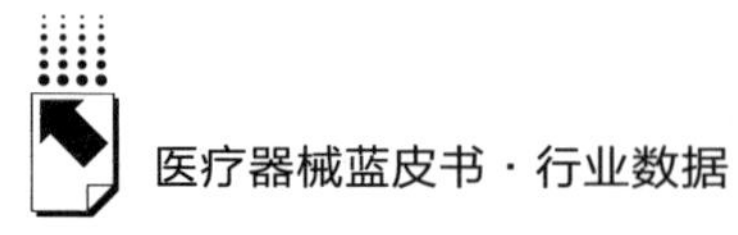

（二）“物联网 +”新技术下的医疗器械耗材管理背景

2018 年 3 月，国务院政府工作报告中提及加快新旧发展动能接续转换，推动大数据、云计算、物联网的广泛应用。2021 年 9 月，国家卫健委发布《公立医院高质量发展促进行动（2021 ~ 2025）》，将“精细化管理”作为八项行动中的关键词重点强调，这意味着公立医院将通过信息化手段提质增效，向集约性、高效化及高质量的管理方向迈进。科技的发展以及政策的导向，双向推进了医疗器械耗材供应链管理模式的创新和改变，从而实现降耗增益、双向追溯、闭环管理、精益决策、合理使用、患者安全的管理目标。

当前，医疗器械耗材管理对物流过程中的信息实时性、完整性及准确性要求不断提升，而实际物流过程信息流不畅，真实业务与系统记录不一致，决策分析缺乏高质量数据等问题突出。据统计，在当前医用耗材的物流领域，信息滞后导致的物流成本投入增加占到了运输成本的 2/3。而在一些信息技术发达的国家，物流成本只有我国当前水平的 1/2。长此以往，我国医疗器械耗材管理的发展将受到制约。医疗器械耗材供应链改变传统管理模式，更多采用智能化管理手段已成必然趋势。

物联网技术是通过射频识别、条码、传感器、全球定位系统、激光扫描器等信息传感设备，将人和物与互联网进行连接，实现自行感知、可靠通信、智能分析，从而建立起人与物、物与物相联系的智能化信息处理、交互式服务系统，实现智能识别、定位、跟踪、监控和管理的网络功能。

（三）新技术在医疗器械耗材供应链中的具体应用场景

医疗器械耗材具有物流容错率低、效期短等特征，物联网技术因其智能化、差错率低的特点在大规模的医疗器械耗材管理上具有得天独厚的优势。传统医疗器械耗材厂家均已在各自的供应链中大量应用物联网技术，以加强对产品（配件）的全球配置管理。

截至目前，我国已有部分医院开始尝试基于物联网技术，建立院内医疗器械耗材供应链信息化管理系统，智能化设备先后研发并投入使用，典型应用场景如下。

1. 基于 RFID 的智能化库房，包括智能门禁系统、智能货架、智能高值柜，实现自动甄别和记录领物人、智能清点、准确高效读取耗材信息等功能，同时也解决了传统模式下为高值耗材 UDI 赋码的多重困难，减少人工清点“跑”“冒”“漏”的现象，为耗材有效期管理及库存管理提供了便利。

2. 智能冷链管理，可实现库房环境与冷链运输的智能监测，可监控环境变化，异常预警，满足冷链供应的规范要求。

3. 智能机器人院内配送，在特定区域特定环境下，例如疫情防控期间，可以减少交叉感染。

4. 实时定位与追踪，基于院内实景地图，配送人员使用 PDA，通过蓝牙通信，可实时定位，记录途经时间，可回溯配送路径和停留热力图。

5. 智能化手术室，可实现手术器械清点与回收、手术器械包的消毒管理，以及手术室被服供应管理等。

（四）新技术下医疗器械耗材供应链的未来发展趋势

UDI 及 RFID 新技术在医疗器械耗材使用及管理过程中的应用虽然具有巨大的优势，但在流程精细化管理上也存在一定的可优化空间，如：UDI 尚在推广中，智能设备成本较高，机器人功能相对单一、识别灵敏度及准确性有待提高。

当然，在实现以上应用场景的同时，不可避免地会面临数据安全、数据质量管理等方面的问题，相信随着物联网技术的不断迭代，新技术下的医疗器械耗材供应链会更加安全、可靠。

四　基于信息化平台的医疗设备零备件储备共享模式应用思考

医疗设备的良好运行是保障医疗工作有序开展必不可少的条件之一，其中零备件能否及时供应已成为影响医疗设备运转的重要因素。

现阶段，我国对于医疗设备零备件储备的管理仍处于初级阶段，基于信息化、网络化的管理在全国范围内水平参差不齐，零备件整体管理水平不高。

随着科技发展、数据经济兴起，我们有必要探讨基于信息化平台的医疗设备零备件储备共享模式，实现资源共享、在线调配、合理储备，提升协同服务能力，降低零备件储备供应各环节运营成本。

（一）医院主导的零备件管理传统模式

早期医疗设备零备件的存储供应由医院主导，医院建立零备件库，自行采购、独立储备零备件并维持一定库存量，以满足临床需要。

随着医疗设备资产规模的不断扩大，传统模式难以有效应对，其原因如下。①医疗设备为专用设备，零备件种类多、数量大。②库存零备件金额过大。为了保障设备的持续运行，管理部门需不断增加零备件的种类和数量，减少由于缺少备件带来的额外停机的概率。③由于零备件库存消耗情况与设备状况及维护有关，因此呈现很强的不均匀性，无法有效地控制库存，导致零备件库的高效管理和运行遇到瓶颈。

（二）医院与供应商协作的零备件管理合作模式

随着中国医疗事业改革的不断推进，采购制度不断规范，医疗设备零备件管理方法有了新的进展。医院将零备件进行分类，针对不同的分类采取不同管理方式。

设备零备件可分为以下两类。①维修零备件：关键易损零备件可应急储备，非关键零备件按需采购。②可重复使用的随机配件：常用零备件采用安全库存以保证及时供应，不常用零备件按需采购。除紧急且必要的零备件由医院自行采购纳入应急备件库管理外，其余零备件由供应商提供，形成医院与供应商合作的模式。

在此模式中，供应商需持续跟进医院使用需求，储备较大的库存，适时督促生产厂家进行一定数量的备货并发货。这类供应模式降低了医院库存压力和成本，提升了医疗机构与供应商的协作效率，目前已成为主流模式。但由于供应链涉及生产厂家、代理商、零售商、医院医疗设备管理部门、医院使用科室等诸多环节，各供应环节的单位均独立建立仓储和物流管理系统，信息系统不能互联互通，资源难以共享，无法实现全链条高效协同，存在信息滞后、储备积压、资源浪费的问题；并且由于信息不透明不对等，医院与供应商难以建立互信，常常因价格谈判陷入耗时又费力的零和博弈过程，导致医院采购工作效率下降，影响临床使用。

（三）基于信息化平台的医疗设备零备件储备共享模式

数字化、智能化已经成为医疗设备管理的主流趋势，数字经济、共享经济可有效整合资源匹配过程。国内已有相关研究和探索，通过建立信息平台实现医疗设备零备件储备的共享模式，目的在于统筹零备件储备资源，以公开透明的方式共享，对接供需双方，使医疗机构在医疗设备发生故障时，能够快速找到所需要的零备件；帮助供应商及制造商了解零备件储备分布情况，实时掌握消耗数据，通过数据分析有针对性地进行订单生产、仓储布局、库存储备及动态调配，提高零备件的周转率，降低供需双方的维修运营成本，形成良性循环，减少信息不畅造成的效率损失和经济损失。

1. 政策支持

党的十九大报告提出，在共享经济等领域培育新增长点，形成新动能。共享经济作为全球新一轮科技革命和产业变革下涌现的新业态新模式，正在加快驱动资产权属、组织形态、就业模式和消费方式的革新。

2. 技术支持

我国电商行业快速发展，线上商品信息交互更加方便，物流系统构建更加完善，为人民提供更加简便、快捷的购买方式，以电商平台为支撑，各领域可创新行业运行模式。我国迅速发展的区块链、云平台、物联网等新技术，使平台在身份认证、交易策略权限管理、访问控制及数据保护等方面得到充分保障。

3. 实现路径

基于信息化平台的医疗设备零备件储备共享模式核心思路是借助互联网共享技术，面向医疗机构、行业管理部门、生产厂家、售后服务供应商、第三方运营服务商等多部门实现信息实时共享。平台可以是医院主导的私有云平台，管理本医疗机构设备资产相关供应链，也可以是面向行业的公共云平台，平台提供技术保障和运营管理，相关各方各取所需，既是信息提供方也是信息消费方。

信息平台基本功能包含用户管理、资源管理、信息查询、专业服务等。

（1）用户管理：有效身份认证及注册管理，用户包含医疗机构、生产厂商、供应商、第三方运营服务商、行业监管部门。不同用户权限不同，获取资讯类别不同，实现业务模式不同。

（2）资源管理：分为静态信息和动态信息的管理。

静态信息包含企业信息、产品信息和人力资源信息。企业信息包含生产厂商、供应商、第三方运营服务商资质；产品信息包含设备型号、规格、注册证、功能，零备件种类、型号、标识、生产信息等；人力资源信息包含专业维修工程师的相关认证信息、技术专长等。

动态信息包含备件库分布、维修点分布、区域设备保有量及增量、零备件储备数量、零备件使用状态、是否调配等，工程师在线及接单状态等。

（3）信息查询：设备查询、零备件查询、企业查询、维修点查询、工程师资质查询、使用用户查询、同类产品比价查询等。医院用户可以根据用途或分类搜索设备进行比较；可以根据设备查询零备件型号、价格、储备地、储备数量，对接资源拥有者。企业用户可以查询设备售出情况，了解设备分布及区域保有量。监管用户可以查询资质、证照、交易等审核所需信息。

（4）专业服务：维保及维修服务、备件供应、物流服务、合同签署、支付结算、闲置资源调配、监管服务、数据挖掘、统计分析等。

4. 未来发展与思考

以互联网、信息化为支撑，建立信息化平台，优化医疗设备零备件管理的共享模式，全方位整合资源，可以提高医疗设备零备件的流通率与利用率。但是，在落地实施时尚存在着一些有待探索的问题。

（1）零备件储备信息平台以医院为主导，仅仅覆盖一家医疗机构的服务范围，可能导致重复建设，不能形成合力，未来发展受限。面向行业的跨区域信息共享公共平台才是发展趋势，应当经过一定的积累，形成带量能力，从而发展为类似药品阳光采购平台的公共平台，这需要得到国家政策的相关支持。

（2）医疗设备及其零备件的专属特性，使得厂商及其供应链具有一定的定价话语权，特别是进口产品，价格的地域不均衡非常明显。信息共享平台，理应建立公平公正合理的信息公开机制，平衡各方利益，促进信息透明，在确保产品质量的前提下，形成合理的价格体系。如何激发已经获得技术垄断红利的企业的合作意愿是个需要面对的问题。

（3）医疗设备零备件更新重在及时。传统采购模式，合规不一定能满足及时，及时不一定能保证合规。信息共享平台可以探索提供先修后结算服务，建立第三方共有账户，保证金预付，平台配送，修后结算；不同于维修外包服务，先修后结算服务使得医院拥有更多的自主选择权，且不用提前预支大笔合同款。

总之，基于信息化平台的医疗设备零备件共享模式，提供了一个面向全行业的共享平台，对接整合了各方资源，降低了经济成本，提升了服务质量，在加强监管和数据完全保障的前提下，将会成为下一代医疗设备管理的新趋势。

五 典型案例

（一）中日友好医院医疗设备全信息化系统

目前，医院普遍使用台账式的管理软件，只局限于对设备的静态资产管理，无法对设备的使用、效益、成本、采购评价等方面进行全信息管理，其建立的全院信息化体系要么互不兼容共享，要么在兼容共享过程中差错频出。为此，中日友好医院自 2012 年起对大型医疗设备使用进行监管，目标是建立一个医疗设备全信息监管平台，从而实现对医疗设备的全生命周期精细化管理。

建立医疗设备全信息化系统最重要的一步便是医疗设备管理系统与医院系统的对接，2016 年，在对全院所有价值 50 万元以上的 429 台医疗设备开展资产盘点调研、使用状态确认等工作后，中日友好医院的设备使用管理系统与医院 HIS、LIS、PACS、试剂管理系统、体检系统等信息系统的接口相互打通，根据需求从各系统中提取相关数据信息，并对数据进行分类匹配处理。目前，中日友好医院已实现对全院 429 台医疗设备的实时监控和分析。监管指标包括设备检查次数、预约天数等社会效益类指标和业务收入、投资收益率、投资回收期等经济效益类指标，同时还实现了设备实时监控及数据对比，这是原本单一的设备管理系统无法完成的。通过大量数据的收集分析，医院可以制定相关政策，提高设备使用效率与病人就诊满意度，也可以为医院购置新设备提供重要参考。

（二）某地级市医院医疗设备共享调配管理平台

2015 年 10 月，某地级市医院正式成立医学装备应急管理中心，旨在通过信息化手段合理调配医疗设备，减少设备无效投入，提高利用率。医院通过部署数据引擎，与医院 HIS、LIS、PACS 等系统进行数据对接，融合资产信息、技术管理信息、运营管理信息等，实现多信息融合，打破了“信息孤岛”，打造了医疗设备共享调配管理平台。目前，该平台已实现血滤、有创呼吸机、监护仪、输液泵、微量泵的共享，设备总数近 200 台件。平台能够查看设备的实时使用状态，如工作、关机、待机、故障。通过闲置设备投放共享平台、需求科室平台查看临近设备、手机扫码借用与归还、费用自动结算等方式实现医疗设备智慧共享。

医院运用信息化手段实现医疗设备调配中心无人超市式管理。该设备调配中心采用门禁式管理，调配中心的每台机器都有 RFID 射频识别标签，用来定位每一台机器；在设备借出口和归还口都设有 24 小时全景摄像头，保证外勤人员 24 小时无障碍进入设备间进行仪器调配。

在每一台呼吸机上都安装数据采集器，从而实现全院呼吸机的调配；每日清点两次全科仪器，确保仪器数目及编号的准确性。采用设备管理系统，对设备信息进行实时更新，保证数据的准确性；自动采集各科室使用仪器的费用。

设备调配中心运行 6 年，调配设备的周转率提高至 368%，调配设备收费收入提高至 3.3 倍；调配相关管理人员由原来的 3 人降低至 1 人；医院节约购置监护仪、彩超机等设备几十台，折合费用 300 多万元。

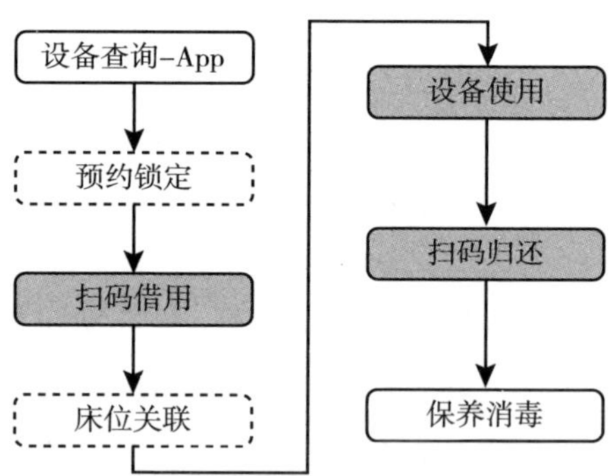

图 1　某地级市医院医疗设备共享调配管理平台医疗设备共享调配机制

（三）上海市某医院管理中心大型医用设备智能化管理平台

上海市某医院管理中心大型医用设备智能化管理平台于 2020 年启动建设，

预计通过分期建设，最终实现所辖医院医用设备动态监管，完善医用设备的效率效益分析，指导资源的精准配置。2021 年底，平台完成两期建设，基于物联网数据采集技术，融合医联工程数据中台资源，结合各医院信息系统的数据，打通了中心端与医院端大型医疗设备（包括 CT、MR、PET – CT、PET – MR、SPECT、TOMO、加速器、伽马刀及 DSA 等）相关数据的通路，实现 36 家市级医院、645 台大型医用设备平台动态管理。同时，平台构建大型医用设备配置定量化评价指标体系，为中心端对 36 家市级医院建立科学管理机制提供管理抓手，提高运营效率，提升各市级医院智慧管理水平。

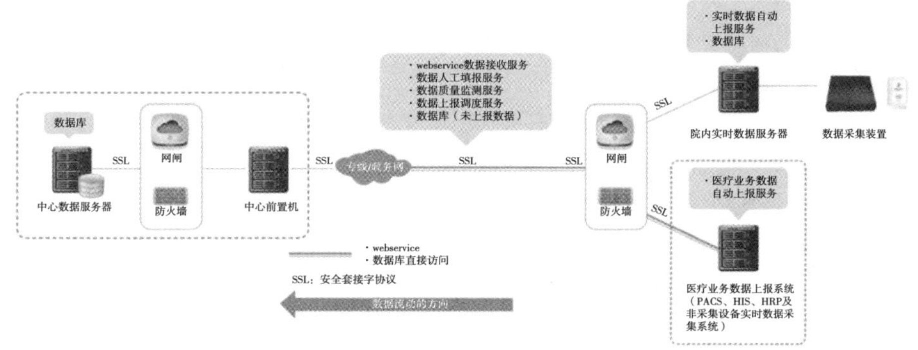

图 2　上海市某医院管理中心大型医用设备智能化管理平台医疗设备数据上传链路

大型医用设备配置定量化评价指标体系涵盖配置分析、使用分析和绩效评价三方面总计 14 个管理场景 49 项指标。从科学管理、高效运营、智慧升级等方面进行多维度场景分析，以科学管理中的五大场景（增加设备、更新设备、设备阶梯配置、人机配比合理性、基本设备配置合理性）为例，构建定量化评价指标模型。

平台构建的大型医用设备评价指标体系，实现对大型医用设备的绩效评估，为后续大型医用设备配置提供数据支撑，也可根据各医院的自身学科优势，合理分配预算，避免医疗资源浪费，减少财政预算支出，最大限度使大型医用设备在医教研领域全面发挥作用。同时，自动采集上海市 30 余家医院的大型医用设备数据，减少手工填报的工作，平台对大型医用设备进行绩效评估，使市级医院日常大型医用设备管理有据可依，推动市级医院大型医用设备智慧化管理水平的提高，帮助市级医院控制支出，为设备管理提供抓手。

参考文献

[1] 王军：《新形势下医院医疗设备管理的信息化及系统化》，《中国医疗器械信息》2020年第5期，第164~166页。

[2] 赖金滔：《医疗设备信息管理系统应用分析》，《中国医疗设备》2017年第2期，第147~150页。

[3] 石海龙：《医疗设备信息管理系统的设计》，《中国医疗器械信息》2020年第7期，第157~158页。

[4] 文彬、邱丹：《医疗设备档案资料系统化及信息化管理》，《中国医疗设备》2014年第6期，第86~88页。

[5] 许仕伟、杨佳佳：《新形势下医院医疗设备管理的信息化与系统化分析》，《中国卫生标准管理》2020年第14期，第4~6页。

[6] 王勤帮：《试论基于新形势下的医院医疗设备管理的信息化及系统化》，《中国医疗器械信息》2017年第14期，第143~145页。

[7] Muehlematter U. J., Daniore P., Vokinger K. N. "Approval of artificial intelligence and machine learning-based medical devices in the USA and Europe (2015 - 20): a comparative analysis." *Lancet Digit Health*, 2021, 3: e195 - e203.

[8] US Food and Drug Administration. Artificial intelligence/ machine learning (AI/ML) - based software as a medical device (SaMD) action plan. Washington, DC.: U. S. Food and Drug Administration, 2021.

[9] 国家药品监督管理局：《医疗器械生产质量管理规范附录独立软件》，2019。

[10] 国家药品监督管理局医疗器械技术审评中心：《深度学习辅助决策医疗器械软件审评要点》，2019。

[11] 国家药品监督管理局医疗器械技术审评中心：《肺炎CT影像辅助分诊与评估软件审评要点（试行）》，2020。

[12] Bautista M., Manrique J., Hozack W. J. "Robotics in Total Knee Arthroplasty." *J Knee Surg*, 2019, 32 (7): 600 - 606.

[13] 任艳鸿、张阳、高春鹏：《基于人工智能背景下医疗设备管理的挑战与机遇》，《中国医学装备》2021年第9期，第177~181页。

B.8
5G技术在医疗行业中的应用与发展趋势

许 锋　薛晓琦*

摘　要： 随着5G技术的逐渐成熟，应用5G技术的各种医疗场景开始在医疗机构不断出现，5G与人工智能、机器人、虚拟现实、增强现实等技术的不断融合为医疗行业的发展注入了新的活力。本文介绍了5G技术在医疗行业中的典型应用场景，分析我国现阶段5G医疗的作用及意义，并对未来5G医疗发展趋势做进一步展望。

关键词： 5G　医疗行业　医疗机构

一　引言

5G作为最新一代蜂窝移动通信技术，具有数据传输速率高、延迟低的特点。与以往的移动通信技术相比，5G能够有效提高系统容量，允许大规模设备连接。近年来，中国、美国、日本等国家及相关企业纷纷对5G技术的研发投入大量资源。同时，国际电信联盟（International Telecommunication Union，ITU）、第三代合作伙伴计划（3rd Generation Partnership Project，3GPP）、电气电子工程师学会（Institute of Electrical and Electronics Engineers，IEEE）等标准化组织也先后启动了面向5G概念及关键技术的研究工作，旨在加速推动5G

* 许锋，北京大学第三医院医学工程处高级研究员，中国医院协会医学工程专业委员会副主委、中国研究型医院学会临床工程专委会副主委，研究方向为医学装备政策研究及管理；薛晓琦，北京大学第三医院医学工程处中级工程师。

标准化进程。在国际方面，2014 年，日本、韩国的电信企业已开始 5G 技术的研发工作。国内方面，华为对于 5G 相关技术的研究工作始于 2009 年，在之后的几年里成功研制出了 5G 原型机基站，并在 2019 年 4 月完成了基于真实电网环境的电力切片测试。2020 年，国家卫健委开展了“5G 技术在医疗卫生行业应用的标准研究”项目，旨在推动 5G 医疗卫生行业标准的研究工作。随着 5G 技术的逐渐成熟，其在医疗行业的应用也得到不断开展，主要体现在医疗设备的远程数据互联、远程手术示教、5G 网络院前急救车、远程会诊、远程手术导航、医疗设备远程运维管理等方面。

二　5G 技术在医疗行业中的应用

（一）5G 远程超声系统

近十年来，远程超声技术的应用场景已经从最初的国际空间站，下沉到偏远地区的基层医院，适用范围也得到了有效拓展。① 随着 5G 技术的到来，远程超声机器人、远程超声会诊等系统得到了更好的应用。面对新冠肺炎疫情，远程超声机器人已被用于对方舱医院内的患者进行远程检查。② 同时，基于 5G 的超声教学系统也得到了一定的探索与应用。③

1. 5G 远程超声机器人

超声检查对操作医生的检查手法依赖性较强，而优质医生资源的短缺一直是困扰基层医疗机构的难题。随着医疗机器人与医工融合技术的发展，远程超声机器人应运而生，其特点是能够有效还原医生的检查手法，而 5G 技术的加持更是提高了该种设备的稳定性。基于 5G 的远程超声机器人系统由医生端的操作台、显示器，患者端的超声诊断仪、机械臂及视频对讲系统等部件组成。使用远

---

① 刘义、吕发勤、黎檀实：《5G 超声时代来临：远程超声应用的现状及进展》，《中华医学超声杂志》2019 年第 4 期，第 241 ~243 页。

② 吴盛正、李柯研、彭成忠等：《5G 远程机器人超声评估方舱医院隔离病房新冠肺炎心肺功能 1 例》，《临床超声医学杂志》2020 年第 3 期，第 228 ~232 页。

③ 李柯研、吴盛正、任秀昀：《5G 技术在超声医学远程教学中的应用探索》，《医学理论与实践》2021 年第 21 期，第 3851 ~3853 页。

程超声机器人时，患者端的机器人机械臂夹持超声探头，医生通过操作台上的控制杆远程控制患者端的机械臂对患者进行检查，患者端超声诊断仪获取的图像通过 5G 网络实时显示在医生端的显示器上。检查过程中，医生和患者可进行实时视频交流。5G 技术降低了远程超声诊断机器人的传输延时，使机械臂能够及时、准确地模拟医生的动作，从而突破了传统超声检查的时空局限。

目前，5G 远程超声机器人已经基本满足了超声诊断的需求。该系统可用于疑难患者的远程会诊，让基层医疗机构、偏远地区以及抗疫方舱医院的患者也能得到超声专家的诊断。优化调整超声专家资源，提高超声诊断的可及性，真正实现分级诊疗和专家资源下沉。在抗击新冠肺炎疫情期间，5G 远程超声机器人已经被应用于抗疫方舱医院，有效降低了医患交叉感染风险。另外，5G 远程超声机器人还可以部署在智慧急救车上，对有需要的患者进行院前检查，为后续的急救提供参考。

2. 5G 超声会诊系统

临床医学是一门需要大量经验积累的学科，医生必须将理论知识与实践经验相结合才能为患者提供帮助。超声检查对医生的扫查手法要求很高，超声科医生需要通过大量的实践来积累经验，因此优秀的超声医生资源是宝贵而稀缺的。5G 超声远程会诊系统能够提供高速率、低延迟、大接入量的移动会诊网络，能够让优质医生资源得到更为有效的利用，同时也为患者提供了更为优质的医疗服务。在 5G 技术的加持下，超声会诊系统的应用场景也变得更加丰富，无论是在偏远地区的基层医疗机构，还是在移动体检车上，操作超声的医生都可以随时发起远程专家会诊。有研究显示，在 2020 年新冠肺炎疫情期间，基于 5G 的远程超声会诊系统已经应用于新冠确诊病例的超声检查，并发挥了良好的作用。① 随着 5G 网络的进一步覆盖，未来接到会诊请求的专家将可以通过移动终端随时随地地响应会诊请求。

（二）5G 全息影像通信

1. 5G + 全息影像手术

目前，全息影像技术已经应用于手术方案规划、术中导航、医学教育等方

① 杨凤武、李露、陈重等:《床旁超声联合 5G 网络远程会诊在新冠肺炎肺部检查中的应用》，《西南国防医药》2021 年第 6 期，第 488 ~492 页。

面。随着5G网络的成熟，远程全息手术将可能得到更好的推广。5G网络支持高清视频信号及多种生命体征参数信号的实时传输，使相隔两地的主刀医生、指导医生能够更好地协作。手术过程中，智能头盔、智能眼镜等设备为医生提供患者的全息影像，高年资的指导医生能够在全息影像中标注手术路径，从而指导主刀医生更好地完成手术。

2. 5G+全息远程诊疗

5G+全息远程诊疗是一种借助全息影像技术为患者提供更好就诊体验的诊疗方式。这种诊疗方式突破了以往远程视频诊疗方式的局限，将患者及医生的三维人物影像通过5G网络实时、生动地呈现给对方，使医患双方能够更好地交流与互动。这种诊疗方式也是5G医疗应用的一种拓展。目前，国内已有采用5G+全息技术对患者进行门诊问诊的报道，相隔上千公里的患者与医生犹如同处一室进行沟通。5G+全息诊疗方式，能够有效助力优质医疗资源下沉，打破远程诊疗时间延迟性，让偏远地区的患者得到更好的医疗服务。

3. 5G远程手术应用

远程手术对远程连接的可靠性、稳定性及安全性有着极高的要求，借助5G技术的优势，医生可以更好地获取手术进程的信息，主刀医生及远程会诊专家之间能够无延时地进行交流。

目前，5G技术在国内远程手术领域的应用已经逐步落地。2019年3月，解放军总医院的医生借助5G网络远程为帕金森病患者进行了“脑起搏器”植入手术。2019年4月，广东省一家医院利用5G技术，为远在高州市的医生进行远程指导，完成了“5G+AI微创心脏手术”。2019年5月，江苏省人民医院本部的胸外科医生，通过移动5G网络实时传送的高清视频画面，远程指导手术约2个小时，完成了5G+混合现实远程肺部手术。2019年6月，北京积水潭医院通过远程系统控制平台与嘉兴和烟台的两家医院同时连接成功，完成了骨科手术机器人多中心5G远程手术。2019年7月，相隔千里分处不同院区的骨科医生，在5G技术的助力下完成了机器人关节置换手术。2019年12月，深圳南方科技大学医院的医生成功完成混合现实导航脊柱手术，治疗了一位腰椎管狭窄症合并腰椎间盘突出的患者。随着技术的不断成熟，5G远程手术将有可能成为一种趋势。

（1）5G + 混合现实手术

5G + 混合现实手术已经为许多患者带来了福音。在术前方案制定阶段，为了能够更好、更精准地开展手术，患者的医学影像经过人工智能三维重建后，生成 3D 图像呈现在显示屏上或头戴式智能眼镜中，手术团队能够利用混合现实技术，在 5G 网络的辅助下，对术前方案进行详细讨论。医生可以借助头戴式智能设备和患者进行术前谈话，为患者讲述手术方式，打消患者的紧张和疑虑。在手术过程中，主刀医生佩戴头戴智能设备，混合现实技术将虚拟影像与真实患者进行叠加融合，医生可以看到术野内被遮挡的人体组织结构，从而保证手术操作的精确性和安全性，减少发生并发症的可能。同时，上级指导医生或远程会诊医生可同样佩戴混合现实智能设备，并根据 5G 网络实时传送的高清视频画面发出指令，指导主刀医生进行一系列的手术操作。

（2）5G + 骨科手术机器人

骨科手术对医生的要求极高，需要主刀医生能够很好地保证手术操作的稳定性及准确性。借助机器人技术的手术机器人在运行时具有很好的稳定性，能够在手术导航系统的协助下较为精确地完成手术操作，帮助骨科医生完成手术。借助 5G 技术，手术现场的图像和声音可进行高清实时传输，医生团队可以进行有效的远程协作，制订手术计划并传输给骨科手术机器人。骨科手术机器人在收到远程指令后，可精准完成医生需要的手术动作。

（3）5G 远程机器人介入手术

CT 引导下的介入手术是一种借助 CT 影像进行患者经皮穿刺的手术，医生可通过患者 CT 图像判断穿刺针的进针位置，对患者进行活检、抽吸、射频消融等操作。目前已经有基于 5G 网络的远程 CT 介入设备投入使用。该种设备由远程专家指导系统、进针规划系统、CT 导引系统、机器人导航系统、5G 远程网络、远程音视频辅助系统等组成。机器人导航系统可提供实时的术中指导。进针计划系统能够基于 CT 影像数据创立三维的、易于医生查看的仿真模型，医生依据模型来确认单针或多针计划路径和位置。立体定位机械臂具有较高的自由度及稳定性，在远程接收到操作命令后，能够模拟医生的动作完成手术用针的放置。

4. 5G + 急诊救治

目前，医疗机构的急诊救治业务还存在着一些痛点，而应用信息技术完善医疗机构急救管理，提高患者救治服务的及时性和安全性，则是医疗机构的一项重要任务。[①] 2021 世界物联网博览会期间，有报道称无锡市的 60 辆 5G 救护车已经完成上千次的急救任务。[②] “5G + 急诊救治”的主要任务是搭建一个基于 5G 网络的快速响应急救平台，为拯救患者的生命争取宝贵的时间。借助 5G 网络，各种智能医疗信息采集设备能够将人体参数高速、实时地传输给远程监护人员，使患者的异常情况被及时发现。发现患者异常状态后，急救人员快速到达现场，通过 5G 智能记录设备将患者情况传输给远程救治中心，以便远程端的专家及时了解患者情况并提出救治建议。在患者运输途中，配备了 5G 智能医疗设备的急救车可将患者的生命体征参数实时传输给远程救治中心，现场急救人员可在上级医生的指导下对患者进行院前救治。5G + 急诊救治的意义在于采用各种智能设备对患者进行及时救治，缩短患者接受治疗的时间。同时，通过 5G 网络对医疗资源进行管理，能够缓解医护人员和患者之间的供需矛盾。

三　5G 技术在医疗行业中的发展趋势

5G 不仅是以往通信技术的延伸，更是真正意义上的融合网络。5G 技术的优势为远程医疗提供了可靠的保障。2021 年 2 月，国家卫健委组织了“5G 医疗应用优秀案例评选”活动。30 余家医疗机构申报了评选案例，内容主要涵盖远程医疗、患者服务、研究探索三大类别。2021 年 7 月，工信部等十部门印发了《5G 应用“扬帆”行动计划（2021～2023 年）》，提出要丰富 5G 技术在医疗领域的应用场景，重点推广 5G 在急诊急救、远程诊断、健康管理等场景的应用。[③] 在未来，远程医疗将可能适用于患者就医的整个流程及各个场景，从而有效提升医疗资源的利用效率，缓解各地医疗水平发展不均衡所造成的问题。

---

① 罗自然、林洁尘、严静东：《5G 技术在急诊急救场景的探索和实践》，《中国信息化》2021 年第 8 期，第 29～31 页。

② 王昕：《高通 5G 物联网“物语”：从 5G 救护车到冬奥毫米波》，《IT 时报》2021 年 10 月 29 日，第 5 版。

③ 十部门印发《5G 应用“扬帆”行动计划（2021～2023 年）》，《智能制造》2021 年第 4 期，第 8 页。

（一）5G 远程健康管理

在 5G 技术的加持下，各类智能可穿戴设备不断涌现并被投入使用。有报道称，2020 年中国智能可穿戴设备整体市场规模已达 558.7 亿元。[①] 到 2035 年，我国老年人需要接受康复医疗服务人数将达到 2 亿。[②] 相比上一代移动通信技术，采用 5G 网络的智能设备将消耗更少的电能用于数据传输。通过更新芯片技术、改变设备的材质，未来 5G 智能设备的体积、重量都应当更适合患者佩戴。随着 5G 技术的快速发展和逐渐普及，5G 网络能够更好地支持大量设备的连续监测及同时接入，远程医疗将变得更加便利，智能设备所获取的健康数据，将通过 5G 网络传输至区域医疗数据中心，医生可为患者提供个性化的健康指导，发现患者潜在的健康问题，患者将足不出户即可得到监护、诊断甚至治疗。

（二）基于5G 的远程会诊

远程会诊在国内已逐步普及，但受到现有网络传输速率、时延等因素的限制，远程会诊的使用效果仍有提升的空间。随着 5G、人工智能、混合现实、增强现实等技术的应用，医学影像、患者视频等数据能够进行快速、稳定、安全的传输，医生可随时随地获取诊疗进程和患者情况。通过远程会诊，上级医院或不同区域、不同国家的专家也可以直接为偏远、基层地区疑难重症患者提供远程指导或直接提供远程诊疗服务。随着 5G 网络的普及，以往仅在小说、影视剧中出现的全息影像交互式远程会诊等医疗方式都已经成为可能。5G 将比上一代移动通信技术更加便捷，通过移动终端、智能头盔、智能眼镜等设备，医生与患者之间就能进行近似于“面对面”的问诊。通信信息的不连续、语音与影像的不同步等现象也将得到有效的改善。

---

① 张毅、黄春玲：《智慧医疗驶入“快车道”，让就医更“智慧”》，《现代商业银行》2021 年第 18 期，第 32 ~35 页。

② 中华人民共和国民政部：《中华人民共和国 2015 年国民经济和社会服务发展统计公报》，中国统计出版社，2015；顾雪非：《“互联网 + 医疗健康”是健康中国建设的必选项》，《中国医疗保险》2018 年第 6 期，第 32 页。

（三）基于5G的医疗设备远程运维管理

在5G技术的加持下，可以更有效地对医疗设备进行远程管理，管理内容主要包括医疗设备远程监测、远程控制、远程管理等方面。医疗设备运行状态远程监测能够及时发现设备的故障状态，降低医疗设备的故障率，有效保障患者安全。对于监护仪、除颤仪、呼吸机等生命支持类设备，目前已经出现了能够实时采集设备运行参数的监控系统，但现有监控系统多数是基于上一代移动通信网络及有线网络。对于CT、MRI、PET/CT、加速器等大型影像设备，目前也出现了能够通过实时采集设备屏幕信息监控设备运行状态的设备，但同样是基于以往的无线通信技术。未来通过5G技术的加持，不但能够提升现有医疗设备监控系统传输数据的速率，还能够提高在线监控终端的数量，从而及时发现医疗设备的故障状态，更好地保障医疗设备的正常运行。随着医疗设备远程控制技术的发展，医生将能够更方便、可靠地通过5G网络远程操作医疗设备对患者进行检查、治疗和手术。5G超声设备、5G手术机器人、5G影像设备远程控制系统等设备将有效优化医生资源，为患者带来更多便利。未来基于5G网络的医疗设备远程管理系统，将能够更好地优化医疗设备资源，提升医疗设备之间通信连接的速率及稳定性，使各种医疗数据能够通过5G网络高速、安全地传输给患者和医生，助力医生的治疗工作，提升患者的就医体验。

参考文献

[1] 刘义、吕发勤、黎檀实：《5G超声时代来临：远程超声应用的现状及进展》，《中华医学超声杂志》2019年第4期，第241～243页。

[2] 吴盛正、李柯研、彭成忠等：《5G远程机器人超声评估方舱医院隔离病房新冠肺炎心肺功能1例》，《临床超声医学杂志》2020年第3期，第228～232页。

[3] 李柯研、吴盛正、任秀昀：《5G技术在超声医学远程教学中的应用探索》，《医学理论与实践》2021年第21期，第3851～3853页。

[4] 杨凤武、李露、陈重等：《床旁超声联合5G网络远程会诊在新冠肺炎肺部检查中的应用》，《西南国防医药》2021年第6期，第488～492页。

[5] 罗自然、林洁尘、严静东：《5G技术在急诊急救场景的探索和实践》，《中国信息

化》2021 年第 8 期，第 29 ~ 31 页。

[6] 王昕：《高通 5G 物联网“物语”：从 5G 救护车到冬奥毫米波》，《IT 时报》2021 年 10 月 29 日，第 5 版。

[7] 十部门印发《5G 应用“扬帆”行动计划（2021 ~ 2023 年）》，《智能制造》2021 年第 4 期，第 8 页。

[8] 张毅、黄春玲：《智慧医疗驶入“快车道”，让就医更“智慧”》，《现代商业银行》2021 年第 18 期，第 32 ~ 35 页。

[9] 中华人民共和国民政部：《中华人民共和国 2015 年国民经济和社会服务发展统计公报》，中国统计出版社，2015。

[10] 顾雪非：《“互联网 + 医疗健康”是健康中国建设的必选项》，《中国医疗保险》2018 年第 6 期，第 32 页。

B.9

医疗器械唯一标识（UDI）的应用及管理

张凤勤　赵　菁　王　剑　王雯萱*

摘　要：UDI 作为医疗器械产品在生命周期中的身份标识，也是产品在供应环节中的身份证。UDI 在医疗机构中的应用，能够提高管理效率，降低运营成本，实现多方之间的信息交流，促进医疗器械的有效监管，构建医疗价值内涵。本文介绍了 UDI 实施背景、基于 UDI 的医疗器械全生命周期管理、UDI 在医疗器械行业中的应用实践并对医疗器械唯一标识（UDI）系统的应用做进一步的展望。

关键词：医疗器械　唯一器械标识　UDI

医疗器械唯一标识（unique device identification，UDI）是赋予医疗器械整个生命周期的身份识别信息，是医疗器械流通中使用的唯一“身份证”。UDI 的使用将大大促进医疗器械产业的数字化建设和质量安全建设，提高供应链透明度和运营效率，降低运营成本，实现多方信息共享和交换，推进医疗器械的高效监管和价值医疗的内涵建设。

2019 年 5 月，国务院办公厅印发《2019 年深化医疗卫生体制改革重点任

* 张凤勤，中国医学科学院阜外医院设备处处长、中国医疗器械行业协会医疗器械物联网管理专业委员会副主委、中国医学装备人工智能联盟智能护理专业委员会副主委；赵菁，中日友好医院医学工程处处长、国家卫健委医疗器械临床使用专家委员会副秘书长；王剑，中国医疗器械行业协会医疗器械物联网专委会主任委员、中国科学院计算机网络信息中心医疗数据产业化创新中心主任；王雯萱，中国医学科学院阜外医院物资供应处助理研究员。

务》，要求制定“医疗器械唯一标识系统规则”。同年 7 月，国务院办公厅印发《治理高值医用耗材改革方案》，在加强高值医用耗材规范化管理方面，再次强调制定“医疗器械唯一标识系统规则”。国家药品监督管理局、国家卫生健康委员会迅速开展 UDI 试点工作，同年 10 月正式发布《医疗器械唯一标识系统规则》（以下简称《规则》），正式开启了 UDI 在中国的实施进程。2020 年 12 月，国务院常务会议通过了《医疗器械监督管理条例（征求意见稿）》，增加了产品唯一标识可追溯性等监管措施，即 UDI 已纳入医疗器械管理的相关法律规定。

一　医疗器械唯一标识（UDI）的实施背景

为了更好地促进国际交流与贸易，优化商业和医疗环境，我国医疗器械唯一标识体系的构建借鉴了国际实践的原则和标准。政府在建立唯一标识制度方面发挥指导作用，注册人/备案人作为第一责任人负责实施。唯一标识的应用有利于提高产品质量和企业管理水平。由于医疗器械的多样性和复杂性，逐步实施唯一识别是国际惯例。与欧美相比，我国医疗器械唯一标识的实施增加了试点阶段，主要覆盖一些高风险植入/介入医疗器械，覆盖面较小，以确保规则的稳步推进。

医疗器械的唯一标识数据通过汇聚唯一的标识和共享医疗器械的数据库实现，国家药品监督管理局组织的数据库建设，注册者/备案人将唯一标示的产品标识及相关信息、相关的标准和规范上传到数据库，对数据的准确性、唯一性负责。企业、医疗机构、政府相关部门和公众可以通过数据查询、下载、数据对接等方式共享具有唯一标识的医疗器械数据。

医疗器械唯一标识的颁发机构应为在中国境内的法人机构，具有完善的管理制度和运行体系，确保按其标准制作的医疗器械唯一标识的唯一性，并符合我国数据安全的相关要求。为使登录人等掌握编码标准，编码机构应当将其编码标准上传至医疗器械唯一标识数据库并动态维护。每年 1 月 31 日前，编码发行机构应向国家药品监督管理局提交按其标准编制的上年度唯一标识报告。

二　基于UDI的医疗器械全生命周期管理

医疗器械全生命周期指的是医疗器械产品从概念到生产、销售、患者使用、收费等全生命周期。UDI是医疗器械产品在生命周期中的身份标识，也是产品在供应环节中的身份证。UDI在提高产品供应链透明性的同时，也能降低产品运营成本，推动产品相关的信息共享，避免不良事件发生，对有问题的医疗器械及时召回，保障产品使用安全，提高医疗服务质量。UDI系统能够将医疗器械产品的各个环节相关联，使产品的生产、流通、使用、监管信息得到统一，实现全生命周期的管理。

（一）在生产环节应用UDI系统

为了提高生产效率，企业会建立数据库用来识别医疗器械，以此强化对产品的管理。这样做容易导致产品编码标准不统一，各个环节消息无法共享。而UDI系统应用后能够建立统一的编码体系，以UDI为主建立追溯体系，从生产源头对医疗器械进行管理。因此，生产企业就是应用UDI系统的主体，企业在编码和贴标签的同时，还要加大对产品研发、生产、包装、运输、销售等方面的重视，打通产品内部供应链，实现数据的共享与消息的整合，以便生产企业及时调整战略，迎合市场发展要求，提高产品的经济效益。

应用UDI系统后，医疗器械产品从源头上得到规范管理，编码标准统一，方便企业追溯，经营企业能够对产品的UDI进行快速识别，进而开展产品仓储管理和订单管理，为接下来的运输环节提供便利。经营企业将UDI作为媒介，融合UDI系统和ERP系统，实现企业信息的共享流通，确立更加高效的产品分销系统。UDI用于医疗器械流通环节可以降低产品运营成本，使整个产品供应链更加透明化。

此外，企业也会以UDI为标准，建立专门的数据平台。医疗器械产品运营中会产生不同的信息流、资金流以及实物流，数据流被UDI与ERP系统应用后完成实物流与资金流的稳定运行。UDI有着唯一性，以产品唯一编码为核心，与其他企业数据关联后建立核心数据集合，将扩大UDI系统在医疗器械产品流通环节中的应用效果。比如针对化学试剂的管理模式，适用于临床检验类产品，为检验科提供服务，这种产品专业性较强，对产品批号有着严格的要求。企业会为产品建立智能移库车、智能冰柜系统，以 UDI 标准数据平台为产品目录，为产品建立电子订单平台，在提高产品采购与验收效率的同时，连接内部各个业务子系统，形成产品闭环管理。

（二）在使用环节应用 UDI 系统

为了解决医疗机构在采购中无法查询企业经营资质的问题，可以在医疗器械使用环节应用 UDI 系统。UDI 系统应用后，医疗机构无须通过复杂渠道得到与产品运营有关的信息，扫描 UDI 载体就能将产品信息录入系统，从中实现对产品状态的查询，方便接下来的产品订货与补货。同时，UDI 能够帮助医疗机构追踪医疗器械和使用者的相关信息。结合医疗器械产品的唯一标识与使用患者的信息，将数据上传到数据库内，以便医疗机构在为患者进行临床诊断时确认患者的身份信息与病情状态，避免医疗器械使用错误。从医疗器械使用患者的角度来看，UDI 系统应用提高了器械使用安全性，在满足患者基本医疗需求的同时，提高了患者对医疗机构的信任度。在医疗器械使用环节应用 UDI 系统，有利于降低医疗机构的运营成本，实现对医疗器械产品的精细化管理。

（三）在监管环节应用 UDI 系统

虽然医疗器械在上市之前就进行了风险评估，但这类产品自身还存在剩余风险。因此，有必要在医疗器械产品的监管环节应用 UDI 系统，实现对产品的科学监管，以便在不良事件上报后展开数据分析。借鉴美国为医疗器械建立的不良事件监测体系，UDI 系统属于可溯源的系统，将其与美国应用的 eMDR 系统、电子健康信息注册系统相结合，可以实现对不良事件报告的信息化管理与分析，使 FDA 可以准确地对医疗器械的不良事件进行识别和判断。在医疗器械产品召回环节中，UDI 系统可以精准地召回带有缺陷或漏洞的医疗器械，同时 UDI 与产品全生命周期内的各个环节对接，突出 UDI 系统对医疗器械的主动监管，在降低监管成本的同时，使整个监管环节变得清晰透明。UDI 系统的应用与实施虽然会为医疗器械的生产环节增加成本，但给产品生产、流通、使用、监管环节的连接带来了良好效果，改变了以往各环节的消息闭塞问题，对医疗器械产品展开了全生命周期的管理。未来，我国会加快对 UDI 系统的应用，实现信息的流通，并为医疗器械建立统一化可追溯体系。

三 UDI 在医疗器械行业中的应用实践

（一）基于 UDI 的医疗器械(医用耗材)全生命周期的精细化管理

以《医疗器械监督管理条例》、《医疗器械使用质量监督管理方法》及《医疗机构医用耗材管理办法（试行）》等法律规则的要求为基础，医疗机构应加强对医疗器械的信息管理，鼓励医疗器械使用单位利用信息化手段开展医疗器械质量管理，实现医疗器械全生命周期可追溯。医用耗材管理的核心主要是产品验收、安全使用、收费结算及监测管理等（见图 1），每一环节都可以通过 UDI 实现精准管理。

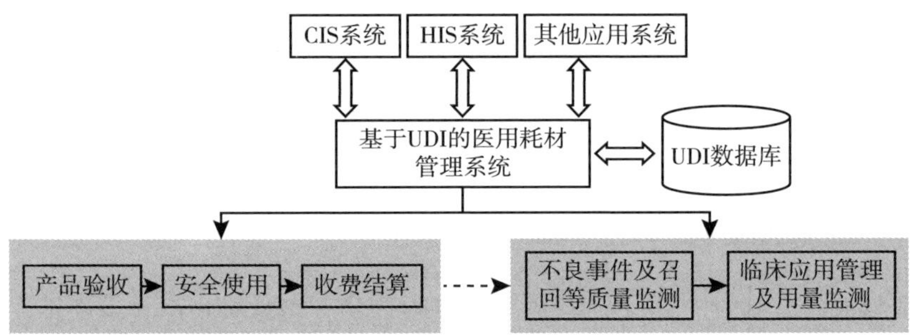

图 1　基于 UDI 的医疗器械（医用耗材）管理系统

（二）医疗器械的安全使用

医疗机构在使用医用耗材前必须检查包装、有效期、适用范围等。另外，以医用耗材使用管理要求为基础，医疗机构应当建立使用登记制度，其中包含医用耗材信息、患者信息及诊疗相关信息等。医疗机构配送至临床的产品在检验结束后进入临床二级库，临床医务人员在使用产品前扫描 UDI 条形码再次确认系统提示的有效期限和适用范围等相关信息，二次复核确保了患者用械安全。

（三）医用耗材的收费结算

UDI 数据库中的信息已经通过 DI 医疗机构内部收费编码、医疗器械物资编码、医保耗材分类编码，确认后自动关联至物资收费系统，实现自动收费、出库、结算等。在未来，它还将关联国家医保管理系统，以管理与医保相关的医用耗材收费结算事项。将 UDI 与适当的编码相结合，可以确保使用的产品与收费产品之间的一致性，以及医用耗材进销存数据的准确性，最大限度地保证医保相关医用耗材使用的合理性和合规性。

（四）医用耗材的监测管理

根据《医疗机构医用耗材管理办法（试行）》，医疗机构应当建立质量安全事件报告、不良反应监测、重点监测、异常预警和评价体系，对医用耗材临床使用的安全性、有效性和经济性进行监测、分析和评价，对医用耗材的使用行为进行点评和干预。不良事件报告和医用耗材召回的质量监测依据《医疗机构医用耗材管理办法（试行）》，要求每一种医用耗材的全生命周期可追溯。一旦发生不良事件和产品召回事件，可以迅速确定使用患者、生产企业、经营企业、库存数量等。医疗机构基于 UDI 的医用耗材精细化管理，使医疗器械整个生命周期的每一环节都拥有全面准确的电子记录，追溯粒度可精确到批次或序列号，并可快速定位使用情况、储存情况及相关案例，为医疗器械质量监测和快速反应不良事件奠定了基础。

根据《三级公立医疗机构绩效考核》相关要求，“医疗机构的发展方式开始由规模扩张型向质量效益型转变”，降本增效是每个医疗机构努力的方向。结合《高价值医用耗材治理改革方案》的理念，医疗机构应加强以下几个方面的管理：①完善高价值医用耗材临床应用管理，纳入公立医疗机构绩效考核体系；②完善医院对高价值医用耗材的评价机制和异常使用预警机制，对高价值医用耗材的使用情况进行监测分析；③完善智慧医保审计信息系统建设，加强高价值医用耗材大数据分析；④加快 DRG/DIP 支付模式改革，推动高价值医用耗材使用内部化，积极控制高价值医用耗材使用。真实、准确、全面、详细的医疗器械使用闭环管理是上述工作的重要依据，医疗机构可以根据这些数据进行个性化的监测、分析和评价，并采取相应的干预措施。在该系统中，医

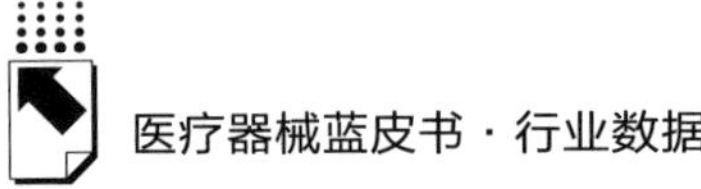

疗机构监测手术核心关键耗材的使用情况，及时分析监测数据并采取干预措施，在控制百元耗占比方面和次均费用方面取得了突出成效。

四 医疗器械唯一标识（UDI）系统应用的未来展望

（一）UDI 实施不断加强

由于医用耗材的多样性和复杂性，按阶段实施唯一标识是国际通用的做法。我国医疗器械按照风险等级实行分类管理，在借鉴国际唯一标识相关实践经验的基础上，结合我国医疗器械产业和监管实际情况，制定了 UDI 分步实施的政策。与美国和欧洲相比，中国唯一标识的新增试点环节，以部分器械介入为主，确保稳步推进。

在试点方案中，我国也明确了医疗器械注册人、经营企业、使用单位、发码机构、行业协会、药品监管和卫生健康部门的相关职责和任务。国家政策发布后，天津、福建、海南等省市积极跟进，清晰地规划了试点工作的实施步骤与时间节点，有效助推了 UDI 的稳步落实。目前 UDI 试点仍在进行，各相关主体行动全面铺开，我国正处于 UDI 体系建设加速发展中。

根据国家政策规定，医疗器械生产企业是 UDI 实施的主要落实人之一，由于各企业主营业务范围不同，实施 UDI 的进展也有所差异。第一批试点企业已基本实施，且具有示范效应。作为 UDI 实施的主要落实者，医疗器械生产企业毋庸置疑承担了最大的责任，第一批试点范围内的生产企业已基本完成 UDI 实施。同时，从实际情况来看，行业龙头企业是否实施 UDI 对其他小微企业的决策具有重要影响。IVD（体外诊断）企业正加速实施。IVD 企业由于产品的特殊性，实施积极性要高于其他企业。体外诊断试剂产品数量大、品类多、包装层级复杂，从而导致 UDI 实施困难较大。许多企业苦于对 UDI 法规与合规性了解不够，在诸多细节问题上浪费了时间和精力。

（二）UDI 试点工作不断深化

通过近 2 年的试点，唯一标识在我国医疗器械生产、流通、使用全链条各环节成功获得示范应用，有力助推了医疗器械从源头生产到临床使用的全链条联动。目前，中国健全的发展计划没有改变，执行 UDI 相关政策的方向没有改变，试点仍在继续。UDI 的全面发展是大势所趋。国家药品监督管理局 UDI 系统建设的后续工作继续深入推进。我国将全面建立 UDI 系统模式，逐步将试点范围扩大到所有医疗器械领域，实现 UDI 全覆盖，为医疗器械全生命周期管理夯实基础，实现有效监管。

在国家药监局的指导下，我国已形成推进医药、医疗和医保“三医联动”的工作机制，为试点工作的开展提供有效的组织保障。开展“两码映射”，探索拓展医疗、医保、监管等领域的协同应用，成为 UDI 未来发展的方向。

（三）UDI 数据公开共享

UDI 数据库的建设目标是实现数据的汇集和共享，形成全国统一、权威的数据库，为医疗器械行业、医疗机构及政府相关部门提供数据。UDI 数据库自开始使用以来，已有 20 万条以上的数据。另外，UDI 数据库实现了数据实时共享，已与 200 多家医疗机构、流通企业等进行数据对接。作为使用单位的医疗机构，如果能在整个医疗器械产业链的末端更好地应用 UDI 系统，将 UDI 技术融入整个院内供应链体系中，则有望实现产品从生产企业开始到终端用户的唯一追踪属性，在保障医疗安全的同时，大幅提升医用耗材的管理效率，实现高效管理。数据库建设是 UDI 全面建设的重要组成部分，未来在 UDI 全面建设的基础上，有望进一步加强 UDI 数据库建设，提升数据管理能力，打破信息孤岛状态，实现数据公开共享。

（四）实现医疗装备万码归一

通过统一的数据规范，连接数据库、监管端、生产端、经营端、流动端和使用端，打通数据在全链条领域的流通，探索万码归一、一码通用的途径。国家始终在积极推动 UDI 的全面实施，随着 UDI 试点工作的逐渐完善，距离 UDI 全国普及不会太远。

全面实施 UDI 是未来发展必经之路。政府始终在积极履行引导职责，相关发码机构大力推动，医院经营端也在同步实施更新 UDI 相关系统。作为 UDI 实施的主要责任者——生产企业（注册人/备案人）也应积极行动起来，尽早做好准备，主动投身 UDI 建设中，增强抗风险能力。在政府、发码机构、企业、医疗机构等的共同努力下，扎实稳步推进 UDI 实施工作，积极探索 UDI 在医药、医疗、医保等领域的拓展应用，持续提升医疗器械全生命周期全链条管理效能，为保障患者用械安全持续做出贡献。

医疗器械唯一标识（UDI）一直是国际医疗器械监管领域关注的热点，是监管手段创新和效能提升的发展方向。UDI 作为重要的基础性工作，在信息化、“互联网 +”、大数据时代，与当前监管领域的热点如追溯体系建设、三医联动、医疗器械再评价等都紧密相关。建立 UDI 系统不仅有助于避免和减少医疗器械的误用，便于召回，从而大大降低社会成本，还有助于改善库存控制、完善报销方式并减少假冒产品，更是实现智慧监管的有效途径。

参考文献

[1] 黄泽霞、吴新敏：《GS1 标准在医疗卫生领域的发展现状及未来趋势》，《中国自动识别技术》2012 年第 6 期，第 4、58 ~61 页。

[2] 郑昱：《GS1 全球医疗卫生副主席 Ulrike + Kreysa 商品条码保障患者安全》，《中国自动识别技术》2016 年第 6 期，第 5、38 ~42 页。

[3] 吴宏：《现代物流信息管理的基础——GS1 系统》，《航天标准化》2009 年第 2 期，第 4、37 ~40 页。

[4] 李海波：《李庆岱基于 GS1 编码体系的唯一器械标识 UDI 编码及实施研究》，《中国医疗器械杂志》2017 年第 2 期，第 4、133 ~136 页。

[5] 王宝亭、耿鸿武主编《中国医疗器械行业发展报告（2020）》，社会科学文献出版社，2020。

B.10
数据科技产品在临床的应用与突破

许 锋 吴 航 王 冬*

摘 要： 随着医疗器械新兴科技的不断发展，在政策支持、企业创新、临床需求等多方面因素驱动下，我国现代化数字诊疗的水平实现大幅提升。以4K技术、3D技术、人工智能技术、大数据技术等多种技术为代表的前沿科技日益成熟，并逐渐应用于医疗植入物与内镜介入手术，其跨越式发展，均源于最底层的技术革新。通过对新兴科技在医疗器械领域应用的指导原则与实践、产业创新驱动力、市场规模、产业链供应商等进行分析，3D打印技术及内镜介入手术机器人技术的未来发展方向已经明确。新材料、新技术下的3D打印和内镜介入手术机器人技术未来也将发挥出其在医疗健康领域的巨大潜力及产业优势。

关键词： 3D打印 钛合金骨科内植 内镜介入手术机器人 4K超高清内窥镜 3D内窥镜

一 3D打印技术

（一）3D打印在医疗器械领域应用的指导原则

3D打印以其复杂成型的能力高度迎合了医疗器械领域个性化、复杂形态

* 许锋，北京大学第三医院医学工程处高级研究员，中国医院协会医学工程专业委员会副主委、中国研究型医院学会临床工程专委会副主委，研究方向为医学装备政策研究及管理；吴航，首都医科大学宣武医院医学工程处处长、主任医师、副教授，中国医学装备协会理事；王冬，北京大学第三医院医学工程处中级工程师。

快速制造的特点。我国从医疗健康战略发展角度，高度重视3D打印技术在医疗领域的创新及应用，从科研管理、行政法规层面给予引导及产业规划。2016年12月工信部和财政部联合下发《智能制造发展规划（2016～2020）》，明确创新产学研用合作模式应用于增材制造装备与技术的发展。截至2021年6月，国务院、国家发改委、工信部、科技部、国家药监局、知识产权局等多部门相继出台16项3D打印相关的政策性指导文件，内容涉及重大装备研发、知识产权保护、创新技术应用推广、技术出口、行业人员收入等多个维度。

3D打印作为医疗器械行业中新的加工方式，其增材制造和数据交互的特点改变着从业人员认知。针对3D打印医疗器械的兴起和申报工作，国家药监局技术审评中心相继出台12项技术审查指导原则。其中，设计指导原则1项，打印材料及工艺相关指导原则3项，产品质量评价指导原则1项、性能评价指导原则1项，产品注册技术审查指导原则6项，为3D打印医疗器械产品的顺利上市提供了有力保障。

标准方面，2018年1月1日正式实施的《中华人民共和国标准法》明确3D打印医疗器械相关标准制定工作的目标。自2015年起，现行国标24项、行业标准2项、团体标准30余项，涉及原材料、工艺、设备、产品、质量控制和软件实现等多个方面。我国正在形成比较完善的3D打印医疗器械质量保障体系。

（二）3D打印技术供应商和医疗器械生产企业共促植入物产业大发展

2015年国内第一款3D打印髋关节产品上市，标志着3D打印成为植入物新的价值增长点。爱康医疗、Zimmer、Stryker、Lima等医疗器械公司成为医疗行业内知名的3D打印医疗器械供应商。至今已有超过8家医疗器械公司（其中6家中国公司）共计17项三类内植物医疗器械产品获得了医疗器械注册证（见图1），国产企业中爱康医疗、中诺恒康、天津嘉思特华剑等医疗器械生产企业有多款3D打印产品。

围绕3D打印植入物的开发，3D打印技术供应商和医疗器械生产企业从专业软件、植入物设计、个性化导板工具、增材制造粉末、3D打印装备到医工交互软件的开发，逐步构建协同发展的生态系统和上下游产业集群：打印材料

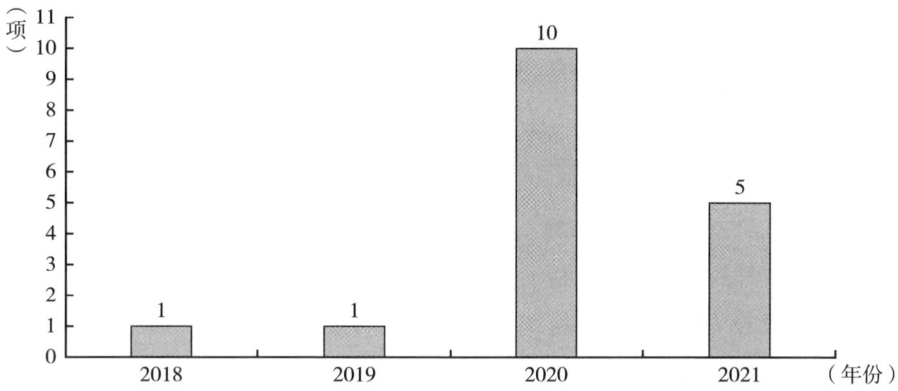

图 1　2018～2021 年来 3D 打印内植物医疗器械获证数量统计

资料来源：国家药品监督管理局医疗器械注册查询数据库，https：//www.nmpa.gov.cn/datasearch/home-index。

生产企业形成的上游产业，3D 打印设备集成、扫描仪和配套处理软件、设备系统控制单元供应的中游设备制造产业，集 3D 打印组件设计、打印设备的使用、3D 打印服务平台构建的下游打印服务产业。

3D 打印软件方面依然是我国的薄弱环节，复杂医疗器械设计被 Materialize NV 等几家国际商业公司垄断。一些开源软件 Blender、SketchUp 等只能进行简单的 3D 建模。

3D 打印金属材料方面，医疗应用以钛合金为主，钽合金打印近日也得到了大量的关注。3D 打印工艺对粉体材料具有极高的要求：粉末的纯净度高、含氧量极低、球形度高、粒径分布带适中，具有良好的流动性。① 采用电子束熔化成型（Electron Beam Melting，EBM）方法打印的设备一般选用粒径在 45～100μm 的粉末颗粒，随着技术的发展，粒径分布控制在 50～70μm。② 采用选择性激光熔融（Selective Laser Melting，SLM）方法打印的设备，选用的

① Karlsson J., Snis A., Engqvist H., et al. "Characterization and comparison of materials produced by Electron Beam Melting (EBM) of two different Ti－6Al－4V powder fractions." *Journal of Materials Processing Tech*, 2013, 213 (12): 2109－2118.

② Mangano C., Piattelli A., Davila S., et al. "Early human bone response to laser metal sintering surface topography: a histologic report." *Journal of Oral Implantology*, 2010, 36 (2): 91－96.

粒径分布通常为25～45μm。① 北京钢研高纳、西安塞隆金属、成都优材科技、中航迈特等50多家国内的金属粉末材料厂商，在材料上持续研究，推出更高质量的国产金属粉末。

3D打印设备方面，北美依然占据市场的最大份额，主要技术供应商有Stratasys公司、3DSystems公司、ExOne公司和Organovo公司。欧洲主要有德国的EnvisionTEC、EOSGmbH、ConceptLaserGmbH，英国的Renishawplc、3TRPD，比利时的MaterializeNV，瑞典的ArcamAB和法国的Prodways。国内企业也已经形成较为完整的3D打印原材料与设备的供应链与技术研发梯队。其中，华东地区以其完善的产业环境和大力的政策支持，成为我国3D打印相关企业的主要聚集区，数量占比42.40%，如湖南华曙高科、杭州先临三维、上海光韵达、深圳光华伟业等众多上游设备材料厂商均在此深耕发展。区域分布上来看，我国的3D打印产业已经形成了以环渤海、长三角、珠三角为核心，北京、浙江、广东、湖北、陕西等省份引领的发展形势。

2017年中国3D打印服务领域相关企业数量已经超过500家，专门从事医疗器械相关公司也有30多家。2018年前两个季度，国内的3D打印产业增速维持在25%以上。在2018～2019年，医疗领域的3D打印设备应用占整体行业比例为12.2%。2020～2021年两年时间里保持占比13.10%。据跨境电商平台数据统计，桌面级3D打印机的出口销售数量较往年同期增长1倍以上。

根据调查公司发布的3D打印在医疗器械与设备领域市场的报告显示，2019～2021年全球3D打印医疗器械市场以25.3%的年复合增长率持续增长，截至2020年3D打印全球医疗市场规模达到21.3亿美元。

（三）3D打印骨科钛合金医疗器械的性能研究进展

对于骨科内植物，钛合金材料以其兼具良好生物相容性与力学性能成为十多年来各大骨科器械生产商研发3D打印假体的应用材料。② 钛合金金属粉末

① Wei C., Ma X., Yang X., et al. "Microstructural and property evolution of Ti6Al4V powders with the number of usage in additive manufacturing by electron beam melting." *Materials Letters*, 2018, 221 (jun. 15): 111-114.

② 姚妮娜、彭雄厚：《3D打印金属粉末的制备方法》，《四川有色金属》2013年第4期，第4页。

通过EBM、DMLS或SLM技术，经逐层熔化堆积后形成零件形状。

3D打印钛合金金属部件的综合力学性能与传统铸造相比，优点在于可对三维连通多孔结构进行精准制造。该结构在骨科重建领域可以凭借其粗糙的宏观表面质量提供良好的初始稳定性，为骨长入提供血运和长入条件，达到骨整合目的，进而形成良好的远期稳定性。目前大多数3D打印钛合金骨科植入物的多孔结构孔隙率在50%～90%之间，孔隙尺寸400～1000μm，通过实验测得的"弹性模量"通常在0.5～20GPa之间，比较接近人体骨骼0.3～20GPa的材料属性。①

体内环境多为循环疲劳载荷环境，因此3D打印钛合金多孔结构的抗疲劳性能尤为重要。有研究对基于EBM技术制造的多孔钛合金结构进行压缩疲劳性能分析，发现孔隙尺寸为500～1500μm的多孔结构，其疲劳极限比为0.15～0.25，远小于相同微观组织下的致密钛合金材料。② 抗疲劳性能的提升还需要从改善设备加工质量、多孔结构优化、微观组织热处理等方面入手。

生物学性能方面，多孔结构孔径500～700μm为最优的骨细胞生长空间③，在600μm空隙尺寸下，骨细胞的增殖速率要优于其他尺寸④；小内角空隙有利于细胞的附着并且可以更好地传递力学刺激使细胞分化⑤；68%～88%的孔隙率可以保证比较良好的骨长入效果⑥。目前生物学性能研究均为稳态下的离体

---

① Carter D. R., Hayes W. C. "The compressive behavior of bone as a two-phase porous structure." *Journal of Bone & Joint Surgery-american Volume*, 1977, 59 (7): 954 - 962; Hrabe N. W., Heinl P., Flinn B., et al. "Compression-compression fatigue of selective electron beam melted cellular titanium (Ti - 6Al - 4V)." *J. Biomed Mater Res B. Appl Biomater*, 2011, 99B (2): 313 - 320.

② 刘路坦、牛国旗、周乾坤等：《3D打印多孔钛金属植入物不同孔隙率对骨长入影响的实验研究》，《蚌埠医学院学报》2019年第9期，第5页。

③ Frosch K. H., Barvencik F., Viereck V., et al. "Growth behavior, matrix production, and gene expression of human osteoblasts in defined cylindrical titanium channels." *Journal of Biomedical Materials Research Part A*, 2004, 68 (2): 325.

④ CSVBAB, EYCCC, CSTB, et al. "The effect of pore geometry on the in vitro biological behavior of human periosteum-derived cells seeded on selective laser-melted Ti6Al4V bone scaffolds." *Acta Biomaterialia*, 2012, 8 (7): 2824 - 2834.

⑤ 刘邦定、郭征、郝玉琳等：《多孔钛合金不同孔径大小对新骨长入的影响》，《现代生物医学进展》2012年第9期，第4页。

⑥ 甄珍、王健、奚廷斐等：《3D打印钛金属骨科植入物应用现状》，《中国生物医学工程学报》2019年第2期，第12页。

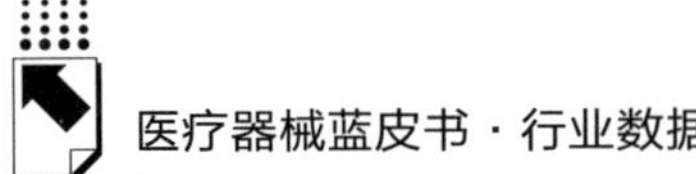

培养实验，在实际生理环境下，体液的流动、循环载荷的增加都会对细胞的代谢行为和活性产生影响。因此，模拟生理环境下动态的细胞培养是未来研究3D 打印钛合金假体生物学性能的主要方向。

在保障临床应用安全可靠的前提下，提升钛合金粉末重复利用的次数和改善使用方法，可以有效降低企业生产成本。研究发现，随着粉末在EBM 设备中反复的加热冷却，粉末中的非平衡相会逐渐转变为平衡相；经过重复使用的粉末的显微硬度和杨氏模量会随着使用次数的增加而升高；将新旧粉末按照一定比例混合后，经3D 打印后的宏观拉伸力学性能不弱于全新粉末。①

（四）典型案例

十多年来，3D 打印钛合金骨科植入物高速发展，各家医疗器械厂商均推出了自己的3D 打印产品。② 包含髋臼杯、椎间融合器、椎体假体、定制化颈椎融合体、骨盆缺损匹配假体和全膝关节系统，形成了金属3D 打印技术从标准化产品到定制化产品，从髋膝关节到脊柱，从初次到翻修再到重建的全骨科解决方案。

定制化脊柱应用案例：2016 年北京大学第三医院刘忠军主任团队参与研发世界首例3D 打印寰枢椎假体，成功植入了一名12 岁颈椎肿瘤患者体内，成功代替了受肿瘤侵袭的寰枢椎。通过影像数据重建与3D 打印技术结合，团队还使用3D 打印技术完美地重建了19 厘米的脊柱缺损，解决了长节段脊柱肿瘤切除后脊柱结构重建的世界级难题。

定制化骨盆应用案例：骨盆区域复杂的力学与生理环境大大增加骨科手术的难度，骨盆缺损重建多年来没有好的解决办法。北京大学人民医院郭卫团队参与研发的金属3D 打印骨盆缺损匹配假体实现了在骨盆不同区域的结构重

---

① 周梦、成艳、周晓晨等：《基于增材制造技术的钛合金医用植入物》，《中国科学：技术科学》2016 年第11 期，第19 页。

② 爱康医疗：《爱康3DACT 钛合金骨小梁髋臼杯》，http：//www. ak - medical. net/simple/product/details_ 44_ 202. html，2015 - 07 - 22/2018 - 07 - 23；Wei R.，Guo W.，Ji T.，et al. “One-step reconstruction with a 3D - printed，custom-made prosthesis after total en bloc sacrectomy：a technical note.” *European Spine Journal*，2017。

建，无论是在髋臼侧区域还是在神经密布的骶骨区域，均可以实现完善的骨盆重建，提高了骨盆肿瘤患者的生存率与生活质量。①

3D 打印陶瓷材料和生物相容功能性材料成为应用热点。使用陶瓷与生物高分子材料混合打印而成的可降解仿生骨材料，植入体内后可降解吸收，添加骨诱导因子可以促进自身骨细胞生长，从而使假体转化为自体骨。以非动物源制成的可吸收硬脑脊膜补片在市场上已有成型产品。新材料、新技术下的 3D 打印未来也将发挥出其在医疗健康领域的巨大潜力及产业优势。②

二　内镜介入手术机器人、4K 超高清内窥镜系统及3D 内窥镜

医用内窥镜自 19 世纪问世以来，不断发展，如今已广泛应用于普外科、泌尿外科、消化科、呼吸科、骨科、耳鼻喉科、妇科等科室，成为现代医学最常用的微创手术设备。近些年，4K 腹腔镜、3D 腹腔镜、特殊光（如荧光）成像技术、CMOS 图像传感器技术、大数据、人工智能等科技迅速发展，并陆续广泛应用于内窥镜领域。

（一）内窥镜的创新驱动力

在医保控费的大环境下，微创外科领域发展前景广阔，微创手术已逐渐替代传统开放手术。随着临床需求、市场规模、技术突破等多方面因素驱动，我国内窥镜产业正加速发展。

1. 临床需求变化推动市场规模

微创手术是指创伤微小或无创伤的医疗手术，涵盖微创外科手术（MIS）、微创操作（MIP）和其他微创手术三个独立的细分领域。与创伤较大的传统开放手术相比，MIS 具有创伤较小、相应痛感更低、疤痕更小、并发症更少、感染风险更小、住院时间和恢复时间更短等诸多优势，为越来越多的医生和患者

① Wei R.，Guo W.，Ji T.，et al. “One-step reconstruction with a 3D-printed，custom-made prosthesis after total en bloc sacrectomy：a technical note.” *European Spine Journal*，2017.

② 王彩梅、张卫平、李志疆：《3D 打印在医疗器械领域的应用》，《生物骨科材料与临床研究》2013 年第 6 期，第 3 页。

所青睐。医院管理者和医生对于 MIS 的认识和接受度也发生了转变，逐步从学科诊疗理念层面，将 MIS 的开展作为医院着力建设的核心竞争力之一，以腔镜为代表的 MIS 逐步取代了传统手术，在部分三级甲等医院中，腔镜手术的占比已经达到 80% 以上。

2. 市场规模增长激发创新动力

根据《中国内窥镜市场规模和预测 2015 ~ 2024》，我国内窥镜市场在全球市场中的占比持续攀升。2019 年我国内窥镜器械市场占全球比例为 16.1%，规模达到 225 亿元；预计 2024 年将增至 22.7%，市场规模将达到 423 亿元。中国作为人口大国，是内窥镜市场增速最快的国家之一，市场增速远高于全球市场平均水平；2015 ~ 2019 年，全球内窥镜市场规模年复合增长率仅为 5.4%，而中国内窥镜市场同期复合增长率则高达 14.5%。巨大的市场空间及高速增长的市场为国产内窥镜产业带来了发展机遇。

3. 技术突破奠定创新基石

内窥镜的跨越式迭代源于最原始的技术突破。此前，内窥镜企业基于光导纤维技术创新出软性内镜、纤维内镜，基于电荷耦合器件技术创新出电子内镜。而今，CMOS 图像传感器技术、人工智能技术、大数据技术、4K 技术、3D 技术等多种前沿科学技术逐渐应用于内窥镜领域，为内窥镜的再一次迭代创新奠定了技术基础。

（二）创新技术在内窥镜领域的应用与实践

政策支持、临床需求变化等多种因素共同推动了内窥镜领域创新，通过对国内外最新的内窥镜创业项目进行调研，结合市场需求和技术动向，现普遍认为内窥镜领域的产业创新趋势和商业机会将重点体现在以下三项：内镜介入手术机器人、4K 超高清内窥镜系统、3D 内窥镜。

1. 内镜介入手术机器人

手术机器人是集多种最新科技于一体的高端医疗器械，可用于泌尿科、妇科、普外科等多个科室的多种手术。相比于传统开放手术或微创手术，通过手术机器人进行治疗可减少手术伤口及并发症，并使患者更快恢复。

手术机器人由手术控制台、配备机械臂的手术车及视像系统组成。手术控制台是手术机器人的核心，医生坐在控制台通过操作控制器控制手术器械和三维高清内窥镜进行手术。机械臂系统是手术机器人的操作部件，可模仿人体手臂及手腕，完成一系列手术动作。成像系统目前主要由3D镜头及图像处理器组成，可放大10倍以上手术视野，为医生提供患者体内三维立体高清影像。在操作过程中，外科医生坐在手术控制台，查看内窥镜传输的手术区域三维影像，操控机械臂以及附带的手术器械和内窥镜，实现更精准的手术治疗。

自2000年达芬奇手术机器人获批以来，手术机器人种类不断丰富，如今已发展出五种手术机器人：腔镜手术机器人、骨科手术机器人、泛血管手术机器人、经自然腔道手术机器人、经皮穿刺手术机器人。其中，腔镜手术机器人、经自然腔道手术机器人等与内窥镜技术密切相关，均配备影像系统，且需将内窥镜经人造通道或自然腔道置入患者体内，查看病变情况或指导手术治疗。作为内窥镜技术的集大成者，内镜介入手术机器人包含多项前沿技术，如机器人技术、控制算法、电气工程、影像导航、精准成像等。

（1）应用场景多元，临床价值显著。

自从达芬奇手术机器人商业化以来，手术机器人的应用场景逐渐多元，如今已应用于泌尿科、妇科、普外科、骨科、泛血管等领域。具体而言，医生可通过手术机器人完成多种高难度复杂手术，如关节置换手术、脊柱手术、经皮肾镜取石术、肺癌袖式切除术、单孔腹腔镜肾部分切除术、腹膜后入路肾部分切除手术、腹膜外入路前列腺癌根治手术、前列腺癌根治术等。内镜介入手术机器人可缩短学习曲线。高清影像、无须考虑反方向操作手术器械、机械臂自由度更高，三者结合使医生的学习曲线大幅缩短，更便于在开放手术或微创介入手术方面经验有限的医生使用。

内镜介入手术机器人可降低医生疲劳感。与此前的站立做手术不同，通过内镜介入手术机器人医生坐在控制台即可进行手术，这大大降低了医生的疲劳感。尤其是需要6小时、8小时等耗时较长的手术，降低医生疲劳感，可使医生将更多精力用于手术。

（2）国外手术机器人起步早，国产手术机器人发展迅速。

全球手术机器人市场规模已由2015年的30亿美元增至2020年的83亿美元，年复合增长率为22.6%，预计2026年将达到336亿美元。目前，腔镜手术机器人是手术机器人最大的细分市场。腔镜手术机器人可用于妇科、泌尿外科、胸外科、普外科等多个科室的多种手术。除腔镜手术机器人外，经自然腔道手术机器人近年来也日益普及。例如，全球进行的经自然腔道手术数量由2015年的2.1亿例增至2020年的2.8亿例。在中国，机器人辅助经自然腔道手术数量预计将于2026年增至9456例。经统计，国内已有至少9家企业布局内镜介入手术机器人。其中，微创医疗机器人于2021年9月通过港交所聆讯，即将成为“国内手术机器人第一股”。

（3）主要厂家介绍。

- 睿进科技——产地：浙江杭州；成立时间：2016年；产品：消化道内窥镜手术机器人系统。
- 康多机器人——产地：江苏苏州；成立时间：2014年；产品：微创腹腔镜手术机器人。
- 威高集团——产地：山东威海；成立时间：1998年；产品：妙手机器人。
- 微创医疗机器人——产地：上海；成立时间：2015年；产品：图迈TOUMAI腔镜手术机器人。
- 博恩斯医学机器人——产地：四川成都；成立时间：2016年；产品：腹腔镜微创手术机器人。
- 北京术锐——产地：北京；成立时间：2014年；产品：术锐单孔腔镜手术机器人。
- 精峰医疗——产地：广东深圳；成立时间：2017年；产品：多孔、单孔手术机器人。
- 杭州术创——产地：浙江杭州；成立时间：2016年；产品：MANTRA手术机器人。
- 郎和医疗——产地：上海；成立时间：2015年；产品：麒麟机器人。

2. 4K超高清内窥镜系统

4K超高清内窥镜是一种分辨率达到4K级别的内窥镜，其光源、光学透镜、感应器、传输、图像处理、显示器等元件均为4K级。该产品拥有4K级别分辨率，能够为医生清晰显示手术中的细微血管、神经和筋膜层次，辅助医生进行精准的手术治疗。且4K分辨率虽然需要大量数据负载，但是4K超高清内窥镜仍实现了无延迟显示高精度图像。4K超高清内窥镜与传统高清内窥镜表现出来的差异仅是图像分辨率、色彩还原度等软性特点。因此，4K超高清内窥镜与传统高清内窥镜的适应证一致，但在高清内窥镜难以满足现有临床需求等特定情况下，4K 超高清内窥镜具有无可替代的作用。

（1）4K 超高清内窥镜的优势。

4K 超高清内窥镜生成图像的分辨率是传统高清内窥镜图像的四倍。基于更高的分辨率，4K 超高清内窥镜可观察到细微血管、神经及筋膜层次，还可观察到传统高清内镜难以探查的病变区及活检部位细节。4K 超高清内窥镜可真实再现影像色彩。4K 超高清内窥镜较传统高清内窥镜拥有更宽的色域，可真实再现内窥镜系统捕获的图像。与传统内窥镜比较，4K 超高清内窥镜基于更高的分辨率、视敏度、颜色分辨率，可提供更好的纵深感和术中操作感。例如，腹腔镜手术视野色彩层次较为丰富，4K 腹腔镜有助于依托真实色彩分辨胰腺组织、脂肪组织的细微差别。

4K 超高清内窥镜对于解剖层面及血管拥有更高的辨识度。基于图像分辨率、颜色分辨能力、视觉细腻程度等综合性优势，4K 超高清内窥镜可辨识淋巴、筋膜、血管、神经等细小组织。

4K 超高清内窥镜可提高手术精确度。在临床上，4K 超高清内窥镜可为医生提供更加清晰的手术视野及画面，且超高清图像增强了画面纵深感，配合图像放大功能可为医生提供更好的定位、定向力，从而提高手术精确度。

4K 超高清内窥镜可应用于更广泛的临床场景。基于4K 超高清内窥镜的图像质量及清晰度，其可用于传统内窥镜难以操作的精细手术，如神经血管手术。同时，4K 超高清内窥镜基于清晰显示或辨识膜性解剖层面、细微血管、神经、淋巴结清扫范围边界等特点，其在胃、结直肠、胰腺、甲状腺、减重、疝等手术中的应用更具实用价值。

（2）国产内窥镜企业奋起直追。

2020 年，全球 4K 超高清内窥镜市场规模达 10 亿美元，占同年全球医用内窥镜市场总规模的 4. 7% 。预计 2030 年全球 4K 超高清内窥镜市场将达 94 亿美元，占 2030 年全球医用内窥镜市场总规模的 23. 8% 。其中，2020 年中国 4K 超高清内窥镜市场规模达 3 亿元，预期 2030 年将增加至 124 亿元。

在中国，共有 20 家医疗器械企业的 4K 成像（摄像）系统获得国家药监局批准，如图格医疗、新光维医疗、迈瑞医疗、开立医疗、鹰利视医疗。

其中，迈瑞医疗、苏州美润达、欧谱曼迪等企业将荧光内镜与 4K 技术结合，推出 4K 超高清荧光内窥镜，新光维医疗也将于 2022 年初推出 4K 内窥镜荧光摄像系统。

目前，国内企业自主研发出 4K 超高清内窥镜的核心元件。例如，图格医疗、新光维医疗、开立医疗等众多企业已在摄像系统方面取得突破性进展，国内已有 20 款 4K 级内窥镜摄像系统获批；再如，海信医疗等企业已推出 4K 超高清内窥镜显示器。同时，国内企业已解决 4K 超高清内窥镜的大数据量、传输、色彩还原等软硬件难题。截至目前，图格医疗、新光维医疗、迈瑞医疗、鹰利视医疗等企业已推出 4K 超高清内窥镜。预计未来三年将有更多国产 4K 超高清内窥镜进入临床。

3. 3D 内窥镜

（1）3D 内窥镜重要组成部分。

3D 内窥镜将 2D 影像转换为 3D 画面，立体影像清晰分明。3D 内窥镜立体成像的原理是利用两个距离非常近的内窥镜镜头，各自拍下患者体内的图像，然后通过显示设备将采集到的两路图像同步放映。这时用裸眼观看到的图像是模糊不清的，医生需要使用偏振眼镜，使左眼和右眼分别观看不同镜头的图像，组合起来实现内窥镜图像的 3D 可视化。因此，3D 内窥镜的影像平台包括 3D 视频信号采集系统和 3D 图像显示系统两个主要组成部分。

传统内窥镜是 2D 画面，只能展示平面图像而无法呈现物体的自然深度。医生在操作过程中，只能根据镜体的移动、解剖结构的大小、线条透视、纹理梯度等感知因素来判断景深，需要大量练习才能熟练掌握技巧。相较于传统 2D 内窥镜，3D 内窥镜通过提供立体图像，强化了术者视野上的空间感知，手术视野更清晰、解剖层次更明显，一定程度上克服了 2D 内窥镜的弊端。具体而言，3D 内窥镜的优势在于三点。

其一，立体的三维图像使医生手术视野上的纵深感得到强化，有利于清楚地辨认组织层次。3D 内窥镜不仅能使医生更清晰地观察到平常难以看到的毛细血管等的分布，帮助医生快速准确判断验炎症和癌变，还可以在医生手术操作中最大限度避免对血管、神经等的损伤。

其二，提高手术操作的速度和精确度，缩短手术时间。根据《2019 年 3D 腹腔镜手术技术中国专家共识》介绍，3D 腹腔镜能缩短各类普外科领域手术的时长。其优势主要体现在腔镜下缝合等精细定向操作上，3D 腔镜下缝合时，进针的方向、深度更清楚，便于进行精确的缝合，打结速度也明显提高。

其三，便于医生练习，缩短学习曲线。有研究表明应用3D腹腔镜进行基本手术操作技术的训练效果，较2D腹腔镜更佳，主要体现在操作时间缩短、操作错误减少、操作精确性提高等方面。3D腹腔镜手术可以广泛应用在低年资甚至是初学者的外科医师的培养和实践中。

（2）3D内窥镜广泛应用于微创外科，适应复杂手术。

3D内窥镜适应证范围广泛。根据《2019年3D腹腔镜手术技术中国专家共识》显示，3D腹腔镜手术是在已经成熟、规范的2D腹腔镜手术术式基础上进行的，手术步骤、操作技巧与2D手术基本一致。其适应证范围也与2D腹腔镜手术相当，主要包括胆道、阑尾、甲状腺、脾脏、胰腺、肝脏、结直肠、胃肠、减重和腹壁疝外科的手术。其中，3D内窥镜基于自身特点可减少术中出血、缩短手术时间，在胃、胃食管反流疾病、减重等许多亚专科领域展现出优势。

此外，3D内窥镜系统还作为手术机器人的重要组成部分，应用于机器人手术中。以达芬奇机器人为例，其正式名称是“内窥镜手术器械控制系统”，由医生控制台、成像系统和机械臂及末端执行手术器械三部分组成。其中，成像系统是手术机器人的图像处理设备，目前主要应用的技术就是3D内窥镜。腔镜手术机器人在泌尿外科、妇科、普外科拥有很好的运用前景。3D内窥镜成像系统约占手术机器人成本的1/6到1/3，随着手术机器人的发展，其市场前景可观。国内3D内窥镜产品获得注册证的企业中，便包括了两家手术机器人公司，分别是微创医疗机器人和威高手术机器人，其3D内窥镜产品均在2021年获得批准。

（3）国内企业加速追赶，3D内窥镜持续创新。

在3D内窥镜应用上，2012年，国内首例3D腹腔镜下肾盂旁囊肿切除术在北京协和医院进行，标志着我国腹腔镜手术进入3D时代。在3D内窥镜研发生产上，截至目前，国内有速瑞医疗、新光维医疗、赛诺微、世音光电、微创手术机器人、威高集团等公司布局3D内窥镜。

在3D内窥镜创新方向上，国内企业相较于国外企业稍晚一步。国外企业起步早。其中，卡尔史托斯在2011年推出了由TIOCAM13D视频腹腔镜、3D摄像头、3D显示器以及3D偏光眼镜组成的外科手术3D摄像系统，2014年将

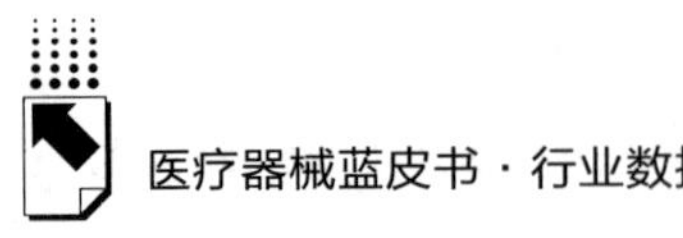

该摄像系统画质升级到高清。奥林巴斯 2013 年推出 3D 内窥镜。

国内 3D 内窥镜企业起步稍晚，发展速度快。国内企业主要集中在 2015 年左右成立，短短 3～5 年间，多家企业的产品陆续获批上市。其中，新光维医疗的“3D 图像成像装置”于 2018 年 7 月取得 NMPA 认证和 CE 认证，2019 年 9 月获批美国 FDA。赛诺微旗下 3D 内窥镜产品于 2019 年获得 NMPA 认证，2020 年 2 月获得 CE 认证。2021 年，包括速瑞医疗、微创医疗机器人以及威高手术机器人等在内的多家企业，也相继获得 NMPA 认证。此外，3D 内窥镜未来发展，呈现集成化趋势。目前，已有 3D + 4K、3D + 4K + 荧光导航功能的集合。艾克松的 MatrixPSpectar - 3D/4K 内窥镜摄像系统，不仅通过一个单独的摄像系统提供 3D 影像，同时也支持 4K 分辨率的多功能摄像平台。卡尔史托斯旗下 TIPCAM1RUBINA 是一款采用模块化设计的 4K - 3D - NIR/ICG（近红外/吲哚菁绿）结合的电子内镜，可实现 3D、4K 和荧光导航多项功能。

B.11
我国医疗设备维修保障数据化管理现状和发展

邱 涛　袁丹江　毛金媛*

摘　要： 医疗设备维修保障是医疗设备全生命周期管理的重要组成部分，技术发展正推动其内涵由传统的被动式响应维修管理向主动式设备稳定性管理转变。医疗设备维修保障数据化管理是这一转变的关键支撑。近年来随着国家大力推进行业数字化转型，以及云计算、大数据、工业互联网等新型基础设施建设，医疗设备维修保障数据化管理也进入快速发展阶段。本文从维修保障场景，维修保障场景数据化，医疗机构、医疗行业相关数据指标体系，以及维修保障数据化管理未来发展等方面，就医疗设备维修保障数据化管理的现状和发展进行总结、分析以及展望，以期进一步形成行业共识，推动我国医疗设备维修保障的数据化水平，释放大数据、云计算、工业互联网在医疗设备维修保障领域的价值。

关键词： 医疗设备　维修管理　维修保障　大数据　工业互联网

医疗设备维修保障是医疗设备全生命周期管理的核心内容之一，狭义上是指医疗设备发生故障以后进行的维修处理工作，广义上，其目标是保障医疗设备稳定运行使用，减少设备故障次数以及因故障停机时间，不断降低医疗设备的运营成本。

---

* 邱涛，上海至数企业发展有限公司 CEO，毕业于上海交通大学，6 西格玛黑带大师；袁丹江，荆州市中心医院器材科主任、主任技师；毛金媛，中国医科大学附属第一医院资产管理部主任、教授。

传统的维修保障管理基本是被动式响应。管理理念和技术的进步正推动着维修保障管理向医疗设备稳定性管理转变，这其中最重要的支撑就是医疗设备维修保障的数据化管理。

本报告主要围绕医疗设备维修保障场景，从维修保障场景数据化、维修保障数据化管理应用等方面进行梳理总结，并进一步探究维修保障数据化管理的未来发展，为医疗设备维修保障管理数据化、智能化发展探索路径。

一 医疗设备维修保障场景

医疗设备维修保障核心是保障医疗设备完好，提高医疗设备的使用率，延长设备使用寿命，降低医院运行成本，提高医院的经济效益。

医疗设备维修保障涉及众多要素。

医疗设备种类繁多，根据对一家典型的三甲医院的分析显示，医疗机构拥有医疗设备近8000台件，涉及的设备品类有338种，品牌407个，分布在200多个使用科室中。

设备维修保障方式基本分为医院内部医工维修和外部工程师维修。

医疗设备维修流程涉及多部门、多机构、多节点，包含故障报修、接修响应、维修实施、维修完成、验收确认以及评价等流程步骤。其中故障报修主要分为以下几种情况：一是设备使用部门发现设备故障进行报修；二是工程师巡检过程中发现故障报修；三是医疗设备周期性检测以及预防性维护过程中产生的故障报修。

维修保障工作还可以细分为管理场景和任务场景，涉及医疗机构内部的多个部门以及外部诸多机构的协作。医疗机构内部主要涉及设备使用部门、设备维修管理部门，以及财务部门、医务处、信息科、医院医疗器械管理委员会等相关职能部门；外部协作机构涉及设备贸易商、设备制造商、设备维修商等。

维修保障管理还涉及工程师绩效评价、供应商评价、维保合同履约监管及评价等工作内容。

按照相关法律法规，医疗设备维修保障记录必须完备地记录并保存到医疗设备全生命周期台账中。

综上，维修保障工作场景有以下特点。

（1）多。

需要多机构、多部门、多角色协同完成。

设备种类多，不同类别的设备维修保障难度和方式差异较大。

维修保障的处理方式多种多样，包括但不限于医院工程师内部维修维护、外部供应商维修维护等。

场景多，维修维护工作本身涉及的工作场景就比较复杂。维修维护工作与设备全生命周期管理的其他场景都具有强相关性。特别是进行医疗设备故障原因分析以及进行相关的 PDCA 质量改善行动的时候，所涉及的场景和考虑因素会更多。

（2）高。

医疗设备维修保障的实效性要求高。

专业知识壁垒高，医疗设备维修保障涉及多学科的知识交叉，维修维护工作具有较高的专业知识壁垒。

（3）散。

医疗设备具有位置分散、归属分散、归属和使用分散特点。

二　维修保障场景数据化

医疗设备维修保障场景数据化是尽可能高地实现相关场景数据化记录以及量化，这也是实现管理数据化和智能化的基础。下面将从维修保障场景数据化现状以及数据化实现两个角度进行分析。

（一）维修保障场景数据化现状

目前，大多数医疗机构仍然采用传统方式进行维修保障管理。维修记录多以纸质档案形式存在，或者要求工程师完成维修以后在信息系统中维护相关记录。相关记录均以非结构化或者半结构化数据形式存在，数据化程度低，数据质量差，数据难以利用。

随着云计算、大数据、工业互联网以及移动互联网的快速发展，以数据为核心的相关维修保障应用体系也开始快速发展，极大提升了维修保障场景的数据化水平。但是，这一类应用的普及程度还比较低。

（二）维修保障场景数据化实现

维修保障场景数据化即实现维修保障相关场景、要素的量化、结构化、数据化表述记录。实现场景数据高质量的留存，并以此为基础实现数据的智能化应用。

1. 维修保障场景数据化实现主要涉及以下数据：设备属性数据、费用数据、位置空间数据、维修流程以及相关时间点数据、维修内容数据、人员机构数据以及组织机构数据等。

（1）设备属性数据。

设备基本信息：设备唯一标识（UDI/ID/序列号等）、设备通用类别/通用名称、设备名称、品牌、型号、医疗器械注册证号、生产厂商、生产日期、设备类型（医疗设备/非医疗设备等）、设备专业分类属性等。

设备资产信息：使用科室、所属科室、安装地址、安装日期、验收日期、资产编码、是否固定资产、资产状态、资产原值/资产现值等。

设备保修信息：保修状态（在保修合同保修期内或不在保修期）、维修商信息等。

（2）费用数据。

人工费用、配件费用、耗材费用、检测费用等。

（3）位置空间数据。

维修设备所处的院区、建筑、楼层、房间。涉及其报修时、维修时、维修完成后的位置空间数据。

（4）维修流程以及相关时间点数据。

报修时间、接修时间、指派时间、工程师出发时间、工程师到场时间、预计完成时间、维修结束时间、配件物流时间（配件下单时间/配件到场时间）、评价时间、验收时间、发票日期、结算日期等。

（5）维修内容数据。

故障描述（结构化信息：常见的故障现象；半结构化信息：文字描述设备故障现象；非结构化信息：故障照片、声音录制）、报修人、紧急程度、备用机、是否返修、维修类型［内修（维修性质、故障维修、PM 后维修、计量检测后的维修）］、维修类型［外修（质保期内维修、厂家合同维修、第三方合同维修、临时叫修)]、故障类型、故障原因、维修处置方法、标准化方法、个性化方法、维修配件更换等。

(6) 人员机构数据。

报修人、维修处理方、指派人、接修人、完修人、内修管理人、内修工程师、外修管理人、外修工程师、外修维修商、验收人等。

(7) 组织机构数据。

医疗机构内部包括设备使用部门、设备归属部门、设备维修管理部门、财务部门等;外部机构则有设备贸易商、设备制造商、设备维修商等。

2. 除上述数据以外,以下几类数据也是医疗设备维修保障场景数据化的重要数据源。

(1) 医疗设备自身直接产生的故障日志内容也是医疗设备维修保障的重要数据源。

(2) 医疗设备的使用环境数据,包括但不限于温度、湿度、气压、粉尘等。

(3) 有源医疗设备的电气环境数据,电压、电流、运行功率记录以及电网质量监测数据等。

使用环境数据和电气环境数据都与设备故障有着高度的相关性。

三　维修保障数据化管理应用

维修保障的数据化管理应用主要从医疗机构维修保障智慧管理、维修保障管理数据应用以及维修保障行业大数据应用三个角度进行分析。

(一)医疗机构维修保障智慧管理

依据国家卫生健康委办公厅《关于印发〈医院智慧管理分级评估标准体系(试行)〉的通知》相关内容,设备使用运维管理的3~5级需要达到以下要求。

1. 3级

(1) 管理部门能够获取设备资产信息、科室归属及位置等信息。

(2) 能够基于设备资产信息,实现网上报修并查询相关维修及费用记录。

(3) 能够根据收集的运维数据生成管理所需报表。

2. 4级

（1）能够与其他业务系统集成，实现设备巡检、维修、配件更换、应急调配、报废鉴定等业务联动，并有保修期到期和巡检计划提示。

（2）能够通过系统为其他部门（如财务、绩效管理等）提供设备运行维护费用信息。

（3）能够通过信息化系统对设备后续变动业务进行支持与记录，如设备科室转移、设备处置申请等。

（4）实现医疗设备时钟同步并有记录。

（5）设备具备机读标识。

3. 5级

（1）能够统一展示和查询设备运维管理综合数据（包括医疗和后勤各类设备运行使用记录、维护巡检、故障维修、配件更换、应急调配、报废鉴定等）。

（2）有运维管理指标库，能够分别设立全院、部门与科室预期运维指标，定期记录运维指标数据，并与成本管理联动。

（3）通过移动端完成维护巡检、故障维修、盘点等，并自动生成电子记录。

（4）有运维相关知识库，能够自动统计维修、保养标准工时并与实际数据对比处理，并能够用于运维保障人员管理。

基于维修保障场景数据化实现的相关分析，以数据为核心建设相关应用是维修保障数据化管理的基础要求。

（二）维修保障管理数据应用

基于长期的维修保障管理工作实践以及调研，综合医疗设备维修保障的场景、任务、目标和管理需求，编者整理出维修保障数据化管理所需要的数据应用指标体系。维修保障管理数据指标集如表1所示。

表1　维修保障管理数据指标集

指标名称	定义	计算方式	展示方式
报修工单数	故障报修工单的数量	给定时间范围内，故障报修的数量	数值/折线图
修复工单数	维修保障事件处理完毕的数量	给定时间范围内，处理完毕的维修事件数据总数	数值/折线图

续表

指标名称	定义	计算方式	展示方式
内修工单数	医疗机构内部完成的维修事件数量	给定时间范围内,维修类型为内修,且维修状态更新为已关闭或待验收的维修工单数量	数值/饼图
外修工单数	由外部维修保障资源完成的维修事件数量	给定时间范围内,维修类型为外修维修状态更新为已关闭或待验收的维修工单数量	数值/饼图
平均故障响应时长	维修保障专业人员对于故障报修响应时长的平均值	给定时间范围内,已关闭维修工单的(接修时间 - 报修时间)的平均值	数值
平均故障修复时长(MTTR)	故障修复时长的平均值	给定时间范围内,故障修复时长(修复时间 - 报修时间)的平均值	数值
平均故障间隔时间(MTBF)	两次相邻故障发生时间的平均值	给定时间范围内,全部设备的(总使用时长 - 总故障时长)/故障总次数	数值
在保设备数	在维保期内的设备总数	给定时间范围内,各类维保合同以及随机维保覆盖的设备数量	数值
不在保设备数	未在维保期内的设备总数	给定时间范围内,各类维保合同以及随机维保没有覆盖的设备数量	数值
直接维修费用	维修的直接成本	给定时间范围内,设备维修保障的直接费用,主要是做院内维修的统计分析	数值
维修费用	维修总成本	给定时间范围内,维修保障的总成本	数值
资产总值	设备资产原值之和	给定时间范围内,全部设备的资产原值总和	数值
维修费用率	维修费用占设备资产原值的比例	维修费用/资产原值	数值
设备故障次数	故障发生次数	给定时间范围内,新增报修工单总和	数值/列表
设备台均故障次数	设备的平均故障发生次数	给定时间范围内,单台设备的平均报修工单数量	数值

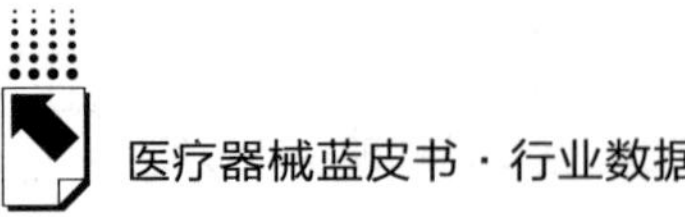

续表

指标名称	定义	计算方式	展示方式
完全修复工单数	维修结果为完全修复的工单数	给定时间范围内，维修结果为完全修复的工单总数	数值/饼图
部分修复工单数	维修结果为部分修复的工单数	给定时间范围内，维修结果为部分修复的工单总数	数值/饼图
无法修复工单数	维修结果为无法修复的工单数	给定时间范围内，维修结果为无法修复的工单总数	数值/饼图
误报修复工单数	维修结果为误报的工单数	给定时间范围内，维修结果为误报的工单总数	数值/饼图
科室设备故障数	单科室设备发生故障的频次	给定时间范围内，该科室下全部设备所产生的故障次数总和	数值/柱状图
科室－设备维修费用	单科室设备产生维修的总费用	给定时间范围内，该科室下全部设备所产生维修工单的实际费用总和	数值/折线图
品类可用率	单品类设备的可用率	给定时间范围内，该品类下全部设备的(总时长－故障时长)/总时长	数值/折线图
单台设备可用率	单台设备的完好率	给定时间范围内，单台设备的(总时长－故障时长)/总时长	数值/列表
因故障停机时长	故障停机时长	给定时间范围内，所产生故障的持续时长的总和	数值/列表
台均因故障停机时长	设备故障停机时长的平均值	给定时间范围内，设备所产生故障停机持续时长的平均值	数值/列表
品牌－设备故障数	单品牌设备发生故障的频次	给定时间范围内，该品牌下全部设备所产生的故障次数总和	数值/饼图
品类台均故障时长	单品类设备的平均故障时长	给定时间范围内，该品类下全部设备所产生故障的持续时长总和	数值/柱状图
品类－设备故障数	单品类设备发生故障的频次	给定时间范围内，该品类下全部设备所产生的故障次数总和	数值/柱状图
品类－设备维修费用	单品类设备产生维修的总费用	给定时间范围内，该品类下全部设备所产生维修工单的实际费用总和	数值/折线图

续表

指标名称	定义	计算方式	展示方式
电气故障数	故障类型为电气故障的故障数	给定时间范围内,故障类型为电气故障的维修工单总数	数值/饼图
机械故障数	故障类型为机械故障的故障数	给定时间范围内,故障类型为机械故障的维修工单总数	数值/饼图
图像显示异常故障数	故障类型为图像显示异常故障的故障数	给定时间范围内,故障类型为图像显示异常故障的维修工单总数	数值/饼图
人为原因数	故障原因为人为原因的故障数	给定时间范围内,故障原因为人为原因的维修工单总数	数值/饼图
环境原因数	故障原因为环境原因的故障数	给定时间范围内,故障原因为环境原因的维修工单总数	数值/饼图
设备原因数	故障原因为设备原因的故障数	给定时间范围内,故障原因为设备原因的维修工单总数	数值/饼图
工程师维修次数	单位工程师修复的维修工单数	给定时间范围内,单位工程师修复维修工单的总数	数值/列表
工程师平均响应时长	单位工程师响应维修工单的平均时长	给定时间范围内,单位工程师所修复的维修工单的响应时长的平均值	数值/列表
工程师平均修复时长	单位工程师修复维修工单的平均时长	给定时间范围内,单位工程师所修复的维修工单的修复时长的平均值	数值/列表
工程师返修次数	单位工程师修复后被返修的工单数量	给定时间范围内,单位工程师所修复的维修工单中被验收不通过的工单总数	数值
工程师评价	单位工程师修复的维修工单的评价平均值	给定时间范围内,单位工程师所修复的维修工单所收到评价的平均值	数值
近3个月故障次数	设备近3月故障发生次数	给定时间点前的3个月内设备故障发生次数总和	数值/列表
近6个月故障次数	设备近6月故障发生次数	给定时间点前的6个月内设备故障发生次数总和	数值/列表
近12个月故障次数	设备近12月故障发生次数	给定时间点前的12个月内设备故障发生次数总和	数值/列表

资料来源：至数云医疗设备数据化管理平台。

维修保障管理数据指标集样例如图 1、图 2 所示。

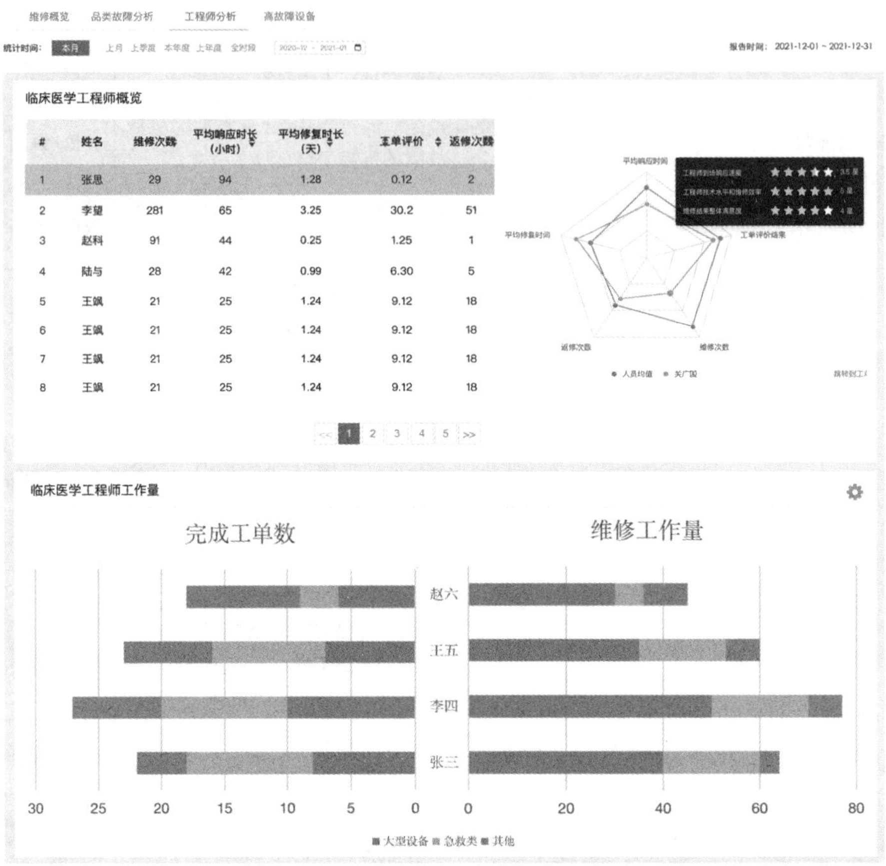

维修概览 品类故障分析 工程师分析 高故障设备

统计时间：本月 上月 上季度 本年度 上年度 全时段 2020-12 ~ 2021-01 报告时间：2021-12-01 ~ 2021-12-31

临床医学工程师概览

#	姓名	维修次数	平均响应时长（小时）	平均修复时长（天）	工单评价	返修次数
1	张思	29	94	1.28	0.12	2
2	李望	281	65	3.25	30.2	51
3	赵科	91	44	0.25	1.25	1
4	陆与	28	42	0.99	6.30	5
5	王飒	21	25	1.24	9.12	18
6	王飒	21	25	1.24	9.12	18
7	王飒	21	25	1.24	9.12	18
8	王飒	21	25	1.24	9.12	18

平均响应时间 平均修复时间 工单评价结果 返修次数 维修次数

人员均值 关广国

临床医学工程师工作量

完成工单数 维修工作量

赵六 王五 李四 张三

大型设备 急救类 其他

图 1 维修保障数据指标集样例一

（三）维修保障行业大数据应用

医疗设备维修保障行业大数据应用是通过汇集各医疗机构维修保障数据，从行业视角进行的数据应用。

行业大数据指标体系可以为医疗机构维修保障数据化管理指标体系提供参考对标体系。

医疗设备维修保障行业数据指标体系以及数据应用场景包括但不限于以下

维修概览　品类故障分析　工程师分析　高故障设备　　报告时间：2017-12-15 ~ 2021-12-31

快速选择　全部　CT　MRI　有创呼吸机　无创呼吸机　麻醉机　输液泵　注射泵　除颤仪　婴儿培养箱　　保修状态：保修状态　通用名：通用名　筛选

设备短码	设备名称	通用名	品牌	型号	保修状态	近3月故障次数	近6月故障次数	近12月故障次数
815711	呼吸机	有创呼吸机	德尔格 Draeger	Evita 4	出保 2020/04/01	12	23	32
815712	呼吸机	无创呼吸机	伟康 Respironics	V60	在保 2022/07/21	12	19	27
815912	计算机断层摄影机	CT	通用电气 GE	LightSpeed VCT	在保 2021/09/08	12	20	25
591823	X射线断层摄影	CT	西门子 SIEMENS	SOMATOM Scope	在保 2022/06/04	1	12	20
419214	LA	医用电子直线加速器	瓦里安 Varian	Trilogy	在保 2022/07/29	5	10	17
418273	有创呼吸机	有创呼吸机	德尔格 Draeger	Evita 4	出保 2020/04/01	7	12	14
198923	有创呼吸机	有创呼吸机	德尔格 Draeger	Evita 4	出保 2020/04/01	9	10	14
598127	床旁监护仪	病人监护仪	迈瑞 Mindray	PM 8000	未保	1	9	13
218571	监护仪	病人监护仪	通用电气 GE	Dash 2500	未保	5	9	12
129874	注射泵	注射泵	史密斯 Smiths	50C6	未保	6	9	10
815711	呼吸机	有创呼吸机	德尔格 Draeger	Evita 4	出保 2020/04/01	12	23	32
815712	呼吸机	无创呼吸机	伟康 Respironics	V60	在保 2022/07/21	12	19	27
815912	计算机断层摄影机	CT	通用电气 GE	LightSpeed VCT	在保 2021/09/08	12	20	25
591823	X射线断层摄影	CT	西门子 SIEMENS	SOMATOM Scope	在保 2022/06/04	1	12	20
419214	LA	医用电子直线加速器	瓦里安 Varian	Trilogy	在保 2022/07/29	5	10	17
418273	有创呼吸机	有创呼吸机	德尔格 Draeger	Evita 4	出保 2020/04/01	7	12	14
198923	有创呼吸机	有创呼吸机	德尔格 Draeger	Evita 4	出保 2020/04/01	9	10	14
598127	床旁监护仪	病人监护仪	迈瑞 Mindray	PM 8000	未保	1	9	13

<< 1 2 3 4 5 ... 10 >> 跳至 1 页

图 2　维修保障数据指标集样例二

内容。

（1）设备维修维护成本相关指标。

（2）同类别设备生命周期维修成本曲线指标。

（3）设备稳定性相关指标。

（4）同类别设备的 MTTR、MTBF 等指标。

（5）单一型号设备的全生命周期故障曲线。

（6）通过对单一型号设备故障数据的汇总，可以更加准确地分析出设备意外停机故障的原因。将数据研究成果和改进措施与预防性维护工作结合，通过改进预防性维护工作，可以进一步降低设备的故障率。

（7）由《中国医疗设备》杂志社每年发布的《中国医疗器械行业数据报告》也是典型的行业大数据应用。

四 医疗设备维修保障数据化管理未来展望

数据的天然属性是共享无损失，越是充分共享、融合、流通，越是能够创造价值。目前国家正在大力推进医疗器械唯一标识（UDI）体系和工业互联网建设。工业互联网在医疗设备管理场景的具体落地就是跨地域、跨时域、跨角色、跨要素、跨医疗机构的医疗设备全生命周期数据化管理应用体系。

医疗设备全生命周期数据化管理应用也是维修保障场景数据化的关键基础。

对于医疗设备维修保障数据化管理的未来，结合行业意见展望如下。

（1）数据化可以有效推动维修保障工作由被动维修响应向设备稳定性主动管理的转变。

（2）通过行业大数据应用，建设医疗设备全生命周期故障曲线的动态算法模型，优化设备预防性维护规范，防患于未然，不断提升医疗设备运行的稳定性。

（3）建设医疗设备基于真实世界数据的设备后评价体系智能算法模型体系，更加高效地完成医疗设备评价，并为我国医疗设备的产业升级提供有力支撑。

（4）基于医疗设备全生命周期故障曲线和精算模型，帮助医疗机构制定合理的医疗设备维护保障资源策略，优化资源利用，降低运营成本。

（5）通过行业大数据建立供应商能力行业评价模型，建设行业服务信用体系。

五 综述

我国医疗设备维修保障数据化管理尚处于初期阶段。在这一阶段的主要任务是充分利用新技术、新方法实现维修保障场景的数据化，并以此为基础实现维修保障数据化管理工作的螺旋上升。

医疗设备维修保障数据化管理与医疗设备全生命周期数据化管理以及医疗设备行业数据化管理是有机的整体。伴随我国新基建战略的推进，我们相信医疗设备维修保障数据化管理已经进入发展的快车道。

B.12
后　记

本书是继《中国医疗器械行业数据报告（2019）》后的第二本关于中国医疗器械行业数据的报告，旨在通过对医疗器械各阶段数据的调查与整理，为医疗器械的使用者与研究者提供支持。

为了报告内容更加翔实，我们在医疗器械的种类与各阶段划分上采取了更为细致的展示方式，在时间上尽可能展示近三到五年的数据，使数据更加具有连贯性。对于医疗器械注册审批阶段采用了国务院各部委对外发布的公开数据，医疗设备售后服务阶段采用了《中国医疗设备》杂志社组织的十二年中国医疗器械行业数据调查所得数据，耗材市场情况由广州众成平台整理汇总。同时为了使数据内容更加完善，又选取了医疗器械国际贸易数据及数据应用的情况作为补充。

在本书的编写过程中，我们深深发觉医疗器械数据规模之庞大，本书尽可能做到内容详尽，若有不足之处，欢迎各位读者提出意见和建议。经过辛苦筹备与编撰，在即将出版之际，感谢给予蓝皮书鼓励与帮助的朋友们，尤其感谢中国药品监督管理研究会王宝亭副会长的支持与鼓励，感谢每位编者的努力，在这里向本书所有的参与者表示衷心的感谢！

最后，感谢中国药品监督管理研究会医疗器械监管研究专业委员会、中国非公立医疗机构协会临床工程分会、中国研究型医院学会临床工程专业委员会、首都医科大学生物医学工程学院、北京医药行业协会、中国技术交易所、北京智慧医疗技术创新联盟、健康报社等对行业数据调研活动的大力支持，感谢《中国医疗设备》杂志社 124 个编委会对调研活动的积极号召，感谢 16000 多名中国医疗器械行业数据研究员对调研活动的积极参与！

金　东

二〇二二年一月十一日

Abstract

Based on the development history and background of China's medical device industry, this report analyzes the registration, approval, market allocation, bidding data, import and export trade and medical consumables market category, declaration, procurement and other data in recent 3 – 5 years. Through the comprehensive processing of market research and multi-party data, the present situation of medical device industry is truly reflected with full and accurate data and charts, and the future development direction of medical device industry is revealed. The report consists of 6 parts and 11 research reports. It includes general report, registration and approval, equipment market, consumables market, international trade and data practice and application. The general report discusses the establishment, method, index setting, statistics and reporting of after-sale service research projects in China's medical device industry. The registration and approval data section analyzes the application and approval status of medical devices, consumables and reagents from 2019 to 2021. Equipment market data of 2017 – 2021 CT, nuclear magnetic and other 21 types of medical equipment; Gamma knife, emergency testing equipment of 2021; And the bid-winning data of 8 types of equipment from 2020 to 2021 are analyzed. Consumables market data section: Procurement data of coronary stent and artificial joint; The market data of 12 kinds of high-value medical consumables, including vascular and non-vascular intervention, and 5 kinds of low-value medical consumables, including Traditional Chinese Medicine and functional excipients, were analyzed. In the data practice and application section, five kinds of hot medical technology applications and cases are selected to explore the data for clinical services. This report has certain guiding significance for the future development of China's medical device industry.

Keywords: Medical Devices; Armarium; Medical Consumables Industry Data

Contents

Ⅰ General Report

Abstract: This paper is based on the background of medical data, focusing on the whole life cycle data of medical devices, discusses the significance of big data in the whole life cycle of medical devices fine management, and analyzes the depth of the application of medical devices combined with big data, combined with the "Chinese medical equipment industry data research" project, further analyze the future of medical equipment industry big data application direction and development trend, give reasonable Suggestions to the current development dilemma.

Keywords: Big data; Medical apparatus and instruments; Industry data

Ⅱ Registration and Approval

Abstract: In accordance with the Regulations on The Supervision and

Administration of Medical Devices and The Opinions of The State Council on Reforming the Examination and Approval System of Drug and Medical Devices (STATE Development [2015] 44), THE National Medical Products Administration (NDA) insists on deepening the reform of the examination and approval system of medical devices, and constantly improves the efficiency and quality of medical device registration and approval. From 2019 to September 2021, the State Medical Products Administration approved 3, 702 imported Category Ⅰ medical devices for filing, 5, 722 imported Category Ⅱ medical devices for registration, 4, 814 imported category Ⅲ medical devices for registration, and 7, 222 domestic category Ⅲ medical devices for registration. The provincial and municipal drug administrations approved 69, 174 category I medical devices for filing, and 45, 916 category Ⅱ medical devices for registration. From 2019 to September 2021, the number of domestic and imported class Ⅰ, Ⅱ and Ⅲ medical devices showed a trend of first increase and then decrease. Among them, the number of domestic class Ⅰ and Ⅱ medical device approval fluctuated sharply, the number of domestic class Ⅰ, Ⅲ and imported class Ⅱ declined significantly in the first three quarters of 2021, while the number of other categories was relatively stable.

Keywords: Registration of Medical Devices; First Registration of Medical Devices; Record Keeping of Medical Devices

Ⅲ Equipment Market

B.3 Data Analysis Report on China's Medical Equipment Market

Jin Dong, Zhou Yong / 176

Abstract: This article from twenty three types of medical equipment brand is configured, after-sales service, maintenance service, recommend purchasing multiple dimensions expounds the configuration and the use present situation of medical equipment in our country, based on the eight types of medical equipment bidding data, this paper expounds the distribution part of the medical equipment from 2020 to 2021 in the bid.

Keywords: Medical Equipment; Hospital Configuration; After-sales Service

Abstract: At present, some of China's high-end medical devices and key core technologies and key components still rely on imports, and some key core technology bottlenecks are difficult to break through in a short time. Once foreign supply is cut off, it will seriously threaten national medical safety and people's lives and health. Therefore, it is of great significance to find out the status quo of some high-end medical devices and their key core technologies and key spare parts in China, to clarify the scientific and technological direction of some high-end medical devices in China, to promote the research and development of high-end medical devices in China, and to ensure national medical safety and people's life and health. Based on the investigation and analysis of three product lines of CT group, NUCLEAR magnetic group and artificial intelligence group in China's high-end medical industry, this paper discusses the main problems facing China's key core technologies and key components.

Keywords: CT; Nuclear Magnetic; Artificial Intelligence; Key Core Technolog; Key Parts

Ⅳ Consumables Market

Abstract: Procurement with quantity refers to a centralized procurement method in which enterprises are allowed to quote prices for specific purchase quantities during bidding or price negotiation in the centralized procurement process of drugs or medical devices. Purchasing with quantity is the first way to start in the field of medicine and has achieved remarkable results. Due to the various types of medical devices, and the same products in different cities are named and classified differently, it is difficult to obtain consistent evaluation of medical devices, so the procurement of medical devices by volume was suspected by the industry at that time. However, The General Office of the State Council issued the Reform Plan on The Management of High-value Medical Consumables in July 2019, which clarified the policy direction for the procurement of high-value medical consumables in bulk. High-value consumables with volume procurement has been piloted in Fujian, Zhejiang, Jiangsu, Anhui, Beijing – Tianjin – Hebei and other regions, involving products including coronary stent, interventional balloon, iOL, orthopedic consumables, etc. At present, in addition to the field of high-value consumables, some in vitro diagnostic reagents and even large medical equipment have gradually become the covered varieties with quantity procurement. Under the background of continuous pressure of medical insurance fund and prominent problem of inflated price, procurement of all kinds of medical equipment, at least medical consumables, has become the general trend.

Keywords: High-value Consumables; With Quantity Purchase; Procurement Directory

V International Trade

Abstract: In recent years, with the continuous improvement of China's medical device technology level, China's medical device import and export trade has made great progress. In terms of policy, China mainly promotes the development of import and export trade of medical devices in China from two aspects of tariff reduction and customs clearance process optimization. From the international level, in terms of import and export, China's foreign trade of medical equipment constitutes a trade surplus relationship on the whole, among which medical consumables are the dominant species in China's export trade. In terms of trade partners, the United States, Germany and other developed countries and regions are China's key import and export markets; In addition, with the continuous promotion of the "Belt and Road" strategy, the trade volume of China's import and export of medical devices in countries along the "Belt and Road" is generally on the rise. From the domestic point of view, the import and export ports of medical devices in China are concentrated in the coastal areas. Guangdong province has the highest export value, and Shanghai has the highest import value. At the same time, the overall volume of trade at various ports is on the rise. In the future, the scale of China's international medical device trade market will further expand under the background of the normalization of COVID −19 and the domestic and international double cycle.

Keywords: Medical Apparatus and Instruments; The International Trade; the Belt and Road

Ⅵ Data Practice and Application

Abstract: Medical device informatization plays an important role in hospital management, and the application of artificial intelligence medical device and Internet of Things medical device is typical. At present, ARTIFICIAL intelligence has been applied in medical diagnosis and treatment equipment and medical equipment management. Although there are still challenges in safety and equipment management, the innovation and optimization of equipment management and the combination of management talents also bring new ideas and opportunities for equipment management and technical personnel. At the same time, the combination of Internet of Things + and medical device supplies supply chain has also been widely used. The sharing mode of medical equipment spare parts based on information platform provides a sharing platform for the whole industry, connects and integrates resources of all parties, reduces economic costs, improves service quality, and will become a new trend of the next generation of medical equipment management on the premise of strengthening supervision and complete data guarantee. The progress of

supervision of medical devices and build medical value connotation has received great attention. This paper introduces the implementation background of UDI, udI-based life-cycle management of medical devices, application practice of UDI in medical device industry, and further prospects the application of UDI.

Keywords: Medical Apparatus and Instruments; Unique Device Identification; UDI

Abstract: With the continuous development of emerging technology of medical devices, driven by many factors such as policy support, enterprise innovation and clinical demand, the level of modern digital diagnosis and treatment in China has been greatly improved. Cutting-edge technologies, represented by 4K technology, 3D technology, artificial intelligence technology, big data technology and other technologies, are becoming increasingly mature and gradually applied to medical implants and endoscopic interventional surgery. Their leapfrog development stems from technological innovation at the bottom level. The future development direction of 3D printing technology and endoscopic interventional surgical robot technology has been clarified by analyzing the guiding principles and practices of the application of emerging technologies in the field of medical devices, the driving forces of industrial innovation, market size, and industry chain suppliers. 3D printing and endoscopic interventional surgical robot technology based on new materials and new technologies will also give full play to their great potential and industrial advantages in the medical and health field in the future.

Keywords: 3D Printing; Titanium Alloy Orthopedic Implant; Endoscopic Interventional Surgery Robot; 4K Ultra High Definition Endoscopy; 3D Endoscopic

B.11 Status and Development of Data-based Management of Medical Equipment Maintenance and Support in China

Qiu Tao, Yuan Danjiang and Mao Jinyuan / 525

Abstract: Medical equipment maintenance support is an important part of medical equipment life cycle management. The development of technology is pushing its connotation to change from traditional passive response maintenance management to active equipment stability management. Data management of medical equipment maintenance support is the key support for this transformation. In recent years, with the country vigorously promoting the digital transformation of the industry, and the construction of new infrastructure such as cloud computing, big data and industrial Internet, the data-based management of medical equipment maintenance support has entered a stage of rapid development. From the maintenance support scenarios, digital maintenance support scene, medical institutions and medical industry related data index system, a digital management for the future development and maintenance support, etc., is a digital management of medical equipment maintenance support, summarized the present situation and the development of analysis and forecast, in order to form the industry consensus, further promote the medical equipment maintenance support of digital level in our country, Release the value of big data, cloud computing and industrial Internet in the field of medical equipment maintenance and support.

Keywords: Medical Equipment; Maintenance Management; Maintenance Support; Big Data; Industrial Internet

权威报告·连续出版·独家资源

皮书数据库

ANNUAL REPORT(YEARBOOK) DATABASE

分析解读当下中国发展变迁的高端智库平台

所获荣誉

- 2020年，入选全国新闻出版深度融合发展创新案例
- 2019年，入选国家新闻出版署数字出版精品遴选推荐计划
- 2016年，入选“十三五”国家重点电子出版物出版规划骨干工程
- 2013年，荣获“中国出版政府奖·网络出版物奖”提名奖
- 连续多年荣获中国数字出版博览会“数字出版·优秀品牌”奖

皮书数据库

“社科数托邦”
微信公众号

成为会员

登录网址www.pishu.com.cn访问皮书数据库网站或下载皮书数据库APP，通过手机号码验证或邮箱验证即可成为皮书数据库会员。

会员福利

- 已注册用户购书后可免费获赠100元皮书数据库充值卡。刮开充值卡涂层获取充值密码，登录并进入“会员中心”—“在线充值”—“充值卡充值”，充值成功即可购买和查看数据库内容。
- 会员福利最终解释权归社会科学文献出版社所有。

数据库服务热线：400-008-6695
数据库服务QQ：2475522410
数据库服务邮箱：database@ssap.cn
图书销售热线：010-59367070/7028
图书服务QQ：1265056568
图书服务邮箱：duzhe@ssap.cn

社会科学文献出版社 皮书系列
SOCIAL SCIENCES ACADEMIC PRESS (CHINA)
卡号：958937735858
密码：

中国社会发展数据库（下设 12 个专题子库）

紧扣人口、政治、外交、法律、教育、医疗卫生、资源环境等 12 个社会发展领域的前沿和热点，全面整合专业著作、智库报告、学术资讯、调研数据等类型资源，帮助用户追踪中国社会发展动态、研究社会发展战略与政策、了解社会热点问题、分析社会发展趋势。

中国经济发展数据库（下设 12 专题子库）

内容涵盖宏观经济、产业经济、工业经济、农业经济、财政金融、房地产经济、城市经济、商业贸易等12个重点经济领域，为把握经济运行态势、洞察经济发展规律、研判经济发展趋势、进行经济调控决策提供参考和依据。

中国行业发展数据库（下设 17 个专题子库）

以中国国民经济行业分类为依据，覆盖金融业、旅游业、交通运输业、能源矿产业、制造业等 100 多个行业，跟踪分析国民经济相关行业市场运行状况和政策导向，汇集行业发展前沿资讯，为投资、从业及各种经济决策提供理论支撑和实践指导。

中国区域发展数据库（下设 4 个专题子库）

对中国特定区域内的经济、社会、文化等领域现状与发展情况进行深度分析和预测，涉及省级行政区、城市群、城市、农村等不同维度，研究层级至县及县以下行政区，为学者研究地方经济社会宏观态势、经验模式、发展案例提供支撑，为地方政府决策提供参考。

中国文化传媒数据库（下设 18 个专题子库）

内容覆盖文化产业、新闻传播、电影娱乐、文学艺术、群众文化、图书情报等 18 个重点研究领域，聚焦文化传媒领域发展前沿、热点话题、行业实践，服务用户的教学科研、文化投资、企业规划等需要。

世界经济与国际关系数据库（下设 6 个专题子库）

整合世界经济、国际政治、世界文化与科技、全球性问题、国际组织与国际法、区域研究 6 大领域研究成果，对世界经济形势、国际形势进行连续性深度分析，对年度热点问题进行专题解读，为研判全球发展趋势提供事实和数据支持。

法律声明

“皮书系列”（含蓝皮书、绿皮书、黄皮书）之品牌由社会科学文献出版社最早使用并持续至今，现已被中国图书行业所熟知。“皮书系列”的相关商标已在国家商标管理部门商标局注册，包括但不限于LOGO（ ）、皮书、Pishu、经济蓝皮书、社会蓝皮书等。“皮书系列”图书的注册商标专用权及封面设计、版式设计的著作权均为社会科学文献出版社所有。未经社会科学文献出版社书面授权许可，任何使用与“皮书系列”图书注册商标、封面设计、版式设计相同或者近似的文字、图形或其组合的行为均系侵权行为。

经作者授权，本书的专有出版权及信息网络传播权等为社会科学文献出版社享有。未经社会科学文献出版社书面授权许可，任何就本书内容的复制、发行或以数字形式进行网络传播的行为均系侵权行为。

社会科学文献出版社将通过法律途径追究上述侵权行为的法律责任，维护自身合法权益。

欢迎社会各界人士对侵犯社会科学文献出版社上述权利的侵权行为进行举报。电话：010-59367121，电子邮箱：fawubu@ssap.cn。

社会科学文献出版社